I0374633

www.ingramcontent.com/pod-product-compliance
Lightning Source LLC
Chambersburg PA
CBHW081613100526
44590CB00021B/3419
* 9 7 8 1 9 1 3 4 7 2 9 5 5 *

آشنایی با
کتاب مقدس

(عهد جدید)

ISBN 978-1-913472-95-5
90000
9 781913 472955

آشنایی با کتاب‌مقدس

مروری ویژه بر کتاب‌مقدس

(عهدجدید)

دیوید پاوسن

ترجمه: رامین بسطامی

نمونه‌خوانی: امیر منتظمی

حروف‌چینی و صفحه‌آرایی: نادر فرد

انتشارات دیوید پاوسن، ۲۰۲۴

کلیهٔ حقوق برای ناشر محفوظ است

شابک: ۵-۹۵-۹۱۳۴۷۲-۱-۹۷۸

Unlocking the Bible

A unique overview of the Whole Bible

(The New Testament)

David Pawson

Copyright © 2024 David Pawson Ministry CIO

The right of David Pawson to be identified as author of this
Work has been asserted by him in accordance with the
Copyright, Designs and Patents Act 1988.

English edition first published in Great Britain in 1999–2001 by HarperCollinsPublishers
This edition published in Great Britain in 2024 by
Anchor which is a trading name of David Pawson Publishing Ltd
Synegis House, 21 Crockhamwell Road,
Woodley, Reading RG5 3LE

No part of this publication may be reproduced or transmitted in any form or by any means, electronic or mechanical, including photocopy, recording or any information storage and retrieval system, without prior permission in writing from the publisher. Nor be otherwise circulated in any form of binding or cover other than that in which it is published and without a similar condition being imposed on the subsequent purchaser.

For further information email
contact@davidpawsonpublishing.com

All rights reserved.

Persian Translation © 2024

Scripture quotations in this book are taken from the Holy Bible,
New Millennium Version
@ Elam Ministries, 2014

Translated into Persian by: Ramin Bastami
Proofreading by: Amir Montazami
Typesetting and Layout: Nader Fard

ISBN 978-1-913472-95-5

فهرست مطالب

پیشگفتار...................................۹

عهد جدید

بزنگاه تاریخ

۳۶. اناجیل...................................۲۱
۳۷. مرقس...................................۳۱
۳۸. متی...................................۴۵
۳۹. لوقا و اعمال...................................۶۵
۴۰. لوقا...................................۷۵
۴۱. اعمال...................................۹۱
۴۲. یوحنا...................................۱۱۱

رسول سیزدهم

۴۳. پولس و نامه‌هایش...................................۱۳۷
۴۴. اول و دوم تسالونیکیان...................................۱۵۱
۴۵. اول و دوم قرنتیان...................................۱۶۷

۴۶. غلاطیان ۱۸۵
۴۷. رومیان.. ۲۱۵
۴۸. کولسیان.. ۲۳۱
۴۹. افسسیان ۲۴۱
۵۰. فیلیپیان ۲۵۳
۵۱. فیلیمون ۲۶۷
۵۲. اول و دوم تیموتائوس و تیتوس.. ۲۷۱

از رنج تا جلال

۵۳. عبرانیان.. ۲۹۵
۵۴. یعقوب.. ۳۲۱
۵۵. اول و دوم پطرس.. ۳۳۹
۵۶. یهودا ۳۶۳
۵۷. اول و دوم و سوم یوحنا ۳۷۷
۵۸. مکاشفه.. ۴۰۳
۵۹. سلطنت هزارساله ۴۷۷

فهرست اشخاص و مکان‌ها ۴۸۷
فهرست موضوعی.. ۴۹۳

۸

پیشگفتار

تصور می‌کنم که همه چیز در سال ۱۹۵۷، در عربستان شروع شد. در آن زمان، به‌عنوان افسر امور دینی در نیروی هوایی سلطنتی خدمت می‌کردم و کارم امدادرسانی روحانی به همهٔ کسانی بود که نه به کلیسای انگلیکن[1] تعلق داشتند و نه کلیسای کاتولیک رومی، بلکه از فرقه‌های مختلف مذهبی از متدیست گرفته تا نجات‌باوران[2] و از بودائیان تا منکران خدا تشکیل شده بودند. مسئولیت سلسله قرارگاه‌هایی که دریای سرخ را به خلیج فارس متصل می‌نمودند با من بود. در اکثر این قرارگاه‌ها اصلاً جماعتی که بتوان نام «کلیسا» بر آن نهاد وجود نداشت؛ ساختمان کلیسا که اصلاً محلی از اعراب نداشت.

من در زندگی غیرنظامی‌ام به‌عنوان خادم متدیست، از جزایر شتلند[3] تا ناحیهٔ تیمز[4] همه جا کار کرده بودم. در آن فرقه تنها چیزی که ضروری بود آماده‌کردن چند موعظه سادهٔ ۱۵ دقیقه‌ای بود تا آنها را به صورت گردشی کلیساهای مختلف ایراد نمایم. موعظهٔ من معمولاً یا به سبک «متنی» بود (راجع به یک آیهٔ منفرد صحبت می‌کردم) یا «موضوعی» (راجع به یک موضوع خاص، از آیات بسیاری از کتاب‌مقدس استفاده می‌کردم). تا زمانی که دریابم که فصل‌بندی‌ها و شماره‌گذاری آیات نه هیچ‌کدام از سوی خدا الهام شده‌اند و نه اصلاً خدا چنین قصدی داشته که معنای یک «متن» از کل کتاب را به تک جمله‌ای تقلیل دهد و خلاصه این کار لطمات شدیدی به کلام خدا زده است، در هر دو سبکی که برای تهیهٔ موعظه مورد استفاده قرار می‌دادم، این اشتباه را مرتکب می‌شدم که آیه را از زمینهٔ متن خود خارج می‌نمودم. کتاب‌مقدس به یک خلاصه نوشته‌ای از کلمات قصار تبدیل شده بود که هر واعظی در تأیید عقیدهٔ خود بدان استناد می‌کرد و از آن ادله می‌آورد.

---

1. Church of England; 2. Salvationists; 3. Shetland; 4. Thames Valley

من که مشتی موعظه بر پایه همین روش پرسش‌برانگیز داشتم، ناگاه خودم را در اونیفورم نظامی و رودررو با کلیساهای کاملاً متفاوتی یافتم- جماعاتی که برخلاف جماعت‌های پیشین که به سبک قایق نجات زندگی می‌کردند و نخستین اعضای‌شان زنان و بچه‌ها بودند، همهٔ اعضایش را مردان تشکیل می‌دادند. توشهٔ نحیف و بی‌بضاعت موعظات من خیلی زود به اتمام رسید. بعضی از آنها را که در مراسم سان و رژهٔ دورهٔ اجباری در انگلستان، پیش از آنکه به خارج اعزام شوم، مصرف کردم.

اکنون من در عدن بودم، و واقعاً داشتم با پرسنل ثابت و سربازان وظیفهٔ جوان ارتش علیاحضرت ملکه، از هیچ آغاز کرده کلیسایی را تأسیس می‌کردم. چگونه می‌توانستم این مردان را به ایمان مسیحی علاقه‌مند و سپس نسبت بدان متعهد کنم؟

چیزی (اکنون می‌توانم بگویم: کسی) مرا برانگیخت تا اعلان کنم که در چند ماه آینده یک سری سخنرانی را برگزار خواهم کرد که ما را درست از بطن کتاب‌مقدس عبور می‌دهد.

قرار بود به همهٔ ما ثابت شود که این یک سفر اکتشافی است. وقتی به کتاب‌مقدس به صورت یک کل نگریستیم، برای‌مان تبدیل به کتابی تازه گردید. به‌خاطر بهره‌گیری از همان کلیشهٔ قدیمی و نخ‌نما نمی‌توانستیم آن‌طور که باید و شاید واقعیات کلام را مشاهده نماییم. اکنون نقشه و هدف خدا از طریقی تازه آشکار می‌شد. مردان در حال یافتن چنان چیز بزرگی بودند که آنچه پیش از آن می‌پنداشتند در مقابلش چون قطره‌ای در برابر دریا می‌نمود. اندیشهٔ جزیی از یک نجات جهانی بودن انگیزه‌ای قوی به شمار می‌رفت. داستان کتاب‌مقدس را هم واقعی یافتیم و هم مرتبط.

البته «نگاه اجمالی» من در آن زمان خیلی ساده و حتی خام بود. احساس یک توریست آمریکایی را داشتم که از موزهٔ بریتانیا دیداری ۲۰ دقیقه‌ای کرده- و اگر کفش‌های ورزشی‌اش را به پا داشت این کار را در ۱۰ دقیقه می‌کرد! ما سده‌هاست که به برخی از کتاب‌های کتاب‌مقدس تنها نیم‌گاهی گذرا انداخته، شتابان به‌سوی خط پایان مسابقه دویده‌ایم.

ولی نتایج از حد انتظارات من بهتر بود و مسیر زندگی و خدمت مرا برای باقی عمر تعیین کرد. من به «معلم کتاب‌مقدس»، هرچند از نوع مبتدی‌اش، تبدیل شدم. آرزوی من یعنی در میان گذاشتن هیجان شناخت کل کتاب‌مقدس به اشتیاقی شدید مبدل گشت.

وقتی به زندگی کلیسایی «عادی»ام برگشتم، تصمیم گرفتم در طی ده سال با اعضای جماعتی که خدمت‌شان می‌کردم کل کتاب‌مقدس را سیر کنیم (البته اگر آنها تا به آخر تاب بیاورند). این امر مستلزم آن بود که هر جلسهٔ کلیسایی را به یک «فصل» اختصاص دهیم. این کار زمان زیادی برد، هم برای آماده‌کردن موعظه (یک ساعت مطالعه در ازای ۱۰ دقیقه موعظه) و هم ارائهٔ آن (حدود ۴۵-۵۰ دقیقه). نسبت زمانی در این کار مانند نسبت پختن و خوردن یک وعده غذا بود.

پیشگفتار

تأثیر این‌گونه تفسیر «نظام‌مند» (یا سیستماتیک) از کتاب‌مقدس، درستی آن کلام را اثبات کرد. گرسنگی حقیقی برای کلام خدا آشکار شد. به قول بعضی‌ها، مردم برای «شارژ‌کردن باتری‌هایشان» از نقاط دوردست می‌آمدند. خیلی زود این آمد و شدها برعکس شد. دستگاه ضبط صوت، در ابتدا برای بیماران و خانه‌نشین‌ها بود و حالا وسیله‌ای شده بود برای انتقال مطالب به صدها هزار نفر در ۱۲۰ کشور دنیا. هیچکس به اندازهٔ من متعجب نبود.

وقتی گلدهیل[1] باکینگهام شایر[2] را به مقصد گیلدفورد[3] در استان ساری[4] ترک می‌کردم، خودم را درگیر طراحی و ساخت مرکز میلمید[5] یافتم که شامل یک سالن کنفرانس ایده‌آل برای ادامهٔ خدمت تعلیم هم می‌شد. وقتی که این مرکز افتتاح شد، ما تصمیم گرفتیم کل کتاب‌مقدس را به‌طور زنجیره‌ای و بدون وقفه در این مکان با صدای بلند و درست بخوانیم. این کار ۸۴ ساعت طول کشید؛ از یکشنبه عصر تا صبح روز پنجشنبه خواندن کتاب‌مقدس را یک سره به اتمام رساندیم. هر کس به مدت ۱۵ دقیقه کتاب‌مقدس را می‌خواند و سپس نوبت به نفر بعد می‌رسید. ما از ترجمهٔ تفسیری[6] استفاده کردیم که هم برای خواندن و هم گوش‌کردن ساده‌ترین ترجمه بود؛ هم برای قلب آسان‌تر بود و هم برای ذهن.

نمی‌دانستیم چه پیش خواهد آمد، اما چنین به‌نظر می‌رسید که آن رویداد، اذهان عمومی را به خود جلب کرده است. حتی شهردار هم می‌خواست در برنامهٔ ما حضور بیابد و کاملاً تصادفی (یا طبق مشیت الاهی) خودش را در حال خواندن در مورد شوهری یافت که «به‌خاطر نشستن در مجمع شورای شهر در کنار دیگر مقامات شهری معروف شده بود». او اصرار داشت که یک نسخه از آن مطالب را برای همسرش به خانه ببرد. خانم دیگری که می‌خواست به زودی با مشاور و وکیل حقوقی خود راجع به طلاق گرفتن از شوهرش ملاقات کند، خود را در حال خواندن این آیه یافت: «زیرا یهوه خدای اسرائیل می‌گوید که از طلاق نفرت دارم». او دیگر هرگز به ملاقات وکیل نرفت.

جمعیت بسیاری در حدود ۲۰۰۰ نفر در جلسات حضور یافتند و نیم تن کتاب‌مقدس فروخته شد. بعضی فقط برای نیم ساعت به جلسه آمده بودند، اما ساعت‌ها گذشته بود و هنوز از جلسه دل نمی‌کندند و زیر لب به خود می‌گفتند: «خوب، همین یک کتاب و بعد واقعاً به خانه می‌روم».

شاید این نخستین بار بود که عدهٔ بسیاری حتی منظم‌ترین حاضران، کتاب‌مقدس را پشت سر هم و متوالی می‌شنیدند. در اکثر کلیساها هر هفته فقط چند جمله می‌خواندند، و تازه آن هم هر روزه و پیوسته نبود. با این روش، علاقهٔ مردم به هر کتاب دیگری، حتی کم‌هیجان‌تر، جلب می‌شد؟

بنابراین، ما در روزهای یکشنبه کل کتاب‌مقدس را به صورت کتاب به کتاب مطالعه کردیم. چون کتاب‌مقدس یک کتاب نیست بلکه از کتاب‌های بسیاری تشکیل شده ـ در واقع، این

---

1. Gold Hill; 2. Buckingham Shire; 3. Guildford; 4. Surrey; 5. Millmead; 6. Living Bible

کتاب، یک کتابخانهٔ کامل است (کلمهٔ *Biblia* در زبان لاتین و یونانی جمع است و به معنای «کتاب‌ها»). و نه تنها از کتاب‌های متعدد، بلکه از ***انواع*** سبک‌های گوناگون، اعم از کتب تاریخی، حقوقی، نامه‌ها، سرودها و... تشکیل شده است. با پایان یافتن بررسی هر کتاب و رفتن به سراغ کتاب بعدی، ضرورت آغازکردن آن با مقدمه‌ای که دست‌کم پرسش‌های زیربنایی را پوشش بدهد، نمایان گردید: «این کتاب به چه سبکی نوشته شده است؟ در چه زمانی نوشته شده است؟ چه کسی آن را نوشته؟ خطاب به چه کسانی نوشته شده؟ و مهمتر از همه، ***چرا*** نوشته شده است؟» پاسخ این یکی، «کلیدی» برای گشودن رمز پیام کتاب‌مقدس در اختیار ما می‌گذارد. هیچ پیامی در یک کتاب، اگر آن را به صورت بخشی از یک کلیت در نظر نگیریم، کاملاً قابل‌درک نخواهد بود. زمینهٔ هر «متن»، نه فقط همان پارگراف یا قسمت، بلکه اساساً تمامیت خود کتاب است.

تا این زمان، من به یک معلم مشهور کتاب‌مقدس تبدیل شده بودم و به کالج‌ها، کنفرانس‌ها و انجمن‌های مختلف- نخست در این کشور، اما رفته رفته در دیگر نقاط جهان که نوارهای کاست، درها را در آن مکانها باز و راه را مهیا نموده بودند- دعوت می‌شدم. از ملاقات با مردم جدید و دیدن مکانهای تازه لذت می‌برم، البته وقتی در هواپیمای جامبوجت می‌نشینم در همان ۱۰ دقیقه همهٔ آن لذت محو می‌شود!

هر جا که رفتم، همان اشتیاق شدید را برای دانستن کلام خدا احساس کردم. خدا را برای اختراع ضبط صوت شکر می‌کنم که برخلاف سیستم‌های تصویری، به دلیل داشتن استانداردی واحد، در تمام دنیا قابل‌استفاده‌اند. آنها به من کمک کرده‌اند تا در خیلی جاها جلوی گرفتاری‌های واقعی را بگیرم.

فعالیت‌های بشارتی با موفقیت بسیار انجام می‌شوند، اما به خدمت تعلیم برای تثبیت، پیشرفت و بلوغ نوایمانان بهای لازم داده نمی‌شود.

ممکن بود تا آخر خدمت فعالانه‌ام در همین راستا گام بردارم، اما خداوند باز هم مرا غافلگیر کرد و این غافلگیری آخرین حلقهٔ اتصال زنجیره‌ای بود که به چاپ این کتاب انجامید.

برنارد تامپسون که یکی از دوستان من و شبان کلیسایی در والینگفورد، نزدیک آکسفورد بود، در اوایل دههٔ ۱۹۹۰ از من خواست تا در جلسات مشترکی، در یک سری دروس کوتاه با هدف بالا بردن اشتیاق برای شناخت کتاب‌مقدس صحبت کنم- طعمه‌ای که برای به دام انداختن من کافی بود!

گفتم که ماهی یک‌بار می‌روم و هر بار سه ساعت راجع به یکی از کتاب‌های کتاب‌مقدس صحبت می‌کنم (البته با چند دقیقه‌ای استراحت در خلال آن!). همچنین از حضار خواستم که قبل از جلسهٔ من و بعد از آن، کتاب مربوطه را مطالعه کنند. قرار شد واعظان در خلال هفته‌های بعد موعظات کلیسایی و حتی مباحث گروه‌های خانگی را حول محور همان کتاب تنظیم نمایند. همهٔ اینها به‌طرز امیدوارکننده‌ای به معنای حداقل آشنایی با یک کتاب بود.

هدف من دو جنبه داشت. از یک سو، علاقمندکردن مردم به کتابی که بی‌صبرانه انتظار خواندنش را می‌کشیدند. و از سویی دیگر، دادن بینش و اطلاعاتی کافی به ایشان تا وقتی آن کتاب را می‌خوانند، به‌خاطر قابلیت درک‌شان از مطالب، هیجان‌زده شوند. برای کمک به هر دو جنبه، از تصاویر، جدولها، نقشه‌ها و مدلهای گوناگون استفاده می‌کردم.

این رویکرد مؤثر افتاد. تنها پس از چهار ماه مرا تحت فشار قرار دادند تا برای بررسی ۵ ساله کتاب برنامهٔ زمانی تهیه کنم تا همهٔ ۶۶ کتاب در این مدت به اتمام برسد! من به‌طرز خنده‌داری ضعیف شده بودم و گفتم که شاید پیش از تمام‌کردن این ۶۶ کتاب در آسمان باشم (حقیقت این بود که من برای هیچ کاری برنامه‌ریزی بالای شش ماه انجام نمی‌دادم، چون نه می‌خواستم آینده را گرو بگذارم، و نه می‌توانستم تصورش را بکنم که درگیر چنین گروگذاری‌ای شده‌ام). اما خداوند نقشه‌های دیگری داشت و این توانایی را به من بخشید تا این ماراتون را به پایان رسانم.

شرکت ضبط انکور[1] ۲۰ سال بود که نوارهای کاست مرا تکثیر و پخش می‌کرد و وقتی مدیر آن، جیم هریس راجع به این جلسات شنید، علاقه‌مند شد و از من خواست تا اجازه دهم این برنامه‌ها به صورت ویدئویی ضبط و پخش شود. او دوربینها و کارکنان خود را به مرکز کنفرانس‌های های لی[2] فرستاد و سالن اصلی آنجا تبدیل به یک استودیو شد که توانست در ظرف سه روز با حضور میهمانان ۱۸ برنامه تهیه کند. پنج سال دیگر هم طول کشید که این پروژه که تحت عنوان «آشنایی با کتاب‌مقدس» منتشر و توزیع شد، به اتمام برسد.

اکنون این نوارهای ویدئویی به سراسر جهان سفر می‌کنند. در کلیساهای خانگی، کلیساها، کالج‌ها، نیروهای مسلح، اردوگاه‌های کولی‌ها، زندان‌ها و شبکه‌های تلویزیونی کابلی از این سلسله دروس استفاده می‌کنند. در خلال بازدید مفصلی که از مالزی داشتم، متوجه شدم که در هفته حدود هزار نسخه از این مجموعه به فروش می‌رسد. این برنامه‌ها هر شش قاره- حتی قطب جنوب- را درنوردیده‌اند!

تا حال چند نفر این مجموعه را «میراث من برای کلیسا» نام نهاده‌اند. یقیناً این نتیجهٔ سال‌ها کار و تلاش است و اگر چه اکنون در هفتادمین سال زندگی‌ام روی زمین هستم، با این‌حال تصور نمی‌کنم خداوند کارش با من تمام شده باشد. اما می‌پنداشتم که وظیفه خطیری را به انجام رسانیده‌ام، ولی اشتباه می‌کردم.

هارپر کالینز[3] به سراغم آمد تا مرا متقاعد به انتشار این مجموعه، در چند جلد بنماید. در این دههٔ اخیر برای ناشران دیگری کتاب نوشته بودم، پس متقاعد شده بودم که این وسیلهٔ خوبی برای گسترش کلام خدا است. با این‌حال، برای چنین پیشنهادی دو شرط داشتم که خیلی مرا دودل می‌ساخت. یکی به نحوهٔ آماده‌کردن مطالب مربوط می‌شد و دیگری به شیوهٔ ارائهٔ آن. بگذارید به ترتیب معکوس آنها را توضیح بدهم.

---

1. Anchor Recordings; 2. High Leigh conference center; 3. Harper Colins

اول، من هرگز هیچ موعظه، سخنرانی یا مصاحبه‌ای را به‌طور کامل ننوشته‌ام. من از روی یادداشت‌هایم و گاه چند صفحه‌ای از آنها سخن می‌گویم. به همان اندازه که نگران محتوای مطلب بوده‌ام، دغدغهٔ ایجاد ارتباط با مخاطب را هم داشته‌ام و به‌طور حسی دریافته‌ام که یک دست‌نوشتهٔ کامل، ارتباط میان گوینده و شنونده را مختل می‌کند که کمترینش منحرف‌شدن نگاه سخنران از مخاطبانش است. سخنرانی‌ای که خودجوش‌تر باشد، می‌تواند به واکنش‌هایی که بیانگر احساسات هستند پاسخ مناسب بدهد.

نتیجه اینکه سبک سخنرانی و نگارش من بسیار متفاوت و البته هر کدام سازگار با کارکرد مورد نظر است. من از گوش‌کردن نوارهای خودم لذت می‌برم و عمیقاً تحت تأثیر قرار می‌گیرم و نسبت به خواندن آثار جدیدم هم اشتیاق دارم و اغلب به همسرم می‌گویم: «این واقعاً چیز خوبی‌ست!» اما وقتی چرکنویس همان گفته‌هایم را مطالعه می‌کنم، خودم شرمگین و حتی ترسان می‌شوم. عجب کلمات و عبارات تکراری‌ای! عجب جملات پریشان و ناقصی! چقدر ایراد و اشتباه در زمان افعال وجود دارد، خصوصاً در مورد زمانهای گذشته و حال! آیا با این کارم به‌راستی از انگلیسی معیار سوءاستفاده نمی‌کنم؟ شواهد انکارناپذیرند.

تصریح کردم که نمی‌توانم همهٔ مطالبی را که در اندیشه‌ام نهفته است به‌طور کامل روی کاغذ بیاورم. آماده‌کردن این دروس حاصل زندگی من است و نوشتن آنها عمری دوباره می‌خواهد که من ندارم! درست است که از این دروس و سخنرانیها رونوشت‌هایی به زبان‌های دیگر ترجمه شده و نسخه‌های ویدئویی به زبان‌هایی همچون چینی و اسپانیولی تهیه گردیده بود. اما تصور چاپ کامل نوشته‌ها مرا به وحشت می‌انداخت. شاید این آخرین پنجه در پنجه افکندن من با غرور باشد، اما در مقایسه با کتاب‌هایی که نوشته‌ام، وقتی که برای این کتاب صرف نمودم و رنجی که کشیدم، فوق از طاقتم بود.

اطمینان حاصل کردم که ویراستاران اشکالات دستوری مرا اصلاح خواهند نمود. ولی علاج اصلی مشکل من به‌کارگرفتن یک «نویسندهٔ پشت پرده» بود تا با من و خدمتم هماهنگ باشد و جرح و تعدیل لازم برای چاپ در نوشته‌هایم اعمال نماید. اندی پک[1] از هر جهت این اطمینان را به من داد که خودش از عهدهٔ کار برخواهد آمد ـ حتی اگر چه نتیجهٔ کارش آن چیزی نباشد که من نوشته‌ام.

پس همهٔ نوشته‌ها، نوارهای کاست و ویدئو و رونوشت‌ها را به او دادم، اما کتابی که در دست دارید به همان اندازه که کار من است، کار اندی پک هم هست. او به‌طرزی باورنکردنی سخت کار کرد و من عمیقاً از او سپاسگزارم که این توانایی را به من بخشید تا هرچه بیشتر حقیقتی را که انسان را آزاد می‌سازد، با مردم در میان بگذارم. اگر کسی به‌خاطر نوشاندن جرعه‌ای آب به یک نبی، پاداش نبی را دریافت می‌کند، پس می‌توانم خداوند را برای پاداشی که اندی به‌خاطر این محبت و زحمت بی‌اندازه دریافت خواهد کرد شکر کنم.

---

1. Andy Peck

دوم اینکه، من هرگز از اسناد و سوابق منابع خودم خوب نگهداری نکرده‌ام. شاید این به‌خاطر حافظهٔ خوبی بوده که خداوند برای مواردی از قبیل نقل‌قولها و مثال‌ها به من عطا کرده است و نیز شاید دلیل دیگرش این باشد که هیچوقت از یک منشی کمک نگرفته‌ام.

کتاب در کار من نقش به‌سزایی داشته است- حدوداً ۳ تن کتاب دارم و این آماری است که شرکت باربری‌ای که مسئولیت آخرین اسباب‌کشی ما را بر عهده داشت، در اختیارم گذارد-، به طوری که ۲ اتاق و آلونک باغ را اشغال کرده‌اند. کتاب‌هایم را در ۳ دسته طبقه‌بندی کرده‌ام: آنهایی که خوانده‌ام، آنهایی که قصد دارم بخوانم و آنهایی که هرگز قصد خواندن‌شان را ندارم! این کتاب‌ها برای من باعث برکت فراوان و برای همسرم، مایه عذاب بوده‌اند.

بزرگترین بخش کتاب‌های مرا، کتب تفسیر کتاب‌مقدس تشکیل می‌دهند. به هنگام آماده‌سازی درسی از کتاب‌مقدس، نظر همهٔ نویسندگان را در مورد آن موضوع یا متن خاص نگاه می‌کنم، اما این کار را وقتی انجام می‌دهم که اول خودم به آن آمادگی لازم رسیده باشم که مطلب را برای خودم تفسیر کنم. سپس هر دو را روی هم می‌ریزم و تلاشهایم را در پرتو نوشته‌های پژوهشی یا پرستشی، اصلاح می‌کنم.

نام بردن از همهٔ کسانی که نگارش این کتاب را مدیون‌شان هستم، غیرممکن است. مثل بسیاری دیگر، من هم کتاب «مطالعهٔ روزانهٔ کتاب‌مقدس» نوشتهٔ ویلیام بارکلی[1] را در همان زمان چاپ اول (دهه ۱۹۵۰) با اشتیاق فراوان بلعیدم! اگر چه بعدها برخی از تفاسیر لیبرال او را زیر سئوال بردم، اما اذعان دارم که بر شناخت او از پس‌زمینه و واژگان عهدجدید و نیز سبک ساده و روشن نگارش وی نمی‌توان قیمتی گذارد. جان استات، مریل تنی، گوردن فی و ویلیام هندریکسن از جملهٔ کسانی بودند که در عهدجدید را به رویم گشودند و الک ماتیر، جی. تی ونهام و درک کیدنر هم همان کار را در مورد عهدعتیق انجام دادند و زمان اجازه نمی‌دهد که از دنی[2] لایت فوت، نیگرن، رابینسون، آدام اسمیت، هاوارد، الیسون، مولن، لاد، اتکینسون، گرین، بیزلی- موری، سنیث، مارشال، موریس، پینک و بسیاری دیگر نام ببرم. البته نباید دو کتاب کوچک اما برجسته از دو نویسنده زن را از قلم انداخت: «***کتاب‌مقدس پیرامون چیست***» نوشتهٔ هنریتا میرز[3] و «***مسیح در سراسر کتاب‌مقدس***» اثر ای. ام. هادکین. نشستن پای درس‌های ایشان، برای من امتیاز بزرگی بوده است. من همیشه نسبت به فراگیری از خود اشتیاق نشان داده‌ام، چون اشتیاق به فراگیری یکی از خصوصیات اساسی یک معلم است.

مطالب همهٔ این منابع را مثل اسفنج جذب می‌کردم. بیشتر از اینکه به خاطر داشته باشم چه مطلبی را در ***کجا*** خوانده‌ام، به خاطر دارم که **چه** کتابی را خوانده‌ام. این امر، تا زمانی که پای گردآوری موضوعات برای تهیهٔ موعظه در میان بود مشکل بزرگی محسوب نمی‌شد، چون اکثر این نویسندگان کتاب‌های خود را با هدف کمک به واعظان نوشته بودند و انتظار نداشتند که مرتبا از ایشان به‌عنوان مأخذ نام برده شود. راستش، موعظه‌ای که پر از اسامی اشخاص باشد،

1. Daily Bible Readings; 2. Denney; 3. Henrietta Mears

اگر به غلط حمل بر لفاظی و به‌رخ‌کشیدن غیرمستقیم دانسته‌ها نشود، بی‌شک شنونده را گیج می‌کند. همان‌طور که ممکن است در مورد پاراگراف قبلی من چنین قضاوت شود!

اما مسئلهٔ چاپ برخلاف وعظ، تابع ضوابط حقوق مؤلف[1] است. همین امر یعنی ترس از تجاوز به حقوق دیگران باعث شد که من در نگارش این کتاب از هیچ کدام از موعظات خود استفاده نکنم. بی‌گمان اگر ردگیری تلاش‌های شما در میان نوشته‌های حاصل ۴۰ سال مطالعه امکان‌پذیر بود، اکنون دو برابر کتابی که در دست دارید، به درج پانوشت‌ها و قدردانی‌ها اختصاص یافته بود.

هر جا مطلبی بود که می‌توانست بسیار سودمند باشد، اما دستیابی به مأخذش ناممکن می‌نمود، به توصیه ناشرم از کتاب حذف کردم. هرچه باشد، مسئول گردآوری و تطابق مطالب و موضوعات این کتاب من بودم، اما یقین داشتم که این کتاب با همهٔ حذف‌های ناگزیرش، از ارزش و اصالت کافی برای در میان گذاشتن با دیگران برخوردار هست.

فقط می‌توانم پوزش و سپاسگزاری خود را نثار همهٔ کسانی کنم که ثمرهٔ مطالعات چندین‌ساله‌شان را، چه کم و چه زیاد، مورد استفاده قرار داده‌ام، با این امید که همهٔ آنان این سخنان را نمونه‌ای از نهایت صداقت من در خوشامدگویی بدیشان تلقی کنند. در مورد استفاده از نقل‌قولی دیگر، این مطالب را از کتابی برای‌تان می‌آورم: «برخی نویسندگان، از آثار خود تحت عنوان «کتاب من» یاد می‌کنند... حال آنکه بهتر است بگویند «کتاب ما»... چون در کتاب‌هایی که می‌نگارند، بیش از آنچه که خود به رشتهٔ تحریر درمی‌آورند، مطالب دیگر نویسندگان یافت می‌شود» (این نقل‌قول از پاسکال است).

بدین‌ترتیب، این «کتاب ما» است! بر این گمانم که من به قول فرانسوی‌ها، نقش «عامه‌پسندکننده» را داشته باشم. عامه‌پسندکننده کسی است که تعالیم دانشگاهی را برداشته و آن را به اندازه‌ای که برای «عموم» مردم قابل‌درک باشد، ساده می‌کند. من به همین عنوان قانع هستم. یک‌بار پس از ارائهٔ تفسیری از یکی از عبارات ژرف کتاب‌مقدس، خانم سالمندی به من چنین گفت: «شما این متن را به اندازه‌ای که برای ما باورپذیر و قابل‌درک باشد، ساده کردید.» در واقع، همیشه هدفم این بوده که یک پسر ۱۲ ساله هم بتواند پیام مرا درک کرده و به خاطر بسپارد.

شاید برخی از خوانندگان به‌خاطر عدم درج مؤاخذ دچار ناامیدی و حتی سرخوردگی می‌شوند، خصوصاً اگر بخواهند صحت نوشته‌های مرا ارزیابی کنند! اما عدم ذکر مؤاخذ عمدی است. خدا کلامش را به صورت کتاب به ما داد، نه در قالب فصل‌ها و آیات. فصل‌بندی و آیه‌بندی کتاب‌مقدس حاصل کار دو اسقف فرانسوی و ایرلندی، آن هم سده‌ها بعد بود. این کار پیداکردن «متن» را ساده کرد، اما زمینهٔ متن را به‌کلی نادیده گرفت. چند نفر از مسیحیانی که یوحنا ۱۶:۳ را از حفظ بلدند، می‌توانند آیات ۱۵و۱۷ را هم از حفظ بازگو کنند؟ خیلی‌ها دیگر

1. Copyright

در پی «جستجو در کتاب‌مقدس» نیستند، بلکه تنها (از روی شماره‌ها) دنبال‌شان می‌گردند. از این‌رو من از الگوی نقل‌قول رسولان پیروی کردم که فقط به ذکر نام نویسندگان- «چنانکه اشعیا یا داوود یا سموئیل می‌گوید»- اکتفا کرده‌ام. برای مثال، کتاب‌مقدس می‌گوید که خدا سوت می‌زند؟ در کجای این عالم چنین چیزی گفته شده است؟ در کتاب اشعیا. در کجای کتاب؟ خودتان بروید و آن را پیدا کنید. در این صورت در خواهید یافت که کی و چرا این کار را کرد. و از کشفی که خودتان به تنهایی انجام داده‌اید، خرسند خواهید شد.

سخن پایانی اینکه، در پس این امید که معرفی‌های بسیاری در مورد کتاب‌های کتاب‌مقدس آوردم تا شما را در شناخت و عشق بیشتر نسبت به کلام خدا یاری دهد، هدفی دیگر نهفته است؛ برانگیختن اشتیاقی بزرگتر و عمیق‌تر، تا موضوع اصلی کتاب‌مقدس را که همانا خود خداوند است بیشتر و عمیق‌تر بشناسید و محبت نمایید. توضیح شخصی که تمامی نوارهای ویدئویی مرا مشاهده کرده بود مرا عمیقاً تحت تأثیر قرار داد. او چنین اظهار نظر نمود: «اکنون من چیزهای بیشتری از کتاب‌مقدس می‌دانم، اما بزرگترین چیزی که حس کردم قلب خدا بود، به طریقی که پیشتر هرگز احساس نکرده بودم.»

یک معلم کتاب‌مقدس چه چیزی بیشتر از این می‌خواهد؟ باشد که شما نیز با مطالعهٔ این کتاب همین را تجربه کنید و به من ملحق شده هم‌صدا بگوئیم: شکر ای پدر، شکر ای پسر، شکر بر تو ای روح‌القدس.

جی. دیوید پاسون
شربورن، سنت جان، ۱۹۹۹

II
عهدجدید

بزنگاه تاریخ
۳۶ـ اناجیل
۳۷ـ مرقس
۳۸ـ متی
۳۹ـ لوقا و اعمال رسولان
۴۰ـ لوقا
۴۱ـ اعمال رسولان
۴۲ـ یوحنا

۳۶

اناجیل

مقدمه

کتاب‌مقدس کتابخانه‌ای است که کتاب‌هایش را ۴۰ نگارندهٔ مختلف در طی ۱۴۰۰ سال به رشتهٔ تحریر درآورده‌اند. خدا نه چنین صلاح دانست که متونی گزیده و مختصر همراه با شماره باب و آیه به ما اعطا فرماید، و نه اینکه کتاب‌هایی تدارک ببیند که حسب آموزه طبقه‌بندی و مرتب شده باشند. در عوض کتاب‌خانه‌ای از ***انواع گوناگون ادبیات*** به ما داد، که سبک‌های مختلفی از شعر گرفته تا تاریخ و نامه و مکاشفه را به سه زبان مختلف- عمدتاً عبری و یونانی و قدری هم آرامی- در بر می‌گیرد.

گونه‌گونی

درست همان‌گونه که در یک کتابخانهٔ عمومی هیچ دو کتابی با هم یکی نیستند و هر کدام منعکس‌کنندهٔ شخصیت نویسنده خود است، این کتابخانه نیز بازتاباننده‌ٔ ***شخصیت‌ها و دیدگاه‌های منحصربه‌فرد*** نگارندگان مختلف است. مهم است به خاطر داشته باشیم که روح‌القدس، نویسندهٔ «الاهی» کتاب‌مقدس، از نویسندگان انسانی کلام به‌عنوان پردازندهٔ صرف استفاده نکرده، که حقیقت کلام را با آنها در میان گذارد اما دل و فکرشان را دور بزند. نگارندهٔ اصلی و نهایی خود اوست، با این‌حال خود افراد هم در نحوهٔ انتقال به شیوهٔ خودشان آزادند.

در حقیقـت، کمتـر نویسـنده‌ای بود که بداند آنچـه از زیر قلمش بیرون می‌آیـد، روزی جزیی از کتاب‌مقدس خواهد شد.

با در نظر داشتن این مطلب، می‌توان تناقضات ظاهری در کتاب‌مقدس را در اغلب موارد با توجـه بـه ***انگیزه‌های نگارندگان*** توجیه کرد. برای نمونه، بیایید تضاد میان تأکید پولس بر نجات محـض فیـض و نـه اعمال را با تعلیم یعقـوب در مورد لزوم اعمال در نامـه‌اش در نظر بگیریم. زمانی که پولس در نامه به رومیان به موضوع ایمان پرداخت، با مجموعهٔ پرسش‌ها و دغدغه‌هایی متفـاوت از یعقـوب روبه‌رو بود. پولس نگران این اسـت کـه مبادا ما به‌دنبـال نجات از طریق اعمال‌مان باشیم، و دغدغهٔ یعقوب این است که آن ایمانی اصیل است که با اعمال همراه باشد.

یکپارچگی

کتاب‌مقدس به‌رغم گونه‌گونی‌اش، از یکپارچگی و وحدتی برخوردار اسـت که نشـان می‌دهد به دسـت نویسـنده‌ای الاهی نگاشته شده. در سرتاسـر آن یک مضمون واحد وجود دارد: ***آشکار نمودن داسـتان نجات***، که از پیدایش آغاز شـده تا کتاب مکاشـفه ادامه دارد. پیدایش ۱-۳ و مکاشفه ۲۱-۲۲، با اینکه به فاصله زمانی ۱۴۰۰ سال از یکدیگر نوشته شده‌اند، از مشابهت‌های چشمگیری برخوردارند و به‌طرز شگفت‌آوری دست خدا را در آنها نشان می‌دهد. می‌توان بدون قایل‌شدن به یک شکل بودن اجزای کتاب‌مقدس، یکپارچگی آن را تشخیص داد. همان‌گونه که خدا یکی است اما در سه شخص، کلام او هم گویای وحدت در عین کثرت می‌باشد.

نگرش‌هایی بر بررسی کتاب‌مقدس

هنگام بررسی کتاب‌مقدس باید این جنبه‌ها را در خاطر داشته باشیم. هر دو نگرش از اهمیت برابر برخوردارند:

۱. گونه‌گونی: تحلیل یک کتاب و مشاهدهٔ ***تفاوت‌های*** آن با دیگر کتاب‌ها.

۲. یکپارچگی: توجه به مشـابهت‌های آن کتاب با کتاب‌های دیگر، و نحوهٔ سـازگاری آن با کل مجموعه.

کسـانی که به کتاب‌مقدس دیدگاهی لیبرال دارند، بیشـتر مایلند که بـر گونه‌گونی آن متمرکز شـوند، چراکه می‌ترسـند تأکید بر یکپارچگی آن ممکن اسـت تناقضات موجود در آن را آشکار سازد.

لازم است تعادل میان اذعان به نگارش الاهی و یکپارچگی ذاتی کتاب‌مقدس، و در عین‌حال توجه به اینکه هر کدام حاصل کار نویسـنده‌ای انسـانی و برای منظوری خاص اسـت را حفظ کنیم. اگر فقط بر نگارش الاهی کلام تأکید کنیم، ممکن است ناخواسته دیدگاهی غلط از حیطهٔ اصلـی حقیقت به‌دسـت آوریم، و از توجـه به رویکردهای متفاوت نویسـندگان مختلف به یک

مضمون واحد درمانیم. آنوقت به اشتباه با همهٔ کتاب‌ها به‌گونه‌ای مشابه برخورد می‌کنیم، گویی که تنها یک کتاب با پیام و سبکی واحد وجود دارد، و پاک از یاد می‌بریم که خدا از موقعیت منحصربه‌فرد کتاب و نویسنده‌اش برای انتقال حقیقت به مخاطب استفاده کرده است. از سوی دیگر، اگر تنها و تنها بر فردیت کتاب تمرکز نماییم، ممکن است فراموش کنیم که این بخشی از کتابخانه‌ای است که گرد هم آمده، و در آن یکپارچگی مضمون و مقصود را به نمایش گذارده است.

ارزش این نگرش به‌طور ویژه زمانی روشن می‌شود که به بررسی *اناجیل* می‌پردازیم. در یک سطح، میان همهٔ نویسندگان مژدهٔ عیسی یک وحدت نظر وجود دارد. همگی برای گزارش خود از دوره زمانی، افراد و جای‌های واحد سخن می‌گویند، اما هر کدام **نکتهٔ محوری و مخاطب خاصی** را در ذهن دارند. این امر به‌طور اخص در مورد انجیل یوحنا مصداق پیدا می‌کند، و همین عامل جدایی آن از سه انجیل «همدید» دیگر است، که با همدیگر وجوه اشتراک فراوانی دارند. هنگامی که به‌طور مشخص به این تفاوت‌ها توجه می‌کنیم، حال و هوای ویژه یوحنا بیشتر آشکار می‌گردد.

اناجیل

اناجیل نزدیکترین نوشته‌هایی هستند که ما در رابطه با زندگی‌نامه عیسی در دست داریم، چراکه زندگی، مرگ و رستاخیز وی را پوشش می‌دهند. با این‌حال، چیزی که کمتر کسی قادر به درک آن است این نکته است که آنها به سبکی کاملاً منحصربه‌فرد نوشته شده‌اند و از چیزی سخن می‌گویند که نه تا آن زمان، یعنی سدهٔ یکم میلادی، شنیده شده بود و نه می‌توان در ادبیات معاصر همتایی برایش سراغ گرفت. خوانندگان دقیق می‌دانند که برای درست تفسیرکردن اناجیل لازم است هر آیه را در زمینهٔ بی‌واسطهٔ خود آن متن و در زمینهٔ متن کل کتاب مورد ملاحظه قرار دهند. عدم درک سبک ادبی برای خوانندگان مشکلاتی به‌وجود می‌آورد. پیش از پرداختن به جزئیات فردی کتاب، باید برای‌مان کاملاً روشن شود که «انجیل» چگونه کتابی است.

انجیل چیست؟

به‌طور قطع و یقین انجیل خودزندگی‌نامه نیست، چراکه عیسی هیچگاه کتابی ننوشت، اما در عین‌حال یک زندگی‌نامهٔ صرف هم نیست، چون بیش از یک‌سوم صفحات هر انجیل به توصیف مرگ عیسی پرداخته است. هیچ زندگی‌نامه‌ای یک‌سوم مطالب خود را به موضوع مرگ شخص مورد نظر، هر چقدر هم که جذاب یا غم‌انگیز باشد، اختصاص نمی‌دهد. شاید در جهان ادبیات نتوان مثالی درخور برای آن پیدا کرد، اما در عالم رسانه می‌توان انجیل را با **بولتن خبری** مقایسه نمود.

واژهٔ «انجیل» گونهٔ تغییرشکل‌یافتهٔ واژهٔ *evangelion* یونانی است، که در روزگار عهدجدید برای توصیف اعلان اخبار تکان‌دهنده‌ای به‌کار می‌رفت که به‌وسیلهٔ چاووشان (جارچیان) فرستاده شده به شهرها و روستاهای اطراف به آگاهی مردم می‌رسید. آنان معمولاً خبر شکست دشمن یا مرگ امپراتور را جار می‌زدند. انجیل هم به همین ترتیب اعلان خبری است که از محتوایش پیداست که باید خبری مهیج باشد. معنای تلویحی‌اش این است که جهان پس از شنیدن این خبر هرگز مثل سابق نخواهد بود.

همان‌گونه که معمولاً اخبار را با صدای بلند برای شنوندگان می‌خوانند، غرض این بوده که انجیل (در مجموع کل عهدجدید) را هم با صدای بلند بخوانند. اگر ما هم آن را با صدای بلند بخوانیم (حتی برای خودمان)، امروز هم می‌توانیم از منافع بسیار برخوردار گردیم.

چرا اناجیل نوشته شدند؟

دلیل نگارش اناجیل به شکلی که ما در اختیار داریم، روشن است. در دهه‌های نخستین پس از صعود عیسی به آسمان، کلیسا از نظر تعداد رو به افزایش نهاد و در سرتاسر جهان رومی پراکنده شد و رسولان هم برای گسترش پیام انجیل به هر سو رفتند. بدین‌ترتیب، مردمان بسیاری می‌خواستند «خبر» را از کسانی که شاهد زندهٔ رویدادهای زندگی عیسی بودند به صورت دست اول بشنوند. پس لازم شد که ***شهادت دادن*** در مورد اعمال و گفتار عیسی، در قالب ***گزارش‌هایی قابل‌اعتماد*** از زندگی و روزگار او، مکتوب گردد.

چرا چهار انجیل وجود دارد؟

نخستین چیزی که به ذهن بسیاری از مردم خطور می‌کند این است که چرا باید چهار انجیل وجود داشته باشد که محتوا و جمله‌بندی آنها تا حد قابل‌ملاحظه‌ای با هم یکی است. برای برخی وجود چهار انجیل زاید به‌نظر می‌رسد، به‌ویژه که از قرار معلوم همان مطالب را تکرار کنند. اگر تنها یک انجیل داشتیم آیا خیلی راحتتر نبودیم؟ چرا یکی همهٔ آنها را با هم ادغام نکرد و یک انجیل واحد به‌وجود نیاورد، به نحوی که هر یک از نویسندگان در آن سهمی داشته باشند؟

شاید این نگرش منطقی‌تر و معقول‌تر به نظر برسد، اما زمانی که مردم می‌کوشند تا از هماهنگ‌کردن چهار انجیل یک انجیل واحد بسازند، یک چیز مهم از قلم می‌افتد. خدا همچون گذشته که به دلایلی موجه اجازهٔ تکرار مطالبی را در کتاب‌مقدس داده بود، برای الهام‌کردن چهار انجیل دلیلی شایسته داشت. برای نمونه، در پیدایش ۱ و ۲ دو گزارش از آفرینش وجود دارد- یکی از دیدگاه خدا و دیگری از دیدگاه انسان. دو گزارش هم از تاریخ اسرائیل در پادشاهان و تواریخ موجود است، که هرچند به یک دورهٔ زمانی واحد می‌پردازند، اما از دیدگاه‌هایی کاملاً متفاوت نگارش یافته‌اند. به همین ترتیب ما چهار گزارش از زندگی و مرگ عیسی داریم، چون

خدا می‌خواست از ***زوایای گوناگون*** چند تصویر به ما ارائه کند تا نمایی کامل از آن تصویر به‌دست آوریم.

اگر می‌خواستید از هواپیمای کنکورد عکس بگیرید و شکلش را به کسی نشان دهید، ناگزیرید دستِ‌کم چهار یا پنج عکس از آن بگیرید، وگرنه بیننده هرگز نمی‌تواند برداشتی کامل از هواپیمای نام‌برده پیدا کند چراکه از هر زاویه به‌گونه‌ای متفاوت به‌نظر می‌رسد. عیسی هم اعجاب‌برانگیزترین شخصیتی است که از تا کنون زیسته و از این‌رو خدا برای تماشای وی به چهار نفر الهام کرده تا آنچه را که دیده‌اند از زاویهٔ دید خود به رشتهٔ تحریر درآورند. هر یک از نگارندگان اناجیل به گونه‌ای مستقل، و بر اساس دیدگاه شخصی خودشان از عیسی دست به نگارش زدند.

الهام

چشم‌انداز مزبور بر نحوهٔ نگارش اناجیل نکته‌ای مهم را در مورد الهام کلام خدا به ما نشان می‌دهد. بر این تأکید می‌ورزد که نویسندگان کتاب‌مقدس «واژه پرداز» نبوده‌اند، که هرچه را که از دهان خدا[1] خارج و به ایشان دیکته می‌شده، مستقیماً می‌نگاشته‌اند. خواست خدا این بوده که از افراد برای انتقال درک و فهم خودشان از عیسی استفاده نماید و پیام خود را با هدفی که به‌طور ویژه مورد نظر هر فرد بوده، به مخاطبان منتقل سازد. با وجود این، نویسندگان، در عین‌حال در انتقال کلام خدا از هیچ چیز فروگذار نمی‌کردند، و واژه واژهٔ کلام‌شان الهام شده بود. این هم کلام انسان است و هم کلام خدا. بنابراین، الهام ویژگی‌های فردی هر نویسنده را هم در بر می‌گیرد.

چطور اناجیل با یکدیگر فرق دارند؟

زمانی که شخصیت نامداری چشم از جهان فرومی‌بندد، معمولاً در پی مرگش یک سلسله مطالب مختلف به رشتهٔ تحریر درمی‌آید.

۱. نخستین مطالب منتشر شده از ***آنچه که آن شخص کرده بود*** به ما می‌گویند؛ معمولاً آگهی‌های ترحیم روزهای اول این هدف را تحقق می‌بخشند.

۲. بعد مردم به ***آنچه که آن شخص گفته بود*** علاقه‌مند می‌شوند، و بدین‌ترتیب، شروع به انتشار مجموعه‌ای از نامه‌ها و سخنرانی‌های وی می‌کنند.

۳. سپس مرحلهٔ سوم فرامی‌رسد، که به پس کردار و گفتار وی نگاه می‌اندازند تا ***آنچه که آن شخص بوده***، تجزیه و تحلیل شخصیت وی و انگیزه او و خلاصه آنچه را که به‌راستی بوده، کشف کنند.

---

1. از پیدایش تا مکاشفه، بخش‌هایی از این قاعده مستثنا هستند و این نشان را بر خود دارند که مستقیماً و لفظ به لفظ منتقل شده‌اند.

چهـار انجیـل هم، چنانکه جدول صفحهٔ ۲۹ نشـان می‌دهد، دقیقاً از این سـه مرحله تبعیت می‌کنند. دغدغهٔ مرقس بیشـتر آن کارهایی اسـت که عیسی انجام داده، روی اعمال، معجزات، مرگ و رستاخیزش تمرکز می‌کند. متی و لوقا هر دو بیشتر به گفته‌های عیسی توجه نشان داده، بیش از مرقس موعظه‌های عیسـی را در خود ثبت کرده‌اند. با این‌حال، یوحنا نه به کارهایی که عیسی کرده علاقه‌مند است و نه به چیزهایی که گفته. دغدغهٔ اصلی او هویت خود عیسی است و بـس؛ اینکـه او کیسـت. در حالی‌که اناجیل از لحـاظ فرم‌های ادبی با هم فـرق دارند، طیف گسترده‌ای از تأملات پیرامون عیسی را دربرگرفته‌اند، و تصویری تمام نما از وی به خواننده ارائه می‌دهند تا درکی عمیق و کامل از او به‌دست آورد.

چگونه اناجیل را بررسی کنیم

با توجه به تفاوت‌هایی که از لحاظ فرم ادبی میان اناجیل وجود دارد و ما خاطرنشان کردیم، بـرای رمزگشـایی از معنای آنها دو سـطح مجزا از هم وجود دارد کـه می‌توانیم بدان‌ها بپردازیم. نخستین نگرش، یعنی لزوم بررسی هر انجیل از جنبهٔ ***دیدگاه نگارنده***، نگریستن بدانچه که وی از زاویهٔ نگاه خودش در مورد عیسی گفته و فهمیده، را پیشتر مورد توجه قرار دادیم. سطح دیگر نگریستن به انجیل در چارچوب ***انگیزهٔ نگارنده*** است و اینکه می‌خواسته شنوندگانش به او چه واکنشی نشان دهند. این دو سطح با یکدیگر همپوشانی دارند، اما زمانی که به بررسی تک تک کتاب‌ها می‌پردازیم به غایت یاری‌مان می‌کنند.

دیدگاه نگارنده

خواسـت هـر یک از نویسـندگان اناجیل ایـن بوده که بینشـی ویژه از عیسـی ارائه دهد و دسـتمایه‌های خـود را بر اسـاس همان بینش سـازمان داده اسـت (نک. جـدول صفحهٔ ۲۹). می‌خواسـته کاری فراتـر از یـادآوری کارها و گفته‌های عیسـی انجام دهد ـ نیتـش این بوده که زمینـه‌ای از زندگـی عیسـی ارائه دهد کـه برای خواننده قابل‌درک باشـد. دیـدگاه او ضرورتاً به انجیل خودش منحصر نمی‌شود: میان نویسندگان همپوشانی وجود دارد، اما روشن است که هر نویسنده بینشی خاص خود دارد.

- مرقس که نخستین و کوتاه‌ترین انجیل را نوشت، عیسی را پسر انسان می‌دید.
- لوقا دومین انجیل را نوشت و عیسی را نجات‌دهنده جهان می‌دید.
- متی سومین انجیل را به رشتهٔ تحریر درآورد، و عیسی را به‌عنوان پادشاه یهود به تصویر کشید.
- یوحنا نگارندهٔ انجیل چهارم است و عیسی را پسر خدا می‌بیند.

نگارندگان دستمایه‌های خود را به همان شیوه‌ای برگزیده و سازمان داده‌اند که به بهترین نحو منتقل‌کنندهٔ دیدگاه ویژهٔ خودشان باشد.

انگیزهٔ نگارنده

با وجود این، ملاحظهٔ هر انجیل از نقطه نظر خواننده نیز لازم است. هر نویسنده‌ای مخاطبان خاصی را در ذهن دارد و نگران انتقال پیام خود در مورد عیسی به ایشان است.

بررسی دقیق نشان می‌دهد که متی و یوحنا برای ایمانداران نوشته شده‌اند:

- متی نگران نوایمانان است و کتابش هم به‌گونه‌ای مرتب شده که ما بدانیم چگونه باید به‌عنوان شاگردان زندگی کنیم.
- یوحنا برای ایمانداران قدیمی‌تر نوشته شده تا ایشان را به نگاه داشتن ایمان‌شان به عیسی و بی‌اثرکردن بدعت‌ها در مورد یحیای تعمیددهنده و خود عیسی تشویق نماید.

از سوی دیگر، مرقس و لوقا در وهلهٔ نخست برای بی‌ایمانان نوشته شده‌اند.

- مرقس می‌خواهد که خوانندگانش با خواندن خبرهای مربوط به عیسی به هیجان آیند تا بلکه از این طریق به او ایمان بیاورند.
- لوقا به‌عنوان یگانه نگارندهٔ غیریهودی کتاب‌مقدس، می‌خواهد که غیریهودیان دیگر هم عیسی را بشناسند.

مخاطبان گوناگون تحت تأثیر مطالبی قرار دارند که نویسندگان اناجیل گرد آورده و به شیوه خود پرداخته‌اند.

مشابهت‌ها

پیشتر خاطرنشان ساختیم که میان مطالب و جمله‌بندی اناجیل همپوشانی وجود دارد، و خصوصاً سه انجیل نخست به هم بسیار شبیه‌اند. در واقع، ۹۵ درصد مرقس در دو انجیل متی و لوقا، و در پاره‌ای موارد با شباهت بسیار در جمله‌بندی و محتوا آمده است. این سه انجیل نخست به ***اناجیل «همدید»*** معروفند. واژهٔ «همدید» از دو واژهٔ یونانی *'syn'* به معنای «با هم» و *'optic'* به معنای دیدن یا «دید» گرفته شده است. سه انجیل نخست، برخلاف یوحنا که مستقل‌تر نوشته شده، بازتاب دیدگاهی مشترک دربارهٔ عیسی هستند. با پایان یافتن متی و مرقس و لوقا و آغازشدن یوحنا شاهد تغییری مشهود هستیم.

در سه انجیل دیگر دست‌مایهٔ مطالب نگارندگان مشترک است. در مرقس مطالب اندکی وجود دارد که در دو انجیل دیگر نیامده، اما متی و لوقا هر دو اکثر مطالب او را، هرچند به شیوه‌ای متفاوت، در انجیل خویش به‌کار برده‌اند. متی مرقس را به تکه‌های کوچک تقسیم کرده هر تکه را با مطالب خاص خودش آمیخته است، در حالی‌که لوقا بخش‌های بزرگ از مرقس را برگرفته یکجا آنها را در انجیل خود به‌کار گرفته است.

البته مباحث دیگری هم وجود داشته است: آیا متی و مرقس از لوقا استفاده کرده‌اند، یا متی و لوقا از مرقس بهره گرفته‌اند و آن را شاخ و برگ داده‌اند، یا اینکه مرقس متی و لوقا را خلاصه کرده است؟ بیشترین احتمال این است که متی و لوقا به شرح و بسط مرقس پرداخته، و هنگام نگارش انجیل خود مرقس را پیش رو نهاده باشند. متی مطالبی دارد که خاص خودش است، یعنی از هیچ‌کس دیگری اقتباس نکرده است، و لوقا هم مطالب ویژهٔ خود دارد.

مرقس به‌عنوان مبنا

شگفت‌آور نیست که سه انجیل همدید رابطهٔ ادبی مشترکی دارند، چرا که مبنای آنها مرقس است. گرچه در کتاب‌مقدس‌های ما مرقس در جایگاه دوم قرار گرفته، اما به‌طور قطع نخستین انجیلی است که به رشتهٔ تحریر درآمده. وی انجیلش را با دقت فراوان به دو بخش تقسیم می‌کند و در میان این دو بخش یک وقفه ایجاد می‌کند. بخش نخست به خدمت عیسی در شمال، یعنی جلیل اختصاص پیدا می‌کند. بخش دوم هم تأثیر نفوذ عیسی در جنوب، یعنی یهودیه را مورد بررسی قرار می‌دهد. گذشته از یک رویداد که در ناصره به‌وقوع می‌پیوندد و طی آن روستاییان می‌کوشند تا عیسی را از پرتگاه به پایین بیندازند، او در شمال از محبوبیت بسیاری برخوردار است و هزاران نفر از وی پیروی می‌کنند. اما وی در جنوب بسیار منفور است و پیاپی برایش دردسر ایجاد می‌کنند. یهودیان صاحب قدرت با او دشمنند و پیروانی اندک دارد. مرقس با این تقسیم‌بندی، داستان را در مقطعی که عیسی محیط دوستانهٔ شمال را ترک می‌کند و به محیط خصمانهٔ جنوب پا می‌گذارد تا در نهایت در همان‌جا تن به صلیب بدهد، به نقطهٔ اوجش می‌رساند.

هم متی و هم لوقا از این چارچوب دوبخشی به‌عنوان زیربنای اثر خود استفاده می‌کنند. لوقا دومین انجیلی است که به رشتهٔ تحریر درآمد. او به بازنویسی انجیل مرقس پرداخته، مطالبی که خاص خودش است و نیز مطالبی که دست‌مایهٔ متی قرار گرفته را هم بدان می‌افزاید. متی و لوقا احتمالاً این دسته از مطالب خود را از منبع کتبی یا شفاهی جداگانه‌ای گرفته‌اند که هر دو بدان دسترسی داشته‌اند، و نزد محققان عهدجدید به 'Q' معروف است که از نخستین حرف *'Quelle'* («منبع») گرفته شده. سپس متی به تصنیف انجیل خود پرداخته، دستمایه‌های خویش را که حاصل پژوهش‌های شخصی‌اش بوده، به پیوست مطالب 'Q' بدان افزوده، اما آن را به‌گونه‌ای دیگر مرتب کرده تا متناسب مقصود خاصش باشد.

نتیجه‌گیری

اگر می‌خواهیم پیام را به‌طور کامل دریافت کنیم، دانستن اینکه کدام انجیل است و خطاب به چه کسی نوشته شده، خیلی اهمیت دارد. آنچه را که پیشتر در مورد اناحیل گفتیم در جدول زیر به‌طور اختصار نوشته شده است.

اناجیل

چهار انجیل

مرقس- پسر انسان
متی- پادشاه یهود
لوقا- نجات‌دهندهٔ جهان
یوحنا- پسر خدا

سه مرحله

آنچه که عیسی کرد- مرقس
آنچه که عیسی گفت- متی/لوقا
آنچه که عیسی بود- یوحنا

دو زاویه

نویسنده- دیدگاه
چه؟ چگونه؟
خواننده- انگیزه
چه کسی؟ چرا؟

در اناجیل چهار بولتن خبری داریم که همگی شخصیت و کار مسیح را به ما معرفی می‌کنند، جملگی گزارش‌های خود را از زندگی و روزگار عیسی از منابع دست اول به‌دست آورده، با هدف بنا و تقویت ایمانداران یا متقاعدکردن بی‌ایمانان به ایمان‌آوردن به فرستادهٔ خدا نوشته‌اند. بهترین روش برای خواندن اناجیل این است که آنها را در یک نشست و ترجیحاً با صدای بلند، یعنی همان‌گونه که پیش از نگارش‌شان موعظه می‌شدند، بخوانیم.

اناجیل نوشته‌هایی فوق‌العاده‌اند زیرا به توصیف «بزنگاه تاریخ» می‌پردازند. از این مقطع به بعد جهان هرگز چونان گذشته نخواهد بود. مسیح، انسانی که در عین‌حال خداست، برای نجات جهان آمده. به این دلیل زمان به دو بخش تقسیم می‌شود: پ. م (پیش از میلاد مسیح) و م. (میلادی).

۳۷

مرقس

مقدمه

در مقدمهٔ کلی اناجیل (باب پیشین) دیدیم که مرقس، گرچه در ترتیب عهدجدید دومین انجیل است، اما نخستین انجیل از اناجیل چهارگانه بود که نوشته شد. این کتاب در وهلهٔ نخست برای *بی‌ایمانان* نوشته شد، و خواننده به سرعت می‌تواند متوجه صراحت لهجه و سبک نمایشی و احساسی آن شود. متن از چنان گیرایی و کششی برخوردار است که وقتی آن را شروع می‌کنید به سختی می‌توانید آن را زمین بگذارید.

مرقس که بود؟

نگارندهٔ انجیل مرقس، مانند نگارندگان سه انجیل دیگر، از خود نام نمی‌برد. وی از جلب‌کردن توجه خواننده به خودش پرهیز می‌کند، با وجود این، اشارات صریحی وجود دارد که هویت نگارنده را بر ما آشکار می‌سازد. گویی چنان است که می‌خواهد بگوید باید همهٔ توجه‌ها به عیسی معطوف باشد، نه به وی.

او مردی است با سه نام، که هر یک سرنخی از پیشینهٔ وی به ما می‌دهد.

۱. «مرقس» از نام لاتین *مارکوس* گرفته شده، و به ما می‌گوید که هرچند وی یهودی بوده اما به نوعی با مقامات رومی ارتباط داشته است. به‌طور یقین نمی‌دانیم که این ارتباطات

چه بـوده، اما خانواده‌اش در اورشـلیم خانه‌ای بزرگ داشـته‌اند و بایـد از جایگاه و منزلت خاصی برخوردار بوده باشند، چراکه دستِ‌کم یک کنیز در خانه داشته‌اند.

۲. نام عبری او ***یوحنان*** یا یوحنا بود، که به معنای «یهوه (خدا) فیض خود را نشان داده» است، و اغلب او را تحت عنوان یوحنای ملقب به مرقس می‌شناختند.

۳. نـام سـوم او غیرعـادی اسـت: *Colobodactolus*، نامـی یونانـی که بـه معنای «خپل انگشـتی». نخسـتین انجیلی که نوشته شد به قلم شخصی بود که انگشتانی خپل و گوشتالو داشـت! بدین‌ترتیب، مرقس سـه نام داشـت، یک نام مستعار یونانی، یک نام لاتین و یک نام عبری.

خانهٔ پدری او

مـادر مرقس مریم نام داشـت که در زبان عبری بدان میریـام می‌گفتند. به احتمال قریب به یقیـن خانهٔ پدری مرقس همان مکانی بود که در آن شـام آخـر را برگزار کردند. این را از رویداد غیرعادی‌ای می‌فهمیم که در پی دسـتگیری عیسـی در باغ جتسـیمانی، و مستقیماً پس از شام آخر در آن «بالاخانه» در اورشلیم اتفاق افتاد.

می‌خوانیم که وقتی عیسـی را دسـتگیر کردند، سربازان جوانی را گرفتند که فقط پارچه‌ای به تـن پیچیـده بود. او را نیز گرفتند، اما او آنچه بر تن داشـت رها کرد و در تاریکی شـب عریان گریخت. ذکر این جزئیات قدری غیرعادی اسـت و چیزی جز این را نشـان نمی‌دهد که او کسی نبوده مگر خود یوحنای مرقس، که شـتابان از خانه خارج شـده بود تا به‌دنبال شـاگردان به باغ جتسیمانی برود، سپس در پشت یکی از درختان کهنسال زیتون پنهان شد، و دعاهای عیسی را شـنید و دسـتگیری‌اش را دید. این به خوبی توجیه می‌کند که ما از کجا جزئیات دعای عیسی را می‌دانیم، در حالی‌که از دامنهٔ شنوایی شاگردان دور بود و صدایش را نمی‌شنیدند.

اینهـا همـه حدس و گمان اسـت، اما خیلی محتمل اسـت که مکان بالاخانهٔ شـام آخر خانهٔ یوحنای مرقس بوده باشد و همین رویداد تأییدی است بر نگارش انجیل توسط او.

او اطلاعاتش را چگونه به‌دست آورد؟

یوحنای مرقس در زمرهٔ رسولان قرار نداشت. به‌عنوان یک نوجوان عیسی را دیده بود، اما در رویدادهای آتی هیچگاه نقش رهبری نداشته. گرچه در جاهای دیگر عهدجدید از او یاد شده، اما همیشه به‌عنوان دستیار «نقش دوم» را بازی می‌کند. پس شاید اعجاب‌برانگیز باشد که از میان همهٔ مردم این یوحنای مرقس باشد که دست به نگارش نخستین انجیل زده باشد.

او دستیاری سه تن از بزرگترین رهبران مسیحی کلیسای اولیه را عهده دار بود و همین سرنخی از دسترسـی وی به منابع اطلاعاتی دسـت اول می‌دهد. وی نخست دسـتیار پسرعمویش ***برنابا***، لاوی‌ای از اهالی قبرس بود. از قرار معلوم این برنابا بود که وی را در خدمت مسیحی تعلیم داد.

سپس، مرقس دستیار ***پولس*** رسول شد و در سفر اول بشارتی پولس و برنابا را همراهی کرد. این همراهی برای او با موفقیت کامل قرین نبود، زیرا یوحنای مرقس از میانهٔ راه، زمانی که آنان به ساحل آسیای کوچک رسیده بودند از گروه جدا شد. لوقا در اعمال رسولان ننوشته که علت دقیق این جدایی چه بوده. شاید برای خانه و خانواده دچار دلتنگی شده بود. برخی گمان می‌کنند که وی با پذیرش رهبری پولس مشکل داشته، چون احساس کرده که پسرعمویش برنابا باید رهبر گروه باشد. دیگران معتقدند که خطرات ناشی از حملهٔ راهزنان موجب دلسردی وی گردید. ما مطمئن نیستیم. با این‌حال می‌دانیم که وقتی پولس و برنابا برای سفر دوم راهی شدند، یوحنای مرقس در کانون بحث و جدل قرار گرفت، زیرا پولس اصرار داشت که چون مرقس آنان را در سفر اول رها کرده، نباید او را با خودشان بیاورند و برنابا هم بر آوردن او پافشاری می‌کرد. در نهایت پولس و برنابا بر سر این مسئله از یکدیگر جدا شدند و هر کدام به راه خود رفتند.

سرانجام، مرقس دستیار شخصی ***پطرس*** رسول، که پس از پولس به رُم آمده بود، گردید. مرقس در اثر این رابطه اطلاعات خود را برای انجیلش به‌دست آورد. وظیفهٔ ابتدایی او این بود که برای پطرس نقش مترجم را بازی کند و در طی سفرهای او و در میان کلیساهای رُم پیام‌هایش را به لاتین ترجمه نماید. یکی از مدارک مربوط به کلیسای اولیه به ما می‌گوید که برخی از اعضای جماعت کلیسای رُم پرسیدند که آیا این امکان وجود دارد که ایشان مجموعه‌ای از موعظه‌های پطرس را به صورت مکتوب، که ماندگارتر است، داشته باشند. آنان بیم از این داشتند که دلیری پطرس به دستگیری‌اش منجر شود، به‌ویژه که زمانه، زمانهٔ نرون، امپراتور مخوف بود و ایمانداران دلواپس از دست رفتن خاطرات عیسی بودند. در متن مزبور آمده که پطرس از این ایده استقبال چندانی نکرد، اما «مانع از این هم نشد تا مرقس دست به انجام این مهم دراز نماید».

سبک

به دلیل رابطهٔ نزدیکی که مرقس با پطرس داشت، این انجیل را ***«انجیل پطرس»*** نیز نامیده‌اند. در حقیقت، بررسی دقیق موعظه‌های پطرس در اعمال رسولان آشکارکنندهٔ ارتباط تنگاتنگ آن با انجیل مرقس است. در همه جای این انجیل خوی و طبیعت پطرس خودنمایی می‌کند. می‌توانیم به او لقب «مرد عمل» بدهیم، چراکه وی بسیار بی‌پروا بود و پیوسته پیش از آنکه فکر کند سخن می‌گفت و اغلب در حالی‌که دیگران محتاط‌تر بودند، او آمادهٔ عمل‌کردن بود. از دیگر اناجیل پیداست که پطرس همان کسی است که خواست روی آب راه برود. او همان کسی بود که پس از رستاخیز عیسی از انتظار برای پدیدار شدنش خسته شد و گفت: «من می‌روم ماهیگیری.» او همان کسی بود که وقتی یوحنا گفت عیسی در ساحل ایستاده، از قایق به درون آب پرید.

پطرس آرام و قرار نداشت و این انجیل هم همان هیجان و ضرب‌آهنگ نفس‌گیر را تداعی می‌کند. واژهٔ «بی‌درنگ» بارها به‌کار برده شده، که خلاصه‌کنندهٔ میل پطرس به زندگی است. به

همین دلیل انجیل مرقس صریح‌ترین و زنده‌ترین انجیل از میان چهار انجیل و خواندنش با صدای بلند بسیار هیجان‌انگیز است. هنرمندی به نام الک مک کاون[1] برای اجرای رسیتال ساده‌ای بر اساس انجیل مرقس تأتر لندن را ماه‌ها قرق کرده بود.

در بخش نخست مرقس زمان نسبتاً اندکی به دو سال و نیم آغازین خدمت عیسی اختصاص یافته است. سبک حرکت مرقس سریع است، گویی می‌خواهد خواننده را با آنچه که در حال وقوع است هیجان‌زده کند. اما در بخش دوم او زمان بیشتری را به ماه‌های بعدی اختصاص می‌دهد، سپس حتی زمان بیشتری را صرف بررسی واپسین هفته‌های زندگی عیسی می‌کند، تا اینکه مستقیماً تمرکزش را روی هفته آخر و روز آخر معطوف می‌دارد و ساعت به ساعت آن را توصیف می‌کند. درست به قطار سریع‌السیری می‌ماند که با نزدیک‌شدن به ایستگاه از سرعت خود می‌کاهد و به‌سوی توقف کامل پیش می‌رود- و درست در برابر صلیب می‌ایستد.

مرقس در ساختار انجیل خود همه چیز را در جهت به تصویر کشیدن مرگ عیسی ساخته و پرداخته می‌کند و از مطالب دیگر به تندی می‌گذرد تا کم‌کم به لحظهٔ موعود برسد و در برابر صلیب بایستد. این اثر شاهکاری در زمینهٔ روزنامه‌نگاری است، و احتمالاً برای دادن به یک غیرمسیحی است که هیچ زمینهٔ قبلی از مسیحیت ندارد و می‌خواهد در مورد شخص مهیجی که منجی و خداوند ماست مطالعه کند، بهترین انجیل است.

محتوای انجیل مرقس
ضعف‌های پطرس

انجیل مرقس چنان که انتظار می‌رود پطرس را در محاق انتقاد قرار می‌دهد، زیرا بیش از نقاط قوتش بر ضعف‌های او تأکید می‌کند- انگار پطرس تعمد دارد که خوانندگان در مورد *اشتباهات* او بدانند. از این‌رو مرقس این سخنان عیسی را در مورد پطرس هم از قلم نمی‌اندازد. زمانی که وی به عیسی اعتراض می‌کند که چرا رنج‌هایی را که قرار است در آینده متحمل گردد تعریف می‌کند، عیسی بدو می‌گوید: «از من دور شو، ای شیطان!» در مقابل، در متی می‌خوانیم: «تویی پطرس، و بر این صخره کلیسای خود را بنا می‌کنم و قدرت مرگ بر آن استیلا نخواهد یافت.» مرقس هم گزارش تکان‌دهندهٔ انکار خداوند توسط پطرس را روایت می‌کند، اما از بازگشت وی به موقعیت قبلی‌اش، آن‌گونه که در یوحنا آمده، چیزی نمی‌گوید.

معجزات

پطرس بیش از گفته‌های عیسی تحت تأثیر *آنچه که او کرده بود* قرار داشت، و از این‌رو انجیل مرقس برای معجزات عیسی از خود اشتیاق بسیاری نشان می‌دهد. مرقس منعکس‌کنندهٔ

---
1. Alec McCowen

قلب یک مبشر است، مترصد هر چیزی که در پیام برای یک بی‌ایمان جالب باشد. مؤید این حرف هم نسبت بخش‌هایی است که مرقس در قبال خطابه‌ها به معجزات اختصاص داده. در مرقس ۱۸ معجزه ذکر شده که عیناً در متی و لوقا هم آورده شده‌اند. با این‌حال، تنها چهار مَثَل آورده که در مقایسه با ۱۸ مَثَل مندرج در متی و ۱۹ مَثَل مذکور در لوقا بسیار ناچیز است. تنها خطابهٔ مهمی هم که در مرقس ثبت شده، موعظهٔ باب ۱۳ آن است.

موارد حذف شده

نادانی خود پطرس هم در انجیل مرقس بازتاب یافته است. چنین به‌نظر می‌رسد که پطرس نمی‌دانسته که عیسی کجا و چگونه به دنیا آمده است. او هیچگاه در سخنانش در اعمال یا در نامه‌هایش کلامی دال بر اینکه از تولد عیسی خبری داشته است، بر زبان نمی‌آورد. دانش پطرس از رود اردن، آنجایی که او و برادرش اندریاس تعمید یافتند و یحیی هر دو ایشان را به عیسی معرفی کرد، آغاز می‌شود. بنابراین، در مرقس داستان تولد مسیح یا قصه‌های مربوط به کودکی عیسی به چشم نمی‌خورد. انجیل مرقس با اطلاعات پطرس رسول آغاز می‌شود- یعنی با موعظهٔ یحیی و تعمید او.

ترکیب

انجیل مرقس سه سال خدمت عمومی عیسی را پوشش می‌دهد، اما ترکیبش هم منعکس‌کنندهٔ زمان است و هم مکان، یعنی هم *گاهنگاری* (Chronology) را در بر می‌گیرد و هم *جغرافیا* را. روایت همچون فواره‌ای در طی دو سال و نیم نخست بالا می‌رود تا اینکه به نقطهٔ اوج خود می‌رسد (نک. صص ۷۹۳-۷۹۴)، سپس از آنجا سرازیر می‌گردد، و به شرح شش ماه آخر زندگی عیسی بر زمین می‌پردازد. مرقس روی خدمات عیسی در جلیل تمرکز می‌کند، و دیدارهای او از اورشلیم در خلال سال‌های اول را از قلم می‌اندازد. (نک. نمودار صفحه بعد.)

ساختار گاهنگارانه

در خدمت عیسی سه فاز یا مرحله وجود دارد:

■ فاز نخست: عیسی از محبوبیت بسیاری برخوردار بود. هزاران نفر برای شفا گرفتن به نزدش می‌آمدند و در سراسر کشور صحبت از او بود.

■ فاز دوم: مخالفت‌ها آغاز می‌شود. نقطهٔ شروع آن اختلاف‌نظر بر سر شبات بود، اما به موضوعات دیگر هم تعمیم یافت و در اندک زمانی شمار دشمنان عیسی بر شمار دوستانش فزونی گرفت.

■ فاز سوم: عیسی از میان هزاران شنوندهای که گروهی به‌دنبال او راه افتاده بودند، تمرکز خود را روی ۱۲ شاگردش می‌گذارد.

انجیل این سه دورهٔ زمانی متمایز را پوشش می‌دهد. دو سال و نیم اول در باب‌های ۱-۹، شش ماه بعد در باب ۱۰ و هفتهٔ آخر زندگی عیسی هم در باب‌های ۱۱-۱۶ گنجانده شده است.

ساختار جغرافیایی

ساختار جغرافیایی انجیل مرقس با تقسیمات زمانی مطابقت دارد. داستان در رود اردن آغاز می‌شود، که پست‌ترین نقطهٔ جغرافیایی روی زمین است، و از آنجا به‌سوی جلیل پیش می‌رود، جایی که عیسی عمدهٔ خدمت خود را در آنجا انجام داد. نمودار سیری صعودی را نشان می‌دهد که در سرزمین موعود، کوه حرمون، در پای شهر قیصریهٔ فیلیپی به بالاترین نقطه می‌رسد. در اینجاست که شاهد نقطه‌عطف انجیل هستیم. به مجردی که به این نقطه می‌رسیم عیسی به‌سوی اورشلیم رو می‌کند و سیر نزولی را طی می‌نماید- به معنای دقیق کلمه از بلندی‌های یهودیه و از راه پیریه در کرانهٔ خاوری رود اردن سرازیر شده نهایتاً به اورشلیم وارد می‌شود و همانجا بر صلیب می‌میرد و و دوباره پس از سه روز از مردگان برمی‌خیزد.

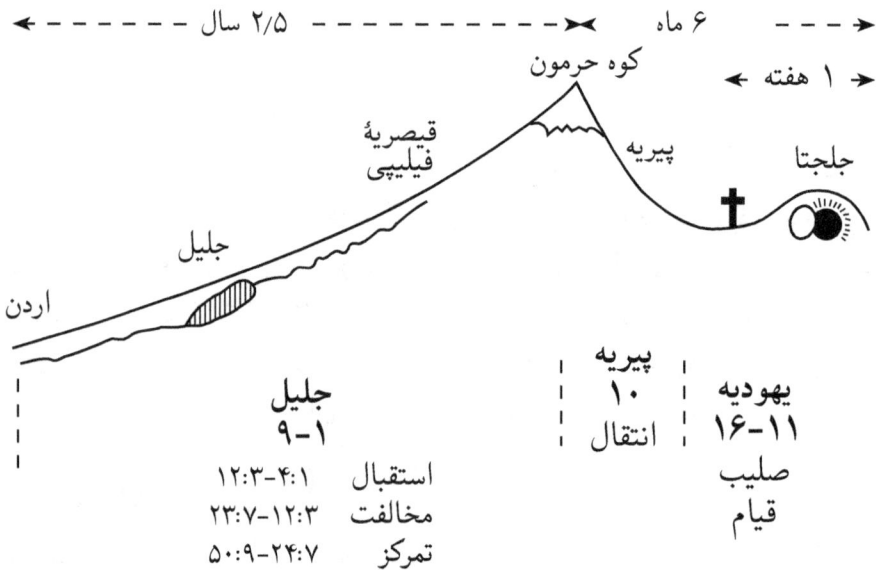

پس با گذشت دو سال و نیم اول در قیصریهٔ فیلیپی چه رخ داد که مسیر خدمت عیسی را به‌کلی تغییر داد، و مرقس با زیرکی آن را برای خوانندگانش مورد تأکید قرار داده است؟

لحظهٔ نقطه‌عطف

یک پَس‌زمینهٔ کوچک می‌تواند به ما کمک کند. قیصریهٔ فیلیپی در سرچشمهٔ رود اردن قرار دارد، که از پای کوه حرمون می‌جوشد و پهنایش ۳۰-۴۰ فوت است. خاستگاه این رود

برف‌های روی قلهٔ کوه حرمون است، که آب می‌شود و از لابه‌لای سنگ‌های کوه گذشته راه خود را به بیرون می‌یابد، و از سوراخی که درست در زیر رودخانه قرار دارد خارج می‌شود.

این پدیدهٔ عجیب طبیعی خاستگاه خرافات و آیین‌های رمزآمیز دینی شده بود و سده‌ها مرکز پرستش خدایان دیگر بود. بر پیشانی صخره‌ای که بر فراز رود قرار دارد شاهنشین‌هایی کنده شده وجود دارد که در آن تندیس خدایان را قرار داده بودند. یکی از تندیس‌ها به پان خدای یونانی تعلق داشت و این مکان تا به امروز پانئاس یا بانئاس[1] نامیده می‌شود. همچنین تندیسی از قیصر وجود داشت که فیلیپ، یکی از چهار پسر هیرودیس بزرگ، آن را در آنجا قرار داده بود. پس از مرگ هیرودیس این منطقه به فیلیپ رسیده بود. فیلیپ نام خودش و نام امپراتور روم را بر این مکان نهاد و آن را قیصریهٔ فیلیپی نامید.

پس ما در اینجا یک تندیس از پان خدای یونانی داریم، خدایی که می‌گفتند به هیبت انسانی فانی بر زمین آمد، و یک تندیس از قیصر، مردی که خدا نامیده می‌شد. عیسی دوازده شاگردش را به همین مکان برد و از ایشان پرسید: «مردم مرا که می‌دانند؟»

شاگردان در پاسخ دیدگاه‌های رایج زمانه را مطرح کردند: عمدتاً او را تجسم دوبارهٔ یکی از مردان بزرگ تاریخ‌شان- ارمیا، ایلیا و حتی یحیای تعمیددهنده می‌دانستند.

سپس عیسی با حالتی طعنه‌دار از ایشان پرسید که خودشان در مورد او چه می‌اندیشند. این پطرس بود که پاسخ درست داد. او دریافته بود که عیسی از دیرباز زیسته است اما نه اینجا روی زمین. او گفت: ***«تو مسیح، پسر خدای زنده هستی.»***

این نخستین باری بود که یک مرد در مورد هویت عیسی به این درک نایل می‌شد (نخستین زن مارتا بود که اعترافش در انجیل یوحنا ثبت شده است). این پاسخ همان مقطع محوری انجیل مرقس است. عیسی دو سال و نیم برای طرح این پرسش انتظار کشیده بود، و اکنون می‌توانست با پطرس در مورد دو مطلبی که پیشتر هیچگاه بدان اشاره‌ای نشده بود صحبت کند:

۱. او در مورد توانایی بناکردن کلیسایش سخن گفت، مطلبی که پیشتر، حتی در لابه‌لای موعظه‌ها، شفاها و معجزه‌هایش، هرگز بدان اشاره‌ای نکرده بود. دلیل آن روشن است: تا مردم عیسی را نشناسند و به هویت او پی نبرند، او نمی‌تواند کلیسایش را بنا نماید، زیرا کلیسا تنها از کسانی تشکیل می‌گردد که به هویت وی پی برده‌اند. در اینجا عیسی برای شمعون (به معنای «نی») نامی دیگر می‌گذارد و او را پطرس می‌نامد. این نامگذاری یکجور بازی با کلمات است، زیرا «پطرس» بسیار شبیه واژه‌ای است که در زبان یونانی برای «صخره» به‌کار می‌رفت.

۲. وی همچنین برای نخستین بار از نیتش برای رفتن به اورشلیم و مردن بر صلیب پرده برداشت. شاگردان دو سال و نیم با او بودند و تا آن زمان هرگز اشاره‌ای دال بر مردن از او نشنیده بودند. حال او توضیح می‌دهد که باید برای مصلوب‌شدن برود و هیچ چیز هم

1. Paneas/Baneas

نمی‌تواند جلویش را بگیرد. پطرس هراسان است و اعلام می‌کند که او نباید برود، اما از سوی عیسی توبیخ می‌گردد. از این مقطع به بعد، صلیب در کانون توجه انجیل قرار می‌گیرد.

پس این همان لحظهٔ ***سرازیرشدن فواره*** در انجیل مرقس است. اگر متوجه این نکته نباشیم، ممکن است به آسانی از کنار این مسئله بگذریم و متوجه روند واقعی تحول در داستان نشویم و فرض کنیم که این مطلبی بوده در رابطه با شاگردان چون ما می‌دانیم که چگونه از آن برهه بیرون آمدند، اما مکاشفهٔ پیش‌رونده را که در انجیل به تصویر کشیده شده از یاد می‌بریم.

اکنون که شاگردان فهمیده‌اند که عیسی کیست، وقوع رویداد بعدی کاملاً طبیعی می‌نماید. عیسی از پطرس، یعقوب و یوحنا خواست تا با او به بالای کوه بیایند، جایی که سیمای وی در برابر ایشان دگرگون شد. پطرس در توصیف رویداد مزبور می‌گوید که لباس‌های عیسی از هر جامه‌ای که با قوی‌ترین سفیدکنندهٔ روی زمین شسته شده باشند، درخشنده‌تر شدند. در واقع، هم واژه «پاک‌کننده» (یا «لکه‌گیر» را که معادل آن زمانی‌اش بود) را به‌کار می‌برد. از درون لباس‌های عیسی نوری می‌درخشید و آنان «جلال او را دیدند». او با موسی و ایلیا دیدار کرد و پیرامون «خروج» او به بحث نشستند، که به موجب آن و بنا بر روایت لوقا وی رهایی را برای قومش به کمال می‌رساند.

بنابراین، مقطع کلیدی انجیل، درک هویت عیسی توسط شاگردان بود: عیسی همان مسیح، یعنی ماشیح موعود است. این برای خوانندگان نیز نکتهٔ کلیدی محسوب می‌شود. خبر خوشی که مرقس می‌خواهد از طریق انجیلش با دیگران در میان بگذارد، همین است. متی و لوقا هم که بعدها انجیل خود را بر اساس آن پرداختند، همین نکته را از وی اقتباس نمودند.

اعتبار مرقس برای ما

۱ـ تصویری روشن از شخص مسیح

دغدغهٔ مرقس در وهلهٔ نخست توجه به کارهایی است که عیسی انجام داده، اما از دغدغهٔ پرداختن به شخص مسیح نیز غافل نمانده است. در حقیقت، این مرقس است که تصریح می‌کند که ***عیسی به‌تدریج خود را بر پیروانش مکشوف ساخت.*** این یکی از ویژگی‌های معمابرانگیز انجیل است که شخص و هویت عیسی را آشکار می‌سازد و در عین‌حال بر این واقعیت تأکید می‌ورزد که خود عیسی می‌خواسته پیروانش هویت او را مخفی نگاه دارند.

در چند جا قویاً بر این نکته تأکید شده است.

- در ۱:۲۵ و ۱:۳۴ عیسی به دیوها اجازه سخن گفتن نمی‌دهد زیرا ایشان به هویت وی پی برده بودند.
- در ۱:۴۳، عیسی مردی را که قبلاً از بیماری جذام شفا یافته بود با هشداری بسیار مؤکد روانه می‌کند: «آگاه باش که در این‌باره به کسی چیزی نگویی.»

■ در ۱۲:۳ بار دیگر در حین صحبت با دیوها: «او ایشـان را سـخت برحذر می‌داشت که به دیگران نگویند او کیست.»

■ در ۴۳:۵، عیسی پس از آنکه دختری را زنده کرد: «به آنان دستور اکید داد که نگذارند کسی از این واقعه آگاه شود»

■ موارد دیگر از این دسـت در ۲۴:۷، ۳۶:۷، ۲۶:۸، ۳۰:۸، ۹:۹ و ۳۰:۹ ثبت شـده‌اند. عیسـی حتی بر بالای کوه حرمون هم از شـاگردانش خواسـت تا پیرامون هویت واقعی‌اش خاموش بمانند.

این ویژگی خاص مرقس به «راز مسـیحایی» معروف و بازتاب‌دهندهٔ نگرانی عیسـی برای کامل‌شـدن مأموریتش بدون هیچ وقفه‌ای اسـت. وی از شـاگردان خواست تا نسبتش را با پدر درک کنند، و فکرشان را مهار کرد تا پیش از زمان مناسب به نتیجه نرسند. وی همچنین به این دلیل هویت خویش را پنهان نگاه می‌داشت که شناسایی زودهنگام مسیحا ممکن بود به ستایش نارس و پیش از موعد منجر شـود و این انتظار پیش بیاید که او یک رهبر سیاسـی اسـت، و این مانعی در راسـتای خدمت او بود و این امکان را به‌وجود می‌آورد که جلوی مرگ وی گرفته شود.

۲ـ تعلیم بر پایهٔ کارهای مسیح

دومین مضمون بزرگ در انجیل مرقس کردار عیسی است. او بر **مرگ عیسی** تأکید می‌ورزد: یـک سـوم انجیل بـه موضوع صلیـب ـ واقعیتی که اغلب از نگاه کسـانی کـه در مورد زندگی عیسـی فیلم می‌سـازند دور می‌ماند ـ اختصاص یافته اسـت. این بیشـتر نشان می‌دهد که یک انجیل به‌عنوان کتابی که فرم «داسـتان زندگی» دارد، چقدر نامتعارف است. به ندرت می‌توانید بـه زندگی‌نامهٔ کسـانی چون مهاتمـا گاندی یا جان اف. کندی بپردازیـد و در آنها بتوانید بخش قابل‌ملاحظه‌ای پیرامون مرگ‌شان بیابید، مگر قضیهٔ ترورشان.

صلیب بر محتوای سرتاسـر انجیل سـایه می‌افکند. از مرقس پیداست که از همان آغاز کار، مردم برای کشـتن عیسـی دسیسـه می‌چیدند. تعالیم او در کنار دوسـتانی کـه گرداگردش جمع می‌کرد، دشـمنانی هم برایش می‌تراشـید. به چالش کشیده‌شدن وضع مذهبی کنونی از سوی وی به مذاق رهبران دینی و سیاسـی خوش نمی‌آمد و دشـمنی شدید ایشان را برمی‌انگیخت. به‌ویژه فریسیان از او که سنت‌های‌شان را مورد حمله قرار می‌داد، بیزار بودند.

جنبه‌های انسانی و الاهی مرگ عیسی

تأکید مرقس بر صلیب هر دو جنبه انسانی و الاهی مرگ عیسی را در بر می‌گرفت.

جنبهٔ انسانی

از جنبه انسانی، ***عیسی به دلیل اینکه خود را خدا خوانده بود محکوم به کفرگویی بود،*** که همین در شریعت یهود بزرگترین جنایت محسوب می‌شد و سزایش مرگ بود. با این‌حال کتاب به ما می‌گوید که متهم‌کنندگان بر سر کلماتی که عیسی به‌کار برده بود نمی‌توانستند به یک اجماع یا توافق برسند تا بر اساس آن وی را محکوم نمایند. سرانجام قاضی از خود عیسی پرسید که او کیست. البته، عیسی به‌عنوان یک یهودی مکلف بود وقتی کاهن اعظم از وی پرسشی می‌کند، پاسخ دهد، از این‌رو اذعان نمود که مسیح است. قاضی جامه‌های خود را درید و گفت: «شنیدید! حال چه رأیی صادر می‌کنید؟» و سنهدرین، شورای حاکم ۷۰ نفره به اتفاق گفتند که عیسی مستوجب مرگ است.

با وجود صدور چنین حکمی، آنان رسماً نمی‌توانستند کسی را بکشند، چراکه رومیان کشورشان را اشغال کرده بودند و هرگاه پای حکم اعدام کسی به میان می‌آمد این حکم می‌بایست بر اساس قوانین روم صادر شده باشد. بنابراین، آنها برای صدور نهایی حکم اعدام به تأیید مقامات رومی نیاز داشتند، اما در قوانین روم سزای کفرگویی مرگ نبود. تنها امیدشان برای تغییردادن حکم عیسی به اعدام این بود که پیش پیلاتس اتهام او را از کفرگویی به ***خیانت*** علیه روم تبدیل کنند. در این مورد انجیل مرقس صریح‌ترین روایت را ارائه می‌کند. در پایان تخلفی که ایشان عیسی را بدان متهم جلوه دادند این نبود که وی می‌گوید: «من خدا هستم» (کفرگویی)، بلکه «من پادشاه هستم، پادشاه یهود» (خیانت).

جنبهٔ انسانی مرگ مسیح از آغاز تا پایانش نامنصفانه بود. گرچه او نه کفرگویی کرده بود و نه خیانت، اما به هر دو اتهام محکوم شد.

جنبهٔ الاهی

با این‌حال، جنبهٔ الاهی مرگ عیسی هم در انجیل مرقس به تصویر کشیده شده، زیرا ***عیسی از همان ابتدا مطمئن است که برای مردم آمده است.*** او بارها مرگ و رستاخیز خویش را پیشگویی کرد. نیز می‌خوانیم که وی «پیاله» را که همواره تصویری استعاری از غضب خدا بر قبال گناه بوده، برمی‌دارد. بی‌گمان زمانی که عیسی در باغ جتسیمانی این واژه را به‌کار برد، مرقس آن را به گوش خود شنیده بود.

از زمانی که عیسی برای نخستین بار پیرامون رنج‌هایی که در آینده قرار بود متحمل شود لب به سخن گشود، ما با این صحنه روبه‌رو هستیم که قرار است یکی به او خیانت کند، که خدا چنین ترتیبی داده و عیسی از آن آگاه است، و اینکه هیچ گزیری از آن نیست. پطرس نباید بیهوده می‌کوشید تا عیسی را از رفتن به‌سوی صلیب بازدارد.

این ترکیب میان جنبه‌های انسانی و الاهی بسیار قاطع و گیراست، و خوانندگان را با واقعیاتی عریان از مأموریت مسیح روبه‌رو می‌سازد. همین‌هاست که انجیل را برای دادن به بی‌ایمانان مناسب می‌سازد.

۳ـ واکنش‌های مردم به عیسی

مرقس به کرات به ثبت واکنش‌های مردم نسبت به تعالیم و معجزات عیسی می‌پردازد. در مورد این واکنش‌ها دو واژهٔ کلیدی *ترس* و *ایمان* وجود دارد. از ابتدا تا انتهای انجیل مرقس، چنان است که گویی همهٔ کسانی که با عیسی دیدار کرده‌اند مجبورند میان این دو یکی را برگزینند. انگار مرقس می‌خواهد از خوانندگان خود بپرسد: تو نسبت به این داستان چه واکنشی نشان می‌دهی؟ می‌ترسی یا ایمان می‌آوری؟

برای نمونه، در گزارش فرونشاندن توفان، عیسی در قایق است و شاگردان از او می‌پرسند: «آیا برایت مهم نیست که ما غرق شویم؟» عیسی در پاسخ می‌گوید: «چرا چنین ترسانید؟ آیا هنوز ایمان ندارید؟» یکی از گفتارهای مورد علاقهٔ او که آن را در سراسر انجیلش می‌بینیم این است: «ترسان مباشید.» ترس و ایمان در هر شرایط و موقعیتی واکنش‌هایی منافی با یکدیگرند.

مبنایی برای ایمان

بنابراین، در انجیل مرقس با تصویری شفاف از شخص و کار مسیح و نیز تشویق به ابراز واکنش مثبت به ایمان به جای ترس از مواجهه با عناصر ماوراءالطبیعه روبه‌رو می‌شویم. اینها هم دلایلی دیگر هستند که انجیل مرقس را برای ارائه به بی‌ایمانان مناسب‌تر می‌سازند. این انجیل شناختی زیربنایی از شخص و کار مسیح به خواننده می‌دهد و او را به ابراز واکنشی درست به هر دو ترغیب می‌نماید.

پایان

انجیل مرقس پایانی بسیار خاص دارد. دقیقاً در *میانهٔ یک جمله پایان می‌یابد*. در نسخه‌های رونوشت‌شدهٔ اولیه، انجیل مرقس در میانه آیهٔ ۸ باب ۱۶ و با عبارتی عجیب به اتمام می‌رسد: «چراکه می‌ترسیدند از...». ترجمه‌های انگلیسی معمولاً لحن جمله را با «می‌ترسیدند» یا «هراسان بودند» شسته و رفته کرده‌اند. اما هیچ چیز نمی‌تواند این واقعیت را پنهان نماید که انجیل به‌طور ناگهانی به پایان می‌رسد، و پایانش هم اشاره به ترس است.

دلایل چنین پایانی نابه‌سامان

اینکه چرا باید انجیل این‌گونه پایان یابد شگفتی‌برانگیز است، چراکه مضمون کلی انجیل مرقس این است که مردم از ترس به ایمان روی بیاورند، و همین تناقض پرسش‌های مهمی را

برانگیخته است: بر سر دنبالهٔ داستان چه آمده؟ چرا انجیل مرقس حسن ختامی شایسته ندارد؟ چرا در انجیل مرقس هیچ گزارشی از ظاهر شدن‌های متوالی عیسی پس از رستاخیزش به چشم نمی‌خورد؟ تنها چیزی که وجود دارد قبر خالی است و یافتن آن، اما هیچ ذکری از اینکه عیسی عملاً از شاگردانش دیداری کرده باشد به میان نیامده، و این در مقایسه با سه انجیل دیگر بسیار عجیب است.

برای توجیه همهٔ اینها دستِ‌کم سه امکان وجود دارد.

۱. مرقس **قصد داشته** انجیلش را با این عبارت بلاتکلیف به پایان برساند و آن را نیمه‌کاره رها کند.

۲. چیزی **مانع شده** که مرقس انجیلش را به اتمام برساند- یعنی امری در نگارش آن اختلال ایجاد کرده است. شاید به‌طور ناگهانی دستگیر یا ناگزیر به فرار شده است، یا شاید مرده و دستنویس هیچگاه به پایان نرسیده.

۳. انتهای انجیل به طریقی **گم شده**. یا جفاکنندگان متن دستنویس را مثله کرده‌اند، یا حتی این احتمال وجود دارد که پطرس آخر انجیل را پاره کرده باشد! از آنجایی که این انجیل در واقع «انجیل پطرس» بوده، پس دربرگیرندهٔ موعظه‌های وی در مورد عیسی هم می‌شده. از اول قرنتیان خبر داریم که یکی از مهم‌ترین مواردی که عیسی پس از رستاخیزش خود را بر افراد ظاهر کرد، ملاقات با خود پطرس بوده است، اما در اناجیل در این مورد هیچ اشاره‌ای نشده است. شاید در آغاز این مطلب در انجیل مرقس آمده بوده، اما پطرس خواسته آن را از متن حذف کند، چون شاید می‌پنداشته که این ملاقات آنچنان گرانقدر، آنچنان صمیمی و آنچنان شخصی بوده که دلش نمی‌خواسته گزارشی از آن منتشر گردد. برخی چنین استدلال می‌کنند که گرچه ما پایان واقعی انجیل مرقس را در دست نداریم، اما بسیاری از آنچه که اکنون در اناجیل لوقا و متی وجود دارند، از اثر مرقس اقتباس شده‌اند.

به‌راستی نمی‌دانیم که چه اتفاقی افتاده، اما استدلال ۱ بسیار بعید به‌نظر می‌رسد، زیرا بدین‌معناست که مرقس آگاهانه و از روی عمد جمله‌اش را نیمه تمام و با این کلمات رها کرده: «زنان به کسی چیزی نگفتند چراکه می‌ترسیدند از...» این برای انجیلی که قصد دارد مژده یا خبر خوشی را به خواننده، به‌ویژه خوانندهٔ بی‌ایمان منتقل کند، پایانی غیرعادی است.

افزوده‌شدن پایانی دیگر

آنچه می‌دانیم این است که پایان‌های دیگری بدان افزوده شده، یک پایان کوتاه و یک پایان بلندتر. شخصی دیگر انجیل مرقس را کامل کرده تا ما داستانی کامل در اختیار داشته باشیم. نسخهٔ بلندتر، که امروزه در کتاب‌مقدس‌های امروزی به چشم می‌خورد، از آیهٔ ۹ تا ۲۰ پیش می‌رود، و میان ترس و ایمان تعادلی ایجاد می‌کند- هرچند به ما می‌گوید که شاگردان تا

زمانی که عیسای برخاسته از مردگان را به چشم ندیدند، به او ایمان نیاوردند. این افزوده حاوی عباراتی قابل‌توجه از عیسی است که بخش‌هایی از کلیسای امروزی برای بسیاری از آنها ارج چندانی قایل نیستند. عیسی دربارهٔ صحبت‌کردن به زبان‌ها (تنها جایی که عیسی اشاره می‌کند که پیروانش به زبان‌ها تکلم خواهند نمود) سخن می‌گوید، و بیماران را شفا خواهند داد، و مارها را خواهند برداشت و گزندی بدیشان نخواهد رسید (که در مورد پولس در مالت اتفاق افتاد). همچنین در اینجا عبارتی وجود دارد که عیسی تعمید با آب را برای نجات امری حیاتی ذکر می‌کند. او می‌گوید: «هرکه ایمان آوَرَد و تعمید گیرد، نجات خواهد یافت».

ما نمی‌دانیم این پایان را چه کسی نوشته است، اما بازتاب کارهایی است که کلیسای اولیه معتقد بود عیسی در فاصله زمانی رستاخیز تا صعودش انجام داده است. در آن تکهٔ کوچکی از راه عمائوس و نیز قطعهٔ کوتاهی شبیه مأموریت بزرگ مندرج در انجیل متی به چشم می‌خورد. چنین به‌نظر می‌رسد که گویی کسی عناصر گوناگون را از دیگر اناجیل گلچین کرده کنارهم گذاشته و سر و ته مرقس را به این ترتیب هم آورده است. لازم نیست که نگران اعتبار نسخهٔ بلندتر انتهای مرقس باشیم. این هم جزیی معتبر از کلام خدا و بازتاب‌دهندهٔ ادراک مسیحیان اولیه است، حتی اگر از قلم خود مرقس بیرون نیامده باشد.

نتیجه‌گیری

انجیل مرقس بر آنچه که عیسی کرده متمرکز است، چندان که پطرس درک خویش را نسبت به استادش نقل کرده و مشتاق آن است که بی‌ایمانان به عیسی ایمان بیاورند. این انجیل مبنایی روشن و صریح برای ایمان ارائه می‌دهد. همچنین انجیل ارزشی بسیار برای آنانی که از پیش پیرو عیسی بوده‌اند قایل شده، شخص و کار مسیح را بدیشان یادآوری می‌کند، و لزوم ابراز واکنش به این «بولتن خبری» با ایمان و اعتماد را به یادشان می‌آورد. برای آن دسته از مسیحیانی که سلوک مسیحی‌شان کهنه شده و دیگر رویداد مسیح برای‌شان آن تازگی اولیه را از دست داده، پادزهری خوب با لحنی تازه و گیرا است. در یک کلام، مرقس ساده‌ترین انجیل برای خواندن در یک نشست است. اگر می‌توانید، آن را با صدای بلند بخوانید تا بیشترین تأثیر را داشته باشد ـ چه برای شما و چه برای دیگران که شنونده هستند.

۳۸

متی

مقدمه

نویسنده کیست؟

عموماً اتفاق‌نظر بر این است که خود متی، که به لاوی هم مشهور بوده، نگارندهٔ این انجیل بوده است، هرچند نام وی در متن اولیه دیده نمی‌شود. معنای نام او «هدیهٔ خدا» است و وی یکی از دوازده رسول بوده. کار او جمع‌آوری مالیات در کفرناحوم بوده و اناجیل متی و لوقا، هر دو نوشته‌اند که او هرچه داشت رها کرد تا از عیسی پیروی کند، و میهمانی‌ای ترتیب داد تا دوستان و همکارانش بتوانند شخصاً با عیسی دیداری داشته باشند. او با اینکه یکی از دوازده شاگرد عیسی است، اما از برجسته‌ترین‌های آنان به شمار نمی‌رود و در اناجیل هم به ندرت از وی یاد می‌شود.

انجیل متی چگونه نوشته شد؟

پیشتر ملاحظه کردیم که انجیل متی با بهره‌گیری از محتوا و چارچوب انجیل مرقس نوشته شد. میان این دو کتاب مشابهت‌های چشمگیر، از قبیل جمله‌بندی یکسان در جاهایی وجود دارد. متی در زمینهٔ تقسیم‌بندی کلی انجیلش به دو مرحله، از مرقس تبعیت می‌کند، و در

عین‌حال ساختار متمایز خودش را هم بدان می‌افزاید. بدین‌ترتیب، انجیل او شامل «فاز اول» یعنی دو سال و نیم نخست خدمت عیسی در جلیل، و «فاز دوم» یعنی شش ماه آخر خدمتش در جنوب و در میان یهودیان ملی‌گراتر یهودیه می‌شود. وی همچنین نقطه‌عطف خدمت عیسی را مقارن با اعتراف پطرس به مسیح‌بودن وی در قیصریهٔ فیلیپی و در پی آن حرکت عیسی به‌سوی جنوب و نهایتاً صلیب، می‌داند.

همچنین اهمیت درگیرشدن با *دیدگاه‌های نگارنده*_ آنچه که وی از نقطه نظر مختص خودش در مورد عیسی دید و فهمید_ را مورد ملاحظه قرار دادیم و علاوه بر آن می‌توانیم تأکید کنیم که چه شد که متی احساس کرد لازم است مرقس را بازنویسی کند. بررسی تفاوت‌های میان انجیل متی با مرقس است که مقصود متی را از این بازنویسی روشن می‌سازد.

تفاوت‌های میان متی و مرقس
دیدگاه‌ها

متی یکی از شاگردان دوازده‌گانهٔ عیسی بود، و وقت داشت تا روی سه سالی که صرف زندگی با استادش کرده بود تأمل نماید. در حالی‌که مرقس بر انسانیت (پسر انسان بودن) عیسی پافشاری می‌کند، متی عیسی را *پادشاه یهود*، یعنی کسی که تحقق بخش وعده‌های انبیاست، می‌بیند. ۶۰۰ سال می‌شد که کسی بر تخت داوود ننشسته بود_ پادشاه کنونی یعنی هیرودیس هم ادعا نداشت که از تبار داوود است. سرانجام کسی آمده بود که پادشاه برحق یهود به شمار می‌رفت.

متی از همان ابتدا توجه خوانندگانش را بر تبار مسیح که از اعقاب داوود پادشاه است جلب می‌کند و توضیح می‌دهد که چگونه تولد او نبوت مربوط به نشانه‌های مداخلهٔ خدا را تحقق می‌بخشد؛ مداخله‌ای که منادیانش فرشتگان مقرب هستند که دسته‌جمعی ورود او را به جهان خوشامد می‌گویند. در حالی‌که لوقا شبانان را وارد معرکه می‌کند، متی از پرستش نوزاد توسط مردان فرزانه‌ای که از مشرق‌زمین آمده‌اند سخن می‌راند. این مضمون پادشاه یهود بودن عیسی را در هنگام تحمل مصایبش نیز می‌توان دید، چندان که متی به تاج خار، «چوب‌دستی سلطنتی» و عنوانی که به عیسی می‌دهند اشاره می‌کند_ که البته همه از سر ریشخند وی بود، اما برای متی برازندهٔ کسی بود که مدعی سلطنت به‌شمار می‌رفت.

انگیزه‌ها

متی انجیل خود را برای مخاطبانی کاملاً متفاوت از مخاطبان مرقس می‌نویسد. مرقس انجیلش را برای بی‌ایمانان می‌نویسد، حال آنکه متی آن را برای *نوایمانان* که اکثریت ایشان در آن زمان یهودیان مسیحی شده بودند می‌نگارد.

انگیزه‌های او در انتهای انجیلش به روشنی پیداست، آنجایی که وی واپسین سخنان مسیح را خطاب به شاگردانش ثبت می‌کند، و بدیشان فرمان می‌دهد تا «همهٔ قوم‌ها را شاگرد سازند». به‌طور قطع متی این هدف را به انجام می‌رساند، و برای کسانی که وارد پادشاهی خدا می‌شوند یک دستورالعمل شاگردی فراهم می‌سازد. در حقیقت، این‌گونه بود که انجیل در کلیسای اولیه به‌کار برده شد و یکی از دلایل جای گرفتن آن در ابتدای عهدجدید ما نیز همین امر است.

بدین‌ترتیب، در حالی‌که انجیل مرقس برای کسی مناسب است که به مسیح علاقه‌مند است اما هنوز متقاعد نشده، بازنویسی متی از روی انجیل مرقس هدفی کاملاً متفاوت را جامهٔ عمل می‌پوشاند.

آغاز از زمانی عقب‌تر

متی گزارش خود را خیلی عقب‌تر از مرقس، یعنی از تولد عیسی در زمینهٔ تبار سلطنتی وی، آغاز می‌کند. مرقس کتاب خود را با تعمید گرفتن او شروع می‌کند و علاقه چندانی به تولد او ندارد و یا شاید بهتر باشد بگوییم که آن را نادیده می‌گیرد. بدین‌ترتیب، خیلی پیشتر از آنکه به تعالیم عیسی گوش بسپاریم یا معجزاتش را ببینیم، متی صحنه‌ای پیش رویمان می‌آفریند که در آن شاهد انتظار یهودیان برای ظهور مسیحای موعود یهود هستیم که در آن برهه از تاریخ به سر می‌رسد.

گزارشی بلندتر

متی کامل‌ترین و نظام‌مندترین گزارش از زندگی عیسی است، که شاید منعکس‌کنندهٔ ذهن منظم یک حسابدار باشد. او در کنار تحقیقات شخصی‌اش، حتی از ملاحظات خود به‌عنوان یکی از دوازده شاگرد وی، مطالبی را وارد انجیلش می‌کند. ظاهراً هم لوقا و هم متی به منبع مشترکی دسترسی داشته‌اند که یا برای مرقس ناشناس بوده و یا آن را نادیده گرفته است. متی نه تنها تولد عیسی را افزوده، بلکه خطابه‌ها و سخنان گزیدهٔ بیشتر، و نیز جزئیات مفصل‌تری را در ارتباط با مرگ مسیح، و از جمله ۱۴ گفتهٔ اضافی از عیسی در مورد روایت مرگش، به مطالب مرقس اضافه کرده است.

جرح و تعدیل‌ها

متی در ترتیب شماری از مطالب مرقس دست برده آنها را بر حسب اهمیتی که احساس می‌کرده، چیده است. گزارش‌های متی اغلب کوتاه‌ترند، و جزئیات خشن یا صریح حذف شده‌اند تا داستانی ملایم‌تر و عاری از هر سوء برداشتی از کار درآید و مایهٔ خجالت شاگردان نشود. بنابراین، «احساس» متی هوشیارانه‌تر است و در مقایسه با مرقس شور و احساس کمتری دارد. این اثر حاصل کار مرد سالمندتری است که روی تجارب دست‌اول خود تعمق کرده، و بیشتر در کسوت یک معلم ظاهر می‌شود تا یک واعظ.

سخنان گزیده

متی گفته‌های عیسی را در پنج «خطابه» گردآوری می‌کند (نک. جدول زیر)، و خلاصه‌ای از تعالیم وی در باب شاگردی درست می‌کند. موعظهٔ بالای کوه معروف‌ترین این خطابه‌هاست، اما چهارتای دیگر هم هست که با مضمون *پادشاهی* در پیوندند. این درست نقطهٔ مقابل مرقس ــ که تقریباً به خطابه‌ها نپرداخته ــ و لوقا ــ که سخنان عیسی را در همه جای روایت خویش پراکنده کرده ــ است.

با در نظر گرفتن اینکه خوانندگان انجیل متی را یهودیان تشکیل می‌داده‌اند، بیشترین احتمال به این می‌رود که متی برای ارائهٔ سخنان عیسی در دقیقاً پنج مجموعه، منظور و دلیل خاصی داشته است. جایگاه آنها در بطن انجیل معادلی است برای پنج کتاب شریعت موسی (از پیدایش تا تثنیه) که عهدعتیق با آنها آغاز می‌شود. متی می‌خواهد به خوانندگانش بگوید که عیسی شریعتی تازه با خود می‌آورد ــ نه شریعت موسی، که شریعت مسیح را. از این روست که در سرتاسر موعظهٔ بالای کوه بارها شاهد آن هستیم که عیسی به بازگویی شریعت می‌پردازد: «شنیده‌اید که در شریعت موسی چنین گفته شده، اما من به شما می‌گویم...» از این به بعد اوضاع مانند سابق نخواهد بود.

ساختار

همان‌گونه که خاطرنشان کردیم، متی چارچوب اصلی مرقس را حفظ می‌کند، با این‌حال ساختار خودش را نیز بدان می‌افزاید. وی علاوه بر تقسیم دو مرحله‌ای مرقس، دو بن‌مایه را هم بدان اضافه می‌کند که با این عبارت آغاز می‌شوند: «از آن زمان (یا از آن پس)...». از این‌رو می‌خوانیم: «از آن زمان عیسی به موعظهٔ این پیام آغاز کرد که: توبه کنید، زیرا پادشاهی آسمان نزدیک شده است!» و «از آن پس عیسی به آگاه ساختن شاگردان خود از این حقیقت آغاز کرد که لازم است به اورشلیم برود و در آنجا... آزار بسیار ببیند و...». عبارت نخست آنجایی است که وی خدمت خویش را در شمال آغاز می‌کند، و دومی زمانی است مرگ ناگزیر و قریب‌الوقوع وی در جنوب رقم می‌خورد. همچنین متی برای تغییر دادن مسیر روایت خود، این کلمات را به‌کار می‌برد: «هنگامی که عیسی این... را به پایان رسانید».

با این‌حال، شاخص‌ترین و گویاترین تغییر ساختاری به روش یکی در میان جای دادن هر یک از این پنج مجموعه تعالیم مسیح در لابلای چهار مجموعه از کارهای او مربوط می‌شود. می‌توانیم این تناوب را به شکل زیر نشان دهیم:

ساختار متی

مقدمه: تولد، تعمید، وسوسه

گفتار	باب‌های ۵-۷
کردار	باب‌های ۸-۹
گفتار	باب ۱۰
کردار	باب‌های ۱۱-۱۲
گفتار	باب ۱۳
کردار	باب‌های ۱۴-۱۷
گفتار	باب ۱۸
کردار	باب‌های ۱۹-۲۳
گفتار	باب‌های ۲۴-۲۵

نتیجه‌گیری: مرگ و رستاخیز

پس ما پنج خطابه داریم و چهار گزارش از کارهای عیسی که در جهت تشریح موعظات وی به‌کار می‌روند. مقصود از این کار را بعداً با جزئیات بیشتر مورد بررسی قرار خواهیم داد، اما فعلاً باید به سادگی خاطرنشان نماییم که متی مشتاق نشان دادن آن است که عیسی از طریق کلام و عمل با مخاطبان خویش ارتباط برقرار نمود، و به ما مدلی برای پیروی از آن می‌دهد. مرقس ما را دعوت می‌کند تا آمده کرده‌های عیسی را ببینیم، اما متی مرا به آمدن و دیدن کرده‌ها و شنیدن گفته‌های او فرامی‌خواند.

روایت بالای صلیب

متی در مقایسه با مرقس پایانی بسیار کامل‌تر دارد. با در نظر گرفتن پایان‌بندی ناگهانی مرقس، برخی گمان کرده‌اند که بخش انتهایی متی شاید در اصل پایان‌بندی مرقس بوده است. به هیچ روشی نمی‌توانیم به حقیقت پی ببریم، اما می‌توانیم وجوه تمایز ویژهٔ او را در دو باب آخر فهرست کنیم.

۱. **جزئیات دستگیری:** متی دغدغهٔ بی‌گناهی مسیح را دارد، از این رو تأکید می‌کند که این چیزها روی دادند تا کلام خدا تحقق یابد.

۲. **سرانجام یهودا:** متی هشدارهای عیسی به شاگردانش و پشیمانی یهودا را ثبت کرده می‌گوید که او پول را بازگرداند، هرچند که دیگر خیلی دیر شده بود.

۳. **رویدادهایی که بی‌درنگ در پی مرگ عیسی به‌وقوع پیوستند:** این متی است که از گشوده‌شدن قبرها و دیده‌شدن کسانی که پیشتر در شهر اورشلیم مرده بودند، یاد می‌کند.

۴. **قبر:** متی به محافظت از قبر توسط نگهبانان و نیز گزارش ربوده‌شدن جسد از سوی سربازان اشاره می‌کند.

۵. پس از رستاخیز: متی خیلی بیشتر از مرقس پیرامون رویدادهای پس از رستاخیز سخن می‌گوید. وی بازگشت عیسی به جلیل، و دیدار وی با ۱۱ شاگردش (و حدود ۵۰۰ نفر دیگر، که برخی از آنها «شک کردند») را در انجیل خود ثبت کرده است. مکان این دیدار از اهمیت بسیاری برخوردار است. جلیل در چهارراه جهان قرار داشت، و کوه مجدو بر این چهارراه مشرف بود و راه‌هایی که از شمال و جنوب و شرق و غرب عالم می‌آمدند در این نقطه به هم می‌رسیدند. اهالی این ناحیه را قوم‌های گوناگون تشکیل می‌دادند و از همین رو بود که به آن «جلیل امت‌ها» می‌گفتند. عیسی بر کوهی ایستاده بود که یادآور موسی بر فراز کوه نبو است. در این جاست که مأموریت بزرگ به شاگردان داده می‌شود: ایشان می‌بایست همهٔ قوم‌ها (به معنای دقیق کلمه همهٔ گروه‌های قومی) را شاگرد سازند.

ویژگی‌های خاص متی
الف ـ علاقه‌اش به یهودیان

متی در عین حال که در مطالب به‌کار رفته در انجیلش از مرقس اقتباس کرده، شماری از ویژگی‌های خاص خودش را هم بدان افزوده است، و نظر خواننده بلافاصله به یهودی‌بودن انجیل متی جلب می‌شود. این انجیل آشکارا خوانندگان یهودی را هدف قرار داده است، هرچند صرفاً بدیشان منحصر نمی‌شود. حساسیت او به دغدغه‌ها و علایق یهودی را می‌توان در سرتاسر کتابش مشاهده کرد.

۱ ـ نسب‌نامه

انجیل متی با نسب‌نامه آغاز می‌شود که غیریهودیان علاقه‌ای بدان ندارند، اما برای یهودیانی که مشتاقند دربارهٔ *تبار عیسی* شناختی به دست بیاورند، از جذابیت بسیاری برخوردار است، زیرا در ذهن آنان نسب‌نامه است که محق‌بودن شخص را به ثبوت می‌رساند. از این گذشته، ترتیب‌بندی نسب‌نامه توجه هر یهودی را به خود جلب می‌کند. نیاکان عیسی در سه گروه ۱۴ تایی قرار داده شده‌اند، گروه نخست از ابراهیم است تا داوود، گروه دوم از داوود است تا اسارت بابل، و گروه سوم از اسارت تا خود عیسی. این دوره‌ها نمایانگر دوره‌هایی هستند که قوم خدا تحت نوع خاصی از حکومت اداره می‌شدند: انبیا، شاهان و کاهنان.

تا زمانی که از ارزش عددی هر نام یهودی آگاهی نداشته باشیم، شاید اهمیت سه گروه برایمان روشن نشود. در الفبای عبری هر حرف دارای ارزش عددی مشخصی است و وقتی این حروف کنار هم قرار گرفته، واژه‌ای را می‌سازند، این واژه هم ارزش عددی خاصی پیدا می‌کند. داوود در عبری (که حروف واکه یا صدادار ندارد) د و د نوشته می‌شود و ارزش عددی آن برابر با عدد ۱۴ است. پس به مجردی که با عدد ۱۴ روبه‌رو می‌شویم بی‌درنگ متوجه دغدغهٔ متی

از انتقال چنین الگویی می‌شویم: تبار داوودی مسیح، و اینکه او دقیقا در زمان درست پا به عرصهٔ وجود نهاده است.

متی نسب‌نامهٔ نیاکان یوسف را برای ارائه به خوانندگان انتخاب می‌کند. شاید فکر کنیم که هیچ جای این کار غیرعادی نیست- تا اینکه به یادمان می‌آید که عیسی به‌لحاظ *جسمانی* هیچ ارتباطی با یوسف نداشت. چرا او از شاخهٔ نسب‌نامه‌ای ارائه‌شده از سوی لوقا پیروی نکرد؟ چون در یک ذهن یهودی این *حقوق* شرعی بود که اعتبار و اهمیت داشت، و این حقوق از پدر به فرزند منتقل می‌شد.

نکتهٔ دیگری که توجه ما را به خود جلب می‌کند این است که یک یهودی استاد در عهدعتیق متوجه می‌شد که اگر عیسی فرزند جسمانی یوسف بود، حقوقش برای نشستن بر تخت داوود زیر سؤال می‌رفت، چراکه نام یهویاکین در شمار نیاکان یوسف ذکر شده است. خدا از طریق ارمیا فرموده بود که هیچ‌یک از اعقاب یکنیاه (که به یهویاکین نیز معروف بود) هرگز بر تخت داوود تکیه نخواهند زد. هدف متی این بود که ادعای *قانونی* یا شرعی عیسی را در مورد اینکه «پسر داوود» است به ثبوت برساند.

۲ـ اصطلاحات

حساسیت متی در مورد خوانندگان یهودی‌اش وقتی روشن‌تر می‌شود که می‌بینیم وی از اصطلاحات یهودی استفاده می‌کند. شاخص‌ترین آنها اشارهٔ وی به «پادشاهی» است، که مضمون کلیدی پیام عیسی را تشکیل می‌دهد. متی از ***«پادشاهی آسمان»*** می‌نویسد، نه چونان اناجیل دیگر «پادشاهی خدا». یهودیان از ترس اینکه مبادا نام خدا را بیهوده و نامربوط به‌کار ببرند، از به زبان آوردن نام خدا در گفت‌وگو پرهیز می‌کردند و متی هم به همین دلیل عبارت «پادشاهی آسمان» را استفاده می‌کند، در صورتی که دارای معنایی یکسان با «پادشاهی خدا» بود که دیگر نویسندگان به‌کار می‌بردند.

۳ـ به کارگیری عهدعتیق

متی بیش از سایر اناجیل به عهدعتیق مراجعه می‌کند. یکی از گفته‌های مورد علاقهٔ وی این است: «تا آنچه خداوند به زبان نبی گفته بود، به حقیقت پیوندد». این هم یکی دیگر از دلایلی است که انجیل متی با اینکه نخستین انجیلی نیست که نوشته شده، در ابتدای عهدجدید قرار گرفته است. این کتاب بهتر از دیگر کتاب‌ها میان عهدعتیق و عهدجدید **پیوستگی** ایجاد می‌کند. روی هم رفته ۲۹ نقل‌قول مستقیم از عهدعتیق و ۱۲۱ اشاره یا کنایهٔ غیرمستقیم دیگر در آن وجود دارد.

این امر به‌طور ویژه در روایت تولد عیسی در انجیل متی قابل‌مشاهده است. از نظر غیریهودیان متی زمان زیادی را صرف می‌کند تا توضیح بدهد که چرا عیسی در بیت‌لحم متولد

شد- چون انبیا پیش‌گویی کرده بودند که مکان تولد پادشاه موعود بیت‌لحم یهودیه خواهد بود. اما این برای یهودیان از اهمیتی حیاتی برخوردار بود که نمی‌دانستند آیا این شخص مسیحای خداست که از گذشته‌های دور وعده داده یا نه. متی مشتاق آن است که خوانندگانش آنچه را که انبیا در مورد تولد از باکره، کشتار کودکان بی‌گناه، فرار به مصر و بازگشت به جلیل گفته‌اند بفهمند. در داستان تولد عیسی عبارت «تا آنچه خداوند به زبان نبی گفته بود، به حقیقت پیوندد» ۱۳ بار تکرار شده که متی آنها را از میکاه، هوشع، ارمیا و اشعیا نقل‌قول نموده است.

۴- مسیحا

به علاوه، خوانندگان یهودی یک مشکل دیگر هم داشتند و آن باورکردن این بود که عیسای *مصلوب* همان مسیحای موعود است. مگر می‌توان ماشیح را به جرم جنایتکاربودن متهم و محکوم به مرگ کرد؟ از این‌رو متی تأکید می‌کند که عیسی در واقع، از همهٔ اتهامات وارده مبرا و بی‌گناه بود. مقصر خود یهودیان بودند که او را نامنصفانه متهم کردند، غیرقانونی محاکمه نمودند و در اتهامات دست بردند تا رومیان متقاعد شوند که او را اعدام کنند. متی توضیح می‌دهد که چرا یهودیان مسیحای خود را درنیافتند و فهرستی از وای و نفرین‌ها نصیب فریسیان، که مذهبی‌ترین همهٔ یهودیان بودند، شد.

۵- شریعت

در پیوند با دغدغهٔ متی بر یهودی مآبی است که می‌توانیم شریعت را در پرتو تعالیم عیسی به درستی درک نماییم. متی برخلاف دیگر اناجیل تأکید می‌کند که عیسی نیامد تا شریعت را نسخ کند، بلکه تا آن را *تحقق* بخشد. متی سخنان عیسی را در مورد شریعت چنین بیان می‌کند: «نقطه یا همزه‌ای از تورات هرگز از میان نخواهد رفت، تا اینکه همه به انجام رسد». بسیاری از یهودیان می‌پنداشتند که عیسی آمده تا شریعت را نابود کند، اما متی به روشنی اظهار می‌دارد که وی هرگز چنین قصدی نداشته است. او آمد تا شریعت امکان «تحقق» کامل بیابد- به انجام رسد نه اینکه منسوخ گردد.

چرا متی می‌بایست با چنین تأکیدی برای یهودیان انجیلی می‌نگاشت؟

در را برای یهود باز نگاه دارد

تا سال ۸۵ میلادی، یعنی درست پس از زمانی که متی انجیل خود را به رشتهٔ تحریر درآورد، ایمانداران یهودی‌تبار از کنیسه‌ها طرد و اخراج می‌شدند. کلیسا در کل بیشتر و بیشتر رنگ و بوی غیریهودی به خود می‌گرفت. متعاقب آن میان یهودیان و کلیسا شکافی ژرف به‌وجود می‌آمد. متی می‌خواست در را برای یهود گشوده نگاه دارد، کمک‌شان کند تا دریابند که پیروان عیسی نه عهدعتیق را رها کرده‌اند، و نه ریشه‌های یهودی خود را از یاد برده‌اند. او یک یهودی

بود، آنان هم قومش بودند، متی هم مانند پولس آرزومند آن بود که یهودیان به ماشیح موعودشان ایمان بیاورند.

به غیریهودیان ریشه‌های‌شان را یادآوری کند

دوم اینکه متی به این دلیل انجیلی با خصایص یهودی نوشت چون می‌خواست مسیحیان غیریهودی‌تبار هرگز ریشه‌های یهودی خود را فراموش نکنند. متی با نگاشتن نسب‌نامه‌ای که نسب عیسی را به ابراهیم و داوود می‌رساند، بیش از دیگر اناجیل روی ریشه‌های یهودی وی تأکید می‌کند و او را در زمینهٔ تاریخی اهداف خدا برای قومش اسرائیل قرار می‌دهد.

از یک‌سو به یهودیان می‌گوید: «از مسیحیان گریزان نباشید» و از سوی دیگر به مسیحیان می‌گوید: «از یهودیان فرار نکنید.» این انجیل می‌خواهد یهودیان و مسیحیان را به هم پیوند دهد.

ب- علاقه‌اش به غیریهودیان

هدف متی تنها به یهودیان منحصر نمی‌شد. او دقت دارد که به دغدغه‌های مسیح برای غیریهودیان نیز اشاره کند.

- در همان ابتدای داستان، مردان فرزانه‌ای که از مشرق‌زمین آمده بودند و احتمالاً غیریهودی هم بودند برای دیدار نوزاد به بیت‌لحم می‌شتابند.
- در نسب‌نامهٔ باب ۱، روت و راحاب، هر دو غیریهودی هستند که در فهرست نام‌شان آورده شده است.
- به ما می‌گوید که عیسی در «جلیل امت‌ها» خدمت کرد.
- متی ایمان افسر رومی را که تحسین عیسی را برانگیخت، در انجیل خود ثبت می‌کند.
- در مورد مردمانی می‌خوانیم که از شرق و غرب عالم می‌آیند تا در پادشاهی اقامت گزینند.
- انجیل مژده به غیریهودیانی است که به نام او توکل خواهند نمود.
- در مورد ایمان زن کنعانی می‌خوانیم.
- متی می‌نویسد که عیسی سنگ سر زاویه‌ای است که بنایان آن را رد کردند و اینکه پادشاهی از یهود گرفته و به غیریهودیان داده خواهد شد.
- در انتهای انجیل، عیسی به پیروانش فرمان می‌دهد که رفته همهٔ «قوم‌ها» را شاگرد سازند، و واژه‌ای که وی به‌کار می‌برد به معنای همهٔ گروه‌های قومی است.

از این گذشته، متی از ثبت ***سخنان منفی‌ای که عیسی ضمن اشاره به یهود به‌کار برد*** تردید نمی‌کند. او در کنار عبارات پراکندهٔ دیگر، یک باب کامل را به «وای‌ها» اختصاص داده است.

یک «وای» واژه‌ای نفرینی بود. باب ۲۳ مجموعه‌ای است از گفتارهای او بر ضد فریسیان و رهبران دینی. اینها به‌راستی کلماتی تند و خشن هستند.

ما بیشتر دوست داریم روی برکات متمرکز شویم و چیزهایی را که عیسی در قالب لعنت بر زبان آورده فراموش کنیم. در زمان عیسی ۲۵۰٬۰۰۰ نفر بر کرانه‌های دریای جلیل و در چهار شهر عمده زندگی می‌کردند. امروزه تنها یکی از آن شهرها بر جای مانده است. چرا؟ عیسی فرمود: «وای بر تو، ای خورزین... وای بر تو، ای بیت‌صیدا... و تو ای کفرناحوم...»، و همهٔ آنها اکنون ناپدید شده‌اند. تنها شهری که نفرین نشد، شهر تیبریاس (طبریه) بود که اکنون نیز پابرجاست.

پـ علاقهٔ او به مسیحیان ـ اعم از یهودی‌تبار و غیریهودی‌تبار

دستورالعملی برای شاگردی

پیشتر دیدیم که متی انجیل خود را برای نوایمانان نوشت، و این مقصود وی را می‌توان از فرمان عیسی در انتهای همان انجیل دریافت، آنجایی که پیروانش را با تکلیفی که تا زمان بازگشتش بدیشان محول کرده، ترک می‌گوید: «پس بروید و همهٔ قوم‌ها را شاگرد سازید و ایشان را به نام پدر، پسر و روح‌القدس تعمید دهید و به آنان تعلیم دهید که هرآنچه به شما امر کرده‌ام، به‌جا آورند.» این سخنان مبنایی برای درک هدف متی ایجاد می‌کند: **کمک به شاگردان** از طریق تعلیم آنچه که عیسی فرمان داده به آنان. می‌توانیم انجیل او را «دستورالعملی برای شاگردی بنامیم».

متی از هر نظر بهترین کتاب عهدجدید برای ارائه به نوایمانان است. این کتاب با دقت هرچه تمام‌تر برای تعلیم نوایمانان طراحی شده تا چگونه زیستن را به آنان که می‌خواهند شاگردان مسیح شوند، بیاموزد. زندگی مسیحی شاید با یک تصمیم در مورد عیسی آغاز شود، اما شاگردشدن سال‌ها طول می‌کشد. در شاگردی عامل کلیدی آموختن **چگونه زیستن در پادشاهی آسمان** بر زمین است و متی انجیل خود را دقیقاً برای همین منظور نوشته است: تا ما بتوانیم از خودمان و دیگران شاگرد بسازیم.

کلیسا

چنین مقصودی به خوبی توجیه می‌کند که چرا متی تنها انجیلی است که سخنان عیسی را در مورد کلیسا ثبت کرده. این واژه در دو معنای کاملاً متفاوت به‌کار می‌رود ـ **کلیسای جهانی** و **کلیسای محلی**.

کاربرد نخستین مفهوم در پی اعتراف پطرس به اینکه عیسی همان «مسیح، پسر خدای زنده» است، آورده می‌شود که این به نوبهٔ خود نقطه‌عطفی کلیدی در انجیل به شمار می‌رود. به مجردی که پیروان عیسی به هویتش پی بردند، او هم توانست کلیسایش را بنا کند. و با بناکردن

کلیسایش توانست بر صلیب جان ببازد. در اینجا واژهٔ «کلیسا» به کلیسای جهانی، یعنی کل کلیسای عیسی دلالت می‌کند. تنها یک کلیسا وجود دارد که آن را هم خود عیسی بنا می‌کند.

معنای دوم واژه از باب ۱۸ انجیل گرفته شده است: «اگر برادرت به تو گناه ورزد، نزدش برو و در خلوت خطایش را به او گوشزد کن. اگر سخنت را پذیرفت، برادرت را بازیافته‌ای؛ اما اگر نپذیرفت، یک یا دو نفر دیگر را با خود ببر تا هر سخنی با گواهی دو یا سه شاهد ثابت شود. اگر نخواست به آنان نیز گوش دهد، به کلیسا بگو». این دیگر نمی‌تواند منظورش کلیسای جهانی باشد، بلکه جماعت محلی است که شخص مورد ستم قرار گرفته هم جزیی از آن است.

در این گفتارها متی طرحی کلی از هر دو معنای واژه «کلیسا» در عهدجدید ارائه می‌دهد: یک کلیسا هست که عیسی آن را بنا می‌کند، و دیگری کلیسای محلی است که پاره‌ای از پیکرهٔ کلیسای جهانی است و شما می‌توانید به هنگام ضرورت شکایات خودتان را بدان ببرید.

متی نه تنها یگانه انجیلی است که از کلیسا سخن می‌گوید، بلکه از برخی تعالیمش پیداست که منظورش مشخصاً کلیسای آتی، یعنی پس از پنتیکاست است. متی مطالبی را در انجیل خود می‌آورد که ارتباط چندانی به خوانندگان زمان خودش ندارد. برای نمونه، از ۳۷ آیهٔ مذکور در باب ۱۰ که به دستورهای عیسی به دوازده شاگردش می‌پردازند، تنها ۱۲ آیه مستقیماً ارتباط پیدا می‌کنند. این باب از جفا بر غیریهودیان سخن می‌گوید، حال آنکه در آن برههٔ زمانی هیچ غیریهودی‌ای زیر آزار و جفا قرار نداشت، بنابراین، متی از لبان عیسی مطالبی را مطرح می‌سازد که به‌طور ویژه به *آینده* مربوط می‌شوند. به همین ترتیب، انضباط «کلیسا» در باب ۱۸ باید برای دوره‌ای بعدتر داده شده باشد، چراکه شاگردان در آن زمان نمی‌توانستند چیزی از آن درک کنند.

پادشاهی

اگر تعالیم مربوط به کلیسا در متی منحصربه‌فرد است، در عوض تعالیمش در باب پادشاهی مضامینی را دربرمی‌گیرد که در اناجیل دیگر هم آمده‌اند. اما متی به مضمون «پادشاهی» علاقه‌ای ویژه دارد. هیچ‌یک از نویسندگان دیگر اناجیل تا این اندازه به مضمون نامبرده نپرداخته آن را نسبت به مضامین دیگر برتری نداده‌اند. پیشتر دیدیم که وی تعالیم عیسی را در پنج مجموعه تقسیم‌بندی کرده است. مضمون همهٔ این تعالیم پادشاهی است. از این گذشته، مَثَل‌هایش نیز غالبا با این کلمات آغاز می‌شوند: «پادشاهی خدا همانند... است». این مضمون غالب بازتاب تعالیم عیسی است و چکیدهٔ کل داستان کتاب‌مقدس در مورد استقرار مجدد پادشاهی آسمان بر زمین می‌باشد. البته این مضمونی است که یهودیان و مسیحیان را در یک امر متحد می‌سازد، و آن انتظار برای پادشاهی آسمان است.

با وجود این، میان *انتظار یهودی* و *انتظار مسیحی* از پادشاهی اختلافی جدی وجود دارد، و همین اختلاف است که توجیه می‌کند که چرا بسیاری از یهودیان عیسی را ماشیح موعود خود

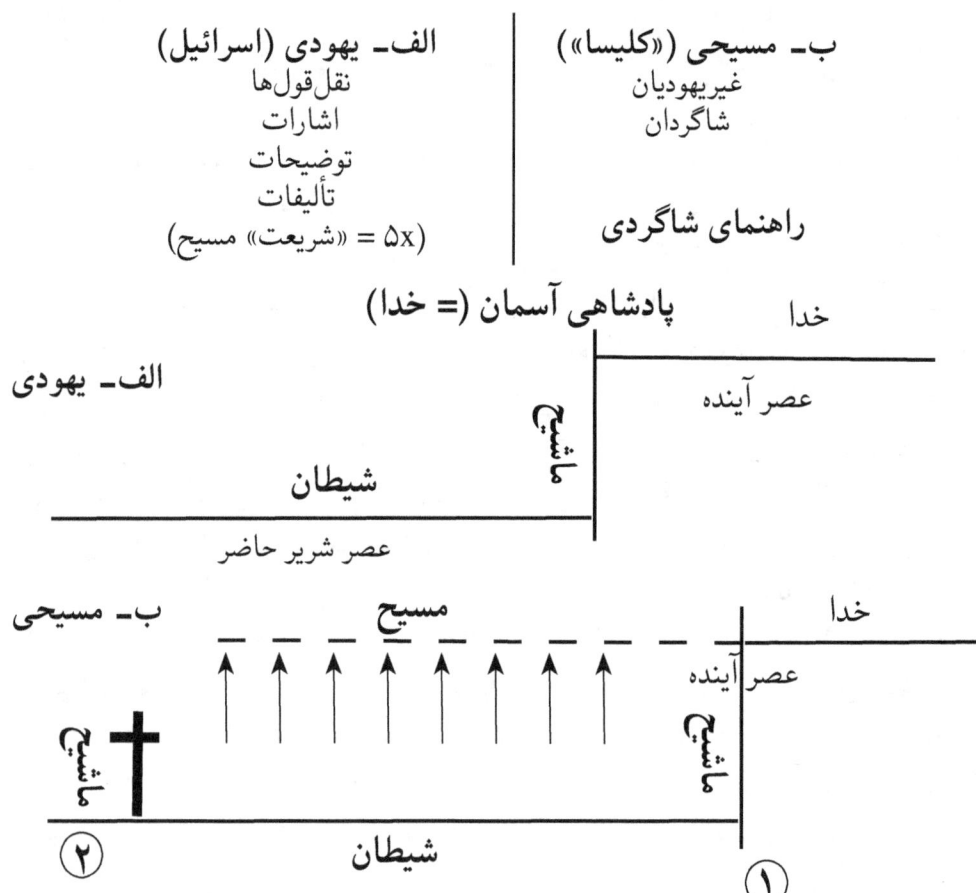

ب- مسیحی («کلیسا»)	**الف- یهودی (اسرائیل)**
غیریهودیان	نقل‌قول‌ها
شاگردان	اشارات
	توضیحات
	تألیفات
راهنمای شاگردی	(5x = «شریعت» مسیح)

بشناسند. اگر برآنیم که تعلیم عیسی را در این زمینه دریابیم، درک این مطلب اهمیت بسیاری دارد. (نک. نمودار زیر)

برای یهود پادشاهی امری است که کاملاً به آینده مربوط می‌شود- چیزی است که هنوز تحقق نیافته و از این‌رو آن را «دوران آینده» می‌نامند. امروزه هنگامی که قوم یهود عید خیمه‌ها را در ماه سپتامبر یا اکتبر جشن می‌گیرند، چشم انتظار آمدن ماشیح هستند تا پادشاهی آسمان را با خود بر زمین بیاورد. این انتظار کانون امید ایشان را تشکیل می‌دهد. آنان زمان کنونی را «عصر شریر حاضر» می‌دانند، یعنی جهانی که شیطان بر آن حکمرواست. شریر رئیس، فرمانروا و خدای این جهان است. اینها عناوینی هستند که هم عیسی و هم پولس به شیطان داده‌اند، اما یهودیان از پیش با این عناوین آشنا بودند.

تفاوت امید مسیحی برای آینده در این نهفته است: ***مسیحیان ایمان دارند که ماشیح قبلاً آمده، اما قرار است بار دیگر نیز بیاید.*** در انجیل متی عیسی از این امر به‌عنوان سر پادشاهی یاد می‌کند، یعنی اینکه مسیحای موعود دو بار می‌آید نه یک بار. بدین‌ترتیب، «دوران آینده»

که یهودیان منتظر آمدنش هستند، از پیش آغاز شده- عیسی این کار را به انجام رسانیده. پادشاهی آسمان به معنای واقعی‌اش آمده و هم اکنون روی زمین وجود دارد، اما به جای آنکه مطابق انتظار یهودیان جایگزین «عصر شریر حاضر» شود، با آن همپوشانی زمانی نیز دارد. میان دو ظهور مسیحا همان زمان همپوشانی یا تقارن زمانی این دو عصر است. دلیل تنش‌های مسیحیان هم همین است که ما در «دوره همپوشانی» به سر می‌بریم. هم پادشاهی اکنون آمده و هم قرار است بیاید، شروع شده اما هنوز به کمال نرسیده است. هنوز استقرار پیدا نکرده، با وجود این، از هم‌اکنون می‌توان بدان وارد شد.

با داشتن چنین درکی از *آمدن* پادشاهی بهتر می‌توانیم بفهمیم که چرا پیام اناجیل اینقدر برای یهودیانی که خود را به اندازهٔ کافی خوب و شایستهٔ ورود به دوران آینده می‌دانستند، برخورنده بود. یحیای تعمیددهنده بدیشان گفت که می‌باید تطهیر گردند و در اردن تعمید یابند، تا شاید گناهان‌شان شسته شود، و برای ورود به پادشاهی آینده آماده گردند. بسیاری نسبت به این نیاز بی‌توجه بودند. به مجردی که این ایدهٔ کاملاً متفاوت از پادشاهی خدا را درمی‌یابیم، تعالیم عیسی را بهتر از پیش درک می‌کنیم و راحت‌تر پی به کشمکش‌هایی که با آن روبه‌رو بود می‌بریم.

متی مشتاق این است که مضمون پادشاهی به درست‌ترین و مناسب‌ترین شکل ممکن با تعلیم دیگر تعادل ایجاد نماید، زیرا این تمرکز بر پادشاهی- با ایمانداران به‌عنوان اتباع پادشاه- می‌تواند ما را به‌سویی رهنمون شود که تصور کنیم رابطهٔ ما با خدا تنها و تنها در این چارچوب خلاصه می‌شود. تکرار واژهٔ به‌کاررفته اغلب کلیدی برای دریافت منظور و تأکید نگارنده است، و روی‌هم‌رفته متی ۴۴ بار عنوان «پدر» را ذکر می‌کند که در مقایسه با ۴ بار ذکر آن در مرقس و ۱۷ بار در لوقا تأمل‌برانگیز است. او بر این پافشاری می‌کند که ما به‌عنوان اتباع پادشاه آسمان زندگی می‌کنیم، اما در عین‌حال می‌توانیم او را «ابا، ای پدر» نیز بخوانیم. اگر صرفاً اتباعی بودیم که مجبور به اطاعت از پادشاه می‌بودیم، می‌توانستیم این‌گونه بپنداریم که با اطاعت صرف از او نجات پیدا کنیم و رابطهٔ فرزندی خود را که خدا ما را بدان خوانده از یاد ببریم. پس این پادزهری قوی در برابر شریعت‌گرایی و زندگی بر اساس قواعد و قوانین دینی است.

با فرض درک رئوس کلی پادشاهی نامبرده در بالا، این امکان حاصل می‌شود که مضمون اصلی انجیل متی را بدین‌گونه تعریف نماییم: ***اکنون در پادشاهی چگونه زندگی می‌کنید؟*** بگذارید به پنج «خطابه»ای که متی از تعالیم عیسی پیرامون پادشاهی گرد آورده نگاهی گذرا بیندازیم:

۱ - *شیوهٔ زندگی در پادشاهی (باب‌های ۵-۷)*

این مجموعه را بیشتر زیر عنوان «موعظهٔ بالای کوه» می‌شناسند و اغلب هم آن را به اشتباه درک می‌کنند. این سخنان به هیچ روی دربرگیرندهٔ نصایح عیسی به بی‌ایمانان پیرامون چگونه زیستن نیست. مستقیماً ایمانداران را هدف قرار داده به آنها می‌گوید که باید چنین زندگی کنند،

و اصلاً بی‌ایمانـان را در مـد نظر ندارد. موعظهٔ مزبور به ما یاد می‌دهد که ***ایمانداران، اکنون که در پادشاهی به سر می‌برند، چگونه باید زندگی کنند.***

خطابهٔ نامبرده با یکسـری عبارات قابل‌توجه آغاز می‌شـود: «خوشـا به‌حال فقیران در روح، زیرا پادشـاهی آسـمان از آن ایشان است... خوشابه‌حال نرم‌خویان، زیرا آنان زمین را به‌میراث خواهند برد... خوشابه‌حال پاکدلان، زیرا آنان خدا را خواهند دید...» عیسی گونه‌ای تازه از یک شخصیت را توصیف می‌کند که دگرگونی پیدا کرده.

پس از «خوشـا به‌حال‌ها»ی آغازین نوبت به فرمان‌ها می‌رسد که طیف بسیار گسترده‌تری را در بر گرفته به‌شدت کاربردی است. در اینجا تنها چند نمونه را ذکر می‌کنیم:

- اگر دیگری را احمق بخوانید، قاتل هستید.
- در شـریعت موسـی آمده: «با زنی که با وی ازدواج نکرده‌ای به بسـتر نرو» اما عیسی می‌گوید «حتی به دختری از روی شهوت نگاه نیندازید.»
- همچنین می‌گوید: «از طلاق و ازدواج مجدد خودداری کنید.»
- به ما می‌گوید که نگران نباشیم، زیرا اگر نگران باشیم به پادشاه آسمان، که از آفرینش خود و به همین ترتیب از ما مراقبت می‌کند، اهانت کرده‌ایم.

شـیوهٔ زندگی پادشـاهی این‌گونه اسـت و این فصل‌ها برای کسـی که به تازگی ایمان آورده، دستمایه‌ای عالی فراهم می‌نمایند. نکتهٔ مهم و حیاتی که باید درک کرد این است که ایشان *برای* چنین شیوهٔ زندگی‌ای نجات یافته‌اند، نه *به‌واسطهٔ* آن.

۲ ـ مأموریت پادشاهی (۹:۳۵-۱۰:۴۲)

این «خطابه» به‌طور منطقی در دنبالهٔ خطابهٔ پیشین قرار می‌گیرد. متی نشان می‌دهد که وقتی کسـی وارد پادشـاهی می‌شود مأموریت دارد که رفته دیگران را هم به پادشاهی بیاورد. از این‌رو شمار زیادی از تعالیم عیسی در باب بشارت در باب‌های ۹ و ۱۰ گنجانیده شده‌اند.

عیسی به شاگردانش می‌آموزد که با زنده‌کردن مردگان، بیرون‌کردن دیوها و شفا دادن بیماران، واقعیت پادشاهی را به نمایش بگذارند و سپس به کسانی که نظاره‌گر این اعمال هستند بگویند که پادشـاهی در حال آمدن اسـت. پس در پادشـاهی آسـمان *کردار* باید بر *گفتار* پیشی بگیرد. همچنین قسـمت مزبور جزئیات قابل‌ملاحظه‌ای در مورد نحوهٔ سفرکردن، چه چیزهایی به همراه بردن و چه واکنشی به مخالفت‌ها نشان دادن ارائه می‌نماید.

۳ ـ رشد پادشاهی (۱۳:۱-۵۲)

پس از مأموریت به سراغ رشد می‌رویم. پیرامون ***گسترش پادشاهی*** باید چه انتظاری داشته باشیم؟ در اینجا تعلیمی وجود دارد که از طریق یک سری مَثَل بیان می‌شود.

■ برزگر: نباید از اینکه از هر چهار بذر سه تایش به ثمر نمی‌رسد نگرانی به خود راه دهیم. از هر بذری که در زمین نیکو می‌افتد می‌توانید ۳۰، ۶۰ و یا ۱۰۰ بذر دیگر به‌دست آورید، پس ارزشش را دارد.

■ گندم و علف سمی با هم رشد می‌کنند: پادشاهی شیطان و پادشاهی خدا دوشادوش هم رشد می‌کنند، تا اینکه در هنگام درو نهایی گندم را از علف سمی جدا کنند.

■ دانهٔ خردل: عیسی برای به تصویر کشیدن رشد پادشاهی از همان لحظات اول، به توصیف دانه‌ای می‌پردازد که به درختی بزرگ تبدیل می‌شود؛ همین مَثَل در مورد رشد کلیسا نیز مصداق پیدا می‌کند. عیسی کار خود را با ۱۱ مرد شایسته آغاز کرد و اکنون این شمار به یک میلیارد و پانصد میلیون نفر رسیده است!

■ مروارید گرانبها: متی ارزش پادشاهی را به مرواریدی گرانبها تشبیه می‌کند. باید حاضر باشیم هرچه را که داشتیم بدهیم تا آن را به‌دست آوریم.

■ تور: عیسی به ما می‌گوید که نباید نگران نوایمانان بد باشند، چون پادشاهی آسمان به توری پر از ماهی، اعم از خوب و بد می‌ماند. پیامش این است که به جای جداکردن خوب‌ها از بدها به مجرد گرفتن‌شان، باید صبر کنیم تا «ماهی‌ها» سرانجام به ساحل آورده شوند.

۴ـ اجتماعی پادشاهی (۱۸:۱-۳۵)

متی در اینجا به تعالیمی چند از عیسی در مورد ***روابط افراد در درون کلیسای محلی*** می‌پردازد. از این حرف می‌زند که چگونه باید با کسانی که از ایمان خود منحرف شده‌اند رفتار کنیم، و چگونه باید با آنانی که در جماعت ایمانداران نسبت به دیگران مرتکب گناه می‌شوند، برخورد نماییم.

۵ـ آیندهٔ پادشاهی (باب‌های ۲۴-۲۵)

تا زمانی که متی دست به نگارش انجیلش زد، این پرسش برای بسیاری از مسیحیان پیش آمده بود که بالاخره عیسی کی بازمی‌گردد. پس متی (و نیز لوقا و مرقس) بخشی را برای کمک به خوانندگان‌شان اختصاص داده است تا بدانند باید ***دنبال چه نشانه‌های بازگشت عیسی باشند.***

جایگاه قرارگیری این «خطابه» بسیار مهم است: عیسی و شاگردانش بر کوه زیتون که مشرف بر معبد است می‌نشینند و شاگردان از عیسی در مورد زمان آخر پرسش می‌کنند. متی پرسش‌های شاگردان در این مورد را به نبوت خود عیسی پیرامون ویران‌شدن معبد ربط می‌دهد. عیسی بدیشان چهار نشانه می‌دهد تا با جستجوی آنها به زمان بازگشتش پی ببرند:

۱. فجایع و مصایب در جهان: جنگ، قحطی، زمین‌لرزه، مسیحان دروغین.
۲. تحولات در کلیسا: جفا در سراسر جهان، شمار لغزش‌خورندگان، انبیای دروغین، تکمیل مأموریت.
۳. خطر در خاور میانه: خودکامه حرمت‌شکن، پریشانی بی‌مانند (اما محدود)، مسیحان دروغین و انبیای دروغین.
۴. تاریکی در آسمان: خورشید، ماه و ستارگان محو می‌شوند، گسترهٔ آسمان را آذرخش فرامی‌گیرد، آمدن مسیح راستین و گرد آمدن مسیحیان از «چهار گوشهٔ جهان».

از این چهار نشانه، اولی پیشتر مشاهده شده؛ دومی در آستانه تحقق است؛ سومی هنوز پدیدار نشده و زمانی که آن رویت شود، چهارمی هم با فاصلهٔ زمانی اندکی پس از آن روی خواهد داد.

متی این بخش را با یک سری مَثَل با محوریت آمادگی برای بازگشت پادشاه ادامه می‌دهد. در هر مَثَل با تأکید بر لزوم وفاداری در صورت تأخیر قابل‌ملاحظه او، این عبارت تکرار می‌شود: «چون آمدن او به درازا کشید».

مضامین اصلی

پیشتر شماری از مضامین انجیل متی را که بخشی از دغدغهٔ خاص او را آشکار می‌سازند، مورد ملاحظه قرار دادیم. هنوز سه مورد دیگر وجود دارد که باید بدانها هم بپردازیم، و هر سه مورد در شاگردی در پادشاهی نقش بنیادین دارند.

۱ ـ *ایمان*

نخستین مضمونی که از آن مکرراً یاد شده مضمون ایمان است. این مضمون مختص متی نیست، اما به یقین مورد علاقهٔ ویژهٔ وی قرار دارد. پیام او این است که یک تبعهٔ پادشاهی که در عین‌حال فرزند پدر نیز به‌شمار می‌رود، با ایمان زندگی می‌کند. منظورش تصمیمی اتفاقی و یک‌باره برای ایمان آوردن نیست، بلکه مقصودش این است که شخص ایمان آورنده در ایمان خود پیوسته پیش برود. عیسی اغلب در انجیل متی از مردم می‌پرسد: «آیا به آنچه به تو گفتم ایمان داری؟ ایمان داری که می‌توانم این کار را بکنم؟» عیسی در پی کسانی است که به او و کلامش ***اعتماد پیوسته*** داشته باشند. او والاترین ستایش را از آن افسر رومی می‌کند که برای گرفتن شفا به نزد وی آمده بود، و برخلاف قسمت اعظم اسرائیل ایمانی بزرگ داشت.

۲ ـ *پارسایی*

مضمون دیگری که در اناجیل دیگر نمی‌توانید بیابید، پارسایی است ـ ضرورت ***انجام‌دادن همسان با ایمان‌داشتن***. اهمیت وجود نظم در اینجا کاملاً مشهود است: نخست ایمان می‌آورید، اما ایمان می‌آورید تا کاری بکنید. برای مثال، یکی از کوتاه‌ترین مَثَل‌ها در کل انجیل را در نظر

می‌گیریم، که در مورد مردی است که دو پسر دارد و از ایشان می‌خواهد تا به تاکستانش رفته در آن به‌کار بپردازند. یکی گفت: «چشم» ولی نرفت؛ دیگری گفت: «نه»، اما رفت. عیسی در دنباله می‌پرسد که کدامیک از این دو خواست پدر خویش را به انجام رسانیدند، با این انگیزه که تلویحاً به ما بگوید که می‌توانیم اعتراف به اطاعت نماییم، اما زمانی که پای عمل در میان می‌آید با نقض عملی گفتارمان دروغ بگوییم. شاگردبودن تنها این نیست که ایمان داشته باشیم، بلکه باید «پارسایانه عمل کنیم».

این در بسیاری از جاهای انجیل متی تصریح شده است. همین دلیل اصلی تعمید عیسی و معنای آن را که اغلب به اشتباه تعبیر می‌شود، توجیه می‌کند. چرا عیسی تعمید گرفت؟ او گناهی نکرده بود که شسته شود، چیزی نبود که پاک گردد، با این‌حال به نزد یحیی آمد تا تعمید یابد. وقتی یحیی به اعتراض گفت که این عیسی است که باید او را تعمید دهد، عیسی همچنان پافشاری نمود، چون «بگذار اکنون چنین شود، زیرا شایسته است که ما پارسایی را به کمال تحقق بخشیم». تعمید برای عیسی، آن‌گونه که برای دیگران هست، عمل ناشی از توبه نبود، بلکه تنها به جا آوردن پارسایی به شمار می‌رفت. پدرش به او گفته بود که چنان کند، پس او هم اطاعت کرد. در همان ابتدای انجیل عیسی با نمونه قرار دادن خودش نشان می‌دهد که از پیروانش چه انتظاری دارد.

پس جای شگفتی نیست که این تعلیم او سرشار از این مضمون باشد. او می‌گوید: «تا پارسایی شما برتر از پارسایی فَریسیان و علمای دین نباشد، هرگز به پادشاهی آسمان راه نخواهید یافت». فریسیان گروهی به‌شدت مذهبی بودند. هفته‌ای دو روز روزه می‌گرفتند؛ از همهٔ دارایی خود ده‌یک می‌دادند؛ دریا و خشکی را درمی‌نوردیدند تا افراد را به کیش خود درآورند؛ میسیونرهای بزرگی بودند؛ کتاب‌مقدس‌های‌شان را می‌خواندند؛ دعا می‌کردند. با وجود این، عیسی فرمود که پارسایی پیروانش باید از پارسایی آنان برتر باشد.

همان‌گونه که درک معنای دقیق ایمان اهمیت دارد، ما هم باید مطمئن شویم که منظور متی را از مفهوم پارسایی به درستی درک کرده‌ایم. عیسی می‌گوید که ما *برای* پارسایی نجات می‌یابیم، نه *به‌واسطهٔ* پارسایی. درک تمایز میان این دو اهمیت بسیاری دارد. اگر انجیل متی را به یک بی‌ایمان بدهید، ممکن است این را برداشت کند که مسیحی‌بودن یعنی نیکوکاری، اما در واقع، *پس از* مسیحی شدن- یعنی نجات یافتن و بخشوده شدن- است که خوانده می‌شوید تا پارسایی توصیف شده در متی را به منصهٔ ظهور برسانید.

۳- داوری

این مضمون سوم شاید عجیب به نظر برسد: گویی با تزی که بر مبنای آن متی برای ایمانداران نوشته شده منافات دارد. با این‌حال، در متی و از قول عیسی حجم قابل‌ملاحظه‌ای از تعالیم پیرامون داوری ثبت شده است. از این مهم‌تر، بررسی دقیق زمینهٔ متن هر هشداری که در مورد دوزخ داده شده آشکار می‌سازد که جز دو مورد همه خطاب به ایمانداران تولد تازه یافته گفته شده‌اند.

متی به شاگردان در مورد از خود راضی‌بودن هشدار می‌دهد. آغاز پیروی از عیسی به‌منزلهٔ در دست داشتن بلیت سفر به آسمان نیست. خود پیروان هم اگر «در طریق خود» بمانند، باید از روانه‌شدن به‌سوی دوزخ بیمناک باشند. بنابراین، در حالی‌که مخاطب دو هشدار از هشدارهای مربوط به داوری فریسیان هستند، باقی هشدارها کسانی را هدف قرار داده‌اند که همه چیز خود را برای پیروی عیسی رها کرده‌اند. تکان‌دهنده‌تر از همه اینکه او هیچگاه به گناهکاران بدین‌گونه هشدار نمی‌دهد.

این حقیقت زمانی به‌طور ویژه آشکار می‌شود که زمینهٔ یکی از معروف‌ترین عبارات عیسی در مورد دوزخ را مورد توجه قرار می‌دهیم: «از کسانی که جسم را می‌کشند اما قادر به کشتن روح نیستند، مترسید؛ از او بترسید که قادر است هم روح و هم جسم شما را در جهنم هلاک کند.» مخاطبان او چه کسانی هستند؟ وی در واقع، میسیونرهای مسیحی (دوازده شاگردش) را پیش از روانه‌کردن‌شان به میان مردم برای اعلان و اثبات آمدن پادشاهی طرف خطاب قرار می‌دهد. حرف او این نیست که ترس از دوزخ همیشه باید بخشی از پیام‌شان به گناهکاران باشد، بلکه این خود آنها هستند که باید از دوزخ بیمناک باشند، زیرا اگر از دوزخ بترسند، دیگر از هیچ کس و هیچ چیز نخواهند هراسید، حتی شهید شدن.

اگر در کل عهدجدید تنها همین انجیل متی را داشتیم برای‌مان کافی بود که بدانیم مسیحیان باید از تودهٔ زبالهٔ موسوم به «گهانا» ـ (جهنم ـ م.) یا وادی حنوم که در بیرون اورشلیم قرار داشت و مردم آشغال‌های خود را در آنجا می‌سوزانیدند ـ که خدا برای فرجام نافرمانان در نظر گرفته، بترسند. متی برای شاگردان انجیلی هشیارکننده است، چون بدیشان می‌آموزد که در ایمان خود جدی باشند، و به پیش بروند، و در طول راه از عیسی جدا نشوند.

پیام متی را چگونه باید تعلیم داد

اگر فرض کنیم که هدف متی فراهم‌کردن رهنمودی برای شاگردی است، شاید این پرسش پیش بیاید که او کل این تعالیم را در چارچوب انجیل مرقس ارائه کرده است. چرا آن را صرفاً دستورالعملی برای شاگردی ننامیده و تنها به ثبت تعالیمی که مورد نیاز شاگردان است بسنده نکرده است؟ پاسخ به این پرسش ما را به بینشی ژرف از مقصودی که عیسی و متی برای آموزش شنوندگان و خوانندگان خود در نظر داشتند رهنمون می‌شود.

زمینهٔ متن

متی به روش تعلیم اصیل خود عیسی وفادار است. عیسی تعالیم خود را در زمینهٔ کارهایی که انجام می‌داد و معجزاتی که به منصهٔ ظهور می‌رساند ارائه می‌داد. تعلیم را باید در چنین زمینهٔ کاربردی‌ای ارائه کرد. **لازم است *میان گفتار و کردار تعادلی ایجاد نماییم*.**

یک فرایند دوطرفه

همچنین لازم است وجوهِ اخباری انجیل برای‌مان بازگو شوند: **مسیح برای ما چه کرده**، و پس از آن با وجوه امری روبه‌رو شویم: **ما قرار است چه کاری برای خداوند بکنیم**. اگر بر یکی متمرکز شویم و دیگری را نادیده بگیریم گمراه خواهیم شد. اگر بر آنچه که خدا کرده تمرکز کنیم، ممکن است این تصور برای‌مان پیش بیاید که دیگر نیازی نیست خودمان کاری بکنیم، و این می‌تواند به بی‌بندوباری منجر شود (یعنی اینکه من چگونه زندگی می‌کنم اهمیتی ندارد). اگر صرفاً بر کاری که باید خودمان برای خداوند انجام دهیم تمرکز کنیم، شاید این شبهه ایجاد شود که همه چیز به ما ختم می‌شود، و این می‌تواند به شریعت‌گرایی بینجامد (یعنی نجات حاصل کار خودم است). در صورتی که این اعمال ما است که باید تابع باورهای‌مان باشد۔ ما آن کاری را که خدا در ما انجام داده از خود بروز می‌دهیم. قدرت پادشاهی آسمان ما را از گناه می‌رهاند تا در پاکی پادشاهی زندگی کنیم. پادشاهی یک جور عرضه و تقاضاست. بنابراین، آنچه که خدا برای ما می‌کند و آنچه که ما برای او می‌کنیم همه بخشی از انجیل، یعنی مژدهٔ پادشاهی است.

لزوم ایجاد تعادل میان وجه اخباری و امری به‌طور خاص زمانی مصداق پیدا می‌کند که صلیب مسیح را در نظر می‌گیریم، چراکه این خطر وجود دارد که تعلیم مسیح را از هرآنچه که وی بدان نایل گشته جدا سازد. تا به مردم در چارچوب آنچه که مسیح بر صلیب برای‌شان به‌دست آورده تعلیمی ندهیم، نمی‌توانیم به آنها تعلیم بدهیم که چگونه زندگی کنند. نظم حاکم بر متی به ما کمک می‌کند تا به‌خاطر کارهایی که عیسی برای‌مان کرده پیوسته از او سپاسگزار باشیم. او خردمندانه تصمیم گرفت تا تعالیم شاگردی را در چارچوب این خبر خوش ارائه نماید که عیسایی که همهٔ این چیزها را از پیروانش خواسته همان عیسایی است که بیماران را شفا داد، مردگان را زنده کرد، و به‌خاطر ما مرد و برخاست.

نتیجه‌گیری

انجیل متی باب طبع کلیسای اولیه بود. دغدغهٔ ایشان انجام مأموریت بزرگ بود، اینکه به سرتاسر جهان رفته همهٔ قوم‌ها را شاگرد سازند و به ایشان تعلیم دهند که همهٔ دستورهای عیسی را رعایت نمایند. انجیل متی به آنان این توانایی را می‌بخشید که از آن به‌عنوان یک کتاب راهنمای شاگردی برای همهٔ ایمانداران، خواه یهودی تبار و خواه غیریهودی تبار بهره جویند و عهدعتیق را با عهدجدید پیوند داده به جهان بگویند که مسیح، پادشاه یهود، تحقق‌بخش وعدهٔ خدا به ابراهیم که از طریق وی همهٔ قوم‌ها را برکت خواهد داد، آمده است. سرانجام پسر داوود ظهور کرد ـ و اگر کسی می‌خواهد در پادشاهی او زندگی کند، باید بدین‌ترتیب، که در این کتاب آمده عمل نماید.

۳۹

لوقا و اعمال

مقدمه

کتاب‌مقدس از کلام انسان و کلام خدا درست شده ـ چندین نویسندۀ بشری و تنها یک ویراستار الاهی. بسیاری از نویسندگان در واکنش به نیازی فوری دست به نگارش زده‌اند و نمی‌دانسته‌اند که آنچه می‌نویسند روزی بخشی از کتاب‌مقدس خواهد شد. از این‌رو می‌توانیم کتاب‌های کتاب‌مقدس را در دو سطح مورد مطالعه و بررسی قرار دهیم: تاریخی و وجودی. در سطح تاریخی می‌پرسیم: چرا نوشته شد؟ چه دلیل انسانی در پس آن نهفته بود؟ در سطح وجودی می‌پرسیم: چرا این کتاب در کتاب‌مقدس جای گرفته؟ چرا خدا می‌خواهد که ما در این باره بدانیم؟ هنگام بررسی هر دو کتاب انجیل لوقا و اعمال رسولان، این روش بررسی ما خواهد بود. هر دو کتاب یک نویسندۀ واحد دارند، و با هم یک جلد ویژه را تشکیل می‌دهند. پس این لوقا که بود و چرا این دو کتاب را نوشت؟

لوقا که بود؟

۱ ـ یک غیریهودی

لوقا در میان همۀ نگارندگان کتاب‌مقدس منحصربه‌فرد است، چراکه یگانه نویسنده غیریهودی کتاب‌مقدس است. نام او در زبان انگلیسی (و فارسی) از لوکاس یونانی گرفته شده و اصالتاً

اهل انطاکیهٔ سوریه بوده، که پاریس جهان باستان به شمار می‌رفت و در منتهاالیه شرقی دریای مدیترانه، و درست در شمال سرزمین موعود قرار داشت.

در انطاکیه بود که نخستین کلیسای غیریهودی بنیان گذارده شد و پیروان عیسای مسیح برای نخستین بار «مسیحی» نامیده شدند- لقبی که به نوعی تحقیرآمیز بود و از سوی اهالی آن شهر به کسانی داده شده بود که می‌خواستند از مسیح پیروی نمایند. در حالی‌که امروزه این نام فراگیر شده و تعاریف گسترده‌ای دارد، در کتاب اعمال عموماً واژه‌های «ایماندار» و «شاگرد» بر آن ترجیح داده شده است.

لوقا به‌عنوان یک غیریهودی بهترین کسی بود که می‌توانست از طریق نوشته‌هایش چگونگی انتشار انجیل از اورشلیم به رُم را نشان دهد. به آسانی می‌توان فراموش کرد که برای یک دین درنوردیدن مرزهای قومی امری منحصربه‌فرد است، خصوصاً که این جهش از یک دین ماهیتاً یهودی به دینی باشد که بخش عمدهٔ آن را غیریهودیان تشکیل می‌دهند. اکثر مردم به دین نیاکان خود زاده می‌شوند و به همان دین وفادار می‌مانند. در اینجا با دینی روبه‌رو هستیم که از قومی به قومی دیگر می‌پرد. این تمرکز بر خوانندگان غیریهودی را از جهات گوناگون می‌توان مشاهده کرد. مثلاً لوقا از به‌کار بردن واژه‌ها و تعابیر یهودی به‌کار رفته در دو انجیل متی و مرقس، مانند «رابی» (استاد، معلم یهودی- م.) یا «اَبّا» (ای پدر- م.) خودداری می‌کند و ترجیح می‌دهد این واژه‌ها را برای خوانندگانش به یونانی ترجمه کند، تا مطمئن شود که آنها منظورش را می‌فهمند.

۲- یک پزشک

حرفهٔ اصلی لوقا پزشکی بود- پولس رسول هنگام نوشتن نامهٔ خود به کلیسای کولسی از او زیر عنوان «پزشک محبوب» یاد می‌کند. ۴۰۰ سال بود که دانش پزشکی پیشرفت‌های زیادی کرده بود و پزشکان آموزش‌های دقیقی می‌دیدند. لوقا می‌بایست در نوشته‌هایش فردی تیزبین، تحلیلگر و دقیق بوده باشد- اینها مهارت‌هایی است که وی در نگارش انجیلش و نیز کتاب اعمال رسولان به‌کار می‌برد.

رویدادهای بسیاری وجود دارند که پیشینهٔ پزشکی لوقا را آشکار می‌سازند. برای نمونه، بازگوکردن تولد عیسی از زاویهٔ دید مریم‌اند. با جزئیاتی از واقعهٔ ختنهٔ عیسی- از جمله اشاره به قنداق‌کردن و پارچه‌های قنداق- روبه‌رو هستیم، اینها نکاتی هستند که تنها برای یک پزشک جالبند. (بر حسب تصادف، لوقا برای ردیابی تبار جسمانی مسیح نسب‌نامهٔ مریم را پی می‌گیرد، در حالی‌که متی نسب‌نامهٔ یوسف را ردگیری می‌کند.) زمانی که مرقس بیماری مادر زن پطرس را تعریف می‌کند، تنها آن را تب می‌خواند؛ اما لوقا می‌نویسد «تبی سخت». از معجزاتی که لوقا به ثبت آنها پرداخته، از هر شش معجزه پنج تایش معجزات شفا هستند.

خدا برای گزارش رویدادهای مافوق طبیعی از یک پزشک استفاده می‌کند! تولد از باکره، معجزات عیسی، و آیات و عجایب مذکور در کتاب اعمال همه از قلم لوقا بیرون آمده‌اند. برخی

پزشکان به هر چیز که خارج از حیطهٔ طبیعی و مادی اتفاق بیفتد بدگمان هستند، اما لوقا این توانایی را دارد که مهارت خیره‌کنندهٔ خود را در زمینهٔ نگارش و پزشکی برای ثبت آنچه که به‌راستی به‌وقوع پیوسته به‌کار گیرد، حتی اگر این رویدادها بیرون از قلمرو دانش پزشکی یا توان بشری بوده باشند.

۳ـ یک مورخ

لوقا در ذکر جزئیات، جمله‌بندی و درک اختلافات جزیی فرهنگی بسیار باریک‌بین بود. او که خود در زمرهٔ رسولان عیسی قرار نداشت، برای کسب آگاهی در مورد عیسی به کسانی وابسته بود که رابطهٔ نزدیکی با وی داشتند. برخی از مورخان امروزی به نقد نوشتهٔ او پرداخته، مدعی شده‌اند که او مرتکب اشتباه شده، اما یافته‌های بعدی باستان‌شناختی همواره صحت نوشته‌های لوقا را تأیید کرده‌اند، تا جایی که اکنون وی را یکی از دقیق‌ترین و موثق‌ترین مورخان زمان خودش می‌شناسند. در حقیقت، اگر ما «انجیل» را ژانری متفاوت از «تاریخ» در نظر بگیریم (چنانکه پیشتر نیز در فصل مربوط به «اناجیل» این کار را کردیم)، آنگاه لوقا تنها *تاریخ‌نگار* عهدجدید به‌شمار می‌رود. هدف اصلی او این بود که گزارشی درست و قابل‌اعتماد از آنچه که عیسی در زندگی‌اش گفته و کرده بود فراهم آورد، و پس از آن مژدهٔ نجات را اعلان نماید، هرچند که این دو هدف با یکدیگر همپوشی و تداخل دارند.

۴ـ یک گردشگر

لوقا همچنین گردشگری جهان‌دیده بود. این لوقا است که به «دریاچه»بودن «دریای» جلیل اشاره می‌کند ـ این دریاچه تنها ۱۳ کیلومتر درازا و ۸ کیلومتر پهنا دارد. بی‌گمان دریاچه‌ای با چنین ابعاد برای یک گردشگر کهنه‌کار دریا به شمار نمی‌رود! او با پولس رسول سفر کرده بود و این را از اشاراتی که در اعمال به «ما» می‌کند می‌توان دریافت. لوقا همچون دیگر نویسندگان عهدجدید گمنام می‌ماند، چراکه می‌خواهد همهٔ توجه‌ها را از خودش براند، اما کاربرد «ما» این واقعیت را فاش می‌سازد که وی هم در آنجا بوده. لوقا همسفر پولس بود، به‌ویژه زمانی که پولس بر دریا سفر می‌کرد ـ سفر از ترواس به فیلیپی، از فیلیپی به اورشلیم، و از قیصریه به رُم. شاید پولس به هنگام سفر دریایی احساس می‌کرده به پزشک نیاز دارد؟ یکی از فاخرترین نوشته‌های لوقا آن بخشی است که سفر آخر پولس و شکسته کشتی‌شدن او در سواحل مالت را در انتهای کتاب اعمال به تصویر می‌کشد.

این شوق سفرکردن، عامل مهمی در درک چگونگی نوشته‌شدن انجیل لوقا و اعمال رسولان است. این را می‌دانیم که پولس دو سال در قیصریه و دو سال هم در رُم زندانی بود. بعدها خواهیم دید که احتمالاً لوقا در خلال همین دو دوره، دو جلد اثر خود را به رشتهٔ تحریر درآورد ـ انجیلش را در قیصریه و اعمال را در رُم ـ که البته این مجال را داشت تا در هنگام ملاقات با پولس با وی مصاحبه کند ـ نوشت.

۵ـ یک نویسنده

سبک نگارش یونانی لوقا به مانند مورخان دوره هلنیستی، پخته و آراسته است. مهارت او در نویسندگی را زمانی می‌توان دریافت که انجیل لوقا و اعمال را با دقت بیشتری مورد بررسی قرار دهیم. گزارش شکسته کشتی شدنشان در مالت را یکی از شاهکارهای ادبی جهان باستان خوانده‌اند. وی از دامنهٔ واژگان خوبی برخوردار است، سبکی عالی دارد و این توانایی را داراست که با ایجاد طرح داستانی جدید و عوض‌کردن جریان داستان با تندی و ظرافت خاص، خواننده را به‌دنبال خودش بکشد. چیره‌دستی وی به‌عنوان یک مورخ هم مشهود است؛ پژوهش‌هایش فراگیر است و می‌داند چه چیزهایی را در اثر خود وارد کرده، از روی چه مطالبی بگذرد.

۶ـ یک مبشر

لوقا یک مبشر بود ـ البته بیشتر با قلمش بشارت می‌داد تا با صدایش. «نجات» از کلید واژه‌های هر دو اثر وی به شمار می‌رود. این واژه و دیگر واژه‌های هم‌ریشه‌اش به کرات به‌کار رفته‌اند. لوقا به‌عنوان یک غیریهودی به‌طور ویژه نگران نجاتی است که برای «تمامی بشر» مهیا شده است. وی در انجیلش سخنان یحیای تعمیددهنده از قول اشعیا را چنین ثبت می‌کند: «آنگاه تمامی بشر نجات خدا را خواهند دید»، و بسیاری این را مضمون کلیدی انجیل لوقا می‌دانند.

کمی جلوتر، در بررسی‌مان از انجیل لوقا خواهیم دید که چگونه لوقا به گروه‌های مختلف مردم که می‌توانند نجات خدا را ببینند و خواهند دید، علاقه‌ای ویژه دارد. به همین ترتیب، مضمون اعمال نیز ریخته‌شدن روح‌القدس بر تمامی بشر ـ بر یهودیان، سامریان و مردمان دورترین نقاط جهان است. این دین «یهودی» برای همگان و همهٔ نقاط روی زمین است: لوقا عیسی را به‌عنوان منجی جهان به تصویر می‌کشد.

در تاریخ آمده که لوقا در ۸۴‌سالگی و بدون اینکه هیچگاه ازدواج کرده باشد، در شهر بوئوتیای یونان دیده از جهان فروبست.

مخاطب

پس از آنکه به خصوصیات نگارنده نگاهی گذرا افکندیم، اکنون اجازه دهید تا توجهمان را به مخاطبی معطوف نماییم که این دو کتاب خطاب به او نوشته شده است. مخاطب لوقا مردی است به نام تئوفیلوس، که معنای تحت‌اللفظی‌اش می‌شود «خدادوست». قدری عجیب به‌نظر می‌رسد که لوقا چهار سال از عمر خود را صرف پژوهش و نگارش اثری کند که قرار است تنها یک مخاطب داشته باشد؛ حتی اگر تصورش را هم می‌کرده که آثارش بعدها خوانندگان بیشتری پیدا خواهند کرد، باز هم عجیب است. به‌راستی این مرد، تئوفیلوس، کیست؟

یک نظریه این است که تئوفیلوس شخصیتی خیالی است، انگار که نگارنده‌ای در نظر داشته باشد اثرش را خطاب به نمایندهٔ خیالی گروه خاصی- «آقای پرسشگر بی‌ریای عزیز»- بنویسد. پس تئوفیلوس نامی ساختگی است، به معنای شخصی «خدادوست» که علاقه‌مند به ایمان است و می‌خواهد خدا را بیابد. گرچه خود نظریه معتبر است، با این‌حال، با همهٔ بوده‌های موجود جور درنمی‌آید.

دیگران چنین استدلال می‌کنند که او شخصی واقعی و احتمالاً ناشری علاقه‌مند به مسیحیت بوده- که یقیناً ایده‌ای جالب توجه است. در حقیقت بهتر است که تئوفیلوس را فردی ببینیم که به‌راستی وجود خارجی داشته. آشکار است که وی انسانی مهم، و از منصب اجتماعی خاصی برخوردار بوده، چون لوقا به او عنوان «عالی‌جناب» می‌دهد. این دقیقاً همان عنوانی است که وقتی فستوس و فلیکس برای داوری در مورد پولس بر کرسی قضاوت می‌نشینند، برای‌شان به‌کار می‌برد و قویاً این حس را در ذهن تداعی می‌نماید که تئوفیلوس هم دارای شغلی قضایی بوده، چیزی مانند یک وکیل یا قاضی. با وجود این، چرا لوقا باید چنین گزارش کاملی، نخست از عیسی و سپس از پولس، به یک وکیل ارائه دهد؟

وکیل مدافع پولس

اگر تصور کنیم که تئوفیلوس وکیل مدافع پولس، یا حتی قاضی رسیدگی به پرونده وی در دادگاه رُم بوده، آنگاه قضیه روشن می‌شود. در این صورت وی نیازمند گزارشی فشرده اما کامل بوده، که شرایط را جزء به جزء تا زمان دادرسی شرح بدهد.

این دین جدید چگونه آغاز شد؟ بنیان‌گزار آن که بود؟ چه شد که پولس هم در گسترش آن سهمی بر عهده گرفت؟ از این گذشته، چیزی که می‌توانست به‌طور خاص نظر وکیل را به خود جلب کند این بود که مقامات رومی به این دین جدید چه نظری داشتند. پس زمانی که پولس را در قیصریه زندانی کردند، لوقا به پژوهش پیرامون زندگی و مرگ عیسی پرداخت، و زمانی که پولس به زندان رُم منتقل شد، وی به تحقیق در زمینهٔ سهم پولس در این دین جدید ادامه داد.

کار او شامل مصاحبه با شماری از افرادی که ما آنها را در عهدجدید شخصیت‌های مهمی می‌دانیم می‌شده. کسانی چون: یعقوب، احتمالاً متی، و به‌طور قطع یوحنا (در لوقا مطالبی وجود دارد که آنها را تنها می‌توان در یوحنا یافت- مثلاً او و یوحنا تنها کسانی هستند که به بریدن گوش مالخوس در هنگامهٔ دستگیری عیسی اشاره می‌کنند).

تألیف کتاب‌ها

لوقا در هنگام گردآوری مطالب ضروری خود برای «دفاعیهٔ دادگاه» با اشکالاتی روبه‌رو بوده. او در زمرهٔ دوازده رسول عیسی قرار نداشت، و در ضمن شاهد زندگی و خدمت او هم نبود. اما از طریق دیدار با آنانی که شاهدان عینی وقایع نامبرده بودند بر این مشکلات غلبه کرد. وی در

مدت دو سالی که در قیصریه منتظر بود تا پولس را روانهٔ رُم کنند، گزارش‌های مربوط به عیسی را گرد آورد. هنگامی که پولس به رُم رسید، دو سال دیگر هم فرصت یافت تا در جلد دوم کتاب خویش، تحت عنوان «اعمال رسولان» به نگارش داستان پولس بپردازد.

اگر نظریهٔ «دفاعیهٔ دادگاه» درست باشد، این می‌تواند دو جلدی بودن اثر لوقا را توجیه کند. می‌توان توجیه کرد که چرا در سرتاسر این دو کتاب رومیان به‌صورت افرادی به تصویر کشیده شده‌اند که نسبت به این دین جدید روی موافق نشان می‌دهند. هم در صحنهٔ محاکمهٔ عیسی و هم محاکمهٔ پولس، لوقا سه عبارت دال بر بی‌گناهی کامل این افراد می‌گنجاند. پیلاتس سه مرتبه می‌گوید که عیسی بی‌گناه است، و مقامات رومی هم سه بار اذعان می‌دارند که اگر پولس به رُم درخواست دادخواهی نداده بود می‌توانست آزاد شود. پس در هر دو کتاب شاهد هستیم که رومیان عامل دردسرهایی نیستند که مسیحیان را تهدید می‌کنند، بلکه این یهودیان هستند که مترصد ایجاد دردسر برای ایمان جدیدند.

شاهدان عینی

یک وکیل به شهادت شاهدان دست اول، گزارش شاهدان عینی و ***داده‌های (fact) به‌دقت بررسی شده*** نیاز دارد، و تازه باید آن را هم به شیوه‌ای منظم ارائه کند. هر دو کتاب لوقا حاوی تاریخ‌گذاری‌های دقیق بر اساس رویدادهای رومی هستند (مثلاً لوقا ۱:۲ و ۱:۳) و در مقدمهٔ جلد نخستش به تئوفیلوس مقصود خویش را آشکار می‌نماید: «از آنجا که بسیاری دست به تألیف حکایت اموری زده‌اند که نزد ما به انجام رسیده است، درست به همان‌گونه که آنان که از آغاز شاهدان عینی و خادمان کلام بودند به ما سپردند، من نیز که همهٔ چیز را از آغاز به دقت بررسی کرده‌ام، مصلحت چنان دیدم که آنها را به شکلی منظم برای شما، عالی‌جناب تئوفیلوس بنگارم، تا از درستی آنچه آموخته‌اید، یقین پیدا کنید.» به‌راستی این جمله‌بندی با روش کار و مطالبی که یک وکیل به‌عنوان دستمایه بدان نیاز دارد، سازگار است.

تمرکز بر پولس

نکتهٔ دیگری که این نظریه توجیه می‌کند ویژگی‌های غیرمعمول جلد دوم است. اعمال را زیر عنوان «اعمال رسولان» می‌شناسیم، اما تنها دو تن از آنها در روایت نقش محوری دارند، و از دیگران یا صرفاً نامی برده شده و یا به‌کلی از داستان حذف گردیده‌اند. به علاوه، پطرس شخصیت اصلی ۱۲ باب نخست کتاب است، و از آن به بعد تقریباً ناپدید می‌شود و جای خود را به پولس می‌دهد. پس کتاب به‌طرزی تقریباً انحصاری روی پولس متمرکز است و دو سوم گزارش را به حکایت وی اختصاص می‌دهد. در نظر گرفتن چنین سهمی قدری غیرعادی به‌نظر می‌رسد، مگر آنکه انگیزهٔ اصلی از ابتدای کار دفاع از پولس و توضیح این مطلب به مقامات رومی بوده باشد که در دین جدید هیچ چیز فتنه‌انگیزانه یا خرابکارانه‌ای وجود ندارد. بدین‌ترتیب،

پولس به‌عنوان یک شهروند رُمی به تصویر کشیده می‌شود که برابر قانون رُم مرتکب گناهی نشده و سزاوار دریافت حکم «برائت» از سوی دادگاه است.

در روایت محاکمهٔ عیسی در اورشلیم هم تفاوت جالبی وجود دارد که باید مورد توجه قرار گیرد. بنا بر قوانین رومی عیسی بی‌گناه بود، با این‌حال زیر فشار یهودیان مصلوب گردید. برخلاف او، پولس در دادگاه در جایگاهی قرار داشت که دیگر دست هیچ یهودی‌ای به او نمی‌رسید تا در رأی دادگاه اعمال نفوذ نماید. دادخواهی وی از قیصر جلوی مداخلهٔ ایشان را گرفت.

همچنین توجیه می‌کند که چرا شهادت پولس سه مرتبه در کتاب اعمال تکرار شده است- در جایی که شهادت هیچ‌یک از دیگر رسولان قید نشده، این کار قدری افراطی می‌نماید، مگر آنکه به‌خاطر دادگاهی‌شدن پولس بوده و ضرورت داشته که وکیل مدافع کلیهٔ مطالب مربوط به دادگاه‌های پیشین وی را بشنود، تا از آنها به‌عنوان مدرکی به نفع وی، نه علیه‌اش، استفاده کند.

از این گذشته، وقتی به اعمال به‌عنوان دفاعیهٔ دادگاه نگاه کنیم، می‌توانیم پایان یافتن ناگهانی اعمال را نیز توجیه نماییم. داستان در جایی پایان می‌پذیرد که همه منتظر رأی دادگاه در مورد پولس هستند. همچنین استدلال‌های دیگر در مورد مقصود از نگارش اعمال را از درجهٔ اعتبار ساقط می‌گرداند. اگر این کتاب صرفاً روایت زندگی پولس بود، نمی‌بایست در چنین جای غیرعادی‌ای پایان یابد. می‌دانیم که خود لوقا تا ۸۴ سالگی زندگی کرد، پس اگر هدفش روایت زندگی پولس بود در هنگام مرگ پولس زنده بوده تا آن را هم بنگارد. از سوی دیگر، اگر این نوشته منظوری قضایی در پی داشته، پس دفاعیه دقیقاً در همان جایی پایان یافته که می‌باید، یعنی انتظار پولس برای دریافت رأی دادگاه.

آخرین نکته‌ای که می‌تواند استدلال ما را به کرسی بنشاند این است که اگر هدف نگارش تاریخ کلیسای اولیه بوده، پس چرا دکتر لوقا چنین حجم زیادی از نوشتار خود را به شرح جزئیات گزارش شکسته کشتی‌شدن در سواحل مالت اختصاص داده است؟ و چرا تنها به توصیف این واقعه می‌پردازد، در صورتی که پولس سه مورد مشابه دیگر هم در کارنامه سفرهای خود داشته است؟ به یقین می‌توان گفت که لوقا با این امید رویداد را نوشت تا بر اهمیت رفتار نمونهٔ پولس تأکید کند که نه تنها از آشفتگی و سردرگمی ناشی از کشتی شکستگی برای گریز استفاده نکرد، بلکه جان همهٔ کسانی را که در عرشه بودند، و از جمله اسیرکنندگان رومی خود را که مسئول تحویل وی به دادگاه رومی بودند، نجات داد. من می‌توانم تجسم کنم که پس از بازگویی این تلاش قهرمانانه و میهن‌پرستانه، وکیل مدافع پولس دفاعیهٔ خود را با این جمله به پایان برده است: «عالی‌جناب، دیگر عرضی ندارم.»

آیا این دفاعیه کارساز بود؟

همهٔ شواهد حاکی است که پولس از نخستین محاکمهٔ خود در رُم تبرئه شد. نامه‌هایی که وی به تیموتائوس و تیتوس نوشته، حاوی جزئیاتی است که با زندگی وی پیش از آن جور درنمی‌آید

و تلویحاً نشان از این دارد که وی آزاد شده. حتی یک روایت معتبر وجود دارد که می‌گوید وی توانست به آرمان خود دست یافته به اسپانیا برود. برخی از کلیساهای کهن اسپانیا مدعی هستند که بانی کلیسای‌شان پولس بوده است.

با قطع و یقین نمی‌توان گفت، اما روایات حاکی از آنند که پولس پس از محاکمهٔ نخست آزاد شد، اما بعدها دوباره وی را دستگیر کردند و سپس گردن زدند. به‌رغم آن پیامد نهایی، چنین پیداست که کار لوقا بی‌نتیجه نبوده: اگر او در اصل دو جلد کتاب خود را برای نجات جان پولس نوشت، و بدین‌ترتیب، رسول را برای خدمت بیشتر از بند رهانید، پس او در کار خود موفق بوده.

نتیجه‌گیری

ما در اینجا بر دلواپسی لوقا برای نجات پولس تمرکز نمودیم، اما این هم روشن است که محاکمه برای مسیحیان همه جا تبعاتی در پی داشت. این تنها پولس نبود که محاکمه می‌شد، بلکه کل مسیحیت: آنچه در رُم اتفاق افتاد خبرش در همه جا پیچید، پس این مورد نمونهٔ حقوقی مهمی بود.

دو کتاب لوقا را می‌توان *تاریخچهٔ مسیحیت، بخش‌های ۱ و ۲* نامید. این دو کتاب به‌طرزی درخشان یک دورهٔ ۳۳ ساله را از آغاز خدمت عمومی عیسی تا زندانی یا بازداشت خانگی شدن پولس در رُم دربرمی‌گیرند. سرشار است از اطلاعات منحصربه‌فرد، بدین منظور که خوانندهٔ اولیه و نیز خوانندگان بعدی به خوبی بدانند که چه گذشت و ایشان باید چه واکنشی از خود نشان دهند.

لوقا بی‌گمان می‌دانست که با انتشار حیرت‌انگیز مسیحیت در جامعهٔ رُم، اثرش مورد توجه ***طیف گسترده‌ای از مخاطبان*** نیز قرار خواهد گرفت. زمان چندانی نخواهد گذشت که دیگر آن را فرقه‌ای از یهودیت به شمار نخواهند آورد، بلکه به ایمانی فراملی و جهانی و در حال پیشرفت تبدیل خواهد شد، و این اخبار برای خود رُم اهمیت داشت. بنابراین، اثر لوقا نه تنها یک دفاعیهٔ دادگاه، که ***اعلامیهٔ ایمان*** بود و به معنای دقیق کلمه می‌توانست در انجام مأموریت در میان غیریهودیان سهم زیادی داشته باشد.

از این‌رو انجیل وی اثری است با مطالب منحصربه‌فرد. در ابتدای آن به تئوفیلوس می‌گوید که خیلی‌های دیگر هم دست به نگارش آنچه که به‌وقوع پیوسته دراز کرده‌اند. وی از نوشتهٔ مرقس و احتمالاً نوشتهٔ متی و دیگر نوشته‌ها خبر داشته. اما انجیل خودش ثمرهٔ ***پژوهشی اصیل و با طیفی گسترده است***، که شامل مصاحبه‌ها و گزارش‌های دقیق از شاهدان عینی است که همگی در بستر یا زمینه‌ای از جهان رومی فراهم آمده‌اند.

وی چشم‌اندازی گسترده را ترسیم می‌کند و سپس روی افراد متمرکز می‌گردد. به‌رغم این واقعیت که خود لوقا شخصاً رسول نبود، هیچگاه کسی در اینکه این دو کتاب لوقا- اعمال باید

در زمره «کانون» عهدجدید جای بگیرند، تردیدی به خود راه نداد. این به درستی نشان می‌دهد که کلیسای اولیه آنها را آثاری بی‌بدیل و از لحاظ محتوا و اعتبار «رسولی» می‌دانسته، هرچند که نگارنده‌اش شخصاً رسول نبوده است.

۴۰

لوقا

مقدمه

در میان چهار انجیل، لوقا دوست داشتنی‌ترین و در عین‌حال ناشناخته‌ترین انجیل است. شاید این حرف قدری عجیب به نظر برسد. اکثر مردم بخش‌هایی را که ***منحصراً*** در لوقا آمده‌اند خوب می‌شناسند: مَثَل سامری نیکو را بسیاری دوست می‌دارند و اکنون دیگر کلماتش وارد زبانزدهای انگلیسی هم شده؛ وقتی می‌گوییم «پسر گمشده» اکثر مردم می‌فهمند منظورمان چیست، زیرا با داستان «پسر گمشده» در انجیل لوقا آشنایند؛ شرح دیدار عیسی با زکی، مریم و مارتا، دزد در حال مرگ و دو نفر همراه در جادهٔ عمائوس بسیار مشهورند (البته شهرت این مَثَل‌ها در فرهنگ غرب منظور نظر نویسنده است، نه در ایران۔ م.)

اما در آنجاهایی که مطالب لوقا با سایر اناجیل ***همپوشانی*** دارد، معمولاً ما گزارش‌های دیگر را بهتر از گزارش لوقا به خاطر داریم. برای مثال، منظور از «نمک» در دو انجیل متی و لوقا چه چیزی بیان شده؟ بیشتر افراد می‌پندارند که منظور این است که ایماندار باید در اجتماع نقش نگاه‌دارنده و طعم‌دهنده را بازی کند، و این تعبیر را از کاربردهای نمک در آشپزی اقتباس می‌کنند. اما لوقا جزئیات دیگری را هم مورد اشاره قرار می‌دهد، می‌گوید که اگر نمک خاصیت خودش را از دست بدهد دیگر حتی نه به درد خاک می‌خورد و نه برای استفاده به‌عنوان کود کشاورزی. معنای تلویحی‌اش این است که استعارهٔ مزبور با زمین سروکار دارد نه با آشپزخانه.

در آن زمـان نمـک را از دریای مرده می‌آوردند و این نمک پر بود از پتاس و دیگر املاح. آن را برای حاصلخیزترکردن زمین‌های کشـاورزی و به‌عنوان ضدعفونی‌کننده فضولات انسـانی به‌کار می‌بردند. به معنای دقیق کلمه، نمک چیزی بود که به رشد چیزهای خوب کمک می‌کرد و جلوی انتشـار چیزهای بد را می‌گرفت: عیسـی فرمود که شاگردان باید همین کار را بکنند. اکثر آدمها سایر جزئیاتی را که لوقا به مَثَل افزوده نادیده می‌گیرند و قرائت خودشان را از روی متی در مورد «نمک زمین» برداشت می‌کنند.

مثـال دیگـر از نادیده‌گرفتن لوقا در این گفتار اسـت: «زیرا اگر با چـوب تر چنین کنند، با چوب خشـک چه خواهند کرد؟» من اغلب در سـخنانم برای سـر به سـر گذاشتن با شنوندگانم این جمله را می‌خوانم و از ایشـان می‌پرسم این جمله از کجاست: عهدعتیق، عهدجدید یا ویلیام شکسـپیر؟ معمولاً اکثر آنان پاسـخ اشتباه می‌دهند! در واقع، عیسی زمانی این سخنان را گفت که داشت صلیب خود را به‌سوی جلجتا حمل می‌کرد. تنها لوقا این جمله را ثبت کرده، که معلوم می‌شود کمتر کسی آن را خوانده است.

عناصر منحصربه‌فرد در لوقا

سـاختار انجیـل لوقا بر مبنـای ترتیب‌بندی مرقس، و با همان لحظـهٔ نقطه‌عطف کلیدی در قیصریهٔ فیلیپی، که پس از آن عیسـی رو به‌سـوی اورشـلیم می‌آورد، انجام گرفته است. اما جور دیگری هم می‌توان بدان نگاه کرد و آن را به پنج بخش تقسیم نمود:

۱:۱-۱۳:۴	۳۰ سال نخست زندگی خصوصی
۱۴:۴-۵۰:۹	خدمت در جلیل
۵۱:۹-۴۴:۱۹	سفر به اورشلیم، با تعالیم بسیار مشروح
۴۵:۱۹-۵۶:۲۳	واپسین روزها در اورشلیم (این بخش از ریشه با رویکرد مرقس فرق می‌کند)
۲۴	رستاخیز و صعود

اجازه بدهید بخش‌هایی را که منحصراً در لوقا وجود دارند مورد بررسی قرار دهیم.

داستان تولد عیسی

داسـتان تولد عیسـی، برخلاف روایت متی که از منظر یوسف است، همه از ***زاویهٔ دید مریم*** بیان شـده‌اند. لوقا حسـی کاملاً متفاوت از روایت به دسـت می‌دهد. علایق بشـری بیشتری در روایـت وی بـه چشم می‌خورد و از بـارداری و زایمان، و حتی کهنه‌های قنـداق نوزاد جزئیات دقیقـی ارائـه می‌کند. لوقا هم مانند متی نسـب‌نامه‌ای برای عیسـی گـردآوری می‌کند، اما این نسـب‌نامه از طرف مریم به گذشـته می‌رود و پشت در پشت تا آدم ادامه پیدا می‌کند. عیسی به

لحاظ حقوقی از طریق یوسف فرزند داوود محسوب می‌شد، اما از طریق مریم نسبت خونی با داوود پادشاه پیدا می‌کرد. پس عیسی از هر دو طرف شاهزاده به شمار می‌رفت.

در روایت تولد به قلم لوقا، ***ماه تولد عیسی*** هم به‌طور غیرمستقیم آمده است. آمده که زکریا کاهنی بود از خاندان ابیا. در اول تواریخ می‌خوانیم که این خاندان در چه ماهی از سال برای خدمت در معبد فراخوانده می‌شدند: در چرخهٔ سالانه، ابیا هشتمین خاندان از خاندان‌های ۲۴ گانهٔ کاهنان بود. پس زکریا در ماه چهارم گاهشمار یهودی در معبد مشغول به خدمت بوده است. می‌دانیم که الیزابت در همان هنگام آبستن شد، و نیز می‌دانیم که زمانی که مریم باردار شد، الیزابت شش ماهه آبستن بود. بدین‌ترتیب، می‌توانیم زمان تولد عیسی را ۱۵ ماه پس از آن تاریخ محاسبه نماییم، که می‌شود ماه هفتم سال بعد و همزمان با عید خیمه‌ها (یعنی اواخر سپتامبر یا اوایل اکتبر [برابر با مهر ماه ایرانی- م.]). یهودیان هم در ایام عید خیمه‌ها انتظار ظهور ماشیح را می‌کشیدند و هنوز هم در این روزها منتظر وی هستند.

داستان کودکی عیسی

تنها روایت از ۳۰ سال نخست زندگی عیسی را لوقا ثبت کرده است. در ۱۲ سالگی برای عیسی آیین بارمیتسوا[1] گرفتند، که به معنای «توانا به انجام کارهای نیک» است. زمانی که پسر یهودی به سنی می‌رسد که باید در برابر رفتار خود پاسخگو باشد. مادامی که پسر به این سن نرسیده، اگر مرتکب اشتباهی شود والدینش به جای او مجازات می‌شوند، اما از آن به بعد خود وی در برابر رعایت احکام خدا مسئول است. او را به کنیسه‌ای می‌برند و وی بخشی از شریعت موسی را می‌خواند. از آن هنگام به بعد وی مرد به شمار می‌رود و با پدرش در کسب و کار یا پیشه‌ای که دارد شریک می‌گردد.

در این داستان شرح ***دیدار عیسی از اورشلیم به همراه مریم و یوسف*** آمده است. در آن روزگار زنان به فاصلهٔ ۱۵ مایل یا یک روز جلوتر به راه افتاده، چادری بر پا می‌کردند و خوراکی می‌پختند تا مردان برسند. بچه‌های زیر ۱۲ سال با مادران‌شان سفر می‌کردند، و پسران بالای ۱۲ سال با پدران‌شان همراه می‌شدند. شاید عیسی چونان گذشته با مریم رهسپار اورشلیم شده، اما از آنجایی که وی اکنون ۱۲ سال داشت، اگر با یوسف بازگشت امری کاملاً طبیعی می‌نمود. پس قابل‌درک است که هر کدام تصور می‌کردند که عیسی همراه دیگری است.

اکنون و با دانستن این مطلب بهتر می‌توانیم معنی پاسخ عیسی به پرسش مریم زمانی که او را در معبد یافت دریابیم که گفت: «مگر نمی‌دانستید که می‌باید در خانهٔ [یا امور] پدرم باشم؟» اینها نخستین سخنان ثبت‌شدهٔ عیسی هستند. شگفت‌انگیزترین چیز این است که پس از آن می‌گوید وی با والدین خود به ناصره برگشت و مطیع ایشان بود. داستان این مطلب را آشکار می‌سازد که عیسی حتی در سن ۱۲ سالگی هم به‌راستی از هویت خویش آگاه بوده. موضوع

1. Bar Mitzvah

دیگری هم که آشکار می‌شود این است که مریم هیچگاه به او نگفته بوده که کیست (او به یوسف زیر عنوان «پدرت» اشاره می‌کند).

تعمید

لوقا در مورد تعمید عیسی هم حرف‌های بی‌نظیری برای گفتن دارد. این لوقاست که به ما می‌گوید عیسی *پس از تعمید و در نتیجۀ یک دعا، روح‌القدس را یافت*. متی و مرقس می‌گویند که او پس از تعمید و هنگام بیرون آمدن از آب روح‌القدس را دریافت نمود، اما لوقا به دعای او در این فاصله اشاره می‌کند: «در همان حال که او دعا می‌کرد، آسمان گشوده شد و روح‌القدس به شکلی قابل‌رؤیت، همچون کبوتری بر او فرود آمد.» در حقیقت، لوقا بیش از هر نویسندۀ دیگری در عهدجدید، پیرامون تعمید روح‌القدس با ما سخن می‌گوید. این موضوعی است که بعداً به‌طور مفصل بدان خواهیم پرداخت.

تعلیم عیسی

کلیشه‌های تعلیمی منحصربه‌فرد

شیوه برخورد لوقا با تعالیم عیسی هم متفاوت است. موعظۀ بالای کوه متی به موعظه در دشت تبدیل می‌شود و هر یک از خوشابه‌حال‌ها با یک وای (نشان نفرین- م.) قرین می‌گردد. مثلاً «خوشابه‌حال شما که اکنون گریانید» با «وای بر شما که اکنون خندانید» جفت می‌شود. لزومی ندارد خیال کنیم که لوقا و متی در این مورد با هم تناقض دارند. روشن است که عیسی بارها و بارها این موعظه را و به شکل‌های گوناگون انجام داده است. لوقا تنها نمونه‌ای کوتاه‌تر و متفاوت‌تر از آن را به ما ارائه می‌دهد.

مَثَل‌های منحصربه‌فرد

ما شماری از داستان‌های عیسی را هم به‌طور کامل وامدار لوقا هستیم:
- مَثَل سامری نیکو
- مَثَل پسر گمشده (یا پدر اسرافکار و دو پسر گمشده- در این باره نک. توضیحات صص ۸۸-۹۰)
- مَثَل بیوۀ سمج
- مَثَل فریسی و خراجگیر
- مَثَل آن دوستی که نیمه‌شب در خانۀ همسایه‌اش را می‌کوبد تا برای مهمان ناخوانده‌اش قدری نان بگیرد
- مَثَل درخت انجیر بی‌بر

■ مَثَل مباشر متقلب
■ مَثَل ایلعازر و مرد ثروتمندی که به دوزخ افتاد- تنها مَثَلی که در آن شخصیتی دارای نام در آن وجود دارد (شاید «ایلعازر» حتی به شخصی واقعی دلالت می‌کرده؛ نک. توضیحات صص ۸-۹۰)
■ مَثَل دو بدهکار

رویدادهای منحصربه‌فرد

از میان رویدادهای منحصربه‌فرد می‌توان به موارد زیر اشاره کرد:
■ گرفتنِ ماهی به‌گونه‌ای اعجازآمیز
■ مأموریت «هفتاد نفر» (در برخی ترجمه‌ها ۷۲ نفر آمده)
■ صعود. از اشارهٔ کوتاهی که در پایان‌بندی «بلندتر» مرقس به صعود شده، لوقا تنها انجیلی است که گزارشی از صعود در آن آمده. لوقا در آغاز اعمال رسولان هم این گزارش را نقل کرده است، تا بدین‌ترتیب، دو اثر خود را به هم پیوند داده و بر اهمیت آن تأکید کند.

لوقا همچنین در ارتباط با اشخاص به رویدادهایی اشاره می‌کند که مورد علاقهٔ ویژه هستند.
■ زن فاحشه‌ای که در خانهٔ یک فریسی پای عیسی را تدهین نمود
■ زنی که در میان جمعیت بسیار دامن ردای عیسی را لمس کرد
■ مهمانی در خانه مریم و مارتا
■ خراجگیر بالای درخت (زکا)
■ شفای مرد مبتلا به ورم
■ زن علیل
■ ده جذامی
■ پیشکش بیوه زن
■ دزد در حال مرگ
■ دو شاگرد در راه عمائوس

این داستان‌ها بر این تأکید می‌کنند که لوقا بیش از دیگر انجیل نگاران به مردم علاقه داشته است- از کسی که یک پزشک خانواده بوده هم جز این انتظاری نمی‌رفت.

علاقه به مردم

دستِ‌کم شش گروه از مردم هستند که لوقا بدیشان علاقهٔ ویژه دارد.

۱ـ سامریان

سامریان گروهی بودند که ***در زمرهٔ مطرودان یهود به‌شمار می‌رفتند***، زیرا ایشان ثمرهٔ ازدواج یهودیان با غیریهودیان در طی دوران تبعید بابل به شمار می‌رفتند. خصومت با این گروه به قدری بود که یهودیان هنگام سفر از یهودیه به ناصره یا برعکس، به جای آنکه از سامره بگذرند راه خود را درازتر کرده از کرانه خاوری رود اردن رفت و آمد می‌کردند.

تنها لوقاست که به ما می‌گوید یکی از آن ده جذامی شفا یافته که برای عرض «تشکر» بازگشته بود، یک سامری بود. بقیه یهودی بودند، و برکت شفا را حق مسلم خود می‌دانستند.

همچنین لوقا ثبت می‌کند که چگونه یعقوب و یوحنا می‌خواستند از آسمان بر سر سامریان آتش فرود آورند چراکه ایشان نسبت به عیسی بی‌ادبی روا داشته بودند. وی سپس در اعمال داستان را پی می‌گیرد، آنجایی که می‌خوانیم که چگونه یوحنا به همراه پطرس راهی سامره شدند تا برای سامریان دعا کنند که ایشان آتش روح‌القدس را بیابند!

البته وی داستان سامری نیکو را هم تعریف می‌کند، و «نیکو» صفتی بود که معمولاً در مورد این قوم به‌کار نمی‌رفت. او از بهت و حیرت خوانندگان یهودی‌اش از اهمیتی که وی برای سامریان قایل است بهره‌برداری کرده دلواپسی خود را بی‌گمان برای حفظ این داستان ـ به‌عنوان تشویقی برای سامریان ـ و کمک به شفای روابط آنان با یهودیان آشکار می‌سازد.

۲ـ غیریهودیان

از آنجایی که خود لوقا هم غیریهودی بوده، طبیعی است که غیریهودیان در داستان وی نقش مهمی بر عهده داشته باشند، و خود این برچسب در آن برجسته می‌گردد. لوقا این موضوع را از همان ابتدا فاش می‌سازد، آنجایی که شمعون پیر می‌گوید که عیسی «***نوری برای آشکارکردن حقیقت بر قوم‌های بیگانه***» است.

او به سخنان عیسی در مورد بیوهٔ اهل صرفه صیدونی و نعمان سوری در موعظه‌اش در ناصره اشاره می‌کند. منظور القای این اندیشه در ذهن خواننده است که این غیریهودیان از قوم اسرائیل که کوشیدند جان عیسی را بگیرند، ایمانی بیشتر داشتند.

همچنین لوقا از فرستادن هفتاد نفر به‌سوی کسانی خبر می‌دهد که شماری از ایشان را یهودیان بر پایهٔ باب ۱۰ پیدایش نماد قوم‌های دیگر می‌دانستند، از جمله اهالی کرانهٔ خاوری رود اردن که در آن زمان پیریه نامیده می‌شد. دیگر انجیل نگاران از سفر عیسی از شمال تا اورشلیم یاد می‌کنند، اما کاری را که وی در طول مسیر و در سرزمین غیریهودیان به انجام رسانید از قلم می‌اندازند.

۳ـ رانده‌شدگان

لوقا به همهٔ رانده‌شدگان، یعنی هر کسی که از سوی دیگران مورد تحقیر یا اهانت قرار گرفته، علاقهٔ بسیاری نشان می‌دهد. وی در انجیل خود داستان شفای ده جذامی، و دعوت از زکای خراجگیر را آورده است. خراجگیری از دو جهت حرفه‌ای منفور بود: نخست اینکه خراجگیران با رومیانی که بدیشان مسئولیت جمع‌آوری مالیات‌ها را داده بودند تبانی می‌کردند، و دوم بدین‌خاطر که حقوق‌شان از مازاد آن چیزی که به‌عنوان مالیات مقرر شده بود تأمین می‌گشت. با وجود این، نه تنها عیسی با زکا، یکی از همین کسانی که پیشهٔ منفوری داشتند دیدار کرد، بلکه در لوقا می‌خوانیم که در آن روز «نجات» به خانه وی آمد.

همچنین لوقا در داستان تولد عیسی شبانان را هم به‌عنوان شاهد و پراکنده‌کنندگان این خبر وارد می‌کند. در آن روزگار مردم به شبانان به دیدهٔ انگل‌های غیرقابل‌اعتماد اجتماع نگاه می‌کردند، زیرا از کش رفتن آنچه که به دیگران تعلق داشت گذران زندگی می‌کردند. در نتیجه، شهادت یک شبان در یک دادگاه قانونی فاقد اعتبار بود.

نکتهٔ جالب توجه دیگر، نحوهٔ گنجاندن داستان زن روسپی سابقی است که پاهای عیسی را تدهین کرد و واکنشش به دریافت آمرزش از مسیح می‌تواند درس عبرت برای کسانی باشد که خود را پارسا می‌انگارند.

۴ـ زنان

لوقا نسبت به زنان از خود علاقهٔ ویژه‌ای نشان می‌دهد. پیشتر به مریم و مارتا اشاره کردیم. علاوه بر آنها لوقا از زنی می‌نویسد که دامن ردای عیسی را لمس کرد، و در دم شفا یافت. هیچ‌یک از دیگر انجیل نگاران به این موضوع اشاره‌ای نکرده‌اند که وقتی عیسی صلیب خود را بر دوش حمل می‌کرد، زنان می‌گریستند. وانگهی، از زنان ثروتمندی نام می‌برد که خدمت عیسی را مورد پشتیبانی مالی خود قرار می‌دادند. در این انجیل از *۱۰ زن یاد شده که در هیچ جای دیگر ذکری از ایشان نیست* و در مَثَل‌ها هم به سه زن دیگر اشاره می‌کند.

۵ـ فقیران

از قرار معلوم لوقا *نسبت به فقیران هم از خود تمایل نشان می‌دهد*. برای مثال، وی این سخنان عیسی را در انجیل خود ثبت کرده: «خوشابه‌حال شما که فقیرید» و «وای بر شما که ثروتمندید»، حال آنکه متی می‌گوید: «خوشابه‌حال فقیران در روح» و هیچ اشاره‌ای هم به ثروتمندان نمی‌کند. برخلاف دیدگاه قوم اسرائیل که فقر را نشانهٔ ناخشنودی خدا می‌پنداشتند، لوقا فقر را یکجور برکت می‌داند. وی می‌نویسد که مریم و یوسف پس از تولد عیسی برای قربانی دو کبوتر به معبد تقدیم کردند. این ارزان‌ترین قربانی ممکن بود که قوانین لاویان آن را جایز می‌دانست.

وی همچنین شماری از گفتارهای دیگر را در کتاب خود گنجانیده که بازتاب جنبه‌های تعالیم عیسی در مورد فقرند:

- «اگر کسی چیزی از تو بخواهد به او بده، و اگر مال تو را غصب کند، از او باز مخواه.»
- «عیسی به میزبانش گفت: چون ضیافت ناهار یا شام می‌دهی، دوستان و برادران و خویشان و همسایگان ثروتمند خویش را دعوت مکن؛ زیرا آنان نیز تو را دعوت خواهند کرد و بدین‌سان عوض خواهی یافت. پس چون میهمانی می‌دهی، فقیران و معلولان و لنگان و کوران را دعوت کن تا سعادتمند شوی؛ زیرا آنان را چیزی نیست که در عوض به تو بدهند، و پاداش خود را در قیامت پارسایان خواهی یافت.»
- در مَثَل ضیافت بزرگ: «میزبان... به خادم دستور داد که به کوچه و بازار شهر بشتابد و فقیران و معلولان و کوران و لنگان را بیاورد.»
- در مَثَل ایلعازر و مرد ثروتمند: «باری، آن فقیر مرد و فرشتگان او را به جوار ابراهیم بردند. ثروتمند نیز مرد و او را دفن کردند. اما چون چشمان خود در عالم مردگان بگشود، خود را در عذاب یافت. از دور، ابراهیم را دید و ایلعازر را نیز در جوار او...»

۶ـ گناهکاران

آخرین گروه از مردم که لوقا بدیشان توجه ویژه نشان می‌دهد شاید قدری عجیب به نظر برسد. اما مگر عیسی برای نجات گناهکاران نیامده بود؟ در آن زمان، «گناهکار» اصطلاحی بود که از سوی یهودیان به هرکسی که **رعایت شریعت موسی را ترک گفته بود** اطلاق می‌شد. در شریعت موسی ۶۱۳ دستور وجود داشت، که به اندازهٔ کافی دشوار بودند، اما رهبران دینی چیزهای دیگری هم بر آنها افزوده بودند. شمار کثیری از مردم ترک شریعت کرده بودند. لوقا داستان‌هایی را در کتاب خود می‌آورد تا بر این نکته تأکید نماید که عیسی اصلاً برای رسیدگی به حال همین افراد آمد. وی نفرت فریسیان از عیسی به‌خاطر معاشرت با کسانی که پایبند به شریعت نبودند، مورد تأکید قرار می‌دهد. چگونه ممکن است انسانی تا این اندازه به خدا نزدیک و در عین‌حال با «گناهکاران» هم دوست باشد؟

انجیل لوقا به‌شدت *انجیلی انسان‌دوستانه* است. مردم همان‌گونه که برای عیسی مهم بودند، برای لوقا هم اهمیت دارند. او نگران کسانی بود که نه خودشان می‌توانستند کمکی به حال خود بکنند، و نه دیگران بدیشان کمک می‌کردند. او به روشنی شیفتهٔ واژهٔ *splanknidzomai* بود که معنایش «دلسوزی» است و عیسی را به صورت مردی به تصویر می‌کشد که نه برای قدرت و محبوبیت خود، که برای این زندگی می‌کند که خدا از ناتوانان دستگیری نماید. او این را در انتهای داستان زکا در عبارتی خلاصه می‌کند: «پسر انسان آمده تا گمشده را بجوید و نجات بخشد.» به همین ترتیب می‌خوانیم: «... مردم همه می‌کوشیدند او را لمس کنند، زیرا نیرویی از او صادر می‌شد که همگان را شفا می‌بخشید.»

موارد تأکیدی دیگر در لوقا

۱ ـ فرشتگان

لوقا خصوصاً در ابتدای روایت خود، علاقه ویژه‌ای به فرشتگان دارد. موجودات آسمانی تولد یحیی را به الیزابت اعلام می‌کنند، به زکریا می‌گویند که نام پسر خود را چه بگذارد و تولد عیسی را هم به مریم ابلاغ می‌نمایند. سپس بعد از سال‌ها، زمانی که عیسی در بیابان مورد وسوسه قرار می‌گیرد، لوقا به خدمت فرشتگان بدو اشاره می‌کند، و نیز در باغ جتسیمانی به هنگام دعای عیسی می‌خوانیم که: «آنگاه فرشته‌ای از آسمان بر او ظاهر شد و او را تقویت کرد.»

می‌گویند کسانی که به حرفهٔ پزشکی اشتغال دارند، بدگمان‌ترین افراد نسبت به امور مافوق طبیعی هستند. لوقا که هم پزشک است و هم مورخی دقیق، نه تنها هیچ مشکلی با واردکردن فرشتگان در روایت خویش نمی‌بیند، بلکه مشتاق است تا بر *نقش حیاتی* ایشان پافشاری نماید.

۲ ـ روح‌القدس

انجیل لوقا را «انجیل کاریزماتیک» (charismatic Gospel) نامیده‌اند. در لوقا بیش از مجموع متی و مرقس پیرامون روح‌القدس سخن به میان آمده است.

■ لوقا به نقش روح‌القدس در باردارشدن مریم به عیسی اشاره می‌کند: «روح‌القدس بر تو خواهد آمد و قدرت خدای متعال بر تو سایه خواهد افکند.»

■ هم در مورد الیزابت و هم زکریا می‌گوید که از روح‌القدس پر شدند و نبوت می‌شود که یحیی از شکم مادر پر از روح‌القدس خواهد بود.

■ مفهوم عهدعتیقی مسح‌شدن با روح‌القدس هم در مورد حنا و شمعون دیده می‌شود. روح‌القدس شمعون را برای دیدار عیسای نوزاد برمی‌انگیزد و حنا زیر عنوان نبیه توصیف شده است.

■ روح‌القدس به هنگام تعمیدگرفتن عیسی بر وی فرود آمد. سپس به ما می‌گوید: «عیسی پر از روح‌القدس، از رود اردن بازگشت و روح او را در بیابان هدایت می‌کرد.»

■ پس از اتمام دورهٔ وسوسه در بیابان: «عیسی به نیروی روح به جلیل بازگشت...»

■ لوقا تعلیم عیسی را در مورد دعا برای طلبیدن روح‌القدس در انجیل خود ثبت کرده است: «...چقدر بیشتر پدر آسمانی شما روح‌القدس را به هرکه از او بخواهد، عطا خواهد فرمود».

انجیل لوقا با این گفتهٔ عیسی به پیروانش پایان می‌پذیرد که در اورشلیم بمانند تا «آنگاه که از اعلی با قدرت آراسته» شوند. علاقهٔ لوقا به روح‌القدس در جلد دوم اثرش نیز ادامه پیدا می‌کند، و حتی در اعمال رسولان شاهد موارد بیشتری نیز هستیم.

۳ـ دعا

الف) دعاهای عیسی

لوقا بیش از دیگر انجیل‌نگاران دربارهٔ دعاهای عیسی مطلب می‌نویسد. همان‌گونه که پیشتر هم یادآور شدیم، اعطای روح‌القدس پس از تعمید عیسی در پاسخ به دعای وی انجام شد و این نخستین دعای اوست که در جایی ثبت شده است. او واپسین دعا را هم بر صلیب بر زبان راند: «ای پدر، روح خود را به دستان تو می‌سپارم.»

مابین این دو، لوقا در نه مورد به دعای عیسی اشاره می‌کند. از این نه دعا هفت‌تایش منحصراً در لوقا آمده‌اند. چنین به‌نظر می‌رسد که عیسی برای کسب هدایت ***پیوسته با پدر خود در دعا بود.***

ب) دعاهای شاگردان

دغدغهٔ دیگر لوقا این است که ما به ***اهمیت دعا برای هر یک از شاگردان*** پی ببریم. باب ۱۱ به‌طور مبسوط به تعلیم دربارهٔ این امر اختصاص یافته است. به علاوه، مَثَل بیوه زن سمج این دلگرمی را می‌دهد که خدا مشتاق اجابت‌کردن دعاست، و مَثَلی که از پی آن بیان می‌کند، یعنی تضاد میان خراجگیر و فریسی انسان را به دعاکردن تشویق می‌کند. برای پیروان عیسی دعاکردن به همان اندازه اهمیت دارد که برای خود عیسی داشت.

۴ـ شادمانی

لوقا ***بیش از هر کتاب دیگری در عهدجدید از واژه‌هایی استفاده می‌کند که با «شادمانی» در ارتباطند.*** برای مثال، لوقا تنها نگارنده‌ای است که واژهٔ خنده را به‌کار برده است. وی همچنین می‌گوید که وقتی گناهکاری توبه می‌کند در آسمان خوشی عظیمی برپا می‌شود. و در یک مورد، عیسی «در روح‌القدس به وجد آمد».

این مضمون در پیوند با مضامین ستایش و پرستش است. روایت تولد با سرود فرشتگان آغاز می‌شود: «جلال بر خدا در عرش برین»، و در معبد با مردمی که «خدا را ستایش می‌کردند» پایان می‌پذیرد. لوقا ***پیوسته نگاه خوانندگانش را به‌سوی آسمان برمی‌افرازد.*** برخی از زیباترین سرودهای ستایش، از قبیل 'Magnificat' (سرود مریم) و «*Nunc Dimittis*» (سرود شمعون) در لوقا به ثبت رسیده‌اند.

۵ـ انجیل جهانی

لوقا انجیلی جهانی است که عیسی را به‌عنوان ***منجی کل جهان*** نشان می‌دهد. این مضمون را در سرتاسر کتاب وی می‌توان مشاهده کرد، چراکه این نویسندهٔ غیریهودی تا حد زیادی

می‌تواند خوانندگان غیریهودی خود را با این خبر خوش تحت تأثیر قرار دهد که این مژده برای ایشان نیز می‌تواند باشد.

- ■ وی نخست این کار را با نسب‌نامهٔ عیسی می‌کند. همچون متی بر ریشه‌های یهودی او تأکیدی نمی‌ورزد، بلکه تا آدم به عقب بازمی‌گردد، بر انسانیت عیسی و این واقعیت که انجیل برای همگان است، پای می‌فشارد: خدا همواره دغدغهٔ همهٔ مردمان را داشته است.
- ■ از همان ابتدا فرشتگان با واژه‌هایی از این قبیل سرود می‌خوانند: «جلال بر خدا در عرش برین، و صلح و سلامت بر مردمانی که بر زمین مورد لطف اویند.»
- ■ لوقا از اشعیا نقل‌قول کرده به ما می‌گوید: «آنگاه تمامی بشر نجات خدا را خواهند دید».
- ■ عیسی آن هفتاد شاگرد خود را به «هر شهر و دیاری فرستاد»، نه مانند آن دوازده شاگردش که به‌سوی گوسفندان گمشدهٔ اسرائیل فرستاده بود.
- ■ می‌خوانیم که «مردم از شرق و غرب و شمال و جنوب، خواهند آمد و بر سفرهٔ پادشاهی خداخواهند نشست».
- ■ عیسی در پایان انجیل پیش‌گویی می‌کند که «و به نام او توبه و آمرزش گناهان به همهٔ قوم‌ها موعظه خواهد شد و شروع آن از اورشلیم خواهد بود».

پس در اینجا ایمانی که قویاً ریشه‌های یهودی دارد، بر شالودهٔ پیشینه‌های یهودی‌اش بنا شده و در اورشلیم به اوج خود می‌رسد- و همهٔ زمینه را برای داستان اعمال آماده می‌کند- وفادارانه در لوقا ثبت شده است، آن هم در هنگامه‌ای که ایمان مسیحی در سراسر امپراتوری روم پراکنده شده، و حتی به خود رُم هم رسیده است. پس همان‌گونه که می‌توان انتظار داشت، به معنای دقیق کلمه، لوقا از دیگر اناجیل کمتر رنگ و بوی یهودی دارد، و دغدغه‌اش متقاعدکردن غیریهودیان به قطعیت رویدادهای ثبت شده است.

چگونه باید انجیل لوقا را بخوانیم؟

انجیلی انسانی

لوقا انجیلی است که ***برای همهٔ انسان‌های گمشده درگناه*** نوشته شده است. عیسی نجات‌دهنده است. در میان همهٔ اناجیل، تنها انجیلی که واژهٔ «نجات» به‌عنوان یک نام در آن به‌کار برده شده، انجیل لوقا است. لوقا می‌خواهد که خوانندگانش بر پایهٔ رویدادهای تاریخی‌ای که وی توصیف کرده، نجات مسیح را بشناسند. فعل «نجات دادن» بیش از هر کتاب دیگر عهدجدید، در این کتاب به‌کار رفته است.

لوقا به ما می‌گوید که «امروز» روز نجات است (این در مقایسه با ۸ باری که در متی و مرقس به‌کار رفته، ۱۱ بار گفته شده است) و «اکنون» نجات فرارسیده (۱۴ بار در مقایسه

بـا ۴ بـار در متـی و ۳ بار در مرقس). وی بر ایـن تأکید می‌نماید که رحمت، آمرزش و آشـتی (مصالحه) هم اکنون در دسترس است. این نجات از طریق صلیب مسیح میسر می‌شود- مانند تعمیدی دیگر برای عیسـی اسـت. همان‌گونه که قوم یهود از اسارت مصر رهیدند، صلیب او نیز برای قومش «خروجی» دیگر فراهم نمود. پس این انجیل، انجیل نجات اسـت. لوقا می‌خواهد خوانندگانش نجات را در عیسی بیابند.

انجیل شادی

مضامیـن ***سـتایش و وجد نمودن بـه کرات در آن به‌کار می‌رود.*** انجیلی اسـت که در آن به خنده اشـاره شـده و در پیوند با شـادمانی بیش از هر کتاب دیگری از این دست واژه‌ها استفاده کرده است. در مَثَل‌های مشهور باب ۱۵ کتاب کسانی را می‌بینیم که از یافتن گمشده‌شان شادی می‌کنند، و این شادی تصویرکنندهٔ شادمانی‌ای است که از نجات گناهکاران توبه‌کار در آسمان بر پا می‌شـود. واکنش شـاگردان به رستاخیز خداوند شادی است، و انجیل با خوشحالی شاگردان به پایان می‌رسد. به این تعبیر انجیل لوقا کتابی است گیرا و محبوب برای خوانندگان و انجیلی ایده‌آل برای غیرمسیحیانی که می‌خواهند در مورد عیسی بیشتر بدانند.

انجیل آسمانی

لوقـا ***تمرکـز بر آسـمان*** را حفـظ می‌کند. وی بر زایـش فراطبیعی عیسـی، نقش و دخالت روح‌القدس، و اهمیت دعا پای می‌فشارد. او می‌خواهد که خوانندگان با هر پیشینه‌ای که دارند، راهی آسمان شوند. واژه‌های عیسی در مَثَل ضیافت عظیم دغدغهٔ لوقا را بیان می‌کند: «به کوچه و بازار شهر بشتابید و فقیران و معلولان و کوران و لنگان را بیاورید.» لوقا می‌داند که خدا قومی دارد متشـکل از همهٔ قوم‌ها، و می‌خواهد که ایشـان را به آسـمان بیاورد- زیرا عیسی به‌راستی نجات‌دهندهٔ جهان است.

پرخواننده‌ترین انجیل

لوقا این توانایی را داشـت که عناصر تاریخش را با چیره دسـتی بسـیار درکنار هم بچیند. برای مثال ما اغلب داسـتان لوقا ۱۵ را «مَثَل پسـر گمشده» می‌نامیم. اما این بدان خاطر است کـه از دیـدن ***توانایی‌های لوقا به‌عنوان یک نگارنده*** عاجزیـم، و نیز نمی‌توانیم مَثَل مزبور را در زمینهٔ خودش در انجیل مورد عنایت قرار دهیم. در واقع، این مَثَل داستان پدر مسرف و ولخرج بود، که با بخشـیدن پول خود به دو پسـرش آن را به باد داد. زمانی که دو باب ۱۵ و ۱۶ را در یک نشسـت می‌خوانید، می‌توانید شـیوهٔ توالی مضامین- و هم نحوهٔ نگارش انجیل به روشـی خواندنی- را در آن ببینید.

باب ۱۵ با خراجگیران و گناهکارانی آغاز می‌شود که در خانه‌ای همراه عیسی به خوردن مشغولند، در حالی‌که فریسیان و کاتبان در بیرون خانه به غرولند می‌پردازند. مابقی دو باب مزبور از بستر این صحنه بیرون می‌آید و در راستای توضیح آن است. عیسی داستان گوسفندی را بازگو می‌کند که گم شده است؛ گوسفند از جایی که می‌بایست باشد بسیار فراتر رفته و این را می‌داند. سپس از سکهٔ گمشده در خانه سخن می‌گوید، اما سکه از گمشده‌بودن خود خبر ندارد- داستانی برای مردان و داستانی دیگر برای زنان، اما هر دو مورد «گمشده» هستند.

سپس به داستان اصلی یعنی دو پسر گمشده می‌رسیم که تأکیدش بر پسر بزرگتر است، نه کوچکتر. بزرگتر از کوچکتر «گمشده»تر است، اما خودش این را نمی‌داند. بنابراین، پسر کوچکتر مانند گوسفند است که دور افتاده و از آن آگاه است. حال آنکه پسر بزرگتر به سکهٔ گمشده می‌ماند که در خانه گم شده و از گمشده‌بودن خود خبر ندارد.

با این‌حال موارد موازی به همین جا پایان نمی‌یابند، زیرا وقتی وارد باب ۱۶ می‌شویم باز دو شخصیت دیگر را می‌بینیم که با دو پسر گمشدهٔ باب ۱۵ مربوطند. نخست داستان گیج‌کنندهٔ آدم دغلی است که عیسی وی را به‌خاطر عدم صداقتش می‌ستاید. جالب اینجاست که دقیقاً همان واژهٔ *بر باد دادن* (یا خرج‌کردن- م.) که در مورد پسر گمشدهٔ دور از خانه و کاشانه به‌کار رفته بود، در مورد مباشر دغل نیز به‌کار برده می‌شود که اموال ارباب خود را *بر باد می‌دهد*. پس با همان واژه و همان خصیصه روبه‌رو هستیم. به همین ترتیب، همان‌گونه که پسر بزرگتر مدعی بود که همهٔ کارش درست بوده- «هرگز از فرمانت سر نپیچیده‌ام»-، مرد ثروتمند داستان دوم باب ۱۶ هم خود را مقصر یا گناهکار نمی‌داند، اما در نهایت به‌خاطر بی‌تفاوتی‌اش نسبت به دیگران، زیاده‌روی‌اش و عدم وابستگی‌اش به خدا، سر از دوزخ درمی‌آورد.

بنابراین، در همهٔ این مَثَل‌ها یک ***مضمون یکپارچه*** جریان دارد که لوقا آنها را با دقت هرچه تمام‌تر ارائه داده است. متأسفانه تقسیمات ما به‌عنوان فصل‌بندی و آیه بندی آنچه را که لوقا با زبردستی و آگاهانه کنار هم چیده را از هم جدا نموده است. تفسیر زیر از داستان‌های عیسی به منظور دوباره یکپارچه‌کردن مضمون مورد نظر لوقا آمده است.

مَثَل‌های تفسیر شده

دو مرد و پول‌های‌شان (لوقا ۱۵-۱۶)

پس از گذشت اندک زمانی، مطرودان روحانی، برخی از افراد غیرمذهبی و آنانی که فاقد هرگونه قید و بند اخلاقی بودند، به دور عیسی گرد آمدند تا به سخنانش گوش فرادهند. اما فریسیان و علمای شرع وی را به‌خاطر همنشینی با این‌گونه اشخاص مورد انتقاد قرار دادند و در میان خود به غرغر پرداختند که: «این آدم ظاهراً از معاشرت با کسانی که حتی سعی نمی‌کنند

شـریعت خدا را نگاه دارند، لذت می‌برد- عملاً با آنها سـر یک سفره می‌نشیند!» پس عیسی با بیان داستانی به دفاع از عمل خود پرداخت.

وی چنین سـخن آغاز کرد: «کیسـت از شما که صد گوسفند داشته باشد و چون یکی از آنها گم شود، آن نود و نه را در صحرا نگذارد و در پی آن گمشده نرود تا آن را بیابد؟ و چون گوسفند گمشده را یافت، آن را با شادی بر دوش نهد و به خانه آمده، دوستان و همسایگان را فراخواند و گوید: «با من شـادی کنید، زیرا گوسـفند گمشدهٔ خود بازیافتم.» به شما می‌گویم، به همین‌سان در آسـمان برای یک گناهکار که توبه می‌کند، جشـن و سرور عظیم‌تری برپا می‌شود تا برای نود و نه پارسـا که نیاز به توبه ندارند. و یا کدام زن اسـت که ده سـکهٔ نقره داشته باشد و چون یکی از آنها گم شود، چراغی برنیفروزد و خانه را نروبد و تا آن را نیافته از جستن باز نایستد؟ چون آن را یافت، دوسـتان و همسـایگان را فراخواند و گوید: «با من شـادی کنید، زیرا سکهٔ گمشده خویش بازیافتم.» به شـما می‌گویم، به همین‌سـان، برای توبهٔ یک گناهکار، در حضور فرشتگان خدا جشن و سرور برپا می‌شود.»

سـپس عیسـی چنین افزود: «مردی را دو پسر بود. روزی پسر کوچک به پدر خود گفت: ای پدر، سهمی را که از دارایی تو به من خواهد رسید، اکنون به من بده. پس پدر دارایی خود را بین آن دو تقسیم کرد. پس از چندی، پسر کوچکتر آنچه داشت گرد آورد و راهی دیاری دوردست شد و ثروت خویش در آنجا به عیاشـی برباد داد. چون هرچه داشـت خرج کرد، قحطی شدید در آن دیار آمد و او سخت به تنگدستی افتاد. از این رو، خدمتگزاری یکی از مردمان آن سامان پیشه کرد. و او وی را به خوکبانی در مزرعهٔ خود برگماشـت. پسـر آرزو داشـت شـکم خود با خوراک خوک‌ها سیر کند، اما هیچ‌کس به او چیزی نمی‌داد.

سرانجام به خود آمد و گفت: «ای بسا کارگران پدرم خوراک اضافی نیز دارند و من اینجا از فرط گرسـنگی تلف می‌شـوم. پس برمی‌خیزم و نزد پدر می‌روم و می‌گویم: پدر، به آسمان و به تو گناه کرده‌ام. دیگر شایسته نیستم پسرت خوانده شوم. با من همچون یکی از کارگرانت رفتار کن.»

پـس برخاسـت و راهـی خانهٔ پدر شـد. اما هنوز دور بـود که پدرش او را دیـده، دل بر وی بسوزاند و شتابان به‌سویش دویده، در آغوشش کشید و غرق بوسه‌اش ساخت. پسر گفت: «پدر، به آسمان و به تو گناه کرده‌ام. دیگر شایسته نیستم پسرت خوانده شوم.»

امـا پـدر به میان حرفش پرید و خدمتکارانش را که جمع شـده بودند تا این صحنه را ببینند خواند و دستور داد: «بشتابید! بهترین جامه را بیاورید و به او بپوشانید. انگشتری بر انگشتش و کفش به پاهایش کنید. گوسـالهٔ پرواری آورده، سـر ببرید تا بخوریم و جشـن بگیریم. زیرا این پسر من مرده بود، زنده شد؛ گم شده بود، یافت شد!» پس به جشن و سرور پرداختند.

و اما پسـر بزرگتر در مزرعه بود. چون به خانه نزدیک شـد و صدای سـاز و آواز شنید، یکی از خدمتکاران را فراخواند و پرسـید چه خبر اسـت. خدمتکار پاسخ داد: «برادرت آمده و پدرت گوسـاله پرواری سـر بریده، زیرا پسرش را بسلامت بازیافته است.» چون این را شنید، برآشفت

و نخواست به خانه درآید. پس پدر بیرون آمد و به او التماس کرد. اما او در جواب پدر گفت: «اینک سال‌هاست تو را چون غلامان خدمت کرده‌ام و هرگز از فرمانت سر نپیچیده‌ام. اما تو هرگز حتی بزغاله‌ای به من ندادی تا با دوستانم ضیافتی به‌پا کنم. و حال که این پسرت بازگشته است، پسری که دارایی تو را با روسپی‌ها بر باد داده، برایش گوساله پرواری سر بریده‌ای!»

اما پدر به ملایمت گفت: «پسرم، تو همواره با منی، و می‌دانی که هرآنچه از املاک و دارایی‌ام باقی مانده مال تو خواهد شد. آیا نمی‌فهمی که ما اکنون باید این جشن را بگیریم و شادی کنیم؟ زیرا این برادر تو مرده بود، زنده شد؛ گم شده بود، یافت شد! من فکر می‌کردم که او را برای همیشه از دست داده‌ایم، اما اکنون او را بازیافته‌ایم»

در دنبالۀ این داستان، عیسی داستان دیگری برای پیروانش تعریف کرد. «توانگری را مباشری بود. چون شکایت به او رسید که مباشر اموال او را بر باد می‌دهد، او را فراخواند و پرسید: «این چیست که دربارۀ تو می‌شنوم؟ حساب خود بازپس ده که دیگر مباشر من نتوانی بود.»

مباشر با خود اندیشید: «چه کنم؟ ارباب می‌خواهد از کار برکنارم کند. یارای زمین کندن ندارم و از گدایی نیز عار دارم. دانستم چه باید کرد تا چون شغلم از کف دادم، کسانی باشند که مرا در خانه‌هایشان بپذیرند.»

پس، بدهکاران ارباب خویش یک به یک به حضور فراخواند. از اولی پرسید: «چقدر به سرورم بدهکاری؟» پاسخ داد: «صد خمره روغن زیتون.» گفت: «بگیر، این حساب توست. بنشین و رقم آن را عوض کن و بنویس پنجاه خمره!» سپس از دومی پرسید: «تو چقدر بدهکاری؟» پاسخ داد: «صد خروار گندم.» گفت: «بگیر، این حساب توست. رقم آن را عوض کن و بنویس هشتاد خروار!» ارباب، مباشر متقلب را تحسین کرد، زیرا عاقلانه عمل کرده بود؛ «چرا که فرزندان این عصر در مناسبات خود با هم‌عصران خویش از فرزندان نور عاقل‌ترند. به شما می‌گویم که مال این دنیای فاسد را برای یافتن دوستان صرف کنید تا چون از آن مال اثری نماند، شما را در خانه‌های جاودانی بپذیرند.»

آن که در امور کوچک امین باشد، در امور بزرگ نیز امین خواهد بود، و آن که در امور کوچک امین نباشد، در امور بزرگ نیز امین نخواهد بود. پس اگر در به کاربردن مال این دنیای فاسد امین نباشید، کیست که مال حقیقی را به شما بسپارد؟ و اگر در به کاربردن مال دیگری امین نباشید، کیست که مال خود شما را به شما بدهد؟

هیچ غلامی دو ارباب را خدمت نتواند کرد، زیرا یا از یکی نفرت خواهد داشت و به دیگری مهر خواهد ورزید، و یا سرسپردۀ یکی خواهد بود و دیگری را خوار خواهد شمرد. نمی‌توانید هم بندۀ خدا باشید، هم بندۀ پول.

برخی از فریسیان در حال شنیدن این سخنان عیسی به شاگردانش بودند. آنان طوری کارها را ترتیب داده بودند که هم پول و ثروت بیندوزند و هم دیندار باشند. پس با شنیدن این سخنان،

عیسی را به ریشخند گرفتند. اما عیسی که می‌دانست در اندیشهٔ ایشان چه می‌گذرد به آنها گفت: شما آن کسانید که خویشتن در نظر مردم پارسا می‌نمایید، شاید بتوانید همکارانتان را متقاعد سازید، اما خدا از دلتان آگاه است. آنچه مردم ارج بسیارش نهند، در نظر خدا ناپسند است!

فرمان‌های موسی و اتهامات انبیا تا زمان یحیی به قوت خود باقی بودند. از آن پس، پادشاهی خدا بشارت داده می‌شود و همگان به قهر و زور راه خود بدان می‌گشایند. با این حال، آسان‌تر است آسمان و زمین از میان برود تا اینکه نقطه‌ای از تورات فروافتد!

بگذارید برای‌تان مثالی بزنم: در نظر خدا هر که زن خویش را طلاق دهد و زنی دیگر اختیار کند، زنا کرده است، و نیز هر که با زنی مطلقه نکاح کند، مرتکب زنا شده است.

مردی ثروتمند بود که جامه از کتان لطیف ارغوانی بر تن می‌کرد و همه‌روزه به خوشگذرانی مشغول بود. بر در خانهٔ او فقیری می‌نهادند، ایلعازر نام، که بدنش پوشیده از جراحت بود. ایلعازر آرزو داشت با خرده‌های غذا که از سفره آن مرد ثروتمند فرومی‌افتاد، خود را سیر کند. حتی سگان نیز می‌آمدند و زخمهایش را می‌لیسیدند. باری، آن فقیر مرد و فرشتگان او را به جوار ابراهیم بردند. ثروتمند نیز مرد و او را دفن کردند. اما چون چشمان خود در عالم مردگان بگشود، خود را در عذاب یافت.

از دور، ابراهیم را دید و ایلعازر را نیز در جوار او. پس با صدای بلند گفت: «ای پدر من ابراهیم، بر من ترحم کن و ایلعازر را بفرست تا نوک انگشت خود در آب تر کند و زبانم خنک سازد، زیرا در این آتش عذاب می‌کشم.»

اما ابراهیم پاسخ داد: «ای فرزند، به یاد آر که تو در زندگی، از همهٔ چیزهای خوب بهره‌مند شدی، حال آنکه چیزهای بد نصیب ایلعازر شد. اکنون او اینجا در آسایش است و تو در عذاب. از این گذشته، بین ما و شما پرتگاهی هست؛ آنان که بخواهند از اینجا نزد تو آیند نتوانند، و آنان نیز که آنجایند نتوانند نزد ما آیند.»

گفت: «پس، ای پدر، تمنا اینکه ایلعازر را به خانه پدرم بفرستی، زیرا مرا پنج برادر است. او را بفرست تا برادرانم را هشدار دهد، مبادا آنان نیز به این مکان عذاب درافتند.» ابراهیم پاسخ داد: «آنها موسی و انبیا را دارند، پس به سخنان ایشان گوش فرادهند.»

گفت: «نه، ای پدر ما ابراهیم، بلکه اگر کسی از مردگان نزد آنها برود، توبه خواهند کرد.» ابراهیم به او گفت: «اگر به موسی و انبیا گوش نسپارند، حتی اگر کسی از مردگان زنده شود، مجاب نخواهند شد.»

۴۱

اعمال

مقدمه

زمانی که هر یک از کتاب‌های کتاب‌مقدس را مطالعه می‌کنیم، باید همواره دو سطح را در مد نظر قرار دهیم. نخست *سطح انسانی* است، یعنی در نظر گرفتن هویت نویسنده و دلیل نگارش، آگاهی از اینکه هر یک از کتاب‌ها ریشه در موقعیتی ویژه و البته مخاطبانی ویژه دارند که نگارنده در ذهن خود داشته است. در این سطح ما به موقعیت تاریخی نگاه می‌اندازیم و در تلاش هستیم تا کلام خدا را برای زمینهٔ متن اولیه‌اش واقعی بسازیم.

دوم اینکه ما با یک **سطح الاهی** نیز روبه‌رو هستیم، و این پرسش را مطرح می‌کنیم که چرا روح‌القدس خواسته این کتاب به دست ما برسد و در صدد برمی‌آییم تا راهی پیدا کنیم که این کتاب را برای امروزمان مرتبط سازد.

می‌توانیم این دو سطح را *تاریخی و وجودی* (اگزیستانسیال) هم بنامیم. سطح تاریخی می‌پرسد که چرا این کتاب نوشته شد، چه دلیل انسانی‌ای در پس آن نهفته بود؟ سطح وجودی این پرسش را مطرح می‌سازد که چرا این کتاب در کتاب‌مقدس قرار داده شده و چرا خدا می‌خواهد ما در مورد آن بدانیم؟ این رویکرد دوگانه مفیدبودن خود را به‌طور خاص در مورد کتاب اعمال رسولان به ثبوت می‌رساند.

اعمال در سطح تاریخی

چه کسی و چرا این کتاب را نوشت؟

نگارنده

نویسندهٔ این کتاب، لوقا پزشکی از اهالی انطاکیهٔ سوریه بود و او تنها نویسندهٔ غیریهودی کتاب‌مقدس به شمار می‌رود. او از جمله همراهان پولس بود، اغلب با او به سفر می‌رفت و علاقهٔ بسیاری به پژوهش در رویدادهای پیرامون زندگی عیسی و رشد کلیسا داشت. احتمالاً در قیصریه و رُم بود که به ترتیب انجیل لوقا و اعمال را به رشتهٔ تحریر درآورد (برای جزئیات بیشتر در مورد نگارندهٔ این دو کتاب نک. صص ۶۹-۷۰).

دفاعیه

پیشتر دیدیم که اعمال مجلد دوم از کتاب‌های دو جلدی به قلم لوقا است، و در زمانی که پولس در زندان منتظر حکم دادگاه بود، برای دفاع از وی آماده شد (نک. صص ۷۱-۷۳). اعمال با مورد خطاب قرار دادن همان مردی آغاز می‌شود که در ابتدای انجیل لوقا هم طرف خطاب قرارگرفته بود، یعنی «عالی‌جناب» تئوفیلوس، عنوانی که معمولاً برای یک وکیل یا قاضی به‌کار می‌رود و در جاهای دیگر اعمال هم برای فلیکس و فستوس، که هر دو فرماندارانی بودند که با پولس دیدار کردند، مورد استفاده قرار گرفته است. بی‌گمان لوقا آگاه بوده که «دفاعیه»اش ممکن است در سطح گسترده‌تری در رُم میان مردمی دست به دست بگردد که دربارهٔ ایمانی که پولس به خاطرش محاکمه شده بود، پرسش‌هایی داشتند.

اگر این کتاب تاریخچهٔ زندگی پولس بود، آنوقت لوقا حتی اگر از جزئیات چگونگی مرگ او هم چشم‌پوشی می‌نمود، دستِ‌کم نتیجهٔ محاکمه را در آن درج می‌کرد. اگر تاریخچهٔ کلیسا بود ما یقیناً انتظار جزئیات بیشتری را در مورد کلیسای رُم داشتیم. اما نیت لوقا نه این بوده که زندگی‌نامه‌ای با جزئیات کامل از پولس ارائه دهد و نه اینکه تاریخچهٔ کلیسا را صرفاً برای ثبت در تاریخ پوشش دهد، بلکه می‌خواسته اطلاعات کافی در اختیار تئوفیلوس بگذارد تا وی دریابد که ایمان مسیحی چگونه رشد کرده و چرا پولس رسول اکنون ناعادلانه متهم شده است. از این جهت است که خوانندگان اعمال در انتهای کتاب با همان موقعیتی روبه‌رو می‌شوند که لوقا متن دفاعیه را برای تئوقیلوس تکمیل کرده است.

ساختار و طرح کلی

با درک علت نوشته‌شدن این کتاب، پرسش بعدی با طرح کلی کتاب در ارتباط است، چرا که این مطلب هم بر مقصود کتاب نور بیشتری می‌افکند.

اعمال

در ارتباط با ساختار مورد نظر لوقا برای کتاب اعمال، در کل سه نظریه وجود دارد.

۱ـ دو بخش

ساده‌ترین نظریه این است که لوقا کتاب اعمال را پیرامون *دو رسول اصلی* ساختاربندی کرده است. پطرس رسول یهودیان است و باب‌های ۱-۱۲ بدو اختصاص یافته‌اند، و پولس رسول غیریهودیان است و باقی کتاب هم به او ویژه شده است. در تأیید این نظریه مطالب زیادی وجود دارد، چراکه توازی چشمگیری میان آنچه که لوقا در مورد پطرس می‌گوید و نیز مطالبی که پیرامون پولس می‌گوید وجود دارد. شاید مقصود این بوده که با رشد دو کلیسای جداگانه یهودی و غیریهودی، که هر یک مدعی پیروی از یکی از این دو رسول بودند، مخالفت نماید. گزارش لوقا تأکید می‌کند که زندگی پولس و پطرس از بسیاری جهات با هم قابل‌مقایسه‌اند، بدین‌ترتیب، نباید یکی را مهم‌تر از دیگری بینگاریم. در اینجا به چند مورد مشابهت اشاره شده است:

- هر دو معجزه‌ها می‌کردند.
- هر دو رؤیاها می‌دیدند.
- هر دو به‌خاطر ایمان‌شان متحمل رنج شدند.
- هر دو سخنرانی‌های طولانی کردند.
- هر دو پر از روح‌القدس بودند.
- هر دو با دلیری موعظه می‌کردند.
- هر دو خطاب به یهود و غیریهود موعظه می‌کردند، هرچند پطرس در اصل خطاب به یهودیان موعظه می‌کرد و پولس خطاب به غیریهودیان
- هر دو به زندان افتادند و به‌طرز معجزه‌آسایی رهایی پیدا کردند.
- هر دو بیماران را شفا می‌دادند.
- هر دو افراد افلیج مادرزاد را شفا دادند.
- هر دو دیوها را بیرون می‌کردند.
- هر دو برای شفا ابزاری فوق‌العاده داشتند، پطرس با سایه‌اش شفا می‌داد و پولس با دستمالش.
- هر دو مردگان را زنده کردند.
- هر دو داوری را بر معلمان دروغین اعلام کردند.
- هر دو جلوی پرستیده‌شدن خودشان را گرفتند.
- هر دو در رُم مردند (هرچند لوقا این گزارش را در کتابش نیاورده است).

این تحلیل قویاً حاکی از آنست که در میان دلایل لوقا برای نگارش این دغدغه وجود دارد که در مورد هم‌شأن‌بودن این دو رسول و ارزش و حرمت او درکلیسا چیزی از قلم نیفتد. بنابراین،

یکـی از رویکردهایـی که به کتاب اعمال وجود دارد این اسـت که به سـادگی آن را به دو بخش تقسیم کنیم.

۲ـ سه بخش

در اعمال ۱:۸ می‌خوانیم: «در اورشـلیم و تمامی یهودیه و سـامره و تا دورترین نقاط جهان، شـاهدان مـن خواهید بود.» برخـی این عبارت را مبنای سـاختاری می‌بینند کـه لوقا در طرح کلی این کتاب و پروراندن مضامینش از آن پیروی نموده اسـت. شـهادت دادن برای عیسی ***در اورشـلیم آغاز می‌شـود***، آن هم در باب‌های ۱-۷. باب‌های ۸-۱۰ روایتگر شـهادت دادن در ***یهودیه و سـامره*** هسـتند، و پس از آن است که شهادت در مورد عیسای مسیح به اروپا و قلب امپراتـوری روم گسـترش می‌یابد. بدین‌ترتیـب، نظریهٔ مزبور لوقا را در حالی نشـان می‌دهد که می‌خواهد نشان دهد که چگونه آنچه عیسی در ابتدای کتاب فرموده بود، در انتهای کتاب تحقق یافت، به طوری که انجیل توسـط پولس به رُم می‌رسـد، و خود امپراتور شهادت در مورد مسیح را می‌شنود. اما نمی‌توان رُم را «دورترین نقاط جهان» تلقی کرد!

۳ـ شش بخش

سـاختار سـه مرحله‌ای را شـاید بتوان از جهاتی قانع‌کننده یافت، اما بهتر اسـت برای درک رویکرد لوقا وارد جزئیات بیشـتری شـد. این درک مسـتقیماً از دقت در ***شـیوهٔ ادبی*** که به‌نظر می‌رسـد لوقـا بـرای بیان مضمون خویش به‌کار گرفته، به دسـت می‌آیـد. او در روایت خود، در مقاطع گوناگون یک ***سری عبارات مشابه*** را به‌کار می‌برد. به مطالب زیر توجه کنید:

- **اعمال ۶:۷.** «پس نشـر کلام خدا ادامه یافت و شـمار شاگردان در اورشلیم به سرعت فزونی گرفت و جمعی کثیر از کاهنان نیز مطیع ایمان شدند.»
- **اعمـال ۹:۳۱.** «بدین‌گونه کلیسـا در سرتاسـر یهودیه و جلیل و سـامره آرامش یافته، اسـتوار می‌شـد و در ترس خداوند به سـر می‌برد و به تشویق روح‌القدس بر شمار آن افزوده می‌گشت.»
- **اعمال ۱۲:۲۴.** «اما کلام خدا هرچه بیشتر پیش می‌رفت و منتشر می‌شد.»
- **اعمال ۱۶:۵.** «پس، کلیسـاها در ایمان استوار می‌شدند و هر روز بر شمارشان افزوده می‌شد.»
- **اعمال ۱۹:۲۰.** «بدین‌گونه، کلام خداوند به‌طور گسترده منتشر می‌شد و قوت می‌گرفت.»

این پنج عبارت درکتاب اعمال به مسـئلهٔ رشـد، اعم ازکلام خدا یا کلیسـا، می‌پردازند و در انتهـای هـر بخـش آمده آن بخـش را در یک عبارت خلاصـه می‌کنند. لوقا به مـا می‌گوید که چه اتفاقاتی افتاد و سپس به‌طور اختصار می‌گوید که به سبب آن اتفاقات کلیسا رشد کرد و منتشر شد.

در پرتو این تقسیم‌بندی‌ها، ایدهٔ سازماندهی کتاب بر مبنای جغرافیا تا اندازه‌ای درست است، بدین‌ترتیب، این آیات شش بخش زیر را نشان‌گذاری می‌کنند:

۱-۶:۷	یهودیان در اورشلیم
۶:۸-۹:۳۱	هلنیستیان و سامریان
۹:۳۲-۱۲:۲۴	غیریهودیان و انطاکیه
۱۲:۲۵-۱۶:۵	آسیای کوچک
۱۶:۶-۱۹:۲۰	اروپا
۱۹:۲۱-۲۸:۳۱	رُم

لوقا به توصیف «نیروی مقاومت‌ناپذیر» این دین جدید در سرتاسر امپراتوری روم می‌پردازد. گویی مرگ و رستاخیز عیسی مانند سنگی است که درون یک برکه افتاده باشد. لوقا نشان می‌دهد که چگونه امواج حلقوی به‌وجود آمده پراکنده می‌شوند، و هر بار یک جمله خلاصه شده بر این تأکید می‌کند که موج‌های برآمده همچنان ادامه دارند، تا اینکه نهایتاً به خود رُم می‌رسند. روشن است که توصیف مزبور گزینشی است- پهنه‌ای که به تصویر کشیده شده تنها یک جهت، یعنی شمال غربی را در بر می‌گیرد. تنها اشاره‌ای که به پهنهٔ جنوب شده مکالمهٔ فیلیپس با خواجه سرای حبشی در راه بازگشتش به آفریقا است.

رویدادهای مهم

اجازه بدهید چند رویداد را که لوقا در این پهنه به‌عنوان رویدادهای بااهمیت مورد ملاحظه قرار داده بررسی کنیم. او در این پهنه نشان می‌دهد که ایمان مسیحی از چه راهی انتشار پیدا کرد و از یک جنبش روستایی یهودی به ایمانی فراملی و جهان‌شمول تبدیل گردید.

روز پنتیکاست

لوقا کتاب اعمال را با ***نخستین رویداد عظیم در ارتباط با انتشار انجیل*** آغاز می‌کند: روز پنتیکاست (باب ۲). هنگامی که ۱۲۰ نفر برای دعای بامدادی ساعت ۹ صبح در رواق سلیمان معبد گرد آمده بودند، روح‌القدس بر ایشان فرود آمد. نزول روح با عطای زبان‌ها همراه بود که در واقع، عکس داوری خدا در برج بابل (پیدایش ۱۱) محسوب می‌شد و به قوم‌های گوناگونی که برای برگزاری جشن گرد آمده بودند این توانایی را می‌بخشید که موعظهٔ پطرس را بشنوند. نزدیک به ۳۰۰۰ نفر به موعظهٔ او و با توبه واکنش نشان داده تعمید گرفتند و بر کلیسا افزوده شدند. بسیاری از آنها بعدها به زادگاه خویش، از جمله رُم، بازگشته پیام را در آن کشورها منتشر ساختند.

شکایت بیوه‌زنان

درکمال شگفتی، لوقا در ابتدای باب ۶ موضوع شکایت بیوه‌زنان هلنیستی را در مورد اینکه خوراک به‌طور منصفانه میان‌شان تقسیم نمی‌شود، درکتاب خود مطرح می‌نماید و همین رویداد کلیدی برای انتشار کلیسا می‌گردد، چراکه درست پیش از عبارت مندرج در ۷:۶ قرار دارد. رسولان خیلی حساس بودند که هنگام امدادرسانی ***میان یهودیان عبرانی و یهودیان هلنیستی هیچ تمایزی به‌وجود نیاید***. باید به هر بهایی از به‌وجود آمدن شکاف میان این دو گروه قومی در این مرحله جلوگیری می‌شد. پس رسولان به منظور مساعدت در امر توزیع خوراک هفت نفر شماس برگزیدند. مقدر بود که دو تن از این شماسان، یعنی فیلیپس و استیفان تأثیرگذار باشند.

شهادت استیفان

استیفان سرگرم موعظه‌کردن بود که وی را گرفتند و به نزد رهبران دینی بردند و او را متهم ساختند که تبلیغات ضدیهودی می‌کند. در اعمال اطلاعات بسیارکمی از او نوشته شده، با وجود این، موعظهٔ آخر وی یکی از بلندترین فصل‌ها درکل کتاب اعمال است (باب ۷). سخنان او مقصود لوقا را در مورد توصیف چگونگی تحول مسیحیت از یک فرقهٔ یهودی و ملی به ***ایمانی غیریهودی و فراملی*** تأمین می‌کند.

اتهام زنندگان بر استیفان، درکمال وحشت دیدند که چگونه او در برابر رهبران یهود ایستاد و رئوس کلی اعمال خدا را در بیرون از سرزمینشان، پیش از آنکه هنوز معبدی داشته باشند برشمرد. عهد با ابراهیم، رهایی از مصر و اعطای شریعت همه بیرون از سرزمین موعود اتفاق افتاده بودند. بنابراین، اتهامات ایشان مبنی بر اینکه استیفان بر ضد این مکان مقدس و شریعت سخن می‌گوید دروغی بیش نبود، زیرا کلام و حضور خدا فراتر از مرزهای ملی است.

این سخنرانی توضیح و توجیهی الاهیاتی برای انتشار پیام انجیل به غیریهودیان است، و لوقا در شرح داستان اعمال نشان می‌دهد که چگونه مرگ استیفان و جفایی که در پی آن بر مسیحیان وارد آمد، باعث پراکنده‌شدن ایمانداران از اورشلیم به سامره و از آنجا به انطاکیه، زادگاه وی، شد.

فیلیپس در سامره

سپس لوقا می‌نویسد که چگونه فیلیپس، یکی دیگر از آن هفت شماس، به سامره رفت و دید که بسیاری به موعظه‌اش واکنش مثبت نشان می‌دهند. میان یهودیان و سامریان انزجار و ستیز شدیدی حکمفرما بود و خود شاگردان هم رویهمرفته بلندنظر نبودند. آخرین باری که یوحنا همراه عیسی در سامره بود، خودش و برادرش یعقوب خواسته بودند که دعا کنند خدا از آسمان آتش فروفرستاده همهٔ سامریان را بسوزاند. اکنون ***بسیاری از سامریان ایمان آورده بودند***، و

بعدها پطرس و یوحنا هم رسیدند و دعا کردند تا سامریان تعمید روح‌القدس بگیرند، و این بار درخواست نزول آتشی دیگر از آسمان کردند!

سپس فیلیپس به جایی منتقل می‌شود تا برای خواجه‌سرای حبشی که در راه بازگشت از اورشلیم به سرزمینش بود موعظه کند. وجود این مطلب در کتاب شاید قدری عجیب به نظر برسد، مگر اینکه مقصود لوقا به یادمان بیاید که می‌خواست نحوهٔ انتشار انجیل را بیان کند. این‌گونه بود که انجیل به حبشه نیز رسید، یعنی به‌وسیلهٔ خواجه‌سرای حبشی، ***نخستین آفریقایی که به مسیح ایمان آورد.***

ایمان آوردن سولس

ایمان آوردن سولس هم یکی از مقاطع اساسی در کل روایت است (باب ۹). در حقیقت، این شهادت سه بار ثبت شده، تا تئوفیلوس بداند که باید چه شهادت را به صادرکنندگان حکم ارائه کند. سولس بعدها پولس نام گرفت، و درمی‌یابیم که چگونه ***او مأموریت یافت تا مسیح را خدمت کند*** و چگونه وی با ایمانداران اورشلیم متحد گردید تا بتواند با یک استراتژی مورد توافق به خدمت بپردازد. از زمانی که کلیسای انطاکیه برنابا و پولس را به مأموریت فرستاد، کتاب به جای پطرس روی پولس متمرکز می‌شود.

پطرس در قیصریه

گسترش انجیل با مانع مهمی روبه‌رو بود: ***قوانین یهودی مربوط به خوراک*** هم‌سفره‌شدن یهودیان را با غیریهودیان قدغن کرده بود. بنابراین، لوقا گزارشی را در کتاب خود آورده که نشان می‌دهد چگونه خدا به پطرس تعلیم داد که خوردن خوراک‌های «غیرکوشر» مجاز است و او را به خانهٔ یک غیریهودی فرستاد تا انجیل را به او موعظه کند.

اعمال ۱۰ فصلی مهم است و شگفتی پطرس را از اینکه ***روح‌القدس*** دقیقاً همان‌گونه که بر یهودیان جاهای دیگر فرود آمده بود، ***بر غیریهودیان نیز نازل می‌شود،*** نشان می‌دهد. این موضوع به قدری حساس بود که پطرس مجبور شد آنچه را که روی داده برای رسولان مقیم اورشلیم شرح دهد تا ایشان راه را برای کار خدا باز کنند.

شورای اورشلیم

گفت‌وگوی پطرس با ایمانداران اورشلیم مقدمه‌ای است برای تشکیل شورای اورشلیم در باب ۱۵. پولس سرگرم خدمت خویش در میان غیریهودیان بود و همین کار موجب رشد کلیسا می‌شد. اما وی از خطر بروز شکاف میان کلیسای یهودی و کلیسای غیریهودی آگاه بود و می‌ترسید مخالفت‌های مسیحیان یهودی‌تبار مانع از ورود غیریهودیان به پادشاهی خدا گردد. مسلم است که ایشان از میراث یهودی اندکی اطلاع داشتند یا اینکه اصلاً چیزی نمی‌دانستند. نامه‌ای که وی متعاقب آن به

کلیساهای غیریهودی فرستاد به ایشان این اطمینان را می‌بخشید که ***کلیسای غیریهودی می‌تواند*** آزادانه و با حمایت و دلگرمی کلیسای «مادر» در اورشلیم، ***به رشد خود ادامه دهد.***

مقصود منسجم

واضح است که لوقا رویدادهای به‌خصوصی را برگزیده تا نه تنها ***واقعیت گسترش کلیسا***، بلکه ***چگونگی انجام آن را*** به تئوفیلوس نشان دهد. این داستان‌ها اتفاقی گزینش نشده‌اند. آنها چگونگی انتشار ایمان مسیحی در سراسر جهان رومی و متحد ماندن آن به‌رغم همهٔ فشارهای فرهنگی پیش رو را به تصویر می‌کشند. لوقا نه از ایمان آوردن افراد معین زیادی سخن می‌گوید، و نه اینکه بر سر اکثر رسولان چه آمد، بلکه در عوض رویدادهای خاصی را که در خدمت مقصودش بوده گلچین می‌کند.

اعمال در سطح وجودی

حال که در سطح جنبه‌های تاریخی به اعمال نگاهی افکندیم، اکنون لازم است بر ویراستار الاهی آن که در نظر داشته این کتاب در اختیار ما قرار بگیرد، متمرکز شویم. نباید بررسی خودمان را در گذشته وانهیم، بلکه باید در صدد شنیدن پیامی که برای امروز دارد باشیم. بدین‌ترتیب، از روی اهمیت تاریخی گذشته به سراغ مفهوم وجودی کتاب می‌رویم، و این پرسش را مطرح می‌نماییم که این کتاب اکنون چه چیزی می‌خواهد در مورد خدا به ما بگوید.

پیوندها

اعمال ***حلقه پیوندی حیاتی است میان اناجیل و نامه‌ها.*** عهدجدید را بدون آن تصور کنید. در این صورت درک بسیاری از مطالب دشوار می‌شد. مردمان و آرایی که در نامه‌ها بدانها اشاره شده، بدون توضیح باقی می‌ماندند. برخی از افراد و مکان‌های کلیدی بدون وجود این کتاب غیرقابل فهم می‌بودند.

۱ـ پولس

بیشتر نامه‌های عهدجدید را پولس نوشته است، اما این پولس که بود؟ او در زمرهٔ دوازده رسول عیسی قرار نداشت، پس در اناجیل نامی از وی نیامده است. اگر کتاب اعمال نبود، چیز زیادی از او و خدمتش، یا اینکه چگونه برای کلیساها و افراد نامه‌هایی نوشت و دلیل اهمیت آنها چیست، نمی‌دانستیم.

۲ـ تعمید در آب

تعمید ایمانداران موضوع دیگری است که اهمیت اعمال را به‌عنوان حلقهٔ پیوند نشان می‌دهد. ***تنها در اعمال است که از بودن در آب سخن به میان آمده.*** پس در حالی‌که پولس

در نامه‌هایش بارها به تعمید اشـاره می‌کند- برای نمونه: «آیا نمی‌دانید که همهٔ ما که در مسـیح عیسـی تعمید یافتیم، در مرگ او تعمید یافتیم؟»- عملاً هیچ‌گاه واژهٔ «تعمید» را به واژهٔ «آب» پیوند نمی‌دهد. این امر باعث شـده که برخی محققان چنین اسـتدلال نمایند که پولس تعمید آب را تعلیم نمی‌داده، و منظور از «تعمید در مسیح» چیزی صرفاً روحانی است. اما در اعمال است کـه می‌بینیـم خود پولس هم در آب تعمید گرفت و آنانی را که به مسـیح ایمان می‌آوردند تعمید می‌داد. بدین رو درمی‌یابیم که وقتی وی در مورد «تعمید گرفتن» سخن می‌گوید، منظورش تعمید در آب است.

۳- تعمید در روح

عبارت «در روح تعمید گرفت» در همهٔ اناجیل چهاگانه به چشـم می‌خورد، اما هیچکدام به مـا نمی‌گویند که این امر دقیقاً به چه معناسـت، یا وقتی کسـی تعمیـد روح می‌گیرد چه اتفاقی می‌افتد. اگر در نامه‌ها هم به‌دنبال مفهوم آن گشـته باشـید، باز هم مأیوس شـده‌اید. پولس این عبـارت را در اول قرنتیـان بـه‌کار می‌برد- «زیرا همهٔ ما در یـک روح تعمید یافتیم تا یک بدن را تشـکیل دهیم»- اما نمی‌گوید که در عمل به چه معناسـت. تنها کتاب اعمال است که ***معنای واقعی تعمید گرفتن در روح را*** شرح می‌دهد.

۴- شریعت موسی

همچنین اعمال به ما کمک می‌کند تا رویکرد امروزی‌مان را نسـبت به شـریعت موسی مورد بررسی قرار دهیم. از کجا می‌دانیم که ما مسیحیان دیگر در بند شریعت نیستیم؟ شریعت موسی ۶۱۳ حکم مختلف داشـت، پس باید برای ما کاملاً روشـن شـود که آیا از بند این احکام آزادیم یا نه؟ از کجا می‌دانیم که دیگر در قید این احکام نیسـتیم یا هنوز ملزم به اجرای آنها هسـتیم؟ پاسـخ خود را زمانی می‌یابیم که بحث‌های گسـترده‌ای را که در ارتباط با لزوم ختنه درگرفته بود و در باب ۱۵ اعمال به نقطه اوج خود می‌رسـند بخوانیم، آنجایی که یک‌بار برای همیشـه رأی بر این قرار می‌گیرد که ***مسیحیان از شریعت موسی آزادند،*** هرچند باید به شریعت مسیح مقید بمانند.

۵- کلیسا

جالـب اسـت بدانید که اگر لوقا واژهٔ کلیسـا را در اعمال ثبت نکـرده بود، حتی این واژه هم غلط برداشـت می‌شـد. در میان اناجیل، تنها متی اسـت که به این واژه اشـاره می‌کند و هر دو اشاره‌اش به کلیسا توصیفی نیستند تا نشان دهند که کلیسا باید چگونه جایی باشد. نامه‌ها عمدتاً کلیساها را مخاطب قرار می‌دهند و از ماهیت آنها اشاراتی در اختیار ما می‌گذارند، اما تنها در اعمال اسـت که یاد می‌گیریم ***کلیسـا واقعاً چیسـت،*** از جمله اینکه چگونه تأسیس شد، رسولان

چگونه پیران را بر کلیسا منصوب می‌نمودند و میان رسولان و کلیساهایی که بنیاد می‌نهادند، چه رابطه‌ای وجود داشت.

۶ـ ایمان آوردن

اهمیت دیگری که اعمال برای ما دارد بدین‌خاطر است که دربارهٔ ***شیوهٔ صحیح تولد تازه یافتن مردمان*** خیلی چیزها به ما می‌آموزد. اناجیل رویدادهای پیش از آمدن روح‌القدس را نگاشته‌اند و نامه‌ها هم خطاب به کسانی که پیشتر در ایمان‌شان استوار شده‌اند نوشته شده‌اند. هیچ‌یک مدلی درست از نحوهٔ ایمان آوردن افراد به عیسای مسیح در دوران کلیسا ارائه نکرده‌اند. از این‌رو به سراغ اعمال می‌رویم تا ببینیم چگونه رسولان مردم را به پادشاهی خدا می‌آوردند، و الگوی عادی و بهنجار توبه، ایمان، تعمید در آب و تعمید در روح را می‌خوانیم. (برای توضیحات بیشتر پیرامون این فرایند، نک. کتاب دیگرم، تولد بهنجار مسیحی، از انتشارات هادر و ستاوتون.)

الگویی برای امروز

بنابراین، اعمال منبع اطلاعات و توضیحات مهمی به شمار می‌رود ـ اما به صراحت باید گفت که از آنچه گفتیم نیز بسیار فراتر است. بسیاری آن را مدلی برای زندگی کلیسایی در هر جا می‌دانند، و حسرت روزی را می‌خورند که ***کلیساهای امروزی همان خصوصیاتی را از خود بروز دهند که لوقا به توصیف‌شان پرداخته است.*** این فرض منطقی به‌نظر می‌رسد. وانگهی، این تنها تاریخ کلیساست که ما در کلام خدا داریم. احتمالاً روح‌القدس می‌خواسته این کتاب در زمرهٔ کتاب‌های کانونی قرار گیرد تا ما بدانیم که خدا برای قومش چه مقصودی در نظر دارد.

۱ـ هم خوب و هم بد

گرچه رویکرد به این «الگو» ارزشمند است، اما اگر تصور کنیم که همیشه این الگو بسنده است، این تصور باعث بروز مشکلاتی هم می‌شود. تصویری که لوقا ارائه می‌کند از آرمان‌گرایی فاصلهٔ زیادی دارد و به همراه برکات، مشکلاتی را هم دربرمی‌گیرد. اعمال ***در کنار رشد فوق‌العاده کلیسا، بحث‌ها، تفرقه‌ها و اشتباهات*** را هم ثبت کرده است.

- کمتر کسی است که بخواهد داستان حنانیا و سفیره و فریب‌شان را به‌عنوان الگوی رفتاری پیشه کند.
- اشتیاق وقیحانهٔ شمعون به سود جستن از دریافت روح‌القدس نمی‌تواند برای یک نوایمان خواهان پیشرفت نمونهٔ خوبی باشد.
- حتی پولس رسول با برنابا به «مخالفت شدید» می‌پردازد. هیچ یک از طرفین را نمی‌توان سرزنش کرد، اما جمله‌بندی به‌کار رفته حاکی از آنست که به‌طور حتم آمادگی ایده‌آلی برای یک سفر بشارتی وجود نداشته است.

■ لوقا به توصیف نگرش غمالائیل نسبت به جنبش جدید می‌پردازد. او به دیگر رهبران یهود چنین مشورت می‌دهد که به جای هر اقدامی بر ضدمسیحیان، صبر کنند و ببینند که چه اتفاقی خواهد افتاد. اما توصیف لوقا بدین‌معنا نیست که چنین بی‌طرفی یک‌تنه‌ای یک واکنش متناسب بوده و دیگر از این آدم بی‌طرف نامی برده نمی‌شود.

■ برخلاف غمالائیل، شاگردش پولس موضعی تهاجمی اتخاذ می‌کند. او به جای «صبرکردن و دیدن» ترجیح می‌دهد با پیگرد و جفا دادن کلیسا، جلوی پیشرفت این دین جدید را بگیرد. دشمنی او در جادهٔ دمشق باژگونه می‌شود و همین نقطه‌عطف است که از او در نهایت یک رسول بزرگ، و شاید بتوان گفت بزرگترین رسول، می‌سازد.

بنابراین، گزارش اجتماع ایمانداران در اعمال آمیزه‌ای است از خوب و بد. در آن رقابت‌ها، مجادلات، ریاکاری‌ها، بی‌اخلاقی‌ها و ارتدادها به چشم می‌خورد. در کنار ارائهٔ الگوهای مناسب برای پیروی، به ما نمونه‌های از کارهایی که ***نباید انجام داد نیز داده شده است.***

۲- هم عادی و هم غیرعادی

زمانی که نوبت به درک رویدادهای اعمال می‌رسد، شاهد تمایز میان عادی و غیرعادی هستیم. در اعمال چیزهای خاصی به‌وقوع پیوسته‌اند که غیرعادی به شمار می‌روند و نباید انتظار داشت که پیوسته اتفاق بیفتند.

یکی از مصادیق آن ایمان آوردن پولس است. او صدای عیسی را شنیده در اثر تابش نوری کور می‌شود. پر واضح است که این تجربه منحصربه‌فرد بوده است. اگر ما از این امر یک الگو یا مدل برای ایمان آوردن افراد در زمان خودمان بسازیم، کمتر کسی می‌تواند از این آزمون سربلند بیرون بیاید. در حقیقت، خود پولس مدعی بود که این رویداد منحصربه‌فرد از این‌رو اتفاق افتاد که قرار بود او به‌عنوان یک رسول برگزیده شود.

همچنین مرگ حنانیا و سفیره را در نظر بگیرید. آیا جز این است که ایمانداران امروزی بدتر از این را مرتکب می‌شوند و با این‌حال هلاک نمی‌گردند؟ یا اینکه آیا انتخاب جایگزینی برای یهودا از طریق قرعه افکندن می‌تواند الگوی مناسبی برای امروز باشد؟ مسلما نه.

وانگهی، اگر قرار است رویدادها تکرار شوند، شخص در موارد خاص برای پیروی از نمونهٔ قبلی خود تحت فشار شدید قرار خواهد گرفت. پطرس رسول از دست هیرودیس رهانیده شد، اما یعقوب رسول نرهید. امروز ما باید انتظار داشته باشیم که کدامیک از این دو رویداد برای‌مان اتفاق بیفتند؟ باید نسبت به اتخاذکردن یک رویداد یا یک تجربه از کلیسای اولیه به‌عنوان هنجار یا امری عادی هشیار باشیم و آن را به کل کلیسا در هر دوره‌ای تعمیم ندهیم.

این بحث ما را به پرسشی کلیدی می‌رساند: ***چگونه می‌توانیم میان آنچه غیرعادی است و آنچه عادی است تمایز قایل شویم؟*** آیا کلیسا در غالب مواقع پدیده‌هایی غیرعادی از این قبیل

را به‌عنوان الگو انتخاب نکرده و بعداً معلوم شده که اشتباه بوده؟ چند پرسش زیر می‌توانند در تصمیم‌گیری به ما کمک کنند.

الف) آیا به رویداد مزبور تنها یک‌بار اشاره شده؟

اگر به رویدادی تنها یک‌بار اشاره شده باشد و دیگر هرگز تکرار نشده باشد، احتمالاً ـ هرچند نه یقیناً ـ باید امری غیرعادی بوده باشد. مثلاً در روز پنتیکاست، چیزهایی رخ داد که منحصربه‌فرد بودند. هر بار که کسی روح‌القدس را می‌یابد ما انتظار نداریم که باد و زبانه‌های آتش را مشاهده کنیم. در موردی دیگر می‌خوانیم که وقتی ایمانداران برای دعا گرد آمدند، ساختمان شروع به لرزیدن کرد. اگر تصور کنیم که دعای واقعی آن است که هر وقت انجام می‌گیرد مکان دعا به لرزه درآید، این برداشت نادرست است. *برخی رویدادهای اولیه ضرورتاً منحصربه‌فرد بودند.* بنابراین، اگر از چیزی تنها یک‌بار یاد شده باشد، امکان وقوع دوباره‌اش می‌تواند باشد، اما اشتباه است که بگوییم باید تکرار شود.

ب) آیا آن رویداد تکرار شده است؟

با این‌حال، در توصیف‌هایی که از تعمید در روح در اعمال رسولان آمده، می‌توانیم موارد مشابهی ببینیم. در روز پنتیکاست باد و شعله‌های آتش آشکارا مواردی منحصربه‌فرد بودند، اما پدیده‌های دیگر تکرار می‌شوند. وقتی کسانی که در خانهٔ کرنلیوس (۱۰:۴۶) بودند و نیز شاگردان یحیی روح‌القدس را یافتند، شروع به صحبت‌کردن به زبان‌ها نمودند ـ پس این امر حاکی از آن است که صحبت‌کردن به زبان‌ها پدیده‌ای تکرارشدنی است، حتی اگر با باد و شعله‌های آتش همراه نباشد. در حقیقت، در اعمال هرگاه کسی تعمید روح می‌گیرد، همیشه چیزی اتفاق می‌افتد که هم برای دریافت‌کننده و هم ناظران واقعه روشن می‌سازد که روح‌القدس آمده است. *رویدادی که تکرار می‌شود احتمال این را که آنچه می‌خوانیم برای کلیسای امروز هم امری عادی باشد، افزایش می‌دهد.*

پ) آیا در جای دیگری از کلام خدا هم به‌طور مستقل تأیید شده است؟

اگر اناجیل یا نامه‌ها مستقلاً گواهی دهند که رویداد مورد بحث در آن زمان *بخشی عادی از زندگی مسیحی بوده است، پس به‌طور قطع ما هم می‌توانیم بپذیریم که برای امروز هم عادی باشد.* برای نمونه، این تنها اعمال ۲:۳۳ نیست که از «ریخته شدن» روح‌القدس سخن می‌گوید. یوئیل ۲:۱۷ از عهدعتیق و تیتوس ۳:۵ در عهدجدید هم اعتبار کلی این اصطلاح را تأیید می‌کنند. تعیین پیران (مشایخ) در اعمال نمونۀ دیگری است. آیا این یک پدیدۀ منحصربه‌فرد بوده؟ نه، انتصاب پیر در کلیسا منحصر به اعمال نیست: تیتوس، اول تیموتائوس و عبرانیان جملگی حاوی اشاراتی به ضرورت جهانی چنین رهبری‌ای هستند.

۳- هم گذشته و هم اکنون

حال که سه پرسش بالا را مطرح کردیم، بهتر می‌توانیم میان رویدادهای منحصربه‌فرد که صرفاً گوشه‌ای از گزارش تاریخی لوقا را تشکیل می‌دهند و آنهایی که خدا می‌خواهد بدانیم که *باید* به‌عنوان امور روزمره اتفاق بیفتند، تمییز قایل شویم، حتی اگر در کلیسای امروز راه درازی تا تحقق آنها *باشد*.

استفاده از این پرسش‌ها و الگو قرار دادن اعمال از اهمیت برخوردار است، زیرا اگر این کار را نکنیم در اشتباه این باور خواهیم افتاد که می‌خواهیم دورهٔ تاریخی دیگری از کلیسا را تکرار نماییم. بسیاری از گروه‌بندی‌های فرقه‌ای رهنمود خویش را از یکچنین دوره‌ای گرفته‌اند، به فرض دورهٔ اصلاحات، دورهٔ پیوریتن‌ها، متدیست‌ها یا پنتیکاستی‌های اولیه. آنان فراموش کردند ***که کتاب‌مقدس الگویی بسنده و معیاریی نهایی است که به‌واسطهٔ آن می‌توان همهٔ ادوار دیگر را مورد داوری قرار داد.***

اعمال از آنچه اعضای کلیسای اولیه کردند و بودند، به ما الگویی می‌دهد.

آنچه کردند

اعمال از مشارکت گرم ایشان با یکدیگر، محوریت تعلیم رسولان، اهمیت دعاها، و بشارت دادن خودجوش ایشان به هنگامی که روح‌القدس ایشان را قوت بخشید و فرستاد تا با دیگران دربارهٔ مسیح حرف بزنند، سخن می‌گوید. همچنین از اعلان بی‌واهمه انجیل، در زمانی که آنان خواه از سوی یهود و خواه غیریهود با مخالفت روبه‌رو می‌شدند، سخن می‌گوید. اعمال کتابی پرجنب و جوش پر از اعمال خدا و رشد پادشاهی او.

آنچه بودند

آنان مردمانی بودند که حتی در زندان معرفت خدا ایشان را لبریز از شادمانی می‌ساخت، و چه بسا او را در بند ستایش می‌کردند. ایشان مردمانی امیدوار و دلیر بودند: پطرس و یوحنا با طیب خاطر از فرمان رهبران یهودی سرپیچیدند و دست از موعظهٔ انجیل نکشیدند. استیفان هم آماده بود حتی به قیمت از دست دادن جانش، رودرروی ایشان بایستد.

اعمال به‌عنوان دستور کار مأموریت مسیحی

با پذیرفتن اینکه اعمال الگویی برای امروز ماست، حال چگونه باید آن را بخوانیم؟ یکی از سودمندترین رویکردها را شخصی به نام رولند آلن ارائه کرد که در اوایل سدهٔ بیستم کتاب می‌نوشت. او سه کتاب نوشته که اندیشهٔ بسیاری را که در پی فهم نحوهٔ استفاده از اعمال برای روزگار کنونی بودند، شکل داد. عناوین این سه کتاب عبارتند از:

شیوه‌های میسیونری- روش پولس قدیس یا روش ما، گسترش خودجوش کلیسا و *خدمت روح‌القدس.*

اندیشهٔ وی تا مدت‌ها پس از خودش هم دوام آورد و خود من بسیاری از دیدگاه‌های وی را به وام گرفته‌ام. او چنین استدلال می‌کند که ***اعمال نه تنها الگویی برای رفتار کلیسا، بلکه دستورالعملی میسیونری برای گسترش کلیسا به شمار می‌رود.*** اعمال به ما می‌گوید که چگونه باید مأموریت بزرگ را به انجام رسانید و انجیل را انتشار داد. از همین یک کتاب می‌توانیم هفتاد استراتژی برای پیروی در زمان خودمان بیابیم.

۱ـ فرستادن رسولان

معنای تحت‌اللفظی «رسول»، «فرستاده شده» است. درک کلیسای اولیه این بود که افراد معینی از سوی خدا مأموریت یافته‌اند تا انجیل را انتشار دهند. در عهدجدید پنج نوع رسول وجود دارد:

۱. عیسی *سرور رسولان*- هیچ‌کس مانند او نیست.

۲. رسول، *شاهدان رستاخیز*- امروزه کسی نیست که مانند ایشان باشد.

۳. پولس، رسول سیزدهم، که «آخر از همه بر او، چون طفلی که غیرطبیعی زاده شده باشد، ظاهر گردید»- امروزه کسی مانند او وجود ندارد که *کلام الهامی را بنگارد.*

۴. یک *بنیان‌گذار پیشگام کلیسا* که با ایمانداران جدید کلیساهای جدید تأسیس می‌کند- پولس رسول و نیز برنابا و دیگرانی که امروزه به صورت گروهی اعزام می‌شوند، در ردیف این قبیل افراد قرار دارند.

۵. هر مسیحی *که برای انجام کاری از جایی به جای دیگر فرستاده می‌شود* یک «رسول» است. مثلاً اپافرودیتوس، که وی را به رُم فرستادند تا خانه‌دار پولس باشد- با این تعبیر، هر کسی می‌تواند یک «رسول» باشد.

آنچه که از واژهٔ رسول برای امروز کاربرد دارد، تعاریف چهارم و پنجم است. کلیسای عیسای مسیح به ***تأسیس‌کنندگان کلیسا و کسانی که مایلند در نام خدا برای انجام وظایفی خاص فرستاده شوند،*** نیاز داد.

ابتکار عمل و نیز پشتیبانی باید از سوی کلیسا به خوبی صورت بگیرد. از اعمال چنین برمی‌آید که این روح‌القدس است که افرادی را برای این کار برمی‌گزینند. اعزام رسولان از سوی اعضای کلیسا انجام نمی‌گرفت، بلکه این مهم با هدایت روح میسر می‌شد. پس این روح‌القدس بود که گفت پولس و برنابا باید برای کاری که وی برای ایشان در نظر گرفته جدا شوند. کلیسا آماده بود تا بهترین افراد را بفرستد تا جهانیان بتوانند مسیح را بشناسند.

نکتهٔ قابل‌توجه دیگر اینکه رسولان به صورت گروهی فرستاده می‌شدند. همیشه دستِ‌کم دو مسافر با هم راهی می‌شدند (مانند عیسی که شاگردانش را دو به دو فرستاد). در اعمال هیچ مجوزی برای اعزام «تکاور تنها» برای انجام مأموریت مسیحی وجود ندارد.

۲- رسیدن به شهرها

شیوهٔ متداول در میان رسولان این بود که کار خود را از شهرهایی که مراکز پرجمعیت به شمار می‌رفتند، آغاز می‌کردند تا کلیساهای در حال رشد بتوانند بر سراسر ناحیهٔ پیرامون خود تأثیری دامنه‌دار بگذارند. از این رو، برای مثال زمانی که پولس به افسس رفت و هر روزه در تالار سخنرانی تیرانوس تعلیم می‌داد، می‌خوانیم که «همهٔ یهودیان و یونانیانی که در ایالت آسیا بودند، کلام خداوند را شنیدند». احتمال دارد مردی که اپافراس نام داشت از طریق همین سخنرانی‌ها ایمان آورده کلیسایی در کولسی تأسیس کرده باشد. پولس به کلیسای مزبور نوشته که هرگز خودش ایشان را ندیده و در رشدشان دخیل نبوده است.

بنابراین، رفتن به مراکز عمدهٔ شهرنشینی به‌عنوان پایگاهی برای پیشروی‌های بیشتر یک استراتژی معقول و مؤثر بوده، و امروز ما هم لازم است گاهی این مطلب را از نظر دور نداریم.

۳- موعظهٔ انجیل

روش معمول پولس این بود که نخست در کنیسه موعظه می‌کرد. «پولس طبق عادت به کنیسه رفته، در سه شبات از کتب مقدس با ایشان مباحثه می‌کرد.»

پولس زمانی که با یهودیان بود از عهدعتیق بهره می‌جست. اما این را هم توجه داشته باشید که *رویکرد وی بسته به مخاطبانش تغییر می‌کرد*. وقتی که خطاب به یهود موعظه می‌کرد از کتاب‌مقدس نقل‌قول می‌نمود، اما زمانی که برای غیریهودیان وعظ می‌نمود، پیش از آنکه به سراغ مفاهیم کتاب‌مقدسی برود، به‌دنبال زمینه‌های مشترک می‌گشت. برای نمونه گزارش مندرج در باب ۱۷ اعمال را در نظر بگیرید که وی آتنی‌ها را طرف خطاب قرار می‌دهد. با اینکه افراد برجسته‌ای ایمان آوردند، پیام او از موفقیت خاصی برخوردار نشد.

پولس در پیامش به آتنیان به رویدادهایی اشاره می‌کند که در گذشته‌شان روی داده بود و شاعرانی که می‌شناختند. او می‌دانست که خیلی وقت پیش زمین‌لرزه‌ای در آتن به‌وقوع پیوسته و شهرشان را خراب و ساختمان‌های‌شان را ویران کرده است. آتنی‌ها که چندگانه‌پرست بودند می‌پنداشتند که حتماً یکی از خدایان‌شان را برآشفته‌اند، و می‌خواستند بدانند که کدام خدا را عصبانی کرده‌اند. پس تصمیم گرفتند تعدادی گوسفند را در خیابان اصلی رها کنند. گوسفندان نزدیک هر خدایی بر زمین می‌نشستند، دلیل بر این بود که همان خدا از ایشان خشمگین است. با این‌حال، گوسفندان از نقشه آتنی‌ها پیروی نکردند و در میان مزرعه‌ای بر زمین نشستند. پس شورایی تشکیل شد و به این نتیجه رسیدند که اگر هنوز نمی‌دانند که کدام خدا را برآشفته کرده‌اند،

شـاید به این دلیل اسـت کـه اصلاً او را فرامـوش کرده‌اند، و نبود مذبحی بـرای این خدا باعث عصبانیتش گردیده. پس مذبح دیگری برپا نموده بر آن نوشتند: «تقدیم به خدای ناشناخته».

پولس که این مذبح را در خلال دیدارش از شهر مشاهده کرده بود، از آن به‌عنوان مبنایی برای آغاز گفت‌وگو با آنان دربارهٔ خدایی که نمی‌شـناختند اسـتفاده کرد. بی‌درنگ مخاطبانی گردش جمع شـدند. او از همان زمینهٔ مشـترک اسـتفاده کرد تا بدیشـان دربارهٔ خدای که باید بشناسند و می‌توانند بشناسـند و دربارهٔ عیسـی که همین خدا از مردگان برخیزانید و به‌عنوان داور همهٔ نژادهای بشری تعیین فرمود، بگوید.

ایـن تمرکـز بر موعظهٔ انجیـل را تقریباً در هر صفحـهٔ اعمال می‌توان دیـد، بدین‌ترتیب، که روح‌القدس به مسیحیان دلیری و نیرو می‌بخشد تا پیام‌شان را اعلان نمایند.

۴ـ شاگردسازی

دغدغهٔ رسـولان این بود که مردم «شـاگرد» شوند. آنان به روش‌های امروزی ما برای واکنش نشـان دادن ـ دسـت‌بلندکردن، جلو آمدن و امضاکردن یک کارت ـ علاقه‌ای نداشـتند. ایشان دریافتـه بودند که ***شاگردسـازی زمان می‌برد*** و از این جهـت پولس برای مدتی قابل‌ملاحظه در مکانی می‌ماند و تا اطمینان حاصل نماید که ایمانداران استوار شده‌اند. وی در افسس به مدت دو سـال، هر بعد از ظهر از سـاعت ۱۲ تا ۴ (هنگام خواب نیمروزی) تعلیم می‌داد تا نوایمانان آموزش بیابند و افراد جدید ایمان آورند. از این‌رو در حالی‌که لوقا می‌نویسـد که برای نخسـتین بار ایمانداران در انطاکیه به «مسـیحی» شـهرت یافتند، کسـانی که ایمان می‌آوردند را بیشتر با عنوان «شـاگردان» یا پیروان «طریقت» می‌شناختند. آنچه اهمیت داشت پایمردی در سفر بود، نه یک تصمیم استثنایی که بر زندگی روزمره تأثیری بس اندک می‌گذارد.

۵ـ تأسیس کلیسا

در اعمـال آمـده که چگونه موعظهٔ انجیل به تشـکیل جماعت‌هایـی از ایمانداران انجامید و اینکه چگونه رسولان این گروه‌ها را بعدا مورد بازدید قرار می‌دادند، تا هر سفر بشارتی با ***استوار نمودن جماعت‌های در حال رشـد ایمانداران*** به ثمر بنشـیند. اگر در کشـوری زندگی کنیم که از قبل در آن کلیسـاهایی بوده اسـت، این جنبه از استراتژی مأموریت مسیحی می‌تواند به سادگی نادیده گرفته شود. آنوقت متوجه نمی‌شویم که برخی کلیساها تنها برای یک قشر از جامعه ـ شاید به لحاظ جامعه‌شناختی گونه‌ای نسبتاً محدود ـ تدارک می‌بینند. اغلب کلیساهای دیگری وجود ندارند که بتوانند به دیگر اقشـار رسـیدگی کنند. این سـبک تأسیس کلیسـا عدم نیاز کلیسا به دیگران را تضمین می‌کند و خیال بانیان آن را از اینکه تازه واردان سـکان امور آن کلیسـا را در دسـت نخواهند گرفت، آسوده می‌سـازند چرا که هرچند از نظر جغرافیایی بسیار نزدیک باشند، ***به گروه جامعه‌شناختی کاملاً متفاوتی رسیدگی می‌کنند.***

۶ـ گماردن پیران

می‌خوانیم که چگونه پولس و برنابا به لیستره، قونیه، و انطاکیه برگشتند و «ایشان در هر کلیسا مشایخ بر ایمانداران گماشتند و با دعا و روزه آنها را به خداوندی که به وی ایمان آورده بودند، سپردند».

تازه‌تأسیس‌بودن کلیساها بدین‌معنا بود که از سن ایمانی «پیران» (مشایخ) آنها تنها ۱۲ ماه می‌گذشت، اما این هیچ اشکالی نداشت. مادامی که نامزدهای این منصب پیشاپیش دیگران و در مسیر بلوغ بودند، می‌شد ***برای رهبری*** آن کلیسا بدیشان ***اعتماد کرد.*** این الگوی گماردن پیران برای رهبری گله را در سراسر اعمال می‌توان مشاهده نمود، چندان‌که رسولان برای هدایت جماعت همواره به‌دنبال کسانی از خود افراد کلیسای محلی می‌گشتند که بتوانند خودشان را اداره کنند و به رسولان وابسته نباشند. چنین به‌نظر می‌رسد که مشایخ از سوی کل کلیسا برگزیده می‌شدند، یعنی ایمانداران بومی بر نامزدهای رسولان مهر تأیید می‌گذاردند (واژۀ «گماشته» در زبان اصلی یعنی «دست بلند کرده»، پس مشایخ به کسانی که دست بلند کرده بودند رأی می‌دادند.)

بنابراین، کار یک رسول به نوعی صراحتاً تعریف شده بود:

- رسیدن به شهرهای کلیدی
- موعظه‌کردن انجیل در ضمن تطبیق دادن آن با پیش‌زمینۀ شنوندگان
- شاگردسازی به جای تصمیم گیری
- ماندن با ایشان و پرورش‌دادن‌شان
- تأسیس‌کردن کلیساها بدین منظور که جماعتی را پشت سر خود باقی بگذارند
- گماردن مشایخ برای رهبری جماعت

۷ـ رفتن رسولان

این هفتمین و واپسین مرحله در الگوی میسیونری در عین‌حال بسیار حساس و مهم است. رسول به مجردی که کلیسا را استوار می‌ساخت، از آنجا می‌رفت. تماس بعدی ممکن بود از طریق نامه، دیدار حضوری، یا فرستادن «نماینده»ای از سوی آن رسول صورت بگیرد. ***به محض اینکه مشارکت ایمانی از داشتن رهبران بومی برخوردار می‌شد، رسول می‌توانست از آنان جدا شده به‌کار خویش ادامه دهد.*** کلیساها خودشان رشد و تکثیر می‌کردند، خودشان را اداره می‌کردند و خودشان احتیاجات خویش را برآورده می‌ساختند. به معنای دقیق کلمه خدمت رسولان راستین متحرک بود. چنان که انتظار می‌رفت آنان از طریق حرفه‌ای که داشتند به تأمین احتیاجات خودشان نیز می‌پرداختند و در حالی‌که کلیساها را بنیاد می‌نهادند، بر هیچ‌کس بار مالی نمی‌گذاردند.

نکات حذف‌شده در نقشه

در ایـن تحلیـل که از شـیوه‌های «میسـیونری» مـورد اسـتفاده در اعمال ارائه شـد، نکات قابل‌توجهی از قلم افتاد که اغلب آنها را در روزگار ما بااهمیت می‌پندارند.

- هیچ سـاختمانی برای کلیسـا وجود نداشـت- ایمانداران در خانه‌ها یا سـاختمان‌های اجاره‌ای گرد می‌آمدند
- سرمایه‌گذاری روی ملک از ضرورت چندانی برخوردار نبود.
- هیچ تمایزی میان پیشهٔ روحانی و غیرروحانی وجود نداشت.
- همهٔ مناصب کلیسایی بر اساس عطا و کاربری قرار داشتند- و هر ایمانداری می‌توانست عهده دار خدمتی باشد.
- هیچ سلسله‌مراتبی وجود نداشت.
- هیچ مرکز فرماندهی‌ای وجود نداشت.
- هیچ اثری از تعمید دادن کودکان به چشم نمی‌خورد.
- هیچ کلیسایی بر پایهٔ مرزبندی‌های ملی یا فرقه‌ای وجود نداشت.
- پرستش از هیچ انتظام خاصی برخوردار نبود- در حالی‌که اشاراتی به نحوهٔ پرستش در کلیساها وجود دارد، هیچ الگویی از آن زمان نداریم که از آن پیروی کنیم.
- رسولان نه بیمارستان برپا می‌کردند و نه مدرسه، درمانگاه یا سازمان‌های امدادی.

اکثر مواردی که ما امروزه بخشـی عادی از کلیسـا یا فعالیت مسیحی می‌پنداریم در کلیسای اولیه عادی نبود.

زاویهٔ الاهیاتی

بررسـی ما از اعمال حیطه‌های بسـیاری را مورد تمرکز قرار می‌دهد. مقصود کتاب، هویت دریافت‌کننده، شیوه‌ای که لوقا برای ساختاربندی این کتاب به‌کار برده تا به مقصود خویش نایل گردد، و اینکه چگونه می‌توان این کتاب را به‌عنوان یک «دسـتورالعمل میسـیونری» به‌کار برد، مورد ملاحظه قرار دادیم. تنها یک نگرش دیگر به این کتاب باقی مانده که با تحلیلی که پیشـتر ارائه دادیم جور می‌شـود، و آن نگرش به کتاب اعمال از زاویهٔ الاهیاتی اسـت. حال چگونه باید این نگرش را انجام دهیم؟

اعمال چه کسانی؟

بگذاریـد بـا ایـن عنوان آغـاز کنیم. در اصـل این کتاب «اعمـال» نام داشـت. این عنوان از واژهٔ یونانـی *praxis* گرفتـه شـده اسـت (کـه هم‌خانـواده بـا «Practice» انگلیسـی اسـت به معنـای عمـل). بدین‌ترتیـب، اعمـال توصیف‌کننـدهٔ ***عمل مسیحیت*** اسـت، اما چه کسـی

عهده دار این عمل است؟ «اعمال» چه کسانی منظور نظرند؟ چهار پاسخ احتمالی وجود دارد.

۱ـ رسولان

معمولاً این کتاب را «اعمال رسولان» می‌خوانند، که همان‌گونه که ملاحظه کردیم، کاملاً غلط‌انداز است، چراکه بسیاری از رسولان در آن نقشی ندارند! در باب‌های آغازین یعقوب را گردن می‌زنند، از یوحنا همواره در کنار پطرس یاد می‌شود، پطرس نقش پررنگتری دارد و بیش از نیمی از کتاب روی پولس متمرکز است، که او هم در زمرهٔ دوازده رسول اصلی عیسی نبود. پس نمی‌تواند با قاطعیت دربارهٔ «اعمال رسولان» باشد.

۲ـ عیسی

کتاب با این سخنان آغاز می‌شود: «ای تئوفیلوس، من اثر نخست خود را در باب همهٔ اموری تألیف کردم که عیسی به عمل نمودن و تعلیم‌دادن‌شان آغاز کرد»، بدین‌ترتیب، آشکارا می‌گوید که مجلد کنونی در مورد ***همهٔ اموری است که عیسی به عمل نمودن و تعلیم‌دادنش ادامه داد.*** بنابراین، می‌توانیم آن را «ادامهٔ اعمال عیسی» بنامیم. نام عیسی در ۱۳ باب از این کتاب و مجموعاً ۴۰ بار آمده است. او موضوع وعظ رسولان بود و به نام او بود که شفاها انجام می‌پذیرفت. پس یک مورد هم می‌تواند این باشد: «اعمال عیسی».

۳ـ روح‌القدس

با این‌حال، بررسی دقیق‌تر آشکار می‌سازد که در ***اعمال برجسته‌ترین شخصیت روح‌القدس است،*** که در ۱۳ باب آن ۴۰ بار و در کل کتاب ۷۰ بار از وی نام برده شده است. پس شاید بهتر باشد آن را «اعمال روح‌القدس» بنامیم. یقیناً این عنوان درخور نقش او است. این روح‌القدس است که به ۱۲۰ شاگرد قوت می‌بخشد تا در روز پنتیکاست شهادت بدهند و اغلب گفته می‌شود که ایمانداران را پر می‌سازد. در اعمال برخی از تصمیمات بزرگ با راهنمایی روح‌القدس گرفته می‌شود، و پیام پطرس در خانهٔ کرنلیوس را ریزش روح‌القدس بر حاضران قطع می‌کند. این روح‌القدس بود که ایمانداران را از ورود به آسیا و بیطینیه بازداشته در عوض ایشان را به تروآس فرستاد. او نیروی پویا برای گسترش مأموریت را فراهم می‌سازد.

۴ـ خدا

این زمانی مفهوم پیدا می‌کند که شخصیت مهم‌تری را که به کرات از وی در این کتاب یاد شده از قلم نیندازیم. در حالی‌که از روح‌القدس در ۱۳ باب آن ۴۰ بار یاد شده، کس دیگری هم هست که ۱۰۰ بار از وی نام برده می‌شود: خود خدا. اگر تنها بر عیسی یا روح‌القدس تمرکز

کنیم، این کار ناگزیر ما را از نظر الاهیاتی «یگانه‌انگار» خواهد ساخت؛ دامی که برخی از گروه‌ها را در کام خود کشیده است. **روح‌القدس توجه ما را بر عیسی معطوف می‌گرداند، و عیسی هم ما را به خدا ارجاع می‌دهد.**

تثلیث

پس در واقع، الاهیات اعمال، الاهیات تثلیث است. واژهٔ «تثلیث» عملاً در کتاب‌مقدس نیامده، اما عبارت کوتاهی هست که هر سه شخصیت تثلیث را که خدای واحد ما را تشکیل می‌دهند وصف می‌کند. اعمال دربارهٔ سه چیز حرف می‌زند:

۱ـ پادشاهی خدای پدر
۲ـ نام عیسای پسر
۳ـ قدرت روح‌القدس

بدین‌ترتیب، بهترین عنوان جامع و کاملی که می‌توان برای این کتاب در نظر گرفت، این است: **«اعمال خدا از طریق عیسای مسیح به‌وسیلهٔ روح‌القدس در وجود رسولان».**

نتیجه‌گیری

اعمال گزارشی قابل‌توجه است از گسترش مسیحیت از اورشلیم به رُم. لوقا شواهد و رویدادهایی را که به ترسیم این گسترش پرداخته، الگویی برای حیات کلیسا و دستورالعمل مأموریت برای تداوم این گسترش ارائه می‌دهد، و غربال و دست‌چین می‌کند. او در عین‌حال به هدف غایی خویش یعنی تهیه دفاعیه‌ای برای تئوفیلوس نایل می‌گردد تا بتواند بی‌گناهی دوستش پولس رسول را در دادگاه به ثبوت برساند. در همین حال خدا می‌خواست که ما بفهمیم او چگونه در بنای پادشاهی خود نقش داشته، تا ما هر که هستیم و هر جا زندگی می‌کنیم در مورد ایده‌آل‌هایی که برایشان کار و تلاش می‌کنیم تردید نداشته باشیم.

۴۲

یوحنا

مقدمه

در مقدمهٔ مربوط به اناجیل (صص ۷۷۷-۷۸۷) دیدیم که وقتی شخصیتی بزرگ این جهان را بدرود می‌گوید، علاقه‌مندان وی در سه مرحله از او سخن می‌گویند: نخست به آنچه **کرده** علاقه نشان می‌دهند، بعد به آنچه **گفته** و در نهایت به **آنچه یا آنکه بوده** توجه می‌کنند. روشن است که علاقهٔ یوحنا پیش از هر چیز به مرحلهٔ سوم معطوف است. او از درون به عیسی می‌نگرد و این پرسش را مطرح می‌کند: او که بود؟

متی، مرقس و لوقا بیشتر بر آنچه که عیسی کرده بود و گفته بود متمرکز هستند، و به ندرت خود را درگیر سؤالاتی می‌کنند که با انگیزه‌های درونی وی در ارتباطند. این یوحناست که از **زندگی درونی عیسی و خودشناسی او** به ما تصویری ارائه می‌کند. بعداً خواهیم دید که این تنها دلیل وی برای نگارش انجیل یوحنا نبوده، اما اگر قرار است این انجیل را بفهمیم، درک این جنبه حایز اهمیت است.

این انجیل در کل با متی، مرقس و لوقا پنج اختلاف اصلی دارد.

۱ـ حذف‌شده‌ها

یکی از جهات اختلاف یوحنا با اناجیل هم‌دید زمانی مشهود می‌گردد که ***محتوای انجیل او*** را مورد بررسی قرار دهیم. مسئله تنها بر سر این نیست که یوحنا از دیدگاهی خاص در مورد عیسی می‌نویسد، بلکه او شماری از مطالبی را که دیگر انجیل‌نگاران مهم تلقی می‌کنند، به‌کلی حذف می‌کند:

- آبستنی مریم و تولد عیسی
- تعمید او
- وسوسه‌های او
- بیرون‌کردن دیوها
- دگرگونی سیمای عیسی
- شام آخر
- کشمکش عیسی در دعا در باغ جتسیمانی
- صعود

خصوصاً اگر به اهمیتی که دیگر نویسندگان اناجیل به موارد حذفی او داده‌اند توجه کنیم درمی‌یابیم که این مطالب حذف شده شگفت‌آورند. برای نمونه، دگرگونی سیمای مسیح در اناجیل هم‌دید رویدادی بااهمیت تلقی می‌شود. و عیسی بر بالای صلیب از یوحنا می‌خواهد که از مادرش مراقبت نماید، پس شاید او داستان تولد عیسی را حذف کرده تا مریم را از تبلیغات بیشتر در امان نگاه دارد. با وجود این، دلیل اصلی این حذف‌ها این است که ***چنین جزئیاتی برای مقصود یوحنا مناسب نبوده‌اند.*** او سر آن دارد که چیزی متفاوت از دیگر اناجیل به ما بگوید و در میان مطالبی که منظور نظر وی بوده، جایی برای این مطالب غیرضروری وجود نداشته است.

نه تنها مطالبی حذف شده‌اند، بلکه ***برخی مضامین*** که از نظر سه انجیل دیگر مهم‌اند یا فضای بیشتری را به خود اختصاص داده‌اند، ***بی‌اهمیت انگاشته شده‌اند.*** مثلاً در انجیل‌های متی، مرقس و لوقا تعداد معجزات زیاد است، در صورتی که یوحنا تنها به هفت مورد اشاره می‌کند. همچنین یوحنا به یکی از مضامین اصلی موعظهٔ عیسی، یعنی پادشاهی خدا، اشاره‌ای جزیی می‌کند. این واژه تنها دو بار به‌کار رفته، یکی زمانی که عیسی به نیقودیموس می‌گوید که اگر از نو متولد نشود نمی‌تواند پادشاهی خدا را ببیند، و دیگری زمانی است که به پیلاتس می‌گوید که پادشاهی وی این جهانی نیست. باز، این بدان معنا نیست که معجزات و پادشاهی (ملکوت) موضوعاتی بی‌اهمیت هستند، بلکه تنها داستان از این قرار است که یوحنا هدفی جز دیگر نویسندگان را دنبال می‌کرده است.

۲ـ افزوده‌ها

معجزات

همان‌گونه که یوحنا چیزهایی را حذف کرده، مطالب بسیار مهمی را هم افزوده است. از هفت معجزه‌ای که یوحنا ذکر می‌کند، ***پنج معجزه کاملاً جدید هستند:***

- تبدیل آب به شراب در عروسی قانا
- مرد کنار حوض بیت‌حسدا
- شفای پسر مرد درباری
- شفای مرد کور مادرزاد
- زنده‌کردن ایلعازر

دو معجزهٔ تکراری دیگر عبارتند از راه رفتن روی آب و خوراک دادن به ۵۰۰۰ نفر.

وانگهی یوحنا ***واژهٔ متفاوتی برای معجزات به‌کار می‌برد،*** یعنی از آنها تحت عنوان «آیات» نام می‌برد. یک آیت همواره به چیزی که در پس آن است، اشاره می‌کند. از این‌رو معجزه‌های بیشتری را در کتاب خود نمی‌آورد که معتقد است معجزات اهمیت کمتری دارند و تنها بدین منظور انجام می‌گیرند که به خود عیسی اشاره کنند. بعداً به‌طور کامل‌تر به مقصود یوحنا خواهیم پرداخت.

افراد

یوحنا داستان‌های بیشتری را در مورد افراد با خوانندهٔ خود در میان می‌گذارد و شماری از این افراد در انجیل او منحصربه‌فردند. خودداری اولیهٔ پطرس از اینکه اجازه بدهد عیسی پاهایش را بشوید، گفت‌وگوی عیسی با زن سامری در کنار چاه، و گفت‌وگوی او با نیقودیموس همه جزو مواردی هستند که وی در انجیل خود گنجانیده است. در حقیقت، یوحنا برخلاف سه انجیل دیگر به این گفت‌وگوهای تک به تک بیش از دیدارهای عیسی با توده مردم بها داده است. سخنان یحیای تعمیددهنده در این انجیل همهٔ گفت‌وگوهای خصوصی هستند، نه آن چیزهایی که در ملاء عام اعلان می‌کرد.

عباراتی در مورد عیسی

همچنین هفت عبارت بزرگ در انجیل یوحنا در مورد خود عیسی وجود دارد که ما آنها را زیر عنوان **جملات *«من هستم»*** می‌شناسیم.

- من نان حیات هستم
- من نور جهان هستم

- من در هستم
- من شبان نیکو هستم
- من قیامت و حیات هستم
- من راه و راستی و حیات هستم
- من تاک حقیقی هستم

این عبارات تنها در انجیل یوحنا آمده‌اند و وجودشان برای تأکید بر هدفی است که یوحنا برای ما در نظر گرفته، اینکه نسبت به نگرش عیسی در مورد خودش بینشی بدهد.

۳ـ تأکیدها

اناجیل هم‌دید بر مبنای طرح کلی مرقس نگاشته شده‌اند و چارچوب کلی‌شان بر این قرار است که ۳۰ ماه از خدمت عیسی را در شمال، یعنی جلیل و در پی آن شش ماه خدمت وی در جنوبی، یعنی یهودیه به نمایش بگذارند. اما چارچوب یوحنا به‌کلی متفاوت است. تقریباً همهٔ انجیل او *در جنوب* می‌گذرد و شامل مطالبی از خدمات اولیه عیسی می‌شود. او ترجیح می‌دهد بر موقعیت‌هایی تأکید کند که عیسی برای شرکت در *اعیاد* (شاید اغلب سه بار در سال) به اورشلیم می‌رفت. بنابراین، عمدهٔ مطالب یوحنا حول عید خیمه‌ها، پسخ و وقف معبد دور می‌زند، و خدمت عیسی در شمال را نادیده می‌گیرد.

۴ـ سبک

تفاوت سبک در یوحنا را می‌توان به‌طور ویژه در دو حیطه مشاهده کرد.

لحن

لحن یوحنا با لحن اناجیل دیگر متفاوت است. آنها هم‌پوشانی‌های قابل‌ملاحظه‌ای دارند و جمله‌بندی همسان در جاهای مختلف آنها به‌کار رفته است. لحن یوحنا حاکی از آنست که اثرش *به‌کلی مستقل* است. برای مثال، اناجیل هم‌دید در توصیف خوراک دادن به ۵۰۰۰ نفر، ۵۳ واژه مشترک دارند در حالی‌که واژه‌های مشترک یوحنا با آنها تنها ۸ عدد است و حتی واژه‌ای که برای «ماهی» به‌کار برده با اناجیل دیگر فرق می‌کند.

مباحثات

اناجیل هم‌دید بخش بزرگی را به مَثَل‌های عیسی اختصاص داده‌اند. بخش‌هایی که دربرگیرندهٔ تعالیم بلندتر عیسی باشند بسیار معدودند. با این‌حال، در انجیل یوحنا چنین به‌نظر می‌رسد که عیسی *درگیر مباحثات بی‌پایان و مجادلات طولانی است که بیشتر بر موضوعات اعتقادی*

متمرکزند تا رفتاری. از آنجایی که بیشتر این مباحثات در طی سفرهای او به جنوب اتفاق افتاده‌اند، چنین به‌نظر می‌رسد که عیسی زمانی که به جنوب می‌رفته سبک و شیوهٔ تعلیم خود را تغییر می‌داده، و احتمالاً دلیلش هم این بوده که بیشتر با اهالی یهودیه در مورد هویت‌شان درگیر بحث و مجادله می‌شده است.

مثلاً بحث طولانی مندرج در یوحنا ۸ را در نظر بگیرید. عیسی از رابطهٔ خود با پدرش، خدا سخن گفته. حال فریسیان از او می‌پرسند: «پدر تو کجاست؟»- با این استنتاج که عیسی نمی‌تواند با اطمینان در مورد نسب خود سخن بگوید و در همه جا شایعه خواهد شد که او حرامزاده است.

عیسی پاسخ داد: «نه مرا می‌شناسید و نه پدر مرا. اگر مرا می‌شناختید پدرم را نیز می‌شناختید.» بدین‌ترتیب، عیسی بدیشان می‌گوید که به خوبی می‌داند پدرش کیست، و بحث را به خود فریسیان بازمی‌گرداند. ایشان او را هم باید می‌شناختند، اما بسیار از او دورند.

این موضوع جالبی را در ارتباط با مخالفان عیسی برمی‌انگیزد که اغلب آن را نمی‌فهمند. وقتی در انجیل یوحنا می‌خوانیم که «یهود» از عیسی متنفر بودند، عیسی همواره با یهود به مباحثه می‌پرداخت و اینکه یهود او را مصلوب نمودند، اگر نام «یهود» را برای کل قوم به‌کار ببریم دچار اشتباهی فاحش شده‌ایم. در حقیقت این سوء برداشت ۲۰۰۰ سال است که موجب برانگیخته‌شدن احساسات ضدسامی‌گرایی شده است. زمانی که یوحنا به «یهود» اشاره می‌کند منظورش جنوبی‌ها، یعنی اهالی یهودیه است که از شمالی‌ها، یعنی اهالی جلیل متمایز بودند، چراکه جلیلی‌ها جز چند مورد استثناء به‌کلی با جنوبی‌ها فرق داشتند و نسبت به عیسی دارای دیدگاهی مثبت‌تر بودند.

۵- نگرش

نگرش یوحنا با نگرش اناجیل هم‌دید تفاوت زیادی دارد. یوحنا از ***لزوم برقراری ارتباط با دنیای یونانی به اندازه دنیای عبرانی*** آگاه بود. او در افسس آسیای کوچک (غرب ترکیهٔ امروزی) دست به نگارش انجیل خود زد، جایی که محل تلاقی دو اندیشهٔ یونانی و عبرانی بود. اگر می‌خواهیم پاره‌ای از رویکردهای به‌کار رفته در این انجیل از سوی یوحنا برای تنظیم مطالبش را دریابیم، لازم است نسبت به تفاوت میان این دو اندیشه وقوف پیدا کنیم.

به زبان ساده، عبرانیان در اندیشهٔ خود از *خط زمان افقی* استفاده می‌کردند، و نسبت به گذشته، اکنون و آینده نظرات عامیانه‌ای داشتند. ایشان خدا کسی می‌دانستند که بود و هست و می‌آید. همهٔ اندیشه آنان در چنین خط زمانی خلاصه می‌شد، در جایی که زمان هم مقصود بود و هم حرکت. برخلاف آن، ذهن یونانی به *خط عمودی در فضا* قایل بود و دغدغه زندگی در جهان برین و زیرین، یعنی آسمان و زمین را داشت.

بنابراین، اگر در چارچوب تفکر عبرانی می‌اندیشید، مفهومی از زمان در ذهن دارید که در یک مسیر سفر می‌کند، و خدا تصمیم می‌گیرد که هر چیزی در کجای این خط سیر اتفاق بیفتد. سه

انجیل نخست این‌گونه خط زمان را مفروض می‌انگارند، و یوحنا هم به‌کلی آن را کنار نمی‌گذارد. هرچه باشد خود او هم یهودی بود. برای مثال او پنج بار به مفهوم «ساعت» اشاره می‌کند.

با وجود این، رویکرد یونانی را هم با خط عمودی میان جهان برین و زیرین، یعنی آسمان و زمین، مورد کاربرد قرار می‌دهد. از این‌رو عیسی را ***کسی که از آسمان آمده می‌بینند***، و سخنان وی در ۱۳:۳ را چنین نقل می‌کند: «هیچ‌کس به آسمان بالا نرفته است، مگر آن که از آسمان فرود آمد، یعنی پسر انسان.» و نیز در ۳۳:۶ می‌نویسد: «زیرا نان خدا آن است که از آسمان نازل شده، به جهان حیات می‌بخشد.»

پیشتر دیدیم که در انجیل یوحنا از پادشاهی خدا جز اندکی، سخن نرفته است. در حالی‌که اناجیل هم‌دید بر واردشدن پادشاهی خدا به این عصر شریر و انتظار برای زوال این عصر تأکید می‌ورزند، یوحنا بیشتر بر جنبهٔ *عمودی* محبت خدا نسبت به جهان و فروفرستادن عیسی به زمین متمرکز می‌شود. می‌توانیم بگوییم که یوحنا در وهلهٔ نخست انجیل «بالا و پایین» است، در حالی‌که بقیهٔ اناجیل «اکنون و آینده» هستند.

درک انجیل یوحنا

حال که به وجوه تمایز انجیل یوحنا از سه انجیل دیگر آشنا شدیم، می‌بایست نگاهی دقیق‌تر به خود یوحنا بیفکنیم.

یوحنا که بود؟

یک ماهیگیر

یوحنا تا پیش از زمانی که از سوی عیسی فراخوانده شود، به ماهیگیری اشتغال داشت و همزمان هم ماهی می‌گرفت و هم خرده فروشی می‌کرد. می‌دانیم که با اورشلیم هم ارتباطاتی داشته و احتمال دارد که این ارتباطات شامل کار فروش ماهی جلیل در اورشلیم بوده باشد. پس او ***مردی از دو دنیا بود***، یک روستایی شمالی و یک شهروند جنوبی اهل اورشلیم. به معنای دقیق کلمه، وی از سایر رسولان که منحصراً شمالی بودند، متمایز بود- تنها شاگرد عیسی که اصالتاً اهل جنوب بود، یهودای اسخریوطی بود و بس.

یکی از بستگان عیسی

او ***پسرخالهٔ*** عیسی و برادر یعقوب، شاگرد دیگر عیسی به شمار می‌رفت. در حقیقت دستِ‌کم پنج و احتمالاً هفت تن از شاگردان عیسی از جملهٔ بستگانش بودند، هرچند برادران خودش تا زمان رستاخیز وی دیرباور ماندند، پس از آن بود که یعقوب و یهودا ایمان آوردند و دو نامه از کتاب‌های عهدجدید به قلم ایشان است. این نزدیکی در صلیب نمایان است، آن زمانی که عیسی از یوحنا می‌خواهد مراقبت مادرش مریم را به عهده بگیرد.

نزدیکترین دوست عیسی

با این‌حال، یوحنا صرفاً به‌خاطر خویشاوندی به عیسی نزدیک نبود. او به همراه یعقوب و پطرس، ***حلقهٔ خصوصی‌تر*** شاگردان را، یعنی کسانی که به‌طور ویژه به عیسی نزدیک بودند، تشکیل می‌دادند. او در مورد خود چنین می‌گوید: «آن شاگردی که عیسی دوست می‌داشت»، و مقصودش این است که عملاً با نیاوردن نام خویش، توجه خواننده را از خودش منحرف سازد، اما با وجود این، به خواننده این بینش را بدهد که یوحنا از میان هر دوازده شاگرد، نزدیکترین به عیسی بود. در شام آخر، زمانی که جملگی برای خوردن لم داده بودند، این یوحنا بود که کنار عیسی نشسته بود. عیسی می‌خواست که در چنین رویداد بااهمیتی دوست خوبش درکنارش باشد.

آخرین رسول

یوحنا نه تنها نزدیکترین فرد به عیسی، که واپسین رسول او نیز بود که دیده از جهان فروبست. وی زمانی که ***یک پیرمرد*** بود و بینشی منحصربه‌فرد نسبت به عیسی داشت، نوشت. وی در پایان انجیل خود این داستان را نقل می‌کند که چطور پطرس از خود عیسی شنید که مصلوب خواهد شد، و پطرس از او دربارهٔ مرگ یوحنا پرسید. عیسی هم در پاسخ گفت که اگر بخواهد تا زمان بازآمدنش یوحنا را زنده نگاه دارد، این مسئله به او ربطی پیدا نخواهد کرد، و این به خود او مربوط است. از آن روز به بعد این شایعه در میان شاگردان پراکنده شد که عیسی پیش از مرگ یوحنا باز خواهد گشت، اما این آن چیزی نبود که عیسی گفت و یوحنا در انتهای انجیلش به شفاف سازی این موضوع می‌پردازد.

نزدیکی یوحنا به عیسی به‌گونه‌ای بازتاب داده شده که ***او برای شرح و بسط‌دادن کلمات عیسی احساس آزادی می‌کند.*** یوحنا دست به تفسیر برخی از موعظات وی می‌زند تا معنای کامل آنها را از درون‌شان بیرون بکشد، چراکه معتقد است آن‌قدر با ذهن و فکر عیسی آشنا هست که بتواند منظور وی را توضیح دهد. از این رو، برای نمونه اگر یوحنا ۱۶:۳ را بخوانیم: «زیرا خدا جهان را آن‌قدر محبت کرد که پسر یگانهٔ خود را داد...»، از متن معلوم نمی‌شود که گویندهٔ این کلمات کیست. آیا عیسی است که خطاب به نیقودیموس این جمله را می‌گوید، یا یوحناست که با افکار خود دست به تشریح مطلب می‌زند؟ یقیناً شنیدن چنین سخنانی از زبان عیسی عجیب می‌نماید و چنین به‌نظر می‌رسد که یک شخص سومی دارد پیرامون عیسی، آن هم به شیوه‌ای غیرمستقیم سخن می‌گوید. این شیوهٔ معمول یوحنا در سراسر انجیل است. او به شرح آنچه که عیسی گفته می‌پردازد چون به‌راستی منظور وی را می‌فهمد. او ***تحت هدایت روح‌القدس*** مطالبی ضمنی بیان می‌کند. به همین دلیل اوسبیوس، یکی از پدران کلیسای اولیه، آن را «انجیل روحانی» نامیده، و پیداست که چرا.

مقصود یوحنا

مقصود دقیق یوحنا از نگارش این کتاب چه بود؟ وقتی با این پرسش به انجیل یوحنا می‌نگریم، به‌راستی ذهنمان برای درک کتاب باز می‌شود. پیشتر شاهد دغدغهٔ یوحنا برای ورود به بطن وجود عیسی بودیم، اما این همه تنها جزیی از یک دغدغهٔ بزرگتر بود که وی در انتهای انجیلش بدان تصریح می‌کند. به ما می‌گوید که این مطالب را برگزیده ***تا خوانندگانش ایمان بیاورند که عیسای مسیح، پسر خدای زنده است***، و تا با این ایمان، در نام وی حیات داشته باشند. این عبارت به اندازهٔ کافی روشن هست، اما مهم آن است که معنای کامل گفته‌های یوحنا را دریابیم.

معنای دقیق

پیش از هر چیز لازم است جمله‌بندی دقیق عبارات در زبان اصلی یونانی را بفهمیم. زبان یونانی برای افعال یک زمان «حال استمراری» دارد که به آسانی نمی‌توان آن را به فارسی ترجمه کرد، اما در اغلب مواقع درک درست آن در متن اهمیت بسیار دارد. معنای این زمان ***تداوم انجام*** چیزی است. (برای برگرداندن این حس به زبان فارسی لازم است دو کلمهٔ «ادامه‌دادن» را به فعل اصلی بیفزاییم. م.). برای مثال، عیسی نگفت: «بخواهید، که به شما داده خواهد شد؛ بجویید، که خواهید یافت؛ بکوبید، که در به روی‌تان گشوده خواهد شد»، که تلویحاً بر این دلالت دارد که تنها لازم است هر کاری را یک‌بار انجام داد. وی در اصل می‌گفت: «به خواستن ادامه بدهید، که به شما داده خواهد شد؛ به جستن ادامه بدهید، که خواهید یافت؛ به کوبیدن ادامه بدهید که در به روی‌تان گشوده خواهد شد.» پس اگر کسی که بار نخست که خواسته و روح‌القدس را هنوز نیافته نباید هراسی به دل راه دهد: باید به خواستن ادامه بدهد.

این فعل حال استمراری را یوحنا در ۳۱:۲۰ به‌کار برده، پس ترجمه درست‌تر این جمله چنین است: «اما اینها نوشته شد تا *به ایمان آورن ادامه بدهید* که عیسی همان مسیح، پسر خداست، و تا *با ادامه دادن به این ایمان*، در نام او حیات داشته باشید.» همین ساختار در مورد معروف‌ترین آیه این انجیل نیز مصداق پیدا می‌کند. یوحنا ۱۶:۳ را این‌گونه بهتر می‌توان فهمید: «زیرا خدا جهان را آن‌قدر محبت کرد که پسر یگانهٔ خود را داد تا هرکه *به ایمان آوردن به او ادامه دهد* هلاک نگردد، بلکه *به داشتن حیات جاویدان ادامه دهد*.»

برای بی‌ایمانان یا ایمانداران؟

یوحنا نوشته نشد تا خوانندگانش شروع به ایمان آوردن کنند که عیسی پسر خداست. این کتاب نوشته شد تا ایشان به ایمان داشتن ادامه بدهند. بیشتر محتوای انجیل یوحنا برای کسانی که بدون هیچ شناخت ابتدایی از عیسی به سراغ انجیل می‌روند، مناسب نیست. این کتاب ***برای مسیحیان بالغ*** نوشته شده است تا در استوار ماندن در ایمان کمک‌شان کند تا از درک

هویت عیسی منحرف نشوند، بلکه به ایمان داشتن ادامه بدهند تا اینکه به‌طور مداوم حیات جاویدان بیابند.

این همان اصلی است که یوحنا برای گزینش مطالب مورد نظر خود به‌کار برد. قصد این نبوده که انجیل او کتابی جامع باشد، بلکه هدف این بوده که برای خوانندگانش زمینهٔ شناخت را فراهم نماید تا به حیات داشتن از طریق ایمان مداوم ادامه دهند. به بیان ساده‌تر، هدفی که یوحنا برای آن دست به نگارش زد، ***حیات*** بود- و وسیلهٔ رسیدن به این هدف نیز ***ادامه‌دادن به اعتماد و اطاعت*** می‌باشد.

حیات هدف است

یوحنا حیاتی را که عیسی می‌بخشد به صورت ***حیاتی که در زمان حال استمرار دارد*** توصیف می‌نماید. حیات جاویدان هم دربرگیرندهٔ کمیت است- یعنی ابدی است- و هم کیفیت- یعنی فراوان است. این صرفاً تضمینی در برابر مرگ نیست، بلکه حیاتی است که ما از هم‌اینک از آن بهره‌مند می‌شویم. عبارتی که یوحنا در ۳۱:۲۰ به‌کار برده تلویحاً بدین‌معناست که این حیات چیزی است که ما آن را داریم اما اگر به ایمان داشتن ادامه ندهیم ممکن است آن را از دست بدهیم. پس مضامین حیات و ایمان برای نیل به مقصود یوحنا اهمیت زیادی دارند. حیات هدفی است که او به خاطرش دست به قلم برده- تا خوانندگانش به حیات داشتن ادامه بدهند- در حالی‌که ایمان وسیلهٔ داشتن این حیات است. اگر به ایمان داشتن ادامه بدهیم، به حیات داشتن هم ادامه خواهیم داد.

ایمان وسیله است

اینکه یوحنا دغدغهٔ ایمان را دارد از کابرد مکرر این واژه پیداست- ۹۸ بار. این رقم از شمار کاربرد این واژه در مجموع هر سه انجیل بیشتر است. اما باید مراقب باشیم، چون همیشه منظور او یکی نیست. از نظر یوحنا ***ایمان دارای سه سطح یا مرحله است.***

الف) اعتقاد

اعتقاد داشتن یعنی ***ایمان داشتن به حقیقی‌بودن چیزی.*** واژهٔ مؤثر در آن «که» است. ما ایمان داریم که عیسی مرد، که دوباره زنده شد. این همان ایمان داشتن به برخی واقعیات تاریخی، پذیرفتن اعتبار انجیل، و پذیرش حقیقت آن است. اعتقاد بر شالودهٔ گفته‌ها و کرده‌هایی استوار است که ادعاهای مسیح را تشکیل می‌دهند.

این به خودی خود ایمان نجات‌بخش به شمار نمی‌رود. این تنها *سرآغاز* ایمان نجات‌بخش یعنی پذیرش حقیقت است. (ابلیس هم به حقایق ایمان دارد؛ آن را می‌پذیرد و می‌لرزد، اما ایماندار نیست.)

ب) اعتماد

اعتماد سطح دوم ایمان است: پس از پذیرش حقیقت، باید با ***توکل‌کردن به عیسی و اطاعت از او*** اعتمادمان را بر او بگذاریم. یعنی پذیرش حقیقت و عمل‌کردن بر پایهٔ آنچه که می‌گوییم حقیقت دارد. عیسی در اواخر انجیل به پطرس فرمود: «از پی من بیا»ـ عملی از سر اعتماد و بر مبنای توکل و اطاعت. شاید ادعا کنیم که به کسی ایمان داریم، اما اگر به او اعتماد نداشته باشیم این ایمانمان سطحی خواهد بود.

پ) مداومت

بعد سوم ایمان به جنبه پی‌گیری و مداومت در آنچه که در بالا بدان اشاره شد مربوط می‌شود. باید ***به ایمان داشتن ادامه بدهیم.*** «ایمان» و «وفاداری» هم در زبان یونانی و هم در زبان عبری یکی هستند، و گاه ما نمی‌دانیم که منظور کدام است. اگر واقعاً به کسی توکل دارید به توکل‌کردن به او ادامه خوهید داد. اگر واقعاً پر از ایمان هستید پس وفادار هم خواهید بود. هر اتفاقی هم که بیفتد و به بهای هر چیز هم که تمام شود به ایمان‌داشتن به او ادامه خواهید داد. بنابراین، ایمان یک گام تنها (آنی) نیست، بلکه یک وضعیت (مداوم) است.

عیسی هنگامی که در یوحنا ۱۵ تعلیم می‌دهد به این نکته اشاره می‌کند. وی برای توصیف خویش از تمثیل تاک بهره گرفته بدیشان می‌گوید که آنها شاخه‌های این تاک هستند. به آنها هشدار می‌دهد که باید در او بمانند. اگر نمانند، میوه نخواهند آورد، پس بریده شده سوزانده خواهند شد. پس یوحنا در حالی‌که تعلیم می‌دهد که اگر پدر کسی را به‌سوی عیسی نکشد، نمی‌تواند به نزد او بیاید، به ضرورت ماندن در مسیح تأکید می‌کند. این ماندن است که بهره‌مندی از حیات جاویدان را تضمین می‌کند. خاستگاه این حیات خود تاک است، نه شاخه‌هایش (رک. اول یوحنا ۵:۱۱).

بدین‌ترتیب، چکیدهٔ مقصود یوحنا به قرار زیر است: هدف او این است که خوانندگانش به ایمان داشتن به عیسی ادامه دهند تا مداوماً حیات جاویدان داشته باشند. این ایمان مستلزم سه مرحله پذیرش حقیقت، عمل‌کردن بر پایهٔ آن حقیقت و ماندن بر سر حقیقت است. این حقیقت هم کسی نیست جز خود عیسی.

حقیقت در مورد عیسی

مقصود یوحنا جنبهٔ دیگری هم دارد که در فهم پاره‌ای از جزئیات متن به ما کمک خواهد کرد. تا زمانی که یوحنا دست به نگارش این اثر بزند، یعنی حدود سال ۹۰ م. ***در ارتباط با عیسی گمانی اغراق‌آمیز*** وجود داشت، و این حتی اوایل زندگی او را هم در بر می‌گرفت. شماری از «اناجیل غیرکانونی» به رشتهٔ تحریر درآمده بودند که همگی ادعا داشتند کودکی عیسی را

توصیف کرده‌اند. یکی عیسی را کودک خردسالی توصیف می‌کند که در کوچه‌های ناصره مشغول بازی‌کردن است. کسی او را به درون گل هل می‌دهد و عیسی هم او را نفرین به ابتلا به جذام می‌کند. همچنین داستانی پیرامون عیسای کودک وجود دارد که با گل پرندگان کوچکی درست می‌کند، آنها را مبارک می‌گرداند و پرندگان گلی جان گرفته پر می‌گشایند.

در واقع عیسی تا پیش از ۳۰ سالگی‌اش دست به هیچ معجزه‌ای نزد، چون بدون قدرت روح‌القدس نمی‌توانست این کار را بکند. عیسی به‌عنوان پسر انسان که از روح پر شده معجزه می‌کرد، نه به‌عنوان پسر خدا. با توجه به تعالیم غلطی که در همه جا شایع شده بود، یوحنا نمی‌خواست که خاموش بماند و تصمیم گرفت یک‌بار برای همیشه خط بطلانی بر همهٔ گمان‌های دروغین پیرامون هویت عیسی بکشد. او دقیقاً که بود؟ در افسسی که یوحنا در آن به سر می‌برد دو روایت دهان به دهان می‌گشت که وی لازم می‌دید آنها را تصحیح کند.

۱ ـ دیدگاهی بزرگ‌نمایانه در مورد یحیای تعمیددهنده

از اعمال ۱۹ می‌دانیم که در افسس گروهی از پیروان یحیای تعمیددهنده حضور داشتند اما تا زمانی که یوحنا ایشان را تصحیح نکرد، به عیسی ایمان نداشتند. چنین به‌نظر می‌رسد که در زمان یوحنا هنوز کسانی بودند که تا جایی به ستایش و تکریم از یحیای تعمیددهنده می‌پرداختند که این خطر وجود داشت فرقه‌ای از مسیحیت ایجاد نمایند، فرقه‌ای که *بر توبه و اخلاق‌گرایی که یحیای تعمیددهنده اشاعه می‌داد متمرکز بود اما بر روح‌القدسی که عیسی آورد هیچ تأکیدی نمی‌کرد.*

یوحنای رسول عزم خود را برای نگارش انجیلش جزم کرد تا این دیدگاه ستایش‌آمیز نسبت به یحیای تعمیددهنده را اصلاح نماید. هر بار که از یحیای تعمیددهنده یاد می‌کند او را کوچک می‌کند. می‌گوید که یحیی نور جهان نبود ـ بلکه تنها آمده بود تا به آن نور اشاره کند. می‌گوید که یحیی هیچ معجزه‌ای نکرد. سخنان خود یحیی را ثبت می‌کند که گفت عیسی باید ارتقا یابد و او باید کوچک شود، که عیسی داماد است حال آنکه او تنها ساقدوش او است.

یحیای تعمیددهنده در مورد عیسی دو چیز حیاتی به زبان آورد:

■ او آن *برهٔ خدا* خواهد بود که گناهان جهان را برمی‌دارد.

■ او آن کسی خواهد بود که *با روح‌القدس تعمید خواهد داد.*

اگر پیروان قرار است در درک‌شان از عیسی به تعادلی درست برسند، باید هر دو این موارد را فرابگیرند. یحیای تعمیددهنده تصریح کرد که *تنها* عیسی می‌تواند گناه را بردارد و با روح‌القدس تعمید دهد. اما به‌رغم آنچه که یحیی گفته بود، پیروانش بیشتر آن مطالب را از یاد برده بودند و به عیسی جایگاه ویژه‌ای را که درخورش بود، نمی‌دادند.

۲ـ دیدگاهی کوچک‌نمایانه در مورد عیسی

واقعیت جدی‌تری که در افسس وجود داشت این بود که آنان دیدگاهی تحقیرآمیز نسبت به عیسی داشتند. این امر تا اندازه‌ای قابل‌درک است چراکه ایشان تحت تأثیر شدید فلسفه یونانی قرار داشتند. همان‌گونه که پیشتر نیز خاطرنشان ساختیم، فیلسوفان یونانی زندگی را به دو قلمرو تقسیم کرده بودند. برای توصیف این دو قلمرو چندین اصطلاح وجود داشت که به‌جای هم به‌کار می‌بردند: بالا و پایین، مادی و روحانی، فانی و باقی، قدسی و دنیوی. آنان نه تنها این دو حیطه را از هم جدا می‌کردند، بلکه یکی را بر دیگری برتری می‌دادند. افلاطون می‌گفت که جهان روحانی واقعی‌تر است و ارسطو می‌گفت که جهان مادی واقعی‌تر است.

با وجود این باورها یونانیان با تعالیم عیسی مشکلی اساسی داشتند، چراکه عیسی هم مادی بود و هم روحانی، هم زمینی بود و هم آسمانی، هم انسان بود و هم خدا. در اندیشهٔ آنان ***مادی و روحانی نمی‌توانستند با هم یک‌جا جمع شوند.*** از این‌رو برای اینکه معلوم شود عیسی به کدام حیطه تعلق دارد، دست به ساختن و پرداختن شماری آرای گوناگون زدند.

۱. ***بیشتر الاهی تا انسانی؟*** برخی گفتند که عیسی بیش از آنکه انسان باشد خدا بود، که او هیچگاه به‌راستی انسان نبود، بلکه چنین به‌نظر می‌رسید که انسان است. این بدعت زیر عنوان «دوستیزم» ('Docetism')– از واژه‌ای که به معنی «شبح» است) معروف بود؛ یعنی اینکه عیسی تنها به‌نظر می‌رسید که انسان است. بر اساس این دیدگاه عیسی هرگز به معنای واقعی انسان‌بودن را تجربه نکرد، از این‌رو همیشه الوهیتش بر جنبهٔ انسانی وی می‌چربید.

۲. ***بیشتر انسانی تا الاهی؟*** دیگران گفتند که او بیش از آنکه خدا باشد، انسان بود، مردی که به‌طور کامل به خدا واکنش نشان داده و ظرفیت الاهی را که در نهاد همهٔ ما گذارده شده کاملاً در وجود خود پرورش داده بود. این را اصطلاحاً «فرزندخوانده باوری» ('Adoptionism') می‌گویند. یعنی اینکه خدا عیسی را به فرزندخواندگی خود پذیرفت، و معمولاً می‌پنداشتند که این اتفاق در زمانی روی داد که وی از روح‌القدس پر گردید. شوربختانه، این بدعتی است که هنوز هم این روزها تعلیم داده می‌شود.

۳. ***قدری انسانی، قدری الاهی؟*** برخی دیگر چنین استدلال می‌کردند که او قدری انسان بود و قدری هم خدا، بدون اینکه بگویند بیشتر کدامیک بود. این دیدگاه امروزه هم وجود دارد. شاهدان یهوه چنین استدلال می‌کنند که ما باید به عیسی به دیده یک نیمه خدا– نیمه انسان، و نخستین آفریده بنگریم. از آنجایی که آیهٔ اول یوحنا صراحتاً اظهار می‌دارد که او خدا بود، و در ابتدا با خدا بود، شاهدان یهوه عبارت مزبور را چنین ترجمه می‌کنند: او یک خدا بود، و یک حرف تعریف نامعین وارد متن می‌کنند که در متن اصلی یونانی وجود ندارد.

۴. *کاملاً انسانی، کاملاً الاهی؟* انجیل یوحنا به روشنی خاطرنشان می‌سازد که عیسی هم کاملاً خداست و هم کاملاً انسان. اگر یوحنا می‌خواست به مقصود خویش نایل گردد، لازم بود که این این مطلب را اثبات کند. تنها آن کسی که کاملاً خدا و کاملاً انسان بود می‌توانست بشر را از گناه برهاند- انسانیت او این توانایی را به وی می‌بخشید که به نیابت از طرف ایشان بمیرد و الوهیت وی هم متضمن پیروزی او بر مرگ و حیات بخشیدن به آنانی بود که به وی ایمان آورده بودند. اگر خوانندگان یوحنا سر آن داشتند که در نام عیسی حیات داشته باشند، باید همان عیسایی را که رسولان می‌شناختند، بشناسند.

بنابراین، یوحنا می‌خواست که مردم حقیقت را در مورد عیسی بشناسند و از این‌رو آگاهانه بر این دو مقوله، یعنی انسانیت و الوهیت عیسی تأکید می‌کند.

۱ـ انسانیت واقعی او

در واقع عیسی در انجیل یوحنا «انسان‌تر» از سه انجیل دیگر است. برای مثال، کوتاه‌ترین آیهٔ کتاب‌مقدس را در نظر بگیرید: «عیسی بگریست.» این آیه عیسی را به‌طور کامل یک انسان نشان می‌دهد که بر سر گور یکی از بهترین دوستانش ایستاده، با علم به اینکه می‌داند به‌زودی او را از درون گور به بیرون فرا خواهد خواند، با وجود این، در آن موقعیت می‌گرید. یوحنا در انجیل خود از گرسنگی، تشنگی، خستگی و تعجب عیسی سخن می‌گوید، که همهٔ اینها از خصوصیات کاملاً انسانی هستند. پیلاتس نادانسته مقصود یوحنا را در این کلمات خلاصه می‌کند: «اینک آن انسان!» یوحنا در وجود عیسی به ما نشان می‌دهد که ***انسانیت واقعی چگونه است***، یا چگونه باید باشد.

این انسانیت را در تأکید یوحنا بر ***زندگی همراه با دعای عیسی*** نیز می‌توان مشاهده کرد. او در این باره بیش از دیگر اناجیل وارد جزئیات می‌شود. یوحنا عیسی را حقیقتاً انسانی ترسیم می‌کند که به دعا نیاز داشت، برای هدایت در مورد آنچه که باید بگوید و بکند به پدرش وابسته بود. بخشی از زیباترین دعاهای او را در این انجیل می‌توان یافت.

وانگهی، تأکید انجیل یوحنا بر ***مرگ عیسی*** جز بر این نکته پافشاری نمی‌کند که او به‌راستی مرد. یوحنا می‌نویسد که چگونه یکی از سربازان پهلوی عیسی را با نیزه سوراخ کرد و ناگهان خون و آب از آن سوراخ به بیرون جاری شد. سپس این جمله را می‌افزاید: «کسی که خود شاهد این واقعه بود این را می‌گوید و شهادت او راست است، او حقیقت را می‌گوید تا شما نیز ایمان آورید.» برای یوحنا مهم بود که خوانندگانش بدانند که عیسی واقعاً مرد. این علامت، بر حسب تصادف نشانهٔ پاره‌شدن پردهٔ دور قلب است.

یوحنا در کنار همین نشانه، در مورد رستاخیز عیسی نیز مدرکی مبنی بر اینکه خود شاهد عینی آن بوده، ارائه می‌کند؛ از نوارهای کتانی و دستمال روی سر عیسی در قبر خالی سخن می‌گوید. عیسی نه تنها واقعاً مرد، بلکه واقعاً هم از مردگان برخاست.

۲ـ الوهیت او

با این‌حال، تأکید اصلی یوحنا بر ***الوهیت کامل عیسی*** است. این ما را به مقصود اصلی یوحنا از نگارش انجیلش برمی‌گرداند، و این فرصت را به ما می‌دهد تا از نزدیک و به روشی کنجکاوانه به شیوهٔ پرداخت آن توسط یوحنا نگاه کنیم. پیشتر دیدیم که چگونه یوحنا متوجه است که ایمان با اعتقاد آغاز می‌شود، باور به اینکه چیزی چنین است. یوحنا با سازماندهی‌کردن شواهد خود پیرامون رقم هفت، که در اندیشه عبرانی عدد کمال بود، از این اعتقاد که عیسی کاملاً خداست دفاع می‌کند. یوحنا در انجیل خود ***سه مجموعه کامل از شواهد مربوط به الوهیت عیسی*** ارائه می‌کند.

الف) هفت شاهد

واژه «شاهد» در انجیل چهارم مجموعاً ۵۰ بار به‌کار رفته. یوحنا بر این پافشاری می‌کند که ما نسبت به حقیقت مربوط به عیسی ***شهادت‌هایی شخصی*** داریم. در این انجیل هفت نفر هستند که در مورد الوهیت عیسی شهادت می‌دهند:

- یحیای تعمیددهنده
- نتنائیل
- پطرس
- مارتا (نخستین زنی که چنین شهادتی می‌دهد)
- توما
- یحیی، رسول محبوب
- خود عیسی

در شریعت یهود دو یا سه شاهد برای اثبات حقیقت کافی بود، اما در اینجا یوحنا عدد کامل افرادی را که در پسر خدای زنده بودن عیسی شهادت می‌دهند می‌آورد.

ب) هفت معجزه

پیشتر اشاره کردیم که یوحنا در کل تنها هفت معجزه را در انجیل خود آورده است، و نام آنها را «آیات» می‌نهد چون به هویت عیسی اشاره می‌کنند. در واقع، او هفت معجزه (آیت) را ثبت می‌کند که مافوق طبیعی‌ترین و مهیج‌ترین کارهایی به‌شمار می‌روند که عیسی انجام داد. از بیرون‌کردن ارواح سخنی به میان نمی‌آورد، چون در جهان باستان بسیاری، و از جمله فریسیان این کار را می‌کردند. در عوض بر معجزاتی که ***هیچ‌کس دیگر یارای انجامش را نداشت*** تأکید می‌کند:

- تبدیل‌کردن آب به شراب ـ معجزه‌ای بی‌شبهه و عاری از سوء تفاهم.
- شفا دادن پسر مرد درباری از فاصله چندین مایلی، بدون اینکه او را دیده و یا بر او دست گذارده باشد.
- شفا دادن مرد کنار حوض بیت‌حسدا که ۳۸ سال از وضعیت بیماری مزمن رنج می‌برد.
- خوراک دادن به ۵۰۰۰ نفر، معجزه‌ای که در هر چهار انجیل بدان اشاره شده ـ معجزهٔ آفرینش، یعنی تولید چیزهای بسیار از اندک.
- راه رفتن روی آب.
- بینایی بخشیدن به مرد کور مادرزاد.
- زنده‌کردن ایلعازر ـ نه احیا یا به هوش آوردن جسدی که تازه مرده، آن‌گونه که در مورد دختر یایروس یا پسر بیوه زن اهل نائین انجام داد، بلکه زنده‌کردن مردی که بدنش شروع به فاسدشدن کرده بود.

یوحنا می‌گوید که اینها «آیاتی» هستند که بر الوهیت عیسی دلالت می‌کنند. همان‌گونه که نیقودیموس گفته بود، هیچ‌کس نمی‌تواند کارهایی را که عیسی می‌کند انجام دهد، مگر اینکه خدا با او بوده باشد.

پ) هفت کلام

منحصراً یوحنا هفت «کلامی» را که عیسی در مورد خودش بر زبان آورده ثبت کرده است، و ما پیش‌تر بدان اشاره کردیم. ادعاهای او در گوش یهودیان هیچ سوء تفاهمی ایجاد نمی‌کرد، چون هر بار که او واژهٔ عبری خدا، یعنی YHWH را به‌کار می‌برد، منظورش «من هستم» بود. یوحنا با دقت این گفته‌ها را در بستری که *برحق‌بودن ادعای عیسی را نشان می‌دهد*، می‌آورد.

- «من نان آسمانی هستم» را در پی خوراک دادن به ۵۰۰۰ نفر با پنج نان و دو ماهی بر زبان آورد.
- «من نور جهان هستم» را در پی بینایی بخشیدن به دیدگان کور مادرزاد فرمود.
- «من قیامت و حیات هستم» را زمانی گفت که ایلعازر را از قبر بیرون آورد.

وی همچنین فرمود: «من در هستم»، «من شبان نیکو هستم»، «من راه و راستی و حیات هستم»، و «من تاک حقیقی هستم». این مردی است که خودش را خدای مجسم در کالبد انسانی می‌داند و این هفت کلام که به عمد در جای جای انجیل گنجانیده شده‌اند از نظر یوحنا اهمیت حیاتی دارند، چراکه نشان می‌دهند که عیسی ارزش آن را دارد که خوانندگان بدو اعتماد نمایند.

رابطهٔ آشکار با پدر

نسبت به اناجیل هم‌دید، در انجیل یوحنا عیسی از رابطه‌ای به مراتب شفاف‌تر با پدر برخوردار است. یوحنا می‌نویسد که عیسی را پدر ***فرستاد***، او با پدر **یکی** است، و در قول و فعل ***مطیع*** پدر است.

عمدهٔ اختلاف عیسی با یهود بر سر هویت او بود و همین دشمنی مخالفان او را تا بالاترین حد ممکن برانگیخت، به‌ویژه زمانی که ادعای خدایی کرد: «عیسی به ایشان گفت: آمین، آمین، به شما می‌گویم، پیش از آنکه ابراهیم باشد، من هستم! پس سنگ برداشتند تا سنگسارش کنند، اما عیسی خود را پنهان کرد و از محوطهٔ معبد بیرون رفت.»

در واقع، یوحنا تنها انجیلی است که مستقیماً عیسی را به‌عنوان خدا معرفی می‌کند، هرچند در سه انجیل دیگر تلویحاً بدان اشاره شده است. یوحنا با این عبارت آغاز می‌شود: «کلام، خدا بود» و در انتهای آن توما در مورد عیسی چنین اعتراف می‌کند: «خداوند من و خدای من».

مضامین

سرانجام به بررسی مضامینی می‌رسیم که کاملاً در خدمت مقصود یوحنا در این مورد که ایمان به مسیح باید مداومت داشته باشد، قرار دارند.

۱ـ جلال

«جلال» یکی از واژه‌های کلیدی انجیل یوحناست، چون واژه‌ای بود که در عهدعتیق تنها برای خود خدا به‌کار می‌رفت. در همان باب نخست، یوحنا این واژه را در مورد کلامی که در میان انسان‌ها ساکن گردید به‌گونه‌ای به‌کار می‌برد که شکینا (*shekinah* = جلال خدا) در انتهای خروج خود را از طریق خیمهٔ اجتماع آشکار می‌نمود. یوحنا این جبروت خدا را در سرتاسر زندگی، مرگ، رستاخیز و صعود عیسی می‌دید. حتی صلیب جایی بود که بر آن عیسی جلال یافت. بنابراین، از همان آغاز مردی را به ما معرفی می‌کند که از دیگر معاصرانش به‌کلی ***متمایز*** و از همهٔ انسان‌های دیگر خدا جدا شده است.

۲ـ لوگوس

یوحنا انجیل خود را به شیوه‌ای منحصربه‌فرد می‌آغازد. زمانی که مرقس گزارش خود را از عیسی می‌نوشت، از جایی شروع کرد که عیسی ۳۰ ساله بود، یعنی درست وقتی که وی برای نخستین بار در برابر دیدگان همگان ظاهر شد. متی احتمالاً دومین کسی بود که دست به نگارش انجیل زد، اما تصمیم گرفت به زمانی عقب‌تر رفته از آبستنی مادر عیسی و تولد وی شروع کند، چون بنا به استدلال وی این مقطع برای معرفی عیسی ضروری بود، و از آنجایی که یهودی بود، نسب‌نامه وی را تا ابراهیم به عقب برد. لوقا هم چنین احساسی داشت، و از آنجایی که عیسی

پسـر انسـان بود، وی می‌بایست او را بشری می‌دید که به همهٔ نژادهای انسانی تعلق دارد، پس نسب‌نامهٔ او را از آدم آغاز نمود.

برخلاف سه انجیل دیگر، یوحنا تصمیم می‌گیرد حتی از این هم عقب‌تر رفته بر وجود عیسی پیش از آفرینـش تأکید نماید. پس بـا اقتباس از واژه‌های پیدایـش ۱:۱ به‌عنوان زیربنای آیه آغازین کتاب خود، چنین می‌نگارد: «در آغاز کلام بود و کلام با خدا بود و کلام، خدا بود» (نک. تفسیر سرآغاز یوحنا در صص ۹۱۲-۹۱۴).

نام عیسی

در اینجا پرسـش جالبی مطرح می‌شـود که در فهم آنچه که یوحنا نوشـته به ما کمک می‌کند. ***به عیسی پیش از آنکه به دنیا بیاید چه نامی می‌دهید؟*** ما چنان به کاربرد نام «عیسی» عادت کرده‌ایم که فراموش می‌کنیم این نام جدید او بوده، و آن را با آمدنش به زمین به او داده‌اند. پس قبل از آن چه؟ اگر یوحنا قرار اسـت در مورد کسـی که از ابتدای آفرینش بوده بنویسـد، باید او را چه بنامد؟

یوحنا نامی منحصربه‌فرد برگزید: «لوگوس»، که در ترجمه‌های کتاب‌مقدس به معنای «کلام» است. این گزینش از آن جهت بود که واژهٔ مزبور هویت عیسی را به خوبی بیان می‌کند، به طوری که منظورش برای خوانندگان کاملاً قابل‌فهم است. وقتی پای «کلام یا یک کلمه» به میان می‌آید ما فکرمان به‌سوی اندیشه‌ای می‌رود که از طریق دهان ابراز می‌شود و گوش آن را می‌شنود. کلام را یکی بیان می‌کند و دیگری تحت تأثیر آن قرار می‌گیرد. با این تعبیر، عیسـی یک ***رسانه*** (یا وسیله ارتباطی- م)- یعنی کلامی از سوی خدا برای ماست.

پیش‌زمینهٔ «لوگوس»

کمی تاریخ می‌تواند به درک بهتر دلیل انتخاب نام لوگوس از سوی یوحنا برای خواندن عیسی کمـک کند. این واژه در افسـس، شـهری که یوحنـا انجیلش را در آنجا به رشـتهٔ تحریر درآورد، معنایی ویژه داشـت. ششـصد سال پیش از آن در افسس مردی به نام هراکلیتوس می‌زیست که او را بنیان‌گزار دانش می‌نامیدند. او به ضرورت ***جست‌وجوی علمی***، کندوکاو در جهان طبیعی، پرسـش دربارهٔ چگونگی و چرایی رویداد امور اعتقاد داشـت. آیا آن امر کاملاً تصادفی بوده؟ آیا ما در جهانی پرهرج و مرج به سر می‌بریم یا بر آن نظمی حاکم است؟

وی بـرای یافتـن منطقی که بتواند عملکرد جهان طبیعی را اسـتدلال نماید، به‌دنبال الگوها یـا «قوانین»ی می‌گشـت. او بـرای «دلیل اینکه»، یا ***مقصودی که در پس هر رویدادی وجود دارد*** نـام لوگـوس را برگزید. زمانی که وی به زندگی *(bios)* می‌نگریسـت در جسـتجوی لوگوس بـود؛ زمانـی که آب و هوا *(meteor)* را بررسـی می‌کـرد به‌دنبال لوگوس می‌گشـت. اکنون دیگر مفهـوم مزبـور جای خـود را در واژگان ما به‌عنوان بررسـی حیطه‌های گوناگـون دانش، اعم از

زیست‌شناسی، هواشناسی، زمین‌شناسی، روان‌شناسی، جامعه‌شناسی و غیره باز کرده است.

پس هراکلیتوس گفت که لوگوس همان «دلیل اینکه» است. همهٔ شاخه‌های علم به‌دنبال لوگوس یا علت و چرایی چیزها می‌گردند. یوحنا، با درک اینکه **عیسی علت غایی هر رویداد است**، این ایده را اقتباس کرده برای نامیدن عیسی از لوگوس، «کلام» استفاده کرد. همهٔ جهان برای او آفریده شد. پیش از آنکه هیچ کسی باشد تا با او ارتباطی برقرار شود، لوگوس بود. دلیل اینکه ما اینجاییم هم همین است. همه چیز در او خلاصه شده است. او «علت‌العلل» است.

این واژه در تاریخ از فاز دیگری هم برخوردار است، که این بار در پهنهٔ جغرافیایی پیرامون دریای مدیترانه، به جای افسس از اسکندریه مصر سردرآورد. اسکندریه مدرسه‌ای داشت که محل آمیزش اندیشه‌های یونانی و عبرانی بود، تا اندازه‌ای به این دلیل که یهودیان پراکندهٔ بسیاری در این شهر می‌زیستند. این مدرسه یا دانشگاه همان مکانی بود که در آن هفتاد پژوهشگر عهدعتیق را از زبان عبری به یونانی ترجمه کردند و به «سپتواجنت» یا هفتاد (LXX) معروف شد. یکی از یهودیانی که در این پروژه شرکت داشت استادی به نام فیلون بود. استاد فیلون در جستجو برای یافتن واژه‌ای که بتواند برابر اندیشه‌ای عبرانی باشد، به سراغ واژهٔ *لوگوس* رفت و گفت که لوگوس را نباید یک «چیز» دانست، بلکه او یک «کس» است. همان‌گونه که در امثال حکمت دارای شخصیت یک زن است، او نیز به لوگوس «شخصیت» بخشید.

کلام زنده

یوحنا اندیشهٔ هراکلیتوس و فیلون را با هم می‌آمیزد. در بن هر چیز یک اصل سازمان‌دهنده، یک «چرا» وجود دارد و این لوگوس نه تنها از شخصیت برخوردار است، بلکه شخصی معین به نام عیسی است. او کلام به معنای اخص آن است، یگانه کلام زنده.

یوحنا در نخستین صفحه از انجیل خود در مورد لوگوس چهار مطلب کاملاً حیاتی بیان می‌کند.

۱- *ازلی‌بودن او*. در ابتدا هم لوگوس از پیش وجود داشته است. در خیالمان نمی‌توانیم از آغاز آفرینش جهان عقب‌تر برویم. او آفریده نشده، بلکه به‌عنوان آفرینندهٔ جهان از موقعیتی برابر با خدا برخوردار است.

۲- *شخصیت او*. «لوگوس با خدا رودررو بود». این ترجمهٔ تحت‌اللفظی آن است. واژه‌ای است که برای دو نفری به‌کار می‌رود که چشم در چشم هم دوخته‌اند و به یکدیگر عشق می‌ورزند. مسیحیان تنها انسان‌های روی زمین هستند که معتقدند خدا سه شخص در یک ذات واحد است. یهودیان و مسلمانان نمی‌توانند بگویند که او محبت است، چون بر این باورند که او شخص عادلی است، و محبت برای کسی که عادل است امری محال است. خدا فراتر از یک شخص است، و اگر پدر و پسری باشند که یکدیگر را محبت می‌کنند، می‌توانید بگویید که او محبت است و همیشه هم محبت بوده.

۳- الوهیت او. در ابتدا لوگوس حضور داشت، در رابطه‌ای رودررو و شخصی با خدا، و او «خدا بود». لوگوس نه آفریده شد، و نه از خدا کمتر است: او به‌طور کامل با خدا برابر بود. زمانی که توما اعلان کرد که: «ای خداوند من و ای خدای من!» داشت حقیقتی را در مورد عیسی بیان می‌کرد. او از همان ابتدای آفرینش حضور داشت و در آن دخیل بود. امروزه دانشمندان از تشکیل‌شدن پوستهٔ زمین از «صفحه‌های تکتونیکی» سخن می‌گویند. این اصطلاح از tecton یونانی به معنای «نجار» گرفته شده است! عیسی، نجار اهل ناصره، سیارهٔ ما را ساخته است. او منبع نور و حیات است. همه چیز برای خوشایند او وجود یافته است.

۴- انسانیت او. اندکی جلوتر که می‌رویم، در همان باب اول مطالب عجیبی می‌خوانیم: «لوگوس انسان خاکی شد و خیمهٔ خود را در میان ما برپا نمود، و ما بر جلال او نگریستیم، جلالی که تنها می‌توان در پسر یگانهٔ پدر مشاهده کرد.» دیگر می‌توان شخصاً خدا را دید. عیسی خدای دیدنی است. در همه جا خدا همان عیسی است.

یوحنا با این باب آغازین گیج‌کننده از همان ابتدا اعلام می‌کند که برای ایمان داشتن دلایل معتبری وجود دارد.

■ از آنجایی که عیسی ازلی و ابدی است، می‌تواند به ما حیات جاویدان ببخشد.
■ به دلیل شخصیت او می‌توانیم رابطه‌ای شخصی را با وی تجربه کنیم.
■ او و تنها او به‌واسطهٔ الوهیتش می‌تواند گناهان ما را بیامرزد.
■ او به‌واسطهٔ انسانیتش می‌تواند برای ما کفاره شود.

۳ـ حیات

اگر انجیل با مضمون «لوگوس» آغاز می‌شود، در عوض «حیات» مضمونی است که در سرتاسر انجیل حضور دارد و ۳۴ بار از آن نام برده شده. همان‌گونه که پیشتر مشاهده کردیم، انجیل نوشته شد تا مسیحیان به ایمان داشتن و نیز به حیات داشتن در مسیح ادامه بدهند. همچنین خاطرنشان نمودیم که این حیات وافر و حاضر و در عین‌حال جاویدان است. یوحنا برای نشان دادن مفهوم این حیات برای ایمانداران از یکسری واژه‌های متضاد استفاده می‌کند.

حیات/ مرگ

وی توضیح می‌دهد که داشتن این حیات بدین‌معناست که *ایمانداران مرگ را نخواهند دید.* در ورای مرگ هم این حیات ادامه خواهد یافت. از این‌رو به مقایسهٔ میان آنانی که برای مردن تعیین شده‌اند و کسانی که هرگز روی مرگ را نخواهند دید می‌پردازد. «زیرا خواست پدر من این است که هرکه به پسر بنگرد و به او ایمان آورد، از حیات جاویدان برخوردار شود، و من در روز بازپسین او را برخواهم خیزانید».

نور/ تاریکی

همچنین یوحنا از تضاد میان نور و تاریکی استفاده می‌کند. زمانی که عیسی از «هرگز در تاریکی راه نپیمودن» سخن می‌گوید، به ***تاریکی اخلاقی*** اشاره می‌کند. می‌گوید که اگر با او راه برویم هرگز چیزی برای پنهان‌کردن نخواهیم داشت، زیرا با هر چیز که رو است و بدون هیچ پرده‌پوشی در نور راه می‌پیماییم. با این‌حال، تاریکی استعاره‌ای از برای مرگ و عدم حضور خداست. عیسی می‌فرماید: «من نور جهانم. هرکه از من پیروی کند، هرگز در تاریکی راه نخواهد پیمود، بلکه از نور زندگی برخوردار خواهد بود.»

حقیقت/ دروغ‌ها

خاطرنشان کردیم که چگونه عیسی بر سه مرحلهٔ پذیرش، عمل‌کردن به حقیقت و ماندن در حقیقت برای داشتن یک ایمان راستین تأکید می‌ورزد. اما در کنار آن در باب ۸ و در بخشی کامل، آنجایی که این مضمون بر بحثی که میان وی و مخالفانش سایه می‌افکند، حقیقت را با دروغ‌ها مقایسه می‌کند و دست به نتیجه‌گیری می‌زند. در زبان‌های عبری و یونانی واژه‌ای که برای «حقیقت» به‌کار می‌رود با واژهٔ «واقعی» یکی است. ***اگر در حقیقت زندگی کنیم، در واقعیت هم زندگی می‌کنیم.*** عیسی می‌گوید: «اگر در کلام من بمانید، براستی شاگرد من خواهید بود. و حقیقت را خواهید شناخت، و حقیقت شما را آزاد خواهد کرد.»

آزادی/ اسارت

این موضوع بحثی میان عیسی و فریسیان بود که ادعا می‌کردند هرگز بندهٔ کسی نبوده‌اند، حال آنکه به‌کلی از یاد برده بودند که زمانی در مصر اسیر بوده‌اند! عیسی فرمود که هر کس گناه می‌کند، بندهٔ گناه است، چون هر زمان که گناه می‌کنید به قوی‌ترشدن زنجیر اسارت عادتی که بر شما آقایی می‌کند، کمک می‌نمایید. او آمده بود تا ایشان را آزاد سازد. بنابراین، زندگی حقیقی به معنای ***آزادی از اسارت روحانی بود.*** «پس اگر پسر شما را آزاد کند، براستی آزاد خواهید بود.»

محبت/ غضب

یوحنا از جنبه‌های متضاد عملکرد خدا درکی روشن دارد. یک شخص یا در محبت خدا قرار دارد و یا زیر غضب اوست. هیچ حد وسطی وجود ندارد. ***پیامد ابدی*** هر یک از دو مورد متضاد کاملاً روشن است. عیسی می‌گوید: «آن که به پسر ایمان دارد، حیات جاویدان دارد؛ اما آن که از پسر اطاعت نمی‌کند، حیات را نخواهد دید، بلکه خشم خدا بر او برقرار می‌ماند.»

حیات واقعی

بنابراین، حیات واقعی یک رابطهٔ شـخصی با عیسـی و پدرش اسـت. این حیات در نور و راستی، در آزادی و محبت است. عیسی در دعا به حضور پدرش می‌گوید: «و این است حیات جاویدان، که تو را تنها خدای حقیقی، و عیسای مسیح را که فرستاده‌ای بشناسند.»

۴ـ روح‌القدس

هیچ‌یک از اناجیل به اندازهٔ یوحنا در مورد روح‌القدس به ما نمی‌گویند. به معنای دقیق کلمه، به همین علت بود که به‌رغم یکی‌بودن نگارنده انجیل لوقا و اعمال، این انجیل بلافاصله پیش از اعمال رسولان قرار داده شد. به‌واسطهٔ روح‌القدس است که می‌توانیم از حیاتی که یوحنا توصیف می‌کند، بهره‌مند شـویم. بنابراین، تعلیم در مورد روح‌القدس در نوشـتهٔ یوحنا از اهمیت بسیاری برخوردار است.

■ در باب ۱ یحیای تعمیددهنده شهادت می‌دهد که عیسی روح‌القدس را دریافت کرد و اینکه او دیگران را با روح‌القدس ***تعمید*** خواهد داد.

■ در بـاب ۳ عیسـی پیرامـون ضـرورت ***از نو زاده‌شـدن از آب و روح***، بـرای ورود به پادشاهی خدا می‌گوید.

■ در باب ۴ عیسی از روح‌القدس به‌عنوان ***آب زنده*** سخن گفته می‌فرماید که ما باید خدا را ***در روح و راستی*** بپرستیم.

■ در باب ۷ عیسـی برای شـرکت در عید خیمه‌ها، جشـنی که در سـپتامبر یا اکتبر هر سـال و در پایان دورهٔ خشـکی و بی‌بارانی برگزار می‌شد، به اورشلیم می‌رود. در آخرین روز عید خیمه‌ها یهودیان در مراسـمی شـرکت می‌کردند که طی آن کاهنان پارچ بزرگی را از آب حوض سـیلوحا پر کرده آن را به معبد می‌بردند و آب را بر مذبح می‌ریختند، و در این‌حال برای آغاز اولین باران‌های پاییزی دعا می‌کردند. در چنین موقعیتی عیسـی برپا خاسـت و فریاد برآورد: «هرکه تشنه است، نزد من آید و بنوشد. هرکه به من ایمان آورد، همان‌گونه که کتـاب می‌گویـد، از بطن او ***نهرهای آب زنده*** روان خواهد شـد.» در متن انجیل آمده که او ایـن را در مـورد روح‌القدس گفت، که آنانی که قبلاً به او ایمان آورده‌اند آن را بعداً دریافت خواهند نمود.

■ باب‌هـای ۱۴ تا ۱۶ پر هسـتند از اشـاراتی در مورد ***«مدافع»*** (یا ***تسـلی‌دهنده***ـ م.) که خواهد آمد، یعنی روح راسـتی. نام یونانی‌ای که بـرای روح‌القدس به‌کار رفته *paraclete* است (*para* یعنی «در کنار» و *cletus* هم یعنی «خوانده‌شده»)ـ یعنی کسی که در کنار شما می‌ایستد، یا کسی که به کنار کسی خوانده شده است. همچنین روح‌القدس شخصی توصیف شده که درست مانند عیسی است. پس از آنکه عیسی این دنیا را ترک کرد، او به‌کار عیسی

ادامه می‌دهد، جهان را مجاب می‌سازد که به لحاظ گناه، پارسایی و داوری گناهکار است، ایمانداران را نیرو می‌بخشد و آنچه را که عیسی بدیشان گفته به یادشان می‌آورد.

■ در باب ۲۰ عیسی با دادن یک نشانه و یک فرمان، پیروان خود را برای روز ***پنتیکاست*** آماده می‌سازد. نشانه آن بود که عیسی بر تک تک ایشان دمید، و فرمان هم این بود: «روح‌القدس را بیابید.» آنها در آن لحظه چیزی دریافت نکردند، بلکه این تنها تمرینی برای پنتیکاست بود که چند هفته‌ای بیشتر با آن فاصله نداشتند. در آن روز، زمانی که شاگردان در معبد نشسته بودند، با شنیدن صدای وزش باد به یادکاری که عیسی کرده بود افتادند. آنگاه از فرمان او اطاعت نموده روح‌القدسی را که وعده داده بود، یافتند.

تفسیر عبارات آغازین انجیل یوحنا

عبارات آغازین انجیل یوحنا برای درک مقصود وی از نگارش این انجیل بسیار حایز اهمیت است. با این‌حال این عبارات چنان ژرف هستند که این ژرفا حتی برای ایمانداران هم بیگانه است- تأییدی دیگر بر اینکه توزیع این انجیل در میان بی‌ایمانان کار مفیدی نیست. تفسیر زیر با این انگیزه ارائه شده تا با خواننده ارتباط بیشتری برقرار نماید. در اینجا «لوگوس» همان‌گونه که پیشتر تعریف کردیم، «علت العلل» («دلیل اینکه») معنا شده است.

در همان لحظهٔ نخستین وجود، علت العلل جهان هستی ما از پیش حضور داشت و از ازل آنجا بود. هم هدف و هم برنامه آن بود که این همه در وجود یک شخص یافت شود، کسی که بتواند شبیه خدا باشد زیرا او هم از الوهیت کامل برخوردار بود. از آغاز همان چیزی که ما آن را «زمان» می‌نامیم، او دوشادوش آفریننده کار می‌کرد. به‌واسطهٔ این شراکت بود که همه چیز به‌وجود آمد. در واقع، حتی یک چیز هم بدون دخالت وی پا به عرصه وجود ننهاد. حتی خود زندگی هم از او سرچشمه گرفته و زندگی اوست که بر مفهوم زندگی فرد فرد نژاد بشری پرتو می‌افکند. روشنایی او در سرتاسر تاریخ بشری می‌درخشد، چون تاریکی هرچقدر هم که باشد نمی‌تواند این روشنایی را خاموش کند.

سرانجام مردی با مأموریتی ویژه از سوی خود خدا ظاهر شد. نام او یحیی بود و آمد تا ظهور قریب‌الوقوع این روشنایی زندگی را اعلان نماید، تا همگان با شناخت این شخص به خدا ایمان بیاورند. خود یحیی نمی‌توانست هیچ‌کس را روشن سازد، بلکه خدا او را فرستاد تا به آن کسی که توان روشنی بخشیدن دارد اشاره نماید. روشنگری واقعی در همان زمان وارد جهان شده بود و قرار بود با درخشیدن در میان مردمان چهرهٔ خود را بر ایشان آشکار سازد. او درست به جهانی آمد که خودش آن را پدید آورده بود- با این‌حال جهان ندانست که او کیست! او به جایی که به خودش تعلق داشت، آمد اما مردمان خودش به او خوشامد نگفتند. با این‌حال برخی او را پذیرفتند و و با اعتماد کامل نام او را به‌کار بردند، و او هم بدیشان اقتدار بخشید تا خودشان را جزو خانوادهٔ جدید خدا بدانند- و حقیقت هم این بود که اکنون نه به‌خاطر خاستگاه‌های

جسمانی‌شان (خواه در نتیجهٔ انگیزه‌های آنی و خواه گزینش آگاهانه)، که با عمل مستقیم خدا متولد شده بودند.

پس این شخص آسمانی که علت وجود همهٔ جهان هستی بود، به صورت موجودی انسانی تغییر چهره داد و خیمهٔ خود را در میان ما برپا کرد. ما نظاره‌گر درخشش خیره‌کنندهٔ وی بودیم، درخششی که تنها از پسر خدا پرتوافکن شده بود، آکنده از سخاوت و درستی.

یحیی شاهدی قابل‌اعتماد بود و خطاب به تودهٔ مردم فریاد برآورد: «این همان کسی است که در موردش با شما سخن گفته بودم. به شما گفتم که آنکه پس از من می‌آید از من پیشی خواهد گرفت. چون حتی پیش از آنکه من به دنیا بیایم او بوده است.»

و ما هم از همهٔ آن چیزهایی که او در نهایت پری‌اش داشت بهره یافتیم، و یکی پس از دیگری چیزهایی دریافت کردیم که سزاوارش نبودیم. موسی به ما احکام مؤکدی داده بود که موظف به رعایت‌شان بودیم، اما یاری و روراستی‌ای که برای زیستن بدان نیاز داشتیم به‌واسطهٔ عیسی آمد، که مسیحای راستین بود. هرگز کسی تا کنون چنین شانسی نداشته که خدا را آن‌گونه که واقعاً هست، ببیند؛ حال پسر خود خدا، که از هر کس دیگری به خدا نزدیکتر بوده، هرآنچه را که لازم است دربارهٔ او بدانیم، به ما نشان داده.

نتیجه‌گیری

یوحنا انجیلی درخور ملاحظه و کاملاً متفاوت از سه انجیل دیگر است. این کتاب دیدگاه‌های منحصربه‌فرد مردی را منعکس می‌کند که روی زمین نزدیکترین فرد به عیسی بود. او بسیار دلواپس است که نکند ما آن‌گونه که باید، در مورد عیسی شناخت پیدا نکنیم. باید او را همان‌گونه که هست شناخت. همچنین بازتاب باری است که یوحنا برای ایمانداران دارد که مبادا با تعالیم غلط، چه در ارتباط با الوهیت عیسی و چه صحت ادعاهای او، منحرف شوند. او می‌خواست که ایمانداران کاملاً مطمئن باشند که شاهدان عینی، سخنان خود عیسی و کارهای خیره‌کننده‌ای که انجام داد همه و همه بر کسی انگشت می‌گذارند که حقیقتاً خدا، کلام زنده و خود جلال خدا بود که جسم انسانی پوشید. جملگی مدارک و ادلهٔ گردآوری شده توسط یوحنا قانع‌کننده‌ترین شهادت را ارائه می‌دهند که عیسی حق دارد از ما بخواهد به اعتماد و اطاعت نسبت به او ادامه دهیم.

رسول سیزدهم

۴۳ـ پولس و نامه‌هایش
۴۴ـ اول و دوم تسالونیکیان
۴۵ـ اول و دوم قرنتیان
۴۶ـ غلاطیان
۴۷ـ رومیان
۴۸ـ کولسیان
۴۹ـ افسسیان
۵۰ـ فیلیپیان
۵۱ـ فیلیمون
۵۲ـ اول و دوم تیموتائوس و تیتوس

۴۳

پولس و نامه‌هایش

از پولس بیش از هر رسول دیگری آگاهی در اختیار داریم. یک سوم عهدجدید یا اثر اوست و یا دربارۀ او. این نیمۀ دوم اعمال و ۱۳ نامه‌ای را که وی خطاب به کلیساها و افراد نوشته دربرمی‌گیرد. از عیسی که بگذریم، در تاریخ ۲۰۰۰ سالۀ کلیسا تأثیر او بیش از هر کس دیگری بوده است. در حقیقت کمتر کسی را می‌توان یافت که بر تاریخ اروپا تأثیری بیشتر از پولس گذاشته باشد. اگر می‌خواهیم نامه‌های پولس را بفهمیم، باید نخست پیشینۀ او و چگونگی رسیدن وی به چنین موقعیت کلیدی را به خوبی درک کنیم.

زندگی اولیۀ پولس

نام اصلی پولس شائول بود که از نام نخستین پادشاه اسرائیل گرفته شده. پولس نام لاتین اوست که پس از ایمان آوردنش از آن استفاده کرد، ولی ما وی را تنها پولس می‌نامیم. وی در شهر تارسوس، در کنارۀ شمال شرقی دریای مدیترانه به دنیا آمد؛ شهری ساحلی که امروزه در جنوب شرقی ترکیه قرار دارد. دانشگاه تارسوس، پس از دانشگاه‌های آتن و اسکندریه، سومین دانشگاه معروف در جهان مدیترانه‌ای به شمار می‌رفت.

در پرورش پولس سه عامل عمده تأثیرگذار بودند. والدین او یهودی بودند، و بدین‌خاطر از کودکی کتاب‌های عهدعتیق را فراگرفت و در مورد خدا تعلیم دید. وی از قبیلۀ بنیامین- همان قبیله‌ای که شائول، نخستین پادشاه اسرائیل را در دامان خود پرورده بود، و در کتاب داوران

آمده که با کشتاری دهشتناک تقریباً نسل‌شان برافتاده بود- برخاسته بود. از قرار معلوم خانواده او در مقطعی از کودکی‌اش به جلیل نقل مکان کرده و ایشان پولس را برای تحصیل به اورشلیم فرستاده بودند تا نزد رابی آزاداندیش و بسیار مشهوری به نام غمالائیل آموزش ببیند.

در اعمال ۵ از این شخصیت دانشگاهی یاد شده، آنجایی که وی در ارتباط با رشد جنبش مسیحی در اورشلیم گفت که اگر این جنبش خاستگاه انسانی داشته باشد از بین خواهد رفت، اما اگر از جانب خدا باشد، عاقلانه نخواهد بود اگر سنهدرین با آن به جدال برخیزد. به عبارت دیگر، موضع خود را صراحتاً اعلام کرد! اما نظر پولس با نظر استادش فرق می‌کرد. وی معتقد بود که مسیحیان بزرگترین دشمنانی هستند که یهودیت به خود دیده است. او تصمیم به پیکار به نفع ایمان یهودی، و در صورت امکان محو نمودن فرقهٔ نوظهور گرفت.

پس از آنکه استیفان در پیشگاه سنهدرین به سخنرانی پرداخت (نک. اعمال ۷)، ایشان او را به‌خاطر عقاید «کفرآمیزش» سنگسار کردند و پولس با کشتن او موافق بود. وی حتی مراقبت از جامه‌های سنگسارکنندگان را بر عهده گرفته بود. استیفان همان نخستین کسی بود که به‌خاطر ایمانش به عیسی مرد.

شاید مرگ استیفان تأثیری ژرف بر پولس گذاشته باشد، چراکه اعمال ۷ به ما می‌گوید که چهره استیفان از جلال نورانی شده بود و وی بانگ برآورد که می‌تواند عیسی را بر دست خدا ببیند. اما در آن زمان، شهادت استیفان تنها پولس را مصمم‌تر کرد تا نخستین میسیونر ضدمسیحی باشد و حتی حاضر شد برای آزار رسانیدن مسیحیان خانه و کاشانهٔ خود را رها کرده، به جاهای دیگر اعزام شود.

دومین عاملی که بر زندگی پولس تأثیر گذاشت آموخته‌هایش از زبان یونانی بود. زمانی که در تارسوس زندگی می‌کرد به زبان یونانی، که *زبان بین‌المللی* دنیای باستان به شمار می‌رفت، سخن می‌گفت و درست مانند یک سواحیلی (از قوم بانتو- م.) اهل کرانهٔ شرقی آفریقا رفتار می‌کرد. از این‌رو وقتی پس از ایمان آوردنش به عیسی عزم سفرهای بشارتی نمود، می‌توانست در هرجا موعظه کند و می‌دانست که مخاطبان منظورش را می‌فهمند.

سومین عامل تأثیرگذار بر پولس قانون رومی بود. پدرش شهروند رُم شده بود، از این‌رو پولس شهروندی رُم را به ارث برده بود. حق شهروندی رومی به او این امتیاز را می‌داد که گاهی در کار میسیونری‌اش از آن استفاده کند. در یک مورد وی از شهروندی‌اش برای جلوگیری از تازیانه خوردن پیش از محاکمه استفاده نمود، و بار دیگر زمانی که متهم به تخطی از قوانین معبد یهود شد، وی بنا بر حق قانونی همهٔ شهروندان رومی، از قیصر فرجام‌خواهی کرد. هنگامی که خواستند او را اعدام کنند، مانند پطرس مصلوبش نکردند، بلکه وی را گردن زدند- گردن‌زدن روش اعدام شهروندان متخلف رومی بود. شهروندی رُم رنج را از زندگی پولس دور نکرد، اما در برهه‌ای از خدمتش نقش مهمی ایفا کرد.

این آمیزهٔ منحصربه‌فرد تأثیرات یهودی، یونانی و رومی برای خدمت پولس زمینه‌ای ایده‌آل فراهم نمود تا در جهان غیریهودی به عیسی بشارت دهد. این نکته بر این حقیقت تأکید می‌کند که خدا اغلب مردم را حتی پیش از آنکه به عیسی ایمان بیاورند برای خدمت آماده می‌نماید.

ایمان آوردن پولس

جالب توجه است که ایمان آوردن پولس در نزدیکی شهر کوچکی به نام قنیطره[1] در بلندی‌های جولان، درست در چند مایلی دمشق اتفاق افتاد. او مردی بود که به ریشه‌های یهودی‌اش می‌بالید، برای ناب ماندن ایمان یهودی می‌جنگید، اما به مجردی که پای خویش را از مرزهای اسرائیل بیرون گذارد، با عیسای رستاخیزکرده ملاقات کرد و عیسی بدو گفت که می‌خواهد وی را به‌سوی غیریهودیان بفرستد. بر حسب تصادف، این اتفاق در پای کوهی روی داد که سیمای عیسی در برابر پطرس، یعقوب و یوحنا دگرگون شد؛ گرچه عیسی اینبار درخشان‌تر بود، زیرا اکنون به آسمان صعود کرده و جلالی را که زمانی داشت، بازیافته بود.

نحوهٔ ایمان آوردن او بسیار شورانگیز است. پولس فهمید که عیسی به‌راستی همان ماشیح موعود است و اینکه توبه و ایمان آوردن یگانه واکنشی است که می‌تواند از خود ابراز نماید. این فرایند تولد تازه سه روز به طول انجامید و تا زمانی که یکی از ایمانداران محلی به نام حنانیا برایش دعا نکرد، به کمال نرسید. حنانیا از شهرت پولس به‌عنوان جفاکننده بر کلیسا به خوبی آگاه بود اما به فرمان خدا گردن نهاد و به سراغ وی رفت. پس از اینکه حنانیا برایش دعا کرد، پولس از روح‌القدس پر شد و تعمید گرفت. در کتابم زیر عنوان *تولد بهنجار مسیحی* (از انتشارات هادر و ستراوتون، ۱۹۸۹) توضیح داده‌ام که چرا معتقدم چهار عامل توبه، ایمان، تعمید و یافتن روح‌القدس اجزای اساسی تولد تازه در پادشاهی خدا به شمار می‌روند، و همان چهار عامل را در اینجا، یعنی «آغاز» ایمان مسیحی پولس می‌توانیم مشاهده نماییم.

پس از ایمان آوردنش

توجه به این نکته بسیار جالب است که پولس بی‌درنگ شروع به خدمت بشارتی نکرد. با این‌حال، در همان جایی که بود به موعظه پرداخت و به سرعت خصومت یهودیان را برانگیخت. در یک مورد مجبور شدند او را در سبدی گذاشته از پنجرهٔ باروی شهر پایین بفرستند تا از مهلکه جان به در ببرد.

سیزده سال طول کشید تا پولس برای آن چیزی که در روز ایمان آوردنش خدا او را خوانده بود تا انجام دهد، آماده شود. راهی عربستان شد و سه سال را در آنجا به تنهایی با خدا وقت گذراند، و در پرتو ملاقات با عیسی الاهیات خویش را مورد بازاندیشی قرار داد. او آخرین کسی بود که شخصاً از سوی خداوند رستاخیزکرده مأموریت یافت و مقدر بود که سیزدهمین و

1. Kuneitra

واپسین رسول از این دست باشد. برخی چنین استدلال کرده‌اند که پولس را باید رسول دوازدهم دانست، چراکه جای یهودای اسخریوطی را پر کرد، اما پولس همیشه دوازده رسول را به رسمیت می‌شناخت و هرگز خود را در زمرهٔ ایشان به شمار نمی‌آورد. با وجود این، هشیار بود که بر رسول ویژه‌بودن خود پافشاری کند، و همین دعوت ویژه بود که به وی اقتدار بخشید تا این همه اثر را در عهدجدید از خود به یادگار بگذارد.

در این‌باره که او چگونه طی سه سال اقامت خود در عربستان به چنین الاهیات ژرفی رسید، تنها می‌توانیم به حدس و گمان متوسل شویم. قدر مسلم این است که او دریافته بود که عیسی همان ماشیحی است که وعده‌اش را به یهودیان داده بودند و این مطلب بر درک وی از عهدعتیق تأثیری به‌سزا گذاشته بود. همچنین عیسی از پولس پرسیده بود که چرا بر او جفا می‌کند، حال آنکه در واقع، پولس مسیحیان را مورد آزار خود قرار می‌داد، نه عیسی را. پس وی دریافت که هرچه بر کلیسا بکند، گویی بر خود عیسی کرده است. بی‌گمان این رویداد بر اندیشهٔ وی از کلیسا به‌عنوان بدن مسیح روی زمین تأثیری بنیادین داشت.

ورود پولس به اورشلیم برای دیدار رسولان به حیرت عظیمی انجامید. هرچه باشد او مسئول به زندان افتادن اعضای خانوادهٔ آنانی بود که می‌خواست به دیدارشان برود. با این‌حال، برنابا آماده بود تا خطر دوستی با پولس و بررسی استوارنامهٔ او را به جان بخرد تا بلکه بتواند او را به کلیسای مسیحی اورشلیم معرفی کند. در اورشلیم یهودیان به پولس به دیدهٔ یک خائن می‌نگریستند: او یکی از بهترین رابی‌های تعلیم‌دیده بود، و اکنون به مسیحیان منفور پیوسته بود. پس به مدت ده سال او را به تارسوس فرستادند. این دوره را غالبا نادیده می‌گیرند. وقتی به ایمان آوردن پولس می‌اندیشیم، تصور می‌کنیم که بی‌درنگ پس از آن راهی سفرهای بشارتی شد. حال آنکه در واقع، او سه سال را در عربستان به اندیشیدن گذراند و ده سال دیگر هم در زادگاهش منتظر ماند تا اینکه دعوت تحقق یافت. تنها پس از آنکه برنابا او را برای کمک به کلیسای انطاکیه فراخواند و پس از آن ایشان دعوت وی را برای مأموریت‌های بشارتی تشخیص دادند، کار او آغاز شد. این دوره را می‌توانیم با ۱۸ سالی که عیسی به نجاری می‌گذرانید مقایسه کنیم.

خدمت میسیونری پولس آغاز می‌شود

شهر انطاکیهٔ سوریه در عهدجدید نقش بزرگی ایفا می‌نماید. احتمالاً همان مکانی است که عیسی ضمن صحبت‌کردن در مورد سفر پسر گمشده به «دیاری دور» در نظر داشت. انطاکیه برای یهودیان «دیاری دور» به شمار می‌رفت؛ به قول معروف قندهار زمان قدیم بود. اما به‌رغم چنین شهرتی که این شهر داشت، نخستین کلیسای غیریهودی کار خود را در آن آغاز نمود. واژهٔ «مسیحی» را اهالی انطاکیه برای نخستین بار روی اعضای کلیسا گذاشتند.

در خلال جلسهٔ دعایی که در کلیسای انطاکیه برگزار شد دعوت پولس به خدمت بشارتی مورد تأیید قرار گرفت (نک. اعمال ۱۳). یکی نبوت کرد که زمان آن رسیده که پولس و برنابا را از میان کل کلیسا جدا کنند تا برای خدمتی که خدا ایشان را خوانده است راهی شوند. پس پولس تازه وارد خدمتی شد که در ابتدای ایمان آوردنش از سوی عیسی بدان خوانده شده بود، و آن دعوت از طریق یک نبوت در کلیسا مورد تأیید قرار گرفت. این الگو شایان توجه است. خیلی‌ها معتقدند که از خداوند دعوتی خاص دارند اما صبر نمی‌کنند تا این دعوت از سوی کلیسا مورد تأیید قرار بگیرد.

برنابا و پولس دست به‌کار خدمتی شدند که ما امروزه آن را تحت عنوان خدمات میسیونری طبقه‌بندی می‌کنیم. در یهودیه قحطی شدیدی آمده بود، پس کلیسای انطاکیه هدایایی جمع‌آوری کرد و از پولس و برنابا خواست تا مراقب هدایا باشند و آنها را صحیح و سالم به مقصد برسانند. اما این آخرین باری نبود که پولس مسئولیت رسانیدن پول گردآوری شده را بر عهده گرفت.

نقشهٔ صفحهٔ بعد نشان می‌دهد که چگونه نخست اورشلیم و سپس انطاکیه به پایگاه‌های فعالیت بشارتی تبدیل شدند. انطاکیه اکنون مرکز زلزله‌ای شده بود که امواج را تا خود رُم منتشر می‌کرد. آرزوی اول پولس این بود که همهٔ خطهٔ شمال شرقی دنیای مدیترانه را بشارت دهد تا جایی که به پایتخت امپراتوری برسد. از این‌رو نخست راهی قبرس شدند، و پس از آن به سرزمین اصلی بازگشتند. در انطاکیهٔ پیسیدیه، لستره، دربه کلیساهایی تأسیس کردند و سپس برای دادن گزارش کار خود به پایگاه اصلی یعنی انطاکیه بازگشتند. از آنجایی که پولس خطاب به کلیساهای پراکنده در پیرامون دریای اژه نامه‌هایی نوشته، امروزه ما نام‌های مناطق دوردست‌تر را بهتر می‌شناسیم. وی در سومین و واپسین سفر خود از کرت رهسپار شده در مالت کشتی‌اش غرق شد و سرانجام به‌عنوان یک زندانی به رُم رسید.

استراتژی مأموریت پولس

استراتژی پولس بنیاد نهادن اجتماعی از اعضای پادشاهی خدا در هر شهر کلیدی و نقل مکان از آن شهر در سریع‌ترین زمان ممکن بود. گاهی در یک شهر تنها سه هفته می‌ماند. در دیگر موارد مدت بیشتری رحل اقامت می‌افکند. برای مثال، ۱۸ ماه در قرنتس ماند. گاه ناگزیر به ترک شهری می‌شد، و گاه خود ترک شهر مزبور را برمی‌گزید، اما آنچه که تغییر می‌کرد برجا نهادن کلیسایی بود که در کل ناحیهٔ پیرامونش بشارت بدهد. او تلاش نمی‌کرد کل یک منطقه یا همهٔ شهرها و روستاها را تحت پوشش قرار دهد، بلکه در هر استان شهر کلیدی را برای کار انتخاب می‌کرد. بدین‌ترتیب، به‌عنوان یک رسول راستین همیشه در سفر بود، سرزمین‌های بکر را جست‌وجو و در آنها کار خود را آغاز می‌کرد.

اما این استراتژی هزینهٔ زیادی در بر داشت، و پولس با خطرات بسیار بزرگی روبه‌رو بود. سه بار شکسته کشتی شد. بارها تا دم مرگ پیش رفت، و حتی یک‌بار او را سنگسار کرده به گمان

دریای سیاه
بیطنیه
کاپادوکیه
غلاطیه
ترسوس
انطاکیه
سوریه
یهودیه
دربه
لیستره
ایقونیه
انطاکیه
پیسیدیه
سلامیس
قبرس
پافوس
صور
قیصریه
اورشلیم
اتالیا
روداس
آسیا
افسس
میلیتس
تروآس
پاتموس
کرت
فیلیپی
مقدونیه
تسالونیکی
بیریه
اخائیه
آتن
قرنتس
یونان
اسکندریه
مصر
دریای آدریاتیک
ایتالیا
رُم
سیسیلی
مالت
دریای مدیترانه
کورسیکا
ساردنی

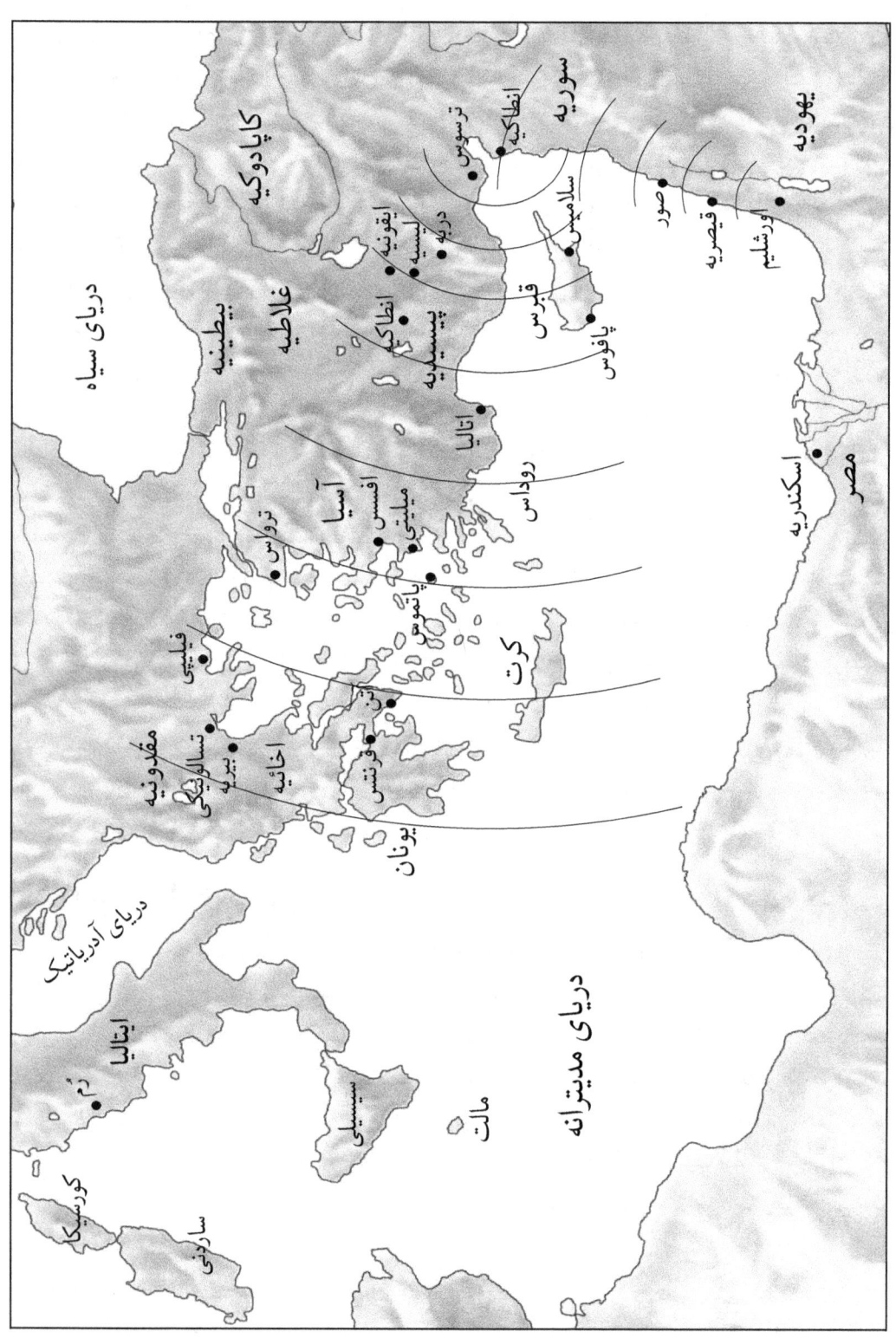

اینکه مرده رهایش کردند. اغلب اوقات گرسنه و خسته بود. وانگهی، همان‌گونه که در نامه‌هایش می‌گوید، بزرگترین باری که بر دوش خود احساس می‌کرد مسئولیت مراقبت از کلیساها بود.

پس استراتژی او تغییر مکان پیوسته بود، اما این بدان معنا نبود که کلیساهایی را که پیشتر بنیاد نهاده و در آنها خدمت کرده، از یاد ببرد. دنبالهٔ کار او این بود که از رشد کمی و کیفی کلیساها اطمینان حاصل کند. او این پی‌گیری را به دو طریق انجام می‌داد. یکی بازدید از آنها بود و دیگری نوشتن نامه بدان‌ها.

در هنگام بازدید از کلیساها غالباً پیران (مشایخی) را به رهبری آنها می‌گمارد. با این‌حال، یک‌بار بازدید معمولاً کافی نبود، چراکه خودش وقت کافی نداشت شخصاً به مسائل به‌وجود آمده بپردازد، به‌ویژه که می‌خواست در سواحل شمالی دریای مدیترانه تا اسپانیا بشارت دهد.

بنابراین، در حالی‌که پولس به‌کار بشارتی خود ادامه می‌داد، نامه‌هایش اصلی‌ترین ابزار وی در جهت پی‌گیری مداوم بودند. آنها مقاله‌های الاهیاتی نیستند که در کتابخانه و به دست یک استاد دانشگاه نوشته شده باشند. بلکه بیشتر دغدغه‌های رسولی است که می‌خواست نوایمانانش در ایمان رشد کنند و پیش بروند.

وی سرانجام به رُم رسید، اما نه آن‌گونه که انتظارش را داشت- به‌عنوان یک زندانی وارد رُم شد و کارش موعظه‌کردن انجیل برای سربازان رومی محافظش بود. او زندانی‌ای بود که جانش در گرو نتیجهٔ حکم دادگاه بود، و دوستش دکتر لوقا دفاعیه‌ای برای تئوفیلوس که قاضی دادگاه یا وکیل مدافع بود نوشت- ما این اطلاعات را از انجیل لوقا و کتاب اعمال در دست داریم. پولس تبرئه و از زندان آزاد گردید، و شواهد قوی وجود دارد که نشان می‌دهد وی به‌کار بشارتی خود ادامه داد، و احتمالاً تا اسپانیا هم رفت. وی نقاطی چون کرت و نکاپولیس را مورد بازدید قرار داد و به شماری دیگر از مکان‌هایی که قبلاً پا بدان‌ها نگذاشته بود نیز سفر کرد. سپس آهنگری به نام اسکندر به او خیانت نمود و برای دومین بار و این دفعه در دورهٔ زمامداری نرون دستگیر شد. چنان او را به شتاب گرفته و با خود بردند که حتی نتوانست یادداشت‌ها و ردایش را بردارد.

پولس چگونه مردی بود؟

از توصیف ظاهر پولس تنها یک توصیف احتمالی در اختیار داریم که چندان هم چنگی به دل نمی‌زند. او قدی کوتاه (پولس یعنی «کوچک»)، پاهای کمانی، بینی عقابی و سری تاس داشت. ابروهایش پیوسته، چشمانش تابدار و دستانش زمخت بودند. کلیسایی را تجسم کنید که پولس قرار بود شبان‌شان باشد؛ با شنیدن این توصیفات واقعاً چه فکری می‌کردند؟! سپس این واقعیات را که وی هرگز برای مدتی طولانی در یک مکان نمی‌ماند، اغلب مردم را ناراحت می‌کرد، از جانب گزمه‌ها مدام برایش دردسر درست می‌کردند، مدت‌ها از عمر خود را در زندان

سپری کرده، و واعظی بسیار جزم‌اندیش است، بدان بیفزایید. وانگهی او ازدواج نمی‌کند، به صورت پاره‌وقت به خیمه دوزی اشتغال می‌ورزد، در کلیساهایش تفرقه می‌اندازد و به زبان‌ها صحبت می‌کند. اما خدا عادتی دارد که کسانی را برمی‌گزیند که می‌پندارند از همه منفورتر هستند!

پولس از قابلیت‌های مثبت بسیاری هم از قبیل ازخودگذشتگی، شور و حرارت، پایمردی و تمرکز فوق‌العاده برخوردار بود. او معتقد بود که مجرد بودنش این توانایی را بدو بخشیده تا به‌طور کامل بر همان چیزی که برایش فراخوانده شده تمرکز کند. با دلیری بسیار با خطر روبه‌رو می‌شد. در حقیقت برخی از نامه‌هایش تند و آتشین هستند! او می‌توانست رک و تندخو و در عین‌حال ملایم و مراقب و دلسوز هم باش.

مضامین کلیدی پولس

اما راز موفقیت پولس را نه در قابلیت‌های انسانی وی- هرچند ستودنی هستند-، که باید در سه مضمون بنیادینی که در نامه‌هایش سایه افکنده، جستجو کرد.

در مسیح

تردیدی وجود ندارد که این مرد دربست برای مسیح زندگی می‌کرد. وی در نامه‌اش خطاب به افسسیان گفته: «مرا زیستن مسیح است». از روزی که در راه دمشق با مسیح دیدار کرد، به‌کلی در مسیح حل شد. بنابراین، تا جایی که به او مربوط می‌شد، مرگ برایش از زندگی گواراتر بود. می‌گوید: «آرزو دارم رخت از این جهان بربندم و با مسیح باشـم، که این به مراتب بهتر است».

او خود را «غلام عیسای مسیح» می‌نامد. در عهد باستان یک غلام (یا برده) شخصی کاملاً حقیر بـود کـه تمامیت وجودش از آن کس دیگری بود، و نه از خود پولی داشت و نه وقتی. با وجود این، در دوم قرنتیان خود را سفیر مسیح نیز می‌خواند، که تمثیلی تأثیرگذارتر است. او هم به سفیر بودن خود می‌بالد و هم به غلام بودنش.

عبارت «در مسیح» با شیوه‌ای که بسیاری از مسیحیان امروزی دربارهٔ رابطه خود با عیسی به‌کار می‌برند، تفاوت دارد. پولس خیلی به ندرت اصطلاح «مسیح در من» را که اکثر ایمانداران امروزی مورد استفاده قرار می‌دهند به‌کار می‌برد. وقتی از «عیسی در من» سخن می‌گوییم، در معرض این خطر قرار داریم که عیسی را در حد و اندازهٔ دل‌های کوچک خودمان کوچک کنیم، اما همیشه این کوچکتر است که در بزرگتر جای می‌گیرد. پولس از «روح‌القدس در من» سخن می‌گفت، اما زمانی که دربارهٔ مسیح حرف می‌زد می‌گفت: «من در مسیح هستم». در مسیح است که ما به هر برکتی مبارک می‌گردیم؛ در اوست که همه چیز از آن ماست. پس پولس در هر جای امپراتوری روم که بود، نشانی حقیقی‌اش «در مسیح» بود.

برای انجیل

پولس برای انجیل زندگی می‌کرد. او برای انتشار پیام انجیل از هیچ کاری فروگذار نمی‌کرد. از این‌رو حتی زمانی که در زندان بود، دریافت که انجیل چیزی است که انسان را به وجد می‌آورد. بنابراین، با اینکه در هر نوبت به مدت هشت ساعت به یک سرباز رومی زنجیر شده بود، از اینکه در شبانه روز سه نفر دارد که از انجیل برای‌شان بگوید، شادی می‌کرد! از نامه‌اش به فیلیپیان می‌دانیم که برخی از همین زندان‌بانان ایماندار شدند. وی با شنیدن اینکه عده‌ای از سر رقابت یا حسادت به او مسیح را موعظه می‌کنند، گفت که از موعظه‌شدن انجیل با هر انگیزه‌ای که باشد خوشنود می‌شود. او گفت که به هر جا خواهد رفت تا آنچه را که مسیح انجام داده به همه کس بگوید.

دو واژه وجود دارد که به پیام انجیل او صلاحیت می‌بخشد. نخست اینکه انجیل او *فرجام‌شناختی* بود. واژه «آخرشناسی» (Eschatology) از واژهٔ یونانی *eschaton* به معنی «امور آخر» گرفته شده است. پولس معتقد بود که آینده اکنون را مورد حمله قرار داده است. اگر این بعد آیندهٔ انجیل را فراموش کنیم، خود انجیل را فراموش کرده‌ایم. انجیل صرفاً مژده در مورد زندگی کنونی و این جهانی نیست؛ خبر خوش مربوط به جهان آینده نیز هست، دربارهٔ بدن‌های جدیدی که با دیدن مسیح دریافت خواهیم کرد.

دوم اینکه، انجیل او *اخلاقی* است. پولس به «جان‌های نجات‌یافته» کسانی که زندگی‌شان تغییرنکرده باقی مانده علاقه‌ای نداشت. انجیل برای همهٔ زندگی تلویحات اخلاقی دارد، و دغدغهٔ پولس این بود که این مورد را به نوایمانانش منتقل کند.

محض فیض

پولس پیوسته از این واقعیت که عیسی وی را در راه اسیرکردن مسیحیان به‌سوی خود خوانده، در شگفت بود. او نمی‌توانست بر این حقیقت فایق آید که نجاتش کاملاً ناسزا بوده، یعنی اینکه اگر عیسی با او بر پایهٔ آنچه سزاوارش بود رفتار کرده بود، اکنون وی در دوزخ بود. بدین‌ترتیب، واژهٔ «فیض» که به معنای دریافت چیزی است که انسان لایقش نیست، احساس پولس را در خود خلاصه می‌کند. وی در رومیان می‌گوید: «وقتی ما هنوز گناهکار بودیم، مسیح در راه ما مرد». این فیض در وجود پولس حسی از قدرشناسی به‌وجود آورده بود، و قدرشناسی انگیزه‌ای است که در پس بسیاری از زحمات این مرد نهفته است.

نامه‌های پولس

پولس مشهورترین نامه‌نگار تاریخ است و این در حالی است که نامه‌نگاری در میان یهود امری بسیار نادر به شمار می‌رفت. در عهد باستان یهودیان به ندرت دلیلی برای نامه‌نگاری

می‌یافتند، چراکه در کشوری کوچک می‌زیستند، از این‌رو دیدار دوستان و بستگان امری آسان بود.

نوشتن و فرستادن نامه روشی پرهزینه برای برقراری ارتباط بود و تنها در مواقع ضروری به‌کار می‌رفت. در امپراتوری روم نامه‌نگاری رواج بسیاری داشت، اما معمولاً صاحب‌منصبان یا ثروتمندانی که از عهدهٔ پرداخت هزینهٔ مزد پیک نامه‌رسان برمی‌آمدند دست به نگارش نامه می‌زدند. پس در نبود خدمات پستی عمومی، حتماً باید دلیل مهمی برای نگارش نامه، مانند یک بحران یا مشکلی عمده وجود داشته باشد.

در جهان باستان اغلب نامه‌ها بسیار کوتاه بودند و عموماً بر یک برگ پاپیروس نگاشته می‌شدند که در هر خط بیش از ۲۰ واژه گنجایش نداشت. نامه‌های بلندتر مستلزم چندین برگ پاپیروس بود که به همدیگر می‌پیوستند. نامه‌های پولس از جمله بلندترین نامه‌هایی هستند که از زمان باستان باقی مانده‌اند. نامه‌های او به‌طور میانگین از ۱۳۰۰ واژه تشکیل شده‌اند و رومیان به تنهایی ۷۱۱۴ واژه دارد- شاید این بلندترین نامه‌ای باشد که در آن دوره به رشتهٔ تحریر درآمده است!

پولس در همهٔ نامه‌ها از فرمتی یکسان پیروی کرده است. همواره در ابتدای نامه یعنی زمانی که طومار را باز می‌کنیم در بالای آن نام خود و سپس نام گیرندگان را می‌آورد تا معلوم شود نامه خطاب به چه کسانی فرستاده شده است. سپس نشانی را بدان می‌افزاید تا نامه‌رسان بداند نامه را باید به کجا ببرد. کار بعدی که پولس می‌کرد فرستادن سلام و تحیات به گیرندگان بود. در آن زمان اکثر نامه‌ها بدین‌ترتیب، و با پیروی از همین الگو نوشته می‌شدند، اما پولس از آن برای تشویق کلیسا یا فردی که خطاب بدو نامه را نوشته بود بهره می‌گیرد. (هفت نامه‌ای که در کتاب مکاشفه خطاب به کلیساهای آسیا نوشته شده‌اند هم دقیقاً از همین الگو پیروی می‌کنند، مضاف بر اینکه عیسای صعودکرده پیش از انتقاد از هر کلیسا به آن دستوری می‌دهد.)

سپس نوبت به موضوعی می‌رسد که پولس در ذهن داشت، که معمولاً همین موضوع بدنهٔ اصلی نامه را تشکیل می‌داد. در پایان نامه هم چکیده‌ای مختصر می‌آمد که حاوی نکات اصلی مندرج در نامه بود. سرانجام هم نامه با درودهای بیشتر و امضای نگارنده خاتمه می‌یافت.

در جهان باستان اکثر مردم نامه‌های خود را با کمک یک محرر یا منشی (یعنی کسی که کلمات را بدو دیکته می‌کردند) می‌نوشتند، و پولس هم از این قاعده مستثنی نبود. سیلاس، همراه و همسفر وی در سفرهای متأخر بشارتی او یکی از همین کسانی بود که نقش منشی وی را ایفا می‌کرد. پس پولس نامه‌هایش را بدین‌گونه ننوشته که خودش پشت میز بنشیند، بلکه به احتمال زیاد آن را در حالی‌که در اتاق قدم می‌زده، یا به یک سرباز رومی زنجیر شده بود دیکته کرده است. نامه‌ها، مانند اناجیل سبکی محاوره‌ای دارند، و پیش از آنکه به صورت مکتوب درآیند، بر زبان رانده شده‌اند. پولس از سر نزاکت و از آنجایی که نامه‌های دروغینی با عنوان نامه پولس در کلیساها دست به دست می‌شد، امضای خود را به انتهای نامه می‌افزود.

بدین‌ترتیب، در پایان دوم تسالونیکیان پولس تأیید می‌کند که مؤلف نامه خود اوست. ممکن است که عمل نامه‌نگاری از لحاظ جسمانی برای پولس دشوار بوده. وی در پایان غلاطیان توضیح می‌دهد که حروف درشت نامه به دلیل کم‌سویی چشمانش است.

سه گونه نامه

پولس سه جور نامه نوشته است. نخست چهار نامهٔ شخصی خطاب به افراد است. او چنین نامه‌هایی را به فیلیمون، تیموتائوس (دو نامه) و تیتوس نگاشت.

بعد از آن نوبت به هشت نامهٔ مناسبتی می‌رسد که خطاب به کلیساها نوشته شده‌اند. آنها را از این‌رو «مناسبتی» می‌نامند که به مناسبت رویداد واقعه‌ای در کلیسای مورد بحث نوشته شده‌اند.

در آخر هم نوبت به افسسیان می‌رسد که تنها نامهٔ عمومی پولس است که امروزه در دست داریم. این نامه نه ارتباط خاصی با هیچ فرد یا کلیسایی دارد، و نه به دلیل نیاز یا بحرانی خاص از سوی گیرندگان، نوشته شده است. بعضی‌ها به غلط معتقدند که رومیان هم نامه‌ای عمومی است، اما بررسی دقیق نامه آشکار می‌سازد که وضعیتی خاص در کلیسای رُم پولس را بر آن داشت تا نامه مزبور را بنویسد.

افسسیان را نسبتاً به آسانی می‌توانیم در زندگی خودمان به‌کار ببندیم، اما نامه‌های شخصی و مناسبتی چالش‌برانگیزترند. این کار به ناخواسته شنیدن مکالمات تلفنی دو نفر دیگر می‌ماند. باید بکوشیم از لابلای سخنان یک طرف مضمون را از درون آن نامه بیرون کشیده کنار هم بچینیم. مثلاً فرض کنید که یکی در پاسخ به تماس تلفنی فردی دیگر می‌گوید:

«الو؟... بالاخره رسید؟ تبریک می‌گم!... وزنش چقدره؟... چه رنگیه؟... نگذار زنت بهش دست بزنه!... خواهی فهمید که خیلی تشنه است... کاترپیلار (کرم ابریشم) خیلی تند حرکت می‌کنه... یادت باشه، زیر پات گله، فهمیدی؟... شاید خودمم یکی بخرم... قربانت!»

کمتر کسی می‌تواند حدس بزند که مکالمهٔ این دو نفر در مورد تحویل یک تراکتور نو است! شاید گاهی لازم باشد مَثَل یک کارآگاه عمل کنیم و سعی کنیم بفهمیم که آن طرف خط چه سخنانی به زبان رانده شده. برای مثال، پولس دو نامه به مسیحیان تسالونیکی نوشت. اولی نامه‌ای بسیار گرم بود، اما دومی بسیار سرد. باید اتفاقی افتاده باشد که وی لحن خود را این‌گونه تغییر داده است، پس باید هر دو نامه را به دقت فراوان بخوانیم تا موضوع را کشف کنیم.

علاوه بر اینکه ما تنها سخنان یک طرف مکالمه را می‌شنویم، این مشکل نیز وجود دارد که میان ما و پولس یک شکاف فرهنگی وجود دارد، چراکه ۲۰۰۰ سال و هزاران مایل از زمینهٔ این نامه‌ها دوریم. باید اصلی را که در پس این آن نهفته است بیابیم و سپس آن را در زندگی خود به‌کار ببندیم. برای مثال، آیا دستورالعمل پولس به قرنتیان در مورد پوشانیدن سر بدین‌معناست که زنان باید در جلسات کلیسایی امروزی کلاه بر سر بگذارند؟

خدا را شکر که کلیساهای عهدجدید کامل نبودند! این می‌تواند مشوق ما باشد تا این را دریابیم که کلیساهای عهدجدید هم دارای مشکلاتی بوده‌اند. همچنین باید توجه داشته باشیم که بدون این مشکلات، حتی یک نامه هم از پولس در دست نداشتیم! برای نمونه تنها به‌خاطر کاریزماتیک و دنیوی‌بودن اعضای کلیسای قرنتس بود که ما شرح مربوط به محبت را در باب ۱۳ اول قرنتیان داریم. به دلیل مست‌کردن برخی از اعضای کلیسا در طی جلسات بود که مطالب مربوط به شام خداوند را داریم. از آنجایی که پولس در نامه‌هایش به موضوعات متعددی می‌پرداخت، اکنون قادریم به درک بهتری از آنچه که عیسی به‌راستی در شرف انجامش بود نایل گردیم.

نامه‌ها، نه خطابه‌ها!

جالب توجه اینجاست که در هیچ دیگری از نامه به‌عنوان مکاشفهٔ الاهی استفاده نشده است. نه تنها در جهان باستان به‌ندرت نامه‌نگاری می‌شد، بلکه کسی نشنیده که نامه‌ای را وسیله‌ای برای انتقال کلام خدا به مردم دانسته باشند. گرچه پولس می‌دانست که با اقتدار یک رسول دست به نگارش این نامه‌ها می‌زند، اما خودش هم خبر نداشت که نامه‌هایش روزی در زمرهٔ کتب مقدس جای گیرند. اما دیری نگذشت که این نامه‌ها در میان کلیساهای سراسر امپراتوری روم به گردش درآمد. در نهایت آنها را با هم گرد آوردند و درست به روش کتاب‌های نبوتی انتهای عهدعتیق، بر اساس حجم مرتب کردند. نه نامه خطاب به کلیساها را پیش از چهار نامه خطاب به افراد قرار دادند. حتی پیش از آنکه کانون عهدجدید کامل گردد، پطرس به نامه‌های پولس به‌عنوان «کتب مقدس» اشاره می‌کند. پولس را رسولی ویژه قلمداد می‌کردند و به زودی آثارش را بخشی از مکاشفهٔ الاهی شناختند.

طبیعت نامه‌ها از این قرار است که عباراتی روشمند برای بیان اعتقاد یا رفتار نیستند. تنها شامل مطالبی می‌شوند که مستقیماً به موقعیت موجود مرتبطند. مثلاً، با وجودی که اصطلاح «پارساشمردگی» در نامه‌های دیگر پولس شاخصه‌ای اصلی است، در نامه به کولسیان از آن نشانی نمی‌بینیم.

برای اینکه چرا خدا استفاده از نامه‌ها را برگزید، می‌توانیم به دو دلیل اشاره کنیم. نخست اینکه این نامه‌ها کلام خدا را شخصی می‌کنند. نامه‌ها آدم‌های عادی نظیر ما را مورد خطاب قرار می‌دهند. حاوی عناصر شخصی و احساسی‌ای هستند که می‌توانیم در چنین ارتباطی انتظارش را داشته باشیم. پس گرچه شکاف فرهنگی وجود دارد، انسانی‌بودن نامه‌ها امکان ایجاد ارتباط با آنها را آسان‌تر می‌سازد.

دوم اینکه، نامه‌ها کلام خدا را عملی می‌کنند. به زندگی واقعی، به نیازهای واقعی، به ازدواج، به بردگی، به فرزندان در خانه، به‌کار روزانه ربط پیدا می‌کنند. خدا از ما خواسته کلامش را به صورت عملی و شخصی در اختیار داشته باشیم، تا هیچگاه در اندیشهٔ خودمان به

دام فلسفه‌بافی‌ها یا شبهات نیفتیم. خدا چنین ترجیح داد که کلام خود را در قالب نامه به ما اعطا کند، نه خطابه!

نتیجه‌گیری

این نمای کلی با این هدف انجام شد تا پیش‌زمینه‌ای از پولس رسول و نامه‌هایش به دست دهیم، اما هیچ چیز نمی‌تواند جایگزین صرف وقت برای خواندن خود آن نامه‌ها گردد. خوب است که هر نامه را در یک نشست بخوانید. وقتی از دوستی به ما نامه می‌رسد، هیچوقت قسمتی از آنها را جدا نمی‌کنیم و کنار نمی‌گذاریم و بقیهٔ آن را بخوانیم؛ دوست داریم همهٔ آن را یکجا بخوانیم و بفهمیم. به همین ترتیب، در مورد نامه‌های پولس باید بگوییم که اگر می‌خواهید جزئیاتش را بفهمید باید کل آن را بخوانید. در باب‌های بعد از هر نامه نمایی کلی در اختیارتان قرار می‌دهیم تا به درک آن نامه به شما کمک کند.

۴۴

اول و دوم تسالونیکیان

مقدمه

دو نامهٔ پولس به تسالونیکیان به فاصله چند ماه از هم نوشته شده‌اند و فهم آنها از درک سایر نوشته‌های پولس آسان‌تر است. این نامه‌ها از سوی پولس، سیلاس و تیموتائوس، یعنی تیمی که از تسالونیکی دیدن کرده بودند فرستاده شده‌اند، هرچند روشن است که نویسندهٔ آنها کسی جز پولس نیست. گرچه هر دو نامه در فاصله زمانی بسیار کوتاهی خطاب به یک جماعت واحد نوشته شده‌اند، اما حال و هوا و لحن آنها با هم فرق می‌کند. هر دو به مشکلاتی یکسان می‌پردازند، اما شیوهٔ برخورد آنها با مشکل به‌کلی متفاوت است. نامهٔ نخست بسیار گرم و شخصی است و بازتاب‌دهندهٔ دلواپسی پولس برای کلیسای تسالونیکی است. با این‌حال، برخورد پولس در نامهٔ دوم سرد، تند، بی‌اعتنا و غیرصمیمی است.

بررسی پیش‌زمینهٔ خاص هر یک از این نامه‌ها، به‌ویژه توجه به زمان نگارش آنها و مکان گیرندگان آنها به درک نامه‌ها کمک می‌کند.

نقشهٔ صفحهٔ بعد موقعیت جغرافیایی تسالونیکی را در بالای دریای اژه نشان می‌دهد. پس بندری مهم به شمار می‌رفته، اما اکنون این بندر در گل و لای فرو رفته و شهر دیگر در کنار دریا قرار ندارد.

۴۴

دریای سیاه
بیطینیه
غلاطیه
آسیا
قبرس
کولسی
(فیلیمون)
میلیتوس
افسس
(تیموتائوس)
تروآس
فیلیپی
دریای اژه
تسالونیکی
بیریه
مقدونیه
مسیر ایگناتین
نیکوپولیس
اخائیه
آتن
قرنتس
کرت
(تیتوس)
دریای مدیترانه
روم
دریای مدیترانه
ایتالیا

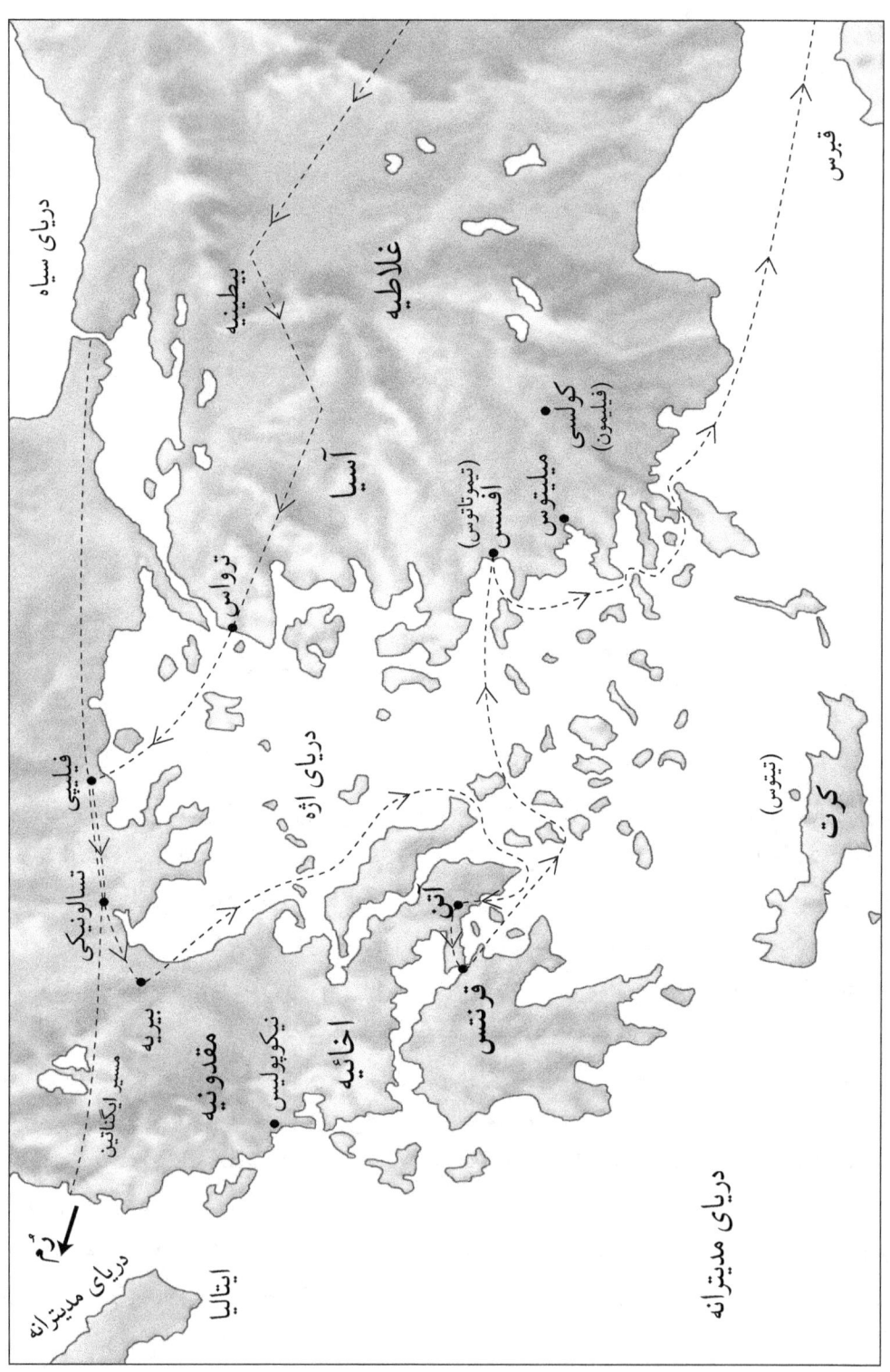

تسـالونیکی شـهری کلیدی در آن منطقه محسـوب می‌شد. این شـهر در مسیر راه ایگناتین[1] جادهٔ اصلی رُم به آسـیا قرار داشـت، و بندرش پایانهٔ راه‌های بازرگانی در مسیر شمال- جنوب بود. این شـهر بیش از هر شـهر دیگری در پیرامون دریای اژه پولساز بود، پس مرکز مالی مهمی به شـمار می‌رفت. موقعیت این شـهر برای تجارت و کسب و کار ایده‌آل بود، و مسلما پولس به اهمیت استراتژیک این محل برای انتشار انجیل پی برده بود.

شـهر تسـالونیکی جمعیتی بسـیار و مختلط داشت، و در میان آنها شـماری بازرگان یهودی نیز بودند. باستان‌شناسـی اطلاعات قابل‌ملاحظه‌ای در مورد تسـالونیکی زمان پولس به دسـت می‌دهد. از کاوش‌های باستان‌شناسی یک محل اجتماعات رومی، یک میدان اسب‌دوانی، یک بازار هلنیسـتی و یک کنیسـهٔ سامری آشکار شده اسـت. در حقیقت یافته‌های اخیر توصیفات لوقا از رهبران محلی موسوم به «پولیتارخ‌ها» («مقامات شهر» در ترجمهٔ هزارهٔ نو- م.) را تأیید می‌کنند. پیشـتر چنین می‌پنداشـتند که لوقا دچار اشتباه شـده، چراکه عنوان مزبور در شهرهای دیگر ناشناخته بود. اما باستان‌شناسان ۴۱ کتیبه از همان زمان در تسالونیکی یافته‌اند که حاوی این عنوان می‌باشند.

پولس در تسالونیکی و بیریه

پولس در خلال سـفر دوم بشـارتی خود و در حدود سـال ۴۹ م. وارد تسـالونیکی شـد. وی نخسـت کوشـیده بود تا در آسـیا و سـپس در بیطینیه بشـارت دهد، اما هر بار چنین احساس کرده بود که روح‌القدس مانع از ورود او به آن نواحی می‌شود. در هنگامی که در تروآس (تروای باسـتان) بودند پولس در خواب مردی را دید که به او اشـاره می‌کند که به مقدونیه آمده مردمش را یاری نماید. پس ایشان از دریای اژه گذشته به بندری موسوم به نیاپولیس رسیدند. پولس در فیلیپی موعظه کرد اما او را از شهر بیرون انداختند، بنابراین، عاقبت از تسالونیکی سردرآوردند.

پولس بنا بر عادت همیشـگی خود، نخسـت به کنیسـه رفت و خطاب به یهود موعظه کرد. گرچه او رسـولی بود که خدا او را به‌سـوی غیریهودیان فرسـتاده بود، اما نسبت به یهود احساس مسـئولیت ویژه می‌کرد. وی بر این باور بود که وقتی ایشـان ایمان بیاورند، کلیسایی را تشکیل خواهند داد و آن کلیسا به غیریهودیان مجاور خود رسیدگی خواهد نمود.

با این‌حال، پرثمرترین گروه در کنیسه، نه یهودیان که افراد حاشیه‌ای موسوم به «خداترسان» از کار درآمدند. آنان نه یهودی شـده بودند و نه مختون، اما به یهودیت علاقه و گرایش داشـتند، زیرا احساس می‌کردند خدای یهود خدای حقیقی است.

اما این سیاست دیدار از کنیسه در تسالونیکی به مخالفت شدید انجامید، و برخی از یهودیان نگذاشـتند که ادامه کار بیشـتر را در آنجا امکان‌ناپذیر ساختند. ایشان به‌طور خاص از ادعاهای پولس خشـمگین بودند که می‌گفت خداترسـان هم می‌توانند بدون یهودی‌شدن از آنِ خدا شوند.

---

1. Ignatian Way

همین یهودیان در تسالونیکی بلوایی شدید برپا کردند و از این‌رو پولس پس از حدود سه هفته اقامت، آنجا را ترک کرده بی‌واهمه راهی بیریه گردید. بنابراین، مدت کوتاهی در تسالونیکی بود، اما کلیسایی منسجم از خود بر جای گذارد که در میان اعضایش شماری از زنان طبقه بالای اجتماع وجود داشتند.

پولس در آتن و قرنتس

در بیریه هم یک‌بار دیگر ناگزیر به ترک آن شهر گردید، سیلاس و تیموتائوس را برای ادامهٔ کارشان در آنجا گذاشت و خود راه جنوب را در پیش گرفت. در آتن مخالفت با پیام پولس از ناحیهٔ دیگری صورت گرفت. فلسفهٔ یونانی می‌پنداشت که روح بشر با مرگ به‌طرز پرجلالی از بدن رها می‌شود، از این‌رو ایشان به باور پولس در مورد رستاخیز جسمانی می‌خندیدند. چند نفری ایمان آوردند، اما تعدادشان آن‌قدر نبود که کلیسایی تشکیل شود.

پولس از آتن رهسپار قرنتس شد، و واضح است که در این مقطع زمانی کاملاً روحیهٔ خود را از دست داده بود.

او را واداشته بودند فیلیپی، و پس از آن تسالونیکی و بیریه را ترک گوید. در آتن به او خندیده بودند و ثمرهٔ کارش تنها چند تن نوایمان بود. زمانی که به قرنتس رسید در وضعیت افسردگی به سر می‌برد. در حقیقت در نامهٔ اول او به کلیسای قرنتس چنین می‌خوانیم: «من با ضعف، و با ترس و لرز بسیار نزد شما آمدم». چنین برمی‌آید که وی روحیهٔ خود را پاک باخته بوده و فهمیدن علتش هم کار دشواری نیست. به تصور ما پولس موفق‌ترین میسیونر بوده، اما کمتر کسی پیدا می‌شود که بتواند چنین تجارب سختی را به‌طور متوالی تحمل کند.

حال تصور کنید که وقتی سیلاس و تیموتائوس در قرنتس به وی پیوستند و خبر آوردند که در کلیسای تسالونیکی اوضاع روبراه است، چه حالی به پولس دست داد. پولس بار دیگر روحیهٔ خود را بازیافت. نمی‌توانست کار خود را در قرنتس نیمه کاره رها کند، از این‌رو تصمیم گرفت برای تسالونیکیان نامه‌ای بنویسد.

وانگهی، تیموتائوس و سیلاس مقداری هم پول با خود از فیلیپی آورده بودند. زمانی که پولس وارد قرنتس شد آه در بساط نداشت و ناگزیر برای امرار معاش به‌کار سابق خود، خیمه‌دوزی روی آورده بود، اما همین موجبات دوستی وی را با زوجی یهودی به نام‌های پریسکیلا و آکیلا فراهم آورد. کار آنها هم خیمه‌دوزی بود و تازه از رُم گریخته بودند. پس پولس همان‌گونه که در نامه‌اش خطاب به ایمانداران تسالونیکی نوشته، دلگرمی دوچندان پیدا کرد.

پذیرا بودنِ ایشان (اول تسالونیکیان ۱)

بازتاب روحیهٔ مثبت پولس را می‌توان در باب آغازین نامهٔ اول تسالونیکیان مشاهده کرد، آنجایی که می‌گوید از شنیدن پایداری ایشان در ایمان شادمان است. او واژهٔ «پذیرش» را بارها

به‌کار می‌برد. وی از اینکه آنان نه تنها کلام را شنیده، بلکه آن را پذیرفته‌اند آشکارا به هیجان می‌آید. بیایید با بررسی چهار عبارت سه کلمه‌ای سعی کنیم به محتوای اول تسالونیکیان نگاهی کلی بیفکنیم.

کلام، عمل و آیت

پولس می‌گوید که وی انجیل را به سـه طریق بدیشان داده است: با کلام، با عمل و با آیت. ایمانداران بسیاری هستند که ظاهراً اعتقاد دارند اگر انجیل را از طریق کلام به دیگران برسانند، رسالت خـود را انجام داده‌اند. اما به کسانی که این کلام را شـنیده‌اند هیـچ دلیل عملی برای اثبات حقانیت آن ارائه ننموده‌اند. آنها باید در کنار شـنیدن انجیل، آن را ببینند. از کلام، عمل و آیت، دو موردش دیدنی است و تنها یکی از آنها شـنیدنی. اگر در زمان پولس چنین تعادلی برای برقراری ارتباط مؤثر وجود داشت، یقیناً امروزه هم باید در عصر تلویزیون، تعادل مزبور رعایت شود.

پولس فرض را بر این نمی‌گذاشـت که مردم منتظر شـنیدن انجیل نشسته‌اند، بلکه از نظر او همه منتظر دیدن انجیل بودند. همیشه آنچه که صحت گفتار یک شخص را اثبات می‌کند، کردار اوست و آیات هم دلایلی الاهی بر صحت گفتارند.

در غالب اوقات ما بر بشـارت کلامی تکیه می‌کنیـم. موعظه‌کردن کلام خـدا امری حیاتی است، اما باید زندگی عملی بشـارت‌دهنده و آیات و عجایب از جانب خدا هم آن را همراهی کنند.

زمانی که عیسـی شـاگردانش را دو به دو فرسـتاد، بدیشان فرمود (من معنای تفسیری آیات را در اینجا می‌آورم) «واقعاً کار سـاده‌ای اسـت. تنها کاری که باید بکنید این است که به شهری رفته، مردگان را زنده کنید، بیماران را شـفا دهید، دیوها را بیرون کنید، سـپس بدیشان بگویید که پادشاهی خدا به میان‌شان آمده است. به عبارت دیگر، پیش از آنکه انجیل را اعلان کنید، آن را نشان دهید.»

ایمان، امید و محبت

گروه واژگان سـه‌گانهٔ بعدی همانی اسـت که پولس اغلب آن را به‌کار می‌برد. معروف‌ترین آنها برای ما همانی اسـت که در انتهای باب ۱۳ اول قرنتیان آمده، اما پولس در اول تسالونیکیان هم آنها را به‌کار برده. روشـن است که تسالونیکیان در ایمان و محبت قوی‌تر بودند تا در امید. ایمان بدیشان نشان می‌داد که خدا در گذشته چه کارهایی کرده، و محبت هم نشان می‌داد که او هم اکنون چه می‌کند. اما تسالونیکیان در درک آنچه قرار بود خدا در آینده انجام دهد، ضعیف‌تر بودند.

باید توجه داشته باشیم که منظور از این ایمان، امید و محبت صرفاً نگرش نسبت به آنها نیست. منظور ما جنبهٔ فعال آن را هم در بر می‌گیرد: اعمال ایمان، رنج‌های محبت و قابلیت‌های امید.

خدا، عیسی و روح‌القدس

پولس می‌گوید که تجربهٔ تسالونیکیان از خدا کاملاً تثلیث‌انگارانه بوده است. آنان صرفاً بر یکی از اقانیم سه‌گانه تثلیث متمرکز نشده‌اند و دو اقنوم دیگر را نادیده نگرفته‌اند. به حضور خدا توبه کرده‌اند، به عیسی ایمان آورده‌اند و روح‌القدس را یافته‌اند.

برگشت، خدمت، انتظار

آخرین سه‌گانه تعریفی از یک مسیحی خوب به‌زعم پولس به ما ارائه می‌دهد. او برای توصیف ایمان ایشان از سه فعل استفاده می‌کند: ایشان از پرستش بت‌ها *برگشته‌اند* تا خدای زنده را *خدمت* کنند و بازگشت پسرش را از آسمان *انتظار* کشند. زندگی مسیحی یعنی توبه در گذشته، خدمت پیوسته در زمان حال، و انتظار بازگشت مسیح در آینده.

صداقت او (اول تسالونیکیان ۲-۳)

نخستین مشکلی که در اول تسالونیکیان بدان برمی‌خوریم، در باب ۲ آن پدیدار می‌شود. پولس هرجا که می‌رفت با مخالفت روبه‌رو می‌شد ــ مخالفت انسانی، که عمدهٔ آن از سوی یهودیان بود، و نیز مخالفت شیطانی که در پس عناصر انسانی پنهان شده بود. هر دو این مخالفت‌ها از سر حسادت بود، زیرا هم یهود و هم شیطان به از دست دادن پیروان‌شان حسد می‌ورزیدند. ابلیس پدر دروغ‌گویان است، و او به منظور خنثی‌کردن کار جدید خدا یا پیام‌آور را بدنام می‌کند و یا خود پیام را نابود می‌نماید. نخستین کاری که انجام می‌دهد نسبت دادن انگیزه‌های بد به کسی است که کار را آغاز کرده و در مورد او دروغ‌پردازی می‌کند.

همین امر در تسالونیکی هم اتفاق افتاده بود. از نحوهٔ دفاعی که پولس در باب‌های ۲ و ۳ از خودش می‌کند می‌توانیم دریابیم که دشمن می‌خواسته از همین حربهٔ بدنام‌کردن در مورد او استفاده کند. او نه بار از صداقت خودش در برابر دروغ‌ها دفاع می‌کند. او این کار را به‌خاطر خودش انجام نمی‌دهد، بلکه از این‌رو که می‌داند اگر اعتبار و آبرویش بر باد برود، آنگاه مسیحیان در تسالونیکی به انجیلی که وی بدیشان عرضه داشته اعتمادی نخواهند نمود.

نه اتهامی که پولس با آنها روبه‌رو بود به قرار زیرند:

۱. *پولس ناشی و خام دست است*. او در تسالونیکی شرایط سردرگمی به‌وجود آورده و نتوانسته رضایت همگان را جلب کند.

۲. پولس بزدل است. او از این جهت تسالونیکی را ترک گفت که یک جنایتکار فراری بود. (در واقع می‌دانیم که او بدین‌خاطر تسالونیکی را ترک کرد که هزینهٔ زندگی‌اش باری بر دوش نوایمانان آنجا نباشد.)

۳. پولس متعصب است. او چنان یکسونگر است که تعادل روانی خود را از دست داده.

۴. پولس نسبت به زنان شهوت دارد. در مشارکت مسیحی تسالونیکی زنان ثروتمند بسیاری حضور داشتند، و شایع کرده بودند که پولس بدیشان توجه بی‌مورد مبذول می‌دارد.

۵. پولس یک شیاد است. ایشان او را متهم به کلاه‌برداری می‌کردند، یعنی می‌گفتند او کسی است که با مسیحیان تسالونیکی به حشر و نشر می‌پردازد تا از آنان به نفع خود سوءاستفاده نماید.

۶. پولس یک متملق است. آنها مدعی بودند که وی حرف‌هایی می‌زند که مردم را خوش بیاید، و اینکه در عمل حرف چندانی که ارزش شنیدن داشته باشد ندارد، و اینکه اصلاً دغدغهٔ کلیسای تسالونیکی را ندارد.

۷. پولس یک فرصت‌طلب است. می‌گفتند که او تنها برای پولی که کلیسا بدو می‌دهد، موعظه می‌کند.

۸. پولس یک بیکاره است. می‌گفتند که او هیچ کار واقعی انجام نمی‌دهد و زندگی راحتی دارد.

۹. پولس یک خودکامه است. می‌گفتند که او تندی می‌کند و بر نوایمانانش خداوندی می‌نماید.

هیچ‌یک از این اتهامات حقیقت نداشت، اما مسلما چیزهایی که می‌گویند در خاطر انسان‌ها نقش می‌بندد. با این‌حال، هرچند در ذهن مردم می‌ماند اما می‌توان در رد و تکذیب‌شان اقدامی به عمل آورد.

در پس این اتهامات ابلیس قرار داشت، اما واقعیت این است که این وصله‌ها به خود ابلیس می‌چسبند. دشمن انگیزه‌های شیطانی خودش را به پولس نسبت می‌داد.

پولس به ۱۱ روش از خود دفاع نمود، و تسالونیکیان و خدا را به‌طور جداگانه به شهادت گرفت که هیچ‌یک از اتهامات مزبور حقیقت ندارند.

۱. وی تأثیرگذاربودن خدمت خویش را خاطرنشان می‌سازد. بدیشان می‌گوید: «شما کلیسایی منسجم هستید، پر از ایمان و محبت، و به دیگران بشارت می‌دهید. آیا این حاصل کار یک آدم ناشی و خام دست است؟»

۲. بر دلیری خودش تأکید می‌کند. در فیلیپی او را در به زندان انداخته بودند، با وجود این، به محض اینکه به شهر بعدی یعنی تسالونیکی رسیده بود، بار دیگر شروع به موعظهٔ انجیل کرده بود. آیا این رفتار یک بزدل است؟ آدم بزدل به کشوری دیگر می‌گریزد.

۳. *ادعا می‌کند که از هر مکری عاری است.* می‌گوید که منظورش از چیزهایی که گفته همانی است که بر زبان آورده. سعی در تحمیق کسی نداشته.
۴. *به دینداری خود استناد می‌کند.* حتی اگر هیچ‌کس او را تأیید نکند، خدا او را تأیید می‌نماید.
۵. *به فروتنی خود استناد می‌کند.* او حاضر نشده بود بر حقوق یا منزلت خود پافشاری نماید.
۶. *به ملایمت خود استناد می‌کند.* می‌گوید که با تسالونیکیان همچون پرستاری با یک نوزاد رفتار کرده است. از هیچ‌کس به اندازهٔ ایشان مراقبت به عمل نیاورده است.
۷. *به ازخودگذشتگی خود استناد می‌کند.* بدیشان یادآور می‌شود که وقت، پول و حتی وجود خودش را در اختیار آنان قرار داده.
۸. *به پیشهٔ خودش استناد می‌کند.* وی به دور از تنبلی برای نان روزانهٔ خود زحمت کشیده.
۹. *به تقدس خود استناد می‌کند.* می‌گوید: «شما شاهدید و خدا خود نیز گواه است که با چه پاکی و درستی و بی‌عیبی با شما ایمانداران رفتار کردیم». وی در حقیقت همان دفاعیهٔ عیسی را با اندکی تغییر تکرار می‌کند، زیرا عملاً می‌گوید: «کدام‌یک از شما می‌تواند مرا به گناهی محکوم کند؟»
۱۰. *به صمیمیت خود استناد می‌کند.* مدعی است که هم برای‌شان مادر بوده و هم پدر. زمانی که نیاز به آرامی داشته‌اند مادرانه درکنارشان بوده و هنگامی که لازم بوده تحت انضباط قرار گیرند، برای‌شان پدری کرده است.
۱۱. *سرانجام به جدیت خود استناد می‌کند.* می‌گوید که هرگز از معیارهای خود در مورد ایشان کوتاه نیامده و هرگز آنان را با چیزی گول نزده.

موقعیتی که پولس در قبال کلیسای تسالونیکی با آن روبه‌رو بود، به ما بینشی آموزنده از روش‌هایی می‌دهد که ابلیس برای خراب‌کردن خدمت مسیحی از طریق انتقاد به‌کار می‌برد. شیطان دوست دارد که همیشه نسبت به رهبران کلیسا در دل اعضا سوء ظن ایجاد نماید و سعی می‌کند انگیزه‌های دروغین بدیشان نسبت دهد.

اما پولس از چنین مخالفت‌هایی جا نمی‌خورد. به تسالونیکیان می‌گوید که باید انتظار چنین چیزی را داشته باشند. برای یک مسیحی، رنج کشیدن به‌خاطر مسیح دلیل بر برگزیدگی، یک نشان افتخار و مهر تأییدی بر ایمان است. کسانی باید واقعاً نگران باشند که هرگز به‌خاطر انجیل متحمل رنج نشده‌اند، هیچ سختی نکشیده‌اند، هیچ‌گاه دشمنی کسی را برنمی‌انگیزد، و هرگز مجبور نیست بهای پیروی عیسی را بپردازد. برای پولس رنج کشیدن امری عادی است. او زندان، تازیانه و سنگسار را به جان می‌خرید و همواره با آنانی که با نیت تخریب وجهه‌اش انگیزه‌های بی‌ارزش را به خدمت او نسبت می‌دادند، می‌جنگید.

بلوغ ایشان (اول تسالونیکیان ۴ - ۵)

در اول تسالونیکیان ۴-۵ پولس می‌کوشد تا به رشد بلوغ روحانی مسیحیان تسالونیکی کمک کند. وی به‌طور ویژه نگران دو موضوع است: *تقدس و امید*.

تقدس

تقدس در کانون زندگی مسیحی قرار دارد، زیرا ارادهٔ خدا بر این قرار گرفته است که هر ایماندار مقدس باشد. پولس از دو مقوله‌ای که تسالونیکیان در زمینهٔ آن می‌لنگند، آگاهی دارد.

زنان

نخست مقولهٔ *زنان* است.

شیوهٔ زندگی یونانیان، مانند خدایانی که می‌پرستیدند افسارگسیخته و بی‌بند وبار بود. عوض‌کردن زن و معشوقه گرفتن امری عادی تلقی می‌شد. مردی به نام دموستنس[1] در مورد شیوهٔ زندگی یونانی چنین گفته: «ما روسپیان را برای خوشگذرانی نگاه می‌داریم، معشوقه‌ها را برای نیازهای روزانه تنمان و همسران را برای بچه آوردن و پاسداری وفادارانه از حریم خانه‌های‌مان.»

سنکا می‌گوید: «زنان ازدواج می‌کنند برای طلاق و طلاق می‌گیرند برای ازدواج.» واژه‌ای به نام پاکدامنی تقریباً به گوش کسی نخورده بود.

پس پولس با در نظر گرفتن این پس‌زمینه به مردان کلیسای تسالونیکی گفت که باید دست از روسپیان و معشوقه‌های خود بردارند، و از نگرش‌های بی‌بندوبار حاکم بر محیط بپرهیزند.

ایشان می‌بایست با پاک نگاه داشتن بستر زناشویی خویش، بدان افتخار نمایند. با زن نمی‌بایست همچون یک روسپی یا معشوقه رفتار کرد.

کار

مقولهٔ دیگر مورد کشمکش تسالونیکیان، *کار* بود.

این واژهٔ سه حرفی اغلب نادیده گرفته می‌شود! ما میل چندانی به شنیدن موعظاتی که در مورد کارکردن باشند، نداریم؛ شاید بدین‌خاطر که اکثر موعظاتی که در کلیساها انجام می‌شود را کسانی ایراد می‌کنند که کار تمام وقت اداری ندارند. شاید ۱۶ ساعت در روز برای کلیسا کار کنند، اما به معنای عمومی کلمه، «کار» ندارند. کمتر دورهٔ شاگردی می‌توان یافت که در آن ذکری از کار شده باشد. این دوره‌ها تشریح می‌کنند که در وقت اضافی‌تان باید چگونه مسیحی‌ای باشید- چگونه دعا کنید، چگونه کتاب‌مقدس بخوانید، چگونه شهادت دهید، چگونه به کلیسا

---

1. Demosthenes

خدمت کنید. این تصور در مردم ایجاد شده که باید در خارج از ساعات کاری به خداوند خدمت نمایند، و مسیحیانی که برای خدمت سر از پا نمی‌شناسند، می‌خواهند از کار در بروند تا به خدمت مسیحی بپردازند.

آنان فراموش می‌کنند که یک مسیحی از پیش آمادهٔ خدمت تمام وقت برای خداوند هست. شیوهٔ کارکردن ما بخشی از تقدسمان را تشکیل می‌دهد. زندگی کاری ما باید بیانگر محبتمان نسبت به خداوند و همسایگانمان باشد. انگیزهٔ ما از کارکردن باید جلال دادن خدا باشد. تا زمانی که به زندگی کاریمان به‌عنوان بخشی از تقدسمان ننگریم، خدمت به خداوند را از دست داده‌ایم.

برخی از ایمانداران تسالونیکی کار دائمی خود را رها کرده بودند و از سر تنبلی انتظار بازگشت خداوند را می‌کشیدند. در فرهنگ محیط پیرامون آنها این نگرش چندان هم غریب نبود. یونانیان به‌طور کلی اهل تن‌آسایی بودند. ایشان بر این باور بودند که کار (به‌ویژه کار بدنی) بد و خفت‌بار است، و در هر جایی که امکانش بود برای انجام کارهای‌شان از بردگان استفاده می‌کردند. اندیشهٔ عبرانی که مبتنی بر عهدعتیق بود، کار را عبادت می‌دانست. میان کاری که انسان با بازوانش انجام می‌داد و دیگر اَشکال کارکردن تمایزی وجود نداشت. همهٔ کارها در نظر خدا از ارج و شأن برابر برخوردار بودند و می‌بایست در جهت خشنود ساختن وی انجام می‌گرفتند.

بنابراین، پولس ناگزیر است به این افراد بگوید که از دسترنج خویش ارتزاق نمایند و همهٔ هم و غم خویش را بر این بگذارند که به هیچ‌کس وابسته نباشند. مسیحیانی که از توان جسمانی برخوردارند نباید با گرفتن صدقه از دیگران گذران کنند، بلکه باید روزی خود را درآورند تا از خانواده‌شان حمایت نمایند و به آنانی که به‌راستی نیازمندند هم کمک کنند. پولس در مورد کسانی که نمی‌توانند کار کنند حرف نمی‌زند، بلکه روی سخنش با آنانی است که نمی‌خواهند کار کنند.

امید

همچنین پولس ضروری دانست که به تسالونیکیان دربارهٔ امید تعلیم بدهد. امید در عهدجدید مضمونی کلیدی است ـ به بازگشت مسیح بیش از ۳۰۰ بار اشاره شده. بنابراین، پولس امید را تعلیمی بنیادین برای تازه مسیحی‌شدگان تلقی می‌کند. گرچه تسالونیکیان ایمانی قوی و محبتی بسیار داشتند، اما در زمینهٔ امید ضعیف بودند، و این تا اندازه‌ای به‌خاطر نگرش جهان یونانی به مرگ بود.

ایسکیلوس می‌گفت: «زمانی که انسان مرد، دیگر رستاخیزی در کار نیست.» تئوکراتس چنین نوشته: «برای آنانی که زنده‌اند امیدی هست، اما برای مردگان هیچ امیدی نیست.» فیلسوف دیگری می‌گوید: «هنگامی که عمر کوتاه ما به پایان رسید، برای خوابیدن یک شب

ابدی پیش رو داریم.» از یونان باستان سنگ قبری با این مضمون بر جای مانده: «نبودم، شدم، نیستم، دیگر چه باک.»

پس مسیحیان تسالونیکی فرض را بر این گرفته بودند که وقتی اعضای کلیسای‌شان می‌میرند، بازگشت مسیح را از دست می‌دهند. مطمئن نیستیم که آیا دلیلش آن بوده که به کل اعتقادی به رستاخیز مردگان نداشته‌اند، یا اینکه باور داشته‌اند که مردگان تا آخر جهان برنمی‌خیزند. از این‌رو پولس ناگزیر بود به تسالونیکیان اطمینان بدهد که نباید مانند دیگر مردمان زانوی غم به بغل بگیرند، زیرا هنگامی که عیسی بازآید، عملاً مردگان نخستین گروهی هستند که با وی دیدار خواهند نمود. نخست ایشان بر خواهند خاست، و در پی آنان کسانی که زنده‌اند به دیدار مسیح نایل خواهند شد.

مسلماً این بدان معناست که مسیحیان پس از مرگ‌شان به زمین باز خواهند گشت. آنها پس از آنکه در آسمان با عیسی دیدار کردند، با بدن‌هایی جدید به زمین باز خواهند گشت. آسمان، از قدیم، اتاق انتظار بوده و هست ـ منزل‌گاهی موقت برای آنانی که مرده‌اند و در انتظار بازگشت مسیح به زمین به سر می‌برند، تا برای همیشه با او باشند.

آشکار است که کلیسای تسالونیکی در مورد تعلیم مربوط به بازگشت عیسی نیز دچار سوء برداشت شده بود. پولس عبارتی را که نخستین بار عیسی ابداع کرده بود نقل می‌کند، اینکه او مانند «دزد در شب» می‌آید ـ اشاره‌ای تلویحی به غافلگیری مطلق، بدون هیچ هشداری. بسیاری می‌پنداشتند که عیسی ممکن است در هر لحظه بیاید. اما پولس به تصحیح این پندار پرداخته، می‌گوید که آمدن او تنها برای کسانی نامنتظره و ناگهانی خواهد بود که انتظار آمدنش را نمی‌کشند. کلمات «دزدی در شب» مسیحیان را خطاب قرار نمی‌دهند، بلکه منظورشان کسانی است که آماده نیستند. برعکس این دسته از افراد، تسالونیکیان نه در شب، که در روز زندگی می‌کنند. اگر مراقب باشند، غافلگیر نخواهند شد. در حقیقت، از دیگر قسمت‌های تعلیم پولس و دیگر بخش‌های عهدجدید چنین برمی‌آید که آیات و نشانه‌های معینی مقدمهٔ بازگشت مسیح خواهند بود. این همان مضمونی است که در دوم تسالونیکیان به سراغش می‌رود.

واپسین اندرزها (اول تسالونیکیان ۵:۱۲ - ۲۸)

در انتهای نامه، موضوعات فشرده‌تر می‌شوند، انگار پولس می‌خواهد یکجا دوجین موعظه خطاب بدیشان ایراد نماید. باب ۵ با تعدادی موضوع نامربوط به یکدیگر بسته‌بندی شده است.

رهبران و اعضا

شهر تسالونیکی به شیوه‌ای دموکراتیک اداره می‌شد. یکی از نتایج مثبت این شیوهٔ ادارهٔ شهر این بود که زنان تا اندازه‌ای از آزادی برخوردار بودند؛ آزادی‌ای که زنان شهرهای دیگر یونان

از آن محروم بودند. اما یک نتیجه منفی این نظام دموکراتیک آن بود که اعضای کلیسا برای رهبران‌شان یا حرمتی قایل نبودند و یا احترام اندکی بدیشان می‌گذاشتند. از این‌رو پولس به تسالونیکیان می‌گوید که به رهبران‌شان احترام بگذارند، چراکه ایشان اگر مورد احترام نباشند نمی‌توانند رهبری کنند. کلیسا بر پایه تئوکراسی (خداسالاری- م.) اداره می‌شود نه دموکراسی (مردم‌سالاری- م.)، زیرا این نهاد زیر حاکمیت روح‌القدس قرار دارد. این حاکمیت خود را از طریق رهبران و پیروان پر از روح نشان می‌دهد. نه رهبران کلیسا خودکامه هستند و نه اعضای کلیسا بخشی از یک نظام دموکراتیک.

پولس به اعضا سه مورد را که نباید باشند و پنج مورد را که باید باشند، گوشزد می‌کند: تنبل، ترسو یا ضعیف *نباشید*؛ صبور، بخشاینده، شاد، اهل دعا و شکرگزار *باشید*.

تثلیث

پولس نامهٔ خود را با تعالیمی پیرامون تک تک اقانیم تثلیث به پایان می‌برد:

روح‌القدس. به کلیسا می‌گوید که آتش روح را خاموش نکنند یا نبوت‌ها را خوار نشمارند، اما همه چیز را بیازمایند. از آنها می‌خواهد که آنچه را نیکوست به چنگ بگیرند و از هرگونه بدی دوری کنند.

خدا. پولس دعا می‌کند که خدا ایشان را در میان فرهنگی که احاطه‌شان کرده و مخالف با خداست به تمامی تقدیس نماید.

عیسی. پولس دعا می‌کند که عیسی روح و جان و تن ایشان را تا آمدن خودش، بی‌عیب و محفوظ نگاه دارد. بازگشت مسیح باید انگیزه‌ای برای داشتن یک زندگی دیندارانه باشد.

سرسختی ایشان (دوم تسالونیکیان ۱)

نامهٔ دوم پولس به تسالونیکیان که تنها چند ماه پس از نامه اول نوشته شد، لحنی کاملاً متفاوت دارد. وی در این نامه سرد و غیرصمیمی، بیمناک و برآشفته است. چنین به‌نظر می‌رسد که در مورد کلیسا اخبار بدی شنیده است، و احساس نیاز می‌کند که بار دیگر دست به قلم برده پاره‌ای از مطالب مندرج در نامهٔ نخست خویش را دوباره پیش بکشد.

او نامهٔ خود را با این تعریف از ایشان آغاز می‌کند که به‌رغم آزار شدید ایمان‌شان قوی مانده است. نفرتی که دشمنانش در ابتدا نسبت بدو روا داشته بودند، اکنون دامنگیر آنان شده بود. به آنها می‌گوید که باید به رنج‌های‌شان به دیدهٔ قسمتی از زندگی به‌خاطر انجیل بنگرند.

بدانها اطمینان می‌بخشد که هرچند اکنون از بی‌عدالتی به‌شدت رنج می‌برند، اما در آینده خدای عدالت به حساب همهٔ آنانی که بدیشان بدی کرده‌اند خواهد رسید. وی برای توصیف آنچه که خدا با آزاردهندگان مسیحیان خواهد کرد، شش واژه به‌کار می‌برد: «هلاکت»، «محرومیت»، «داوری»، «رنج»، «انتقام» و «جاودانی».

پس هنگامی که می‌شنویم مردم مسیحیان را اذیت می‌کنند، باید به حال آزارکنندگان بلرزیم. لازم است به خاطر داشته باشیم که همهٔ انسان‌ها تنها دو سرنوشت پیش رو دارند: یکی‌بودن با خدا برای همیشه است و دیگری‌بودن در دوزخ تا ابد.

استواری ایشان (دوم تسالونیکیان ۲-۳)

در دوم تسالونیکیان پولس همچنان نگران دو موضوعی است که در نامهٔ نخست خود بدان‌ها پرداخته- یعنی تقدس ایشان و امیدشان- اما این بار ترتیب‌شان را با هم عوض کرده.

امید

به‌رغم تعلیم دقیقی که پولس در مورد بازگشت مسیح داده، کلیسا همچنان در مورد این مبحث سردرگم مانده است. امیدشان از بیش از حد ضعیف‌بودن به بیش از اندازه قوی‌بودن تبدیل شده. برخی از ایشان معتقدند که بازگشت خداوند به‌وقوع پیوسته و یا به وقوعش بسیار نزدیک است، پس دیگر لزومی ندارد جز انتظار کشیدن برای او دست به‌کار دیگری بزنند. در نتیجه تعدادی از آنها کار خود را رها کرده‌اند.

چنین به‌نظر می‌رسد که دریافت نامه‌ای تقلبی موجب بروز این اندیشهٔ اشتباه در ایشان شده است. نویسندهٔ نامه که مدعی بوده پولس است، این را در ذهن خوانندگانش القا کرده که بازگشت مسیح بسیار قریب‌الوقوع است. در اول تسالونیکیان دیدیم که شریر، پیام‌آور خدا یعنی پولس را مورد حمله قرار داد. اکنون شریر خود پیام انجیل را مورد حمله قرار می‌دهد. او می‌داند که به راحتی می‌توان از طریق بی‌اعتنایی یا تعصب، مسیحیان را در مورد بازگشت مسیح به افراط یا تفریط کشاند.

پولس به این تحریف پیام انجیل واکنشی فوق‌العاده نشان می‌دهد. به آنها می‌گوید که بازگشت مسیح نمی‌تواند بی‌درنگ باشد چراکه دستِ‌کم هنوز یک اتفاق بزرگ مانده که قرار است پیش از آمدن عیسی روی بدهد. وی از آمدن «مرد بی‌دین» می‌نویسد، کسی که به شریعت هیچ اعتناعی نمی‌کند و خود را هم خدا می‌خواند. در جای دیگر کتاب‌مقدس نام او «وحش» یا «ضدمسیح» آورده شده. از آنجایی که این مرد هنوز ظهور نکرده، پس ایدهٔ بازگشت قریب‌الوقوع مسیح را باید غلط دانست.

ژرف‌نمایی پولس به ما کمک می‌کند تا به تفاوت میان دیدگاه عهدجدید در مورد تاریخ و دیدگاه فلسفه‌های دیگر پی بریم.

فلسفهٔ یونانی بر این باور بود که تاریخ سیری چرخشی دارد- امپراتوری‌ها می‌آیند و می‌روند، اما این سیر هرگز به فرجامی نمی‌رسد. نمونهٔ مشابه امروزی آن همان دیدگاهی است که می‌گوید تاریخ به پیش می‌رود، اما چرخه‌های آن همان فراز و فرودهای تاریخی هستند. اوقاتی خوش هست و اوقاتی بد؛ جنگ و صلح؛ تورم و فروکش قیمت‌ها. باز هیچ پیشرفت مثبتی در تاریخ مشاهده نمی‌شود.

دیدگاه پیشرونده به تاریخ در آغاز سدهٔ بیستم بسیار متداول بود. این اعتقاد وجود داشت که زندگی بهتر و آینده درخشان‌تر از اکنون می‌شود. با این‌حال، باید بگویم که در همین ابتدای سدهٔ بیست و یکم اعتقاد متضاد آن رواج بیشتری دارد. خیلی‌ها احساس می‌کنند که همه چیز رو به بدترشدن است، و اکنون واژهٔ کلیدی بقا است نه پیشرفت.

اما دیدگاه مشترک میان یهودیان و مسیحیان و کمونیست‌ها نسبت به تاریخ، دیدگاهی *آخر زمانی*[1] است- یعنی اینکه همه چیز رو به بدترشدن است تا اینکه تاریخ به نقطهٔ پایان خود برسد و آنگاه همه چیز ناگهان بهتر خواهد شد و بهتر خواهد ماند. در کتاب‌مقدس این دیدگاه را به‌طور خاص در نبوت‌های یهودی، نظیر نبوت‌های دانیال می‌یابیم. دیدگاه‌های یهودی، مسیحی و کمونیستی به تاریخ در این مورد که چه کسی مسبب این تحولات خواهد شد، با هم اختلاف دارند. کمونیست‌ها معتقدند که انسان دست بدین کار خواهد زد، هرچند که این رویا به سرعت در حال محوشدن است. یهودیان می‌گویند که خدا این کار را خواهد کرد. مسیحیان می‌گویند که عیسی این کار را به انجام خواهد رسانید و این به هنگام بازگشت او صورت خواهد گرفت. پس این دیدگاه عهدجدید به تاریخ، که جزئیاتش را در کتاب مکاشفه نیز می‌توان مشاهده نمود، در پس کلماتی نامه‌هایی قرار دارد که پولس خطاب به تسالونیکیان می‌نویسد.

پولس می‌گوید که هرچند بازگشت خداوند قریب‌الوقوع نیست، اما تأثیر حضور «مرد بی‌دین» را از پیش می‌توان در جهان مشاهده نمود. بی‌دینی وجود دارد، با این‌حال مهار شده است. روزی خدا این مهار را بر خواهد داشت، اما خود عیسی گفته که این تنها برای اندک زمانی اتفاق خواهد افتاد (از کتاب مکاشفه می‌توانیم چنین استنباط نماییم که مدت زمان آن سه سال و نیم خواهد بود)، و پس از آن عیسی باز خواهد گشت. تا آن زمان تسالونیکیان باید صبورانه انتظار بکشند و به کسب و کار خود بپردازند.

تقدس

تعلیم پولس در مورد کار تند به‌نظر می‌رسد، زیرا می‌گوید: «هرکه نمی‌خواهد کار کند، نان هم نخورد». بر طبق نظر پولس، مسیحیان نباید خوراک کسی را که تن به‌کارکردن نمی‌دهد تأمین نمایند، زیرا او به کاهلی ادامه می‌دهد. در اینجا موضوع بیکاری مورد اشاره پولس نیست- بیکاری یک آفت اجتماعی است که باید با آن بجنگیم؛ او دارد دربارهٔ کسانی صحبت می‌کند که *نمی‌خواهند* کار کنند، نه آنانی که *نمی‌توانند* کار کنند.

هنگامی که خداوند بازآید، از ما می‌خواهد که به کارمان وفادارانه ادامه دهیم و برای او کار کنیم. مَثَل‌های مربوط به بازگشت مسیح همگی بر این نکته تأکید دارند. عیسی پیرامون اربابانی که در آمدن تأخیر می‌کنند مَثَل‌هایی بیان کرده است. تأخیر به جهت آزمودن وفاداری خادمان عیسی است. خدا آن‌قدر که به درست انجام دادن کارمان علاقمند است، به چه

1. *apocalyptic*

انجام دادن ما علاقه‌ای ندارد. بهتر است که یک رانندهٔ تاکسی وظیفه‌شناس باشیم تا یک میسیونر وظیفه‌نشناس، چون او بیشتر به شخصیت علاقه دارد تا دستاورد. در غالب اوقات ما سلسله‌مراتبی از فعالیت‌های ارزشمند در ذهن داریم، که در آن میسیونرها، مبشران و شبانان در صدر قرار دارند و پس از آنها پزشکان و پرستاران هستند و بعد آموزگاران و غیره. اما هیچ چیز نمی‌تواند جای حقیقت را بگیرد. در دستورالعمل کتاب‌مقدس طبقهٔ کارگر در صدر قرار دارد! عیسی نجار بود، پولس خیمه‌دوز بود و پطرس و یوحنا ماهیگیر بودند- این فعالیت‌ها همه بخشی از کار ایشان برای خدا بود.

کسانی که ۴۰ سال در همان دفتر کار خود بوده‌اند و آرزو می‌کنند که ای کاش می‌توانستند به خداوند خدمتی بکنند این نکته را درست نفهمیده‌اند. وقتی عیسی بازآید، به کمک ما جهان را اداره خواهد کرد و کسانی را خواهد جست که قابل‌اعتماد باشند تا ادارهٔ دادگاه‌های قضایی و بانک‌ها و هر چیز دیگر را بدیشان بسپرد. پولس مسیحیان قرنتس را به‌خاطر اینکه یکدیگر را به دادگاه می‌کشانند مورد نکوهش قرار داده، توضیح می‌دهد که ایشان قرار است روزی بر دیگر قوم‌ها داوری نمایند. مسیحیان باید در زمان کنونی به‌گونه‌ای کار و زندگی کنند که خودشان را برای کاری که عیسی به هنگام بازگشتش برای آنان در نظر گرفته، آماده سازند.

دعا

دعا مضمونی است که در هر دو نامهٔ پولس به تسالونیکیان خودنمایی می‌کند. وی بدیشان می‌گوید که برای‌شان دعا می‌کند و از آنها هم می‌خواهد تا برای او دعا کنند. حتی به آنان می‌گوید که دعاهایش برای ایشان می‌تواند به همان اندازهٔ موعظه‌کردن برای‌شان مفید باشد. پس بی‌درنگ خدا را به خاطرشان شکر می‌کند، و از خدا می‌خواهد که آنها را در فیض و نیکویی کامل نموده، از شیطان محافظت کند و در محبت و وفاداری هدایت نماید.

وی همچنین به دعاهای ایشان برای خودش ارج می‌نهد. وی به‌رغم آنکه بزرگترین میسیونر و رسول سیزدهم است، می‌داند که به دعاهای ایشان احتیاج دارد. از آنها می‌خواهد که دعا کنند تا پیام انجیل به سرعت انتشار یابد، چراکه می‌نیک می‌داند که هر لحظه ارزشمند است. همچنین از آنان می‌خواهد تا برای امنیت خودش هم دعا کنند، چراکه به‌عنوان پیام‌آور انجیل آگاه است که در قلمرو دشمن درگیر پیکار است.

نتیجه‌گیری

دو نامهٔ پولس به تسالونیکیان دو جنبهٔ کلیدی از زندگی مسیحی را به ما یادآوری می‌کند:

۱. *راه رفتن.* زمانی که به مسیح ایمان می‌آوریم، این تازه آغاز سفر ما با اوست. باید مطمئن شویم که پیوسته با او و در تقدس راه می‌رویم. نجات یک فرایند است- ما *از* دوزخ و *برای* بهشت نجات می‌یابیم. تقدس جویی قسمتی اساسی از زندگی ماست.

۲. *انتظار کشیدن.* در انتهای هر باب از این دو نامه اشاراتی به بازگشت مسیح وجود دارد. ما امروزه در موعظه‌ها و پرستش خودمان از این مضمون استفاده می‌کنیم. همان‌گونه که عیسی روزی به این جهان بازخواهد آمد، ما نیز باز خواهیم گشت. او در پی کسانی است که با آنها بر جهان فرمان براند.

برای پولس، زیستن در پرتو بازگشت مسیح یکی از ارکان اساسی شاگردی مسیحی به‌شمار می‌رفت، و این دو نامه بر خطرات غلط‌اندیشی در این زمینهٔ مهم پای می‌فشارند.

۴۵

اول و دوم قرنتیان

مقدمه

بسیاری از مسیحیان تصور می‌کنند که اگر تنها می‌توانستیم شرایط دوران گذشته را بازسازی نماییم، زندگی مسیحی برای‌مان خیلی هموارتر می‌شد. برخی با علاقه به جنبش بیداری ولز در سال ۱۹۰۴ می‌اندیشند؛ دیگران حتی از این هم عقب‌تر، یعنی دوران جنبش بیداری روحانی متدیست سدهٔ هجدهم می‌روند؛ و در سال‌های اخیر حتی دورهٔ پیوریتن‌ها مورد توجه قرار گرفته است. اما شاید محبوب‌ترین گزینه روزگار عهدجدید باشد. فرض بر این است که کافی بود اگر می‌توانستیم به آن دوران بازگردیم، آنوقت همه چیز درست می‌شد. البته مردم فراموش می‌کنند که کلیسای دوران عهدجدید هم با مشکلات بسیاری روبه‌رو بود. فشارهای بیرونی از سوی یهودیان و غیریهودیانی که با دشمنی نسبت به پیام انجیل واکنش نشان می‌دادند کلیسا را احاطه کرده بود، و از درون هم کشمکش و نزاع داخلی به پیکر آن آسیب وارد می‌ساخت.

وقتی به نامه‌های پولس خطاب به قرنتیان رجوع می‌کنیم، کلیسایی را می‌یابیم با مشکلاتی که حیات و خدمت کلیسا را به مرگ تهدید می‌کرد. هیچ‌یک از کلیساهایی که پولس بنیان نهاده بود به اندازهٔ کلیسای قرنتس مشکل نداشت، اما بگذارید خدا را به‌خاطر معضلات ایشان شکر کنیم، چون باعث شدند که این دو نامهٔ بی‌همتا در اختیار ما قرار گیرند. این دربرگیرندهٔ توصیفی بی‌نظیر از محبت در اول قرنتیان ۱۳ است، و اول قرنتیان ۱۵

هم حاوی قدیمی‌ترین گزارش از موارد مشاهدهٔ خداوند رستاخیز کرده در عهدجدید است.

به‌طور قطع با مشکلات شدیدی روبه‌رو بودند. کلیسا عمیقاً چند دسته شده بود، و هر گروه از آنها از رهبرانی جداگانه پیروی می‌کردند. بی‌بندوباری به بدترین شکلش در میان ایشان رایج بود- مردی با مادر (یا احتمالاً زن پدر) خود در گناه زندگی می‌کرد، کاری که حتی بت‌پرستان هم آن را نکوهیده می‌دانستند. برخی از آنان در مراسم شام خداوند مست می‌کردند. دیگران شیوه‌ای سلطه‌جویانه از فمینیسم را اعمال کرده بودند. وانگهی، در مورد آموزه بنیادین مسیحی دچار سوء برداشت شده بودند. همهٔ اینها کافی بودند تا پولس برای همیشه دور چنین کلیسایی را خط بکشد، اما چنین نکرد. او برای‌شان نامه نوشت، به دیدارشان شتافت با این امید که به خطاهای‌شان پی ببرند و به زندگی بهتری رهنمون شوند.

شهر قرنتس

بررسی موقعیت جغرافیایی کلیسا به درک مشکلاتی که با آن روبه‌رو بود به ما کمک می‌کند.

شهر قرنتس باریکهٔ کم‌عرضی از خشکی بود که سرزمین اصلی یونان را به پلوپونز (جزیره‌های یونانی دریای اژه- م.) می‌پیوست. این باریکه برای بازرگانانی که می‌خواستند از رویارویی با مسیر پرخطر جنوبی میان ساحل جنوبی اخائیه و کرت پرهیز کنند، منزلگاه مهمی به شمار می‌رفت. محموله‌های تجاری را از قایق‌های بزرگ تخلیه و در آن سوی باریکه بر کشتی دیگری بار می‌کردند. قایق‌های کوچکتر را سوار بر غلتک‌هایی در امتداد پهنای باریکه می‌کشیدند و دوباره آن را در سوی دیگر به آب می‌انداختند.

خود قرنتس دو مایل از دریا دور بود، اما برای خودش بندری به نام لخائیوم[1] داشت. در تمام مسیر شهر تا بندر بارویی دو جداره امتداد یافته بود. کوه آکروکورینتوس به ارتفاع ۲۰۰۰ پا، درست در بیرون قرنتس قرار داشت و از فراز آن می‌شد مناظری از آتن را از فاصله ۴۰ مایلی دید. قرنتس و آتن را می‌توان با ادینبورو و گلاسگو امروزی (دو شهر بزرگ اسکاتلند- م.) مقایسه کرد. آتن شهری دانشگاهی بود و فیلسوفان در آن زندگی می‌کردند و جشنواره‌های هنری در آن برگزار می‌شد، و قرنتس بندری پرهیاهو بود. رقابت شدیدی میان این دو شهر وجود داشت.

شهر نخست

باستان‌شناسان به‌ویژه پس از زمین‌لرزه سال ۱۹۵۸ که قسمتی از ویرانه‌های باستانی شهر را آشکار ساخت، چیزهای بسیاری یافته‌اند. ایشان مسند داوری‌ای را که پولس را در آن محاکمه

1. *Lechaeum*

کردند و نیز یک کنیسهٔ یهودی یافتند. همهٔ شواهد با گزارش لوقا در کتاب اعمال مطابقت دارد. در عصر مدرن آبکند عمیقی به نام کانال قرنتسی احداث شده تا کشتی‌ها بتوانند از دریا وارد کانال شده عرض باریکه را طی کنند. نرون در زمان زندگانی پولس تلاش کرد کانالی بکند اما موفق نشد. شهر نخست در سال ۱۴۶ پ. م. به دست رومیان ویران گشت و در سال ۴۴ پ. م. از نو به دست ژولیوس سزار بازسازی شد و مردمانی رومی در آن سکنا داده شدند و این شهر به یک کلنی رومی درآمد. از سال ۲۹ پ. م. این شهر پایتخت استان وابسته به سنای اخائیه گردید. ترکیب جمعیتی شهر از نژادها و تیره‌های گوناگون و از جمله یهودیان تشکیل شده بود. یهودیان در این شهر برای خود کنیسه داشتند و یونانیان هم با معماری و فلسفه خود بر آن تأثیر گذارده بودند. اما بر پایهٔ قوانین رومی اداره می‌شد و عمدتاً دین رومی در آن رواج داشت. از آریستوکراسی (حاکمیت طبقه اشرافی- م.) وابسته به زمین در آن اثری به چشم نمی‌خورد، از این‌رو هرگونه تمایز طبقاتی صرفاً بر پایهٔ ثروت به‌دست آمده از بازار و بندر به‌وجود می‌آمد. دیری نپایید که بی‌بندوباری اخلاقی شهر پیشین، به همراه فخرفروشی‌های ناشی از ثروت‌اندوزی و غرور روشنفکری به شهر جدید بازگشت.

شهر دوم

شهری که پولس از آن دیدن کرد بسیار ثروتمند و به‌شدت بت‌پرست بود. ساکنان این شهر خدایان یونان و روم، از جمله پوزئیدون خدای دریا و آفرودیت الاههٔ عشق را می‌پرستیدند. معبد بزرگ آفرودیت ۲۰۰۰ کاهنه را در خود جای می‌داد، که در عمل روسپی بودند چراکه پرستش آفرودیت با آمیزش جنسی با یک کاهنه همراه بود. در حقیقت، «قرنتسی شدن» در زبان یونانی به یک فعل تبدیل شده بود که «داشتن رابطهٔ جنسی بی‌قیدوبند» معنی می‌داد. بدین‌ترتیب، این زمینه تا اندازه‌ای لزوم تمرکز پولس بر روابط میان مرد و زن را در نامه‌هایش به مسیحیان قرنتس توجیه می‌کند.

کلیسا

زمینهٔ اجتماعی

جمعیت عمدهٔ شهر را بردگان آزاد شده- که آزادی خود را یا با پول خریده بودند و یا آن را از راهی دیگر به‌دست آورده بودند- تشکیل می‌دادند. به همین جهت است که پولس در نامهٔ نخست خود خاطرنشان می‌سازد که بیشتر آنان از میان نجیب‌زادگان برنیامده‌اند. آنان آدم‌هایی بسیار معمولی، اما در آن زمان از ثروت کلانی بهره‌مند بودند و برای بالا رفتن از نردبان ترقی اجتماعی می‌کوشیدند. این امر شاید در توجیه میل ایشان به ترجیح رهبری بر رهبر دیگر مفید باشد- آنانی که برای ثروتمندشدن سخت تلاش می‌کنند عادت دارند توانایی گزینش به‌دست

آورند، و زمانی که به سیاست‌های کلیسا می‌رسند دوست دارند راه و روش خودشان را داشته باشند.

زمینهٔ اخلاقی

پولس در اول قرنتیان ۶:۹-۱۰ فهرستی از گناهان اخلاقی را که ایمانداران قرنتس در زندگی پیشین خود گرفتارش بودند ارائه می‌نماید. این گناهان عبارتند از: «بی‌عفتان... بت‌پرستان... زناکاران... لواطگران- چه فاعل چه مفعول... دزدان... طمع‌ورزان... میگساران... ناسزاگویان... شیادان». روشن است که چنین رفتاری برای مردم قرنتس امری عادی بوده است. و در میان اعضای کلیسا برخی از این اعمال همچنان مشکلی به‌شمار می‌رفت.

زمینهٔ روحانی

بت‌پرستی جزیی از فرهنگ قرنتسی بود. اما در همین حین، خود کلیسا هم شواهدی از کار روح‌القدس را نشان می‌داد. اعضای کلیسا تعمید روح گرفته بودند و عطایای روح‌القدس بسیاری در حین پرستش به منصه ظهور می‌رسید.

تأثیرات فرهنگی

بزرگترین پیکارهایی که هر کلیسایی با آنها روبه‌روست نحوهٔ حفظ‌کردن کلیسا در دنیا (یعنی بشارت) و نحوهٔ حفظ‌کردن کلیسا از دنیا (یعنی تقدس) است. بزرگترین معضلات شبانی را می‌توان در زیر یکی از این دو سرباب جای داد، و این به‌طور خاص در مورد کلیسای قرنتس مصداق دارد.

معضلات مؤثر در این کلیسا به‌طور اخص، ریشه در عوامل مؤثر بر ایمانداران آن داشت.

اخلاقیات بت‌پرستی

زمانی که پای لجام‌گسیختگی جنسی به میان می‌آید، باید قرنتس را نمونه‌ای عادی از بندری دریایی به‌شمار آوریم. تقریباً همه چیز در قرنتس مجاز و پذیرفتنی بود، و واضح است که کلیسا از تأثیر بندر در این مورد مصون نبود.

قانون رومی

شهر قرنتس اگرچه در یونان، اما به‌شدت تحت تأثیر فرهنگ رومی بود. به‌ویژه از قانون و نظم رومی بهره‌مند بود. این خودش چیز بدی نبود- پولس هم در سرتاسر خدمت خویش از مزایای یک شهروند رومی استفاده می‌کرد. اما کلیسا دیگر از حد گذرانیده بود. آنها به جای اینکه به‌طرزی دوستانه مسائل را حل و فصل کنند، یکدیگر

را به دادگاه می‌کشاندند، و پولس احساس می‌کرد که لازم است به این موضوع هم اشاره نماید.

فلسفهٔ یونانی

فلسفهٔ یونانی زمینهٔ مرام فکری اهالی قرنتیان را تشکیل می‌داد، و این بسیاری از مشکلات را توجیه می‌کند. در حقیقت، از آنجایی که تمدن غربی بر پایهٔ اندیشهٔ یونانی استوار شده، تا اندازه‌ای زندگی و عمل کلیسای امروزی را هم تشریح می‌کند، پس خوب است که با دقت بیشتری به این موضوع بپردازیم.

برای مثال، واژهٔ «دموکراسی» در اصل یونانی است. دموکراسی یک مرام سیاسی یونانی بود. گرچه در کتاب‌مقدس دموکراسی نداریم، اما بسیاری از مسیحیان حاکمیت آن را بر زندگی کلیسایی مسلم می‌پندارند. به‌عنوان نمونه‌ای دیگر، ورزش نزد یونانیان از اهمیت زیادی برخوردار بود، اما جز برخی اشارات تمثیلی در نامه‌های پولس، در کتاب‌مقدس سخنی از ورزش به میان نیامده. اما ورزش به دین مردمان این کشور (همچون در انگلستان- م.) تبدیل شده، و اغلب بر زندگی مسیحیان نیز سایه افکنده بود.

جسم و روح

با این‌حال، بدترین جنبهٔ اندیشهٔ یونانی جدایی دو حیطهٔ جسمانی و روحانی است. برای یونانیان جسم و روح دو چیز جداگانه به شمار می‌رفتند، و این امر اغلب در اندیشه مسیحی نیز رایج است. عبرانیان «جان» را تنی می‌پنداشتند که نفس می‌کشد. علامت 'SOS' ('Save Our Souls' «جان ما را نجات دهید») در واقع، برخاسته از اندیشهٔ عبرانی است- در واقع، می‌گوید «تن‌مان را نجات دهید» اما به‌جای تن (Body) واژهٔ روح یا جان (Soul) را به‌کار می‌برد.

یونانیان بر این باور بودند که بدن کامل‌کنندهٔ روح نیست. می‌پنداشتند که وقتی بدن به هنگام مرگ فرومی‌پاشد، روح آزاد می‌شود. از ارواح غیرفانی سخن می‌گفتند که در بدن فانی زندانی شده‌اند و معتقد بودند که به‌راستی آنچه برای روح اتفاق می‌افتد اهمیت دارد.

در این ارتباط اندیشهٔ عبرانی دقیقاً مخالف اندیشهٔ یونانی است. در دیدگاه عبرانی ما یک جان فانی داریم و نیاز به یک بدن غیرفانی. بدن خیلی مهم است. بنابراین، مسیحیان باید به جانبداری از اندیشهٔ عبرانی، که برخاسته از عهدعتیق است، اعتقاد یونانی در زمینهٔ فناناپذیربودن روح را کنار گذاشته، همراه با یهود به رستاخیز جسمانی ایمان بیاورند.

این اختلاف در باورها توضیح می‌دهد که چرا قرنتیان در درک رفتاری که مسیحی پسندانه باشد مشکل داشتند. یونانیان با بدن‌های خود یکی از این سه کار را می‌کردند: یا آن را به حال خود رها می‌کردند، چراکه هرچه با بدن خود بکنی هیچ تأثیری بر روحت نخواهد گذارد؛ یا آن را نادیده می‌گرفتند و سعی می‌کردند یک زندگی زاهدانه و به دور از هر میل جسمانی پیشه

نمایند؛ و یا به تن‌پرستی می‌پرداختند و از بدن کامل تندیس می‌ساختند. به همین دلیل هم بود که برهنه ورزش می‌کردند.

پس پولس ناگزیر است به قرنتیان یادآوری نماید که بدن‌هایشان معبد روح‌القدس است. آنچه که ما با بدن‌هایمان می‌کنیم بر روح‌مان اثر می‌گذارد. بدانها می‌گوید که مست‌کردن در برابر میز شام خداوند بر زندگی روحانی ایشان تأثیرگذار است، و اگر به سراغ یک روسپی بروند، عملاً مسیح را با آن روسپی به هم پیوند داده‌اند، چون در واقع، بدن‌شان جزیی از بدن مسیح است.

این نگرش نادرست به جسم امروزه هم مشکلاتی به بار آورده، زیرا بسیاری از مسیحیان انجیلی اساساً اندیشه‌ای یونانی دارند. خیلی‌ها دوست ندارند نقش جسم در پرستش را بپذیرند و معتقدند که پرستش باید امری درونی باشد. بنابراین، استفاده از بدن- مثلاً بلندکردن دست‌ها- را با وجودی که در کلام خدا سفارش شده است، کاری ناشایست می‌دانند. تنها عضوی از بدن را که انتظار داریم در پرستش به‌کار گرفته شود دهان است، در صورتی که رومیان به ما می‌گوید که باید (کلیت) بدن‌هایمان را به‌عنوان قربانی زنده تقدیم کنیم.

مکاتبات

پولس در اصل چهار نامه خطاب به کلیسای قرنتس نوشت، با وجود این، ما تنها دو نامه از آنها را در دست داریم. اول قرنتیان در واقع، دومین نامهٔ وی به کلیسا و دوم قرنتیان هم چهارمین نامهٔ وی به آنان است. دو نامهٔ دیگر احتمالاً گم شده‌اند، اما برخی مفسران بر این باورند که این امکان وجود دارد که آن دو نامه در نامهٔ دوم به قرنتیان گنجانده شده باشند. یکی از آنها نامه‌ای شتاب‌زده بوده که شاید پولس بعداً از نگارشش پشیمان شده، و دیگری هم نامه‌ای بسیار تند بوده که خود وی به شدیداللحن‌بودن آن اذعان می‌کند.

نگاهی گذرا بر تحرکات پولس که در اعمال و نامه‌هایش به قرنتیان پیداست، به ما کمک می‌کند تا بفهمیم این نامه‌ها چگونه به رشتهٔ تحریر درآمدند.

پولس برای نخستین بار به تنهایی پا به قرنتس گذاشت، آن هم در شرایطی که در تسالونیکی، بیریه و آتن با مخالفت روبه‌رو شده بود. به سراغ پیشهٔ قدیم خویش یعنی خیمه‌دوزی رفت و با یک زوج یهودی به نام‌های پریسکیلا و آکیلا که همچون یهودیان بسیار دیگر در زمان فرمانروایی کلودیوس از رُم رانده شده بودند، همکار شد. در کنیسه موعظه می‌کرد و اندکی بعد سیلاس و تیموتائوس هم به همراه هدیهٔ نقدی از سوی مسیحیان فیلیپی به یاری‌اش آمدند و این کمک مالی بدیشان این توانایی را بخشید تا زمان بیشتری را وقف موعظه کنند. سرانجام وی را از کنیسه اخراج کردند، پس او به خانه‌ای در جوار کنیسه که از آن تیتوس یوستوس بود نقل مکان کرد. خدا در رویایی به وی اطمینان داد که در این شهر مردمان بسیاری ایمان خواهند آورد، پس وی دلگرم شده به‌کار خود ادامه داد. کریسپوس رئیس کنیسه و خانواده‌اش، به همراه دیگران

ایمان آوردند. تا زمانی که پولس پس از ۱۸ ماه اقامت در قرنتس این شهر را ترک کرد، کلیسایی در این شهر تأسیس شده بود.

پولس از قرنتس به افسس رفت و از آنجا راهی اورشلیم شد، و سپس به کلیسای خودش در انطاکیه بازگشت. به هنگام بازگشت به افسس از آگاهی در مورد بی‌بندوباری اخلاقی جنسی در میان اعضای خانواده‌ای در کلیسای قرنتس پریشان‌خاطر گردید.

از این‌رو نخستین نامهٔ خود را خطاب بدیشان فرستاد– همان نامهٔ شتاب‌زده‌ای که در آن گفته بود باید به اصلاح امور بپردازند. اما پس از ارسال این نامه گزارشی شفاهی از سوی خانواده خلوئه، و احتمالاً استفاناس، فورتوناتوس و آخائیکوس که برای دیدار وی به افسس آمده بودند، بدو رسید. بدو گفتند که نامهٔ اول با واکنش منفی روبه‌رو بوده. برخی گمان می‌برند که این نامه در دوم قرنتیان ۶-۷ گنجانیده شده، چراکه این فصل‌ها به‌نظر می‌رسند که از همان ترتیب برخورد پولس با مسئله برخوردارند. خانوادهٔ خلوئه همراه خود نامه‌ای هم آورده بودند که هرچند موضوعات مورد نگرانی پولس را نادیده گرفته بود، اما در آن پرسش‌هایی پیرامون عطایای روحانی و ازدواج و طلاق مطرح شده بود. بنابراین، زمانی که ما نامهٔ اول قرنتیان را می‌خوانیم باید تصمیم بگیریم که کدام بخش پاسخ به گزارش شفاهی اهل خانهٔ خلوئه است و کدام بخش پاسخ به پرسش‌های مطرح شده در نامهٔ اعضای کلیسای قرنتس.

پولس تیموتائوس را برای رساندن نامهٔ خود به قرنتیان روانه کرد، با این نیت که پس از گذراندن زمانی بیشتر با افسسیان راهی مقدونیه شود، چراکه خدمتش در میان اهالی افسس مثمر ثمر واقع شده بود. سپس می‌توانست از مقدونیه راهی جنوب شده زمستان را در قرنتس سر کند. اما وقتی گزارش تیموتائوس را دریافت کرد که می‌گفت به‌رغم نامه ای که فرستاده مسیحیان قرنتس بدتر از پیش شده‌اند، تصمیمش را عوض کرد. بدین‌ترتیب، پولس بی‌درنگ به قرنتس رفت.

اما دیدار دوم پولس از قرنتس یک فاجعه بود، و او ناگزیر شد خیلی زود این شهر را ترک گوید. وی بعدها این دیدار را مواجهه‌ای اندوه‌بار توصیف می‌کند. رهبران خودگماردهٔ کلیسا، که حتی خودشان را «رسولان» می‌نامیدند، حضور پولس در قرنتس را برنمی‌تابیدند و به او اهانت می‌کردند.

پس او سومین نامهٔ شدیداللحن خود را همراه با اشک‌ها روانه کرد و از کلیسا خواست با سردستهٔ فتنه‌انگیزان برخورد کنند. اعتقاد بر این است که این نامه گم شده، هرچند امکان دارد که باب‌های ۱۰-۱۳ دوم قرنتیان همان نامهٔ گمشده باشد، زیرا لحن این بخش از نامه با شرایط مورد بحث سازگاری کامل دارد.

تیتوس سرگرم گردآوری هدایای نقدی از کلیساهای تأسیس شده در مقدونیه و اخائیه بود، و از این‌رو نامه را با خود برد. وی در حل‌وفصل مشکلات از شایستگی زیادی برخوردار بود، و چنین به‌نظر می‌رسد که توانست شفاهاً به اطلاع پولس برساند که نامه‌اش کار خود را کرده.

پولس در این زمان در افسس اوقات دشواری- شاید همان آشوب مورد اشاره در اعمال ۲۰- را می‌گذراند. وی به امید شنیدن اخبار خوب از تیتوس دربارهٔ قرنتیان رهسپار ترواس گردید، اما وقتی تیتوس را در آنجا نیافت ترسید. سرانجام او را در مقدونیه پیدا کرد و از شنیدن خبر خاتمهٔ بحران شادمان شد. پولس چنان خشنود شد که چهارمین نامه (یعنی دوم قرنتیان) را به دست تیتوس فرستاد. سومین و آخرین دیدار پولس از کلیسای قرنتس دیداری دلپذیر و شادمانه بود.

تضاد میان محتوای دو نامه کاملاً چشمگیر است و می‌توان آنها را به قرار زیر نشان داد:

اول قرنتیان	دوم قرنتیان
موضوعات عملی	کنایه‌های شخصی
آنچه وی می‌اندیشید آنان را به اشتباه انداخت	آنچه آنان می‌اندیشیدند او را به اشتباه انداخت
اعضای کلیسا	خادمان کلیسا

اول قرنتیان - «مواد پرکننده»

اول قرنتیان به یک ساندویچ می‌ماند که میانش را خیلی چیزها «پر» کرده‌اند. مشکلات قرنتیان در ارتباط با اعتقاد به صلیب و رستاخیز، دو برش نان این ساندویچ را تشکیل می‌دهند. «مواد پرکننده» هم مشکلات مربوط به رفتار ایشان است.

اجازه بدهید نخست به «مواد پرکننده» نگاهی بیندازیم. پولس اول به گزارش شفاهی که از طریق اهل خانهٔ خلوئه در مورد انحراف موجود دریافت کرده بود می‌پردازد و سپس به پرسش‌هایی پاسخ می‌دهد که در نامهٔ آورده شده به دست اهل خانهٔ خلوئه مطرح شده بود. بنابراین، بخش عمده‌ای از اول قرنتیان را آمیزه‌ای از این دو تشکیل می‌دهند. مشکلات کلیسای قرنتس عبارت بودند از:

۱. چند دستگی. در کلیسا چند گروه به‌وجود آمده بود که هر کدام گرد یکی از رهبران جمع شده بودند. برخی از ایشان پیرو پولس بودند، برخی دیگر هوادار پطرس و عده‌ای هم طرفدار آپولس- تقریباً مانند امروز که برخی مسیحیان بر وفاداری به رهبران گذشته یا کنونی کلیسا متمرکز می‌شوند.

۲. *بی‌بندوباری اخلاقی*. زنا با محارم و روسپی‌گری در کلیسا نهادینه شده بود، بدون اینکه از سوی کلیسا برای خاطیان تنبیهی در نظر گرفته شود.

۳. *دعوی قضایی*. اعضای کلیسا به جای اینکه مشکلات را میان خودشان حل‌وفصل نمایند، همدیگر را به دادگاه می‌کشیدند.

۴. **بت‌پرستی.** برخی از مسیحیان قرنتس پرستش خدا را با مناسک بت‌پرستی آمیخته بودند.

۵. **مردان و زنان.** باورهای «فمینیستی» برخی از اعضا را به جایی کشانده بود که تمایزات جنسی را منسوخ نمایند.

۶. **تقدیم خوراکی به بت‌ها.** آنان حیران بودند که آیا خریدن گوشت از فروشگاهی که قربانی‌های تقدیم شده به بت‌ها را می‌فروشد کاری شایسته است یا نه.

۷. **شام خداوند.** در آن روزگار شام خداوند را به صورت صرف یک وعدهٔ خوراکی کامل برگزار می‌کردند. نان و شراب را به‌عنوان قسمتی از خوراک اصلی میل می‌نمودند. اما در کلیسای قرنتس شام خداوند مورد سوءاستفاده قرار می‌گرفت- برخی از اعضا بیش از اندازه می‌خوردند و گروهی دیگر مست می‌کردند. ضیافت محبت که منظور از آن یادآوری عیسی بود به کاری بیهوده تبدیل شده بود.

۸. **عطایای روحانی.** کاربرد عطایای روحانی گردهمایی‌های کلیسا را با هرج و مرج توأم ساخته بود. پولس بدیشان گفت که اگر بی‌ایمانی وارد یکی از این گردهمایی‌ها شود و بشنود که همهٔ اعضا با صدای بلند به زبان‌ها سخن می‌گویند، چنین نتیجه می‌گیرند که اعضای کلیسا دیوانه هستند.

در بررسی مشکلات کلیسای قرنتس، بسیار مفید است که میان مشکلاتی که در نامهٔ کلیسا به پولس مطرح شده و آنهایی که وی به‌صورت گزارش شفاهی شنیده بود، تمایز قائل شویم. در برخی موارد پولس با آوردن عبارت «و اما در خصوص...»، خود این تمایز را آشکار می‌سازد، اما در موارد دیگر روشن نیست که آیا پولس از قرنتیان نقل‌قول می‌کند یا خودش سخن می‌گوید. برای مثال، در اول قرنتیان ۷:۱ آیا به‌راستی این پولس است که می‌گوید مرد را نیکوست که ازدواج نکند، یا اینکه وی درک ایشان از موضوع را نقل‌قول کرده است؟ او در اول قرنتیان ۱۴:۳۴ می‌گوید که زنان باید خاموش بمانند، اما آیا این دیدگاه اوست یا نظر آنان؟ از این‌رو بررسی زمینهٔ متن و پرهیز از روخوانی سادهٔ آن اهمیت حیاتی دارد.

برخی از پرسش‌ها آشکارند. آنها در مورد گوشتی که به بت‌ها تقدیم می‌شد پرسش کرده بودند، چراکه اکثر گوشت‌هایی که می‌خریدند از قربانی‌های مراسم دینی بت‌پرستان تأمین می‌شد. سلاخ‌خانه مکانی دینی به شمار می‌رفت، و پیش از آنکه گوشت را برای فروش روانهٔ بازار کنند تقدیم بت‌ها می‌کردند، و این قضیه وجدان مسیحیان را معذب می‌ساخت. همچنین در مورد ازدواج و طلاق و عطایای روحانی پرسیده بودند. پولس خدا را شکر می‌کند که ایشان چنین کلیسای کاریزماتیکی هستند اما بدیشان می‌گوید که ایشان هم دنیوی هستند. همهٔ آنان عطایای روحانی داشتند، اما فاقد ویژگی لازم برای درست مدیریت‌کردن آن عطایا بودند.

به‌کاربردن اول و دوم قرنتیان برای زندگی امروزی با مشکلات بسیاری همراه است. برخی از مسیحیان می‌کوشند آنها را تحت‌اللفظی و شریعت‌گرایانه به‌کار ببندند، همان‌گونه که با دیگر بخش‌های کتاب‌مقدس چنین می‌کنند. شاید حیرت‌آور باشد که بدانیم مسیحیان بسیاری هستند که می‌خواهند ما در کلیسا مراسم شستن پاها را، درست به همان ترتیبی که مسیح پاهای شاگردانش را شست، اجرا کنیم. روشن است که این کاربردی شریعت‌گرایانه از کلام خداست. عیسی پاهای شاگردان را شست چون پاهای‌شان کثیف بود- به همین سادگی! راه رفتن در جاده‌های خاک‌آلود با صندل‌های جلوباز پاهای آنها را عرق‌کرده، بدبو، لزج و کثیف نموده بود.

کلاه بر سر گذاشتن در کلیسا؟

بنابراین، بگذارید موضوعی را که در اول قرنتیان ۱۱:۲-۱۵ مطرح می‌شود مورد بررسی قرار دهیم. آیا زنان باید در کلیسا کلاه بر سر بگذارند؟ بر پایهٔ تعالیم اقتباس‌شده از این آیات، ایمانداران بسیاری مصرانه خواسته‌اند که این امر حتماً انجام شود.

اما در کل عبارت هیچ اشاره‌ای به کلاه نشده- حتی این واژه یک بار هم نیامده. واژه‌ای که پولس به‌کار می‌برد «پوشش» است، و این واژه هم در کل باب تنها یک بار به‌کار برده شده است، آن هم در زمینه‌ای که توضیح می‌دهد زنان باید به جای آنکه پوششی بر سر خود بکشند، موی سرشان را بلند نگاه دارند. بنابراین، حتی یک جمله هم دال بر اینکه زنان باید روسری بر سر بگذارند وجود ندارد، چه رسد به کلاه!

حرف این بخش آن است که موی مردان باید کوتاه‌تر از موی زنان باشد. به عبارت ساده‌تر، اصل بر این است که آنکه در کلیسا پشت سر شما نشسته بتواند تشخیص دهد که نفر جلویی‌اش مرد است یا زن. اصل ژرف‌تر آن است که مرد و زن با هم متفاوتند، چون پیام واقعی آن هیچ ربطی به کلاه یا مو ندارد، بلکه بحث خود سر در میان است. بنابراین، زمانی که مردی را نگاه می‌کنیم، باید به سرش فکر کنیم و وقتی زنی را می‌نگریم به موهایش بیندیشیم. این تفاوت میان مردان و زنان را بیان می‌کند و به ما یادآور می‌شود که خدا سر هر مرد است و مرد هم سر زن. پس استدلال عبارت مزبور چنین است که مردان باید موهای کوتاه داشته باشند تا سرشان قابل‌دیدن باشد و زنان باید موهای بلندتر داشته باشند تا سرشان قابل‌دیدن نباشد.

اصل زیربنایی آن است که ما در مسیح همچنان مؤنث و مذکر هستیم- یعنی با مسیحی‌شدن مخنث نمی‌شویم. ما همچنان همانی هستیم که خدا ما را آفریده، پس زمانی که خدا را می‌پرستیم نه صرفاً به‌عنوان اشخاص بلکه به‌عنوان مردان و زنان او را می‌پرستیم و از اینکه او ما را این‌گونه آفریده خشنودیم. از این‌رو پوشیدن لباس جنس مخالف در کتاب‌مقدس محکوم شده است، زیرا وقتی مرد بخواهد شبیه زن به نظر برسد و زن هم بخواهد شبیه مرد باشد، این کار در حکم عصیان در برابر آن چیزی است که خدا برای آفرینش ما مقدر فرموده. زمانی که خدا را به‌عنوان آفریننده مورد پرستش قرار می‌دهیم، در جایگاه آفریدگان به

حضور وی می‌آییم، و به همین جهت باید بگذاریم تفاوت‌های جنسی‌مان آشکارا قابل‌مشاهده باشند.

فرهنگ غربی دقیقاً خلاف این را می‌گوید. بحث برداشتن تفاوت‌های میان مرد و زن را پیش می‌کشد، و این باور به کلیسا هم رخنه کرده. اما به هر روی مرد با زن تفاوت *دارد*. ما مکمل همدیگریم و در نزد خدا از ارزش و شأن و موقعیت برابری برخورداریم، اما هر کدام در نظر خدا نقش‌ها، مسئولیت‌ها و کاربری‌های متفاوت داریم.

این تعلیم در اول قرنتیان ۱۱:۲-۱۵ به دو شیوه مورد کاربرد غلط قرار گرفته است:

۱. به‌کار بردن *عبارت مزبور در مورد جسم، و نه روح*. در اینجا زن کلاه بر سر خود می‌گذارد، اما «در عین‌حال شلوار هم به پا می‌کند». من زنانی را دیده‌ام که در کلیسا وفادارانه کلاه بر سر می‌گذارند، تا اطاعت ظاهری خود را به این تفسیر از عبارت مزبور نشان دهند، اما بر شوهران خود مسلط هستند، بدین‌ترتیب، ثابت می‌کنند که اصلاً مقصود اصلی از تعلیم مورد بحث را درنیافته‌اند! آنها عبارت مزبور را تنها برای جسم خود به‌کار برده‌اند، نه برای روح خود.

۲. به‌کار بردن *عبارت مزبور در مورد روح، و نه جسم*. برخی می‌گویند مادامی که روح‌شان به سربودن مردان اذعان کند، چندان اهمیتی ندارد که ظاهرشان بازتاب‌دهندهٔ باور به این سربودن باشد. اما از آنجایی که جسم هم جزیی از وجود ماست و ما هم خدا را با جسم‌مان می‌پرستیم، این نگرش هم بخشی از نکتهٔ اصلی پیام را جا می‌اندازد. درستش این است که زنان باید با بلندکردن موی سر و نحوه پوشیدن لباس هویت خودشان را آشکار سازند.

اهمیت محبت (اول قرنتیان ۱۳)

مشکل تنها به تمایزات جنسی محدود نمی‌شد، بلکه قرنتیان از دریافت تعالیم کلام خدا پیرامون محبت هم ناکام مانده بودند. واژهٔ «محبت» در زبان ما آن رسایی را ندارد که نکتهٔ اصلی نهان شده در واژهٔ اصلی را منتقل نماید، چراکه مفاهیم و برداشت‌های متعددی را پوشش می‌دهد، از این روست که ما امروزه در درک محبت همان مشکل را داریم.

باب معروف در باب محبت بخشی است از قسمتی بزرگتر که مبحث عطایای روحانی را دربرمی‌گیرد (یعنی باب‌های ۱۲-۱۴). باب ۱۲ به خود عطایای روحانی می‌پردازد؛ باب ۱۳ عطایای روحانی را بدون محبت مورد بررسی قرار می‌دهد؛ و باب ۱۴ هم به راه راستین و عالی- یعنی عطایای روحانی *توأم با* محبت- مربوط می‌گردد. بنابراین، در واقع، باب ۱۳ سروده‌ای در مورد محبت نیست که در جشن عروسی خوانده شود، هرچند ممکن است مناسب این کار به نظر برسد!

در عهدجدید سه واژهٔ یونانی وجود دارد که همگی در بسیاری از زبان‌ها (مثل زبان فارسی) «محبت» ترجمه شده‌اند:

اروس	**فیلادلفیا**	**آگاپه**
شهوت	*علاقه*	عشق
کشش	*مهربانی*	*توجه*
تن	*روان*	*روح*
احساسی	عقلی	*ارادی*
واکنشی	دوطرفه	*بی‌قید و شرط*
وابسته	*وابسته به یکدیگر*	*ناوابسته*

اروس واژه‌ای بود که برای کشش جنسی به‌کار می‌رفت. واژهٔ دیگری که با *اروس* پیوند نزدیکی دارد اما کمتر متداول است، *epithumia* است؛ واژه‌ای مبتذل برای بدترین شکل شهوت. اروس ضرورتاً واژه بدی نیست، اما *epithumia* یقیناً بد است، به معنای کشش بی‌قیدوبند میان روابط جنسی دو جنس مخالف یا همجنس. اروس اساساً چیزی جسمانی است، یک عشق احساسی، محبتی وابسته. به آن چیزی وابسته است که علاقهٔ نَفْسانی و کشش شهوانی انسان بسته به دوام آن است. به محضی که این چیز یا عامل کشش متوقف شود، رابطه هم دستخوش تلاطم می‌شود.

واژهٔ *فیلادلفیا* از *'philo'* یونانی به معنای «محبت» و *'adelphia'* به معنای «برادر» گرفته شده است. به معنای علاقه داشتن به دیگری است. واژه‌ای که بیشتر حامل بار مهربانی است تا کشش جنسی. اساساً واژه‌ای است دال بر هم‌سلیقه بودن. معمولاً دوستان علایق و دیدگاه‌هایی مشابه دارند؛ نسبت به همدیگر حس همدلی و یکدلی دارند، و از این‌رو رشتهٔ مهر و الفت در میان‌شان مستحکم می‌شود. این محبت اساساً چیزی عقلانی، و برخلاف محبت مبتنی بر رشته‌های احساسی، به هر دو طرف وابسته است.

یونانیان به‌ندرت واژهٔ *آگاپه* را در توصیف محبت به‌کار می‌بردند، احتمالاً بدین‌خاطر که به‌ندرت شاهد چنین محبتی بودند. این محبتی است که به مردم توجه نشان می‌دهد. محبتی است که انگیزه‌اش نه کشش موجود در دیگران، و نه محبت و مهری دوطرفه است. بنابراین، در وهلهٔ نخست عملی از روی خواست و اراده است. وقتی یکی بدین‌ترتیب، محبت می‌نماید، بدین‌خاطر است که می‌بیند کسی بدان نیاز دارد. از آنجایی که عملی ارادی است، تنها محبتی است که می‌توان انجامش را به دیگران فرمان داد. غیرممکن است که بتوان به کسی گفت عاشق شخص دیگری شود و یا نسبت به او مهر و الفت داشته باشد، اما می‌توان به او گفت که با محبت *آگاپه* دیگری را محبت کند.

محبت آگاپه محبت خداست. خدا ما را به‌خاطر جذابیت یا دوست‌داشتنی بودنمان محبت نمی‌کند. کتاب‌مقدس می‌گوید که او ما را محبت می‌کند چون ما را محبت می‌کند. در عهدعتیق کشف می‌کنیم که خدا قوم یهود را به‌خاطر آنکه بزرگ‌ترین قوم روی زمین بودند محبت نکرد، بلکه چون او محبت است و چنین تصمیم گرفت که از مشتی برده که هیچ‌کس به فکرشان نبود مراقبت کند. این نوع محبت، فداکارانه است ـ محبتی است ارادی و با پرداخت بهایی برای مراقبت از دیگری همراه است. این همان محبتی است که خدا نسبت به ما دارد ـ در حالی‌که ما هنوز گناهکار بودیم، خدا ما را محبت کرد.

دلیل اینکه کلیساهای بسیاری بر سر مسائل کاریزماتیک دچار چند دستگی شده‌اند همین نبود آگاپه است. این نوع محبت می‌تواند افرادی را که با هم اختلاف دیدگاه‌های بسیار دارند بر سر موضوعی واحد کنار هم جمع کند. آنان می‌توانند به‌رغم نقطه نظرات گوناگون‌شان، محبت‌کردن به همدیگر را انتخاب نمایند.

«نان ساندویچ»

پولس در ابتدا و انتهای اول قرنتیان به دو موضوع بنیادین اعتقادی می‌پردازد.

مصلوب‌شدن

واژهٔ صلیب مایهٔ رنجش یونانیان می‌شد، و دلیلش هم تا اندازه‌ای بدین‌خاطر بود که ایشان هیچ ارزشی برای جسم قایل نبودند. از این‌رو عقیدهٔ امکان رستگاری روحانی از طریق مصلوب‌شدن جسم را ریشخند می‌کردند. تا حد زیادی به علت عدم توانایی آنها در درک اهمیت صلیب بود که به چند دسته تقسیم شده بودند و پی موضوعی را گرفته بودند که از اهمیت کمتری برخوردار بود. پولس ناگزیر است بدیشان یادآوری کند که هیچ‌یک از رهبران کلیسا برای آنان بر صلیب نرفته‌اند ـ مگر عیسی. پس چرا باید در پی رهبران انسانی به راه بیفتند؟

رستاخیز

پولس در پایان اول قرنتیان به مسئلهٔ تردید آنان پیرامون موضوع رستاخیز می‌پردازد. ایشان به‌عنوان یونانیان به فناناپذیری روح باور داشتند و در رستاخیز جسمانی هیچ ارزشی مشاهده نمی‌کردند. پولس موظف است اندیشهٔ آنان را اصلاح کرده کمک‌شان کند تا آینده را هم در چارچوب کالبد جسمانی تصور کنند. همان‌گونه که عیسی پس از رستاخیزش بدنی تازه یافت و با آن می‌توانست ماهی بخورد و صبحانه آماده کند، مسیحیان هم روزی در آینده وجودی جسمانی خواهند داشت. کلمات پولس در اول قرنتیان ۱۵، که احتمالاً در حدود سال ۵۶ م. نگاشته شده، نخستین اشارات ثبت شده از شاهدان رستاخیز جسمانی عیسی است.

دوم قرنتیان- نامه‌ای شخصی

این نامه نامنظم‌ترین نامهٔ پولس، اما در عین‌حال شخصی‌ترین آنها به شمار می‌رود. تقریباً همهٔ آن را حدیث نَفْس یا شرح زندگی خود پولس تشکیل داده، زیرا تقریباً به‌طور انحصاری از خودش و خدمتش سخن می‌گوید. اگر اول قرنتیان برای اعضای کلیساست، دوم قرنتیان برای رهبران و خادمان کلیسا است. اگر نامهٔ نخست حاوی اندیشه‌های پولس در مورد قرنتیان است، دومی دربرگیرندهٔ اندیشه‌های وی در مورد خودش است- و تا این مقطع زمانی رابطهٔ او با ایشان تا اندازه‌ای بد است.

می‌توانیم نگرش‌های آنها را به دو مرحله تقسیم کنیم.

مرحلهٔ نخست به رهبران دیگر مربوط می‌شد که مردان خوبی بودند- هم آپولس و هم پطرس افرادی محترم و نیکنام به شمار می‌رفتند. اما مردم دست به مقایسه‌کردن میان این رهبر با دیگری زدند، و همان‌گونه که در بررسی نامهٔ اول دیدیم، در نتیجهٔ این کار چند دستگی به‌وجود آمد و شدت گرفت.

در مرحلهٔ دوم آنان رهبران بدی داشتند. رهبرانی به کلیسای قرنتس آمده بودند که ادعا می‌کردند رسولان ویژه هستند. آنها پیش‌کسوتان خود را به باد انتقاد می‌گرفتند، خودشان را بالا می‌بردند و پولس را پایین می‌کشیدند. ما باید نسبت به رهبرانی که این‌گونه رفتار می‌کنند خیلی هشیار باشیم. بسیاری از چیزهایی که ایشان در مورد پولس می‌گفتند اصلاً حقیقت نداشت.

در دوم قرنتیان پولس به کسانی پاسخ می‌دهد که خدمت و پیام وی را به باد انتقاد گرفته بودند. انتقادهای آنان بی‌شمار بود- می‌توان گفت به معنای واقعی کلمه دست به ترور شخصیت پولس زده بودند.

- او را به دمدمی مزاج‌بودن متهم کردند، یعنی کسی که همواره نقشه‌هایش را عوض می‌کند.
- به او نسبت بزدلی دادند، یعنی کسی که به جای رویاروشدن با آنان دست به نگارش نامه می‌زند.
- می‌گفتند که وقتی شخصاً پیش آنها بود آدم ترسویی بود.
- به او انتقاد کردند که او هیچ سفارش‌نامه‌ای ندارد. رسولان دروغین با خود گواهی‌نامه‌هایی داشتند که بدیشان این مجوز را می‌داد در کلیسا رحل اقامت بیفکنند و از مواهب مادی و معنوی آن برخوردار باشند. از این روست که پولس در دوم قرنتیان می‌گوید که وی نیازی به سفارش‌نامه ندارد چراکه خود مسیحیان قرنتس سفارش‌نامهٔ وی به‌شمار می‌روند. محک خدمت یک انسان مدرک دانشگاهی یا تحصیلاتش نیست، بلکه انسان‌هایی است که پرورش می‌دهد.
- وی را متهم کردند که مردی پنهان‌کار و کمتر روراست است.
- گفتند که او انسانی خشک، کناره‌گیر، بی‌احساس و بی‌تفاوت است.
- متهمش کرده بودند که سخنوری مبادی آداب نیست.

■ از او انتقاد کرده بودند که دستمزدی مطالبه نمی‌کند. در یونان، فیلسوفان دوره‌گرد مردم را به دور خود جمع می‌کردند و برای‌شان سخن می‌گفتند، و هر سخنوری که دستمزد بالاتری داشت از احترام و عزت بیشتری هم برخوردار بود.

اینها انتقادات زیادی هستند. پولس چگونه از خود دفاع کرد؟

دفاعیهٔ پولس - (دوم قرنتیان ۱-۹)

بخش نخست پاسخ بی‌ریای پولس است به انتقادات. او به این دلیل دستمزد نمی‌گرفت چون می‌خواست قرنتیان انجیل را به رایگان دریافت نمایند. می‌گوید که کار هر کس در بوتهٔ آزمایش گذارده خواهد شد، پس آنانی که از وی پیروی می‌کنند باید مراقب باشند که چگونه بنیاد می‌نهند. او اتهام ترسوبودن را رد می‌کند و دیدار دومش را بدیشان یادآور می‌شود که در آن ذره‌ای ترس مشاهده نکرده بودند.

او سفرهٔ دلش را گشوده، از خود دفاع می‌کند. قسمتی از بزرگترین عبارات او در این نامه دوم از این قرارند:

ما از هر سو در فشاریم، اما خرد نشده‌ایم؛ متحیریم، اما نومید نیستیم؛ آزار و اذیت می‌بینیم، اما وانهاده نشده‌ایم؛ بر زمین افکنده شده‌ایم، اما از پا درنیامده‌ایم... ما در هیچ چیز سبب لغزش کسی نمی‌شویم، تا خدمتمان ملامت کرده نشود، بلکه در هر چیز شایستگی خود را نشان می‌دهیم، آن‌گونه که از خادمان خدا انتظار می‌رود: با بردباری بسیار در زحمات، در سختی‌ها، در تنگناها، در تازیانه‌ها، در زندان‌ها، در هجوم خشمگین مردم، در کار سخت، در بی‌خوابی، و درگرسنگی؛ با پاکی، با معرفت، با صبر، با مهربانی، با روح‌القدس، با محبت بی‌ریا، با راستگویی، با قدرت خدا، با اسلحهٔ پارسایی به دست راست و چپ؛ در عزت و ذلت، و بدنامی و نیکنامی. گویی گمراه‌کننده، اما حقیقت را می‌گوییم؛ گویی گمنام، اما شناخته شده‌ایم؛ گویی در حال مرگ، اما هنوز زنده‌ایم؛ گویی دستخوش مجازات، اما از پا درنیامده‌ایم؛ گویی غمگین، اما همواره شادمانیم؛ گویی فقیر، اما بسیاری را دولتمند می‌سازیم؛ گویی بی‌چیز، اما صاحب همه چیزیم.

دوم قرنتیان ۴:۸-۹؛ ۶:۳-۱۰

حملهٔ پولس (دوم قرنتیان ۱۰-۱۳)

باب‌های ۱۰-۱۳ با بخش نخست نامهٔ پولس تفاوت بسیاری دارند. وی این بار به جای دفاع‌کردن از خود، به دیگران حمله می‌کند. وی در برخورد با رسولان دروغینی که به کلیسا رخنه کرده‌اند و زمام امور را به دست گرفته‌اند، به گوشه و کنایه متوسل می‌شود.

۴۵

اگر می‌خواهید حقیقتاً به احساسات وی پی ببرید، باید این عبارت را با صدای بلند بخوانید. بگذارید قسمتی از آن را که از قدرت خاصی برخوردار است مورد ملاحظه قرار دهیم:

امیدوارم اندک حماقتی را در من تحمل کنید، و چنین نیز کرده‌اید! من غیرتی خدایی نسبت به شما دارم، زیرا شما را به یک شوهر، یعنی مسیح، نامزد ساختم، تا همچون باکره‌ای پاکدامن به او تقدیمتان کنم. اما بیم دارم همان‌گونه که حوا فریب حیلهٔ مار را خورد، فکر شما نیز از سرسپردگی صادقانه و خالصی که به مسیح دارید، منحرف شود. زیرا اگر کسی نزدتان بیاید و شما را به عیسای دیگری جز آن که ما به شما موعظه کردیم، موعظه کند، یا اگر روحی متفاوت با آن روح که دریافت کردید یا انجیلی غیر از آن انجیل که شنیدید به شما عرضه کند، به آسانی تحملش می‌کنید. اما گمان نمی‌کنم من از آن بزرگ رسولان چیزی کم داشته باشم. شاید سخنوری ماهر نباشم، اما در معرفت چیزی کم ندارم؛ این را به کمال و از هر حیث به شما اثبات کرده‌ایم.

آیا گناه کردم که با بشارت رایگان انجیل خدا به شما، خود را پست ساختم تا شما سرافراز شوید؟ من با پذیرفتن کمک مالی، کلیساهای دیگر را غارت کردم تا بتوانم شما را خدمت کنم.

و در مدت اقامتم بین شما، هرگاه به چیزی نیاز داشتم باری بر دوش کسی ننهادم، زیرا برادرانی که از مقدونیه آمدند احتیاجات مرا برآوردند. و من به‌هیچ‌روی باری بر دوشتان نبوده‌ام و از این پس نیز نخواهم بود. به آن راستی مسیح که در من است قسم، که هیچ‌کس در نواحی اخائیه این فخر مرا از من نخواهد گرفت. آیا از آن رو چنین می‌گویم که دوستتان ندارم؟ خدا می‌داند که دوستتان دارم! و این رویهٔ خود را ادامه خواهم داد تا فرصت را از فرصت‌طلبان بازستانم، از آنان که در صددند تا خود را در آنچه بدان فخر می‌کنند با ما برابر سازند.

زیرا چنین کسان، رسولان دروغین و کارگزارانی فریبکارند که خود را در سیمای رسولان مسیح ظاهر می‌سازند. و این عجیب نیست، زیرا شیطان نیز خود را به شکل فرشتهٔ نور درمی‌آورد؛ پس تعجبی ندارد که خادمانش نیز خود را به خادمان طریق پارسایی همانند سازند. سرانجام اینان فراخور کارهای‌شان خواهد بود. باز می‌گویم: کسی مرا بی‌فهم نپندارد. اما اگر چنین می‌کنید، دستکم مرا چون شخصی بی‌فهم بپذیرید، تا بتوانم اندکی فخر کنم! وقتی اینچنین با اطمینان از فخر خود می‌گویم، نه از جانب خداوند، بلکه از سر بی‌فهمی است.

از آنجا که بسیاری به طریق دنیایی فخر می‌کنند، من نیز فخر خواهم کرد. زیرا شما بی‌فهمان را شادمانه تحمل می‌کنید، چراکه خود البته بس فهیم هستید! حقیقت این است که شما حتی کسانی را که شما را بندهٔ خود می‌سازند، یا از شما بهره می‌کشند، یا شما را

مورد سوءاستفاده قرار می‌دهند، یا بر شما ریاست می‌کنند، یا به صورتتان سیلی می‌زنند، به خوبی تحمل می‌کنید. با کمال شرمندگی باید اقرار کنم که ما ضعیفتر از آن بوده‌ایم که قادر به چنین کارهایی باشیم! اگر کسی به خود اجازه می‌دهد به چیزی فخر کند- باز هم همچون بی‌فهمان سخن می‌گویم- من نیز به خود اجازه می‌دهم به آن فخر کنم. آیا عبرانی‌اند؟ من نیز هستم! آیا اسرائیلی‌اند؟ من نیز هستم! آیا از نسل ابراهیم‌اند؟ من نیز هستم! آیا خادم مسیح‌اند؟ چون دیوانگان سخن می‌گویم- من بیشتر هستم! از همه سخت‌تر کار کرده‌ام، به دفعات بیشتر به زندان افتاده‌ام، بیش از همه تازیانه خورده‌ام، بارها و بارها با خطر مرگ روبه‌رو شده‌ام. پنج بار از یهودیان، سی و نه ضربه شلاق خوردم. سه بار چوبم زدند، یک بار سنگسار شدم، سه بار کشتی سفرم غرق شد، یک شبانه‌روز را در دریا سپری کردم، همواره در سفر بوده‌ام و خطر از هر سو تهدیدم کرده است: خطر گذر از رودخانه‌ها، خطر راهزنان؛ خطر از سوی قوم خود، خطر از سوی اجنبیان؛ خطر در شهر، خطر در بیابان، خطر در دریا؛ خطر از سوی برادران دروغین. سخت کار کرده و محنت کشیده‌ام، بارها بی‌خوابی بر خود هموار کرده‌ام؛ گرسنگی و تشنگی را تحمل کرده‌ام، بارها بی‌غذا مانده‌ام و سرما و عریانی به خود دیده‌ام. افزون بر همهٔ اینها، بار نگرانی برای همهٔ کلیساهاست که هر روزه بر دوشم سنگینی می‌کند. کیست که ضعیف شود و من ضعیف نشوم؟ کیست که بلغزد و من نسوزم؟

اگر می‌باید فخر کنم، به چیزهایی فخر خواهم کرد که ضعف مرا نشان می‌دهد. خدا، پدر خداوندْ عیسی، که او را جاودانه سپاس باد، می‌داند که دروغ نمی‌گویم.

دوم قرنتیان ۱۱:۱-۳۱

پولس بر این باور است که چنین دفاعی ضرورت حتمی دارد، نه بدین‌خاطر که دلواپس آبرو و حرمت خویش است، بلکه چون نگران حرمت انجیل است. او برای قرنتیان غیرت دارد؛ نمی‌خواهد که ایشان از حقیقت منحرف گردند. می‌ترسد که اگر به معلمان دروغین ایمان بیاورند، این امکان هست که فریب بخورند و از حقیقتی که در عیسی است منحرف شوند.

امروزه دیگر رسولی از نوع پولس وجود ندارد، پس ممکن است اینطور تصور کنیم که این عبارات چه ربطی می‌توانند به ما داشته باشند. اما امروزه هم موارد مشابهی وجود دارد، زیرا خادمان خدا هنوز هم مانند پولس مورد حمله قرار می‌گیرند، حال فرق نمی‌کند که شبان باشند، یا مبشر و یا نبی. ایشان باید اهمیت استوار ماندن بر انجیل را مورد توجه قرار دهند و مانند پولس در پی آن باشند که حتماً انگیزه‌شان درست باشد.

اعانه جهت قحطی‌زدگان (دوم قرنتیان ۸ - ۹)

سرانجام باید باب‌های میانی نامهٔ دوم قرنتیان را که به موضوعی متفاوت پرداخته‌اند، مورد توجه قرار دهیم. پولس به‌راستی برای جمع‌آوری اعانه برای قحطی‌زدگان دغدغهٔ قلبی

داشــت، و شــاید در این فکر بود که اگر توجه‌شــان را به توجه به مشــکلات دیگران جلب نماید این کار بدیشــان کمک کند که مشــکلات خودشان را کنار بگذارند. بنابراین، در باب‌های ۸-۹ پیرامون بخشــش مســیحی تعالیمی عالی ارائه می‌نماید، قرنتیان را ترغیب می‌کند تا برکت خدا را در بخشــش ســخاوتمندانه به دیگران بجویند. این بخش از نظر نگارش یک شــاهکار ادبی اســت و رســولی را به تصویر می‌کشد که با دل شبانی نگران اعضای کلیسا و قوت استدلال‌های متقاعدکنندهٔ خویش برای به‌کار بردن صحیح پول است.

نتیجه‌گیری

بدین‌ترتیب، به‌رغم این واقعیت که قرنتیان مشکل‌ســازترین کلیســای پولس بودند، این دو نامــه حــاوی تعالیمی غنی برای کلیســای امروز اســت. در مورد چگونگی زیســتن در محیطی خصمانه و نحوهٔ تنبیه اعضا از طرف کلیسا و نظم‌بخشیدن به فعالیت‌هایش تعالیمی عملی ارائه می‌کند. همچنین بینشــی بی‌بدیل از دســت‌وپنجه نرم‌کردن پولس با مخالفت‌ها به ما می‌دهد، و بدین‌ترتیب، نمونه‌ای عالی به دست می‌دهد که خادمان، صرف‌نظر از اینکه کجا خدمت می‌کنند و مخالفان‌شان چه کسانی ممکن است باشند، می‌توانند از آن پیروی کنند.

۴۶

غلاطیان

مقدمه

نامهٔ پولس به غلاطیان مایل است مردم را به دو دسته تقسیم کند: آنانی که آن را بسیار مورد توجه قرار می‌دهند و آنانی که چنین نمی‌کنند.

در گذشته برخی از مسیحیان شریف نسبت به غلاطیان دید بسیار مثبتی داشتند. لوتر می‌گفت که این نامه بهترین کتاب کتاب‌مقدس است. او می‌گفت: «این نامه مال من است، من با آن ازدواج کرده‌ام.» جان بانیان، نویسندهٔ کتاب سیاحت مسیحی گفته: «من به استثنای کتاب‌مقدس، تفاسیر لوتر از غلاطیان را به هر کتابی ترجیح می‌دهم، چون این کتاب بیش از همهٔ کتاب‌هایی که خوانده‌ام برای وجدان‌های معذب مناسب است.» تردیدی نیست که غلاطیان بر بانیان تأثیری ژرف گذارده بوده. این نامه بر تاریخ مسیحیت هم تأثیری عمیق گذاشته و بسیاری از مسیحیان آن را دوست می‌دارند.

با این‌حال، عده‌ای دیگر از مسیحیان به‌شدت از غلاطیان بدشان می‌آید. بر آن نام «نامهٔ مصلوب‌کردن» و «جنگل خارزار» گذاشته‌اند. برخی می‌گویند که هر جمله‌اش با آذرخشی همراه است. مردم به پنج دلیل از این نامه زیاد خوش‌شان نمی‌آید:

بیش از اندازه احساسی است

لحـن ایـن نامه خیلی تند اسـت. از چنـان تب و تاب و التهابی برخوردار اسـت که گویی بر پاپیروسـی از جنس پنبهٔ نسـوز نگاشـته شده! سرشار از احساس اسـت، و این برخی را خوش نمی‌آید. خیلی‌ها، به‌ویژه در بریتانیا، کوشیده‌اند احساسات را از دین جدا نگاه دارند، اما زمانی کـه غلاطیـان را می‌خوانند مردی را می‌یابند که در آتش خشـم می‌سـوزد، و این آنان را معذب می‌سازد.

بیش از اندازه شخصی است

عده‌ای این استدلال را پیش می‌کشند که غلاطیان بیش از حد شخصی است. تردید نیست که پولس در این نامه بیش از هر نامهٔ دیگر در مورد خودش حرف می‌زند. در جایی از معلولیت‌های جسـمانی خود سـخن می‌گویـد و بر پایـهٔ ضعف‌هایش از خوانندگان اسـتدعا می‌کنـد. به ذکر جـر و بحث‌هـای خـود در حضور جمع با پطرس رسـول- آنجایی که پیش همگان برخاسـته به پطرس می‌گوید که دارد مرتکب اشتباه می‌شود- پرداخته، به خوانندگان یادآوری می‌کند که حتی در کلیسـای اولیه هم اختلاف‌نظرهای علنی وجود داشـته اسـت. گاهی موافقت‌کردن بیشـتر از مخالفت‌کردن در ما احساس پریشانی به‌وجود می‌آورد و چنان پریشان می‌شویم که نمی‌توانیم از ابراز مخالفت خودداری کنیم. زمانی که راستی به خطر می‌افتد، حتی پطرس و پولس رودرروی همدیگر قرار می‌گیرند و با هم می‌جنگند.

بیش از اندازه عقلانی است

پولس در غلاطیان همهٔ پیشینهٔ تعلیم‌گرفتن خود در مکتب رابی‌ها را برای به کرسی نشانیدن استدلالش به‌کار می‌گیرد، و این استدلالی سخت عقلانی است. هیچ‌یک از ترجمه‌هایی که من تا کنون خوانده‌ام واقعاً نتوانسـته‌اند رشتهٔ اسـتدلال را چنان که باید حفظ کنند، از این‌رو اعتراف می‌کنـم کـه عملاً خودم آن را ترجمه کـرده‌ام (ترجمهٔ مزبور را در انتهای همین باب ارائه کرده‌ام). اسـتدلال بسـیار زیرکانه مطرح شده و نکات بسیار ظریفی در آن نهفته، که مستلزم تفکر جانانه اسـت. نگذارید این شـما را بترساند. قرار اسـت که ما خدا را با تمامی فکر و خاطرمان محبت نماییم. یکی از تکراری‌ترین سـرزنش‌هایی که پس از موعظه‌هایم در قالبی ملایم از سـوی مردم دریافت می‌کنم این اسـت: «خب، تو امروز به ما موضوعی برای اندیشـیدن دادی.» منظور از جملهٔ مزبور این است: «من به کلیسا نیامده‌ام که فکر کنم. فهمیدی؟» من به‌خاطر اینکه شنونده را به اندیشـیدن وامی‌دارم هیچ پوزشـی نمی‌خواهم، چراکه پولس هم خواننده‌اش را به اندیشیدن وامی‌دارد. باید غلاطیان را با دقت بسـیار مطالعه کنیم و بارها و بارها آن را مورد بازبینی قرار دهیم تا متوجه منظور پولس شویم.

بیش از اندازه روحانی است

پولس پرده‌های روحانی را کنار زده غرور یک فرد را مورد هدف قرار می‌دهد. اگر هنوز برای‌تان غروری باقی مانده است نامه به غلاطیان را نخوانید، چون وقتی به پایان این نامه برسید دیگر چیزی از آن برای‌تان باقی نخواهد ماند. به‌راستی از آنچه که در دل و فکر شما است گذشته، وارد مغزتان شده با مسئله به صورت ریشه‌ای برخورد می‌کند. این همان تیغ دودمهٔ کلام خداست که تا ژرفای وجود انسان نفوذ می‌کند.

بیش از اندازه ستیزه‌جویانه است

از همه مهمتر، مردم نامه به غلاطیان را بیش از حد جنجالی و بحث‌برانگیز یافته‌اند. جو امروزی این است که ما قصد نداریم در مورد دین بحث کنیم. ما دوست نداریم نزاع و جدل کنیم، بلکه می‌خواهیم با همدیگر در مسالمت زندگی کنیم. غلاطیان چنین نامه‌ای نیست. پولس با دیگر مسیحیان به بحث و جدل می‌پردازد، نه با بی‌ایمانان، به همین سبب پیامش در این نامه هم به نوبهٔ خود بحث‌های بسیاری برانگیخته است.

بحث‌کردن می‌تواند خوب باشد. اگر لوتر مایل به واردشدن به بحث نبود، اصلاح دینی پدید نمی‌آمد. پس بحث و جدل برای ما مزایای بسیاری دارد. دلیل آنکه بحث‌کردن این روزها از محبوبیت چندانی برخوردار نیست این است که می‌ترسیم اختلاف‌ها به جدایی منجر شوند. دو خصوصیتی که امروزه بزرگترین فضایل به‌شمار می‌روند مدارا و ملاحظه است، با وجود این، هیچ‌یک از این دو در کتاب‌مقدس فضیلت محسوب نمی‌شوند. عیسی نه اهل مدارا بود و نه ملاحظه‌کار.

آیا این عدم تمایل به روبه‌روشدن با اختلاف آرا خوب است یا بد؟ به باور من این بسته به موضوعات، فرق می‌کند؛ اینکه موضوعی از اولویت اول برخوردار است یا اولیت دوم. مسئله این است که ما بیشتر دوست داریم موضوعات دست دومی را که در واقع، مردم با آنها دست و پنجه نرم نمی‌کنند بر موضوعات مهمتر و اولویت‌دارتر برتری بدهیم. آیا اینکه ما برای مراسم شام خداوند از شراب الکل‌دار یا بدون الکل استفاده کنیم، اهمیتی دارد؟ با این‌حال مردم نگران این‌گونه مسائل هستند.

برای مثال، بیایید موضوع شبات را در نظر بگیریم. من اعتقاد ندارم که این موضوعی است که مسیحیان باید امروز بدان بهای چندانی بدهند. پولس می‌گوید که هر کس باید در ذهن خودش پیرامون آن موضوع به‌طور کامل متقاعد شود. اگر کسی می‌خواهد که روز یکشنبه را ویژه بداند، این حق اوست. اگر دیگری هر روز را روز خداوند بداند هم باز حق دارد. ما حق نداریم یکشنبه را به دیگر ایمانداران تحمیل کنیم، چه رسد به بی‌ایمانان.

اما زمانی که به غلاطیان می‌رسیم به مشکلاتی برمی‌خوریم که از همه بزرگتر هستند. موضوع‌های بنیادینی وجود دارند که بدون آنها ممکن است انجیل مسیحی را از کف بدهیم، پس جدال اجتناب‌ناپذیر است. بسیاری از بزرگترین جبهه‌هایی که مسیحیان ناگزیند در آنها بجنگند،

در درون کلیساست، نه در بیرون آن. این دردناک است. چه کسی خانواده‌ای را که مدام با هم در بحث و جدل هستند، دوست دارد؟ هر زمان که شریر از بیرون کلیسا را مورد حمله قرار می‌دهد، کلیسا نیرومندتر و بزرگتر می‌شود. حملات او زمانی با موفقیت بیشتر روبه‌رو می‌شوند که وی از درون کار خود را شروع کند، و یکی از سریع‌ترین راه‌های انجام این کار تحریف یا فرسودن انجیل است. اگر به انجام چنین کاری موفق شود، می‌داند که کلیسا را از درون نابود ساخته است.

در غلاطیان ما با دو رهبر مواجه هستیم، یکی پطرس و دیگری پولس، که در حضور جمع بر سر موضوعی بنیادین با یکدیگر به جدل می‌پردازند. من معتقدم که خدا به مردان مسیحی مسئولیت جنگیدن برای آموزهٔ راستین کلیسا و صیانت از آن را داده، و فاجعه خواهد بود اگر ما مردان نیرومندی نداشته باشیم که برای حفاظت از انجیل بجنگند. زنان بسیاری هستند که می‌خواهند این کار را بکنند و برای انجامش تلاش می‌نمایند، اما به عقیدهٔ من به اندازهٔ کافی مردان آماده‌ای وجود ندارد که وقتی در کلیسا به اشتباه و خطایی برمی‌خورند، گردن‌های خویش را برافرازند و با آن به رویارویی می‌پردازند.

پطرس و پولس در این جنگ رویاروی هم قرار گرفتند. پطرس اشتباه می‌کرد و حق به جانب پولس بود، و کتاب‌مقدس آن‌قدر صداقت دارد که این مطلب را به ما می‌گوید. بی‌گمان، خدا می‌خواسته در مورد آن اختلاف بدانیم.

خواندن نامه‌های عهدجدید

مهم است که هر نامهٔ عهدجدید را یک‌جا بخوانیم، به‌ویژه اگر موضوع به‌خصوصی را در مد نظر قرار داده باشند، که برای مثال می‌توان به مورد فیلیمون و عبرانیان اشاره نمود. تنها در این صورت است که می‌توانید منظور نوشتار نویسنده را به خوبی درک کنید. باید به خاطر داشته باشید که شما تنها در حال شنیدن سخنان یک طرف مکالمه هستید. این کار بیشتر بدان می‌ماند که در اتاقی باشید و زنگ تلفن به صدا درآید و یکی دیگر به تلفن جواب دهد، و شما تنها آنچه را که این طرف گفته می‌شود می‌شنوید. در چنین شرایطی به سادگی ممکن است در مورد گفته‌های کسی که در آن سوی خط قرار دارد دچار اشتباه شوید، چون در مورد چیزهایی که می‌شنوید از پیش تصوراتی در ذهن خود ساخته‌اید. زمانی که نامه‌ای را می‌خوانید، باید به نوعی از لابلای خطوط نوشته شده، نانوشته‌ها را بخوانید و موقعیت را بازسازی نمایید. باید از خودتان بپرسید: «چه اتفاقی در حال روی دادن بود که پولس را به نگارش این نامه برانگیخت؟» در خواهید یافت که این روشی مفید برای مطالعه نامه‌ها خواهد بود. این همان شیوه‌ای است که باید در مورد بررسی نامه به غلاطیان به‌کار بگیریم. باید پرسش‌هایی کلیدی از این قبیل مطرح کنیم:

چرا این نامه نوشته شده؟

به چه پرسش‌هایی پاسخ داده شده؟

چه مشکلاتی را حل کرده؟

ممکن است مانند فیلیمون تنها به یک موضوع بپردازد، و یا همچون اول قرنتیان موضوع‌های متعددی را پوشش دهد، اما اگر می‌خواهیم مفهوم نامه برای‌مان روشن شود، لازم است این پرسش‌ها را مطرح کنیم.

پولس یهودی پرشور

تردیدی نیست که نگارندهٔ نامه شخص پولس بوده است. شاید این نخستین نامه‌ای باشد که وی به کلیسا نوشته است. با هر معیاری که حساب کنیم، پولس یکی از بزرگترین مردانی است که تا کنون در جهان زیسته است. او در شهر تارسوس که امروزه در جنوب ترکیه قرار دارد چشم به جهان گشود. تارسوس سومین دانشگاه مهم دنیای رومی را، پس از آتن و اسکندریه، در خود جای داده بود. او یهودی بود، اما در عین‌حال شهروند رومی هم به شمار می‌رفت و به زبان یونانی هم سخن می‌گفت- و این زمینه‌ای آرمانی برای تکلیفی بود که خدا می‌خواست بر دوش وی بگذارد. حتی پیش از آنکه به دنیا بیاییم، خدا ما را برای خدمت آماده می‌سازد، اما در عین‌حال ما را از طریق تجربیاتی هم که پیش از آشنایی با او به‌دست می‌آوریم آماده می‌کند. او چیزهایی را در وجود ما قرار می‌دهد تا بعدا از آنها استفاده کند.

پولس همچون هر پسر خوب یهودی حرفه‌ای آموخته بود. پیشهٔ او خیمه‌دوزی بود. با این‌حال، در جامعهٔ یونانی، کسی که کار بدنی انجام می‌داد از کسی که کار فکری یا «منشی‌گری» می‌کرد از سطح پایین‌تری برخوردار بود- دیدگاهی که شوربختانه به ما نیز ارث رسیده است. اما در کتاب‌مقدس کارهایی از قبیل خیمه‌دوزی و ماهیگیری مورد احترام بودند. پولس در یکی از نامه‌هایش به تسالونیکیان می‌گوید که همهٔ ایمانداران باید با دستان خود کار کنند، زیرا خودش به آنها نمونه‌ای برای پیروی داده بود. بدین‌ترتیب، کتاب‌مقدس برای کار بدنی ارج و منزلت قایل است. از همه مهم‌تر، خود خداوند عیسی به پیشهٔ نجاری اشتغال داشت.

پس پولس به‌کار خیمه‌دوزی، و احتمالاً برای ارتش روم مشغول بود، و پس از آن در دانشگاه اورشلیم زیر نظر استاد غمالائیل به ادامهٔ تحصیل نیز پرداخت. وی به یک یهودی افراطی و متعصب تبدیل شد- یعنی چنانکه خودش را می‌نامد: «عبرانی از عبرانیان»، «فریسی‌ای از فریسیان». طرز برخورد او بدین‌گونه بود که اگر قرار است شریعت را حفظ کنی، باید همهٔ آن را رعایت نمایی. صرف اطاعت از ده فرمان کافی نیست. وی اعتراف می‌کند که خودش با فرمان دهم- «طمع مورز»- دست و پنجه نرم می‌کرده است (جالب اینجاست که این فرمان نخستین فرمانی است که با انگیزه‌های درونی سروکار پیدا می‌کند؛ دیگر فرمان‌ها همگی به رفتارهای بیرونی مربوط بودند.) با این‌حال، پولس معتقد بود که در رعایت همهٔ احکام شریعت موفق بوده. او بی‌عیب بود. کمتر فرد یهودی‌ای پیدا می‌شود که بتواند چنین ادعایی بکند.

او به سطح بالایی از پارسایی شخصی دست یافته بود و از این‌رو به هر کسی که یهودیت را مورد حمله قرار می‌داد، و به‌ویژه مسیحیان که مدعی بودند عیسی خداست، حمله می‌کرد. پولس

می‌پنداشت که چنین ادعایی کفرگویی محض است. پس عزم خود را برای نابودکردن این ایمان جدید جزم نمود و در صحنهٔ سنگسارکردن استیفان هم او را می‌بینیم. اما از آن پس گویی چیزی در وجدان او خلید و هماره آزارش می‌داد. زمانی که می‌خواستند استیفان را سنگسار کنند، وی چنین گفت: «می‌توانم عیسی را ایستاده بر دست راست خدا ببینم. روح خود را به دستان تو می‌سپارم.» این سخنان خون پولس را به جوش آورد و با شدت و حدت بیشتری ایمان جدید را مورد حمله قرار داد، زیرا اکنون با وجدان خودش هم در حال پیکار بود. سرانجام، زمانی که در راه دمشق با عیسی ملاقات کرد، این جنگ را به حریف واگذار کرد.

پولس میسیونر پرحرارت

مردی که نامه به غلاطیان را نوشت به یکی از پرشورترین پیروان عیسی تبدیل شده بود، مبشر دوآتشهٔ ایمانی که خود زمانی سعی در نابودی آن داشت. او هم یهودیت را می‌شناخت و هم مسیحیت را، چراکه از اولی به دومی تغییر موضع داده بود. وی در خلال سفرهای بشارتی‌اش در سرتاسر دنیای رومی آن زمان کلیساهایی تأسیس کرد و پیوسته طلایه‌دار سفر به سرزمین‌های بکر بود. او این کار را «تشکیل کلنی برای مسیح» می‌نامید.

خوانندگان

غلاطیه به دو محدودهٔ جغرافیایی اطلاق می‌شد، و دانشمندان بر سر اینکه پولس نامهٔ خود را خطاب به کدام محدوده نوشته بسیار قلم‌فرسایی کرده‌اند. در شمال سرزمین که ما امروزه آن را زیر عنوان ترکیه می‌شناسیم، مجموعه‌ای از شهرها قرار داشتند که غلاطیهٔ شمالی نامیده می‌شدند، و چند شهری هم در جنوب آن بود که به غلاطیهٔ جنوبی معروف بودند. برای ما (منظور نویسنده هم‌میهنانش است- م.) که در بریتانیا زندگی می‌کنیم غلاطیهٔ شمالی به‌طور خاصی جالب توجه است چون در آغاز کلنی‌هایی از اهالی گل (فرانسه)، که با مردمان سلتی جزایر بریتانیا خویشاوندی داشتند، در آن زندگی می‌کردند. با این‌حال، من بر این باورم که نامه پولس در واقع، خطاب به مردمان غلاطیه جنوبی نوشته شده، نه غلاطیهٔ شمالی. غلاطیهٔ جنوبی از تعدادی شهر- لستره، دربه، انطاکیه (پیسیدیه- م.) و ایکونیوم (قونیه)- تشکیل شده که پیشتر پولس از آنها دیدن کرده بود. پس این قابل‌درک است که او این نامه را به کلیساهای شهرهایی نوشته باشد که قبلاً خودش آنها را پایه‌گذاری کرده و بر ایشان پیرانی (مشایخی- م.) جدید گمارده تا آنان را به‌سوی آسمان رهنمون شوند.

تعلیم جایگزین

بدبختانه آنچه که بر ایشان گذشت، امروز هم در بسیاری از مشارکت‌های نوپا روی می‌دهد. کسان دیگری وارد کلیسا می‌شوند و زمام امور را در دست می‌گیرند. باید مراقب کسانی که در

پی مقام هستند باشیم، زیرا این اشخاص اغلب خطرناک هستند، و با تصاحب جماعتی که فردی دیگر آن را بنیاد نهاده، برای خود امپراتوری برپا می‌کنند. چنین رهبرانی غالب اوقات کلیساهای نوپا را به ورطهٔ سقوط می‌کشانند، و پولس در غلاطیه با چنین مشکلی روبه‌رو بود. عاملان بروز مشکل ایمانداران یهودی‌تباری بودند که هرجا پولس می‌رفت از پی‌اش روانه می‌شدند. این افراد بزرگترین مشکل او بودند. به غلاطیان می‌گفتند: «به حرف‌های پولس گوش ندهید- او تنها نیمی از داستان را برای‌تان تعریف کرده. آری، او شما را به ایمان مسیحی گروانده، اما این ایمان را به‌طور کامل به شما عرضه نداشته است، چون در کنار مسیح به شریعت موسی هم نیاز دارید.»

این تأکید و تمرکز بر شریعت هنوز هم با ماست. من اغلب وقتی به کلیساهای انگلستان می‌روم و ده فرمان را بر دیوار آنها می‌بینم، شگفت‌زده می‌شوم. در نخستین کلیسا در انگلستان که من شبانی‌اش را در سال ۱۹۵۴ به عهده گرفتم، ده فرمان با حروف گوتیک شکلاتی رنگ در پشت سرم یعنی در محراب کلیسا نوشته شده بود! نخستین تصمیمی که گرفتم این بود که روی آن را رنگ بزنم، پس یک قوطی رنگ برداشتم و همه‌اش را رنگ کردم. داد و فریاد اعضا بلند شد. یکی چنین گله کرد که دیگر در حین موعظه چیزی برای خواندن وجود ندارد! گفتند که باید حتماً یک چیزی آنجا باشد، پس من به جای نوشته مزبور صلیبی را بر دیوار پشت سرم نصب کردم.

پولس هرجا که می‌رفت و انجیل کامل را بدیشان تقدیم می‌کرد، ایمانداران یهودی‌تبار در پی او بدانجا رفته می‌گفتند: «البته او همه چیز را به شما نگفته، و اکنون ما کل داستان را برای‌تان تعریف می‌کنیم.» این دقیقاً همان کاری است که برخی از رهبران امروزی در تلاش برای اعمال سلطه بر کلیساها انجام می‌دهند. ایشان ادعا می‌کنند که تعلیم شبان خوب است، اما آنها از حکمت بیشتری برخوردارند.

خبرهای بد

پولس در مورد کلیساهای نوپای خود- کلیساهایی که برای به‌وجودآمدن‌شان زحمات بسیاری کشیده بود- خبرهای بدی شنیده. همهٔ رشته‌های او در حال پنبه شدن، و دو چیز در حال اتفاق افتادن بود.

افزوده‌هایی بر پیام پولس

همچون چیزی که در بسیاری از مکاتب فکری امروزی روی می‌دهد، رهبران تازه وارد چیزهایی به انجیل می‌افزودند- و ما می‌توانیم نام این تعالیم را «انجیل اضافی» بنامیم. امروزه فرقه‌ها و مکاتب بسیاری هستند که چیزهایی را به انجیل افزوده‌اند، و اینان معمولاً کتابی را به کتاب‌مقدس اضافه می‌کنند، نظیر کتاب *دانش و تندرستی* اثر مری بیکر ادی، یا *کتاب مورمون* اثر جوزف اسمیت. از هر کسی که بر ضرورت حضور کتابی دیگر در کنار کتاب‌مقدس پافشاری

می‌کند، برحذر باشید چون این همان «انجیل اضافی» است. اما باید بدانیم که اگر بار زیاد از اندازه بر بلم بگذاریم، واژگون می‌شود. یا به‌کار بردن قیاسی نادرست منبر موعظه را به فساد می‌کشاند. باید مراقب تعالیم بد باشیم.

حمله‌ای به آورندهٔ پیام

مسئله فقط این نبود که آنان چیزهایی بر انجیل پولس افزوده بودند، بلکه ایشان خود آورندهٔ پیام را هم مورد حمله قرار می‌دادند. آنها ادعا می‌کردند که پولس انجیل کامل را موعظه نمی‌کند، که او رسولی راستین نیست، که انجیل او دست دوم است و کلیسا آن را تأیید نکرده. ایشان با زیر پا نهادن اقتدار پولس قصد داشتند برای خود اقتداری دست و پا کنند.

موضوع از چه قرار بود؟

زمانی که برای نخستین بار نامه را می‌خوانید خیال می‌کنید که موضوع بر سر ختنه است، زیرا چنین به‌نظر می‌رسد که پولس روی این مسئله متمرکز شده. این پرسش مطرح می‌شود: آیا او داشت از کاه کوه می‌ساخت؟ چرا بر سر موضوعی به این کوچکی اینقدر نگرانی از خود نشان داد؟ اگر مردم دل‌شان می‌خواست ختنه شوند، مطمئناً این کار قابل‌پذیرش است. آیا او اصلاً این حق را داشت که بر سر سنت یهودی ختنه چنین محشری به پا کند؟

ختنه- برداشتن جزیی از پوست اندام تناسلی مرد- یک عمل کوچک است. یهودیان این کار را در مورد زنان انجام نمی‌دادند، هرچند این کار در میان برخی از قبایل آفریقا مرسوم است. عمل ختنه هنوز در میان جهان سامی رواج بسیار دارد، که در آن آب و هوای به‌خصوص عمدتاً به دلایل بهداشتی انجام می‌شود. اما برای یهودیان این کار اهمیتی دینی داشت. نشانهٔ یهودی‌بودن به‌شمار می‌رفت. البته تنها مردان ختنه می‌شدند، چون در دنیای یهودی مرد وارث است، و وعده‌ها از طریق مرد به نسل بعد منتقل می‌شود. ختنه نشانهٔ شایستگی به میراث‌بردن برکت وعده داده شده به ابراهیم بود. حتی خدا به ابراهیم فرمود که اگر یکی از فرزندان ذکور یهودی ختنه نشود، باید از میان قوم خدا بیرون افکنده شود، چراکه وی عهد را شکسته است. بخشی از عهد خدا با ابراهیم آن بود که هر فرزند ذکور او باید این نشانهٔ عهد را با خود حمل کنند.

بنابراین، ختنهٔ یهودی از اهمیتی حیاتی برخوردار بود. چیزهایی هستند که برای یهودیان به معنای همه چیزند: پسخ، گوشت کوشر (حلال، مطابق ذبح یهودی. م.)، شبات و ختنه. هر کار دیگری که انجام بدهند یا ندهند- شاید آزاداندیش باشند یا یهودیانی غیرعمل‌گرا- باز این چهار مورد را به هر نحو که شده رعایت می‌کنند.

خیلی مهم است که استدلال پولس را در ارتباط با وعدهٔ خدا به ابراهیم دریابیم. وی در غلاطیان ۳ این بحث را مطرح می‌کند که طرف خطاب وعده‌ای که خدا به ابراهیم داد یکی از

اعقاب ذکور ابراهیم است. واژه‌ای که خدا در اینجا به‌کار می‌برد «ذریت» است که واژه‌ای مفرد است، پس وقتی می‌گوید «به ابراهیم و ذریتش»، منظورش همهٔ فرزندان و اعقاب ذکور وی نیست، بلکه تنها یکی از ایشان است. پولس چنین استدلال می‌کند که وقتی آن ذریت ذکور، که همان عیسی بود آمد، ختنه منسوخ گردید، چون اکنون دیگر وعده تحویل صاحبش شده بود. همو که به وی وعده داده شده بود میراث را دریافت نموده بود، بنابراین، دیگر اکنون لزومی نداشت که کسی ختنه شود. پس ختنه نشانهٔ میراث بود، و عیسی آن نشانه را داشت. او ختنه شد و همان کسی بود که میراث را دریافت داشت.

حال مسلم است که خود پولس هم به‌عنوان یک یهودی ختنه شده، و در پرتو استدلال وی عجیب به‌نظر می‌رسد که وی حتی تیموتائوس را هم که از اهالی غلاطیه بود عملاً ختنه کرد. شاید امر متناقض به نظر برسد، اما دلیل این کار پولس آن بود که تیموتائوس قرار بود در خدمت بشارتی وی را همراهی نماید، و عادت پولس هم این بود که نخست به کنیسه رفته برای یهود موعظه کند. اگر تیموتائوس ختنه نمی‌شد نمی‌توانست با او به کنیسه برود، پس پولس صرفاً این کار را انجام داد تا وی بتواند در کار بشارت او را همراهی نماید. به همین ترتیب، سی. تی. اِستاد[1] و دیگر میسیونرهایی که در چین خدمت می‌کردند موهای سر خود را بلند کرده می‌بافتند، تا بیشتر به مردم آنجا شباهت پیدا کنند. اما پولس که تیموتائوس را برای همین منظور ختنه کرد، اکنون به غلاطیان می‌گوید: «با چه جرأتی دست به چنین کاری می‌زنید!» آشکار است که ختنه اهمیت زیادی داشت، اما در پس آن چیز دیگری نهفته بود.

خود لحن تند پولس در نامه به غلاطیان یک‌بار دیگر به ما یادآوری می‌نماید که کتاب‌مقدس کتابی نیست که برای بچه‌ها نوشته شده باشد ــ کتابی مخصوص افراد بالغ است. (نکتهٔ غم‌انگیز اینجاست که وقتی به سن بلوغ می‌رسند دست از خواندن آن می‌کشند.) او می‌گوید: «من آرزو می‌کنم آنانی که می‌خواهند شما را ختنه کنند سنگ تمام گذاشته خودشان را کاملاً اخته نمایند.» بدین‌ترتیب، دیگر نمی‌توانند تولید مثل نمایند. به‌راستی لحن غریبی است!

چرا او بدین اندازه با ختنه مخالف است؟

پاسخ این است که در پس ختنه یهودیت نهفته بود. یهودیت را در یک کلمه می‌توان دین اعمال نامید. یهودیت دین رعایت احکام است. این تکلیفی امکان‌ناپذیر است، اما بسیاری از آدم‌ها در انجامش می‌کوشند. این همان خطری است که ده فرمان را بر دیوار کلیساها نقش می‌کند. همان معاشرت داشتن با کسانی است که تلاش می‌کنند از طریق رعایت این قوانین یا شرایع رابطهٔ خود را با خدا درست کنند. کسی که از بیرون وارد می‌شود با فهرستی بلند بالا از «بکن‌ها و نکن‌ها» روبه‌رو می‌گردد که این را در ذهن متبادر می‌سازد که ما با همه چیز مخالفیم،

---

1. C. T. Studd

که ما آدم‌هایی منفی هستیم و اینکه اگر بخواهی به خدا نزدیک شوی، او جلوی تفریح‌کردنت را خواهد گرفت.

یهودی‌گرایی

مسیحیت ریشه در یهودیت دارد و یهودیت هم به نوبهٔ خود ماهیتش را مرهون عهدعتیق است. اما چه اندازه از عهدعتیق را باید به عهدجدید راه داد؟ این یکی از بزرگترین پرسش‌هایی است که هنگام بررسی عهدعتیق و عهدجدید با آن روبه‌رو می‌شوید.

بگذارید برای‌تان مثالی بزنم. من هیچگاه به مسیحیان نمی‌گویم که ده‌یک بدهند، چون به شریعت موسی تعلق دارد و هرگز در عهدجدید در ارتباط با ایمانداران غیریهودی‌تبار بدان اشاره‌ای نشده است. یهودیان این کار را می‌کردند، اما به هیچ ایماندار غیریهودی‌تباری نگفته‌اند که باید ده‌یک بدهد. با این‌حال، به ما می‌گویند که *بدهید*.

یک‌بار داشتم به موعظهٔ واعظی جوان در باب ده‌یک دادن گوش می‌دادم. پر واضح است که او برای یافتن واژهٔ «ده‌یک‌دادن» کامپیوتر خود را جستجو کرده بود و از هر ارجاع کتاب‌مقدسی دربارهٔ این موضوع یافته بود یادداشت برداشته بود. چنین گفت که ده‌یک دادن برکت به همراه می‌آورد، و همهٔ آیات مربوط به آن را هم بیان کرد. خدا در ملاکی می‌فرماید: «مرا به اینطور امتحان کنید که آیا روزنه‌های آسمان را برای شما نخواهم گشاد و چنان برکتی بر شما نخواهم ریخت که گنجایش آن نخواهد بود؟» سپس گفت که ندادن ده‌یک هم با لعنت‌هایی همراه است. در دنبالهٔ سخن خود از لعنت مندرج در عهدعتیق به ما گفت که اگر ده‌یک‌های خودمان را نیاوریم، لعنت خدا دامنگیر نوه‌ها و نبیره‌هایمان خواهد شد. وقتی به جماعت نگاه کردم می‌توانستم ترس از اینکه ممکن است مسبب آزار نوادگان خود شوند را در چهره‌های‌شان ببینم. بیخود نیست که در جریان گردآوری هدایای روزهای یکشنبه این‌همه پول جمع می‌شود! اما این مرا هراسان کرد. هدیه دادن در عهدجدید بر اصلی کاملاً متفاوت استوار است. خداوند بخشندهٔ خوش را دوست می‌دارد، و این به معنای دندان روی جگر گذاشتن نیست. از این‌رو باید بدهید چون *دوست دارید* که بدهید، نه بدین‌خاطر که مجبور به دادن هستید، که مبادا نوادگانتان متحمل پیامدهای هدیه ندادن شما شوند. این مال عهدعتیق بود.

مثال دیگر قانون مربوط به شبات است. پیش از آنکه بخواهیم به‌عنوان یک مسیحی قانونی از عهدعتیق را در زندگی خود به‌کار ببندیم باید نخست در موردش قدری اندیشه کنیم، چون اگر بخواهید چندتایی از آنها را به‌کار ببندید، مکلفید همهٔ آن احکام را رعایت کنید، و اگر خود را مشمول برکات آن بدانید، باید انتظار لعنت‌های آن را هم داشته باشید. اکنون آیا باز هم آماده انجام این کار هستید؟ من که نیستم. بنابراین، پولس می‌گوید: «اگر ختنه شوید، این تازه اول دردسرتان خواهد بود و به زودی باید کوهی از احکام را به دوش بکشید. اگر به دلایلی که معلمان می‌گویند تن به ختنه بدهید، آنوقت ناگزیرید ۶۱۳ حکم شریعت را رعایت کنید.»

از این روست که پولس چنین برآشفته است. مشکل خود ختنه نیست، بلکه این کار در را به روی یهودی‌گرایی می‌گشاید. او یهودیت را آزموده بود، و زمانی که احکام آن برایش مهم بودند آنها را موبه مو انجام داده بود (نه مانند کسانی که احساس می‌کردند دوست دارند احکام را به جای آورند)، و اکنون خدا را شکر می‌کند که دیگر از قید همهٔ آن بندها آزاد شده است. به همین ترتیب اگر به مردم بگوییم که باید شریعت موسی را رعایت کنند، ایشان را تسلیم دوزخ می‌کنیم، چون نمی‌توانند از عهدهٔ انجام این کار برآیند.

خیلی مهم است که مردم را زیر فیض قرار دهیم تا زیر شریعت. ما هم زیر شریعت قرار داریم، اما این شریعت مسیح است، نه شریعت موسی. شریعت موسی دیگر منسوخ شده؛ کارش دیگر به اتمام رسیده. اما یکی از بزرگترین مشکلات در کلیسای امروز این است که ما به مردم آمیزه‌ای از شریعت مسیح و شریعت موسی ارائه می‌کنیم. چرا فکر می‌کنید که کلیساها حتماً باید جامهٔ مخصوص کشیشی، مذبح، بخور و کاهن داشته باشند؟ ما به هیچکدام از آنها نیازی نداریم- اینها به شریعت موسی تعلق دارند، اما دوباره برگشته و به درون کلیسا رخنه کرده‌اند.

در سرتاسر کتاب اعمال شاهد سست‌شدن پیوندها میان یهودیت و مسیحیت هستیم. استیفان، نخستین شهید کلیسا، بر سر همین موضوع خاص سنگسار شد. هنگامی که فیلیپس خواجه‌سرای حبشی را تعمید داد، گامی بیشتر در جهت سست‌کردن این پیوند برداشت، و سپس خدا پطرس را در پی کرنیلیوس، یک غیریهودی، به قیصریه فرستاد. به زودی ایمانداران یهودی اورشلیم نسبت به ارائهٔ این ایمان نوین به غیریهودیان بسیار بسیار بدگمان شدند. این کار به اندازه کافی برای‌شان یهودی به نظر نمی‌رسید، و بدین‌ترتیب، سرانجام پولس به اورشلیم رفت تا کانون اصلی کلیسا را، که این ضد مبشران را- که می‌گفتند ایمان آوردن تنها کافی نیست و شما هم باید ختنه شوید- به جاهای دیگر روانه می‌کرد، به چالش بکشد. موضوع واقعی ختنه نبود، بلکه مسئله این بود که وقتی غیریهودیان مسیحی می‌شوند آیا باید یهودی هم بشوند.

نجات

مسئلهٔ اصلی خود نجات بود- یعنی اینکه نجات چگونه حاصل می‌شود. مردم به این پرسش پاسخ‌های متعددی داده‌اند، و همهٔ آنها هم مسیحی فرض شده‌اند.

فقط اعمال

اکثر دین‌های جهان نجات را محصول اعمال می‌دانند. باید دعا کنید، باید روزه بگیرید، باید صدقه بدهید و غیره، آنگاه در نهایت خواهید توانست با خدا به مصالحه برسید. می‌توانید با تلاش‌های خودتان نجات یابید. دینی که می‌گوید خودت باید کاری انجام دهی برای مردم کشش بیشتری دارد چون غرور آنان را حفظ می‌کند، برای اینکه احساس می‌کنند نجات را به‌دست آورده‌اند. این همان خودپارساانگاری است و خدا از آن نفرت دارد. او به جای خودپارساانگاری

با مسئلهٔ گناه برخورد می‌کند. عیسی نمی‌توانست با آدم‌های خودپارساانگار کنار بیاید. او دوست گناهکاران بود، اما به هیچ روی با خودپارساانگارانی همچون فریسیان نمی‌توانست کنار بیاید.

اعمال به‌علاوهٔ ایمان

اعتقاد به لزوم انجام اعمال بسیار رایج است. من زمانی که در نیروی هوایی سلطنتی خدمت می‌کردم، کشیش نظامی ***سایر فرقه‌ها*** (فرقه‌هایی غیر از انگلیکن- م.) بودم. زمانی که گروه تازه‌ای از افراد وارد می‌شدند، ۷۰ درصد آنها دور کشیش‌های انگلیکن جمع می‌شدند، پس از آن نوبت به کشیش کاتولیک با لهجه غلیظ ایرلندی می‌رسید و دست آخر من می‌ماندم و باپتیست‌ها، متدیست‌ها، نجات‌باوران، بودایی‌ها، هندوها، مسلمانان، لاادری‌ها[1] و بی‌خدایان[2] کشیش نظامی یک بی‌خدابودن خیلی جالب است.

زمانی که افراد مقابل من می‌نشستند، از آنها می‌پرسیدم که کدام‌شان متدیست هستند، چند نفرشان باپتیستند و غیره، و هر گروه دستان‌شان را بلند می‌کردند. بعد با همان لحن می‌پرسیدم که کدامیک مسیحی هستند. سکوت محض! گهگاه جوانکی دستش را بلند کرده لبخندی می‌زد، اما معمولاً همه به اطراف خود سرک می‌کشیدند تا ببینند کسی دستش را بلند می‌کند یا نه.

می‌گفتم: «یالا... به من گفتید که چند نفرتان متدیست هستید و چند نفر دیگر باپتیست و غیره. خوب، حالا چند نفرتان مسیحی هستید؟»

آنها در پاسخ من می‌گفتند: «اما پدر، منظورتان از مسیحی دیگر چیست؟»

می‌پرسیدم: «فکر می‌کنید منظور من چیست؟»

پاسخ معمول این بود: «کسی که ده فرمان را رعایت کند.»

«خیلی خوب، حالا قبول می‌کنم که مسیحی کسی است که ده فرمان را رعایت می‌کند. حالا با این تعریف چند نفر مسیحی در اینجا داریم؟»

یک حالت بلاتکلیفی واقعی به‌وجود می‌آمد، و سپس یکی می‌گفت: «اما پدر، آخر نمی‌شود که همهٔ آنها را رعایت کرد!»

«خوب، برای مسیحی‌بودن رعایت چند تا از آنها کافی است؟»

«از ده فرمان، شش فرمان»

«خوب، می‌پذیرم که مسیحی کسی است که از ده فرمان شش تای آنها را رعایت کند. با این حساب چند نفر مسیحی اینجا داریم؟»

بدین‌ترتیب، بحث را به‌سویی می‌کشیدم که معلوم شود یک مسیحی چگونه انسانی است. می‌بینید که اعمال به‌علاوهٔ ایمان متضمن این اندیشه است که تا جایی که امکان دارد باید احکام شریعت را نگاه داریم، و سپس از خدا بخواهیم که ما را به‌خاطر نگاه نداشتن احکامی که توان

1. Agnostics; 2. Atheists

رعایت‌شان را نداریم ببخشاید. این برداشت در کشور من رایج‌ترین درک از مسیحیت است. می‌توانیم آن را «مسیحیت نیکوکاری‌کردن» بنامیم.

ایمان به‌علاوهٔ اعمال

برخی معتقدند که ابتدا با ایمان آغاز می‌کنید و پس از آن با اعمال ادامه می‌دهید. پس از اینکه به عیسی ایمان آورید، حال باید شریعت را نگاه دارید. این همان اعتقاد یهودی‌گرایان زمان پولس بود.

فقط ایمان

پولس می‌خواست این را به غلاطیان بگوید که: «آیا شما که با روح‌القدس آغاز کرده‌اید، اکنون می‌خواهید با جسم ادامه دهید؟ شریعت به جسم تعلق دارد- جسم هم یعنی تلاش انسانی، نه کاری که روح در وجود شما انجام می‌دهد.» پولس تنها برای ایمان می‌جنگید، ایمانی که از آغاز تا انجام کار حضور دارد. او گفت: «از انجیل سرافکنده نیستم، چراکه قدرت خداست برای نجات هر کس که ایمان آورد»، ایمان از آغاز تا انجام.

به عبارت دیگر، بر سر این یکی نمی‌توانیم کوتاه بیاییم- باید به ایمان داشتن ادامه بدهید. لب مطلب همین است. در آغاز کار به چیزی ایمان ندارید و برایش دست به عمل می‌زنید. تفاوت بزرگی است میان آنکه به مردم بگویید که باید به ایمان داشتن ادامه بدهند و اینکه بگویید اکنون باید شریعت را رعایت نمایند. پولس داشت برای آزادی مسیحی می‌جنگید. ترویج شریعت در هر مقطعی به معنای زیر لعنت بردن آن مردمان است، چراکه از نگاه عیسی تنها نمرهٔ قبولی از طریق انجام شریعت، رعایت ۱۰۰ درصد آن است. یا تمام شریعت را نگاه می‌دارید و یا آن را نقض می‌کنید؛ حد وسطی وجود ندارد.

در مورد قوانین بشری نیز همین امر صادق است. اگر من از چراغ قرمز عبور کنم و پلیس راهنمایی جلویم را بگیرد، و به او بگویم: «اما جناب سروان، جز این چراغ قرمز من مقابل همهٔ چراغ قرمزها توقف کرده‌ام» وی در پاسخم خواهد گفت: «اینکه سر هر چراغ قرمز ایستاده‌ای برای من اهمیت ندارد- تو مقررات را زیر پا گذاشته‌ای!» خدا هم همین را می‌گوید. شریعت رشته‌ای از مرواریدهای منفرد نیست، بلکه گردن‌بندی است که همهٔ مرواریدهایش به یک نخ کشیده شده‌اند. اگر این رشته را از جایی پاره کنید، همهٔ مرواریدها فرومی‌ریزند. شریعت را زیر پا گذاشته‌اید، فرقی نمی‌کند که تنها یک حکم آن را رعایت نکرده‌اید یا همهٔ احکامش را.

تصور کنید که به دلیل مد آب دریا سه مرد روی صخره‌ای که میان آب است و با ساحل سه متر فاصله دارد گیر افتاده‌اند. اگر اولی تنها بتواند یک متر از این فاصله را بپرد، در آب غرق خواهد شد. حال دومی پرندهٔ بهتری است و دو سوم فاصله تا ساحل را می‌پرد، اما باز او هم غرق خواهد شد. سومی طوری می‌پرد که تنها پانزده سانتیمتر با ساحل فاصله دارد، اما او هم محکوم به غرق‌شدن است.

کلام خدا می‌گوید: «ملعون است کسی که همهٔ این احکام را به‌جا نیاورد، و به انجام دادن آنها ادامه ندهد.» اگر برای رفتن به آسمان سعی در انجام احکام شریعت داشته باشید، همین لعنت شامل حال شما نیز خواهد شد. اما انجیل روشی کاملاً متفاوت برای پارسایی سراغ دارد.

در اینجا پرسشی آشکار مطرح می‌شود: «پس خدا چرا ده فرمان را اعطا فرمود؟ اصلاً چرا تورات را به موسی داد؟» پاسخ آن در غلاطیان است.

نخست آنکه خدا شریعت را اعطا کرد تا *گناه را مهار کنند*. این کمک می‌کند که زندگی با تعهد و مسئولیت همراه شود. مردم دستِ‌کم شماری از آنها را رعایت می‌کنند و برای رعایت تعدادی دیگر هم می‌کوشند.

دوم اینکه، خدا شریعت را داد تا *گناه آشکار* شود. با تیغهٔ راست شریعت است که ما درمی‌یابیم تا چه اندازه کجی در وجودمان نهفته است. به عبارت دیگر، این تنها شریعت است که به شما می‌گوید که گناهکار هستید. تا زمانی که شریعت خدا را مطالعه نکنید، نمی‌توانید دریابید که تا چه اندازه خطاکارید. شریعت داده شد تا با نشان دادن عدم توانایی‌مان در رعایت آن، ما را برای آمدن مسیح آماده نماید. از این روست که موعظه‌کردن ده فرمان می‌تواند اشخاص را مجاب نماید که گناه کرده‌اند، چون درمی‌یابند که راهی برای رعایت احکام شریعت وجود ندارد- به‌ویژه که با تفسیر عیسی از احکام شریعت همراه باشد.

مضمونی کلیدی

در غلاطیان آزادی مضمونی کلیدی است. میل به آزادی امری جهان‌شمول است، اما پرسش اینجاست که آزادی از چه؟ پیام کتاب‌مقدس این است که مسیح آمد تا ما را آزاد سازد، تا از بردگان فرزندان و وارثان به‌وجود آورد. پس همان‌گونه که یهودیان از بردگی مصر آزاد شدند، ما هم به‌واسطهٔ مسیح از اسارت گناه آزاد می‌شویم. اما آزادی به آسانی از کف می‌رود. به قول جی. پی. کوران:[1] «خدا آزادی را به شرط هشیاری ابدی عطا کرده است.» مشکل در دادن آزادی نیست، بلکه در نگه *داشتن* آن است. آزادی را می‌توان از کف داد.

تصویر صفحهٔ بعد کل غلاطیان را به تصویر کشیده است. این تصویر بسیار ساده است، اما لازم است آن را توضیح دهم. تصویر مزبور سه مفهوم کلیدی غلاطیان را نشان می‌دهد: شریعت‌گرایی، آزادی و بی‌بندوباری. بی‌گمان شریعت‌گرایی دشمن آزادی است، اما آنچه که همیشه از سوی مردم نادیده گرفته می‌شود بی‌بندوباری است. غلاطیان ۱-۲ دربارهٔ آزادی ما در مسیح به لطف پدر و در پرتو محبت او سخن می‌گوید. ما در آزادی روح به سر می‌بریم، و بنیان ما در ایمان به پسر است. بدین‌ترتیب، پدر، پسر و روح‌القدس به ما این آزادی را می‌دهند تا اینجا بر فراز کوه بایستیم.

1. J.P. Curran

خشم خدا
شریعت
شریعت‌گرایی
۳-۴
پدر
لطف
روح‌القدس
آزادی
پسر
ایمان
آزادی
۱-۲
خشم خدا
نفس
(جسم)
مجوز
۵-۶

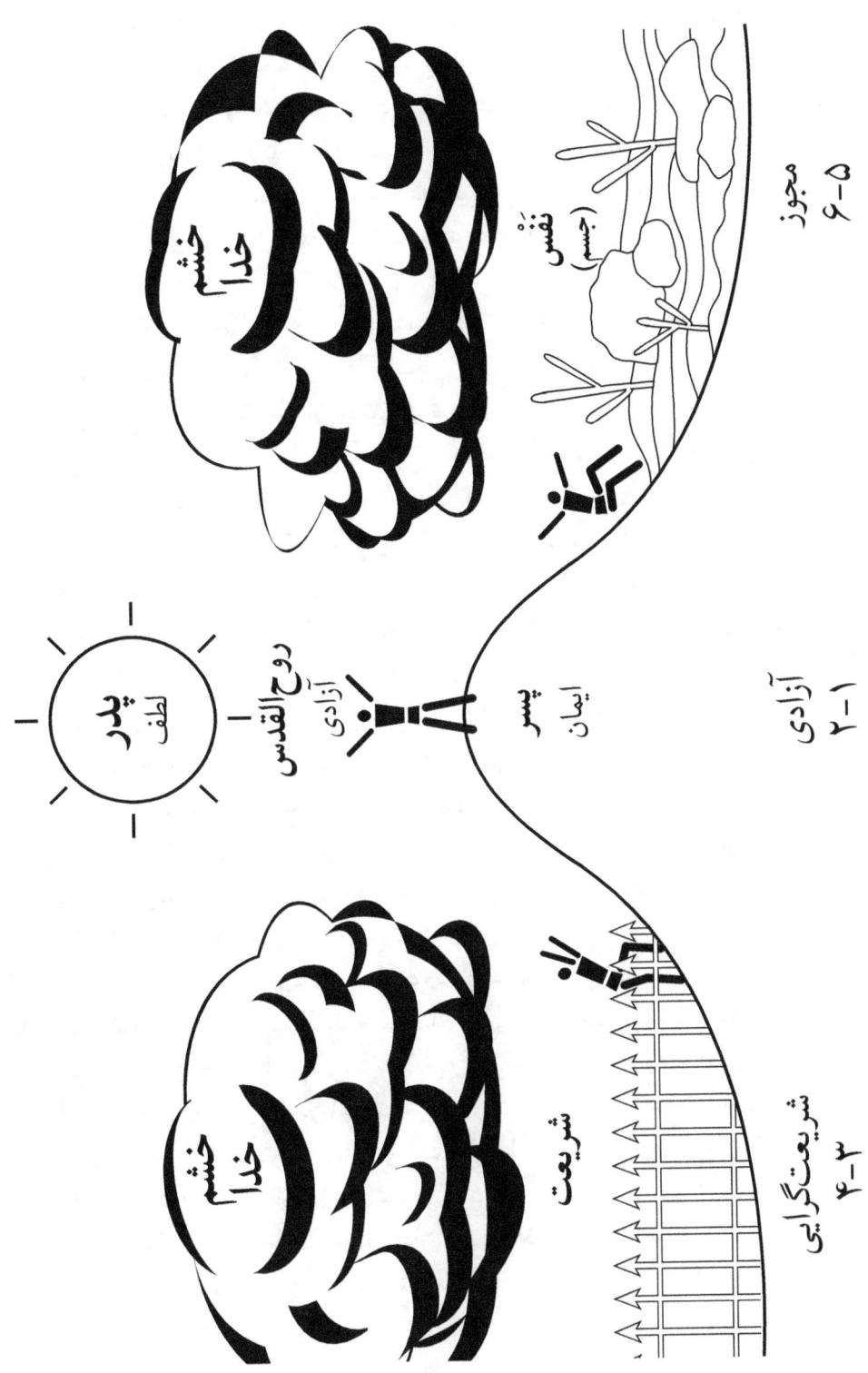

تصویر نشان می‌دهد که این آزادی به دو روش از دست می‌رود. یکی لغزیدن به دامان شریعت است، که به صورت یک قفس ترسیم شده. ما در دام آن هستیم- می‌کوشیم تا از آن بیرون بیاییم، اما نمی‌توانیم. اگر به زیر لوای شریعت بازگردید، باز زیر غضب خدا هستید، چون نمی‌توانید شریعت را نگاه دارید. اما از طریق دیگری هم می‌توانید آزادی خود را از دست بدهید- اینکه به ورطهٔ جسم سقوط کنید. این هم اسارت است، اما این بار اسیرشدن در بند امیال خودتان، و باز زیر غضب خدا قرار خواهید گرفت. باز آزادی خود را از دست می‌دهید.

مسیر رو به بالایی که هلولین[1] در لیک دیستریکت[2] قرار دارد نمونهٔ خوبی برای این مثال است. در هر دو طرف این راه حفره‌های بسیار ژرفی وجود دارند که در زمین‌شناسی به آنها چالگاه می‌گویند. این دو چالگاه در اثر غلتیدن توده‌های برف در دورهٔ آخرین یخبندان به‌وجود آمده‌اند، بدین‌ترتیب، یک لبهٔ بسیار باریک و تیز از خود بر جای نهاده‌اند. ماترهورن سوییس حاصل فروغلتیدن سه تودهٔ یخ است که از خود یک قلهٔ سه‌گوش باقی گذاشته.

آزادی در روح به راه رفتن بر یک لبه بسیار باریک می‌ماند. به آسانی ممکن است به این سو یا آن سو بلغزیم. به نظر من بزرگترین خطری که آزادی مسیحیان را تهدید می‌کند شریعت‌گرایی است. شاید این موجب شگفتی شما شود. بی‌بندوباری نمود آشکارتری دارد، اما زمانی که کلیساها شروع به گذاردن قواعد و مقررات اضافی می‌کنند، به آسانی درکام شریعت‌گرایی می‌افتند. یک مشارکت شریعت‌زده را به راحتی می‌توان تشخیص داد- همه لب‌ها را ورچیده‌اند، و در چهرهٔ همه یک‌جور حالت خشک و مات به چشم می‌خورد. تلاش برای رعایت شریعت مردم را خشن و سخت می‌سازد. شریعت‌گرایی ایمان مسیحی را به جای آنکه تابع روابط باشد به موضوع ضوابط تبدیل می‌کند. مردم می‌پندارند که چون قواعد را رعایت می‌کنند مسیحی هستند- سیگار نمی‌کشند، قمار نمی‌کنند، مشروب نمی‌خورند، فلان کار را نمی‌کنند، بهمان کار را نمی‌کنند- اما رابطه‌شان را با خدا از دست داده‌اند.

آزادی روح نه به معنای انجام دادن هر کاری که *دوست دارید* است، و نه به معنای انجام دادن کارهایی که دیگران به شما *دیکته می‌کنند*؛ آزادی روح یعنی اینکه *بگذارید روح‌القدس شما را هدایت نماید.* همچنان که پولس در غلاطیان می‌گوید، آزادی روح آزادی برای گناه‌کردن نیست، بلکه آزادی برای گناه نکردن است. آزادی واقعی این است. هیچ بی‌ایمانی این آزادی را ندارد- این آزادی‌ای است که خدا برای ما می‌خواهد. اما تلاش برای بازداشتن مردم از گناه نکردن از طریق قرار دادن آنان در زیر شریعت کاری آسان است، و این همان کاری است که برخی کلیساها می‌کنند. آنها می‌کوشند از اعضای خود در برابر انجام این کار و آن کار محافظت نمایند، بدون اینکه متوجه باشند شریعت‌گرایی به همان اندازه دشمن آزادی است که بی‌بندوباری.

1. Helvellyn; 2. Lake District

کل بحث غلاطیان همین است. باب‌های ۱ و ۲ دربارهٔ این آزادی حرف می‌زنند، باب‌های ۳ و ۴ در مورد شریعت‌گرایی که می‌تواند این آزادی را زایل نماید سخن می‌گویند و باب‌های ۵ و ۶ هم پیرامون خطری که در نقطهٔ مقابل آن وجود دارد، یعنی بی‌بندوباری بحث می‌کنند. بدین‌ترتیب، پولس عملاً در دو جبهه به نبرد می‌پردازد، و مشکل واقعی همین است. حفظ آزادی و پرهیز از شریعت‌گرایی و بی‌بندوباری کاری بسیار حساس و ظریف است.

اجازه بدهید به شریعت‌گرایی، بی‌بندوباری و آزادی نگاهی دقیق‌تر بیندازیم.

شریعت‌گرایی

برای این دسته از غلاطیان ختنه نخستین حلقه از این زنجیر به شمار می‌رفت. این می‌توانست سرآغاز شریعت‌گرایی باشد. ختنه جزیی از انجیل نبود، و اگر آنان این مورد را رعایت می‌کردند مکلف به رعایت کل شریعت بودند.

برخی می‌گویند: «اما وقتی شما به مردم می‌گویید که دیگر زیر شریعت قرار ندارند، آیا سوءاستفاده نمی‌کنند؟ آیا افسارگسیخته نمی‌شوند؟ اگر هیچ قاعده‌ای نگذارید، آیا مردم زیاده‌روی نخواهند کرد؟»

زمانی که من خادم متدیست بودم، یک کتاب به قطر نیم‌اینچ داشتیم که نامش *قوانین عملی و انضباطی کلیسای متدیست* بود. اکنون ضخامت این کتاب به سه اینچ و یک‌چهارم رسیده است! هر ساله چندین برگ کلاسوری بدان افزوده می‌شود. پس، اگر قوانین و مقررات می‌توانستند بیداری روحانی ایجاد نمایند، متدیست‌ها همهٔ ما را پشت سر گذارده بودند! اما چنین چیزی روی نمی‌دهد. تدوین مقررات و ارائه قوانین متعدد با خیال اینکه بتوان از این طریق به نحوی حیات را به تشکیلات فرقه‌ای خود بیاوریم، کار آسانی است. اما قانون و مقررات یارای چنین کاری را ندارند. این آزادی است که زندگی می‌بخشد، و خدا ما را آزاد کرده تا آزاد باشیم. باید همچون شاهین مراقب شریعت‌گرایی باشیم. اگر به دامش بیفتید، به‌طرز تغییرناپذیری سخت و ریاکار خواهید شد، چون زمانی که شریعت را زیر پا می‌گذارید جرأت آن را نخواهید داشت تا به کسی بگویید.

بی‌بندوباری

در آن چیزی که پولس «اعمال جسم» می‌نامد، خطری واقعی نهفته است. مواظبش باشید. این هم شکل دیگری از اسارت است. به باتلاقی می‌ماند که به آسانی ممکن است در آن بیفتید اما بیرون آمدن از آن بسیار دشوار است. اعمال جسم را پولس در غلاطیان فهرست کرده است. برخی از آنها همچون بی‌بندوباری اخلاقی و جنسی و نیز اعتقاد به علوم غیبی نمایان هستند، اما موارد دیگری هم مانند نزاع، رقابت، حسادت، بخل و تعصب هستند که بسیار ظریف و زیرکانه عمل می‌کنند.

پولس می‌پرسد: «حال اگر کسی به درون یکی از این ورطه‌ها بلغزد، چه روی خواهد داد؟» در جادهٔ مسیحیت پوست خربزه بسیار است. می‌گوید که اگر کسی لیز خورد و در گناه افتاد فورا بلندش کنید، به جمع مشارکت بازش گردانید و دردهایش را شفا بخشید. اما در مورد کسی آگاهانه و با میل خودش به غلتیدن در گناه ادامه می‌دهد، با لحنی جدی می‌گوید که وی وارث پادشاهی نخواهد شد. شاید طرف بگوید: «من وضعم خوب است! بلیت آسمان را در دست دارم»، اما پولس می‌گوید: «وضع تو خوب نیست- تو وارث پادشاهی نخواهی شد.» پس می‌بینید که هشدار بسیار جدی است.

هم امکان دارد که در کام شریعت‌گرایی بلغزید و هم در دام بی‌بندوباری بیفتید، و در هر دو حالت لازم است که به سرعت شما را از آن بیرون بکشند. اما اگر آگاهانه و از روی میل و اراده زیستن در قفس یا باتلاق را برگزیده‌اید، در آن صورت وارث پادشاهی نخواهید شد.

آزادی

آزادی به معنای آزادبودن برای گناه نکردن است. آیا این آزادی دوست‌داشتنی نیست؟ اکنون در مسیح آزاد هستید تا گناه نکنید. دیگر مجبور نیستید به آن بله بگویید. همان‌گونه که پولس در نامه‌اش به تیتوس گفته: «فیض نه گفتن به ما عطا شده است.» آیا زیبا نیست؟ بیایید با رجوع دوباره به عکس چند صفحهٔ پیش به آنچه روی می‌دهد نگاهی بیندازیم. جاده‌ای را بر فراز کوهستان تصور کنید که تا چشم کار می‌کند امتداد یافته است. باید در روح در این جاده گام برداریم و مراقب باشیم که به سراشیبی بی‌بند وباری یا شریعت‌گرایی نیفتیم. هنگامی که در روح گام برمی‌دارید، چیز زیبایی اتفاق می‌افتد. ثمرهٔ روح در زندگی‌تان رشد می‌کند. در حالی‌که اعمال جسمانی بسیارند، تنها یک ثمرهٔ روح وجود دارد، اما این میوه دارای نه طعم مختلف است.

در مدیترانه میوه‌ای وجود دارد به نام *'Mysterio Deliciosus'* (دارای طعم اسرارآمیز- م.). اگر به آن یک گاز بزنید، مزه‌ای شبیه به پرتقال می‌دهد، اما اگر گاز دوم را بزنید، مزهٔ لیمو می‌دهد! در این میوه مزه‌های گوناگونی نهفته است. اگر در مسیح باشید همهٔ مزه‌های میوه روح را خواهید چشید. برخی از این مزه‌ها را می‌توان در بی‌ایمانان نیز مشاهده کرد، اینطور نیست؟ برخی از آنها خوشی را دارند، عده‌ای دیگر آرامش را، اما هرگز نمی‌توانید کسی را بیابید که هر نه تا را با هم داشته باشد، مگر آنکه در مسیح باشد و از روح پر باشد و در روح راه برود. نه طعم میوهٔ روح شما را با خدا، دیگران و خودتان پیوند می‌دهد. سه تا از این مزه‌ها- محبت، خوشی و آرامش- شما را با خدا در هماهنگی کامل قرار می‌دهند. سه تای دوم- صبر، مهربانی، نیکویی- میان شما با دیگران هماهنگی ایجاد می‌نمایند. سپس نوبت به سه تای سوم- وفاداری، فروتنی و خویشتن‌داری- می‌رسد که رابطهٔ شما را با خودتان بهبود می‌بخشد. وه که چه میوهٔ دوست‌داشتنی‌ای!

البته ثمرهٔ روح بدون عطایای روح محدود خواهد بود، همان‌گونه که عطایای روح بدون ثمرهٔ آن ناقص خواهند بود. اگر من برای ملاقات از یک بیمار به بیمارستان بروم، می‌توانم ثمره روح را به او نشان دهم- می‌توانم با محبت‌کردن از فرد بیمار محبت را، با شادمان‌کردن او خوشی را، با آرامی بخشیدن به او آرامش را، با گوش دادن به همهٔ جزئیات عملش صبر را، با دادن یک خوشه انگور به او مهربانی را، با توجه نشان دادن به فرزندانش نیکویی را، با هر روز دیدن‌کردن از او وفاداری را، با ترک‌کردن اتاق بیمار زمانی که پرستار به من می‌گوید فروتنی را، و با نخوردن انگورها خویشتن‌داری را نشان دهم! من در همین ملاقات ساده همهٔ جنبه‌های ثمرهٔ روح را به نمایش گذارده‌ام، اما نتوانسته‌ام او را از دردش شفا بخشم، چون این دیگر در حیطهٔ عطایای روح است. ما هم به عطایای روح نیاز داریم و هم به ثمرهٔ روح. نباید هیچ‌کدام را جای دیگری قرار دهیم.

پولس می‌گوید که وقتی به روح رفتار کنید، میوهٔ آن رشد می‌کند. او در اینجا واژهٔ «رفتارکردن» را به دو طریق به‌کار می‌برد، یعنی از دو واژهٔ گوناگون یونانی استفاده می‌کند. (این واژه‌ها در برخی زبان‌ها، مثل فارسی، در هر دو مورد «رفتارکردن» ترجمه شده‌اند. ـ م.). وی در باب ۵ آیات ۱۶ و ۲۵ می‌گوید: «به روح رفتار کنید». در آیهٔ ۱۶ به زبان یونانی «رفتارکردن» یک راه رفتن غیرثابت است- چیزی که استرالیایی‌ها آن را «بیابان‌گردی انفرادی» می‌نامند. این معنا را می‌دهد که شما برای خودتان راهی سفری شوید. اما در آیهٔ ۲۵ «رفتارکردن» در واقع، به معنای «رژه رفتن در روح، یعنی گام برداشتن همراه با دیگران» است. پس به روح رفتارکردن دوگونه است. یکی به روح رفتارکردن است که ما آن را به تنهایی انجام می‌دهیم، و یکی به روح رفتارکردن است که به همراه باقی برادران و خواهران مسیحی‌مان انجام می‌دهیم و هر دوی آنها لازمند. آزادی راستین این است که دوشادوش دیگر برادران و خواهران‌مان در روح راه برویم.

پس پیام نامهٔ پولس به غلاطیان این است. این نامه هرچند ساده‌ترین نامهٔ پولس نیست، اما یکی از مرتبط‌ترین نامه‌های اوست، و من با کسانی که می‌گویند این نامه منشور آزادی مسیحی است، هم‌عقیده هستم. به‌راستی بر این باورم که این عنوان برازندهٔ آن است. مردمان بسیاری برای خاطر آزادی، خواه خوب و خواه بد، ایستادگی می‌کنند، اما آزادی‌ای که ما برایش ایستادگی می‌کنیم آزادی برای مرتکب نشدن گناه است، آزادی برای ممانعت از ورود به قفس شریعت‌گرایی و فروغلتیدن در باتلاق بی‌بندوباری، و آزادی برای فراز رفتن از مسیر درست و برخوردارشدن از برکات لطف خدا.

شریعت‌گرایی هنوز با ما همراه است

شریعت‌گرایی در همه جا سایه‌افکن است. مردمان می‌کوشند با انجام اعمال خودشان به آسمان وارد شوند. یا اینکه با ایمان آغاز می‌کنند، اما بعد به سراغ اعمال می‌روند، که دیگر فاجعه است.

مرحوم دکتر دبلیو. ای. سنگستر[1] روزی برای دیدار زنی که در شرف مردن بود به بیمارستان رفت. به او گفت: «آیا برای ملاقات با خدا آماده‌ای؟ زمانی که به دیدار او نایل شوی، به او چه خواهی گفت؟»

زن دستانش را بالا گرفت و گفت: «من یک بیوه‌زن هستم. پنج فرزند بزرگ کرده‌ام، بنابراین، وقت آن را نداشته‌ام که به کلیسا بروم و یا به کتاب‌مقدس و دین بپردازم. اما برای پرورش فرزندانم نهایت تلاشم را کرده‌ام، و زمانی که با خدا روبه‌رو شوم دستانم را بلند می‌کنم تا او آنها را ببیند و مطمئنم که او درک خواهد کرد.»

حال اگر شما بودید در پاسخ این زن چه می‌گفتید؟ دکتر سنگستر فقط این جمله را به او گفت: «دیگر خیلی دیر شده، عزیزم، خیلی دیر شده.»

زن گفت: «منظورت چیست؟»

او در پاسخ گفت: «خوب، اکنون کسی در برابر تو ایستاده که دستانش را به پیشگاه خدا برافراشته و خدا جز دستان او به هیچ چیز دیگری نمی‌نگرد.»

زن باز گفت: «منظورت چیست؟»

دکتر سنگستر به او گفت: «توکلت را بر دستان خودت نگذار- به دستان او توکل کن.»

شریعت‌گرایی هنوز با ما و متداول است. اهالی بریتانیا معمولاً بر این پندارند که مسیحی‌بودن یعنی مهربان‌بودن با مادر بزرگ‌شان و گربه‌شان. می‌اندیشند: «من هم به اندازهٔ هر مسیحی کلیسارو دیگری خوب هستم.» وقتی این را می‌گویند در دام شریعت‌گرایی گرفتارند. لازم است به آنها بگوییم که رعایت ۱۰۰ درصد شریعت متضمن ورود به آسمان است و بس، و اگر بخواهند همین جور که هستند به آنجا بروند کار را برای دیگران خراب خواهند کرد!

شریعت‌گرایی را در کلیسا هم می‌توانیم بیابیم. آنان بسیار مستعدند تا قوانینی را بر دوش اعضای خود بگذارند. برای ورود به کلیسا چهار پله بیشتر وجود ندارد: توبه، ایمان، تعمید و دریافت روح‌القدس. نباید هیچ پلهٔ دیگری بر آن افزود. راه پلهٔ اصلی در داخل کلیساست. همچنان که از اول و دوم پطرس درمی‌یابیم برای بالا رفتن پله‌های زیادی هست، اما در بیرون کلیسا همان چهار پله وجود دارد. ولی بدبختانه کلیساها دوست دارند بگویند: «باید حتماً یک اسقف شما را تأیید کند»، یا «باید این کار یا آن کار را انجام بدهید»، یا «باید سرسپردگی شما اثبات شود»، یا «باید اطاعت از رهبری را قبول کنید» و غیره. همهٔ این پله‌ها مال درون کلیسا هستند، نه بیرون آن.

بی‌بندوباری هنوز با ما همراه است

هنوز کسانی هستند که می‌پندارند زناکردن با یک بی‌ایمان آنان را روانهٔ دوزخ می‌سازد، اما زناکردن با یک ایماندار پذیرفتنی است. هنوز کسانی هستند که معتقدند انواع معینی از گناهان

1. W.E. Sangster

در مورد ایمانداران قابل‌توجیه است، که شاید شما اندکی از پاداش یا برکت الاهی را از دست بدهید، اما بلیت آسمان همچنان در جیبتان خواهد بود. غلاطیان شدیدا با این تفکر برخورد می‌کند و می‌گوید که اگر آگاهانه به سراغ گناه بازگردید وارث پادشاهی خدا نخواهید شد.

آزادی هنوز با ما همراه است

ما می‌باید در کنار دیگران در مسیر باریک اعتدال گام برداریم، تا نسیم روح بر صورتمان بوزد و برکت فیض خدا شامل حالمان گردد. ما آزادیم اما نه برای اینکه گناه کنیم بلکه آزادیم تا با دلیری به روح رفتار نماییم.

غلاطیان یکی از نیرومندترین نامه‌هایی است که تا کنون خوانده‌اید. از همه مهم‌تر آن است که این نامه را بخوانید و به پیامی که دارد گوش بسپارید. در زیر من تفسیر خودم را از این نامه ارائه می‌نمایم:

> از: پولس، فرستادهٔ خداوند (که نه از جانب صاحب‌منصبان انسانی یا حتی به‌واسطهٔ هدایت الاهی از طریق نماینده انسانی، بلکه شخصاً از سوی عیسای مسیح و پدرش خدا، که پس از تدفین او را زنده کرد، فرستاده شده است). همهٔ برادران مسیحی اینجا نامه‌ام را خوانده و آن را تأیید می‌کنند.
>
> به: گردهمایی قوم خدا در استان غلاطیه:
> باشد که همهٔ شما از درک سخاوت و هماهنگی کامل خدای پدر ما، و پسرش عیسی، که خداوند و مسیح است بهره‌مند شوید. اعمال بد ما به بهای جان او تمام شد، اما او داوطلبانه ما را از بی‌بندوباری اخلاقی زمانه کنونی‌مان رهایی بخشید. این نقشهٔ رهایی با تصمیم خدای پدر کشیده شده بود و هرگز نباید از یاد ببریم که این رهایی را از او داریم. پس چنین باد.
> در شگفتم از اینکه می‌بینم شما بدین زودی از آن خدایی که شما را به‌واسطهٔ هدیهٔ رایگان مسیح فراخوانده است رویگردان شده، و به‌سوی انجیلی دیگر گرویده‌اید که حتی نمی‌توان بر آن نام «مژده» را نهاد. اما کسانی هستند که با هدف وارونه جلوه دادن انجیل فکرتان را مغشوش می‌سازند. اما گوش کنید- حتی اگر خود ما، یا حتی فرستاده‌ای مافوق طبیعی از جهانی دیگر، پیامی مغایر با آنچه که ما به شما بشارت دادیم موعظه کند، ملعون باد! پیشتر هم این را به شما گفتیم، اما باید آن را تکرار کنم- اگر هر کسی انجیلی غیر از آنچه پذیرفتید به شما موعظه کند، نفرین دوزخ بر او باد!
> آیا تأیید مردم را می‌خواهم یا تأیید خدا را؟ آیا اتهام من این است که می‌کوشم خشنودی و محبوبیت مردم را به‌دست آورم؟ اگر همچنان در پی خشنودی مردم بودم، آخرین کاری که برمی‌گزیدم خدمت به مسیح می‌بود.

ای برادران عزیزم، می‌خواهم این مسئله را برای همهٔ شما روشن کنم که مژده‌ای را که من به شما بشارت دادم، قصه‌ای ساخته و پرداختهٔ بشر نیست. من دربارهٔ آن نه از کسی چیزی شنیدم، و نه کسی آن را به من آموخت؛ من آن را مستقیماً از عیسای مسیح دریافت کردم و رویدادهای زندگی من این را اثبات می‌کند.

شما باید وصف زندگی گذشتهٔ مرا در دین یهود شنیده باشید. من از سر تعصب شدید به شکار ایمانداران مسیحی می‌پرداختم و آن را ویران می‌کردم. من به‌عنوان یک هوادار پرو پا قرص یهودیگری از بسیاری از همسالان قوم خود پیشی گرفته بودم، به همین سبب در اجرای سنت‌های پدران، بی‌نهایت پرشور عمل می‌کردم.

آنگاه خدا وارد بازی شد. او مرا از بطن مادرم نشان کرده بود و سخاوتمندانه مرا از میان همهٔ مردمان برگزید تا به دیگران نشان دهد که پسرش به‌راستی چگونه است، به‌ویژه آنانی که بیگانه خوانده می‌شدند. در آن زمان تصمیم گرفتم که با هیچ‌کس مشورت نکنم، پس به اورشلیم نرفتم تا با آنانی که از پیش به‌کار رسالت خداوند مشغول بودند به مشاوره بپردازم. در عوض آن به تنهایی راهی بیابان عربستان شدم و در آنجا تمام مدت به اندیشیدن پرداختم؛ و از آنجا هم مستقیماً به دمشق بازگشتم.

آنگاه پس از سه سال، به اورشلیم رفتم تا با پطرس دیدار کنم. حتی در آن زمان هم تنها دو هفته نزد او ماندم و به جز یعقوب، برادر پیشوای آسمانی‌مان، هیچ رسول دیگری را ندیدم. (خدا ناظر بر چیزهایی است که من می‌نویسم، و در این مورد دروغ سرهم نمی‌کنم). پس از آن، به نواحی گوناگون سوریه و کیلیکیه رفتم. از این‌رو هنوز جماعت‌های مسیحی یهودیه مرا به چهره نمی‌شناختند. آنها فقط از روی شنیده‌ها مرا می‌شناختند ـ اینکه دشمن جرارشان اکنون همان باورهایی را انتشار می‌دهد که در گذشته به نابودی آن کمر بسته بود ـ و آنان به‌خاطر این دگرگونی خدا را تمجید می‌کردند.

پس از گذشت چهارده سال، بار دیگر برای دیداری روانهٔ اورشلیم شدم. این بار برنابا و تیتوس هم مرا همراهی می‌کردند. این خدا بود که مرا به این سفر برانگیخت تا با رهبران سرشناس مسیحیان یهودی‌تبار مباحثه‌ای خصوصی داشته باشم. انگیزه‌ام این بود که انجیلی را که در میان ملل غیریهودی انتشار می‌دادم به آنها ارائه دهم، مبادا همهٔ *تلاش‌هایم* بیهوده بوده باشند. من تیتوس را به‌عنوان یک نمونهٔ آزمایشی همراه خودم برده بودم، زیرا او یک مسیحی یونانی‌تبار بود. اما ایشان حتی یک بار هم اصرار نکردند که وی باید ختنه شود. در واقع، هیچ‌یک از آنان این مطلب را زیر سؤال نبردند جز عده‌ای نفوذی که اصلاً اجازهٔ ورود به آن جمع را نداشتند. آنان برای جاسوسی آن آزادی که در مسیح از آن بهره‌مندیم آمده بودند؛ ایشان در جستجوی یافتن راهی بودند تا ما را زیر کنترل نظام خودشان ببرند. ولی ما دمی هم تن به *خواسته‌های‌شان* ندادیم وگرنه حقیقت انجیل را از دست می‌دادید. اما تا آنجا که به رهبران سرشناس مربوط می‌شد، (موقعیت آنان برای

من اهمیتی ندارد، زیرا خدا به منزلت ظاهری توجهی نمی‌کند؛ منظورم آنانی است که آشکارا بدیشان به چشم دیگران می‌نگرند)، ایشان چیزی بر تعلیمی که می‌دادم نیفزودند. بلکه به عکس، ایشان صلاحیت مرا برای انجام وظیفهٔ رسانیدن انجیل به غیریهودیان به رسمیت شناختند، همان‌گونه که وظیفهٔ رسانیدن انجیل به یهودیان به پطرس سپرده شده بود. زیرا همان خدایی که از طریق پطرس چونان رسول یهودیان به‌طرزی مؤثر عمل کرده بود، از طریق من نیز چون رسول غیریهودیان عمل نمود. پس چون یعقوب و یوحنا و کیفا (پطرس نام عبرانی خود را استفاده می‌کرد) که مشهور به ارکان بودند مشاهده کردند که خدا تا چه اندازه مرا مشمول برکت خویش قرار داده، به من و برنابا دست رفاقت دادند و توافق شد که ما نزد غیریهودیان برویم و آنان نزد یهودیان. فقط خواستند که برای مسیحیان فقیر یهودی‌تبار هدایای مالی بفرستیم، که البته خود من نیز مشتاق به انجامش بودم.

اما بحران جدی زمانی آغاز شد که پطرس به قصد پس دادن بازدید ما به انطاکیه آمد. من با او رویاروی مخالفت کردم، چه آشکارا تقصیرکار بود. زیرا در ابتدا در کمال خرسندی با غیریهودیان هم‌سفره می‌شد، اما همین که همکاران یعقوب آمدند، پا پس کشید و خود را جدا کرد، چرا که بیم داشت که ایشان چه خواهند اندیشید. سایر یهودیان نیز وانمود کردند که با او هم‌داستان هستند و حتی برنابا نیز در ریاکاری آنان گرفتار آمد. زمانی که دیدم چنین رفتاری با حقیقت انجیل همراستا نیست، در حضور همه به پطرس گفتم: اگر تو، با اینکه یهودی‌نژاد هستی محظورات اخلاقی یهود را به کنار گذاشته همچون غیریهودیان زندگی می‌کنی، چگونه است که به ناگاه غیریهودیان را وامی‌داری که رسوم یهودیان را بپذیرند؟ ما در میان قوم برگزیدهٔ خدا به دنیا آمده‌ایم و نه در میان بیگانگان و قوم‌های بی‌شریعت. با وجود این، به خوبی می‌دانیم که انسان نمی‌تواند با تلاش برای اطاعت از احکام شریعت پارسا شمرده شود، بلکه تنها راه پارسا شمرده‌شدن توکل نمودن به عیسای مسیح برای برداشتن گناه است. پس خود ما یهودیان هم مجبور شدیم با اتکا به‌کار مسیح عیسی خودمان را با معیارهای خدا تطبیق دهیم نه با *تلاش‌های شخصی* خودمان. زیرا هیچ بشری از راه انجام اعمال شریعت پارسا شمرده نمی‌شود. *نوشته‌های* مقدس ما هم صراحتاً تأیید کرده‌اند که «زنده‌ای نیست که به حضور تو پارسا شمرده شود» (مزمور ۱۴۳:۲). اما اگر در حالی‌که در پی پارسا شمرده‌شدن به‌واسطهٔ مسیح هستیم، معلوم شود که گناهکاریم، آیا این بدان معنی است که مسیح خود هرج و مرج‌گراست و گناه را تشویق می‌کند؟ به‌هیچ‌روی!

زیرا اگر آنچه را که خود ویران کردم از نو بنا کنم، در آن صورت نشان می‌دهم که به‌راستی نسبت به شریعت نافرمانم. من مدت‌ها پیش دریافتم که تلاش برای حفظ شریعت، کاری مهلک است. ناکامی نَفْس مرا کشت ــ اما همان مجالی را که نیاز داشتم تا به‌واسطهٔ آن مطابق آنچه که خدا می‌خواست زندگی کنم، به من عطا کرد. چون زمانی که دریافتم مسیح

به‌خاطر من بر صلیب مرده، آن کسی که بودم با او مرد. می‌دانم که هنوز نفس می‌کشم، اما دیگر واقعاً من نیستم که زندگی می‌کنم؛ مسیح است که در من زندگی می‌کند. و این زندگی که اکنون در جسم فانی می‌کنم، از اعتماد مداوم به پسر خداست که مرا تا جایی محبت کرد که جان خود را به‌خاطر من داد. هر کس هرچه می‌خواهد بکند، من آن کسی نخواهم بود که سخاوت خدا را زاید بشمارم، زیرا اگر پارسایی از راه حفظ شریعت به‌دست می‌آمد، پس مرگ مسیح سراسر بیهوده بوده است.
ای غلاطیان نادان! چه کسی شما را افسون کرده است که دیگر بر مبنای آنچه راست است عمل نمی‌کنید؟ چشمان خود را به روی عیسای مسیح با تمام ***توصیف‌های*** روشنی که از مصلوب‌کردن وی نمودیم، بسته‌اید. فقط به یک پرسش ساده من پاسخ دهید: آیا زمانی که روح خدا را تجربه کردید، آیا به‌خاطر انجام اعمال شریعت بود یا به‌واسطهٔ ایمان به آنچه که شنیدید؟
بسیار خوب! آیا عقل از سرتان پریده؟ شما که با نیروی مافوق طبیعی روح خدا آغاز کردید آیا اکنون می‌خواهید با انرژی طبیعی نهاد انسانی به مقصد برسید؟
آیا از همهٔ این چیزها هیچ نیاموخته‌اید؟ یقین دارم که این همه تجربه را به دور نخواهید افکند. مگر اینکه به‌راستی بیهوده بوده باشد! به من بگویید زمانی که خدا روح خود را آزادانه به شما عطا می‌کند، به‌طوری که معجزات در میان شما ظاهر می‌سازد. این به‌خاطر اطاعت شما از شریعت او بوده، یا از آن‌رو که به آنچه شنیدید اعتماد کامل داشتید؟
تجربهٔ شما مشابه تجربهٔ ابراهیم است، زیرا او ایمان آورد که خدا می‌تواند وعده‌ای را که به وی داده تحقق بخشد، و به‌خاطر این اعتماد بود که نامش در کلام خدا به‌عنوان مردی نیکو ثبت گردید (پیدایش ۶:۱۵). پس درمی‌یابید که فرزندان راستین ابراهیم کسانی هستند که چنین اعتمادی به خدا داشته باشند. و کتاب‌مقدس روزهایی را پیش‌بینی کرده که خدا سایر نژادها را دقیقاً بر پایه ایمان‌شان پارسا خواهد شمرد، از این‌رو، پیشاپیش به ابراهیم بشارت داد که «تمام قومها به‌واسطهٔ تو برکت خواهند یافت». پس آنها که به ایمان اتکا دارند، با ابراهیم ایماندار برکت می‌یابند.
اما آنان که بر انَجام اعمال شریعت تکیه دارند، عملاً همگی دچار لعنت خدا هستند، نه برکت او. زیرا شرعت موسی صراحتاً اظهار داشته که: «ملعون باد هرکه به تمام آنچه در کتاب شریعت نوشته شده عمل نکند» (تثنیه ۲۶:۲۷). کاملاً واضح است که اگر قرار است خدا ما را با چنین معیاری بسنجد، هیچ‌کس نمی‌تواند از عهدهٔ رعایت آن برآید. حتی عهدعتیق هم به بیانی دیگر بر این مطلب صحه گذارده– «پارسا به ایمان زیست خواهد کرد» (حبقوق ۴:۲). شریعت هرگز به ایمان داشتن اهمیتی نمی‌دهد، تأکیدش همه بر دستاوردهای انسانی است– «کسی که اینها را به‌عمل آوَرَد، به‌واسطه آنها حیات خواهد داشت» (لاویان ۵:۱۸).

مسیح خونبهای لعنت شریعت که ما را اسیر ساخته بود پرداخت و بهای این کار آن بود که خودش به جای ما لعنت شود. به بیان دقیق‌تر او بالاترین تاوان شریعت را پرداخت- «هرکه به دار آویخته شود ملعون است» (تثنیه ۲۳:۲۱). مسیح ما عیسی با انجام چنین کاری برکت ابراهیم را نصیب غیریهودیان نمود. بدین‌ترتیب، اکنون ما می‌توانیم قدرت آن روح را که وعده داده شده بود، به سادگی از راه ایمان دریافت کنیم.
ای برادران من حرف عجیب و غریبی نمی‌زنم. می‌توانم از امور روزمرهٔ انسانی مثالی بیاورم. به مجردی که کسی وصیت‌نامه‌اش را مهر و موم کرد، دیگر هیچ‌کس نمی‌تواند آن را لغو کند یا چیزی بدان بیفزاید. حال، خدا به ابراهیم و «نسل او» (پیدایش ۱۸:۲۲) وعده‌ای داده است. فقط توجه داشته باشید که این واژه مفرد است نه جمع، یعنی یکی از افراد ذریت ابراهیم را نشانه می‌رود نه همهٔ آنها را، که مقصودش کسی جز مسیح نیست.
اما سخن من این است: شریعتی که آمد، نمی‌تواند عهدی را که خدا چهارصد و سی سال پیشتر بسته بود لغو نماید، یا آن را از درجهٔ اعتبار ساقط کند. این دو با هم غیرقابل قیاس‌اند. زیرا اگر میراث بر رعایت شریعت استوار باشد، دیگر بر وعده استوار نیست؛ اما خدا با سخاوت تمام نخست آن را از راه وعده به ابراهیم عطا فرمود.
پس مقصود از شریعت چه بود؟ شریعت به‌طور موقت و برای مقابله با بی‌قانونی‌ها افزوده شد! آن هم تنها تا زمانی که آن «نسل» که وعده به او اشاره داشت، بیاید. باید ماهیت خطاکاری از طریق اعمال شریعت برملا می‌شد.
شریعت برخلاف وعده مستقیماً به بشر داده نشد. خدا آن را به‌وسیلهٔ فرستادگان آسمانی و به دست واسطه‌ای زمینی فروفرستاد. به‌طور معمول فرد واسطه طرف مکالمهٔ هر دو طرف قرار دارد؛ و به تعبیری شریعت پیمانی دوطرفه است، که مردم باید شروط مندرج در آن را بپذیرند. در صورتی که اعتقاد ما بر آن است که خدا یکی است. او با هیچ‌کس برابر نیست تا با کسی معامله کند، بلکه بنا به صواب‌دید خودش عمل می‌کند، چنان که در مورد اعطای مستقیم وعده عمل کرد.
آیا این تفاوت‌ها بدین‌معناست که خدا دو نظام دینی رقیب معرفی کرده، یعنی شریعت را به‌عنوان جایگزینی برای وعده ارائه نموده؟ به‌هیچ‌روی! اگر قبول‌شدن در آزمون شریعت می‌توانست زندگی مردمان را خوب سازد، در آن صورت پاسخ شریعت‌گرایی بود. اما قوانین کتاب‌مقدس با اثبات این حقیقت که همه مرتکب گناه می‌شوند عملاً نشان داد که با شریعت نجات ممکن نیست. آنچه وعده داده شده بود بر پایهٔ ایمان به عیسای مسیح به ایمانداران عطا می‌شود.
تا پیش از آنکه فرصت آمدن ایمان دست دهد، ناگزیر بودیم تحت قیومیت شریعت به سر ببریم و در بند شریعت اسیر باشیم، در انتظار روزی که به ما نشان دهند که باید چگونه ایمان بیاوریم. به عبارت دیگر، مانند کودکانی بودیم که شریعت به تربیت ما همت

گماشته و ما را تحت انضباط شدید قرار داده بود تا زمانی که مسیح بیاید و به‌وسیلهٔ ایمان پارسایمان شمارد. اما اکنون که به عیسای مسیح ایمان آورده‌ایم، از آنجایی که وی از شأن کامل برخوردار است به ما این آزادی را خواهد بخشید که از آن پسران بالغ خداست.
همگی شما که با غوطه‌ورشدن در آب مسیحی شده‌اید، مسیح را دربر کرده‌اید. بنابراین، دیگر افرادی جدا از هم نیستید- نه یهودی معنی دارد نه یونانی، نه برده نه آزاد، نه مرد نه زن. همگی شما در مسیح عیسی یکی هستید. و حال به‌عنوان اعضای بدن مسیح همان یگانه نسل ابراهیمید که وعدهٔ برکت به او داده شد.
باری سخن من این است: یک کودک می‌تواند ارث ببرد، اما تا زمانی که زیر سن قانونی است، با برده فرقی ندارد، هرچند مالک همه چیز باشد. و تا زمانی که پدرش تعیین کرده است باید زیر نظارت قیمان و وکلا باشد. در مورد ما نیز به همین‌گونه است: تا زمانی که ما اطفال روحانی بودیم، رفتارمان بر طبق اصول خرافی و کودکانهٔ دنیا بود.
اما خدا زمانی را برای رسیدن به سن قانونی مقرر کرده بود و چون زمانش رسید، خدا پسر خود را به دنیا فرستاد. او هم مانند همهٔ ما از زنی زاده شد. او زنی یهودی بود، پس پسرش هم تابع شریعت به‌دنیا آمد. همین امر به او این توانایی را بخشید تا آزادی آنانی را که زیر ستم شریعت بودند بخرد، و مقام پسرخواندگی را به‌ایشان اعطا نماید.
پس چون شما هم به‌عنوان پسران به رسمیت شناخته شده‌اید، خدا روح پسر خود را در دلهای ما فرستاده است تا به‌طور غریزی ندا دردهیم: «ابا، پدر!» (این دقیقاً همان عبارتی بود که عیسی پدر آسمانی‌اش را با آن مورد خطاب قرار داد). این ثابت می‌کند که شما هم پسر اویید. دیگر برده نیستید؛ و اگر پسرید، وارث نیز هستید.
پیش از این، زمانی بود که با خدا هیچ رابطه‌ای نداشتید. اما دین‌تان شما را بندهٔ خدایانی کرده بود که واقعیت نداشتند! اما اکنون که خدا را همان‌گونه که هست می‌شناسید، (یا بهتر بگویم، خدا خودش را به شما شناسانید) چگونه است که دیگر بار به‌سوی آن خرافات سست و فرومایه بازمی‌گردید؟ آیا به‌راستی می‌خواهید آنها را از سر نو بندگی کنید؟ روزها و ماه‌ها و فصل‌ها و ***سال‌های*** «مقدس» را نگاه می‌دارید! می‌ترسم همهٔ دردسرهایی که برای‌تان کشیدم به هدر رفته باشد.
ای برادران، از شما تمنا دارم که همچون من بشوید، زیرا هرچه باشد من نیز همانند شما شده‌ام. هرگز به من آزاری نرسانیدید. چنانکه می‌دانید، بار نخستی که نزد شما آمدم تا بشارت انجیل را به شما برسانم، به سبب بیماری جسمانی‌ام بود. وضعیت جسمانی من حتماً برای شما آزمایشی بوده، لیکن هرگز به حال و روز من به دیدهٔ تحقیر یا با کراهت نگاه نکردید. در حقیقت برعکس، چنان مرا به گرمی پذیرا شدید که گویی فرستاده‌ای آسمانی و یا حتی خود مسیح عیسی بودم. از اینکه در میان شما هستم بسیار خشنود و مفتخر بودید. پس آن همه احساسات کجا رفت؟ می‌توانم با صراحت شهادت بدهم که

اگر می‌توانستید، حتی چشمان خود را بیرون آورده به من می‌دادید. اکنون چنین به‌نظر می‌رسد که گمان برده‌اید که من دشمنتان هستم. آیا همهٔ اینها بدین‌خاطر است که با شما روراست بوده‌ام؟

من می‌دانم که این اشخاص برای شما وسواس به خرج می‌دهند؛ اما انگیزه‌های‌شان نیکو نیست. آنان می‌خواهند شما را تماماً مال خودشان بکنند، تا شما هم برای ایشان گریبان بدرانید.

حرف مرا اشتباه تعبیر نکنید، توجه ویژه داشتن همواره نیکوست، به شرطی که با انگیزهٔ نیکو همراه باشد. حتی زمانی که با من نیستید من به‌راستی برای شما دغدغهٔ ویژه دارم.

فرزندان عزیزم، که من برایتان دردی چون درد زه دارم تا مسیح در شما شکل بگیرد، کاش هم‌اکنون نزدتان بودم تا تغییر لحن مرا به گوش خود می‌شنیدید. به‌راستی دیگر عقلم به جایی نمی‌رسد که در مورد شما چه کنم.

به من بگویید، شما که اینقدر می‌خواهید زیر حاکمیت شریعت موسی باشید، آیا واقعاً آنچه را که شریعت می‌گوید شنیده‌اید؟ همین یک رویداد را در نظر بگیرید:

ابراهیم از دو زن صاحب دو پسر بود، یکی از کنیزی و دیگری از زنی آزاد. پسر کنیز به شیوهٔ معمول انسانی تولد یافت؛ اما تولد پسر زن آزاد، حاصل وعده‌ای الاهی بود. مقصود از این مقایسه به تصویر کشیدن واقعیاتی روحانی است. زیرا این دو پسر نمایندهٔ دوگونه رابطهٔ متفاوت با خدا هستند.

خاستگاه یکی کوه سیناست، و فرزندانش در بندگی زاده می‌شوند: مادر نمادین آنها هاجر کنیز است که با سینا مرتبط است، که کوهی است در عربستان. سینا بر شهر اورشلیم کنونی انطباق دارد، که رهبران و رعایایش زیر بندگی به‌سر می‌برند. اما یک «اورشلیم» دیگر هم وجود دارد که خاستگاهی آسمانی دارد، که نماد آن زن آزاد، و او مادر همهٔ ما ایمانداران است. کتاب‌مقدس در مورد او می‌گوید: «شاد باش، ای نازا، ای که فرزندان نمی‌زایی؛ فریاد کن و بانگ شادی برآور، ای که درد زایمان نکشیده‌ای؛ زیرا فرزندان زن بی‌کس از فرزندان زن شویمند بیشترند» (اشعیا ۵۴:۱)!

اما ای برادران من، ما همچون اسحاق هستیم، زیرا موجودیت ما نیز از یک وعدهٔ الاهی سرچشمه می‌گیرد. در آن زمان، پسری که به شیوهٔ معمول انسانی زاده شد، او را که به مدد روح خدا به دنیا آمده بود آزار می‌داد. امروز نیز چنین است. اما نگاه کنید که کتاب‌مقدس دربارهٔ نتیجهٔ این کار چه می‌گوید: «کنیز و پسرش را بیرون کن، زیرا پسر کنیز هرگز با پسر زن آزاد وارث نخواهد شد. پس ای برادران، ما فرزندان کنیز نیستیم، بلکه از زن آزادیم» (پیدایش ۲۱:۱۰). پس برادران، این مطلب را در ذهن خود روشن سازید- ما فرزندان کنیز نیستیم، بلکه فرزندان زن آزادیم.

زمانی که مسیح ما را آزاد کرد، آزادی‌اش واقعی بود! پس استوار بایستید و خود را بار دیگر گرفتار یوغ بندگی نکنید. آنچه را می‌گویم آویزه گوش کنید! من، پولس، به شما

می‌گویم که اگر ختنه شـوید، دیگر خود مسـیح برایتان هیچ ارزشی نخواهد داشت. یک بار دیگر به هر کسی که ختنه شود اعلام می‌کنم که موظف به نگاه داشتن تمام شریعت خواهد بود. با این کار تنها عضوی از بدن خود را نمی‌برید. در واقع، مسـیح را هم از وجود خود بریده و دور می‌کنید! زیرا هر کس که می‌خواهد با رعایت احکام شریعت مقبول خدا واقع گردد، از فیض خدا محروم خواهد گردید.
ما مسـیحیان امیدمان را بر شالوده‌ای کاملاً متفاوت بنا می‌کنیم. با مدد روح ***خداست که*** ما مشتاقانه انتظار آن پارسایی را می‌کشیم و این ثمرهٔ توکل‌کردن به مسیح عیسی است. از زمانی که عضوی از اعضای بدن او می‌شویم، دیگر نه ختنه اهمیتی دارد و نه ختنه‌ناشدگی، بلکه مهم ایمانی است که از راه محبت ابراز می‌شود.
در مسـابقهٔ زندگی مسیحی خوب می‌دویدید. چه کسی سد راهتان شد و نگذاشت حقیقت را پیروی کنید؟ این‌گونه انگیزشـی هرگز از خدا که همواره شـما را فرامی‌خواند، نمی‌آید. همان‌گونه که می‌گویند: «اندکی خمیرمایه، موجب ورآمدن تمام خمیر می‌شود». با این‌حال خداوند این یقین را به من داده است که شما عقیدهٔ دیگری نخواهید داشت. اما آن که شما را مشوش می‌سازد، هرکه باشد، به سزای عملش خواهد رسید.
ای بـرادران، اگـر مـن قرار بود که همچنـان ختنه را موعظه کنم، دیگر چه لزومی داشـت از سـوی یهودیان این همه آزار ببینم؟ اگر من از قوانین ایشـان هواداری می‌کردم، در آن صورت دلیلی نداشت به‌خاطر سخن گفتن از صلیب مورد اذیت قرار بگیرم. ای کاش آنانی که شما را مشوش می‌سازند کار را تمام می‌کردند و خود را یک‌باره اخته می‌کردند!
پس ای برادران، خدا شـما را به آزادی فراخوانده، اما آزادی خود را بهانه‌ای برای ارضای نَفْس خویش مسـازید. در عوض با محبت، یکدیگر را خدمت کنید. زیرا تمام شـریعت را می‌توان در یک حکم خلاصه کرد، و آن این اسـت که: «همسـایه‌ات را همچون خویشـتن دوسـت بـدار» (لاویان ۱۹:۱۸). اما اگر به گزیدن و دریـدن یکدیگر ادامه دهید، مواظب باشید که یکسره به دست یکدیگر از میان نروید!
رویکردی که من از آن دفاع می‌کنم این اسـت که در هر گامی که برمی‌دارید بگذارید روح خدا برای‌تان تصمیم بگیرد. آنگاه نکوشید تمایلات نَفْس را به‌جا آورید. زیرا تمایلات نَفْس به‌شدت برخلاف تمایلات روح است و برعکس- این دو با هم قابل‌قیاس نیستند، از این روسـت که دیگـر نمی‌توانید هرآنچه را که می‌خواهید، به‌جا آوریـد. اما اگر عنان هدایتتان به‌دست روح باشد، دیگر زیر شریعت نخواهید بود.
زمانـی کـه نَفْـس کار می‌کند، نتایج آن کاملاً روشـن اسـت: بی‌عفتی، ناپاکـی، هرزگی؛ بت‌پرسـتی و جادوگری؛ دشمنی، ستیزه‌جویی، رشک، خشم؛ جاه‌طلبی، نفاق، دسته‌بندی، حسـد؛ مستی، عیاشی و مانند اینها. چنانکه پیشتر به شما هشـدار دادم، باز می‌گویم که کنندگان چنین کارها پادشاهی خدا را به میراث نخواهند برد.

زمانی که روح خدا کار می‌کند، ثمرهٔ آن نیز در شخصیت فرد نمایان می‌شود. این دسته شامل محبت، خوشی، آرامش، صبر، مهربانی، نیکویی، وفاداری، فروتنی و خویشتنداری می‌شود. هیچ شریعتی مخالف اینها نیست. آنان که به مسیح عیسی تعلق دارند، نَفْس را با همهٔ هوس‌ها و تمایلاتش بر صلیب کشیده‌اند.

اگر قرار است روح خدا زندگی‌مان را هدایت کند، بگذارید با همان روح همگام باشیم. خودپسند نباشیم و از به‌خشم آوردن یکدیگر و حسادت نسبت به هم دست بداریم.

ای برادران، اگر کسی به گناهی گرفتار شود، شمایی که به بلوغ روحانی رسیده‌اید باید دوباره او را سر پا بلند کنید. اما با ملایمت او را به راه راست بازگردانید. در عین‌حال، نگاه مراقبتان به خودتان هم باشد، زیرا وسوسهٔ ناگهانی می‌تواند به سادگی به شما لطمه بزند. زمانی که فشار زیاد است بارهای سنگین یکدیگر را حمل کنید؛ این‌گونه شریعت مسیح را به‌جا خواهید آورد. زیرا اگر کسی خویشتن را فرد برجسته‌ای بپندارد، در حالی‌که به‌راستی کسی نباشد، خود را فریب می‌دهد.

هرکس باید اعمال خود را سبک و سنگین نماید تا ببیند آیا آنقدری که بایسته بوده انجام داده است یا نه. در آن‌صورت می‌تواند به اعمال خود ببالد، بی‌آنکه کار خود را با آنچه دیگران انجام می‌دهند مقایسه کند. زیرا هرکس مسئولیت کار خود را بر دوش دارد.

هرکه از کلام خدا آموزش می‌بیند، باید آموزگار خود را در هرچیز نیکو سهیم سازد.

فریب نخورید: هیچ‌کس نمی‌تواند خدا را استهزا کند. این یک قانون جهان‌شمول است که انسان هرچه را بکارد، همان را درو خواهد کرد. کسی که برای نَفْس خود می‌کارد، از نَفْس تباهی درو خواهد کرد؛ اما کسی که برای روح خدا می‌کارد، از روح حیات جاویدان درو خواهد نمود.

لذا از انجام کار نیک خسته نشویم، زیرا اگر دست از کار برنداریم، در زمان مناسب محصول را درو خواهیم کرد. پس تا فرصت داریم به همه نیکی کنیم، به ویژه به اهل بیت ایمان. ببینید با چه حروف درشتی به دست خود برایتان می‌نگارم!

آنان که می‌خواهند ظاهر خود را خوب نشان دهند، وادارتان می‌کنند که ختنه شوید. تنها نیت واقعی ایشان آن است که از رسوایی صلیب مسیح برکنار باشند. زیرا حتی آنان که ختنه می‌شوند زحمت اجرای شریعت را به خود نمی‌دهند، بلکه می‌خواهند شما ختنه شوید تا به شمار کسانی که به مناسک ایشان گردن نهاده‌اند مباهات نمایند.

اما مبادا که من هرگز به چیزی افتخار کنم- جز به صلیب خداوندمان عیسای مسیح. به‌واسطهٔ آن، دنیا برای من بر صلیب شد و من برای دنیا. زیرا نه ختنه چیزی است نه ختنه‌ناشدگی؛ آنچه اهمیت دارد انسان جدیدی است که در درون وجود دارد. همهٔ آنان را که از این اصل پیروی می‌کنند، خواه یهودی‌تبار و خواه غیریهودی‌تبار را، آرامش و رحمت باد.

از این پس کسی مزاحم من نشود. آن *نشان‌هایی* که باید بر بدن داشته باشم دارم؛ زیرا من در بدن خود داغ‌های عیسی را دارم.
ای برادران، فیض خداوند آسمانی ما عیسای مسیح با روح شما باد! آمین!

۴۷

رومیان

مقدمه

بهترین راه برای مطالعهٔ کتاب‌مقدس این است که آن را کتاب به کتاب بخوانید. کتاب‌مقدس یک کتابخانه است، و بدین‌ترتیب، هر یک از کتاب‌های این کتابخانه را باید به‌عنوان یک واحد مجزا مورد نگرش قرار داد؛ هر یک برای خود نگارنده‌ای جداگانه دارند، در دورهٔ زمانی خاصی نوشته شده‌اند، ژانر ادبی خود را دارند و برای مخاطبان به‌خصوصی به رشتهٔ تحریر درآمده‌اند. توجه این نکات برای کسانی که می‌خواهند رومیان را بخوانند و فراموش کرده‌اند که این کتاب در اصل یک نامه است، و از این‌رو از طرح پرسش‌هایی که می‌تواند مقصود و معنای آن را آشکار نماید ناکامند، مفید است.

گرچه در روزگار فرمانروایی امپراتوری رومیان نامه‌نگاری امری بسیار پرهزینه و دشوار بود، باستان‌شناسان تا کنون حدود ۱۴/۰۰۰ نامه از این دوره کشف کرده‌اند. یک نامه معمولاً از ۲۰ تا ۲۰۰ واژه را در بر می‌گرفت، و این تا اندازه‌ای به‌خاطر این واقعیت بود که خود آن شخص حامل نامه بود و وزن بار برای وی اهمیت داشت. نامه‌های بلندتر بسیار کمیابند. بلندترین نامهٔ سیسرون ۲۵۰۰ واژه دارد و نامهٔ ۴۰۰۰ کلمه‌ای سنکا رکورددار زمانه بود. میانگین نامه‌های پولس ۱۳۰۰ واژه دارد، اما نامهٔ او به رومیان بیش از ۷۰۰۰ واژه دارد. در حقیقت رومیان بلندترین نامه‌ای است که از روزگار باستان بر جای مانده است.

نامه‌ای غیرعادی

این نامه از جهات گوناگون غیرعادی است. سلام و احوال‌پرسی‌ها آغازین و پایانی به‌طرزی استثنایی بلند هستند. در حقیقت باب آخر آن فهرستی بلندبالاست از کسانی که ابراز محبت نموده‌اند. برای یک نامه خیلی غیرعادی است که رد و بدل‌کردن احوال‌پرسی‌های یک دوست با دوست دیگر این همه طولانی باشد. رومیان نامه‌ای خودمانی نیست که نویسنده به خوانندگانش از زندگی روزمرهٔ خود بگوید. بیشتر به یک خطابه می‌ماند، با گپ و گفت‌های پراکنده، گویی نویسنده پاسخ کسی را که جلسه را به هم زده می‌دهد.

همچنین از این جهت که پولس آن را خطاب به کلیسایی می‌نویسد که پیشتر هیچ تماسی با ایشان نداشته، از دیگر نامه‌های او متمایز است. پولس همیشه به کلیساهایی که از آن خودش بودند توجه نشان می‌داد و آنان را طرف خطاب سخنان خود قرار می‌داد. او عادت نداشت در کار دیگران مداخله کند، از این‌رو نگارش بلندترین نامه‌اش به کلیسایی که نه پایه‌گذارش بوده و نه هرگز از آن دیداری کرده بوده، عجیب به‌نظر می‌رسد. با وجود این، از لحن وی پیداست که هرچند هیچ رابطهٔ شخصی با آنان ندارد، اما می‌خواهد به دیدارشان بشتابد و دوست دارد با آنان آشنا شود.

وانگهی، این نامه اندیشمندانه‌تر از دیگر نامه‌های اوست، به هیچ بحران یا ستیزهٔ به‌خصوصی که مستلزم اصلاح توسط او باشد، اشاره نمی‌کند (هرچند همان‌گونه که خواهیم دید، اشکالاتی وجود دارد که لازم بود بدان اشاره شود). از بیشتر نامه‌های او رایحهٔ نبرد به مشام می‌رسد، اما در اینجا از آن رایحه خبری نیست.

با توجه به سبک یگانهٔ آن، مفسران کتاب‌مقدس به شیوه‌های گوناگون در جستجوی دلیلی برای توجیه منظور پولس از نگارش نامه رومیان برآمده‌اند. این توجیهات را می‌توانیم به سه دستهٔ اصلی تقسیم کنیم.

برخی با پولس می‌آغازند و می‌گویند که دلیل نگارش این نامه را باید در او یافت. برخی دیگر می‌گویند که دلیل را باید در هر دو یعنی نگارنده و خوانندگان و روابط میان آنان جست. دیگران می‌گویند دلیل نگارش نامه را تنها باید در خوانندگان جستجو کرد.

نویسنده

نخستین توجیه بر این قرار است: سال نگارش نامه حدود ۵۵ م. است، و پولس تا این زمان ۲۰ سال بود که موعظه می‌کرد. استراتژی او این بود که در همهٔ مراکز اصلی جمعیت کلیسایی خودکفا، خودگردان و خودتبشیر بنیاد گذارد. تا این زمان وی در بسیاری از شهرهای مهم شرق مدیترانه به این هدف خود دست یافته بود.

واپسین کاری که وی در شرق بدان دست زد، گردآوری کمک‌های مالی برای فقیران اورشلیم بود. کلیسای اورشلیم با قحطی دست به گریبان بود و فقرا به‌شدت از آن در رنج بودند، پس پولس به کلیساها تعلیم می‌داد که برای مسکینان مسیحی اورشلیم اعانه جمع کنند. او سه ماه در یونان منتظر هوای مساعد برای کشتیرانی می‌ماند تا هدایا را به اورشلیم ببرد. از آنجایی که در این زمان فرصت کافی دارد، این نامه بلندبالا را در زمستان می‌نویسد تا انجیلی را که موعظه می‌کرد برای همیشه ثبت نماید. سه‌گونه از این نظریه وجود دارد:

یک بیانیه

گروهی چنین استدلال کرده‌اند که رومیان بیانیهٔ انجیلی است که پولس آن را وعظ می‌کرد- یعنی واپسین وصیت و شهادت او. او نمی‌دانست که چقدر دیگر یارای سفر و سخن گفتن خواهد داشت، زیرا به او هشدار داده بودند که جفا و زندان در پیش خواهد داشت. پس رومیان بخشنامه‌ای است که تعلیم پولس را خلاصه می‌کند. آنانی که به این نظریه باور دارند، برای گواه آوردن روی کلمات پولس انگشت می‌گذارند: «از انجیل سرافکنده نیستم».

یک مباحثه

دیگران این نظریه را از دیدگاه مباحثه‌ای می‌نگرند و می‌گویند پولس استدلال‌های خود را در مورد ایرادهایی که بر انجیل وارد شده بود، به رشتهٔ تحریر درمی‌آورد، کاری شبیه به آنچه که جاش مک داول با انتشار کتاب‌هایی در پاسخ به اشکالاتی که مردمان امروزی در مورد پیام انجیل با آن روبه‌رو شده بودند، کرد. پولس به مباحثه عادت داشت و بحث‌کردن پیرامون انجیل را روشی مؤثر و مفید می‌دانست، به‌ویژه زمانی که از تالار سخنرانی افسس بهره‌مند بود. پس با پرسش‌ها و ایرادهای اصلی آشنا بود و از این‌رو آرزو داشت کتابچهٔ راهنمایی در پاسخ به ایرادات وارد بر انجیل فراهم کند.

اشکالات

اما این دو رویکرد چند اشکال اساسی دارد.

نخست آنکه، اگر رومیان چکیده‌ای از انجیلی است که پولس بدان موعظه می‌کرده، پس چرا تنها آن را برای یک کلیسا فرستاده است؟ چرا آن را در میان کلیساهای متعدد به گردش درنیاورده؟ آیا کلیسای اورشلیم یا یکی از کلیساهایی که خودش آن را بنیاد نهاده بود برای این مقصود سزاوارتر نبودند؟

دوم آنکه، رومیان دربرگیرندهٔ همهٔ عناصر انجیل پولس نیست. برای مثال، با وجودی که می‌دانیم پولس همواره به پادشاهی خدا موعظه می‌کرده، در آن حتی یک اشاره هم به پادشاهی خدا به چشم نمی‌خورد. موارد آشکار دیگری هم در این نامه از قلم افتاده‌اند: در مورد رستاخیز

عیسـی یا صعودش اشاره‌ای بسیار اندک شده اسـت، دربارهٔ کلیسا تقریباً چیزی گفته نشده؛ از شام خداوند هیچ ذکری به میان نمی‌آید؛ و هیچ توضیح روشنی از بهشت یا دوزخ ارائه نمی‌شود. جای توبه در این نامه تقریباً خالی اسـت، و مفهوم تولد دوباره به‌کلی حذف شـده اسـت. نبود اشاراتی به خدای پدر کاملاً آشکار است.

بدین‌ترتیب، این شـکاف‌ها به ما می‌گویند که این نامه چکیده‌ای از موعظات پولس نیست، زیـرا ایـن همهٔ آن انجیلی نیسـت که ما در دیگـر نامه‌های او می‌خوانیـم و وعظش را در کتاب اعمال می‌شـنویم. آنانی که وعظ انجیل خود را بر شـالودهٔ نامهٔ پولس به رومیان بنا می‌کنند، در بسیاری از موارد کم می‌آورند. همچنین برخی از مضامسن برجسته‌تر از آنچه که لازم است به‌نظر می‌رسند. چرا باید این همه زمان صرف موضوع پارساشمردگی و کارهای ابراهیم شود؟

دلیل سـوم که باعث می‌شـود نظریهٔ نگارش بیانیهٔ انجیل از سوی پولس را نپذیریم این است کـه باب‌هـای ۹-۱۱ با این نظریه همخوانی ندارند. در این فصل‌ها پولس سـفرهٔ دل خود را در مورد قوم یهود می‌گشـاید و می‌گوید که حاضر اسـت به دوزخ برود اما در ازایش ایشـان روانهٔ بهشـت شـوند. اگر این نامه یک خلاصه بیانیه بود، نباید دربرگیرندهٔ چنین مضمون غیرعادی‌ای باشد. محققان به ما می‌گویند که باب‌های ۹-۱۱ به نوعی درون کمانک (پرانتز) جای گرفته‌اند، و در واقع، بخشـی از بحث اصلی به شـمار نمی‌روند. من رومیان را در دانشـگاه کمبریج و زیر نظر یکی از برجسـته‌ترین معلمان کتاب‌مقدس که خیلی چیزها را مرهون وی هستم، یعنی جان ای. تی. رابینسـن،[1] اسـقف وولویچ[2] خواندم (هرچند وی بعدها برای مدتی از مواضع انجیلی خود عدول نمود). وی به‌رغم دریافت عالی‌اش از این کتاب، تنها رومیان ۱-۸ را تعلیم می‌داد، و چنیـن مدعـی بود که باب‌های ۹-۱۱ هیچ رابطهٔ مسـتقیمی به مقصود پولس در نگارش نامه به رومیان ندارند.

اما نظریه‌ای که باب‌های ۹-۱۱ رومیان را به حساب نیاورد، نمی‌تواند نظریهٔ درستی باشد، آن هم به این دلیل ساده که این ما بودیم که نامه را فصل‌بندی کردیم، نه خود پولس. رشتهٔ افکار او مستقیماً از باب ۸ به باب ۹ و نیز از باب ۱۱ به باب ۱۲ رانده می‌شود و هیچ گسستی در متن به چشم نمی‌خورد. این فصل‌ها عبارات معترضه یا درون کمانک نیستند. بدین‌ترتیب، وی در پایان باب ۸ می‌گوید که هیچ چیز نمی‌تواند ما را از محبت خدا در مسیح عیسی جدا سازد، و بعد فهرسـتی ارائه می‌دهد که نمی‌تواند ایماندار را جدا کند. سـپس در دنبالهٔ رشـهٔ افکار خود در باب ۹ به رد احتمالی این نظریه از سـوی یهود پاسـخ می‌گوید: اگر چنین است، پس تکلیف یهودیان چه می‌شـود؟ آیا خدا ایشـان را به‌کلی منقطع نموده است؟ همین پیوستگی رشتهٔ افکار میان پایان باب ۱۱ و آغاز باب ۱۲ به چشم می‌خورد. باب ۱۱ با توصیفی پرشکوه از ستایش رحمـت خـدا پایان می‌یابد و بی‌درنگ در باب ۱۲ چنین می‌خوانیم: «در پرتو رحمت‌های خدا، از شما استدعا می‌کنم که...»

1. John A. T. Robinson; 2. Bishop of Woolwich

نویسنده و خوانندگان

نظریهٔ دوم رابطهٔ میان پولس و رومیان را مورد بررسی قرار داده به‌دنبال دلیلی برای فرستادن این نامه از سوی پولس می‌گردد.

پایتخت امپراتوری

نظریهٔ مزبور خاطرنشان می‌سازد که رُم، پایتخت امپراتوری، برای خدمت پولس مکانی طبیعی به شمار می‌رفته است. این شهر جایگاهی استراتژیک برای انتشار انجیل بوده، چراکه در آن روزگار به‌راستی همهٔ راه‌ها به رُم ختم می‌شد.

در این نظریه عنصری از حقیقت وجود دارد. منظور این بوده که به جای آنکه از کسی بخواهد تا از طرف وی نامه‌ای به رومیان بنویسد، خودش نامه‌ای بدیشان نوشته خویشتن را معرفی نماید، تا نشان دهد که واعظی ستیزه‌جو نیست، بلکه همان انجیلی را که ایشان از پیش شنیده‌اند، موعظه می‌کند.

دروازهٔ غرب

نظریهٔ بعدی اقتباسی است از نظریهٔ بالا و بسیار جالب‌تر. استدلال این نظریه آن است که برای پولس رُم دروازهٔ اسپانیا در غرب به شمار می‌رفت. اکنون که وی به نیمه شرقی دنیای مدیترانه‌ای بشارت داده بود، می‌خواست به غرب برود و از این‌رو به پایگاهی تازه نیاز داشت که به مقصد مأموریت مسیحی‌اش نزدیکتر باشد. اورشلیم نخستین و انطاکیه دومین پایگاه او بود، اما فاصلهٔ انطاکیه تا اسپانیا بسیار زیاد بود، بنابراین، رُم می‌توانست به‌عنوان پایگاه سوم فعالیت بشارتی وی مورد استفاده قرار گیرد.

شاید در دو نظریهٔ بالا عناصری از حقیقت وجود داشته باشد، اما این همهٔ حقیقت نیست.

۱. هر دو نظریه فرض را بر این می‌گیرند که پولس می‌کوشد از خوانندگانش برای خود چیزی بگیرد. اما لحن نامه کاملاً خلاف آن را نشان می‌دهد. او می‌گوید که می‌خواهد بدیشان چیزی بدهد، نه اینکه از آنان چیزی بگیرد. در عمل وی می‌گوید که می‌خواهد خدمت‌شان نماید.

۲. همچنین، هیچ‌یک از دو نظریهٔ بالا باب‌های ۹-۱۱ را توجیه نمی‌کنند. اگر او از خدمت بشارتی خویش در غرب تنها قصد گرفتن پشتیبانی از ایشان را دارد، پس چرا باید تا این اندازه از قوم اسرائیل یاد کند؟ در واقع، این باب‌های معمابرانگیز که برای بسیاری از نظریه‌ها یک مشکل به‌نظر می‌رسند، مهمترین بخش نامه به شمار می‌روند.

۳. وانگهی، این نظریه‌ها باب‌های ۱۲-۱۶ را هم که بر موضوعات به‌خصوصی همچون نحوهٔ در ایمان زیستن رومیان متمرکز شده‌اند، نمی‌توانند توجیه کنند. چرا پولس دربارهٔ

اخلاقیات و رفتار مسیحی سخنانی کلی بر زبان نمی‌آورد؟ چرا تنها بر پاره‌ای مشکلات عملی انگشت می‌گذارد؟

خوانندگان

اکنون اجازه دهید به نظریه‌هایی بپردازیم که به نامه از منظر رُم می‌نگرند. در اینجا این پرسش را مطرح می‌کنیم که چرا کلیسای رُم به این نامه نیاز داشت.

بیرونی- شهر

سیاسی

پولس وقتی می‌گوید که خدا دولت را بر مملکت و کلیسا حاکم کرده، از ارزش آن با خبر است. وی در باب ۱۳ بدیشان می‌گوید که به رهبران سیاسی احترام بگذارند و بدیشان مالیات بپردازند. در حقیقت، رهبر شمشیری است در دست خدا برای اداره‌کردن کشور. بنابراین، اگر به‌عنوان کلیسا مورد آزار و جفا قرار می‌گیرند، باید اطمینان حاصل کرد که به‌خاطر این نیست که خلافی مرتکب شده‌اند و سزاوار تنبیه‌اند.

اجتماعی

رُم یک کلان‌شهر بود، و رفتار مردم این شهر را از نامهٔ پولس می‌توان فهمید. باب ۱ کتاب شبیه روزنامهٔ آخر هفته است که گویی در رُم به چاپ رسیده باشد. به‌طور خاص، رُم بستر یا کانون همجنس‌گرایی بود. از ۱۵ امپراتور نخست روم، ۱۴ نفرشان به آمیزش با همجنس مبادرت می‌ورزیدند. اگر امپراتوران چنین بودند، آیا می‌توانید تصور کنید که وضع دربار چگونه بوده است؟ او اعمال گناه‌آلودی را که به‌طور معمول در رُم آن دوران به‌وقوع می‌پیوست یاد می‌کند: شیوع رفتارهای ضداجتماعی، نااطاعتی فرزندان از والدین؛ پشت‌کردن مردم به قانون و مقررات؛ خشونت و جنایت لگام گسیخته. این تصویری است شایان توجه از پایتخت باستانی امپراتوری، و امروز هم نمونه‌های مشابه متعددی وجود دارد. آنها در امر گردآوری مالیات با مشکل روبه‌رو بودند، چراکه کار سیاه (مخفیانه) و طفره رفتن از پرداخت مالیات آن زمان هم شایع بود. از این رو وی به‌طور خاص نگران بود که مبادا کلیسا هم به محیط اجتماعی پیرامون خود آلوده گردد. هرچه بگندد نمکش می‌زنند، وای به روزی که بگندد نمک!

درونی- کلیسا

بدین‌ترتیب، گروهی چنین استدلال می‌کنند که نامه به رومیان در حکم خدمت پولس به این کلیساست پیش از آنکه خودش به رُم برسد، چون او اطمینان نداشت که اصلاً به مقصد برسد.

روح‌القدس آشکار ساخته بود که هر لحظه ممکن است وی دستگیر و به پای محاکمه کشیده شود. نمی‌داند که آیا خواهد توانست به آرزوی خود رسیده و در رُم موعظه خواهد کرد یا نه، پس تصمیم می‌گیرد پیش از آنکه وارد آنجا شود از طریق نامه برایشان موعظه کند و برایشان هیچ تردیدی باقی نگذارد که در چنین شرایطی انجیل تنها راه چاره است. بنابراین، در نامه شاهد رشته‌ای از خدمات به مسیحیانی هستیم که ناگزیرند در این شهر آلوده به شرارت، جنایت و خشونت زندگی کنند.

دربارۀ کلیسای رُم اطلاعات چندانی در اختیار نداریم. می‌دانیم که پطرس و پولس از آن دیدن کرده‌اند، اما این دیدارها پس از پایه‌گذاری این کلیسا انجام گرفته‌اند. این را می‌دانیم که در روز پنتیکاست کسانی از رُم در اورشلیم جمع شده بودند، و بی‌گمان برخی از آنها در همان روز ایمان آوردند. باید عده‌ای از آنها انجیل را با خود به رُم برده باشند، چون در آن زمان یک کلنی ۴۰٬۰۰۰ نفری از یهودیان در رُم می‌زیستند.

پس نخستین کلیسای رُم ترکیبی یهودی داشت و در گتو (محله)ی عبرانیان ایماندار به عیسی که جملگی پر از روح‌القدس بودند، آغاز گردید. کلیسای رُم رشد کرد و بی‌گمان از طریق بشارت انجیل توسط بازرگانان و کسبۀ یهودی که به شهر آمد و رفت می‌کردند، تغذیه می‌شد.

کلاودیوس، امپراتور روم فردی ضد یهودی بود و همۀ ۴۰٬۰۰۰ یهودی را از شهر بیرون راند. اعمال ۱۸ به ما می‌گوید که زوجی به نام‌های پریسکیلا و آکیلا در پی رانده‌شدن از رُم با پولس آشنا شدند. پس کلیسای مسیحی در رُم در این زمان منحصراً از غیریهودی‌تباران تشکیل شده بود.

در سال ۵۴ م. کلاودیوس مرد و یهودیان به رُم بازگشتند، چون امپراتور بعدی، یعنی نرون، دریافت که یهودیان برای رونق بازار و کسب و کار بسیار مفیدند، پس ایشان را دعوت به بازگشت کرد. مسلم است که مسیحیان یهودی‌تبار وقتی برگشتند دیدند که ادارۀ کلیسا به دست مسیحیان غیریهودی‌تباری افتاده است. یهودی‌تباران مورد استقبال چندانی قرار نگرفتند، و بدین‌ترتیب، تنش به‌وجود آمد.

این زمینه به بازگشایی نامه به رومیان کمک می‌کند. به هنگام خواندن نامه درمی‌یابیم که تقریباً هر بخش از آن به این موقعیت می‌پردازد. پولس به‌عنوان یک یهودی که خوانده شده تا در میان غیریهودیان خدمت کند، به‌طرزی بی‌مانند برای آشتی ایجادکردن میان این دو گروه تجهیز شده بود.

باب‌های ۱-۸

گناه

او نامه را با نگاهی به گناه که در شهر رُم رواج داشت می‌آغازد و به هر دو گروه یادآوری می‌کند که گناهکارند. یهودیان از غیریهودیان بهتر نیستند، غیریهودیان هم از یهودیان برتر

نیستند. می‌گوید از آنجایی که مرگ مسیح هم در دسترس یهود بوده و هم غیریهود، باید برای حیات به روح‌القدس روی بیاوریم.

پارساشمردگی

وی به تفصیل به این مطلب می‌پردازد که چگونه گناهکاران خطاکار می‌توانند در پیشگاه خدا قدیسانی بی‌گناه اعلام شوند. سپس توجه خود را به این معطوف می‌نماید که چگونه یهودیان و غیریهودیان می‌توانند با خدا مصالحه کنند و توضیح می‌دهد که هر دو به یک طریق، یعنی با ایمان «پارسا شمرده» می‌شوند. همان خون ایشان را نجات می‌دهد، پس دیگر لزومی ندارد بر سر این که کدام اهمیت بیشتری دارند بحث کنند.

بی‌بندوباری و شریعت‌گرایی

پولس در باب‌های ۶-۷ به معضلات خاصی می‌پردازد که یهودیان و غیریهودیان با انجیل داشتند. غیریهودیان مستعد بی‌بندوباری بودند و یهودیان مستعد گرایش به شریعت. زمانی بی‌بندوباری بروز می‌کند که مسیحیان به اشتباه اعتقاد پیدا می‌کنند که آزادی‌شان در مسیح بدیشان این جواز را می‌دهد که قوانین الاهی را نادیده بگیرند، در حالی‌که شریعت‌گرایی باعث می‌شود که مسیحیان به رعایت شریعت برای کسب شایستگی در برابر خدا اعتقاد پیدا کنند. پس در باب ۶ پولس به بی‌بندوباری پرداخته بدیشان یادآوری می‌کند که وقتی تعمید گرفتند دریافتند که دیگر گناه بر ایشان تسلطی ندارد. در باب ۷ پولس به موضوع شریعت‌گرایی پرداخته مشکلات خودش را در رعایت شریعت، و به‌ویژه فرمان طمع مورز شرح می‌دهد.

سپس در باب ۸ دربارهٔ آزادی روح می‌نویسد و توضیح می‌دهد که چگونه این آزادی می‌تواند یهود و غیریهود را با هم متحد سازد.

باب‌های ۹-۱۱

بحث پیرامون جایگاه یهود که در باب‌های ۹-۱۱ مطرح می‌شود برای کل نامه از اهمیت حیاتی برخوردار است. برای غیریهودیان این وسوسه وجود داشت که ایشان دیگر اسرائیل جدید هستند، دیگر جایگزین قوم یهود شده‌اند و این قوم دیگر در هدف خدا جایی ندارد. بدین‌ترتیب، باب‌های ۹-۱۱ به تنش میان یهود و غیریهود می‌پردازد.

در بسیاری از کلیساهای بریتانیا اعتقادی وجود دارد که زیر عنوان «الاهیات جایگزینی» شناخته می‌شود. در واقع، نام اسرائیل در عهدجدید هیچگاه به کلیسا اطلاق نشده است، و پولس ناگزیر از یادآوری این مطلب به خوانندگان خود است که به‌رغم اینکه یهود خدا را رد کرده‌اند، هنوز کار خدا با ایشان تمام نشده. به غیریهودیان می‌گوید که مغرور نباشند چون

یهودیان بریده نشده‌اند، بلکه ایشانند که به تنه اصلی پیوند شده شده‌اند، بنابراین، اگر آنان هم در محبت خدا ادامه ندهند روزی بریده خواهند شد. وانگهی، توضیح می‌دهد که روزی همهٔ اسرائیل نجات خواهند یافت. در حقیقت در تمام این ۲۰۰۰ سال اخیر همواره شمار اندکی یهودی ایماندار به عیسی وجود داشته است.

جدایی میان یهود و غیریهود تا اندازه‌ای از این ناشی می‌شد که در معبد اورشلیم دیوار بزرگی کشیده بودند که صحن غیریهودیان را از دیگر صحن‌ها جدا می‌کرد. روی این دیوار نوشته شده بود: «ورود غیریهودیان ممنوع»، و پولس را به اتهام واهی عبور دادن یک غیریهودی از این مانع به محدودهٔ ویژهٔ یهودیان دستگیر کرده بودند. بنابراین، گرچه اکنون دیگر هم یهودیان و هم غیریهودیان به عیسی ایمان آورده بودند، اما هنوز میان آنان تنش زیادی وجود داشت.

پس پولس در صدد است با گفتن این مطالب که همهٔ ایشان، خواه یهودی و خواه غیریهودی، گناهکار هستند و محض ایمان پارسا شمرده شده‌اند، با هر مشکلی از این دست برخورد کند. در حقیقت او غیریهودیان را با به‌کار بردن اصطلاحی که پیشتر برای قوم یهود استفاده می‌شد، پسران ایمانی ابراهیم توصیف می‌کند.

باب‌های ۱۲-۱۶

این مضمون تنش میان یهودیان و غیریهودیان در باب‌های ۱۲-۱۶ نیز ادامه می‌یابد. گرچه موضوعات عملی که پولس بدان‌ها می‌پردازد بیشتر به رفتار مربوط می‌شود، اما در عین‌حال بر موضوعاتی که عامل بروز تنش میان ایمانداران یهودی و غیریهودی شده متمرکز می‌ماند. آشکارترین مشکل خوراک بود، زیرا غیریهودیان با خوردن خوراک‌هایی که با گوشت غیرکوشر یا تقدیم‌شده به بت‌ها تهیه می‌شد هیچ مشکلی نداشتند. سپس سراغ روز ویژهٔ هفته می‌رود، زیرا ایمانداران غیریهودی شبات را نگاه نمی‌داشتند. پولس توضیح می‌دهد که اگر ایمانداران به مسیح بخواهند روز یکشنبه را روز ویژهٔ هفته بدانند، این کاملاً به خودشان بستگی دارد.

البته مسلم است که یکشنبه شباتی دیگر نیست. ما از این‌رو باید در روز یکشنبه خدا را بپرستیم که هشتمین روز آفرینش است، نه اینکه چون جای شبات یهودی را گرفته. یکشنبه نخستین روز از هفتهٔ دوم آفرینش و نخستین روز از هفتهٔ کاری خدا است. اگر قرار باشد روز آرامی او را جشن بگیریم، باید در روز شنبه او را بپرستیم، ولی ما بازگشت او را به سر کارش جشن می‌گیریم، و این همان کاری است که او در روز یکشنبه رستاخیز انجام داد، یعنی همان روزی که وی بازآفرینی کل جهان را آغاز نمود. با وجود این، در حالی‌که وی در شش روز نخست آفرینش ابتدا آسمان و زمین و در آخر انسان را آفرید، در آفرینش نوینش نخست مردمان را می‌آفریند و سپس دست به آفرینش آسمان و زمین جدید می‌زند.

یکشنبه برای خدا پرمشغله‌ترین روز کاری خدا به شمار می‌رود. مردم بیش از هر روز دیگر هفته در این روز در مسیح خلقت تازه می‌گردند. روح‌القدس در روز یکشنبه فرو ریخت،

از این‌رو یکشــنبه روزی اسـت که مسیحیان آن را جشن می‌گیرند. اما این روز در کلیسای اولیه هیچگاه روز اسـتراحت نبوده اسـت. مسیحیان تا ۳۰۰ سال نمی‌توانستند در ساعت ۱۱ بامداد یا ۶/۳۰ شـامگاه نیایش خود را انجام دهند. ایشـان ناگزیر بودند صبح خیلی زود یا آخر شـب جلسـهٔ پرستشـی خود را برگزار کنند، چون ایمانداران یهودی‌تبار تنها یک روز تعطیل داشتند و آن هم شنبه بود. تعطیلات ایمانداران غیریهودی‌تبار همان تعطیلات رومی بود، یعنی هر ده روز یک‌بـار، و بـردگان هم که اصلاً تعطیلی نداشـتند. از آنجایی که اکثر مسـیحیان اولیه را بردگان تشکیل می‌دادند، تا ۳۰۰ سال نمی‌توانستند روزهای یکشنبه را بپا دارند.

اما در کلیسـایی که از ایمانداران یهودی و غیریهودی تشـکیل شده بود، تنش بر سر روزهای مقدس شدت داشت. یهودیان شبات (شنبه) را به‌عنوان روز ویژه نگاه می‌داشتند و غیریهودیان هم اصلاً روز ویژه‌ای نداشتند. پولس توضیح می‌دهد که این امر کاملاً سلیقه‌ای است.

امروزه وقتی با موضوعاتی مشابه روبه‌رو می‌شویم لازم است به همین اندازه از خود انعطاف نشان دهیم. شاید خداوند ما را به روالی خاص هدایت نماید، اما این بدان معنا نیست که باید به همه بگوییم که باید از آن روال پیروی نمایند.

از طرح کلی نامه که در زیر ارائه خواهیم نمود کاملاً روشن خواهد شد که رومیان اساساً یک نامه آموزه‌ای نیست. پولس بیشتر آموزه‌ها را برای مقاصد عملی استفاده می‌کند.

حـال کـه دلیل نگارش نامـه را مورد ملاحظه قرار دادیم، اجازه بدهیـد به مضامین اصلی آن نگاهـی بیندازیم. هدف من این نیسـت که تفسـیری از این نامه ارائه نمایـم، بلکه می‌توانم چند راهنما برای خواندن آن در اختیارتان قرار دهم.

واژه‌های کلیدی در رومیان

تحلیلی از واژه‌های کلیدی مضامین مهم این نامه را به ما نشان می‌دهد.

خدا

واژه خدا ۱۵۳ بار، یعنی بیش از هر واژهٔ دیگری در آن به‌کار برده شده. پولس تأکید می‌کند کـه ایمانـداران رُم (خواه یهودی و خواه غیریهودی) قوم خدا هسـتند. این خداسـت که در مرکز کلیسـای ایشـان قرار دارد. عنوان‌های «مسـیح» و «خداوند» هم به ترتیب ۶۵ و ۴۳ بار ذکر شده‌اند.

شریعت

واژهٔ «شـریعت» در رومیان ۷۲ بار آمده اسـت. پیشـتر خاطرنشان ساختیم که پولس مجبور بود بر گرایش‌های مسیحیان یهودی‌تبار بر شریعت تمرکز نماید.

گناه

«گناه» هم به کرات به‌کار برده شده و ۴۸ بار به چشم می‌خورد. پولس به مشکل گناه در شهر رُم، و نیز در میان ایمانداران اشاره می‌کند. حرف او این است که فرقی نمی‌کند که گناه در کجاست ـ هر جا که باشد خدا با آن مخالف است، چه در وجود ایمانداران باشد و چه در وجود بی‌ایمانان. مسیحیان به‌واسطهٔ ایمان پارسا شمرده می‌شوند، اما به‌واسطهٔ اعمال‌شان مورد داوری قرار می‌گیرند، چون اعمال ثمرهٔ ایمان را تشکیل می‌دهند. گناه برای مسیحیان هم امری بااهمیت به شمار می‌رود.

ایمان

«ایمان» ۴۰ بار به‌کار رفته است. این ایمان است که یهودیان را با غیریهودیان متحد می‌سازد. پیشتر همهٔ ایشان در گناه با هم متحد بودند، اما اکنون در ایمان با هم متحد شده‌اند، زیرا همهٔ ایشان به‌واسطهٔ ایمان فرزندان ابراهیم محسوب می‌شوند.

پارسایی

مفهوم کلیدی که از اندیشهٔ پولس به سراسر نامهٔ وی به رومیان روان است پارسایی، به‌ویژه پارسایی خدا است. مارتین لوتر، مردی که مسئولیت اصلاح دینی تا اندازه زیادی بر دوش او بود، به‌خاطر وجود این نامه بود که به اهمیت حیاتی پارساشمردگی از طریق ایمان پی برد. تا زمانی که لوتر بعدها دریافت که «پارسایی خدا» چیزی است که خود خدا می‌خواهد به‌واسطهٔ ایمان به ما عطا فرماید، از این عبارت می‌ترسید. هرگز نباید فراموش کنیم که صلیب یک جایگزین دومنظوره بود. عیسی نه تنها گناهان ما را برداشت بلکه ما را در پارسایی خودش هم سهیم می‌گرداند. این صرفاً یک تراکنش (بده بستان) نبود که به موجب آن از آتش دوزخ برهیم.

درک این پارسایی که از سوی خداست گاه امری بس دشوار می‌گردد. اکثر مردم زمانی که واژهٔ «توبه» را می‌شنوند، به یاد همهٔ کارهای بدی می‌افتند که باید از آنها توبه نمایند، اما دشوارترین کار توبه برای انجام کارهای نیک است. پولس می‌گوید که وقتی متوجه پارسایی خود شد، احساس کرد که این پارسایی فضله‌ای انسانی بیش نیست. اشعیای نبی هم به همان اندازه بی‌پرده سخن می‌گوید. او هم می‌گوید که پارسایی اسرائیل مانند لته‌ای ملوث است ـ نه همچون چیزی که دوست داشته باشند آن را در برابر دیدگان همگان قرار دهند. سخن پولس این است که پارسایی *ما* می‌تواند بزرگترین مانع میان رابطه ما با خدا باشد. زمانی که این را موعظه می‌کنیم، بیشتر آدم‌های «خوب» هستند که با آن طرف هستند.

به ندرت می‌توان شنید که واعظی جماعت را به توبه برای انجام کارهای نیکو تشویق کند. همواره کارهای نیکو برای رسانیدن مردمان به آسمان مفید هستند تا چیزهای دیگر. همچنین

به ندرت می‌توان در یک جلسهٔ دعا مشاهده کرد که کسی از خدا درخواست رحمت کند- که این بسیار غم‌انگیز است، چون خدا پر است از رحمت برای کسانی که از او می‌طلبند و آن را دریافت خواهند نمود.

برداشت پولس از پارسایی بسیار فراتر از آن است که نگران باشیم شنوندگان وعظمان آیا پس از مرگ در امان خواهند بود یا نه. نزدیکترین واژه به «رستگاری»، «نجات» است نه «ایمنی». شمار کثیری از انسان‌ها می‌خواهند که در امان باشند، گویی بلیت آسمان را در جیب دارند، اما فرایند بازیابی به‌وقوع می‌پیوندد. در عهدجدید واژهٔ «نجات» در سه زمان اتفاق می‌افتد. ما نجات یافته‌ایم، در حال نجات یافتن هستیم، و نجات خواهیم یافت. پولس برای توصیف فرایندی که با هر زمان در ارتباط است اصطلاحی الاهیاتی به‌کار می‌برد- پارساشمردگی، تقدیس و جلال یافتن. اجازه بدهید معانی هر یک را مورد بررسی قرار دهیم.

پارساشمردگی

ترجمه‌ای از انگلیسی دست و پا شکسته وجود دارد که به کتاب‌مقدس گینه نو معروف است. در این ترجمه به جای «پارساشمردگی» آمده: «خدا میگه که وضعیت من رضایت‌بخشه». این ترجمه بسیار عالی است. پارساشمردگی یعنی قرار داشتن در لیست خوب‌های خدا. برکتی بسیار زیباست، اما این تنها آغاز نجات است. در پارساشمردگی خدا ما را از پرداخت تاوان گناه، که نتیجهٔ رابطهٔ گسستهٔ ما با اوست، آزاد می‌کند. خدا اعلان می‌کند که ما در وضعیت درستی قرار داریم. بیشتر دین‌های دیگر چنین مطرح می‌کنند که باید اول خودمان را درست کنیم تا بعد بتوانیم با خدا در وضعیتی درست قرار بگیریم. اما در مسیحیت، خدا اول از همه می‌گوید که ما در وضعیت درستی هستیم.

اما مسیحیان بسیاری هستند که می‌پندارند همه چیز در اینجا به پایان می‌رسد. فکر می‌کنند که وقتی پارسا شمرده شدند دیگر به مقصد رسیده‌اند، در حالی‌که تازه در ابتدای راه قرار دارند.

تقدیس

این قسمت دوم از فرایند رستگاری است. پس از اینکه از پرداخت تاوان گناه رها شدیم و رابطهٔ ازهم گسیخته‌مان با خدا بازسازی شد، حال از قدرت گناه آزاد می‌شویم. زنجیر اسارت گناه پاره می‌شود، و همان‌گونه که پارساشمردگی به‌واسطهٔ ایمان به‌وجود آمده بود، اکنون به‌واسطهٔ ایمان تقدیس صورت می‌گیرد. هم با ایمان پارسا شمرده می‌شویم و هم با ایمان تقدیس می‌گردیم. نباید خودمان دست به تولید تقدیس بزنیم، بلکه تنها لازم است به توکل خودمان در هر لحظه از شبانه‌روز ادامه بدهیم.

جلال یافتن

«جلال یافتن» فرجام کل فرایند را توصیف می‌کند، یعنی آن زمانی را که برای همیشه و به کل از حضور گناه خلاص می‌شویم- هنگامی که در جهانی زندگی می‌کنیم که هیچ چیزی نیست که نتوانیم از آن بهره‌مند باشیم، و در آن اثری از وسوسه به چشم نمی‌خورد. در این مقطع است که سرانجام می‌توانیم با اطمینان کامل بگوییم: «یک‌بار برای همیشه نجات پیدا کردم.»

محسوب شده و سهیم شده

این ملاحظات ما را به تمایز الاهیاتی میان پارسایی به حساب گذاشته شده[1] و پارسایی سهیم شده[2] رهنمون می‌شوند. ما بر پایهٔ ایمان به مسیح پارسا شمرده می‌شویم تا پارسایی وی ناپارسایی ما را بپوشاند. ما از این تصویر تحت عنوان مسیح را «پوشیدن» یاد می‌کنیم، آن هم در هنگام تعمید گرفتن در مسیح که به پوشیدن جامه‌ای نو تشبیه شده است. ما او را بر تن می‌کنیم، تا زمانی که خدا به ما نگاه می‌کند تنها بتواند او را ببیند. در مسیح مخفی می‌شویم. این یعنی محسوب شدن. خدا می‌خواهد ما را در پارسایی خویش سهیم بگرداند، نه اینکه فقط ما را بدان مفتخر سازد. این یعنی فرایند تقدیس.

بدین‌ترتیب، در لحظه‌ای که ایمان می‌آوریم، پارسا شمرده می‌شویم، اما در عین‌حال خدا از ما می‌خواهد که پارسا بمانیم (یعنی تقدیس). در نهایت این فرایند زمانی تکمیل می‌شود که به جلال برسیم و او را آن‌گونه که هست ببینیم (یعنی جلال یافتن).

جالب توجه است که گرچه پولس نامهٔ خود را با تمرکز بر پیامش آغاز می‌کند، آنگاه وقتی که به پایان نامه می‌رسیم می‌بینیم که او دیگر از پیامش حرفی نمی‌زند، بلکه دربارهٔ شیوه بشارت دادنش سخن می‌گوید. می‌گوید: «غیریهودیان پیام مرا شنیدند، آنان دیدند که من چگونه زندگی می‌کردم و شاهد آیات و عجایبی که به‌وسیلهٔ روح‌القدس انجام می‌دادم بودند، پس من انجیل را به‌طور کامل بدیشان ابلاغ نمودم.» درسی که او به ما می‌دهد روشن است: ما باید در کنار اعلان انجیل آن را به ثبوت نیز برسانیم.

طرح کلی نامه

هنگامی که به مرحلهٔ تحلیل خود نامه می‌رسیم، توصیهٔ اصلی من این است که نامه را بخوانید و به خواندن آن ادامه بدهید. برای تقسیم بندی نامه به رومیان راه‌های گوناگونی وجود دارد. ساده‌ترین آنها این است که خیلی آراسته آن را به سه بخش «ایمان»، «امید» و «محبت» تقسیم نماییم. باب‌های ۱-۴ آن به ایمان اختصاص یافته است. سپس در باب ۵، شروع به سخن گفتن از امید می‌کند. نگاه ایمان به گذشته و آن چیزی است که خدا در مسیح انجام داده

---

1. Imputed Righteousness; 2. Imparted Righteousness

است. امید به آینده می‌نگرد، یعنی زمانی که خدا قرار است کاری انجام دهد؛ آن هم نه فقط با غیریهودیان بلکه با یهود و غیریهود در کنار هم.

سپس در باب‌های ۱۲-۱۶ واژهٔ سوم- محبت- پدیدار می‌گردد. پولس دلواپس اکنون و چگونگی رفتار ایمانداران با ایمانشان در جامعه و در کلیساست.

پس از در نظر گرفتن این طرح کلی جامع، اکنون می‌توانیم نامه را مورد تجزیه و تحلیل ژرف‌تر قرار دهیم:

پیش‌گفتار- پیام پولس- از یهود و غیریهود

نجات‌یافته به یک شیوهٔ مشترک

۱- پارسایی از خدا
الف) داوری برای گناهکاری که زیر غضب قرار دارد
ب) پارساشمردگی برای مقدسان از طریق ایمان
۲- مصالحه از طریق مسیح
الف) مرگ به‌عنوان تاوان گناه- او به‌خاطر گناهکاران مرد
ب) تسلط بر قدرت گناه- ما نسبت به گناه مرده‌ایم
۳- نو شدن در روح‌القدس
الف) اسارت شریعت در جسم- ناکامی و نومیدی
ب) آزادی زیستن در روح- کامیابی و اعتماد

تعلق داشتن به یک خدای مشترک

۱- در گذشته اسرائیل برگزیده شد.
۲- هم اکنون اسرائیل سرسختی می‌کند.
۳- در آینده اسرائیل نجات خواهد یافت.

زیستن در دنیایی مشترک

۱- وضعیت شخصی آنان- در خدمت و رنج
۲- رفتار عمومی آنان- در دولت و جامعه
۳- برادری عملی آنان- در دغدغه‌ها و سرود

پس‌گفتار

شیوهٔ پولس- گفتار، نشانه، کردار

درودهای شخصی

اسرائیل

گرچه من سـر آن ندارم که شـرح و تفسـیری بر این نامه بنگارم، اما رومیان ۹-۱۱ به‌طرز قابل‌ملاحظه‌ای سبب گیجی خوانندگان این نامه می‌شود، از این‌رو تعلیم پولس در مورد اسرائیل را قدری شرح و بسط می‌دهیم.

گزینش پیشین اسرائیل (رومیان ۹)

وی اندوه عمیق خود را به‌خاطر قومش بیان می‌کند. حتی می‌نویسـد که حاضر بود به جهنم برود تا بدین وسیله قومش وارد بهشت شوند. توضیح می‌دهد که هرچند ایشان همه چیز داشتند، اما آن کسی را که خدا به‌سوی‌شان فرستاده بود رد کردند. اما دود این کار به چشم خودشان رفت. خدا از همهٔ آنان انتظار نداشـت که به عیسـی اعتماد نمایند، چون اصلاً همهٔ ایشان را برنگزیده بود. پولس برای به کرسی نشاندن استدلال خود از تاریخ اسرائیل نمونه‌هایی را ذکر می‌کند.

۱. *اسماعیل و اسحاق*. با اینکه اسماعیل پسر بزرگتر بود، اما خدا اسحاق را بر او برتری داد. ابراهیم کوشیده بود تا با پیوستن به هاجر برای آیندهٔ خود تدارک وارثی ببیند، اما وعدهٔ خدا در مورد دادن پسری به او هنوز به وقت خود باقی است.

۲. *یعقوب و عیسـو*. یک‌بار دیگر، پسـر کوچکتر به جای بزرگتر وارث برکت شد، آن هم به‌رغم این واقعیت که یعقوب با فریب این برکت را از برادر خود قاپیده بود.

۳. *موسـی و فرعون*. پولس به تشـریح دخالت دسـت خدا در سـخت ساختن دل فرعون می‌پردازد- و تلویحاً می‌گوید که خدا در پاسخ به اکراه فرعون از سر نهادن در راه خدا، چنین تصمیم می‌گیرد که با او کاری بکند که دلش سخت‌تر شود.

۴. *غیریهودیان و یهودیان*. به همان ترتیب که خدا در عهدعتیق یکی را برمی‌گزید و دیگری را وامی‌نهـاد، ایـن بار هم غیریهودیان را برگزیده و بـرای مدتی یهودیان را «رد کرده». او از روند کنونی اوضاع نومید نیست- این همان تصمیمی است که خودش گرفته.

تعلیم پولس در مورد پیش تعیینی در بحث او مستتر است و به‌طور ضمنی بدان اشاره شده و می‌توان آن را به قرار زیر خلاصه نمود:

۱. خدا هیچ وظیفه‌ای ندارد که نسبت به همگان مهربان و بخشایشگر باشد.

۲. گزینش خدا برای هدفی خاص است- اینکه غضب و داوری خود را به نمایش بگذارد.

۳. آنانـی که برای عدالت برگزیده شـده‌اند سـزاوار آن هسـتند (مثلاً بـه فرعون به کرات فرصت داده شـد تا تصمیم خود را عوض کند). کسـانی که برای رحمت برگزیده شـده‌اند نیز سزاوار آن نیستند.

سرسختی کنونی اسرائیل (رومیان ۱۰)

از جنبهٔ انسانی پولس چنین تعلیم می‌دهد که ما مسئولیت داریم تا در رابطهٔ درستی با خدا زندگی کنیم. اما دو گزینه پیش رو داریم:

۱ـ اعمال (شریعت)ـ اینکه به شریعت توکل کنیم. با این شیوه در صدد برمی‌آییم تا در خودمان پارسایی به‌وجود آوریم. البته این کار محکوم به شکست است- اما در میان قوم یهود این رویکرد عمومیت تام داشت.

۲ـ کلام (انجیل)ـ اینکه به خداوند توکل نماییم. با این شیوه پارسایی خدا به حساب ما گذاشته می‌شود. ما ناتوانی خود را در رعایت شریعت می‌پذیریم، و به‌سوی کسی که شریعت را به‌طور کامل نگاه داشته بود، نگران می‌شویم.

نجات آیندهٔ اسرائیل (رومیان ۱۱)

پولس با بیان این نکته که خدا همواره باقی‌ماندگانی را نگاه می‌دارد، در صدد پاسخ‌گویی به این پرسش است که آیا خدا قوم خود را به کل رد کرده است یا نه. درست است که دل برخی از یهودیان سخت شده، اما این بدان معنا نیست که همهٔ قوم در ورطهٔ هلاکت افتاده‌اند و راهی برای احیای‌شان وجود ندارد. بنابراین، غیریهودیان نباید از اینکه خدا از ایشان به جای قومش استقبال کرده، باد به غبغب بیندازند، زیرا همان‌گونه که یهودیان «بریده شدند»، این امکان برای آنان که به تنه اصلی پیوند زده شده‌اند نیز وجود دارد- آنگاه بار دیگر فقط یهودیان می‌مانند. و روزی چنین هم خواهد شد. این یک «راز» است، و کلام خدا از آن تحت عنوان «رازی که نباید از آن غافل بود» یاد کرده است.

نتیجه‌گیری

در حالی‌که بسیاری تصور کرده‌اند که رومیان دفتری الاهیاتی است جدای از فعالیت بشارتی پولس، تحلیل ما نشان می‌دهد که این نامه به‌شدت عملی است. در پاسخ به مسائل آزارندهٔ پیرامون اتحاد کلیسا، چشم‌اندازهایی در اختیار خواننده قرار می‌دهد که کلیسا باید چگونه از ریشه‌های یهودی خویش تحول پیدا کند، و در عین‌حال برای قوم خدا از هر نژادی که باشند تصویری شفاف از موضوعات کلیدی ایمان به دست می‌دهد. به معنای واقعی کلمه رومیان شاهکاری است از اندیشه روشن و منطقی، و خیلی‌ها احساس می‌کنند این نامه فاخترین نوشتهٔ پولس است. بسیاری از مسیحیان رومیان را از بر کرده‌اند. این نامه برای هر ایماندار کلیدی است که باید به خوبی مورد فهم قرار گیرد. من شما را تشویق می‌کنم آن را آن‌قدر بخوانید تا پیامش را به‌طور کامل دریابید.

۴۸

کولسیان

مقدمه

پولس رسول هر وقت نمی‌توانست به دیدار کلیساها برود، معمولاً برای‌شان نامه‌ای می‌نوشت. وی در مواقع گوناگون از وضعیتی خاص آگاه می‌شد، اما در همان موقع نمی‌توانست کار خود را رها کرده توجهش را بدان وضعیت معطوف نماید. نامه‌نگاری تا پایان خدمت وی تنها وسیلهٔ ارتباطی‌اش با کلیساها بود، زیرا زمان زیادی را در زندان سپری کرده بود- دو سال در قیصریه و دو سال دیگر هم در رُم منتظر محاکمه بود. وی در رُم در حصر خانگی به سر می‌برد، در حالی‌که به سربازی رومی زنجیرش کرده بودند، اما این امکان را به او داده بودند تا دوستانش به دیدن وی بیایند، و به‌واسطهٔ همین دیدارها بود که مردی به نام اپافراس به ملاقات وی آمد و نامه به کولسیان را پولس به دست او روانهٔ مقصد کرد.

پولس سه‌گونه نامه نوشته است: نامه‌های فردی که در کتاب‌مقدس با نام افراد شناخته می‌شوند؛ نامه‌های مناسبتی، در پاسخ به وضعیتی ویژه در یک کلیسای به‌خصوص؛ و نامه‌های عمومی که برای گردش در میان کلیساهای گوناگون نوشته شده بودند و به هیچ مشکل خاصی نپرداخته‌اند. زمانی که پولس کولسیان را که نامه‌ای مناسبتی بود نوشت، یک نامهٔ فردی دیگر هم خطاب به فیلیمون، و یک نامهٔ عمومی هم خطاب به افسسیان نگاشت، هرچند منظور از

نگارش نامهٔ اخیر این بود که در چند کلیسا خوانده شود. پولس هر سه نامه را به‌طور همزمان و به دست یک پیک ویژه به نام تیخیکوس به ناحیه‌ای واحد فرستاد.

همان‌گونه که پیشتر دیدیم، نامه‌های پولس از الگویی که در جهان باستان متداول بود پیروی می‌کنند. همهٔ نامه‌ها با نام فرستنده آغاز می‌شوند، سپس نام و نشان‌گیرنده، پس از آن درودها و بعد تعارفات و آنگاه مطلب اصلی نامه، سپس چکیدهٔ مطالب، بعد هم درودهای نهایی و امضای نگارنده از پی هم می‌آیند. اما به‌رغم اینکه نامه چکیدهٔ مطالب دارد، اما همیشه «مناسبت»ی که موجب نگارش نامه شده در نگاه اول روشن نیست. مانند این است که به حرف‌های کسی که در این طرف خط تلفن قرار دارد گوش بدهیم و صدای طرف مقابل را نشنویم. ناگزیریم لابلای خطوط را بخوانیم و دلیل نگارش نامه را درک نماییم.

کولسی

زمینهٔ جغرافیایی نامه نخستین سرنخ برای درک آن را در اختیار ما قرار می‌دهد. کولسی در غرب کولسی قرار دارد و در میان دره‌ای نزدیک به شهرهای هیراپولیس و لائودیکیه واقع شده است. در زمان پولس این شهر در مقایسه با دو شهر همجوارش اهمیت گذشتهٔ خود را از دست داده، اما دره‌ای که در آن واقع شده بود از موقعیت جغرافیایی بالایی برخوردار بود. در کوه‌های پیرامون شهر چشمه‌های آب داغ روان بود که از خود رسوبات سفیدرنگی بر جای می‌گذاشتند. امروزه این چشمه‌ها را آب‌های معدنی پاموک کاله (پنبه دژ) می‌نامند. هرچند دیگر از خود شهر اثری نیست، هنوز گردشگران برای آبتنی در آب‌های داغ و شور معدنی و گرفتن حمام آفتاب روی صخره‌های سفیدرنگ به آنجا می‌روند.

کولسی بر کرانهٔ جنوبی رودخانه لیکوس، یکی از شاخه‌های رودخانه مئاندر قرار داشت. این شهر بر سر جادهٔ تجارتی که از افسس به‌سوی فرات می‌رفت قرار داشت و به همین دلیل از ترکیب جمعیتی بسیار مختلطی برخوردار بود. مسافران از سراسر اروپا در آنجا منزل می‌کردند. فریجی‌ها اهالی بومی کولسی را تشکیل می‌دادند و در زمرهٔ یونانی‌تبارانی به‌شمار می‌رفتند که در روزگار اسکندر مقدونی در آنجا رحل اقامت افکنده بودند. یهودیان برای بهره‌بردن از بهترین فرصت‌های تجاری از راه رسیده بودند و البته رشد قدرت رومیان در منطقه بر تأثیر نفوذ ایشان هم افزوده بود. در سدهٔ هفتم میلادی مسلمانان آن را تبدیل به شهری اسلامی کردند. اما قدرت در دست هر کس که بود، این شهر رونق بین‌المللی خود را همچنان حفظ می‌کرد.

ترکیب جمعیتی مختلط بدین‌معناست که در این شهر ادیان گوناگونی وجود داشت. به تعبیر امروزی می‌توان آن را شهری کثرت‌گرا نامید که هیچ ایمانی بر باوری دیگر غلبه نداشت. چنانکه خواهیم دید این فرهنگ دینی به تشریح رویکرد پولس کمک می‌کند. باورهای دینی این شهر را می‌توانیم در شش عرصهٔ اصلی بازشناسی کنیم.

جان‌گرایی و خرافات

فریجیان بومی به نیروی آن چیزهایی که روح‌های قدیمی (بسیط) نامیده می‌شدند و نیروهای خود را در جهان طبیعی و از طریق آن اعمال می‌کردند، باور داشتند. بدین‌ترتیب، یک روح ممکن است کنترل یک رود، یا یک درخت را در دست بگیرد، یا در کوهستانی ساکن گردد ـ کوهستان‌های سفید به این باور پروبال بیشتری می‌دادند. این باورها (Animism) به خرافات و ترسی منتهی گردید که در نتیجه‌اش پرستندگان پیوسته در پی خشنود ساختن روح‌ها بودند تا اطمینان حاصل نمایند که زندگی‌شان از گزند آنها در امان خواهد ماند. این باور به عقاید قبایل جنگل‌نشین امروزی بسیار شبیه است. بخشی از جنبش سبز امروزی هم با این نظریه همخوانی‌هایی دارد.

طالع‌بینی

باور به اینکه ستارگان و سیارات می‌توانند بر زندگی مردمان تأثیر بگذارند هم در این ناحیه شیوع داشت. احتمالاً این باور به همراه مسافرانی که از مشرق‌زمین بدانجا می‌آمدند و مردم محلی را مشتاق افزودن الگوی اعتقادی دیگری می‌دیدند، به آن سرزمین راه یافت. باز در روزگار خودمان با باورهای مشابه این عقیده مواجه‌ایم. در بریتانیا از هر ده مرد شش نفر و از هر ده زن هفت نفر هر روزه زایچهٔ (طالع) خود را می‌خوانند. برخی حتی تصمیم‌های کاری خود را بر پایهٔ آنچه که ستارگان قصد دارند بدیشان بگویند، می‌گیرند.

خدایان یونانی و رومی

همهٔ خدایان نرینه و مادینهٔ یونان و روم در کولسی مورد پرستش بودند و بت‌پرستی در این شهر رواج کامل داشت. برخی از مردم بر این باور بودند که خدایان از ریاضت و پرهیز شدید از امیال جسمانی مانند خوردن و آمیزش جنسی داشتن استقبال می‌کنند؛ دیگران می‌پنداشتند که رفتار بی‌بندوبار جنسی، که ویژگی برجستهٔ زندگی رومی بود، لبخند را بر لبان خدایان می‌آورد.

دین‌های رمزآمیز

خاستگاه این ادیان مشرق‌زمین بود و اغلب آنها را زیر عنوان ادیان گنوسی می‌شناسند. این عنوان از واژهٔ یونانی gnosis به معنای «شناختن» گرفته شده و متضاد واژهٔ «Agnostic» (لاادری، ندانمی- م.) است. لاادری کسی است که نمی‌داند، اما یک فرد پیرو دین گنوسی کسی است که باور دارد از «معرفت یا شناخت» برخوردار است. استدلال اینان اغلب بر این پایه است که به‌واسطهٔ تجربیات روحانی به درک اسرار به‌خصوصی نایل گردیده‌اند. ورود به سلک گنوسیان گاه با مناسک و آیین‌هایی همراه بود، و اعتقاد بر این بود که با انجام مناسکی ویژه می‌توان

راه پیشـرفت را پیموده به کمال روحانی رسـید. مقدر بود که معرفت‌گرایی (دین‌های گنوسی) در سده‌های آغازین مسیحیت کلیسا را مسحور خود کند؛ هرچند بدان نام‌های گوناگونی داده‌اند اما امروزه نیز با ماست.

یهودیت

سـبک یهودیتی که در کولسـی جریان داشـت، با یهودیت متداول در سرزمین مقدس تفاوت فاحش داشت. یهودیت اینان فلسفی‌تر، کم‌اخلاق‌تر و رمزآمیزتر از یهودیت اسرائیل و تا اندازه‌ای تحـت تأثیر عرفان گنوسـی بود. این یهودیت پر از نظریه‌پـردازی، و به معنای واقعی کلمه برای مـردم بسـیار قانع‌کننده و جالب بـود. در آن جایگاه والایی به فرشـتگان، به‌عنوان عاملان خدا هم در آفرینش و هم در اعطای شـریعت، اختصاص یافته بود. چنین می‌پنداشـتند که فرشتگان کنترل ارتباط میان خدا و انسان‌ها را در دست دارند. اما در کنار آن احترام سنتی بیشتری برای گاهشمار و قوانین مربوط به خوراک یهودی قایل بودند.

مسیحیت

ایمان مسـیحی به‌وسـیلهٔ شخص پولس رسول وارد کولسی نشده بود. هیچ مدرکی هم دال بر اینکه وی از این شـهر گذر کرده باشـد وجود ندارد. اپافراس، مردی که در زندان به دیدن پولس آمده بود، خود این کلیسا را بنیاد نهاده بود. اعمال به ما می‌گوید که پولس دو سال از عمر خود را در افسـس سـپری کرده مشغول موعظه و بحث هر روزه در تالار سخنرانی تیرانوس بود. لوقا می‌نویسـد که در سرتاسـر اسـتان آسیا مردم با کلام خدا آشنا شـدند. اپافراس از طریق موعظهٔ پولـس ایمان آورده انجیل را به شـهر زادگاه خود، کولسـی برده بـود. بدین‌ترتیب، پولس بر پایهٔ گزارشـی که از اپافراس دریافت کرده بود برای کلیسـای کولسی نامه می‌نویسد. وی در این نامه از آریسـتارخوس، مرقـس، دیماس، لوقا و خود اپافراس یاد کـرده، اپافراس را خادمی پرکار و سـختکوش معرفی می‌کند که وی پیوسـته برایش دعا می‌کند. اما عدم شـناخت شـخصی وی بدین‌معناسـت که هیچ اقتداری بر ایشـان ندارد، و از این‌رو لحن کلامش در مجموع نسبتاً سرد و ملایم است.

تعلیم دروغین

محققـان و دانشـجویان کتاب‌مقدس به‌طـرزی پایان‌ناپذیر پیرامون آنچه که در کولسـی رخ داده بود به بحث و جدل پرداخته‌اند. روشـن اسـت که تعلیم اشـتباه بر کلیسا تأثیر گذاشته بود، اما محققان نمی‌توانند بر سـر اینکه مشـکل دقیقاً چه بوده به اتفاق‌نظر برسـند، چون زمانی که به استدلال‌های متقابل پولس نگاه می‌کنیم، به هیچ دین یا مسلک به‌خصوصی اشاره نمی‌شود.

پیداست که مشکل مورد نظر از سوی تعلیمی یهودی که وی در کلیساهای دیگر با آن روبه‌رو شده بود، نیست. همچنین روشن است که صرفاً با ادیان رمزآمیز یا طالع‌بینی مواجه نبوده. با وجود این، استدلال وی حاکی از آن است که گویی وی دارد به آمیزه‌ای از دین‌ها و فلسفه‌ها پاسخ می‌گوید، پس تنها راه‌حلی که با شواهد جور درمی‌آید این نتیجه‌گیری است که پولس بر ضد همهٔ ایدئولوژی‌های فرهنگ رایج در کولسی به بحث می‌پردازد. تشابهات بسیاری میان این فلسفه‌ها با آنچه که امروزه آن را تحت عنوان عصر جدید (New Age) می‌شناسیم وجود دارد، زیرا آمیزه‌ای از آرا و فلسفه‌ها وجود دارد، بدون اینکه به هیچ آموزهٔ به‌خصوصی اشاره کند. همچون فلسفهٔ عصر جدید، بیشتر یک مشرب بود تا ایمانی مشخص. این آمیختن مسیحیت با دیگر عقاید را می‌توان التقاط‌گرایی (اعتقاد به وحدت عقاید) دانست، و پولس می‌دانست که این امر می‌تواند ایمان کلیسا را به نابودی بکشاند، زیرا زمانی که ایمان مسیحی با ایمان‌های دیگر آمیخته شود، پیام مسیح دیگر برجسته نخواهد بود.

بنابراین، پولس برضد فلسفه‌های توخالی و فریبنده‌ای که مدعی ارائهٔ پری و آزادی بودند و در صدد بودند نیروهای شریر و روزه‌داری متعال را ترویج نمایند، دست به قلم می‌برد. می‌گوید که کلیسا را با این اعتقاد که مسیح به تنهایی کافی نیست، اغفال کرده‌اند. نامه به کولسیان در این رابطه پیام بسیار مهمی برای کلیسا در آستانهٔ هزارهٔ سوم دارد، زیرا خطرات انجام اعمال مذهبی برای ورود به کلیسا را به ما یادآوری می‌نماید، خواه این اعمال و مناسک ظاهری کتاب‌مقدسی و خواه ریشه‌های بت‌پرستی داشته باشند. مسیحیت برای بسیاری از مردمان بریتانیا چیزی نیست جز یک دین- من آن را «دین کلیسایی» می‌نامم، زیرا صرفاً مناسک مذهبی است و در آن کمترین توجهی به عیسای کتاب‌مقدس نمی‌شود. از سوی دیگر، آیین‌های مرتبط با بت‌پرستی به درون کلیسا رخنه کرده‌اند. برای مثال برخی از مسیحیان از بازتاب‌شناسی و یوگا دفاع می‌کنند.

اثرات التقاط‌گرایی (اعتقاد به وحدت عقاید)

در حالی‌که واکنش پولس به التقاط‌گرایی دینی ویژگی اصلی نامه به شمار می‌رود، باید این را از نظر دور نداریم که این التقاط‌گرایی دو اثر عمده بر کلیسای کولسی داشت.

درون‌بودی خدا

ایمانداران حس خود را نسبت به درون‌بودی خدا از دست داده بودند. مسیحیان بر این باورند که خدا هم فرابود است و هم درون‌بود، یعنی هم او برتر از ماست و هم نزدیک به ما. این حقیقت جمع اضداد است. اگر هر یک از دو طرف این نقیضه را فراموش کنید، ایمان مسیحی به خدا را از دست داده‌اید. خدا هم بزرگ‌تر و برتر از جهان هستی است و هم نزدیک‌تر از نفس. بدین سان کولسیان خدا را وجودی دور از دسترس و بس فرابود (متعال) می‌انگاشتند. از این‌رو

شکاف موجود را با ایمان به فرشتگان و ارواح پر می‌کردند، با این باور که برای برقراری ارتباط با خدا به یک واسطه نیاز هست. بدین‌ترتیب، بر سر فرابودی خدا لب به گزافه‌گویی می‌گشادند، و این خطر در کمین‌شان بود که حضور پرفیض او را در میان خود به‌کلی از یاد ببرند.

برتری مسیح

این باور پا به میان نهادن واسطه‌هایی را برای ایجاد ارتباط با خدا ضروری می‌دانست چون، برخلاف جایگاه بلندی که در دیدگاه آنان برای خدا در نظر گرفته شده بود، عیسی را بیش از حد دست پایین می‌گرفتند. بنابراین، پولس هرچند می‌توانست نشانه‌های ایمان را به کلیسا بسپارد، اما تحت تأثیر آنچه که اپافراس پیرامون آموزه‌های ایشان گفته بود قرار نگرفت. آنان اعتقاد به برتری مسیح را که در میان سایر موجودات جای گرفته بود، از یاد برده بودند. نتوانسته بودند به موقعیت او به‌عنوان خداوند و سرور آفرینش و سر کلیسا پی ببرند- درست همان‌گونه که امروزه شاهدان یهوه عیسی را آفریدهٔ خدا می‌دانند تا خود خدا.

رفتار تحت نظارت

پولس اساساً از دو عمل غیرمسیحی یاد می‌کند که اکنون جزیی از زندگی ایشان شده بود.

رعایت گاهشمار (تقویم)ی خاص

کولسیان به‌رغم این واقعیت که هیچ رد پایی از رعایت گاهشماری خاص در مسیحیت وجود ندارد، شروع به نگهداشت اعیاد هفتگی، ماهیانه و سالیانه نموده بودند- در حقیقت گاهشماری که کلیسا آن را رعایت می‌کند تا اندازه زیادی گاهشمار بت‌پرستی است که به مسیحیت آمیخته شده.

نمونهٔ برجستهٔ نگهداشتن این گاهشمارها که از التقاط‌گرایی دینی با منبعی دور از ذهن به‌وجود آمده، جشن میلاد است. اکثر مسیحیان با این نظر که مسیحیان نباید کریسمس را برپا دارند، سخت مخالفت می‌ورزند، اما در عهدجدید حتی یک آیه هم وجود ندارد که به مسیحیان فرمان داده باشد در روز کریسمس کار خاصی انجام دهند. در واقع، موسم کریسمس بر پایهٔ جشن نیمهٔ زمستان برگزار می‌شود که ۲۵ دسامبر را تاریخ «تولد دوباره» یکی از خدایان می‌دانستند. این آیین زمانی رنگ و بوی «مسیحی» به خود گرفت که در سال ۵۹۷ م. گریگوری، پاپ وقت، آگوستین را برای بشارت انجیل به بریتانیا فرستاد، و او دریافت که اهالی بومی جشن‌های محلی خود را تغییر نمی‌دهند. این جشن‌های میلاد با بریدن درخت، جشن و پایکوبی و میگساری و شکم‌چرانی همراه بود. در هر روستایی یک فرمانروای بی‌نظمی انتخاب می‌کردند و این شخص می‌توانست برای «۱۲ روز کریسمس» هر دختری را که می‌خواهد از آن خود سازد. پس توصیه پاپ این بود که جشن مزبور را «رنگ و بوی مسیحی» ببخشند. میراث این تصمیم آن شد که عیسی در حد نوزادی در آخور تنزل پیدا کرده، و به معنای دقیق کلمه اغلب همین هم کنار گذاشته می‌شود.

وانگهی، هیچ دستور به‌خصوصی هم برای برپا داشتن عید پاک وجود ندارد. مسیح «هر روزه» از مردگان برمی‌خیزد، و به همین ترتیب باید از زندگی او بهره‌مند شد و آن را جشن گرفت. حتی در عهدجدید نگهداشت روز یکشنبه به‌عنوان روزی ویژه هم سفارش نشده و ما آزادیم که هر روزی را که می‌خواهیم روز خداوند به حساب آوریم. در مورد روز یکشنبه، کریسمس یا عید پاک ما زیر هیچ شریعتی قرار نداریم، و با وجود این، بسیاری از مسیحیان خلاف آن را می‌پندارند.

پرهیز

ریاضت به سبک یونانی از امیال مشروع جسمانی هم در کولسی رواج کامل داشت. برخی زناشویی را قدغن کرده بودند، و چنین استدلال می‌کردند که تجرد بر تأهل ارجحیت دارد. دیگران از چیزهایی که نباید لمس کنند یا بخورند فهرستی تهیه کرده بودند. پولس ناگزیر به گفتن این نکته بود که خدا همه چیز را به ما عطا فرموده تا آزادانه از آنها بهره بگیریم. یک مسیحی آزاد است تا بسته به میل و وجدان خودش هم روزه بگیرد و هم به جشن و شادمانی بپردازد.

از تعلیم پولس به کولسیان و نیز دیگر نامه‌های او، به‌ویژه غلاطیان و رومیان، چنین پیداست که مسیحیت یعنی ترک نگرش‌ها و اعمالی چون غرور، شهوت و حسد که خدا از آنها خوشش نمی‌آید، نه ترک خوراک‌های دلپذیر در ایام چله (Lent، که در گاهشمار کلیسای انگلستان مراعات می‌گردد). این یعنی پیوسته و در زندگی روزمره در مسیح زیستن. پس با این تعبیر هر روز ما روز ویژه است.

این مضمون پرهیز جسمانی را به‌طور اخص می‌توان در زندگی مارتین لوتر مشاهده کرد. وی در آن زمان به‌عنوان راهبی مسیحی می‌کوشید تا با پیروی از آنچه که می‌پنداشت درست است، خودش را نجات دهد. وی هر روز به درگاه سه قدیس دعا می‌کرد و خودش را آن‌قدر با تازیانه می‌زد که بیهوش بر کف اتاق می‌افتاد. برای زیارت به رُم سفر کرد و بر زانوانش از پله‌های مقدس بالا رفت. اما هیچ آرامشی نیافت. پدر روحانی ارشدش از او پرسید: «اگر زیارت آثار و ابنیه مقدس و دعاکردن به درگاه قدیسین و همهٔ این اعمال پرستشی را کنار بگذاری، چه چیز را جایگزینش خواهی نمود؟» مارتین لوتر پاسخ داد: «مسیح، عیسای مسیح تنها چیزی است که بدان نیاز هست.» بدین‌ترتیب، بود که جنبش اصلاح دینی پروتستان آغاز شد. این جنبش همهٔ اعمال غیرضروری را از دین زدود و مسیح را به جای خود بازگرداند.

همهٔ پری الوهیت در مسیح جاویدان

پولس در بازی‌ای که خود معلمان دروغین به راه انداخته‌اند شرکت می‌کند. تمام «تمرکز» و توجه آنان بر این معطوف بود که چگونه می‌توان از طریق اعمالی که انجام می‌دهند به «پری» دست یافت، از این‌رو پولس همان واژه را برای توصیف مسیح به‌کار می‌برد. بدیشان می‌گوید

که «همهٔ پری خدا در او ساکن است». چارلز وسلی این نقطه نظر را در سرودی به رشتهٔ تحریر درآورده است: «خدای ما در گسترهٔای پیمان بست که به‌طور غیرقابل درکی بشری بود.» پولس توضیح می‌دهد که وقتی عیسی را داریم، همهٔ خدا را داریم.

وی به‌طور مشخص چنین است:

آفرینندهٔ جهان هستی

به گفتهٔ پولس، نیروهای اصلی طبیعت که سخت مورد احترام قرار داشتند زیر فرمان و کنترل عیسی هستند. این روی صلیب تحقق پذیرفت، زمانی که عیسی دین ما را فسخ نمود و ما را با کسانی که مدیون ما بودند آشتی داد. پس صلیب بسیار فراتر از نمونهٔ زندگی ایثارگرانه بود؛ صلیب تنها وسیلهٔ واقعی و ماندگار پیروزی است.

پیروز بر همهٔ قدرت‌ها

او بر همهٔ قدرت‌ها پیروز است، زیرا همهٔ ریاست‌ها و قدرت‌ها در جهان هستی زیر دست عیسی قرار دارند. در حقیقت، همهٔ گنجینه حکمت و دانش در او یافت می‌شود. او کل در کل است.

کنترل‌کنندهٔ کلیسا

در پی آنکه می‌گوید او بر همهٔ قدرت‌ها پیروز است، این موضوع را مطرح می‌سازد که مسیح سر کلیساست. کلیسا تنها یک سر دارد، نه چندتا. کلیسا سر الاهی دارد، نه سر انسانی. سر کلیسا عیسی است، و این سربودن به هیچ کس دیگری محول نمی‌گردد. اگر یک کلیسای محلی در رابطهٔ درستی با سر قرار نداشته باشد، به فلج تشنجی دچار می‌گردد، زیرا کانال‌های ارتباطی میان سر آسمانی و بدن زمینی از بین رفته‌اند.

همهٔ انسان‌ها بر مسیح متعال متمرکزند

در دیدگاه تعالی مسیح، تمرکز ما باید به‌طرزی شایسته بر او باشد. پولس توصیف می‌کند که چگونه ایمانداران با مسیح یکی می‌شوند، و دستخوش نوشدگی درونی می‌گردند. اعمال ظاهری که این کار درونی را نادیده می‌گیرند، زیادی هستند.

پاکی در نَفْس

بنابراین، زندگی ایماندار باید در مسیح از بسیاری جهات به بلوغ برسد. پولس تعلیم می‌دهد که باید از برآوردن هواهای نَفْسانی بد «طفره رفت» و باید به جای آن مسیح را «دربر کرد». شهوت، آز، خشم، و بدخواهی نباید در زندگی مسیحی هیچ نقشی داشته باشند. پولس از کشتن چنین رفتارهایی سخن می‌گوید.

نیکوکاری در کلیسا

وانگهی، تمرکز مسیحی بر مسیح به معنای تغییر در روابط است. بنا بر این است که ما شبیه خدا باشیم و با یکدیگر با فروتنی، دلسوزی، مهربانی، بخشایش و محبت رفتار کنیم. از مسیحی انتظار می‌رود چونان کسی زندگی کند که تمام فکرش به آسمان معطوف و شخصیت خدا برای او الگویی کامل است.

هماهنگی در خانه

دغدغهٔ پولس این است که دامنهٔ زندگی مسیحایی را به قلمرو خانه هم بکشاند، از این‌رو رئوس کلی روابط کلیدی اهل خانه- میان زن و شوهر، میان والدین و فرزندان، و میان اربابان و بردگان (زیرا ایشان هم جزیی از اهل خانه به شمار می‌رفتند)- را تبیین می‌کند. رابطه باید دوطرفه باشد، و هر طرف نقش خود را در چارچوب این رابطه به درستی ایفا نماید. او برای توصیف نحوهٔ ابراز واکنش درست در این رابطه واژهٔ «تسلیم» را به‌کار می‌برد- تسلیم زنان به شوهران، فرزندان به والدین و بردگان به اربابان. اما در عین‌حال، شوهران و والدین و اربابان هم مسئولیت دارند که آنانی را که تسلیم ایشانند فداکارانه محبت نمایند.

نتیجه‌گیری

از کولسیان می‌توانیم دو نتیجه استخراج نماییم.

منفی

نخستین نتیجه‌گیری این است که پولس در کولسیان اظهار می‌دارد که این امکان برای هر کس وجود دارد که راهش را از جادهٔ رستگاری آغاز کند، اما هرگز به مقصد نرسد. این نتیجه‌گیری به این نامه یا شخص پولس منحصر نمی‌شود، زیرا آن را در جاهای دیگر عهدجدید، به‌ویژه در متی و عبرانیان، نیز می‌توان یافت. پولس در اشاره به امیدشان به آسمان، حقیقت مزبور را چنین بیان می‌کند: «به شرطی که در ایمان خود استوار بمانید». بدیشان هشدار می‌دهد که اگر به امیال و شهوات غیرمسیحایی میدان بدهند تاوانش را بدین‌گونه پس خواهند داد که دیگر از حق گریختن از غضب خدا در روز واپسین محروم خواهند شد. در تعلیم او یک اضطرار به چشم می‌خورد، زیرا وی دلواپس است که آنها تحت تأثیر هزاران ایدهٔ گوناگون که ایمانداران را تحت تأثیر قرار می‌دهند از ایمان منحرف گردند. وی در جایی برای توصیف آنچه که ممکن است روی بدهد، واژه «آدم ربایی» را به‌کار می‌برد، زیرا چنان است که گویی به خودشان اجازه می‌دهند که آزادی‌شان در مسیح را از دست بدهند. اگر لغزیده در دامان دین بیفتند، همه چیز را از دست می‌دهند.

مثبت

روی مثبت نامه این است که از هنگامی که به مسیح ایمان می‌آوریم، باید به توکل نمودن به او ادامه بدهیم. نامه پر است از تشویق‌ها برای استوار ماندن در او. درست همان‌گونه که عیسی وعده داد که اگر در تاک بمانیم میوهٔ بسیار خواهیم آورد، پولس هم کولسیان را ترغیب می‌کند تا اگر دوست دارند مورد پسند خدا زندگی کنند بر مسیح متمرکز بمانند. پس در باب ۲ ایشان را تشویق می‌نماید همچنان که مسیح را یافته‌اند، باید در زیستن در وی استوار بمانند.

روی آوردن به مسیح به تنهایی کافی نیست. لازم است که در او ریشه بزنیم و بر بنیاد وی بنا نماییم. باید در همهٔ جهات در مسیح استوار بمانیم. تعلیم پولس شبیه تعلیم خود عیسی است که فرمود: «من تاک حقیقی‌ام و شما شاخه‌های آن. کسی که در من می‌ماند و من در او، میوهٔ بسیار می‌آورد؛ زیرا جدا از من، هیچ نمی‌توانید کرد. اگر کسی در من نماند، همچون شاخه‌ای است که دورش می‌اندازند و خشک می‌شود. شاخه‌های خشکیده را گرد می‌آورند و در آتش افکنده، می‌سوزانند» (یوحنا ۱۵). بنابراین، گرچه پولس اعضای کلیسا را نمی‌شناسد، با این‌حال نگران است که مبادا آنچه را که در ابتدا در مسیح داشتند از دست بدهند.

۴۹

افسسیان

مقدمه

به‌طور قطع نامI پولس به افسسیان در همان زمان نگارش نامه به کولسیان نوشته شد. چندین دلیل برای این امر وجود دارد.

نخست اینکه مضمون‌های افسسیان شبیه مضامین کولسیان است و این شبهه را ایجاد کرده که برای نگارش افسسیان از روی کولسیان الگوبرداری شده. کولسیان به منظور دفاع در برابر التقاط‌گرایی دینی نوشته شده و شرحی روشن از ایمان و رفتار مسیحی به دست می‌دهد. افسسیان هم به همین زمینه می‌پردازد. هر دو نامه کلیسا را به صورت یک بدن به تصویر کشیده، روابط اهل خانه با یکدیگر را با جمله‌بندی مشابه مورد توجه قرار داده، و به موضوع بردگان پرداخته‌اند. (پولس در نامه به فیلیمون که احتمالاً در همان زمان به رشتهٔ تحریر درآمده نیز به این مضمون پرداخته است).

دوم آنکه پولس گفت دلش می‌خواهد که نامه‌اش به کولسیان را علاوه بر کلیسای کولسی در کلیساهای لائودیکیه و هیراپولیس، یعنی دو شهر دیگر درهٔ لیکوس نیز بخوانند و این حاکی از وجود مشکلات مشابه در کلیساهای آن دو شهر دیگر هم هست. از آنجایی که افسس تنها ۱۲۰ مایل از کولسی فاصله داشت، دور از منطق نخواهد بود اگر انتظار داشته باشیم که مشکلات کلیسای آن هم مشابه کلیسای کولسی بوده باشد، به‌ویژه که نامه به افسسیان به‌عنوان

نامه‌ای عمومی نوشته شد، نه به‌طور اخص برای ایمانداران افسس. واژهٔ «افسسیان» در برخی از قدیمی‌ترین دست‌نوشته‌ها وجود ندارد.

وانگهی، اگر نامه افسسیان منحصراً برای کلیسای افسس نوشته شده بود، نبود درودهای شخصی در آن شگفت‌آور می‌نماید، چراکه پولس دو سال از عمر خود را در این شهر گذرانید و معقول بود که همچون دیگر نامه‌هایش، در آن از افرادی یاد کند.

اما پس از آنکه مشابهت‌های آن را با نامه به کولسیان مورد توجه قرار دادیم، باید در این مورد هم هشیار باشیم که افسسیان را باید از دیگر نامه‌های پولس جدا کرد چون خیلی کمتر به دغدغه‌های خوانندگانش پرداخته است. پولس در نامه‌ای عمومی نظیر افسسیان برخلاف نامه‌های دیگرش نه به تصحیح تعلیمی دروغین می‌پردازد، و نه سر آن دارد که معضلی را حل‌وفصل کند و یا به پرسشی پاسخ گوید.

شهر

شهر افسس در محل تلاقی دو جاده‌ای بنا شده بود که از شرق به غرب و از جنوب به شمال امتداد داشت. افسس دروازهٔ ورود به درون آسیا بود و همواره مسافرانی از ایران، مصر، یونان و روم در میان باروهای آن با هم دیدار می‌کردند. در روزگار پولس این شهر بندری بزرگ به شمار می‌رفت، هرچند که اکنون بندر آن زمان زیر گل و لای فرو رفته و موقعیت کنونی شهر افسس به نوعی درون خشکی واقع شده است و امروزه آیاسوهوک نامیده می‌شود و از شهر باستانی هم جز ویرانه‌ای بر جای نمانده. افسس که یکی از مجموعه شهرهای ۱۲گانه اتحادیه ایونی به شمار می‌رفت، مرکز تجارت و اقتصاد بود و آمفی تئاتری با گنجایش ۲۴/۰۰۰ نفر و بتکده‌ای عظیم با ابعاد ۴۲۰ فوت در ۲۴۰ فوت داشت. معبد مزبور را وقف شهابسنگ سیاهی کرده بودند که زمانی از آسمان بر افسس فروافتاده بود. تخته سنگی بزرگ، درخشان و سیاه بود و برآمدگی‌هایی شبیه پستان یک زن بر آن دیده می‌شد. مردم آن را نشانه الاهه دیانا (آرتمیس یونانی) دانستند و بدین‌ترتیب، کیشی مبتنی بر پستان زنانه در افسس شکل گرفت و معبدی برایش ساختند. این شهابسنگ چند پستانه را در مذبح قرار دادند محصولاتی کوچک از جنس نقره و به شکل آن می‌ساختند و به مردم می‌فروختند. کسانی که به‌عنوان جهانگرد به این شهر می‌آمدند این محصولات کوچک را خریده به خانه می‌بردند و روی پیش‌بخاری قرار می‌دادند.

کلیسا

در مورد کلیسای افسس بیش از هر کلیسای دیگر عهدجدید آگاهی در اختیار داریم. نخستین بار در اعمال ۱۸-۲۰ است که می‌خوانیم پولس وارد این شهر شد. علاوه بر این نامه نوشته‌های بسیاری پیرامون کلیسای افسس وجود دارد، که می‌توانیم آنها را در اول و دوم تیموتائوس

بیابیم. تیموتائوس که مخاطب این نامه‌ها است در افسس خدمت می‌کرد. در مکاشفه نامه‌ای به کلیسای افسس اختصاص یافته است و سه نامه یوحنا و نیز انجیل یوحنا در افسس به رشتهٔ تحریر درآمدند، چراکه یوحنای رسول به همراه مریم مادر عیسی در این شهر اقامت داشت.

گذشته از منابع کتاب‌مقدسی شواهد غیرکتاب‌مقدسی نیز در اختیار داریم که نشان می‌دهند کلیسا به خوبی بنیان‌گذاری شده بوده. افسس در تاریخ کلیسای اولیه شهری مهم به شمار می‌رفت، و در سال ۴۳۱ م. شورای افسس هم در این شهر تشکیل گردید. کسی که امروزه از این شهر دیدن می‌کند می‌تواند ویرانه‌های کلیسای یوحنای قدیس و آرامگاه او را ببیند. تقریباً مطمئنیم که رسول کهنسال در همین شهر چشم از جهان فروبسته است.

پولس در دو مقطع و مجموعاً دو سال در این شهر رحل اقامت افکند و در طی همین دوره بود که کلیسا رشد خود را در افسس آغاز نمود. ایمان مسیحی چنان مقبول شد و واکنش به ادعاهای عیسی با چنان پذیرش آنی روبه‌رو گردید که تجارت ساخت و فروش یادگارهای دیانا آسیب جدی دید. بدین‌ترتیب، بسیاری از پرستندگان دیانا به خدای حقیقی روی آوردند و پولس هم از سوی نقره سازان شهر مورد آزار قرارگرفت. تجارت ساخت شمایل‌های نقره با شکل شهاب‌سنگ عملاً زوال یافت.

ساختار نامه

چنین پیداست که پولس احساس می‌کرده بهترین کاری که می‌تواند برای جلوگیری از شیوع بدعت‌های متداول در استان آسیا به درون کلیسا و ممانعت از ویران‌شدن آن به عمل آورد، فرستادن نامه‌ای است که حاوی چکیده‌ای از ایمان و رفتار مسیحی باشد. این نزدیکترین رهیافت ما به انجیلی است که پولس در همه جا موعظه می‌کرده، به‌ویژه که رومیان برخلاف آنچه که بسیاری می‌پندارند رومیان بیانیهٔ انجیل وی نیست. افسسیان بیش از هر نامه دیگری نظام‌مند است و خیلی‌ها آن را فاخترین اثر پولس دانسته، نام «ملکهٔ نامه‌ها» بر آن نهاده‌اند.

ساختار نامه بسیار روشن است. به بیان ساده، نیمهٔ نخست آن به رابطهٔ ما با خدا در مسیح مربوط می‌شود و نیمه دوم آن هم به رابطهٔ ما با دیگران در خداوند. زمانی که پولس پیرامون رابطهٔ ما با خدا می‌نویسد، واژهٔ «مسیح» را به‌کار می‌برد، اما هنگامی که در مورد رابطهٔ ما با یکدیگر می‌گوید از واژهٔ «خداوند» استفاده می‌کند. این مسیح است که میان ما و خدا رابطه برقرار می‌کند، و او خداوندی است که بر روابط میان ما با یکدیگر حاکمیت دارد.

بنابراین، در نیمهٔ نخست نامه، پولس به‌طور خلاصه تشریح می‌کند که نجات نصیب ایمانداران می‌شود، و در نیمهٔ دوم نامه‌اش هم نشان می‌دهد که از وقتی ایمان آوردند باید چگونه رفتار نمایند. شایان توجه است که ما نه *با* انجام کارهای نیکو، که *برای* انجام کارهای نیکو نجات می‌یابیم.

بخش ۱	بخش ۲
قصد و قدرت او	گام برداشتن و جنگ ما
رابطه با خدا (در مسیح)	رابطه با دیگران (در خداوند)
کار نجات در درون	کار نجات در بیرون
آموزه	وظیفه
به‌وسیلهٔ چه نجات یافته‌ایم	برای چه نجات یافته‌ایم
ستایش	کاربرد
آمرزش	تقدس
پارساشمردگی	تقدیس
رهایی ما	واکنش ما
برتری خدا	مسئولیت انسان
درون کلیسا	بیرون کلیسا

دنیا می‌پندارد که خوب‌بودن ما را نجات می‌بخشد. انجیل عملاً اظهار می‌دارد که ما نجات می‌یابیم تا خوب باشیم، و این دو نظریه به‌طور کامل با هم فرق دارند!

دو واژهٔ کلیدی در نیمهٔ نخست نامه عبارتند از *قصد و قدرت*. آنچه را که خدا قصد انجامش را دارد می‌بینیم و متوجه قدرتی که برای رسیدن به آن نیاز هست می‌شویم. واژه‌های کلیدی نیمهٔ دوم عبارتند از *گام برداشتن و جنگ*. از ما انتظار می‌رود که در نور گام برداریم، در محبت گام بزنیم، به‌عنوان فرزندان نور رفتار کنیم و در نبرد روحانی بجنگیم.

بنابراین، نیمهٔ نخست نامه واقعاً به آنچه که در درون کلیسا روی می‌دهد می‌پردازد و نیمه دوم آن هم به آنچه که در بیرون کلیسا می‌گذرد. نیمهٔ نخست با ابعاد عمودی انجیل سروکار دارد و نیمهٔ دوم با بُعد افقی انجیل.

خیلی مهم است که هر دو عنصر را در کنار هم نگاه داریم. اگر ایمان داریم که نجات یافته‌ایم و صرف نظر از اینکه چگونه زندگی می‌کنیم بلیت رفتن به آسمان را در جیب داریم، پس انجیل را درک نکرده‌ایم.

ساختار نامه در مورد نجات نکته‌ای مهم به ما می‌گوید، زیرا نظم از اهمیت حیاتی برخوردار است. کسانی هستند که می‌پندارند مسیحیت صرفاً به «خوب بودن» محدود می‌شود. اما این به همان اندازه تعریفی مخدوش است که بگوییم مسیحیت فقط به «نجات یافتن» محدود می‌گردد. باید هر دو را با هم داشته باشیم، اما در عین‌حال باید ترتیب درست آن را هم رعایت نماییم.

اکثـر دین‌های جهان تقدیس را بر پارساشـمردگی مقـدم می‌دانند- از مردم می‌خواهند که خوب باشند (حال هر تعریفی که می‌خواهد داشته باشد) تا خدا بتواند ایشان را مورد پذیرش خود قرار دهد. مسیحیت منحصربه‌فرد است. مسیحیت می‌گوید که نخست خدا ما را همان‌گونه که هستیم می‌پذیرد، تا بعد بتواند آن‌گونه بسازد که دوست دارد باشیم. پارساشمردگی باید بر تقدیس تقدم داشته باشد، زیرا تا زمانی که در رابطهٔ درستی با خدا قرار نگیریم نمی‌توانیم مسیحی زندگی کنیم. رفتار مسـیحی بر شـالودهٔ ایمان مسیحی بنا شده است. وظیفهٔ مسـیحی از بطن آموزهٔ مسیحی بیرون می‌تراود.

بررسی فصل‌های ۱-۳ نشان می‌دهد که پولس آموزهٔ نجات را در چارچوب و زمینهٔ خدمت پرسـتش تشـریح می‌کند. نظم مورد نظر انجیل بر این منوال است: ستایش، دعا، موعظه، دعا، ستایش و مضمون کل خدمت هم قدرت و قصد خدا است.

ستایش- قصد: خلاصه‌کردن همه چیز در مسیح
دعا- شناختن قصد و قدرت
موعظه- قدرت و قصد
۱. ***مسیح***:- برخاست تا سلطنت کند.
۲. ***غیریهودیان***:- برخاسته‌اند تا دوباره بپیوندند.
۳. ***پولس***:- برخاسته تا مکشوف سازد
دعا- شناختن قصد و قدرت.
ستایش- قدرت: به فراوانی انجام دادن.

پولس رسول عمدهٔ تأکید خود را بر اتحاد میان یهودیان و غیریهودیان می‌گذارد. وی با زیرکی بر این نکته پافشاری می‌کند که خدا دیوار میان یهود و غیریهود را فروریخته است، همان دیواری کـه نمـادش دیـوار موجود در صحن معبد بود و محـدودهٔ مجاز برای غیریهودیـان را از محدودهٔ مختـص یهودیان جـدا می‌کرد و اگر یک غیریهـودی از این دیوار می‌گذشـت مجازات مرگ در انتظارش بود. میراث این تقسیم‌بندی دقیق به کلیسای اولیه هم سرایت کرده بود، و پولس به‌طور ویژه از معانی ضمنی آن آگاهی داشت. خود او داشت این نامه را از زندان می‌نوشت، چراکه به دروغ این اتهام را به وی وارد کرده بودند که یک غیریهودی به نام تروفیموس (از اهالی افسس) را به محدودهٔ ویژهٔ یهودیان در معبد برده است.

اما تأکید پولس بر کلیسا به‌عنوان «بنای جدید» به جای معبد نباید ما را به این نتیجه‌گیری سوق دهد که دیگر کار خدا با اسرائیل قدیم به پایان رسیده. اصطلاحاً «الاهیات جایگزینی» که به موجب آن کلیسا جایگزین اسرائیل می‌شود، قرائتی نادرست است، چون همان‌گونه که پولس در رومیان ۹-۱۱ توضیح می‌دهد، خدا هنوز برای قوم خود مقاصدی در نظر دارد.

گام برداشتن در روح

فصل‌های ۴-۶ به واکنش ما به آنچه که خدا انجام داده مربوط می‌شوند. در ترجمهٔ موسوم به RSV در سراسر این فصل‌ها واژهٔ «گام‌برداشتن» به‌کار رفته است و این فعل می‌تواند برای توصیف نحوهٔ ابراز واکنش ما مفید باشد. ما می‌توانیم در روح بپریم و جست و خیز کنیم، اما خدا از قومش می‌خواهد که در روح گام بردارند. گام برداشتن به اندازهٔ جست‌وخیزکردن و پریدن چشمگیر نیست، اما برداشتن قدمی به موقع و در جهت درست به‌شمار می‌رود.

پولس هشت عرصه‌ای را که باید در آنها گام برداریم فهرست‌وار بیان می‌کند.

فروتنی

ما در فروتنی گام برمی‌داریم چون این رمز اتحاد است. اگر فروتن نباشیم، نمی‌توانیم اتحاد مسیحی داشته باشیم، چون هرجا که غرور باشد اتحاد از هم می‌پاشد. بنابراین، وقتی کسی در موردمان حرفی می‌زند نباید از کوره دربرویم- با این همه باید به خاطر داشته باشیم که اگر ایشان راست گفته باشند، خیلی بدتر است!

یکی از شعرهایی که من آن را بسیار دوست می‌دارم روی همین نکته انگشت می‌گذارد:

زمانی با شور یک قدیس همراه با اندوهی ژرف فریاد برآوردم:
«ای خداوند، قلبم از دورویی تیره گشته، سرآمد گناهکارانم.»
پس فرشتهٔ نگهبانم از پشت در گوشم چنین زمزمه کرد:
«غرور، مردک من، تو اصلاً این‌گونه که می‌گویی نیستی.»

افتادگی دروغین با فروتنی فرق می‌کند. فروتنی واقعی متوجه است که ما به فیض خدا چه هستیم، و اگر به‌خاطر فیض او نبود چیزی نبودیم.

اتحاد

بعد ما را تشویق می‌کند تا گام بعدی را در اتحاد برداریم. پولس به ما یادآوری می‌کند که تنها یک بدن، یک روح، یک ایمان و یک تعمید وجود دارد. تنها یک خدا هست که پدر همهٔ ماست. بنابراین، در اتحاد گام برمی‌داریم زیرا هر اختلافی که با هم داشته باشیم، همگی با خون عیسی نجات یافته‌ایم. حفظ یگانگی روح به معنای فعال‌بودن است- نباید فرض را بر این بگذاریم که چون همه در یک کلیسا گرد هم می‌آییم، الزاماً همه چیز خوب است. باید روی اتحاد کار کرد.

بلوغ

پولس کلیسا را تشویق می‌کند تا در بلوغ گام بردارد. می‌گوید از اتحاد است که به‌سوی رشد و کمال گام برمی‌داریم تا به قامت پری عیسای مسیح برسیم و توضیح می‌دهد که به همین دلیل است که خدا به ما رسولان، انبیا، شبانان، مبشران و معلمان بخشیده، تا خودمان را بنا نموده رشد کنیم و بالغ شویم. مشارکت مسیحی با یگانگی روح آغاز می‌شود و با یگانگی در ایمان پایان می‌پذیرد. مادامی که یگانگی ایمان را حفظ کنیم یگانگی روح هم محفوظ خواهد ماند. بسیاری از مسیحیان انجیلی بر مبنای تعالیم سازگار اتحاد گسترده‌ای با هم دارند، و از این‌رو برخی از ما را که می‌خواهیم با آنها مشارکت داشته باشیم به اسم کاتولیک‌های کاریزماتیک مورد انتقاد قرار می‌دهند. اما آنچه که باید مبنای اتحاد قرار گیرد روح‌القدس است. اگر کسی را می‌بینیم که در همان روحی تعمید گرفته که ما تعمید یافته‌ایم، با او مشارکت داریم. درست است که شاید هنوز به آن اتحاد کامل در ایمان دست نیافته باشیم، اما این با بلوغ حاصل می‌شود. هدف این است که به یک چیز ایمان بیاوریم، اما سرآغاز آن اتحاد یا یگانگی در روح است. پس هروقت به کسی برمی‌خوریم که در روح‌القدس ساکن است، آنها عضوی از یک بدن هستند؛ بدن مسیح. شاید به خوبی متوجه مطلب نشده‌ایم!

صداقت

در باب ۵ موضوع صداقت را پیش می‌کشد. ما را تشویق می‌کند تا حتماً زندگی‌مان را مطابق با گفته‌هایمان بسازیم، و به‌عنوان فرزند خدا به آنچه می‌گوییم عینا عمل کنیم. به ما می‌گوید که جوک‌های زشت نگوییم- این یک نمونهٔ عملی است.

نیکوکاری

از ما انتظار می‌رود که با یکدیگر نیکوکار باشیم. باید همان‌گونه که مسیح ما را بخشید، ببخشاییم. مسیحیان با یکدیگر مدارا می‌کنند در حالی‌که در برابر خطا و گناه هیچ اغماضی نمی‌نمایند. ایجاد تعادل مزبور قدری دشوار است اما خیلی مهم است که میان آنها تمایز ایجاد کنیم.

پاکی

از ما می‌خواهد که با روح‌القدس پر شویم. فعل به‌کار رفته حاکی از یک پری مداوم است. اگر قرار است خدایی را که ما را فراخوانده خشنود سازیم، باید در پاکی انگیزه و قلب گام برداریم.

تعلیم‌پذیری

بسیاری از کلمات پولس به زبان امروزی بار منفی دارند. اما تعلیم‌پذیری یا تسلیم به یکدیگر در مسیح نشانهٔ زیبایی از بلوغ است.

او به سه مقوله اشاره می‌کند:

زنان باید تسلیم شوهران خود باشند؛

فرزندان باید تسلیم والدین خود باشند؛

بردگان باید تسلیم اربابان یا کارفرمایان خود باشند.

در هر مورد گروه اول باید به احترام مسیح «خود را زیر یوغ اطاعت» گروه دوم قرار دهند. تسلیم ایشان باید نمونه‌ای انسانی از تسلیم آنان به مسیح باشد.

مسئولیت

آنانی که دیگران تسلیم ایشان هستند، این مسئولیت را دارند که سزاوار نقشی که بر عهده گرفته‌اند باشند. این یک چالش جدی است. شوهران موظفند همان‌گونه که مسیح کلیسا را محبت می‌کند، زنان خود را محبت نمایند- و نه کمتر. همسرم چندین بار به من گفته که اگر من تسلیم مسیح باشم، او هم با کمال شادمانی از من اطاعت خواهد نمود. بنابراین، شوهران، والدین و کارفرمایان نسبت به کسانی که در زندگی زیر دست‌شان قرار گرفته‌اند مسئولیت دارند. تعلیم مربوط به تسلیم و اطاعت به هیچ روی بهانه‌ای برای رفتار سلطه‌جویانه یا تحکم‌آمیز نیست.

جنگ روحانی

بخش مربوط به جنگ روحانی یکی از محبوب‌ترین قسمت‌های نامه است. به ما می‌گوید که اسلحهٔ کامل خدا را بر تن کنیم، زیرا جنگ ما با انسان‌ها نیست. جنگیدن با آدمیان بسیار آسان‌تر است- و ظاهراً برخی از مسیحیان آن را ترجیح می‌دهند. اما پولس توضیح می‌دهد که ما را کشتی گرفتن با خون و جسم نیست، بلکه ما علیه قدرت‌ها، علیه ریاست‌ها، علیه خداوندگاران این دنیای تاریک، و علیه فوج‌های ارواح شریر در جایهای آسمانی می‌جنگیم. در حقیقت، دقیقاً در همان جایی نبرد ما برپا است که در مسیح قرار گرفته‌ایم. باب ۱ به ما می‌گوید که ما با او در جایهای آسمانی می‌نشینیم.

پیداست آنچه که هرگز نباید انجام دهیم عقب‌نشینی است، زیرا در تعریفی که پولس از اسلحه خدا می‌کند هیچ ذکری از محافظت از پشت سر به میان نیامده. شاید در مواقعی نتوانید پیشروی کنید، اما باید بایستید، و هیچگاه عقب‌نشینی نکنید. اشاره‌ای که به سپر ایمان برای خاموش‌کردن تیرهای آتشین شده به‌طور قطع منظورش سپرهای سربازان رومی

است که پوششی از چوب بسیار نرم داشت. تیرهای آتشینی که درون این چوب فرومی‌رفتند خاموش می‌شدند. پس همهٔ تیرهای آتشینی را که شریر پرتاب می‌کند می‌توانیم با ایمان خاموش نماییم.

پیش‌تعیینی

تا نگاهی به پیش‌تعیینی نیندازیم، بررسی افسسیان کامل نخواهد شد. این مضمونی است که به‌طور خاص بر باب یک سایه افکنده. پیش‌تعیینی موضوعی است که اغلب آن را اشتباه برداشت می‌نمایند. برخی به‌گونه‌ای سخن می‌گویند که گویی ما روبات یا عروسک خیمه‌شب‌بازی هستیم و نمی‌توانیم در برابر آنچه که خدا برای‌مان در نظر گرفته ایستادگی نماییم.

این برداشت تا اندازه‌ای از تفسیر عبارتی از باب ۱۸ کتاب ارمیا ناشی می‌شود که در آن مردم به گلی تشبیه شده‌اند که در دستان کوزه‌گر است. خیلی‌ها چنین استدلال می‌کنند که خدا آن کوزه‌گر است و هر کاری که دلش بخواهد با گل می‌کند. گل از خود هیچ اختیاری ندارد. اما ارمیا ۱۸ می‌تواند به نکته‌ای مخالف آن اشاره کند. زیرا در این مَثَل، کوزه‌گر قصد دارد که از گل ظرفی زیبا بسازد، اما گل در دستان او شکل نمی‌گیرد، بنابراین، آن را روی تودهٔ گل می‌اندازد و باز آن را برداشته روی چرخ می‌گذارد و ظرفی زمخت و نازیبا برای پخت و پز می‌سازد. بنابراین، آنچه که خدا در عمل در ارمیا تعلیم می‌دهد این است که ما باید همکاری با کوزه‌گر را برگزینیم و به او اجازه بدهیم تا از ما ظرفی زیبا بسازد. در زمان ارمیا برنامه از این قرار بود که خدا می‌خواست از اسرائیل ظرفی زیبا بسازد که برایش ظرف رحمت باشد، اما در عوض از آن ظرفی زشت برای داوری ساخت.

این مَثَل به ما کمک می‌کند تا به این نگرش که ما نمی‌توانیم در برابر خدا ایستادگی کنیم، پاسخ بدهیم. این نشان می‌دهد که اگر به خدا واکنش درست ابراز نماییم، سرنوشتی که وی از بنیاد عالم برای‌مان ترسیم کرده تحقق خواهد یافت. اما هیچ چیزی دال بر اینکه ما در برابر چیزی که او برای‌مان از پیش مقدر نموده، یارای مقاومت نداریم، وجود ندارد.

برای روشن‌شدن قضیه بهتر است مثالی شخصی بیاورم. پدرم می‌خواست که من کشاورز باشم. من تعطیلات آخر هر هفته را در کشتزار می‌گذراندم و وقتی در سن ۱۶ سالگی از مدرسه بیرون آمدم در آنجا مشغول به‌کار شدم و هر روز از ساعت ۴ بامداد شیر ۹۰ گاو را می‌دوشیدم. نمی‌دانستم که نقشهٔ پدرم این است که وقتی به سن ۲۱ سالگی رسیدم مرا بر مزرعه‌ای در اسکاتلند بگمارد. این مزرعه خانوادگی بود و او می‌توانست ترتیب این کار را بدهد. اما زمانی که پدرم به من گفت که مزرعه را برای من در نظر گرفته، مجبور شدم به او بگویم که خدا مرا به‌سویی دیگر هدایت نموده است. اگر ادارهٔ آن مزرعه را می‌پذیرفتم، همیشه می‌توانستم بگویم که پدرم از پیش تعیین کرد که من به‌کار کشت و زرع مشغول باشم و پیش از آنکه من خبر داشته باشم این نقشه را برای من کشید.

به همین ترتیب، «از پیش تعیین‌کردن» به معنای دقیق کلمه یعنی از پیش سرنوشتی را برای کسی مقدرکردن. اما این عقیده که خدا با ما درست مانند یک عروسک خیمه‌شب‌بازی رفتار می‌کند و وادارمان می‌سازد تا آنچه را که برای‌مان مقدر فرموده انجام دهیم اشتباه است؛ همان‌گونه که پدر من نتوانست مرا به کارکردن در مزرعه وادار کند. خدا جلال یافتن را برای ما از پیش تعیین کرده است. می‌توانیم در برابر آنچه که برای‌مان مقدر شده مقاومت کنیم و از آن سر باز بزنیم، یا آن را بپذیریم. اگر آن را بپذیریم، می‌توانیم تا ابد بگوییم که او پیش از بنیاد عالم این نقشه را برای من کشیده بود.

دو دیدگاه در مورد پیش‌تعیینی

دیدگاه متداول چنین است که پیش‌تعیینی بدین‌معنا است که خدا افرادی را برای نجات برمی‌گزیند، در حالی‌که دیگران از این گزینش محرومند. با چنین برداشتی، پیش از آنکه ما به دنیا بیاییم خدا تصمیم می‌گیرد که آیا ما در زمرهٔ ناجیان باشیم یا خیر. می‌گویند فیض خدا مقاومت‌ناپذیر است، زیرا به مجردی که خدا تصمیم گرفته که ما نجات پیدا کنیم، هیچ چیز نمی‌تواند جلویش را بگیرد. بدین‌ترتیب، این کاملاً انتخاب خداست که کسی سرانجام به بهشت برود یا به دوزخ، زیرا اگر فیض او در زندگی‌های ما عمل نکند، غیرممکن است که بتوانیم با توبه و ایمان به خدا پاسخ مثبت بدهیم. حال که برگزیده شده‌ایم، دیگر بودنمان در آسمان تضمین شده است. این دیدگاه دربارهٔ پیش‌تعیینی اغلب با نام ژان کالون، الاهی‌دان سوئیسی عجین است- هرچند کالون در زمانی که فیض گزینشی را تعلیم می‌داد، در اثر خودش به نام *نهادها* (*Institution*) این تعلیم را نوشته بود که ایمانداران ممکن است نجات خود را از دست بدهند.

با این‌حال، دیدگاه مورد بحث مورد چالش قرار گرفته است. نخست اینکه، اگر مؤاخذ مربوط به پیش‌تعیینی را در کتاب‌مقدس مورد بررسی قرار دهیم، درمی‌یابیم که ایمانداران آن‌قدر که برای خدمت برگزیده می‌گردند، برای نجات برگزیده نمی‌شوند. دوم اینکه، تأکید نه بر گزینش افراد که بر گزینش قوم است؛ یک قوم برگزیده. سوم آنکه، کتاب‌مقدس نمی‌گوید که فیض خدا غیرقابل مقاومت است. می‌توان در برابرش ایستادگی کرد. استیفان در موعظهٔ خودش در کتاب اعمال، سنهدرین را به‌خاطر اینکه همواره در برابر روح‌القدس مقاومت می‌کنند به باد انتقاد می‌گیرد. فیض مشروط به ایمان است. تنها در صورتی مشمول فیض خواهیم ماند که در ایمان ادامه دهیم.

وانگهی، سرنوشت ما بسته به گزینه‌ای نیست که خدا برای‌مان در نظر گرفته، بلکه به خود ما وابسته است، به اینکه نسبت به فیض او لبیک می‌گوییم یا راه ایستادگی پیش می‌گیریم. پر واضح است که در پی توبه‌کردن و ایمان آوردن است که تولد تازه می‌یابیم، نه پیش از آن. به سبب توبه و ایمان ماست که خدا می‌تواند در مسیح حیاتی نو به ما ببخشد.

سـرانجام اینکه، پایداری و ماندگاری آن را هیچ چیز تضمین نمی‌کند و در این امر پایمردی لازم اسـت. کتاب‌مقدس از پایمردی سـخن گفته از ماندن در تاک، غلبه یافتن، ماندن در مسیح و در ایمـان ادامه دادن حـرف می‌زند. همهٔ این واژه‌ها یک چیز را بازتاب می‌دهند: مداومت در ایمان که سـهم ما اسـت. این نجات نه با اعمال، که با تداوم ایمان تحصیل می‌گردد، و بر این نکته تأکید ویژه می‌شـود. این استدلال را که با دیدگاه کالون در مورد پیش‌تعیینی مغایرت دارد، اغلب نگرش آرمینیوسی می‌نامند، که از نام آرمینیوس الاهی‌دان هلندی گرفته شده است.

پس من به پیش‌تعیینی باور دارم. معتقدم که خدا مرا از پیش تعیین کرده تا آن چیزی باشم که اکنون هستم. معتقدم که پیش از آنکه من پا به عرصه وجود بگذارم، او تصمیم گرفته خواستار حضور من در آسـمان باشـد. پیش از آنکه من او را محبت نمایم، او مرا محبت کرد، من نبودم که او را برگزیدم بلکه او بود که مرا برگزید. پس از گفتن همهٔ این حرف‌ها، من معتقدم که چون در برابر فیض او مقاومت نکردم و آن را دریافت نمودم و به ایمانم ادامه می‌دهم، سـرانجام به شهر آسمانی وارد خواهم شد.

جدول زیر دو رویکرد متفاوت به پیش‌تعیینی را به نمایش می‌گذارد:

کالون	**آرمینیوس**
برای نجات یافتن	برای خدمت‌کردن
فردی	جمعی
اشخاص	یک قوم
مقاومت‌ناپذیر	مشروط
فیض	ایمان
سرنوشت با گزینش خدا تعیین می‌گردد	سرنوشت بسته به گزینش ماست
آنانی که ایمان خود را از دست می‌دهند، از ابتدا برگزیده نشده بودند	آنانی که ایمان خود را از دست می‌دهند، دست به گزینش اشتباه زده‌اند
پیش از توبه و ایمان تولد تازه صورت می‌گیرد	پس از توبه و ایمان تولد تازه انجام می‌شود
ماندگاری آن تضمین شده است	پایمردی لازم است

آیا وقتی نجات یافتی، دیگر برای همیشه نجات‌یافته‌ای؟

بررسـی بالا از مبحث پیش‌تعیینی دربرگیرندهٔ عبارتی کلیشه‌ای است که به‌طور گسترده مورد اسـتفاده قرار می‌گیرد. مردم می‌گویند: «وقتی نجات یافتی، دیگر برای همیشه نجات‌یافته‌ای.»

در اینجا بزرگترین مشکل این است که واژه «نجات‌یافته» قدری گنگ است. «وقتی نجات یافتی» یعنی چه؟ من اکنون در حال نجات یافتن هستم، اما هنوز خیلی چیزها هست که باید از آنها نجات پیدا کنم. نجات یک فرایند است، نه معجزه‌ای آنی و از این جهت من هم مانند دیگران منتظر بازگشت عیسی هستم تا برای همهٔ آنانی که انتظارش را می‌کشند نجات را به ارمغان بیاورد. تازه در آن مقطع است که من تازه «نجات یافته‌ام»، چون در آن هنگام است که تمامیت وجودم، و از جمله بدنم نجات خواهد یافت.

اعتقاد راسخ من بر این است که بحث و جدل پیرامون پیش‌تعیینی نباید مشارکت مسیحی را از بین ببرد. صرف نظر از اینکه چه دیدگاهی داریم، می‌توانیم گرداگرد مسیح با هم متحد شویم.

نتیجه‌گیری

در میان همهٔ نامه‌های پولس، احتمالاً نامه به افسسیان شفاف‌ترین نامه پیرامون آموزه و وظیفه، باور و رفتار، الاهیات و اخلاق مسیحی است. عجیب نیست که نامهٔ محبوب بسیاری از ایمانداران و فرقه‌های گوناگون مسیحی است. به احتمال تأکید آن بر اتحاد، عاملی اصلی در محبوبیت این نامه در این عصر جهانی‌شدن کلیسا است، هرچند دغدغه‌اش در مورد حقیقت و صداقت نیز شایان توجه است.

۵۰

فیلیپیان

پولس نامهٔ خود را خطاب به فیلیپیان در خلال نخستین دورهٔ زندانی‌شدنش در رُم و در هنگام بازداشت خانگی نگاشت. فیلیپی نخستین شهر در خاک اصلی اروپا بود که وی از آن دیدن کرد و نخستین کلیسا را در آنجا پایه‌گذاری نمود. این شهر برای پولس مکانی ویژه به شمار می‌رفت، و همان‌گونه که خواهیم دید، کلیسای فیلیپی هم در دل او جایگاهی ویژه داشت.

در زمان پولس فیلیپی به دلیل قرارگرفتن بر سر مسیر تجاری موسوم به جادهٔ ایگناتین که از شرق به غرب منتهی می‌شد، شهر بزرگ و مرفهی بود. شهر در درهٔ میان رشته‌کوه‌هایی بنا شده که از دریای سیاه تا دریای ادریاتیک کشیده شده‌اند. وجود کانهای طلا و نقره در این کوهستان هم بر ثروتش افزوده بود. در اوایل ۱۹۹۰ م. یکی از باستان‌شناسان در فیلیپی مقبره‌ای پر از گنجینه‌های زرین یافت- تنها نمونهٔ دیگر از این مقبره‌ها آرامگاه توت‌آنخ آمون در مصر است. این مقبره از آن فیلیپ شاه مقدونیه (سرزمینی در شمال یونان) بود، که این شهر نام خود را از وی گرفته است. معروف‌ترین پسر او همان اسکندر مقدونی بود که پیش از مرگش در ۳۱ سالگی یک امپراتوری گسترده از خود بر جای گذارد.

این منطقه صحنهٔ چند نبرد کلیدی در دوران باستان بود. در سال ۱۶۸ پ. م. رومی‌ها آمدند و این سرزمین را اشغال کردند. در سال ۴۲ پ. م. آنتونی سپاهیان بروتوس و کاسیوس را در فیلیپی شکست داد. در ۳۱ پ. م. آنتونی و کلئوپاترا در همین جا مغلوب و کشته شدند. با

توجه به این پیشینه کلیدی، رومیان در آنجا یک کلنی تشکیل دادند. امپراتور آگوستوس نامی پرشکوه بر آن نهاد: «*Colonia Julia Augusta Philipensis*»، اما مردم آن را با نام کوتاه «فیلیپی» می‌خواندند. فیلیپی یک کلان‌شهر کوچک بود و شهروندانش دقیقاً از حقوق شهروندی کسانی برخوردار بودند که در خاک رُم می‌زیستند، و رومیان بسیاری بودند که احساس می‌کردند می‌توانند در این شهر زندگی نمایند.

یک کلنی آسمانی

موقعیت جغرافیایی فیلیپی به این شهر نقشی راهبردی داده بود که به‌عنوان پایگاهی برای انتشار انجیل مورد استفاده قرار گیرد. چراکه دروازهٔ اروپا به‌شمار می‌رفت. از گزارش لوقا در اعمال پیرامون گسترش کلیسا چنین پیداست که مقصود خدا این بوده که کلیسای مزبور یک «کلنی آسمانی» باشد. در اعمال ۱۶ می‌خوانیم که چگونه روح‌القدس جلوی رفتن پولس به بطینیه استان آسیا را گرفت. پولس و همراهانش سفر خود را به‌سوی غرب ادامه دادند، در حالی‌که نمی‌دانستند مقصد نهایی‌شان کجاست تا اینکه پولس در خواب مردی را دید که جامهٔ اهالی بومی مقدونیه را بر تن داشت و از ایشان استدعا می‌کرد تا به کشورش بروند. پس پولس و همراهانش سوار کشتی شده به بندر نیاپولیس رفتند و در آنجا پیاده شده راهی فیلیپی شدند. موعظهٔ او که در اعمال ثبت شده نخستین سند کتبی روشن از رسیدن انجیل به خاک اصلی اروپاست. پیشتر اهالی بومی اروپا که از اورشلیم دیدن کرده بودند انجیل را با خود به اروپا برده و از روز پنتیکاست کسانی به مسیح گرویده بودند، اما در این مورد هیچ مدرکی در دست نداریم.

کلیسای فیلیپی

کلیسا کار خود را در سال ۵۲ م. و با شماری از شهروندان فیلیپی آغاز کرد. استراتژی پولس برای بشارت دادن در یک ناحیه این بود که وی کار خود را از کنیسهٔ یهودی آن شهر آغاز می‌کرد. اما در فیلیپی هیچ کنیسه‌ای وجود نداشت، زیرا شمار مردان یهودی این شهر به ۱۰ نفر نمی‌رسید که کنیسه‌ای تشکیل دهند، و از این‌رو پولس به دیدار بانوان یهودی‌ای شتافت که برای دعاکردن گروهی تشکیل داده بودند. در میان زنان یکی بود که در کار کلیسای فیلیپی نقشی سازنده بر عهده گرفت- زن بازرگانی به نام لیدیه. وی که از اصل از اهالی آسیا بود، برای امرار معاش به فروش پارچهٔ ارغوان مشغول بود. اعمال می‌گوید که او و چندین برده و اهل خانه داشت و همهٔ اهل خانه‌اش تعمید گرفتند. طرفداران تعمید خردسالان ناامید خواهند شد اگر دریابند که واژهٔ «اهل خانه» به معنای «خانواده» نیست، بلکه دربرگیرندهٔ بردگان و انواع وابستگان می‌شود. پس هیچ اشاره‌ای دال بر اینکه در میان آنها بچهٔ خردسالی بوده، به چشم نمی‌خورد.

اما همه از آمدن پولس خشنود نشدند و موعظه او به زودی با مخالفت‌هایی روبه‌رو شد. این مخالفت شکلی نامتعارف داشت، چراکه دختری از پی پولس و گروهش روان شده، به

شنوندگان وی می‌گفت: «باید به سخنان این مردان گوش فرادهید! آنان از جانب خدای متعال آمده‌اند! حقیقت را به شما می‌گویند!» (اعمال ۱۶). اما واقعیت دقیقاً خلاف آن چیزی بود که از نظر عموم مردم خوب می‌نمود، چون آن دختر یک فالگیر بود و برای اربابانش که از کسبهٔ شهر به‌شمار می‌رفتند کار می‌کرد و ایشان از نیروهای وی در جهت ثروت‌اندوزی خود بهره می‌جستند. پس پولس دیوهای این دختر را اخراج کرد و از آن پس دختر دیگر از ایجاد مزاحمت برای وی و همراهانش دست کشید. اما اربابان وی وحشت کردند و برای پولس بلوایی به پا نمودند. پولس تا به خودش آمد، خود را به اتهام طرفداری از قوانینی که با قانون روم مغایرت دارند، در زندان یافت- که این تغییری بود در روال مخالفت‌ها، چراکه همواره یهودیان بودند که به پولس اتهام می‌بستند.

لوقا تعریف می‌کند که چگونه پولس و همراهانش سلول زندان را به یک جلسهٔ پرستشی تبدیل کردند. آنها در تاریکی مطلق در سلول به سر می‌بردند، با این‌حال خدا را ستایش می‌کردند! از قرار معلوم خدا هم در واکنش به پرستش آنان زمین‌لرزه‌ای ایجاد کرد و دیوارهای سلول فروریخت و درهای زندان گشوده شد. زندان‌بان که می‌دانست مجازات فرار زندانیان مصلوب‌شدن است، نعره زد: «چه کنم تا نجات یابم؟» پولس بی‌درنگ پاسخ داد: «به عیسی ایمان آور!» باید این را مسلم بدانیم که پولس در طول ساعات شب برای او و اهل خانه‌اش موعظه کرد، زیرا صبحدمان ایشان آمادهٔ تعمیدگرفتن بودند. بدین‌ترتیب، کلیسای فیلیپی با لیدیه، زندان‌بان و اهل خانه‌اش، و احتمالاً دیگر زنان یهودی که در گروه دعا حضور داشتند آغاز به‌کار کرد.

اما پولس هنوز در زندان بود، و از حقوق شهروندی خود در فیلیپی، که یک کلنی رومی به شمار می‌رفت، به‌عنوان یک شهروند رومی آگاهی داشت. به صاحب‌منصبان گفت که با وی ناعادلانه رفتار کرده‌اند. آنها هم وقتی دریافتند که با برملاشدن رفتار ناعادلانه‌شان با پولس به‌عنوان یک شهروند رومی، با مجازات زندان روبه‌رو خواهند بود، دست به دامان وی شدند تا از شهر برود. او گفت: «خب، اگر شما خودتان بیایید و مرا از زندان بیرون آورده تا بیرون شهر مشایعت نمایید، خواهم رفت!» و بدین‌ترتیب، بزرگان شهر آمدند و او را تا بیرون شهر بدرقه کردند. بنابراین، وی مدت کوتاهی- شاید چند روز یا حداکثر چند هفته- در فیلیپی بود، با وجود این، یک کلنی آسمانی در اروپا از خود به جای گذارد.

او نامه را سال‌ها بعد نوشت. پولس پیش از آنکه در اورشلیم دستگیر شود سال‌ها به خدمت بشارتی خود ادامه داد. اتهام وارده غیرمنصفانه بود- او را به دروغ متهم کردند که یک غیریهودی را به محوطهٔ ممنوعهٔ معبد برده است. او از قیصر دادخواهی کرد، پس در نهایت وی را در غل و زنجیر به رُم فرستادند، و دو سال منتظر محاکمه ماند. در خلال همین دو سال انتظار بود که دکتر لوقا انجیل لوقا و اعمال، دو مجلدی را که قرار بود به‌عنوان دفاعیهٔ پولس در دادگاهش مورد استفاده قرار گیرند و به تبرئه وی منجر شوند، به رشتهٔ تحریر درآورد.

دلایل پولس برای نگارش

اشتیاق پولس به نگارش این نامه از دو خاستگاه ناشی می‌شد؛ دو چیزی که وی از کلیسای فیلیپی دریافت کرده بود.

پشتیبانی مالی

عامل نخست هدایای پولی بود. کلیسا نسبت به پولس بسیار قدرشناس بود، چراکه وی انجیل را برای‌شان آورده بود. از این‌رو تصمیم گرفتند که به‌رغم این واقعیت که پولس هیچگاه از کسی چیزی نمی‌خواست، از لحاظ مالی پشتیبانی‌اش نمایند. آنها تنها کلیسایی بودند که می‌خواستند از این طریق دغدغهٔ خود را برای روند خدمت پولس نشان دهند.

پشتیبانی جسمانی

هدیهٔ دوم از اولی هم مهم‌تر بود. مردی از فیلیپی آمد که نه تنها هدایای نقدی با خود همراه داشت، بلکه از مهارت‌های خدمت در خانه برخوردار بود و می‌توانست در طی دورانی که وی در بازداشت خانگی به سر می‌برد بدو خدمت نماید. بی‌گمان، اعضای کلیسا از خود پرسیده بودند: «چگونه می‌توانیم به او کمک کنیم؟» و تصمیم گرفتند که فرستادن یک نیروی امدادی جسمانی می‌تواند بهترین کمک باشد. مردی که فرستادند اپافرودیتوس نام داشت. او عنوان «رسول» را یدک می‌کشد که معنای تحت‌اللفظی‌اش «فرستاده» است (گرفته شده از فعل یونانی *'apostolos'* به معنای «می‌فرستم»). یک «رسول» کسی است که او را برای انجام کاری از نقطهٔ ***الف*** به نقطهٔ ***ب*** می‌فرستند.

پنج گونه «رسول»

پیرامون اصطلاح «رسول» سردرگمی بسیاری وجود دارد. در واقع، ما در عهدجدید پنج‌گونه «رسول» داریم.

۱. عیسی رسول نامیده شده چون خدا او را از آسمان به زمین فرستاد تا ما را نجات بخشد، از این‌رو وی سر رسولان است.

۲. دومین‌گونه از رسولان، همان «دوازده» نفری هستند که شاهدان رستاخیز عیسی بودند و وی ایشان را به‌سوی دنیا فرستاد. مشخصهٔ آنها این بود که عیسی را پیش و پس از رستاخیزش می‌شناختند.

۳. خود پولس یک رسول ویژه است. او یکی از دوازده شاگرد عیسی نبود چون با عیسای پیش از مصلوب‌شدن آشنایی نداشت. با وجود این، خود عیسای برخاسته از مردگان و صعود کرده در راه دمشق وی را فراخواند، از این‌رو وی رسول از گونهٔ سوم است.

۴. گونهٔ چهارم میسیونر است که پولس در موقعیتی دیگر قرار گرفته و پیشگام رسولان این دسته است چراکه به سرزمین‌هایی رفت که تا پیش از آن کسی پیام انجیل را نبرده بود و در آنجا کلیساهایی بنیاد نهاد. در حقیقت واژهٔ «فرستاده» در لاتین mitto است که واژهٔ 'Missionary' و 'Missile' (موشک، سلاح فرستادنی- م.) از آن گرفته شده. یک میسیونر در واقع، همچون موشک قاره‌پیما پر از نیروی پویای انجیل است! ما هنوز هم چنین رسولانی داریم که کلیسا تأسیس می‌کنند.

۵. اپافرودیتوس در دستهٔ پنجم رسولان جای می‌گیرد- کسی که او را از جایی به جایی دیگر می‌فرستند تا کاری انجام دهد. بنابراین، گروه آخر طیف گسترده‌ای را دربرمی‌گیرد و لزوماً نشان‌دهندهٔ جایگاه بالایی که ما انتظارش را داریم نیست.

اپافرودیتوس بیمار می‌شود

پولس در نامه‌اش ضمن اینکه از دیدار اپافرودیتوس تقدیر می‌کند، می‌گوید که وی هنوز از راه نرسیده بیمار شد و بیماریش پولس را غمگین کرد. جالب اینجاست که دعاهای پولس هم نتوانست به شفای او منتهی گردد. این امر نباید ما را شگفت‌زده نماید. شفاها در عهدجدید نه با شفای مسیحیان، که معمولاً با بشارت همراهند. شماری از وابستگان پولس مشکلات جسمانی داشتند که شفا پیدا نکردند. به تیموتائوس می‌گوید که به‌خاطر معده‌اش اندکی شراب بنوشد، و در جایی دیگر نوشته شده که تروفیموس را «بیمار» پشت سر وانهاد. خدمت شفا در عهدجدید نه برای حفظ صحت مسیحیان، که برای به نمایش گذاردن انجیل در حین بشارت بود.

اما این شایعه به فیلیپی رسید که فرستاده‌شان به‌طرز نومیدکننده‌ای بیمار و در شرف مردن است. پس پولس تصمیم گرفت که بهترین کاری که می‌تواند بکند پس فرستادن اپافرودیتوس به فیلیپی به همراه یک نامه خطاب به فیلیپیان است، تا از کلیسا به‌خاطر پولی که فرستاده بودند سپاسگزاری کند.

نامه

این نامه با نامه‌های پولس تفاوت اساسی دارد. نه بر مشکلات یا بحران‌ها، بلکه بر روابط میان پولس و فیلیپیان متمرکز است و دریچه‌ای به روی ما می‌گشاید تا احساس پولس را نسبت به یکی از کلیساهایی که بنیان نهاده بود احساس نماییم. پولس را بیشتر به‌عنوان یک فرد و یک دوست می‌شناسیم تا یک واعظ یا میسیونر، و بر روابط عمیقی که میان وی و کسانی که به‌واسطهٔ او ایمان آورده بودند نگاهی اجمالی می‌اندازیم.

یکی از ویژگی‌های برجستهٔ این نامه از قرار معلوم این است که او نمی‌داند چگونه باید آن را پایان دهد. به سخن گفتن ادامه می‌دهد «و سرانجام». این نباید مایه شگفتی ما شود- از بسیاری جهات این امر در نامه‌نگاری امری طبیعی است. درست مانند نامه‌ای که به یک دوست

نوشته شده باشد، مرتباً چیز تازه‌ای به یاد می‌آورد: «آه، باید این را هم بگویم که... راستی، یک چیز دیگر...» پس این یک احساس خودانگیخته است، که بازتاب شتاب اندیشهٔ وی به هنگام دیکته‌کردن نامه است.

مشارکت

پیش از آنکه به نحوهٔ تدوین این تعلیم توسط پولس بپردازیم، لازم است دو مضمون کلیدی را که وی می‌پروراند مورد بررسی قرار دهیم.

واژه‌ای که پیوسته در نامه به فیلیپیان به چشم می‌خورد *koinonia* است که در اکثر ترجمه‌های کتاب‌مقدس آن را «مشارکت» ترجمه کرده‌اند. اما راستش این است که این واژه مفهومی بس عمیق‌تر از آنچه که ترجمه‌اش کرده‌اند، دارد. ما از «مشارکت چای در سالن کلیسا پس از پایان جلسه» سخن می‌گوییم- گویی یک فنجان چای است که آن مشارکت را به‌وجود آورده! این کار قدری دوستی به‌وجود می‌آورد، اما مشارکت خیلی فراتر از نوشیدن یک فنجان چای است.

در واقع *koinonia* واژه‌ای بود که می‌توانست در مورد دو شریک کاری به‌کار برده شود. اما قدرت معنای این واژه را به بهترین وجه می‌توان در نحوهٔ کاربردش در روزگار عهدجدید یافت. در جهان باستان در مورد دوقلوهای به هم چسبیده می‌گفتند که ایشان در خون با هم *koinonia* دارند، زیرا اگر یکی از آنها بمیرد، دومی هم خواهد مرد. به همین ترتیب، مشارکت ما با یکدیگر باید از چنین کیفیتی برخوردار باشد- یعنی اگر برای یکی اتفاقی بیفتد، برای دیگری هم روی خواهد داد- به این می‌گویند *koinonia*.

کلیسای فیلیپی فارغ از مشکلات عمده‌ای بود که پولس در مورد کلیساهای دیگر با آنها روبه‌رو بود و خطاب به آنها نامه‌نگاری می‌کرد، اما دغدغه‌هایی هم وجود داشت. *koinonia* در کلیسای فیلیپی به‌خاطر دو زن به نام‌های افودیه و سینتیخی آسیب دیده بود- هرچند از رفتار ایشان چنین برمی‌آید که «با کراهت» رفتار می‌کرده‌اند و بسیار «زودرنج» بوده‌اند! با پولس کار می‌کردند اما عدم یکرأیی ایشان سبب بروز مشکلاتی شده بود. رفتار آنان نشان‌دهندهٔ معضل عدم اتحادی بود که پولس در جای دیگری از نامهٔ خود بدان اشاره می‌کند. این نوع عدم اتحاد با آنچه که کلیسای قرنتس را درگیر کرده بود تفاوت داشت، چراکه در آنجا اعضا در پی خادمان و رهبران گوناگون افتاده بودند. عدم اتحاد در فیلیپی از این قسم بود که مردم دچار غرور شده بودند- بیشتر نگران خودشان بودند تا دیگران. پولس ناچار بود بگوید: «زمانی که هر یک از شما علایق دیگری را بر علایق خودتان ارجح بدانید، آن‌وقت است که هم‌رأی شده‌اید.»

خوشی

واژهٔ دیگری که عامل مشخصهٔ این نامه است، خوشی است. به‌رغم موقعیتی که پولس در آن قرار دارد، نامه پر از شادمانی است. آینده‌ای تنها و یک محاکمه در انتظار اوست که

ممکن است به مرگ وی منتهی شود، و در حالی‌که او خسته و بیمار در زندان روزگار را سپری می‌نماید، مخالفانش بر ضد او سخن‌پراکنی می‌کنند- و با وجود این، «خوشی» و «شادمانی» و «شکرگزاری» واژه‌های محبوب او در این نامه‌اند. بنگل[1] می‌گوید: «نکتهٔ اصلی نامه این است "من شاد هستم، شما هم باید شاد باشید".» فن هوگل[2] هم این نامه را «فروغی در میان توفان و فشار زندگی» نامیده.

پولس خاستگاه خوشی و شادمانی را در این نامه فهرست کرده است: دعا، مسیح موعظه شده، ایمان، رنج، خبر از عزیزان، میهمان‌نوازی، گرفتن و دادن. اما در ژرفای همهٔ اینها دو دلیل برای خوشی وی وجود دارد:

به‌خاطر آنچه که برایش زندگی می‌کند

چنین نگرش سرشار از شادمانی امکان‌پذیر بود چون او برای این می‌زیست تا انجیل را به دیگران بشناساند. این امر در دو قلمرو مصداق دارد. همهٔ نگهبانان کاخ پیام را شنیده بودند، احتمالاً به این خاطر که وی شنوندگانی دربند داشت. و حتی با وجودی که وقتی پولس در زندان بود برخی از سر رقابت با او موعظه می‌کردند، شادمان بود از اینکه مسیح را به دیگران می‌شناسانند.

این توانایی برای شناخت خوشی در خدا نمونه‌ای هم در دوران جنگ جهانی دوم دارد. پل شنایدر شبان کلیسایی در برلین بود که هیتلر دستور داده بود به دلیل موعظه بر ضد فاشیسم زندانی‌اش کنند. در نتیجه هرگز موفق به دیدار دوباره همسر و فرزند دوساله‌اش نشد. به‌رغم ضرب و شتم و شکنجه و سرانجام اعدام، نامه‌هایی که از اردوگاه اسرای جنگی داخائو به همسرش نوشته، مالامال از خوشی است. بارها و بارها نوشته: «من خیلی خوشحالم» و «از خداوند بسیار سپاسگزارم». او به‌خاطر مسیح می‌زیست و از این‌رو چیزی برای از دست داشتن نداشت.

اگر شما هم برای مسیح زندگی کنید، مردن برای‌تان سود خواهد بود! پولس مشتاق رفتن است، اما می‌خواهد که بماند. به فیلیپیان می‌گوید: «شما نگران من هستید. اما در عمل قضیه برعکس است- این منم که برای شما نگرانم. من هیچ نگران خودم نیستم!» می‌گوید: «اراده‌ام بر این قرار گرفته که رخصت یابم تا به خدمت ادامه دهم، اما مشتاق رفتنم.»

زمانی که دیوید واتسن دریافت که مبتلا به سرطان شده و حالش وخیم است، من نامه‌ای برایش نوشتم که در آن نقل‌قول‌هایی که کتاب خودش «*از ابلیس مترسید*» آورده بودم. به او گفتم که میان «خواهان رفتن و بودن با خداوند، اما مشتاق ماندن بودن» و «مشتاق بودن با خداوند، اما خواهان ماندن بودن» تفاوت هست. این کلمات با قلب او صحبت کرد و دعا کرد تا «مشتاق رفتن و خواهان ماندن» شود. این برای یک ایماندار وضعیتی ایده‌آل است که پولس

1. Bengel; 2. Von Hugel

خود نمونهٔ آن بود که می‌توانست بگوید: «آرزو دارم رخت از این جهان بربندم و با مسیح باشم؛ اما ماندنم در جسم ضروری‌تر است».

این تمرکز بر انجیل زمانی عیان‌تر می‌شود که شیوهٔ نگارش او دربارهٔ مسیح را مورد توجه بیشتر قرار دهیم. او در این نامهٔ کوتاه ۳۸ بار از مسیح سخن می‌گوید. ما بیشتر دوست داریم که از بودن مسیح در ما سخن بگوییم. اما در این نامه پولس از بودن در مسیح می‌گوید. مسیح بزرگتر است و پولس «در او» یافت می‌شود.

به‌خاطر آنچه که با آن زندگی می‌کند

مساعدت‌های مالی فیلیپیان تنها کمک‌هایی بود که به دست پولس می‌رسید. در هیچ جا نمی‌خوانیم که حتی انطاکیه، کلیسایی که او را به مأموریت فرستاده بود، کمکی برایش گسیل کرده باشد. پس زمانی که به پایان نامه‌اش نزدیک می‌شویم می‌بینیم که پولس برای کمک مالی از فیلیپیان تشکر می‌کند، اما این کار را به روشی جالب انجام می‌دهد. وی عملاً می‌گوید: «من احتیاجی به آن نداشتم، اما شما نیازمند بخشیدن بودید، پس هدیهٔ شما مرا به هیجان آورد– نه به‌خاطر خودم، بلکه به‌خاطر شما، چون این شما را دولتمند می‌سازد.» او بیش از آنکه از دریافت هدیه هیجان‌زده شده باشد از بخشندگی ایشان ابراز قدردانی می‌کند.

زمانی که من کلاس‌های موعظه برپا می‌کنم سخنرانان را با نقل این متن می‌آزمایم: «قدرت هرچیز را دارم در او که مرا نیرو می‌بخشد.» می‌پرسم: «حالا این عبارت چه معنایی دارد؟ فکر می‌کنید با نیرویی که مسیح به شما می‌بخشد چه کارهایی می‌توانید انجام دهید؟» همه جور پاسخی دریافت می‌کنم، اما هیچ‌کس از پول حرفی نمی‌زند. اما زمینهٔ متنی که این عبارت در آن قرارگرفته به موضوع پول مربوط می‌شود. او می‌گوید: «من با هر درآمدی می‌توانم زندگی را بگردانم، خواه زیاد باشد و خواه کم. اگر پول فراوانی به دستم برسد، می‌توانم به‌واسطهٔ مسیح که به من نیرو می‌بخشد با آن زندگی را بگذرانم.»

در کلام خدا وقتی به مسئلهٔ پول می‌رسیم، با دو مقولهٔ متضاد روبه‌رو می‌شویم: «آزمندی» (طمع) در یکسوی این طیف قرار دارد و «خرسندی» (قناعت) در سوی دیگر آن. پولس در جایی دیگر می‌گوید: «دینداری با قناعت، سودی عظیم است» و «بی‌نیازی را فراگرفته‌ام.» نکتهٔ جالب اینجاست که خود پولس در رومیان ۷ شهادت می‌دهد که یکی از ده فرمان موسی را که وی نتوانسته بود رعایت نماید، فرمان دهم بود که می‌گوید: «طمع مورز». پولس نمونهٔ یک فریسی بود، و ضعف فریسیان در این بود که نمی‌توانستند از پول بگذرند. آنان هم مذهبی بودند و هم پولدار. عیسی بدیشان فرمود: «شما نمی‌توانید در عین‌حال هر دو اینها باشید، نمی‌توانید هم برای پول درآوردن زندگی کنید و هم برای خدا، نمی‌توانید خدا و ممونا را با هم بپرستید.» فریسیان به او خندیده می‌گفتند: «به همین دلیل است که تو فقیری!» اما عیسی می‌دانست که از چه سخن می‌گوید. جالب این است که همان فریسی آزمند یعنی پولس– یک فریسی

مردی بود که پول و پول درآوردن را دوست می‌داشت- اکنون می‌گوید: «بی‌نیازی (قناعت) را فراگرفته‌ام.»

عبارتی بحث‌برانگیز

هر بررسی که از این نامه انجام گیرد نباید یک عبارت از آن از قلم بیفتد: فیلیپیان ۲:۵-۱۱.
این عبارت به‌رغم اینکه زیباست، منشاء بحث‌های بسیاری نیز بوده. بزرگترین پرسش این است که: چرا این عبارت در فیلیپیان هست و چرا با بقیهٔ نامه این‌قدر تفاوت دارد؟

عبارت مورد بحث از دو مضمون تشکیل شده که بسیار روشن هستند- خالی کرد/ سرافرازشد یا فرود/ فراز. تعادل زیبایی وجود دارد؛ عیسی پایین آمده بر صلیب می‌رود و سپس بالا رفته بر اوج می‌نشیند. او خویشتن را خالی می‌کند، و خدا هم او را برمی‌افرازد.

پرستشی

نظر برخی بر این است که پولس دارد سرودی را که در کلیسای اولیه سروده شده بود و با وضعیتی که وی در آن قرار داشت متناسب بود بازخوانی می‌کند. اما برای این استدلال هیچ مدرکی در دست نداریم- شاید اصلاً خود پولس در اینجا این سرود را سراییده باشد. با وجود این، هر وقت چیزی قلب پولس را عمیقاً لمس می‌کرد، آن را در قالب شعر می‌نگاشت. در کتاب‌مقدس همواره نثر برای بیان افکار خدا به‌کار می‌رود، اما شعر برای بیان احساسات وی کابرد دارد.

الاهیاتی

گرچه این امکان وجود دارد که پولس سرودی را نقل کرده باشد و یا حتی خودش آن را سروده باشد، اما بزرگترین مورد بحث‌برانگیز پیرامون این عبارت زمانی بروز می‌کند که مردم با آن به‌عنوان عبارتی الاهیاتی برخورد می‌کنند- گویی می‌خواهد دربارهٔ طبیعت شخص مسیح مباحثه کند.

عده‌ای این عبارت را برای تأیید آنچه که نظریه کنوتیک *(Kenotic)* مسیح نامیده می‌شود مورد استفاده قرار می‌دهند. واژهٔ کنوتیک از واژهٔ یونانی *knosis* به معنای «خالی کرد» گرفته شده. آنان بر سر اینکه مسیح زمانی که انسان شد چقدر خود را از الوهیت خالی کرد، بحث می‌کنند. او چه کرد؟

از دل این اندیشه یک فرضیهٔ الاهیاتی بسیار خطرناک بیرون می‌آید- اینکه عیسی زمانی که به زمین آمد ۱۰۰ درصد خدا نبود، بلکه خود را از بخشی از الوهیتش خالی کرد تا انسان شود.
به‌طور قطع روشن است که او جلال خویش را پشت سر رها کرد. در کریسمس این سرود را می‌خوانیم:

او جلال خود را به آرامی کنار گذارد،
زاده شد تا دیگر انسان روی مرگ را نبیند.

وی همچنین حضور مطلق خویش را رها کرد ـ دیگر نمی‌توانست همه جا باشد. عیسی در یک زمان تنها می‌توانست در یک مکان حضور داشته باشد ـ یقیناً این یک محدودیت بود. نیز تردیدی نیست که اکنون دیگر از همه چیز هم آگاهی ندارد ـ اعتراف کرد که چیزهایی هست که وی نمی‌داند. او از زمان بازگشت خود اطلاعی نداشت ـ تنها پدر بود که زمان آن را می‌دانست. او گاه شگفت‌زده می‌شد، که معنایش این است که از آنچه روی داده بود خبر نداشت. عیسی قدرت مطلق خود را هم کنار گذارد، چون تنها به قدرت روح‌القدس بود که می‌توانست معجزه کند. او به‌عنوان پسر انسان که تعمید روح‌القدس گرفته دست به انجام معجزات میزد، نه به‌عنوان پسر خدا.

پس شکی نیست که او خود را از بسیاری از مزایا و قدرت‌ها خالی کرد. اما نکتۀ کلیدی این است که او از جوهر وجودی‌اش که باعث می‌شد خدا باشد، خالی نشد؛ ۱۰۰ درصد خدا و ۱۰۰ درصد انسان ماند ـ هر دو را به‌طور کامل در خود داشت.

پس درک این مطلب اهمیت حیاتی دارد که چیزهایی که عیسی ترک کرد، شامل طبیعت و امتیازاتش نمی‌شد. با وجودی که او امتیازات خویش را به کنار نهاد، اما «پری الوهیت همچنان در جسم انسانی او ساکن است». اگر من خانه‌ای که در آن زندگی می‌کنم و ماشینی که سوار می‌شوم و سایر مزایایی که دارم را ترک کنم، به این معنا نیست که از هویت خودم دست کشیده‌ام. شاید به انتخاب خودم مزایایی را که از آنها بهره‌مندم به کنار بگذارم اما هنوز ۱۰۰ درصد دیوید پاوسن هستم. به همین ترتیب، خدا هم گرچه خود را از ویژگی خدابودن خالی کند، باز همچنان خداست.

اخلاقی

در حقیقت، کل این عبارت نه پرستشی است و نه الاهیاتی، بلکه با توجه به زمینۀ متن نامه پیداست که این عبارت *اخلاقی* است ـ بحث آن بر سر نگرش‌ها و گزینش‌های مسیح است. از گزینش‌های یک انسان می‌توانید به شخصیت او پی ببرید، و ما در اینجا گزینش‌های فوق‌العاده‌ای را شاهد هستیم که عیسی انجام می‌دهد.

گزینش‌هایی که عیسی کرد

انسان شدن

نخستین گزینش او انسان‌شدن بود. مثالی که معمولاً برای بچه‌ها به‌کار می‌برم شاید در اینجا مفید باشد. می‌گویم: «به آن ماهی‌های استوایی درون حوض نگاه کنید. فرض کنید که آنها در

حال جنگیدن و کشتن همدیگر هستند و شما می‌دانید که اگر ماهی می‌شوید و برای زندگی به درون حوض بروید می‌توانید آنها را نجات دهید، البته این را هم می‌دانید که ممکن است خودتان هم کشته شوید- آیا این کار را خواهید کرد؟»

تا اینجا آنها چندان مطمئن نیستند. در ادامه می‌گویم: «نگران نباشید- ما شما را از آب بیرون می‌کشیم و تنفس مصنوعی می‌دهیم و دوباره زنده‌تان می‌کنیم. اما این یک اشکال هم دارد. نمی‌توانیم شما را به جایی که در آن بودید بازگردانیم. ناگزیرید باقی عمرتان ماهی بمانید!»

خدای پسر با خدا برابر و از تمامی جلال آسمان بهره‌مند بود. او با اینکه می‌دانست اگر انسان شود کشته خواهد شد، انسان‌شدن را برگزید. همچنین می‌دانست که حتی پس از آنکه خدا او را از مردگان برخیزانید، باید تا ابد انسان بماند. بدین‌ترتیب، او هنوز هم «یکی از ماست» و همیشه هم خواهد ماند- یکی از اقانیم تثلیث برای همیشه مثل ما انسان خواهد بود.

موقعیت اجتماعی‌اش

دومین گزینش اودر ارتباط با تولدش بود. اگر مجبور بودید برای زندگی هر معیاری را انتخاب کنید، چه چیزی را برمی‌گزیدید؟ تصور کنید که انتخاب پدر و مادر، خانه‌ای که قرار است در آن به دنیا بیایید، و سطح اجتماعی که قرار است در آن زندگی کنید قابل‌گزینش بود- کجا را برمی‌گزیدید؟ عیسی بودن در قعر اجتماع و زاده‌شدن از یک زوج فقیر را برگزید. از همه مهم‌تر، او تصمیم گرفت که در نقش یک غلام ظاهر شود.

مرگ زودهنگامش

اما بزرگترین گزینش او این بود که در سن ۳۳ سالگی، با مرگی دهشتناک، خفت‌بار و دردناک- بدترین روش کشتن انسان که ابداع شده بود، یعنی مصلوب شدن- جان بسپارد. پولس در مورد فکر مسیح می‌نویسد و می‌گوید که فکر ما هم باید مانند فکر او باشد. این «فکر» هیچ ربطی به عقل و هوش ندارد، بلکه به شخصیت ما اشاره می‌کند. پولس می‌گوید که این گزینش‌ها عیسی را به‌طور کامل شایستهٔ اقتدار و قدرتی نمود که به او داده شد، زیرا خدا به‌دنبال کسانی می‌گردد که بدو توکل نمایند. او تنها می‌تواند به کسانی اعتماد کند که هیچ علاقه‌ای به قدرت یا موقعیت یا ثروت خویش ندارند. از این روست که می‌خوانیم: «پس خدا نیز او را به غایت سرافراز کرد و نامی برتر از همهٔ نام‌ها بدو بخشید» (۲:۹). او می‌توانست برای کنترل همهٔ جهان هستی به عیسی اعتماد کند چون می‌دانست که وی هرگز به فکر سود شخصی نیست.

خیلی مهم است که منظور پولس را از گفتن «همان طرز فکر را داشته باشید» صریح و روشن بیان کنیم. او نمی‌گوید «از عیسی تقلید کنید» بلکه می‌گوید: «همان طرز فکر را داشته باشید که پیشتر در مسیح داشتید.» بنابراین، نمی‌گوید: «این فکر از آن مسیح بود، پس مانند مسیح باشید.» بلکه می‌گوید: «اگر در مسیح هستید، از قبل فکر مسیح را دارید. بنابراین،

اجازه بدهید تا فکر مسیح در روابط‌تان با یکدیگر نمایان گردد.» این مفهومی بس ژرف‌تر از آن دارد که بگوید: «از طرز فکر مسیح تقلید کنید.»

چونان همیشـه، زمینهٔ متن عبارت مفهوم آن را در اختیار ما قرار می‌دهد. پولس خوانندگان خود را تشـویق می‌کند تا در پی علایق و منافع خود نباشـند، بلکه همان طرز فکری را داشـته باشـند که مسـیح دارد. آنان می‌بایسـت به جای تلاش برای بالا رفتن، پایین رفتن را برگزینند. تنها در آن زمان است که خدا می‌تواند با اقتدار بدیشان اعتماد نماید.

بدین‌ترتیـب، عبـارت مزبور نه به الاهیات ربط پیدا می‌کند و نه پرسـتش و سـرود، بلکه به اخلاقیات و اتحاد مربوط اسـت. حرف پولس این اسـت: «اگر فکر مسـیح را داشته باشیم، در مشارکت‌مان اتحاد داریم.» توضیح می‌دهد که باید ایشان اتحاد داشته باشند تا بتوانند در بیرون از کلیسا انجیل را به ثبوت برسانند. می‌گوید: «مشتاق شنیدن آن هستم که به‌خاطر انجیل کنار هم محکم ایستاده‌اید.» عدم اتحاد در کلیسا سریع‌ترین روش برای از دست دادن نفوذ کلیسا در اجتماع اسـت، اما اتحاد درون یک کلیسـا نیرومندترین دلیلی است که یکی‌بودن خدا و مسیح را ثابت می‌کند.

به کار بستن ایمان‌شان

تعلیم اصلی نامه از همین شـعر مربوط به عیسـی تبعیت می‌کند. پولس به فیلیپیان می‌گوید که باید چگونه ایمان‌شان را در عمل به‌کار ببندند.

رستگاری- تجربه‌ای برای به‌کار بستن

الف- خدا در درون شما کار می‌کند.

ب- شما در بیرون آن را به‌کار می‌بندید.

پولس توضیح می‌دهد که درست همان‌گونه که رستگاری در مسیح را تجربه کرده‌اند، باید آنچه را که بدان معتقدند به منصهٔ ظهور برسانند. نجات به هیچ روی چیزی نیست که ما آن را به‌طور منفعل تجربه کنیم- حقیقت را باید در همهٔ کارهایی که انجام می‌دهیم تحقق بخشیم.

پارسایی- پایان پی‌گیری

الف- نه مال خودمان،

ب- بلکه مال او را.

ما با پارسـایی‌جویی اسـت که نجات خویش را به‌کار می‌بندیم. اما دو جور پارسـایی داریم- پارسـایی خودمان و پارسایی مسـیح. پولس به‌رغم اینکه یک یهودی متعصب بود و شریعت را مو به مو رعایت می‌کرد، می‌دانسـت که کارهای نیکویش وی را نجات نخواهند بخشـید. درک این مطلب که گذشته از کارهای بد باید از کارهای خوبمان هم توبه کنیم، برای اکثریت مردمان

دشوار است. در این رابطه گرویدن گناهکاران به خدا بسیار آسان‌تر از آدم‌های مذهبی و محترمی است که می‌پندارند آنقدرها بد نیستند که نیازی به «نجات» داشته باشند.

پولس می‌گوید: «زمانی که به پارسایی خودم می‌نگرم، احساس کودکی را دارم که تازه محتویات روده‌اش را درون لگن خالی کرده و بالای آن ایستاده می‌گوید "خدایا، ببین چکار کردم".» شاید این مثال قدری زشت باشد، اما واژه‌ای که در یونانی به‌کار رفته همان مدفوع انسانی است. بدین‌ترتیب، پولس می‌گوید: «من پارسایی مسیح را می‌خواهم، نه مال خودم را.»

رستاخیز- رویدادی دلخواه

الف- از مردگان

ب- با بدنی جدید

پولس می‌گوید: «می‌خواهم مسیح و نیروی رستاخیزش را بشناسم و در رنج‌های او سهیم شده، با مرگش همشکل گردم.» در اینجا رستاخیز «از» چیزی منظور نظر است. شاید بی‌معنی به نظر برسد، اما کتاب مکاشفه توضیح می‌دهد که در پایان تاریخ دو رستاخیز وجود خواهد داشت: نخستین رستاخیز از آن پارسایان است، و دومی از آن دیگران و برای داوری، با یک فاصلهٔ زمانی طولانی میان آن دو.

اولی، رستاخیز از باقی مردگان است، و دومی هم رستاخیز باقی مردگان. و پولس می‌گوید: «من می‌خواهم در رستاخیز اول جای داشته باشم. هدف من این است که وقتی مسیح باز آمد، از مردگان برخیزم»- رستاخیز «از» مردگان، نه رستاخیز مردگان.

مسئولیت- تلاشی برای انجام

الف- فراموش‌کردن گذشته

ب- تکاپو به‌سوی آینده

زندگی مسیحی مستلزم تلاش است- که البته برای برخی از آدم‌ها خبر تازه‌ای است. مسیحیت این نیست که در ایستگاه اتوبوس همراه با دستهٔ سرایندگان آن‌قدر سرود بخوانید تا اتوبوس آسمان از راه برسد و شما را سوار کند، بلکه تلاشی هر روزه برای تقدس است. او به کلیسا می‌گوید که آنچه را که پشت سر گذاشته‌اند فراموش نمایند و به‌سوی هدفی که به خاطرش خوانده شده‌اند بکوشند.

پولس می‌گوید که خود چنین احساسی ندارد که به مقصد رسیده، بلکه می‌کوشد تا به هرآنچه که خدا برایش در نظر گرفته دست یابد.

بازآفرینی- نمونه‌ای برای پیروی

الف- بد- زمینی اندیشیدن

ب- خوب- آسمانی اندیشیدن

من در کتابخانهٔ شخصی‌ام یک ردیف کامل کتاب‌های مربوط به تقدس دارم، اما پیرامون تقدس بیش از خوانده‌هایم، از کسانی آموخته‌ام که با خداوند راه می‌روند. در اطراف ما کسانی هستند که مسیح را با خودشان حمل می‌کنند. آنان ما را به طرف نیاز به بهتربودن سوق می‌دهند. پولس هم به همین ترتیب می‌خواست مطمئن شود که فیلیپیان از نمونهٔ شایسته‌ای پیروی می‌کنند. او گفت که در کلیسا هر دو گروه وجود دارند ـ کسانی که «خدای آنها شکمشان است» و با کارد و چنگال گور خود را می‌کنند، و نیز کسانی که اندیشهٔ خود را بر چیزهایی که از بالاست متمرکز نموده‌اند. یقین حاصل کنید که حتماً از نمونهٔ صحیح پیروی می‌کنید.

پس این همان هدفی است که وی برای رسیدن بدان تلاش می‌کند. او نمی‌گوید که به آسمان رفتنش امری حتمی است، بلکه خواستش این است که در رستاخیز نخست در آنجا باشد.

آرامش مسیح

در پایان نامه، پولس به کلیسا در مورد اضطراب وعده‌ای می‌دهد. می‌گوید که آرامش مسیح دل‌ها و ذهن‌های آنان را محفوظ نگاه خواهد داشت (۷:۴). اما این با یک شرط هم همراه است ـ اینکه ایشان افکار خود را کنترل کنند و تنها به چیزهایی بیندیشند که راست و پاک و والا و درست است. بنابراین، وعده و شرط همراه یکدیگرند.

نتیجه‌گیری

دیدیم که محور اصلی نامه نه بر آنچه که خداوند در وجود ایماندار می‌کند، که بر آن چیزهایی قرار گرفته که ایماندار لازم است در واکنش به او انجام دهد. بسیاری از وعده‌های نامه مشروط هستند، و روشن است که ما هم باید سهم خودمان را انجام دهیم.

عدم وجود هیچ کشمکش و گرمی رابطه نامهٔ فیلیپیان را یکی از دلپذیرترین نامه‌هایی ساخته که پولس به رشتهٔ تحریر درآورده است. این نامه جز چند عبارت استثنایی، یکی از آسان‌فهم‌ترین نامه‌ها است. از میان همهٔ نامه‌ها، فیلیپیان روشن‌ترین نگرش را به سطح مشارکت در خدمت پولس ارائه می‌دهد ـ مشارکتی که نه تنها ارائهٔ شهادت قانع‌کننده به دنیا را دربرمی‌گیرد، بلکه شتافتن برای رفع نیازهای خود پولس را هم شامل می‌گردد. در عین‌حال، مشهود است که در اینجا رسولی داریم که به هر چیز قانع است به جز خودش! او می‌داند که می‌تواند از طریق خدا قدرت دریافت نماید، و از این‌رو خوانندگانش را به انجام همین کار ترغیب می‌کند. وی مشتاق آن است که ایشان با همدیگر شادی کنند.

۵۱

فیلیمون

نامه‌های پولس بر پایه همان اصلی مرتب شده‌اند که کتاب‌های انبیا در عهدعتیق- یعنی آنکه بلندتر است پیش از دیگران در کتاب‌مقدس قرار داده شده. بدین‌ترتیب، نامه‌های پولس در دو دسته جای داده شده‌اند- نامه‌هایی که خطاب به کلیساها نوشته و نامه‌هایی که خطاب به افراد به رشتهٔ تحریر درآورده- و در هر دو دسته آن نامه که بلندتر است پیش از دیگر نامه‌ها جای گرفته و نامه کوتاه‌تر در آخر آمده. بنابراین، ترتیب قرارگیری نامه‌ها بر اساس نظم زمانی نیست. فیلیمون تنها از این‌رو در انتهای نامه‌های پولس جای گرفته که کوتاه و مختصر است. تنها نامه‌ای است که کاملاً به یک شخص- یک بردهٔ فراری- ارتباط پیدا می‌کند. به روشنی پیداست که فیلیمون خصوصی‌ترین نامه در مکاتبات عهدجدید می‌باشد.

زمانی که می‌خواهیم این نامه را بررسی کنیم باید به دو پرسش پاسخ دهیم: «چرا این نامه نوشته شد؟» و «اگر فیلیمون نامه‌ای شخصی و در مورد یک فرد به‌خصوص است، پس چرا خدا این نامه را در کتاب‌مقدس جای داد؟»

پاسخ پرسش نخست تقریباً آشکار است، زیرا داستانی که در پس نامه قرار دارد خیلی ساده است. قضیه بر سر بردهای عبوس، تنبل، نافرمان و خشمگین به نام اونیسیموس بود. او با این اندیشه که یک کلان‌شهر جای مناسبی برای پنهان‌شدن است، به رُم گریخته بود. معلوم نیست

که چگونه با پولس روبه‌رو شـد، به‌ویژه که در آن زمان پولس در بازداشـت خانگی به سر می‌برد و به یک سرباز رومی زنجیر شده بود.

در آن روزگار مجازات معمول برای یک بردهٔ فراری مصلوب‌شدن بود، اما اگر اربابش او را به‌طـور ویـژه مورد لطف قرار می‌داد، تنها حروف 'FF' (یعنی 'fugitilis' به معنای «فراری») را بر پیشانی‌اش داغ می‌زدند. او ناگزیر بود برای تمام عمر آن داغ را بر پیشانی خود حمل کند، اما در عوض جانش نجات یافته بود.

پولـس به اونیسـیموس می‌گوید که به نـزد اربابش، فیلیمون که به‌عنوان یکی از مسـیحیان کولسی با پولس آشنا بود، بازگردد. او این نامه را می‌نویسد تا به ملایمت زمینهٔ تجدید دیدار دو طرف را فراهم نماید. از آنجایی که مجازات فرار برده بسـیار سـنگین بود، لحن و محتوای نامه اهمیت زیادی داشـت. اما پولس از اهمیت این نکته هم آگاه بود که اونیسـیموس را گریزی از گذشته‌اش نیست. بخش مهمی از توبه مستلزم جبران خرابی‌های گذشته است.

پولـس به اونیسـیموس گفت: «حتماً درک می‌کنی که من باید تـو را بازگردانم.» اما بی‌گمان دسـت خدا باید در این کار بوده باشـد، چون ارباب او هم یکی از مسـیحیان اهل کولسـی بود که از قرار معلوم با پولس هم آشـنایی داشـت. پس پولس گفت: «من تو را با نامه‌ای به‌سوی او بازخواهم فرستاد، و همه چیز را برایش توضیح خواهم داد.»

باید به پولس آفرین بگوییم که نام اونیسیموس را با جناس به‌کار می‌برد. اونیسیموس یعنی «سودمند»- و فرض بر این است که اربابش این نام را بر وی نهاده بوده. اما پولس به فیلیمون نوشـت: «شـاید پیشتر او را بی‌سود یافته بودی، اما من اکنون برده‌ای «سودمند» به‌سویت روانه می‌نمایـم.» فراتـر از این وی اونیسـیموس را به‌عنوان یک برادر در مسـیح بازمی‌گرداند. حتی می‌گوید که حاضر است هر پولی را که اونیسیموس دزدیده شخصاً بپردازد.

شـاید بـه راحتی فراموش کنیم که در عهـد رومیان نامه‌نگاری به ندرت مرسـوم بود، به‌ویژه اگر قرار بود نامه‌ای به دورترین ناحیه امپراتوری روم یعنی غرب ترکیه فرسـتاده شـود. پس دور نیست که پولس همراه با این نامه، نامه‌های دیگر خطاب به کولسیان و افسسیان را هم به دست پیک ویژه‌اش تیخیکوس روانه کرده باشد.

داستان را می‌توان از چند زاویه مورد بازبینی قرار داد:

زاویهٔ شخصی

در اینجا سه شخصیت اصلی وجود دارند:

۱. *پولس.* او به‌رغم اینکه در زندان بود هنوز برای کسانی چون اونیسیموس فرصت داشت. از لحن وی پیداست که به این برده انس گرفته، گرچه باید این را هم گفت که درخواستش را اندکی مبالغه‌آمیز بیان می‌کند. می‌گوید: «من پیرمردی زندانی بیش نیستم»- قصه قدری پرسوز و گداز است، اما از سوی دیگر نشان می‌دهد که متنی بسیار انسانی است.

۲. ***فیلیمون.*** در خانه‌اش جلسه کلیسایی برپا می‌کند، و زن و یک پسر دارد. پولس توضیح می‌دهد که روانه‌کردن اونیسیموس برای هر سه نفرشان دشوار است- برای پولس دشوار است چون به ارزش وی پی برده؛ برای اونیسیموس دشوار است زیرا فرار کرده؛ و برای فیلیمون هم پذیرفتن و بخشودن وی دشوار است. پولس می‌گوید: «با این همه، بیایید دست به این کار دشوار بزنیم!»

۳. ***اونیسیموس.*** خدمتکار سودمندی که قرار است به زودی به نزد اربابش بازگردانده شود و به سر کار خویش برگردد.

از نامه پیداست که پولس برخی از افرادی را که در کلیسای خانگی فیلیمون جمع می‌شدند می‌شناخته- در کنار فیلیمون به آپفیا و آرخیپوس اشاره می‌کند. اپافراس، مرقس، آریستارخوس، دیماس و لوقا جملگی به کلیسای مزبور سلام می‌رسانند.

اگر بپرسیم: «آیا هدف پولس از نگارش این نامه تأمین شد؟» پاسخ به‌طور قطع مثبت است. اگر چنین نمی‌شد، اکنون این نامه را نداشتیم- بی‌گمان فیلیمون آن را پاره می‌کرد، و دیگر در زمرهٔ کتاب‌های کانونی عهدجدید جای نمی‌گرفت.

زاویهٔ اجتماعی

همچنین می‌توانیم نامه را از زاویهٔ اجتماعی بررسی کرده، مسئلهٔ برده‌داری را مورد ملاحظه قرار دهیم. برخی از افراد از اینکه پولس هیچ تلاشی برای برانداختن برده‌داری به خرج نمی‌دهد، مبهوت می‌مانند. می‌گویند که او با اینکه در نامه‌هایش پیرامون برده‌داری می‌نویسد، اما هرگز پیشنهاد نمی‌کند که باید این کار متوقف گردد. چگونه می‌توان با انسان‌ها به‌عنوان مایملک شخصی رفتار کرد و در عین‌حال تعلیم کتاب‌مقدس را پیرامون ارزشی که خدا برای زندگی انسان قایل شده رعایت کرد؟

اما این دیدگاهی غلط است. در واقع، پولس تجارت برده را (در کنار قتل، زنا و دروغ‌گویی در اول تیموتائوس ۱:۱۰) محکوم می‌کند. اکراه وی از الغای برده‌داری را می‌توان با این واقعیت توجیه کرد که دو سوم جمعیت امپراتوری روم را بردگان تشکیل می‌دادند- و طرح‌کردن موضوع الغای برده‌داری برابر بود با طرح ایجاد هرج و مرج در جامعه. پولس ترجیح می‌داد که او را به‌عنوان یک واعظ انجیل بشناسند تا یک قهرمان جنبشی اجتماعی.

وی در عوض با ایجاد دگرگونی در روابط و رفتارهای میان ارباب و برده، برده‌داری را از درون درهم شکست. از این‌رو فیلیمون را ترغیب می‌کند تا اونیسیموس را برادر خود بداند، نه شیئی از مایملکش. وی در نامه اونیسیموس را «پسرم» که «مرا بس عزیز است» می‌نامد. او در نامه‌هایی که خطاب به کولسیان و افسسیان نوشته به اربابان و بردگان پیشنهاد می‌کند که چگونه باید با همدیگر رفتار نمایند. او می‌دانست که چنین دیدگاهی سرانجام شالوده‌های برده‌داری را فروخواهد پاشید.

زاویهٔ روحانی

اما این نامه یک وجه روحانی نیز دارد که باید مورد توجه قرار بگیرد. به اعتقاد من این نامه از این‌رو در کتاب‌مقدس قرار گرفته که تصویری کامل از نجاتمان به دست می‌دهد. ما بردگانی هستیم که از خدا گریخته بودیم. برای خدا هیچ سودی نداشتیم، اما عیسی آمد و دین‌های ما را پرداخت و به حضور خدا بازگردانید و به‌عنوان افرادی سودمند بدو معرفی نمود. پس در اینجا هم شاهد تصویری از پارساشمردگی هستیم- قرار بر این است که فیلیمون اونیسیموس را به‌عنوان پسر خود پذیرا شود- و هم تصویری از تقدس- او اکنون برای اربابش فردی سودمند است.

زاویهٔ اخلاقی

پولس صرفاً داشت همان کاری را برای اونیسیموس انجام می‌داد که زمانی عیسی برای او کرده بود. سخن وی به اونیسیموس این بود: «عیسی تاوان تو را پرداخته و نجاتت داده و احیایت نموده و تو را برای خدمت به پدر بازپس فرستاده است. اکنون بازگرد و همان کار را با دیگران بکن.» به عبارت دیگر، روابط ما با دیگران مشروط به آن کارهایی است که مسیح برای ما انجام داده است. ما هم باید مردم را احیا کرده به‌سوی پدر بازگردانیم. باید همان‌گونه که عیسی تاوان ما را پرداخت، با جان و دل حاضر به پرداخت تاوان دیگران باشیم.

نتیجه‌گیری

بنابراین، رفتار ما نسبت به دیگران می‌باید بر مبنای روش رفتار خدا با ما باشد.

از ما انتظار می‌رود همان‌گونه که پذیرفته می‌شویم بپذیریم، همان‌گونه که بخشوده شده‌ایم ببخشیم، همان‌گونه که رحمت را دریافت کرده‌ایم از خود رفتار نشان دهیم، همان‌گونه که محبت می‌شویم محبت کنیم. اگر چنین نکنیم، بدین‌معناست که اثبات کرده‌ایم به‌راستی فیض خدا را نفهمیده‌ایم (نک. مَثَل خادم بی‌گذشت).

پولس در اینجا نشان می‌دهد که نجات شخص خودش در مسیح همان طریقی شد که وی برای زیستن برگزید. هرآنچه که مسیح برای او کرد، اکنون برای دیگران انجام می‌داد. این نمونه‌ای زیباست از «به عمل آوردن نجات.»

۵۲

اول و دوم تیموتائوس و تیتوس

مقدمه

نامه‌های پولس خطاب به تیموتائوس و تیتوس را بهتر است به دو دلیل کاملاً متفاوت از همدیگر با هم مورد بررسی قرار داد. از سویی، این نامه‌ها با همهٔ نامه‌های دیگر پولس فرق دارند، در حالی‌که از سوی دیگر، خود این سه نامه سخت به یکدیگر شبیهند. از این‌رو مفسران پیوسته این سه را یکجا بررسی می‌کنند. همان‌گونه که خواهیم دید، هرچند فرضیاتی که محققان بیان می‌کنند همیشه هم درست نیستند، اما این معنایی والا دربر دارد.

بی‌شباهت با نامه‌های دیگر

نامه‌های پولس دارای این ویژگی برجسته هستند که جز یک مورد استثنا، یعنی فیلیمون، خطاب به کلیساها نوشته شده‌اند، و در عین اینکه از مفاهیم الاهیاتی خالی نیستند، در آنها نکات عملی تقدم بیشتری دارند. اکثر نامه‌های دیگر او که در نیمهٔ نخست متمرکز شده‌اند سرشار از موضوعات آموزه‌ای هستند، حال آنکه نامه‌های نیمهٔ دوم زیر پوشش مباحث عملی قرار گرفته‌اند، اما در سرتاسر نامه‌های مورد بحث ما در این باب پولس نصایح عملی ارائه می‌کند. پولس پیرامون موضوعات متعدد توضیحاتی کوتاه و موجز عرضه می‌کند، و از ذکر جزئیات مفصل‌تری که در نامه‌های دیگرش می‌بینیم خودداری می‌کند.

شبیه همدیگر

محققان مدت‌هاست که متوجه شده‌اند این سه نامه یک گروه متمایز را تشکیل می‌دهند. گرچه مقصد نامه‌ها با هم فرق می‌کنند، اما یک نویسنده و در یک زمان واحد آنها را به دلیلی واحد نوشته.

نگارنده

اما این ویژگی‌های نامه‌های مزبور تردیدهایی در مورد نگارش آنها از سوی پولس برانگیخته است. دلایل این تردیدها به قرار زیرند:

سبک ـ تفاوت‌های درونی

محتوا، سبک و واژگان این سه نامه آنها را از دیگر آثار پولس جدا می‌کنند. یک جستجوی واژه‌ها کافی است تا روشن شود که دامنهٔ واژگان در این نامه‌ها در مقایسه با آثار قبلی او بسیار کوچک‌تر است.

محتوا ـ تفاوت‌های بیرونی

دیگر محققان چنین خاطرنشان می‌سازند که پولس در مقایسه با دیگر آثارش، در این نامه‌ها به توصیف گونه‌ای متفاوت از مسیحیت می‌پردازد. در جایی که پولس نامه‌های دیگر خود را در باب ایمان، نوشته، در اینجا نگارنده از ایمانی سخن می‌گوید که از پیش محتوایش روشن است (در انگلیسی با حرف تعریف The مشخص شده است ـ م). چنین به‌نظر می‌رسد که وی به توصیف خدمتی ساختارمندتر از گذشته پرداخته است. از قرار معلوم نبردهای او با بدعت ناستیکی ابعاد گسترده‌تری به خود گرفته، و گویی در به عمل آوردن ایمانش بیش از آرمان‌های مسیحی، به ایده‌آل‌های بت‌پرستی نظر دارد ـ برای نمونه «میانه‌روی در همه چیز».

برنامهٔ سفر

نظر سایر محققان بر این است که پولس نمی‌تواند نویسندهٔ این نامه‌ها بوده باشد چون اینها هیچ تناسبی با برنامهٔ سفر پولس در اواخر عمرش، آنگونه که در اعمال توصیف شده، ندارد.

توجیه تفاوت‌ها

در واقع تفاوت‌های میان این نامه‌ها و برخی دیگر از آثار پولس را به سادگی می‌توان توجیه کرد.

نخست اینکه، این سه نامه مدت‌ها بعد نوشته شده‌اند. سبک نگارش هر نویسنده‌ای به مرور زمان تغییر می‌کند، و این را می‌توان به راحتی به حساب تغییرات و تفاوت‌های موجود در این نامه‌ها گذارد. لزومی ندارد که تصور نماییم که نویسندۀ این نامه‌ها شخص دیگری بوده است.

دوم اینکه، نه تنها پولس پیرتر شده، بلکه کلیسا هم پا به سن نهاده. بسیاری از اعضای کلیساها از مسیحیان «نسل دوم» تشکیل شده و شاید به‌راستی ساختارهای کلیسا متحول شده‌اند. نوشته‌های پولس صرفاً بازتاب این تحولاتند.

سوم آنکه، اگر جزئیات مربوط به سفرهای پولس با گزارش لوقا همخوانی کامل نداشته باشد، چندان جای شگفتی ندارد، زیرا اعمال سال‌های واپسین زندگی پولس را دربرنمی‌گیرد. اعمال در جایی پایان می‌یابد که پولس در رُم و در بازداشت خانگی به سر می‌برد، اما پس از آزادی وی اتفاق‌های بسیاری روی داد که در این نامه‌ها بازتاب یافته‌اند. او تبرئه و آزاد شد و این توانایی را یافت تا پیش از دستگیری دوباره و خیانت اسکندر مسگر، به خدمتش ادامه داده از کرت و احتمالاً اسپانیا دیدن کند. دوم تیموتائوس در خلال دورۀ دوم زندانی‌شدن نوشته شد.

بنابراین، من به کاملاً متقاعد شده‌ام که پولس نگارندۀ این سه نامه بوده است. وی آنها را در واپسین ماه‌های زندگی خود به رشتۀ تحریر درآورد. او خطاب به دوستان و همکاران جوانش، تیموتائوس و تیتوس نوشت تا کلیساهایی را که وی آن دو را بر آنها گماشته بود از مرگ برهانند.

نامه‌های شبانی؟

این نامه‌ها را معمولاً زیر عنوان «نامه‌های شبانی» می‌شناسند- عنوانی که دی. ان. بردوت[1] در سال ۱۷۰۳ ابداع کرد. اما این عنوان به‌رغم تداول و شهرتی که پیدا کرده، توصیفی غلط انداز است. نخست به این دلیل که بار «شبانی» این نامه‌ها نسبت به دیگر نامه‌های پولس بیشتر نیست. همۀ نامه‌هایی که وی به رشتۀ تحریر درآورده شبانی هستند، چون به مشکلات شبانی می‌پردازند، از جمله رومیان که به اشتباه آن را رئوس کلی دیدگاه الاهیاتی پولس می‌دانند.

دلیل دوم آنکه روی سخن این نامه‌ها با شبانان نیست. تیموتائوس و تیتوس به معنای دقیق کلمه «شبان» نبودند، و پولس هم این نامه‌ها را با این انگیزه ننوشت تا رهبران دائمی و ثابت کلیسا به سبک امروزی را طرف خطاب قرار دهد. باید خیلی مراقب باشیم که تحولات بعدی را در قرائتمان از عهدجدید وارد نکنیم.

خطر «شبانی» خواندن این نامه‌ها در این است که در انسان این ایده را ایجاد می‌کنند که باید با آنها به‌عنوان یک کتابچۀ راهنما برای شبانان برخورد کرد، گویی «نحوۀ سازمان‌دهی کلیسای محلی» در آنها نوشته شده است. درست است که این نامه‌ها حاوی دستورالعمل‌هایی هستند، اما روی نیازهای پیران (مشایخ) و شماسان متمرکزند نه شبانان، و انتظار می‌رود که شماری از

1. D.N. Berdot

مردان را به‌عنوان پیران کلیسا منسوب کنند. همان‌گونه که خواهیم دید این نامه‌ها حکمی برای رهبری تک نفره نیستند.

وانگهی، این نامه‌ها به‌عنوان راهنمای شبانی بسیار ناقص و ناکافی‌اند، چراکه در حوزه‌هایی که انتظار می‌رود هیچ توصیه و سفارشی به چشم نمی‌خورد. از نحوهٔ گزینش پیران، وظایف آنان، تعدادشان و طول دورهٔ تصدی ایشان هیچ ذکری به میان نمی‌آید. نامه‌های مزبور از موعظه سخن می‌گویند، اما رهبری پرستش را از قلم می‌اندازند و تنها اشاراتی کوتاه به دعا می‌شود. گرچه می‌توانیم از این سو و آن سو جزئیاتی را گرد آوریم، اما روشن است که مقصود آنها پند و نصیحت‌دادن به شبانان نیست. باید فرض را بر این بگیریم که تیموتائوس و تیتوس از پیش به نیازهای خویش واقف بوده‌اند و با چنین موضوعاتی آشنایی داشته‌اند.

نامه‌های بشارتی؟

گذاردن برچسب «شبانی» بر نامه‌های مورد بحث این را در ذهن تداعی می‌کند که نامه‌های مزبور نگاهی درونی دارند، اما دغدغهٔ پولس به کلیسای محلی محدود نمی‌شود. در اندیشهٔ پولس، رهبری به این دلیل مهم است که بر عضویت تأثیر می‌گذارد، و عضویت مهم است چون کیفیت ایمانداران بر شهادت ایشان به دنیای بیرون تأثیری تعیین‌کننده دارد. در واقع، کل نکتهٔ اصلی نامه‌ها اصلاح کلیساست تا بدین وسیله به دنیا بشارت دهد. از این‌رو برخی عنوان «نامه‌های بشارتی» را برای این نامه‌ها مناسب‌تر دانسته‌اند. با این همه، این دغدغه برای بشارت در همهٔ نامه‌های پولس روان است. پولس از اهمیت کارهای نیکویی که «انجیل را می‌آرایند» و بدین‌ترتیب، آن را برای بی‌ایمانان جذاب می‌سازند، می‌نویسد. احترام گذاردن به بی‌ایمانان اهمیتی حیاتی دارد و معیاری است برای برازندگی یک فرد برای تصدی منصب پیر. او به‌طور ویژه به تیموتائوس می‌گوید: «کار یک مبشر را انجام بده».

در عین‌حال، پولس همکاران خود را تشویق می‌کند تا با آنچه که انجیل را زننده جلوه می‌دهد برخورد کنند. معلمان دروغین شخصیت کلیسا را خراب می‌کردند و در راه پیشبرد انجیل موانعی ایجاد می‌نمودند. روابط میان اعضا نه تنها به آراستن انجیل کمکی نمی‌کرد بلکه آنانی را که بیرون بودند از میل به شنیدن آنچه کلیسا بدان ایمان داشت دلسرد می‌کرد. پولس بر این باور بود که اگر قرار است انجیل در یک محله پیشرفت کند، سروسامان دادن به کلیسا امری حیاتی است. به تیموتائوس می‌گوید که خدا «می‌خواهد همگان نجات یابند»، و از این‌رو آنان باید اطمینان حاصل کنند که قوم خدا شهادتی مثبت برای واقعیت او هستند.

نامه‌های رسولی

اما «بشارتی» خواندن این نامه‌ها به‌طور مطلق، کار درستی نیست. بهترین توصیف برای آنها «نامه‌های رسولی» است چون تیموتائوس و تیتوس عملاً کسانی بودند که می‌شد عنوان

«نمایندگان رسولی» را بر ایشان نهاد. زمانی که لابه‌لای خطوط را می‌خوانیم درمی‌یابیم که عملکردشان نه این بوده که شبان کلیسایی باشند که بدان گسیل شده‌اند، و نه اینکه در نقش مبشر ظاهر شوند. بلکه پولس ایشان را با اقتدار خودش به‌عنوان نمایندگان رسولی فرستاده بود.

زمانی که پولس و تیم همراهش می‌دیدند که گروهی از ایمانداران در ناحیه‌ای متشکل شده‌اند، برای پی‌گیری اوضاع و احوال آن گروه یکی از این کارها را انجام می‌دادند. پولس به آن کلیسا بازمی‌گشت تا ببیند چه می‌کنند؛ یا برای‌شان نامه می‌فرستاد؛ یا یکی از اعضای تیمش را برای مدتی بدان جا گسیل می‌داشت؛ و یا یکی از اعضای تیمش را برای یاری رساندن به استوارشدن کلیسا در همانجا می‌گذاشت. بدین‌ترتیب، در اینجا شاهد نقش «نمایندۀ رسولی» هستیم.

عنوان «رسول» را باید قدری بشکافیم، چون اصطلاحی بسیار غلط انداز است. معنای تحت‌اللفظی آن «فرستاده» است و در عهدجدید به چند گروه اطلاق می‌شود.

«رسول» یکی از چند عنوانی است که برای خدمت مسیحی در عهدجدید به افراد داده شده. واژۀ یونانی *episcopos* هم به‌کار برده می‌شود، که واژۀ *'episcopal'* (اسقفی، نظارتی- م.) نیز از آن گرفته شده است. یک *episcopos* کسی است که او را برای نظارت به کلیسایی می‌فرستند. واژۀ «پیر» هم کاربرد دارد، که آن هم از واژۀ یونانی *presbuteros* گرفته شده. در واقع، *pres-buteros* و *episcopos* این قابلیت را داشتند که به جای هم به‌کار برده شوند. هر دو به معنای مسیحیان پیرتر و بالغ‌تری هستند که بر کار نظارت دارند. یک واژه توصیف‌کنندۀ خصوصیت آنان و دیگری بیانگر عملکردشان است.

سرانجام اینکه ما واژۀ *diaconos* (شماس- م.) را داریم که به معنای «خادم» است، یعنی کسی که مراقب امور عملی یک کلیساست.

پس در عهدجدید رسول کلیسایی را بنیاد می‌نهاد، از ریشه گرفتن آن به خوبی اطمینان حاصل می‌کرد، و آن را به دست ناظران/ شبانان و شماسان می‌سپرد.

نکتۀ کلیدی اینجاست که همۀ این خدمت‌ها همیشه جمعی بودند. در عهدجدید هیچ چیزی به نام خدمت تک نفره وجود ندارد. یک تیم رسولان وجود داشت، یک تیم پیران و یک تیم شماسان. در آن روزگار در یک کلیسا اسقفان متعددی حضور داشتند، نه اینکه چند کلیسا زیر نظر یک اسقف اداره شوند- نظام اسقفی کنونی کاملاً خلاف نظام حاکم بر کلیساهای عهدجدید بود.

در عهدجدید تنها یک نفر وجود دارد که هم رسول بود، هم ناظر و هم شماس- و او یهودای اسخریوطی نام داشت!- اگر اعمال ۱ را با دقت بخوانید، خواهید دید که پطرس گفت: «باید رسول/ناظر/شماس دیگری را پیدا کنیم تا جای او را بگیرد.» پس من فکر نمی‌کنم که درهم امیختن این سه خدمت پیشینۀ چندان مطلوبی داشته باشد!

به‌طور معمول این خدمات از هم جدا و متفاوت هستند. یک رسول باید کلیسا بنا کند و آن را به نقطه‌ای برساند که از خود پیران و شماسان داشته باشد، و آنگاه کارش پایان یافته می‌تواند کلیسا را ترک گوید. برای نمونه، در نامه پولس به تیتوس می‌خوانیم که پولس تیتوس را در کرت

واگـذارد تـا کـار انتصـاب پیران را در هر شهر به کمال برساند و آنگاه بـرای دیـدار پولس به رُم بیاید. شـوربختانه از همان سدۀ نخست میلادی نقش رسولان و پیران/شماسان با هم خلط شده و کار به جایی رسیده که امروزه ما برای چندین کلیسا یک اسقف داریم و یا شخصی در یک کلیسا خود را رسول می‌نامد. این با موقعیتی که در عهدجدید وجود داشت خیلی فرق می‌کند.

گروه رسولی

پس تیتوتائوس و تیتوس در زمینۀ یک تیم رسولی کار می‌کردند. پولس کلیساهایی تأسیس کرده بود، و کار ایشان این بود که معضلاتی را که بعدها در آن کلیساها بروز می‌یابد سروسامان بدهند. او تیموتائوس را به افسس فرستاد و تیتوس را در کرت رها کـرد؛ در حالی‌که هر دو قابلیت نمایندگی رسولی (یا «حلال مشکلات» بودن) را داشتند، بدین منظور که ترتیب گماردن افرادی را برای کوتاه مدت بدهند. پولس در هر دو مورد ایشان را تشویق می‌کند تا با حداکثر سرعت ممکن کار خود را به اتمام رسانیده در رُم بدو بپیوندند.

این نخستین باری نبود که چنین وظیفه‌ای را بر عهده می‌گرفتند. هر دو مرد را پیشتر و در زمان‌های مختلف و با نتایج گوناگون به قرنتس گسیل داشته بود. تیموتائوس درگیر منازعه شده بود، اما تیتوس موفقیت بیشتری به‌دست آورده بود. پیامدهای گوناگون کار آنها را تا اندازه‌ای می‌توانیم به حساب نحوۀ برخورد متفاوت هر یک با معضل پیش رو بگذاریم. تیموتائوس مردی ترسو بود و به دلگرمی و تشویق بسیار نیاز داشت. در مقابل، تیتوس در طرز برخوردش محکم‌تر بـود. بنابراین، تنهـا لازم بود به تیتوس بگویند که چه بکند، در حالی که تیموتائوس به تشویق بسیار نیاز داشت تا آن عطایی که خدا بدو داده بود در وی برانگیخته شود. پولس ناگزیر بود به او یادآوری نماید که خدا روح قوت و محبت و انضباط بدو عطا فرموده است.

بررسی شیوۀ مکاتبۀ پولس در دو نامه‌اش به تیموتائوس حاکی است که او نسبت به تیموتائوس انس و علاقۀ ویژه داشته است. او تیموتائوس را «پسر عزیزم» می‌خواند. چنین به‌نظر می‌رسد که تیموتائوس نزدیک‌ترین فرد به پولس بوده و یکی از اعضای خانواده‌اش به شمار می‌رفته است. میان او و تیموتائوس رابطه‌ای خاص وجود داشت و این احتمال هست که پولس، به‌رغم تفاوت در خلق و خو و پیشینۀ تیموتائوس با خودش، به او به چشم قائم مقام خویش می‌نگریسته است.

دقیقاً روشن نیست که این دو مرد برای انجام وظایف خویش از چه میزان اقتدار و اختیاراتی برخوردار بوده‌اند. پولس بارها به تیموتائوس می‌گوید که به کلیسا «حکم کند»، اما حکم‌کردن به کلیسا می‌بایست طبق آموزۀ رسولی‌ای باشد که پولس پیشتر تعلیم داده بود، نه بر اساس آرا و عقاید خودش.

آنچه روشن است اینکه این اقتدار و اختیار نه سلسله‌مراتبی بوده و نه موروثی. کار نمایندگان رسولی زمانی پایان می‌یافت که رهبری کلیسا را به دست پیران و شماسانی بسپارند که توانایی ادامۀ رهبری کلیسا را تحت هدایت مسیح داشته باشند. آنان رسول دیگری «نمی‌تراشیدند».

پولس در این سه نامه از دو دوستش می‌خواهد تا اطمینان حاصل نمایند که کلیساهای واقع در هر دو مکان حتماً رهبران شایسته و اعضای سالم داشته باشند. برای او هم کیفیت رهبران مهم بود و هم کیفیت اعضا، چون می‌دانست که کیفیت خوب به بالاتر رفتن کمیت نوایمانان هم کمک می‌کند.

خیلی جالب است که به آنچه پولس پیرامونش پرسشی مطرح نمی‌کند توجهی بنماییم. او به بزرگی کلیسا یا رهبری‌اش هیچ اشاره‌ای نمی‌کند، بلکه چنین به‌نظر می‌رسد که بیشتر دغدغهٔ کیفیت رهبران و اعضا را دارد. او تیتوس را در کرت گذاشت تا کیفیت اعضا را ارتقا بخشد، اما در افسس این کیفیت رهبران بود که اشکال داشت. نامه به تیتوس به ما می‌گوید که یک رسول باید چه جور اعضایی را پشت سر رها کند، اما نامه‌های خطاب به تیموتائوس آن شیوهٔ رهبری را که ضرورت دارد، مورد ملاحظه قرار می‌دهد.

به سه طریق می‌توانیم این نامه‌ها را مورد بررسی قرار دهیم: از نقطه نظر نگارنده، از نقطه نظر خوانندگان، یعنی تیتوس و تیموتائوس، و در نهایت از نقطه نظر وضعیت حاکم بر کرت و افسس که پولس لازم می‌دید این نمایندگان رسولی را با توجه به آن وضعیت راهنمایی کند.

برای من مایهٔ شگفتی است که چرا هر کسی این پرسش را مطرح می‌کند که آیا خود پولس نگارندهٔ اصلی این نامه‌ها بوده یا نه، در حالی‌که از روی همین نامه‌ها می‌توانیم کل زندگی وی را بازسازی نماییم. در این سه نامه نسبت به هر نامهٔ دیگری اطلاعات شخصی‌تری دربارهٔ پولس آمده، پس به سختی می‌توان تصور کرد که نویسندهٔ آنها کسی جز خود پولس بوده باشد.

الگوی زندگی پولس

دگرگونی‌های گذشته

پولس از دگرگونی‌های زندگی‌اش می‌نویسد که چگونه مردی کفرگو و خشونت‌طلب بود و به کلیسای خدا آزار می‌رسانید و در برابر عیسی ایستاده بود. او خود را بدترین گناهکاران می‌نامد و از خدا کمال شکرگزاری را دارد که او را دریافت و به‌عنوان رسول غیریهودیان گماشت. زمانی که خدا ما را می‌آمرزد، هر آنچه را که پیشتر انجام داده‌ایم فراموش می‌کند، ولی ما هیچ‌گاه فراموش نمی‌کنیم، و تأملات پولس بازتاب همین امر است.

شرایط کنونی

پولس به همکاران جوانش از مشکلاتی می‌گوید که با آنها دست و پنجه نرم می‌کند و این اواخر چه بر او گذشته است. در اول تیموتائوس می‌خوانیم که وی برای نخستین بار از افسس، کرت، نیکوپولیس، قرنتس، میلتوس، ترواس و اسپانیا دیدن کرده بود. در دوم تیموتائوس بر وضعیت خود در زندان رُم تأمل می‌کند– او دیگر از آن آزادی که پیشتر و به هنگام بازداشت خانگی داشت برخوردار نیست. اکنون وی در اثر خیانت اسکندر مسگر در سلولی متروک به

سر می‌برد و آنچنان شتاب داشته که حتی ردا و نوشته‌هایش را جا گذاشته. در این نامه از تیموتائوس می‌خواهد که به سرعت آمده آن اقلام را تا پیش از زمستان به دستش برساند. وی می‌داند که اندک زمانی بیشتر فرصت ندارد و نرون فردی غیرقابل پیش‌بینی است و نمی‌توان روی عدالت و انصافش حساب کرد.

چشم‌اندازهای آینده

پس با این پس‌زمینهٔ تأثربرانگیز است که پولس خطاب به دوست جوانش تیموتائوس می‌نویسد. می‌توانیم آن را «وصیت‌نامه» پولس بنامیم. اکنون او پا را از شصت‌سالگی فراتر گذاشته و می‌داند که به پایان زندگی خود نزدیک شده. در خلال دورهٔ نخست زندانی بودنش لوقا کتاب اعمال را نوشت که در اصل دفاعیه‌ای بود که قرار بود در پیشگاه مقامات رومی خوانده شود و به ایشان ثابت کند که پولس سزاوار مرگ نیست. اما پولس در این دورهٔ دوم حبس نیک می‌دانست که چنین دفاعیه‌ای دیگر کارساز نخواهد بود و تازه می‌ترسید کارها را بدتر هم بکند. اندوه او از اینکه دیماس رهایش کرده و دیگران بزدلانه از پشتیبانی وی سر باز زده بودند در نامه منعکس شده است. اکنون زمان آن فرارسیده که عصای اقتدار را به تیموتائوس، که هنوز جوان بود و می‌توانست از عهدهٔ این کار برآید، بسپارد. وی از کارهایی که کرده، از دویدنش در میدان مسابقه و پیروزی‌اش در جنگ می‌نویسد.

هدف زندگی پولس

در کنار الگوی زندگی پولس، هدف زندگی‌اش را هم می‌بینیم. از نامه‌های او پیداست که پولس به‌خاطر انجیل (که در این نامه‌ها با عنوان‌های «ایمان» و «راستی» نیز توصیف شده است) زندگی می‌کرده و همکاران جوانش را ترغیب می‌نماید تا همین رویکرد را داشته باشند. این دلیل قانع‌کننده‌ای است که انگیزهٔ وی را برای انجام همهٔ کارهایش توجیه می‌کند. در نتیجه می‌خواست بر عملکرد خدا و واکنش انسان پافشاری کند تا همکاران جوانش و در نهایت کلیساها تعلیم «درست» را دریافت نمایند. واژهٔ یونانی که وی به‌کار می‌برد به معنای «سالم» است، و پولس آن را پادزهری کامل برای واژه‌های زهرآگینی می‌بیند که از سوی معلمان دروغین و افراد خدانشناس در کلیساها به‌کار برده می‌شد.

عینی- (الاهی)

خدا

پولس در بخش‌هایی از هر نامه‌اش بر آنچه که خدا به انجام رسانیده متمرکز می‌شود. از شخصیت، محبت و فیض خدا می‌نویسد و او را «نجات‌دهنده» می‌خواند. به‌طور متداول ما خدا را داور می‌شناسیم و عیسی را «نجات‌دهنده»، اما نجات‌دهنده خواندن خدا با آنچیزی که

از خدای پدر سراغ داریم، یعنی برداشتن گام نخست و فرستادن پسرش و اقدام برای داوری کل بشر در روز بازپسین به‌وسیلهٔ پسر متناسب می‌نماید.

عنوان‌های به‌کاررفتهٔ دیگر در این نامه‌ها بیانگر بزرگی شخصیت خدا هستند. او پادشاه سرمدی، نامیرا و نادیدنی است که نه کسی او را دیده و نه یارای دیدن او را دارد و خدایی است که در نور دست‌نیافتنی ساکن است. او یگانه خدای حکیم، خدای زنده، شاه شاهان و رب‌الارباب است.

عیسی

به عیسی هم به دیدهٔ داور می‌نگرد و هم نجات‌دهنده. کار او بر صلیب از جهات گوناگون توصیف شده است. به ما می‌گوید: «مسیح عیسی به جهان آمد تا گناهکاران را نجات بخشد»، و او «مرگ را باطل کرد و حیات و فناناپذیری را آشکار ساخت» و اینکه مرگ او برای کفاره همگان بوده است. وانگهی، طرحی کلی اما موجز از زندگی او به ما می‌دهد: «به یقین که راز دینداری بس عظیم است: او در جسم ظاهر شد، به‌واسطهٔ روح تصدیق گردید، فرشتگان دیدندش، بر قومها موعظه شد، جهانیان به او ایمان آوردند، و با جلال بالا برده شد» (اول تیموتائوس ۳:۱۶).

روح‌القدس

همچنین پولس به ذکر دو جنبه از کار روح‌القدس می‌پردازد. نخست آنکه از تجربهٔ روح‌القدس نوشته، به تیموتائوس زمانی را یادآوری می‌کند که وقتی پولس و دیگران بر او دست گذارده بودند، عطای روح را یافته بود. به یادش می‌آورد که روح‌القدس روح محبت، قوت و انضباط است.

دوم اینکه، پیرامون به‌کار بردن عطایای روحانی نوشته، تیموتائوس را تشویق می‌کند تا آنچه را که به هنگام دست‌گذاری‌اش بدو داده شد، به‌کار ببرد. ما نمی‌دانیم که در این مقطع تیموتائوس چه عطا(یا)یی دریافت کرده بوده، و یا دو اشاره‌ای که در اول و دوم تیموتائوس به «دست گذاردن» بر او شده آیا به زمان ایمان آوردنش دلالت می‌کند یا دست‌گذاری‌اش برای خدمت. اما در هر صورت، تشویقش می‌کند تا آنچه را که دریافت نموده به‌کار ببرد.

ذهنی- (انسانی)

در وهلهٔ بعد واکنشی را که انسان بای به کار پیشگامانهٔ خدا ابراز کند مورد ملاحظه قرار دهیم.

پولس در سراسر نوشته‌هایش تصریح می‌کند که نجات هر ایماندار دارای سه جنبه است، و این نامه‌ها هم از این قاعده مستثنا نیستند. نجات امری آنی یا خودکار نیست، بلکه برای توصیف فرایند نجات سه زمان به‌کار گرفته می‌شود.

گذشته (پارساشمردگی)- تجربی

پولس چنین تعلیم می‌دهد که نجات امری است متعلق به گذشته، یعنی ما بازگشته به مقطعی که برای نخستین بار به مسیح توکل کردیم نگاه می‌کنیم. حرف اضافه‌های به‌کار رفته در زبان یونانی بسیار حیاتی هستند. نجات از طریق فیض حاصل می‌شود، نه کارهای نیکو یا «اعمال شریعت». ایمانداران از کارهای بد نجات می‌یابند، نه چنانکه برخی استدلال می‌کنند برای اینکه مقدماً از دوزخ رهایی بیابند. در نهایت، نجات به‌واسطهٔ روح‌القدس حاصل می‌شود.

پولس در تیتوس از «غسل تولد تازه» می‌نویسد که هم تعمید آب را دربرمی‌گیرد و هم تعمید روح را. برای ورود به پادشاهی خدا هر دو اینها لازمند.

اکنون (تقدیس)- اخلاقی

دغدغهٔ اصلی پولس را جنبهٔ کنونی نجات تشکیل می‌دهد، هرچند تمرکز خود را بر آن نمی‌گذارد. برای پولس آشکار است که آموزهٔ مزبور باید انجام پذیرد. او برای مباحثات آکادمیک، تمرین‌های ذهنی و استدلال‌های فکری که زندگی کسی را متحول نمی‌کند، فرصت ندارد.

انجیل انسان را به‌سوی کارهای نیکو سوق می‌دهد. به جداشدن از شرارت و فیض نه گفتن به اعمال خداناپسندانه هدایت می‌کند. از جنبهٔ مثبت، ما برای انجام کارهای خوب جدا شده‌ایم. ما ظرف‌هایی هستیم که برای عزت ساخته شده‌ایم، پس باید از چیزهای کثیف پاک شویم.

اعمال نیکو هم به انجیل منجر می‌شود. نامه‌ها به ما یادآوری می‌کنند که خوب زندگی‌کردن ایمانداران مسیحی می‌تواند مردم را به خداجویی سوق دهد.

آینده (جلال یافتن)- نجات‌شناختی

اما این پایان کار نجات نیست، زیرا هنوز هیچ‌یک از ما به‌طور کامل نجات نیافته‌ایم. کماکان در جادهٔ نجات رهسپاریم، جاده‌ای که طریقت نام دارد. راستش، زمانی که کسی به من می‌گوید: «یکشنبه هفت نفر نجات یافتند»، من نگران می‌شوم. پاسخی که همیشه می‌دهم این است: «منظورت این است که هفت نفر از یکشنبه نجات خود را *آغاز کرده‌اند*.» آنها هنوز به‌طور کامل نجات پیدا نکرده‌اند.

و برای پولس، آیندهٔ نجات از سه جنبهٔ یاد شده اهمیت بیشتری دارد. زندگی جاویدان میراث ماست، اما در عین‌حال لازم است در ایمانمان پایداری به خرج دهیم. پولس از کسانی می‌نویسد که از ایمان منحرف شده‌اند. به تیموتائوس هشدار می‌دهد که باید مراقب زندگی و تعالیمش باشد، زیرا خودش و شنوندگانش را نجات خواهد داد.

پولس در این نامه‌ها «پنج گفتار معتبر» را می‌گنجاند، و یکی از آنها دوم تیموتائوس ۲:۱۱ و ۱۲ است که این نکته را به خوبی نشان می‌دهد. اجازه بدهید آن را خط به خط مورد بررسی قرار دهیم.

مثبت:

«اگـر بـا او مردیم، با او زندگی هم خواهیم کرد» (به ایمان آوردن/ تعمید اشـاره می‌کند نه شهید شدن)

«اگر تحمل کنیم، با او سلطنت هم خواهیم کرد.»

منفی:

«اگر انکارش کنیم، او نیز انکارمان خواهد کرد.»

اما در خط آخر الگو عوض می‌شود: «اگر بی‌وفا شویم، او وفادار خواهد ماند، زانکه خویشتن را انکار نتواند کرد.» برخی چنین استدلال می‌کنند که معنای این سخن آن است که یک ایماندار هرگز نمی‌تواند ایمان خود را از دسـت بدهد. اما همهٔ آن چیزی که خدا وعده‌اش را می‌دهد این است که خدا نسبت به خودش صادق می‌ماند. پولس ثبات خدا را با بی‌ثباتی ما مقایسه می‌کند. درسـت اسـت که هیچ ایمانداری از دست نمی‌رود، اما کسـی که بی‌وفاست عملاً دیگر ایماندار نیسـت، چون به معنای دقیق کلمه فاقد ایمان اسـت. در این نامه‌ها، پولس از کسانی می‌نویسد که از ایمان «منحرف» می‌شـوند، که تلویحاً منظورش کسـانی اسـت که قبلاً ایمان داشته‌اند اما دیگر ایمان ندارند.

بخشی از ادراک پولس پیرامون نجات آینده آن است که ما تاج را تصاحب خواهیم نمود. باید به پایمردی ادامه دهیم تا همهٔ آن چیزهایی را که خدا برای‌مان در نظر گرفته از آن خود نماییم.

اغلب از ژان کالون، الاهی‌دان برجسته سوئیسی نقل‌قول می‌کنند که زمانی هنگام تعلیم دادن توکل به مسـیح به شـخصی گفته که نجات آینده تضمین شـده اسـت. اما وی عملاً چنین نوشته است:

اگر او ما را به‌سوی هدف نهایی نجات‌مان رهبری ننماید، رستگاری ما همچنان ناقص است. بر این اسـاس، به مجردی که حتی ذره‌ای از او روی بگردانیم، نجاتمان که در او اسـتوار اسـت به‌تدریج رنگ می‌بازد. در نتیجه، همهٔ آنانی که در او آرامی نمی‌پذیرند خودخواسـته خویشـتن را از همهٔ فیض محروم می‌سازند.

امـروزه دیگـر من به‌نـدرت واژهٔ «نجات» را به‌کار می‌برم، و بیشـتر ترجیـح می‌دهم از واژهٔ «احیـا» (یـا بازیافت= Recycled ـ م.) اسـتفاده کنم. اگر کسـی از من بپرسـد کـه به چه کاری مشـغولم، به او می‌گویم که کار من بازیافت اسـت. از نگاه‌شان می‌خوانم که گویی به کار مطلوبی اشـتغال دارم. تنها زمانی که به ایشـان می‌گویم که مواد بازیافتی من مردمان هسـتند نه کاغذ یا فلز، هراس در چشمان‌شان موج می‌زند. اما من بر این باورم که این تصویر کاملاً کتاب‌مقدسی است. انسان‌ها باید برای رسیدن به آن مقصودی که به خاطرش آفریده شده‌اند، احیا گردند. در حقیقت، واژهٔ «جهنم» *('Gehenna')* در عهدجدید از زباله‌دانی اورشلیم گرفته شده.

آیهٔ مهمی که می‌بایست در مورد نجات درک کنیم، تیتوس ۳:۵ است که به ما یادآوری می‌کند که خدا ما را به‌واسطهٔ تعمید آب و تعمید روح نجات داده است. کلمات این آیه به یوحنا ۳:۵ شباهت زیادی دارند، که به ما می‌گوید از آب و روح تولد تازه می‌یابیم. در واقع، همان‌گونه که در کتابم، *تولد عادی مسیحی* (Hodder & Stoughton, 1989)نشان داده‌ام، از نگاه پولس تعمید آب و تعمید روح در نجات نقشی اساسی دارند. نقش اساسی آنها زمانی رنگ می‌بازد که ما می‌پنداریم با داشتن آنها بلیت رفتن به آسمان را در دست داریم. به محض اینکه نجات را یک فرایند بازیافت ببینیم، این دو جایگاه اساسی خود را بازمی‌یابند. پولس می‌گوید که خدا ما را به غسل تولد تازه و نوشدنی که از روح‌القدس است و او را به فراوانی بر ما فرو ریخت، نجات بخشیده است. پس بازیافت ما با تعمید آب آغاز می‌شود و با تعمید روح‌القدس ادامه می‌یابد.

تیموتائوس و تیتوس

تضاد میان تیموتائوس و تیتوس خیره‌کننده است. تیتوس یک غیریهودی نامختون از زمینهٔ خانوادگی بت‌پرست بود. تیموتائوس در لستره، یکی از نخستین شهرهای غلاطیه که پولس در آن انجیل را بشارت داده بود، چشم به جهان گشود. کلیسای لستره تیموتائوس را به‌عنوان یک کارآموز خوب به پولس پیشنهاد کرد و این سرآغاز رابطهٔ ایشان بود.

تیموتائوس مادر و مادربزرگی یهودی داشت که در کودکی کلام خدا را به او آموخته بودند. وی ختنه نشده بود، چراکه پدرش یهودی نبود، اما بعدها پولس او را ختنه کرد، نه چون می‌پنداشت که ختنه برای تیموتائوس خاصیت ویژه‌ای دارد، که در این اندیشه بود که وقتی وارد یک کنیسه می‌شوند وجود او می‌تواند مفید واقع شود. پولس خیلی دقت داشت که تیمش بی‌جهت مورد حملهٔ دشمنان واقع نشود.

عهدجدید حاوی سه اشاره به مأموریت ویژه تیموتائوس پیش از دیدار از افسس است.پولس او را به‌عنوان نمایندهٔ خود به تسالونیکی، قرنتس و فیلیپی فرستاد. وی همچنین دستِ‌کم در نگارش شش نامه پولس با او همکاری داشته: دو نامه به تسالونیکیان، دو نامه به قرنتیان، نامه به فیلیپیان و نامه به فیلیمون. با این‌حال، تیموتائوس از سلامت عمومی برخوردار نبود. وی از مشکل گوارشی رنج می‌برد، از این‌رو پولس به او سفارش کرد که به‌خاطر معده‌اش اندکی شراب بنوشد. در حقیقت، احساس می‌کرد که لازم است تیموتائوس را تشویق کند که همچون یک سرباز یا ورزشکاری باشد که برای انجام خدمت مسیحی مرتبا نیازمند تمرین است. نمی‌دانیم که آیا تیموتائوس توانست پیش از اجرای حکم اعدام پولس خود را به رُم برساند یا نه، اما می‌توانیم در نامهٔ دوم پولس به وی مشاهده کنیم که پولس تا چه اندازه مشتاق دیدار اوست.

برخلاف نامه‌های پولس به تیموتائوس، نامهٔ وی به تیتوس حاوی اشارات شخصی بسیار اندکی است. پیداست که تیتوس خادمی برجسته است و در قرنتس نتایج بزرگی به‌دست آورده، و چنین به‌نظر می‌رسد که پولس بدو اعتماد کامل دارد. اما از خود نامه می‌توانیم اطلاعات

جسته و گریخته اندکی پیرامون وی به‌دست آوریم. پولس لزومی نمی‌بیند آن‌گونه که تیموتائوس را تشویق می‌کند، تیتوس را هم تشویق نماید.

در اکثر نامه‌های پولس، در همان بخش نخست به بحران یا معضلی اشاره می‌شود که می‌بایست بدان پرداخته شود، و تیتوس نیز از این قاعده مستثنا نیست. گرچه در همهٔ شهرهای کرت کلیساهایی وجود داشت، اما برای رهبری آنها هیچ پیری نبود، و از این‌رو ضروری بود که برای کمک به رشد آنها کسی برای این کلیساها رهبرانی تعیین نماید. وظیفهٔ تیتوس این بود که بر انتصاب چنین پیرانی نظارت کند.

نامه‌های پولس به تیموتائوس بدین‌خاطر به رشتهٔ تحریر درآمدند که کلیسای افسس پیران ناشایستی داشت. از این‌رو پولس به تیموتائوس این تکلیف را محول کرد تا *پیران ناشایست* را کنار بگذارد و به جای‌شان پیران شایسته بگمارد. در واقع، مأموریت افسس بیشتر برای تیتوس مناسب بود تا تیموتائوس!

پولس نگران کیفیت روحانی اعضای کلیسای کرت بود. از توضیحاتش چنین برمی‌آید که پیش‌زمینهٔ بت‌پرست آنان هنوز بر زندگی ایمانی ایشان، به‌عنوان یک کلیسا، سایه افکنده و هنوز زیر نفوذ آن بوده‌اند. اهالی کرت برای رفتارهای پست حرمت قائل بودند، و چنین احساس می‌شد که این رفتار بر کلیساهای این جزیره هم تأثیر خود را گذارده بوده. در مقابل، در افسس این رهبری بود که به بذل توجه نیاز داشت. در هر دو مورد تعالیم غلط وجود داشت. در کرت مشکل تعالیم غلط در درجهٔ دوم اهمیت قرار داشت، اما در افسس این رهبران ناشایست بودند که تعالیم غلط را ترویج می‌کردند. بنابراین، انجام اقدامی مقتضی برای سلامت کلیسا ضرورت کامل داشت.

می‌توانیم کاری را که پولس به تیموتائوس و تیتوس سپرد در زیر سه سرباب زیر موشکافی کنیم.

تکمیل فرایند انتقال

نخستین وظیفهٔ ایشان آن بود که فرایند انتقال از رهبری رسولان به هدایت رهبران محلی را، در کلیساهایی که هنوز به رسولان وابسته بودند تکمیل نمایند. لازم بود که آنان به معنای درست کلمه مستقل شوند تا از تماس‌شان با پایه‌گذاران کلیسا کاسته شود.

خصوصیات رهبران

پیران

پولس به دو دوست جوان خود خاطرنشان می‌کند که باید به‌دنبال چگونه رهبرانی بگردند. وی بر شخصیت افراد تأکید می‌کند، و به‌طور اخص بر نحوهٔ عملکرد پیران به‌عنوان سر خانواده،

به‌ویژه پیری که قرار است کلیسا در خانه‌اش جمع شوند، متمرکز می‌گردد. از پرداخت حقوق به پیران کلیسا سخن می‌گوید و چنین استدلال می‌کند که آنکه تعلیم می‌دهد و وعظ می‌کند شایستهٔ «حرمت دوچندان» است.

جالب توجه است که پولس از لزوم انتخاب پیری سخن می‌گوید که در میان غیرمسیحیان خوشنام باشد. زمانی که کلیسایی پیران خود را برمی‌گزینند، مشورت با چند تن از کسانی که غیرمسیحی هستند و با این افراد سروکار دارند می‌تواند مفید باشد. دریافت گزارشی خوب از این‌گونه افراد می‌تواند نشانه‌ای مطلوب برای گزینش نامزد منصب پیری کلیسا باشد.

تعلیم پولس این است که پیران باید مرد باشند. اگر کسی از من بپرسد که آیا یک زن می‌تواند پیر (شیخه) باشد، پاسخ من این است که این کار آن‌قدر امکان‌پذیر است که آن زن شوهر تنها یک زن باشد! هرچه باشد این یکی از شرایط صلاحیت گزینش یک پیر است. بار معنایی عبارات دیگر مرا متقاعد کرده است که پیر کلیسا بودن، درست همانند برقراری انضباط در خانه که مسئولیت نهایی پدر است، مسئولیتی مردانه است.

رهبران اغلب غرولند می‌کنند که اگر تنها اعضای کلیسا از ایشان پیروی می‌کردند همهٔ مشکلات‌شان حل می‌شد. به گمان من مشکل واقعی همانی است که اکثر آنها انجام می‌دهند! به دلایل ناخودآگاه مردم به‌طور ناگزیر از رهبران‌شان پیروی می‌کنند. شاید به چیزهایی که رهبران می‌گویند گوش ندهند، اما از کردار آنان دنباله‌روی می‌نمایند. یکی از مسئولیت‌های خطیر و دهشتناک رهبربودن در کلیسا این است که شما نقاط قوت خودتان را می‌بینید و نقاط ضعف کلیسا را. این خطری است که خاص خدمت‌های تک‌نفره است، یعنی در جایی که شخصیت رهبر بر شخصیت کل جماعت سنگینی می‌کند. در چند رهبری است که نقاط قوت و ضعف فردی رهبران با همدیگر تعدیل می‌گردند و برآیند آنها چیزی بهتر از پیش می‌شود. دلیل آن تا اندازه‌ای به‌خاطر این است که قابلیت‌های رهبران کلیسا (یعنی پیران و شماسان) بر شخصیت آنان متمرکز است نه عطایا و استعدادهایشان. آن چیزی که یک شخص را رهبر کلیسا می‌کند توانایی‌های او برای انجام کارهای بیشتر در کلیسا نیست، بلکه هویت او هم در خانه‌اش و هم در کلیسا است. تنها قابلیتی که رهبران بدان نیاز دارند این است که قادر به تعلیم باشند، خواه تعلیم فردی و خواه تعلیم جمعی.

شماسان

ویژگی‌های لازم برای یک شماس مشابهت بسیاری به خصوصیات پیر دارد، هرچند اشاراتی دال بر این وجود دارد که زنان هم می‌توانند شماس باشند. پولس دربارهٔ زنان می‌نویسد، اما این بحث مطرح است که آیا منظور او زنان شماسان بوده یا شماسان زن. هر کسی که با ظرفیتی عملی به کلیسا خدمت می‌کند، هر توانایی که داشته باشد باید از خود دینداری نشان دهد. نکتهٔ مهم در کارکردن برای خداوند در کلیسا روابط است، نه توانایی.

پر واضح است که هیچ سلسله‌مراتبی در کار نیست. انتصاب یک شماس گام نخست در جهت بالا رفتن از نردبان ترقی در رهبری کلیسا تلقی نمی‌شود، حتی اگر گاهی چنین به نظر برسد. دغدغهٔ شماسان نیازهای غیرروحانی کلیسا بود، حال آنکه پیران روی نیازهای روحانی جماعت متمرکز بودند.

خصوصیات اعضا

این نامه‌ها همچنین بر اهمیت صلاحیت‌داربودن اعضا در انجام امور عملی گروهی تأکید می‌نمایند. پولس از اهمیت فروتنی در کلیسا و رفتار توأم با احترام در اجتماع، که نشانه‌اش دعاکردن برای رهبران سیاسی جامعه است، می‌نویسد. وی همچنین نگران کسانی است که در چارچوب خانواده نیازمند.

وی چنین تعلیم می‌دهد که کمک‌کردن زنان سالمندتر به زنان جوان‌تر، احترام گذاشتن به پیران و برآوردن نیازهای بیوه‌زنانی که سزاوار دریافت کمک هستند، تا چه اندازه مهم است.

نامهٔ او به تیتوس به‌طور ویژه بر خصوصیات اعضا تمرکز یافته است. پولس می‌نویسد که باید خصیصهٔ دینداری در کلیسا، در خانه و محل کار مشهود باشد. در واقع، نامهٔ مزبور برنامهٔ آموزشی خاص اعضای کلیساست و نشان می‌دهد که یک عضو کلیسا تا چه اندازه در آراستن کلیسا مؤثر است. دغدغهٔ همیشگی پولس در این سه نامه آن است که کلیسا در نگاه جهانیان درست و شایسته جلوه نماید. جالب توجه اینکه فهرست فضایلی را که پولس در این نامه به‌کار می‌برد، فهرست فضایل یونانی است نه مسیحی. یونانیان فهرستی داشتند که در آن ویژگی‌های مردمان خوب درج شده بود، و پولس در عمل همین فهرست بت‌پرستان را مورد استفاده قرار داده مسیحیان را به چالش فرامی‌خواهد تا بر طبق آن زندگی کنند.

معنای این کاربرد آن نیست که مسیحیان باید از معیارهای اخلاقی دنیا تقلید کنند، بلکه بدین‌معناست که ما مسیحیان باید دستِ‌کم آن چیزی باشیم که دنیا خوبش می‌خواند. مسلم است که در ضمن حاکی از آن است که بی‌ایمانان خود قوهٔ تمییز و تشخیص دارند. ایشان اغلب مسیحیان را قبول دارند!

نقش زنان

شاید بحث‌برانگیزترین تعلیم در این نامه‌ها به زنان مربوط می‌شود. از قرار معلوم پولس برای خدمت زنان محدودیت‌های سفت و سختی می‌گذارد.[1] الاهی‌دانان فمینیست از این نامه‌ها خوش‌شان نمی‌آید. ایشان چند ادعا مطرح می‌کنند:

---

۱. برای مطالعه مفصل‌تر بحث پیرامون این موضوع و موضوعات مربوطه، نک. *رهبری کاری مردانه است*، اثر نگارنده:
(Eagle, now Bethel, 1988)

۱. ***افزوده.*** برخی می‌گویند که این سخنان ازآن پولس نیست بلکه در سدهٔ دوم به نام او جعل و به نامه افزوده شده. بنابراین، نباید آن را در زمره کانون کتاب‌مقدس به شمار آورد.

۲. ***خاخامی.*** دیگران چنین بحثی را مطرح می‌کنند که اگر این نامه‌ها ازآن خود پولس هم باشند، تعلیم در مورد زنان عقب‌گردی است به دوران پیش از ایمان آوردن پولس یعنی روزگاری که خاخام یا رابی یهودی بوده. او که اکنون پیر شده به تعصبات یهودی خویش که ریشه در کودکی‌اش دارند بازگشته است.

۳. ***فرهنگی.*** معتقدان به این نظریه ادعا می‌کنند که این تعلیم کاملاً فرهنگی است. اگر عیسی امروز زندگی می‌کرد، شش نفر مرد و شش نفر زن را به‌عنوان رسول برمی‌گزید. عبارت معروفی که چکیدهٔ موضع مزبور را بیان می‌کند این است که پولس تحت شرایط فرهنگی خاصی قرار داشت. پس گزینش ۱۲ مرد به‌عنوان رسول از سوی عیسی بنا به مصلحت روز بوده، چون در روزگار او برگزیدن یک زن به سمت رسالت کاری زشت بود- استدلالی که این واقعیت را نادیده می‌گیرد که عیسی هرگز کاری را صرفاً بنا به ملاحظات «دیپلماتیک» انجام نمی‌داد! یکی از گله‌هایی که فریسیان از او می‌کردند این بود که «تو هیچ توجهی به مردان نمی‌کنی.» اگر به مصلحت خود می‌اندیشید حتماً به حرف آنان گوش می‌کرد.

۴. ***بدعت.*** دیگران بر این ادعا پافشاری می‌کنند که زنان از این‌رو از تعلیم دادن منع شده‌اند که بیشتر فرقه‌های بدعتگذار را ایشان هدایت می‌کردند. لازم بود که کلیسا خود را از این‌گونه اعمال بدعت‌آمیز دور نگاه دارد، از این‌رو جلوی تعلیم دادن زنان را گرفت. با این‌حال، برای تأیید این نظریه هیچ گواهی در دست نیست.

۵. ***آموزشی.*** استدلال بعدی بر این پایه است که چون در زمان پولس زنان آموزش ندیده بودند، از حکمت کافی برای ایفای نقش تعلیم/ رهبری برخوردار نبودند. اما اگر این گفته صحت داشت، پولس نمی‌بایست مردان تحصیل نکرده را برای رهبری کلیسا بگمارد. در اعمال، اعضای شورای سنهدرین ۱۲ رسول را مردانی تحصیل نکرده توصیف می‌کنند، و چنین نیز بود.

اما پولس آشکارا تعلیم می‌دهد که تفاوت‌های جنسی میان زنان و مردان همچنان در کلیسا به قوت خود باقیست. ما در مسیح خنثی نیستیم؛ خدا از مردان ما می‌خواهد که مرد و از زنان ما می‌خواهد که زن باشند. تعلیم پولس در برابر تعلیم «فردیت» دنیای مدرن که تنزل مقام انسانی و تمایزات به حداقل ممکن می‌رسند یا به‌کلی زدوده می‌شوند، ایستادگی می‌کند.

خدا ما را به صورت مرد و زن آفرید، و هر یک از ما به دیگری نیازمند است. او ما را برای ایفای نقش‌ها و مسئولیت‌های گوناگون آفرید. وقتی مردان مانند زنان رفتار کنند و زنان مانند مردان، زیبایی آفرینش خدا خدشه‌دار می‌گردد. بنابراین، مسئولیت رهبری به مردان سپرده شده. هرچند این تعلیم امروزه محبوبیت ندارد، اما در کلام خدا چنین آمده. نمی‌توانیم جور دیگری آن را تعبیر کنیم.

رویارویی با مشکل‌آفرینان

دومین وظیفهٔ بزرگ نمایندگان رسولی رویارویی با مشکل‌آفرینان بود. زمانی که پولس برای آخرین بار از پیران کلیسای افسس جدا می‌شد، بدیشان گفت که پس از رفتنش گرگان در لباس میش از راه خواهند رسید و گله‌ای را که روزی خدمت‌شان کرده بود پاره پاره خواهند کرد. بنابراین، در زمان تیموتائوس از آنجایی که این نبوت تحقق پیدا کرده بود، پولس وی را برای بیرون راندن گرگ‌ها فرستاد.

این تعلیم غلط مضمون اصلی این نامه‌ها را تشکیل می‌دهد. این مضمون در تیتوس پس‌زمینه است و در نامه‌های تیموتائوس پیش‌زمینه. در حقیقت، پولس دقیقاً به همین دلیل بود که برای تیموتائوس نامه نوشت. اگر مشکلی را نادیده بگیرید، بدتر می‌شود. اما اگر با خواست خود و در سریع‌ترین زمان ممکن با آن روبه‌رو شوید، درمان درد ملایم‌تر خواهد بود و بیشتر هم دوام خواهد آورد.

اشتباهی که انتقال داده‌اند

پی بردن به ماهیت دقیق تعلیم کار دشواری است. نظر برخی بر این است که مورد چیزی شبیه ناستیسیزم (مکتب گنوسی) سدهٔ دوم بوده است.

۱. ***عناصر یونانی.*** ایشان بر این باور بودند که بدن بد و پلید است و از این‌رو تعلیم می‌دادند که آمیزش جنسی عملی اشتباه است، و اینکه لازم است انسان از قواعد خوراکی ویژه‌ای پیروی نماید تا مورد پذیرش خدا قرار بگیرد. آنان در کنار این عقیده برداشتی دوگانه‌باورانه از جهان و یک آخرشناسی بیش از اندازه به واقعیت پیوسته (یعنی اینکه رستاخیز پیشتر روی داده است) ارائه می‌کردند.

۲. ***عناصر یهودی.*** باور اینان پیرامون قواعد ویژهٔ خوراک و تمرکزشان بر نسب‌نامه‌ها حاکی از پیشینهٔ یهودی ایشان است. پاسخ‌های پولس بر این دلالت دارد که آنها از عهدعتیق تفسیر خاص خود را داشتند.

احتمالاً پولس روی دو تشک کشتی می‌گرفته- یهودیت هلنیستی (یونانی‌مآبانه‌ای- م.) که معیارهای یونانی را با معیارهای یهودی به هم آمیخته بود تا پیکاری زورمندانه با انجیل را سامان دهد.

نمونه‌ای که ترویج کرده‌اند

پیشتر خاطرنشان ساختیم که پولس به تیموتائوس می‌گوید که یک پیر (شیخ) خوب «شایستهٔ حرمتی دوچندان» است. این عبارت در اکثر ترجمه‌های انگلیسی (و نیز فارسی- م.) بد ترجمه شده، اما معنایش روشن است. پیری که برای موعظه و تعلیم انجیل زحمت می‌کشد

استحقاق دستمزد دوچندان دارد. یعنی حرمت مورد بحث دستمزد یا حقوق خدمت وی را هم دربرمی‌گیرد و به آن دسته از واعظان اشاره می‌کند که انجیل را به بی‌ایمانان وعظ می‌کنند و آن را به ایمانداران تعلیم می‌دهند. در مقابل، تیموتائوس نمی‌بایست اصلاً به پیران بد، به‌ویژه اگر پول‌پرست باشند، چیزی بپردازد.

با توجه‌کردن به آنچه که پولس در موردش می‌نویسد، می‌توانیم میان شخصیت پیران تمییز قایل شویم. می‌گوید که ایشان صورت دینداری را دارند، اما قدرت آن را انکار می‌نمایند. در ظاهر خوب به‌نظر می‌رسند، اما انگیزه‌های باطنی‌شان خدمت به خویشتن بود. گرچه ظاهری منطقی داشتند، اما انسان‌هایی هرزه بودند، به دستاوردهای خویش می‌بالیدند، برای به‌دست آوردن پول حرص می‌زدند، و بر این باور بودند که پول پاداش پارسایی آنان است.

تأثیری که گذاشته‌اند

تأثیر این رهبران بر کلیسا فاجعه‌آمیز بود. تعالیم دروغین ایشان به‌مثابه قانقاریا در بدن عمل می‌کرد. برای آمیزهٔ عجیب و غریب منطق با شهوترانی استدلال می‌آوردند. هر دو اینها به تنهایی آزادی در روح را هلاک می‌سازند، و هر دو در کنار هم ویرانگرند. رهبری باید از دلی پاک، وجدانی خوب و ایمانی بی‌ریا سرچشمه بگیرد و این رهبران بد هیچ‌یک از این سه چیز را نداشتند. ایشان نه تنها تعالیم غلط را منتقل می‌کردند، بلکه نمونه‌ای بد هم از خود ارائه می‌نمودند.

اعلان حقیقت

سومین وظیفهٔ مهم در هنگام پی افکندن شالوده‌های یک کلیسا، اعلان حقیقت است. در نهایت مهم‌ترین جنبه یک زندگی خوب کلیسایی، تعلیم پیوسته کتاب‌مقدسی است. کلیساهایی که از یک تعلیم نظام‌مند کلام خدا بی‌بهره‌اند، نسبت به همه‌گونه شرارت آسیب‌پذیرند، اما مواجههٔ مداوم با کلام خدا- اعلان حقیقت انجیل- زمینه‌های رشد را در زندگی کسانی که تعلیم می‌گیرند، فراهم می‌سازد.

تیموتائوس مکلف بود با مشکل‌آفرینان رویاروی شده با کارهایی که می‌کنند مقابله نماید، به سرعت با آنها برخورد کند، ایشان را از سر راه بردارد، و پیران شایسته را جایگزین‌شان سازد. یک کلیسا می‌تواند در برابر هر عامل خارجی ایستادگی کند، اما زمانی که از درون مورد حمله قرار می‌گیرد، وضعیت بسیار خطرناکی پیش می‌آید.

تعلیم شامل راهنمایی‌ها، تشویق‌ها و تذکرهای کلامی می‌شد. این تعلیم با اقتدار همراه بود، نه اینکه ارائهٔ آموزش‌ها یا انتقال اطلاعاتی صِرف باشد. اما با نمونه‌ها یا مصادیق عینی از حقیقت هم همراه بود- تیموتائوس و تیتوس قرار بود که حقیقت را تفسیر کنند و خود نمونه‌هایی از حقیقت باشند.

پیام ابلاغ شده

از ایشان انتظار می‌رفت که پیام‌شان بر پایهٔ آن چیزی باشد که پولس آن را «ایمان» و «راستی» نامیده بود. آنان برای استفاده سه منبع در اختیار داشتند.

۱. ***کلام خدا.*** می‌بایست در کنار وعظ و تعلیم، عهدعتیق را هم در جمع بخوانند.

۲. ***آموزهٔ رسولان.*** در اعمال ۲ از نوایمانانی می‌خوانیم که خویشتن را وقف تعلیم رسولان نموده بودند. پولس در ردیف کسانی بود که ایمانداران کلیساهای عهدجدید می‌بایست واکنش‌شان را به آمدن مسیح مقتدرانه بپذیرند.

۳. ***گفتارهای قابل‌اعتماد.*** چندین گفتار وجود داشت که تقریباً عباراتی وعظه‌گونه بودند، و آنها را بازتابی از حقیقت کلام خدا می‌دانستند. در این نامه‌ها به پنج مورد از آنها اشاره شده است.

برای اینکه تیموتائوس و تیتوس اعلان‌کنندگان وفاداری باشند، می‌باید در انتقال حقیقت از خود نهایت صداقت را نشان دهند، و «گاه و بی‌گاه» آمادهٔ انجام این کار باشند. پولس به تشریح آموزه‌ای می‌پردازد که می‌باید آن را «صحیح» آموزش داد. این واژه معادل یونانی واژه‌ای است که «سالم» معنی می‌دهد. برعکس، انحراف از آموزهٔ رسولان بیماری‌ای مانند قانقاریا است که به جان بدن می‌افتد.

این تعالیم را نباید به اعضای کلیسا محدود کرد، بلکه گسترهٔ پهناورتری را زیر پوشش قرار می‌دهد. پولس تیموتائوس را تشویق می‌کند تا «کار مبشر را انجام دهد».

ارائهٔ الگو

در این نامه‌ها جنبهٔ قابل‌دیدن حقیقت نیز مورد تشویق قرارگرفته است. پولس به تیموتائوس یادآوری می‌کند که خودش در بسیاری از زمینه‌ها برای او الگو بوده است؛ او از «تعلیم و رفتار و هدف و ایمان و صبر و محبت و تحمل» (یعنی آزارها و رنجهای) خودش و آماده‌بودن برای مرگ می‌نویسد. وی تأکید می‌کند که آنچه هستید بسیار گویاتر از آن چیزهایی است که می‌گویید. باید آنچه را که وعظ می‌کنیم، به‌کار هم ببندیم.

به همین ترتیب، وی تیموتائوس را ترغیب می‌کند تا برای آنانی که جویای هدایتند نمونه‌ای خوب باشد. زندگی تیموتائوس باید در پیشگاه خانواده کلیسا و در نگاه بی‌ایمانان به دور از ملامت باشد. با وجودی که این ترسناک به‌نظر می‌رسد، اما تمرکزش بر «پیشرفت‌کردن» است نه «کامل بودن».

او را تشویق می‌کند تا از بدی بگریزد و در پی دینداری باشد. بدین‌ترتیب، الگوی زندگی دیندارانهٔ او می‌تواند آنانی را که بیرون از کلیسا هستند به‌سویش جذب کند.

امروزه چگونه این نامه‌ها را به‌کار ببریم؟

۴. ***پاکی امری درونی است نه بیرونی.*** هر تفسیر منطقی که از ایمان به عمل می‌آید از طبیعت ظاهری ناشی می‌شود.

۵. ***تمایزات سنی، جنسیتی و طبقاتی هنوز در جماعت‌های مسیحی کاربرد دارند.*** آیه‌ای که برخی از آن به‌عنوان دلیلی برای زدودن این تمایزات بهره می‌جویند (غلاطیان ۳:۲۸) تنها در روابط عمودی ما با خدا کارایی دارد- یعنی تا آنجایی که به خدا مربوط می‌شود، این تمایزات هیچ تأثیری بر شایستگی ما برای نجات ندارند.

۶. ***نیکویی از دیدگاه کلیسا باید برابر با ایدهٔ نیکویی در دنیا باشد و تازه از آن هم فراتر برود.*** این یک اصل بسیار مهم است، چون دنیا را نمی‌توان گول زد. دنیا می‌داند که یک شخص خوب چگونه کسی است، و از کسانی که در کلیسا هستند انتظار خوب‌بودن دارد. مسئولیت ما این است که خوب زندگی کنیم.

۷. ***شخصیت از توانایی مهم‌تر است.*** رهبری کلیسا در کنار مدیر خوب بودن، باید الگوی خوبی هم باشد؛ قابل‌شنیدن‌بودن به تنهایی کافی نیست، باید قابل‌دیدن هم بود.

۸. ***شبانان مسئول وضع گله هستند، نه گوسفندان.*** کتاب‌مقدس هیچگاه گوسفندان را به‌خاطر وضع و حال گله سرزنش نمی‌کند، بلکه این شبان است که باید پاسخگو باشد. من با شبابان زیادی صحبت کرده‌ام که همواره آماده‌اند کلیساها را به‌عنوان مسئول وضعی که دارد مورد سرزنش نمایند، اما خدا همواره شبانان را برای وضعیت گله پاسخگو می‌داند.

۹. ***تعلیم صحیح و سالم نحوهٔ رفتار مارا هم به اندازهٔ ماهیت باورمان زیر پوشش قرار می‌دهد.*** در کلام خدا آموزهٔ صحیح به معنای باوری است که جامهٔ رفتار بر تن پوشیده است.

۱۰. ***کلیسا یک خانواده است اما روی زمین پدری ندارد.*** پدر کلیسا آسمانی است. همهٔ کسانی که در کلیسا هستند- اعم از رهبر و عضو عادی- با هم برادرند. این خیلی مهم است. ما خوانده نشده‌ایم تا همدیگر را «پدر» خطاب کنیم.

۱۱. ***پرداخت وجوه خیریه به اعضای کلیسا باید به افراد خاصی تعلق گیرد.*** قرار نیست که ما مسئولیت همه را در کلیسا بر عهده بگیریم. کلام خدا به ما می‌گوید که اگر خانوادهٔ بیوه‌زنی توانایی نگهداری از وی را دارد، کلیسا نباید زیر بار مسئولیت او برود. اعانه دادن به همه یک‌جور نوع‌دوستی به گمراهی کشیده شده است. به کلیسا گفته شده که مراقبت از آن بیوه‌زنانی را بر دوش بگیرد که کسی را ندارند که از ایشان نگهداری نماید. کلیسا باید نسبت به روش مراقبت از نیازمندان حساس باشد.

۱۲. ***شخصیت کلیسا بازتاب شخصیت رهبران آن است.*** اعضا چه بخواهند و چه نخواهند، از رهبران کلیسای خود پیروی می‌کنند.

۱۳. اگر نامه‌های تیموتائوس و تیتوس تنها یک چیز به ما می‌آموزند، آن بزرگ‌ترین نبردی است که کلیسا از درون با آن روبه‌رو است. امروزه باید برای حقیقت انجیل در برابر انحرافات نامحسوس به چهار دلیل ویژه بستیزیم. این خطرها انجیل را تهدید می‌کنند:

- *سیاست‌زدگی*- پادشاهی خدا به‌عنوان برنامه‌ای اجتماعی تنها برای این جهان
- *زنانه‌کردن*- به تصویر کشیدن خدا به‌صورت مادری فداکار به‌جای پدری تنبیه‌کننده
- *نسبیت‌گرایی*- بدون هیچ تمایز و تبعیض خاصی راستین و دروغین، درست و غلط
- *التقاط‌گرایی دینی*- آمیختن با دیگر باورها زیر نام ادیان دنیا.

این مستلزم کارکردن در دو جهت است: تشریح راستی و افشای ناراستی.

از رنج تا جلال

۵۳ـ عبرانیان
۵۴ـ یعقوب
۵۵ـ اول و دوم پطرس
۵۶ـ یهودا
۵۷ـ اول، دوم و سوم یوحنا
۵۸ـ مکاشفه
۵۹ـ سلطنت هزار ساله

۵۳

عبرانیان

مقدمه

دشوار یا دلپذیر؟

در میان خوانندگان امروزی کتاب‌مقدس این عقیده پیرامون نامه به عبرانیان وجود دارد که این نامه خیلی بخش بخش است. برخی آن را دشوارترین نامهٔ عهدجدید می‌یابند. این تا اندازه‌ای بدین‌خاطر است که از نگاه غیریهودیان این نامه خیلی یهودی است، و با جزئیات به توصیف قربانی‌ها، مذبح و امور مربوط به کاهنان می‌پردازد. داشتن درکی درست از عبرانیان مستلزم آشنایی با نوشته‌های عهدعتیق، به‌ویژه کتاب لاویان است که اکثر غیریهودیان فاقد چنین‌شناختی هستند. به علاوه، در عبرانیان بحث‌هایی مطرح می‌شود که برای ذهن امروزی به‌کلی بیگانه است. چه کسی به فرشتگان و نسب‌نامه‌ها اهمیت می‌دهد؟ چنین موضوعاتی به ندرت حتی در میان مسیحیان مطرح می‌شود.

وانگهی، یونانی نامه به عبرانیان بسیار پیچیده است، به طوری که در سطحی گسترده آن را بهترین متن یونانی عهدجدید دانسته‌اند. عهدجدید به زبان یونانی koine یعنی زبان کوچه و بازار نوشته شد نه یونانی کلاسیک، یا زبان دانشگاهی. اما عبرانیان بیش از هر یک از کتاب‌های عهدجدید به نثر یونانی کلاسیک نزدیک است. این نثر فاخر حتی در ترجمه انگلیسی هم بازتاب یافته است، و برای برخی مانع ایجاد کرده است.

اما عبرانیان حامیان خود را دارد. برخی می‌گویند که دلپسندترین کتاب در کل کتاب‌مقدس است. و معمولاً به یکی از سه دلیل زیر دوستش می‌دارند از خواندنش کیف می‌کنند.

فصلی باشکوه در باب ایمان

این باب شبیه به قدم‌زدن در یک آرامگاه بزرگ است، گویی خواننده به گذشته و زندگی قهرمانان بزرگ ایمان نگاه می‌کند. برای آنانی که مباحث مفصل باب‌های پیشین را قدری دشوار می‌یابند، باب ۱۱ تسلی‌بخش است. سرانجام خواننده چیزی می‌یابد که بتواند با آن خود را تطبیق دهد.

پرتوفکنی بر عهدعتیق

عبرانیان به این پرسش می‌پردازد که عهدعتیق و عهدجدید چگونه می‌توانند به هم ربط پیدا کنند. تشریح می‌کند که چگونه باید با شریعت موسی روبه‌رو شویم، پرده از رابطهٔ ایمان مسیحی با مناسک آیینی معبد بر می‌دارد و نشان می‌دهد که چگونه قوم خدا وارد دوران جدیدی از رابطه با خدا شده‌اند. به معنای دقیق کلمه الگوهای تفسیری بسیاری برای درک ما مسیحیان از عهدعتیق ارائه می‌نماید.

آنچه که پیرامون مسیح به ما می‌گوید

همهٔ آنانی که عیسی را دوست می‌دارند، عبرانیان را هم دوست دارند چون این کتاب بیش از هر کتاب دیگر عهدجدید بر سیمای او نور می‌افکند. واژهٔ مورد علاقهٔ نگارندهٔ عبرانیان «بهتر» است. عیسی به جای «بهترین» به‌عنوان «بهتر» مطرح می‌شود (هرچند «بهترین» هم صحت دارد)، چون او با جایگزین‌هایی مقایسه می‌شود که برای خوانندگان اولیهٔ نامه از جذابیت کمتری برخوردارند. عیسی بهتر از فرشتگان، بهتر از انبیا، بهتر از همهٔ واسطه‌های دیگر است.

عقایدی مبنی بر اینکه این کتاب دشوار یا دلپذیر است در واقع، مواضع افراطی هستند که نکتهٔ اصلی نامه را نادیده گرفته‌اند. کلید واقعی نامه به عبرانیان این پرسش است: «چرا نوشته شد؟» گرچه یافتن پاسخ این پرسش قدری پیچیده است، اما به مجردی که آن را پیدا کنید، کل نامه یک‌باره برای‌تان باز می‌شود.

هویت نگارنده

اما پیش از آنکه به چرایی نگارش این نامه نگاهی بیندازیم، لازم است در مورد هویت نگارنده آن دست به کاوش بزنیم. دانشمندی آن را «معمای عهدجدید» نامیده است، زیرا تنها کتاب عهدجدید است که هویت دقیق نگارنده‌اش علناً ناشناخته باقی مانده است. در این باره همه‌گونه گمانه‌زنی انجام پذیرفته است. برخی از نسخه‌های قدیمی‌تر ترجمهٔ کینگ جیمز عنوان آن را «نامهٔ پولس به عبرانیان» گذاشته‌اند، اما این تنها گمانی بیش نیست. من فکر نمی‌کنم

که پولس آن را نوشته باشد. نه سبک نامه سبک اوست و نه زبان و واژگانش. دیگران چنین پیشنهاد کرده‌اند که شاید نویسندهٔ آن برنابا بوده است، چراکه در لابلای صفحات آن به جملات تشویق‌آمیز بسیاری برمی‌خوریم. برخی دیگر می‌گویند استیفان، و سایرین می‌گویند سیلاس یا آپولوس آن را نوشته‌اند. نظریهٔ دیگری وجود دارد که پریسکیلا را نگارندهٔ نامه می‌داند، و عدم اشاره به نام نگارنده را هم بدین‌خاطر می‌دانند که وی یک زن بوده، هرچند من این نظریه را بسیار بعید می‌دانم. در نهایت باید ـ هم‌آوا با اوریجن اسکندریه‌ای، پدر بزرگ کلیساـ بگویم که تنها خدا می‌داند که این نامه را چه کسی نوشته است!

نامه به کجا فرستاده شد؟

همچنین در مورد مقصد نامه تردید وجود دارد. تنها اشاره‌ای که به مخاطبان می‌شود «به عبرانیان» است که به سختی می‌توان هویت گیرندگان را از روی آن مشخص نمود! باز در این مورد نظریات بسیار است. برخی می‌گویند که به مقصد اسکندریه نوشته شده، و دیگران می‌گویند انطاکیه یا اورشلیم یا افسس مقصد نامه بوده است. نمی‌توانیم اطمینان داشته باشیم، اما درست در پایان نامه یک سرنخ وجود دارد. نویسنده می‌گوید:«آنان که از ایتالیا هستند، به شما سلام می‌گویند». پس به گمان من استدلالی معقول خواهد بود اگر بگوییم که این نامه به ایتالیا فرستاده شده، که حاکی از آن است که مقصد نامه کلیسای رُم بوده.

با وجود این، می‌توانیم به صراحت بگوییم که نامه به عبرانیان اندکی پس از نامه به رومیان نوشته شده، چون عبرانیان به نکات خاصی اشاره می‌کند که هنوز، یعنی زمانی که پولس به رومیان نامه می‌نویسد، روی نداده‌اند. پس فرض من بر این است که نامه به عبرانیان خطاب به مسیحیان رُم، و با توجه به‌عنوانش پیداست که به نیمی از اعضای کلیسا که یهودی‌تبار بوده‌اند، نوشته شده. اما این پرسشی نیز به‌وجود می‌آورد: «چرا نیمی از کلیسا به چنین نامه‌ای نیاز پیدا کرده‌اند؟»

نامه در چه زمانی نوشته شد؟

روشن است که نخستین رهبران کلیسا در رُم مرده‌اند، چون نویسنده تقریباً در انتهای نامه می‌گوید: «رهبران خود را... به یاد داشته باشید». معبد و قربانی‌هایش هنوز برقرار بودند، چون نویسنده در مورد آنها با زمان حال سخن می‌گوید. بنابراین، باید آن را پیش از سال ۷۰ م.، یعنی هنگام ویرانی معبد و متوقف‌شدن قربانی‌ها، نوشته باشد. پس عبرانیان پس از رومیان در سال ۵۵ م. و پیش از ۷۰ م. نوشته شده است.

نرون

علت نگارش نامهٔ مزبور زمانی روشن می‌شود که رویدادهای در خلال این دوره را مورد ملاحظه قرار دهیم. از زمانی که پولس نامه به رومیان را نوشت اوضاع به‌طرز قابل‌ملاحظه‌ای

دگرگون شده بود، که عمده‌اش ناشی از نشستن نرون بر تخت امپراتوری روم بود. در بررسی‌مان از نامه به رومیان (نک. باب ۴۷ کتاب) خاطرنشان ساختیم که در دورهٔ زمامداری کلودیوس، یعنی در اوایل دههٔ ۵۰ م. و پیش از آنکه پولس نامه‌اش را به رومیان بنویسد، حدود ۱۰/۰۰۰ یهودی از رُم تبعید شدند. (در همین مقطع تاریخی بود که بنا به گزارش اعمال، آکیلا و پریسکیلا به قرنتس گریختند.) در نتیجه ترکیب جمعیتی کلیسای رُم به‌طرز فزاینده‌ای غیریهودی‌تبار می‌شد و این روند تا زمانی ادامه داشت که یهودیان پس از مرگ کلودیوس در سال ۵۴ م. به رُم بازگشتند و میان ایمان‌داران یهودی‌تبار و آنانی که از زمینهٔ غیریهودی آمده بودند و اکنون رهبری جماعت را بر عهده داشتند، تنش‌هایی بروز کرد. در بررسی‌مان از نامه به رومیان دیدیم که پولس به منظور کمک به یهودیان برای دوباره همبسته‌شدن با برادران غیریهودی‌تبارشان دست به قلم برد.

اما فرمانروایی نرون دوره‌ای بود که کلیسا متحمل رنج‌های بسیاری گشت. نرون، مانند هیتلر، در آغاز کار خود دست به اقدامات خوبی زد. اگر زندگی هیتلر را بخوانید، درمی‌یابید که او آلمان را از بی‌کاری و تورم نجات داد، جاده‌های بزرگ احداث کرد، و دستور تولید فولکس واگن بیتل را به‌عنوان «خودروی ملی» داد. به همین ترتیب، زمانی که تاریخ زندگی نرون را می‌خوانید او را در حالی می‌یابید که در آغاز برای رُم دست به کارهای خوب بسیاری زد. او به پند دیگران گوش می‌داد و می‌توانست خردمندانه فرمانروایی کند. اما کار به جایی رسید که نرون دیگر به حرف هیچ‌کس گوش نداد و دیکتاتور شد. همان‌گونه که هیتلر می‌خواست برلین را بازسازی کند، نرون هم قصد بازسازی رُم را در سر داشت. او افکار عجیب و غریبی در سر داشت؛ می‌خواست همه چیز را فروریزد و به جایش بزرگ‌ترین و بلندترین عمارت‌هایی را که تا آن زمان ساخته شده بودند، برپا نماید. در یک کلام، تبدیل به یک خودبزرگ‌پندار شده بود، و در این میان مسیحیان بیش از هر قشر دیگری رنج و آزار دیدند و بسیاری از ایشان به دست نرون کشته شدند.

در نامه به رومیان هیچ اثری از جفا مشاهده نمی‌شود. کلیسا باید با بی‌بندوباری حاکم بر رُم بجنگد، اما هیچ اشارهٔ مستقیمی به آزار و اذیت نیست. اما در نامه به عبرانیان بخشی هست که از نوعی آزار سخن می‌گوید که خوانندگان اصلی نامه پیش‌تر متحمل آن شده بودند. هنوز هیچ‌یک از ایشان شهید نشده بودند، که یعنی اکنون در میانه دوران فرمانروایی نرون قرار داریم. خانه‌های‌شان در حال ویران‌شدن بود. دارایی‌های‌شان را مصادره می‌کردند. برخی از ایشان به زندان افتاده بودند ــ از این جهت است که در اواخر نامه از به یاد داشتن «آنانی را که در زندانند» سخن به میان می‌آید. در میان کسانی که زندانی و پس از مدتی آزاد شده، به نام تیموتائوس برمی‌خوریم. پس مسیحی‌بودن در آن دوره کار بسیار دشواری بوده است. در این مقطع هنوز به بهای از دست دادن جان‌شان تمام نمی‌شد، اما بهای مسیحی‌شدن از کف‌دادن همهٔ دار و ندارشان بود.

ایمانداران یهودی‌تبار

البتـه ایـن برای همهٔ ایمانداران، خواه یهودی‌تبار و خـواه غیریهودی‌تبار اتفاق می‌افتاد، پس چرا این نامه منحصراً خطاب به ایمانداران یهودی‌تبار نوشته شد؟ پاسخ بسیار ساده است و کل نامـه را توضیح می‌دهد. بـرای یهودیان راه گریز از آزار و جفا باز بود، در حالی‌که ایمانداران غیریهودی‌تبار چنین مفری نداشتند. ایمانداران یهودی‌تبار با برگشت به کنیسه می‌توانستند از دردسر رهایی یابند. در این دوره مسیحیت غیرقانونی بود، اما یهودیت هنوز قانونی شمرده می‌شـد و کنیسـه‌ها رسمـاً «به ثبت رسیده بودند». کلیسا مانند دوران حاکمیت کمونیسـم در روسـیه و چیـن، و البتـه برخی از کشورهای اسلامی امروزی، به صـورت زیرزمینی فعالیت می‌کرد.

پس ایمانداران یهودی‌تبار امکان بازگشت به کنیسـه و حفظ خانواده‌های خویش از آزار و اذیت رومی‌ها را داشتند. حتی می‌توانستند ادعا کنند که به‌سوی همان خدا بازگشت کرده‌اند. اما بهای انجام این کار- در حقیقت، تنها راه برای برگشت آنها به کنیسه یهود- انکار ایمان به عیسی در ملا عام بود. وضعیت دشواری بود. آنان پیرامون عیسی شنیده و ایمان آورده بودند که او خود ماشیح است. اما اکنون که به کلیسا پیوسته‌اند می‌بینند که فرزندان‌شان در مدرسه مورد آزار قرار می‌گیرند، بیوه‌زنانشان زیر فشار زندگی له می‌گردند و دارایی‌شان را مصادره می‌کنند. می‌دانسـتند که اگر خانواده‌های‌شـان را به کنیسـه بازگردانند، در امان خواهند ماند. اما ناگزیر بودند در برابر کنیسه بگویند: «من ماشیح‌بودن عیسی را انکار می‌کنم».

پس این نامه در وهلۀ نخست خطاب به ایمانداران یهودی‌تباری نوشته شـد که زیر فشار جفا و آزار قرار داشتند. نگارنده برای برانگیختن ایشان به ایستادگی از استعاره‌های دریانوردی بهـره می‌جویـد- «این امید به‌منزلۀ لنگری محکم و ایمن برای جان ماسـت. آن را بالا نکشید و سـرگردان نشـوید. بادبان‌های‌تـان را پایین نکشـید»- که این احتمـال را برمی‌انگیزد که وی پیشینه‌ای دریانورد داشته است.

نصیحت و تفسیر

وی در پایـان می‌گویـد که «به اختصار کلامی نصیحت‌آمیز» نوشته است. یقیناً این نامه نامه‌ای نصیحت‌آمیز است، اما چندان هم مختصر نیست! نصیحت‌نامه‌ای بسیار عملی است. سـر آن نـدارد که بدیشـان تعلیم بدهد، بلکه می‌کوشـد تا جلوی بازگشـت آنان را به کنیسه بگیرد. هر آنچه که از ابتدا تا انتها می‌گوید با هدف برطرف‌کردن همین مشـکل است. وی از هر دری وارد می‌شـود. دست به دامان‌شان می‌شود، بدیشان هشدار می‌دهد، به نرمی اما مقتدرانه سخن می‌گوید. از هر اسـتدلالی که می‌توانـد بهره می‌گیرد، چون می‌ترسـد که اگر به یهودیت بازگشت نمایند، نجات‌شان را از کف بدهند.

توجه به این استدعای سرشار از احساس نمی‌گذارد که متوجه تفسیرهای تعلیمی کتاب شویم. من از واعظان بسیاری شنیده‌ام که این کتاب را به‌گونه‌ای تفسیر می‌کنند که گویی محتوای کتاب یک بررسی پیرامون مسیح بوده، و عنصر کاربردی را به‌کلی نادیده می‌گیرند. سراسر نامه خوانندگان را به انجام راه کاری تحریض می‌نماید. درخواست او هم مثبت است و هم منفی: «خواهش می‌کنم بازنگردید، بلکه به راه خود ادامه بدهید.»

داستانی حقیقی در مورد کسی وجود دارد که در غارهای یورکشیر درگذشت. پزشک قانونی در برگهٔ تحقیق خود چنین نوشت: «اگر او به تحرک ادامه می‌داد، اکنون زنده بود.» در عوض وی در همان جایی که بود نشست و تکان نخورد، و دچار هیپوترمیا (کاهش غیرطبیعی دمای بدن– م.) شد. پیام نامه به عبرانیان این است: «به حرکت خود ادامه بدهید!»

اما لحن کلام سرزنش‌آمیز نیست. نویسنده با خوانندگانش همذات‌پنداری می‌کند. می‌گوید: «بیایید ادامه دهیم»، خودش را دوشادوش آنان قرار می‌دهد. در حقیقت، خودش را یک پاراکلیت می‌خواند (این عنوانی است که در انجیل یوحنا به روح‌القدس داده شده و به معنای «حامی، تقویت‌کننده» است). می‌توانیم او را در ذهنمان به صورت کوه‌نوردی مجسم نماییم که در مسیر صعود بازمی‌گردد و به کمک کسی می‌رود که در انتهای طناب قرار دارد و با او همراه می‌شود و کمکش می‌کند تا به قله برسد.

نامه به عبرانیان از الگویی استفاده می‌کند که برای عهدجدید نامتعارف است، چراکه نگارنده پیوسته از تفسیر به نصیحت و تشویق تغییر موضع می‌دهد. (اکثر کتاب‌های عهدجدید نخست به تعلیم می‌پردازند و بعد به کاربرد.) او پیوسته استدلال می‌کند و درخواست می‌نماید، و نسبت استدلال و درخواست مدام تغییر می‌کند.

در باب‌های ۱ و ۲ استدلالی بلند داریم و درخواستی کوتاه. اما به‌تدریج همین‌طور که به خواندن ادامه می‌دهیم از سهم استدلال‌ها کاسته و بر درخواست‌ها افزوده می‌شود، تا باب ۱۱ که اندکی تفسیر می‌کند و باقی باب و نیز باب‌های ۱۲ و ۱۳ به درخواست اختصاص می‌یابد. پس در آغاز نامه نگارنده بیشتر به استدلال و کمتر به درخواست می‌پردازد، و هرچه به پایان نامه نزدیک می‌شویم برعکس می‌شود. یکی از دلایل دشواربودن فهم بخش‌های آغازین نامه هم همین است.

بخش‌های درخواستی با این عبارت انباشته است: «بیایید...» برای مثال: «بیایید مسائل دست و پا گیر را کنار گذاشته بدویم و به‌سوی عیسی چشم بدوزیم»؛ «بیایید ادامه بدهیم»؛ «بیایید به اتمام رسانیم»؛ «بیایید برای بردن جایزه پیش برویم». «بیایید...» ۱۳ بار در کل نامه به‌کار برده شده که هشت بارش در انتهای آن است. درخواستی شخصی و بسیار تقویت‌کننده که همه حتی افراد سخت‌دل را هم برمی‌انگیزاند.

اکثر استدلال‌ها از عهدعتیق، که تنها کلام خدا در آن زمان (البته جدای از نامه پولس به رومیان) بود، اقتباس شده‌اند. پس ایمانداران یهودی‌تبار این استدلال‌ها را به راحتی می‌پذیرفتند.

نگارنده با عهدعتیق به دو شیوه برخورد می‌کند: به شیوهٔ منفی، یعنی مقایسهٔ زندگی فرومایه عهدعتیقی با بهره‌مندی از زندگی عهدجدیدی؛ و به شیوهٔ مثبت، یعنی توجه به تداوم میان عهدعتیق و عهدجدید و نمونه‌های بسیاری که می‌توان بدان‌ها تأسی جست. به قول آگوستین: «جدید در قدیم نهفته است، قدیم در جدید مکشوف شده است.»

زبان و ساختار

درک لحن و ساختار عبرانیان برای خیلی‌ها دشوار است. نمودار صفحهٔ بعد می‌تواند به ما کمک کند. این نمودار طرحی کلی از شکل باب‌های ۱-۲ به ما می‌دهد، و نشان‌دهندهٔ تقسیم‌بندی میان آسمان و زمین است. خدا در آسمان کلام خویش را از طریق فرشتگان و پیامبران به صورت تکه تکه فروفرستاد. شما می‌توانید از تکه‌های جدا از هم عهدعتیق کل زندگی عیسی را بازسازی کنید. درست مانند جورچینی (پازل) است که برای نخستین بار از جعبه درآورده باشید. پیامبران کلام خدا را به مردم رسانیدند، اما در واقع، این کلام برای‌شان مرگ به ارمغان آورد، زیرا کلام شریعت هلاکت‌آفرین است.

سپس می‌بینیم که چگونه «در این زمان‌های آخر به‌واسطهٔ پسر خود که مرد، با ما سخن گفت.» پسر به‌واسطهٔ رسولان با ما سخن گفته است. ما در عهدعتیق کلام انبیا را داریم و در عهدجدید کلام رسولان را.

عیسی انسان شد، مرد و سپس به‌عنوان پیشگام ما به آسمان بازگشت. در نامه به عبرانیان «پیشگام» عنوانی مطلوب برای عیسی به شمار می‌رود. به معنای «پیشاهنگ یا پیشرو» است، یعنی کسی که پیشاپیش ما می‌رود تا از پی‌اش روان شویم. او همهٔ این کارها را کرد تا ما از پی او به آسمان برویم. همچنین به ما می‌گوید که اکنون وی بالاتر از فرشتگان جای دارد. تا پیش از صعود عیسی هرگز انسانی نبوده که از فرشتگان برتر باشد. از همین جایگاه رفیع است که روح‌القدس موعود را بر ما نازل فرموده و توانایی انجام معجزات را عطا کرده است. بنابراین، انسان می‌تواند از پیشتاز این راه پیروی نموده به جایگاهی که بالاتر از جایگاه فرشتگان است برسد، و در میان خیل فرزندانی که عیسی برای جلال یافتن در نظر گرفته است، جای گیرد. پس قرار بر این است که ایمانداران برتر از فرشتگان قرار داده شوند و فرشتگان ایشان را خدمت نمایند.

شکل و ترکیب باب‌های ۴-۱۰ قدری پیچیده‌تر است. باید به خاطر داشته باشیم که در اندیشهٔ عبرانی خط سیری افقی و زمان-محور وجود دارد؛ خطی که از گذشته آغاز شده، با گذر از اکنون به‌سوی آینده امتداد می‌یابد. در حالی‌که اندیشهٔ یونانی اندیشه‌ای مکان-محور است- خط سیری عمودی میان آسمان و زمین. نامه به عبرانیان هر دو دیدگاه را به هم آمیخته، و از این روست که درک طرح کلی صفحه بعد ممکن است دشوار به نظر برسد.

گذشته
حال
آینده
عهدعتیق
عهدجدید
خدا
کلام
فرشتگان
(خادمین)
انبیا
انسان
(مرگ)
پدر
کلام
پسر
(مرگ)
رسولان
ع.ج.+ع.ع.
آسمان
زمین
پیش رو
پدر و پسر
فرشتگان
وعده
روح‌القدس
(معجزات)
انسان
(نجات)
(کتب مقدس)
پسران بسیار به جلال می‌رسند
پدر، پسر
روح‌القدس
انسان
(زندگی)
فرشتگان
آسمان جدید
زمین جدید
عبرانیان ۱-۲

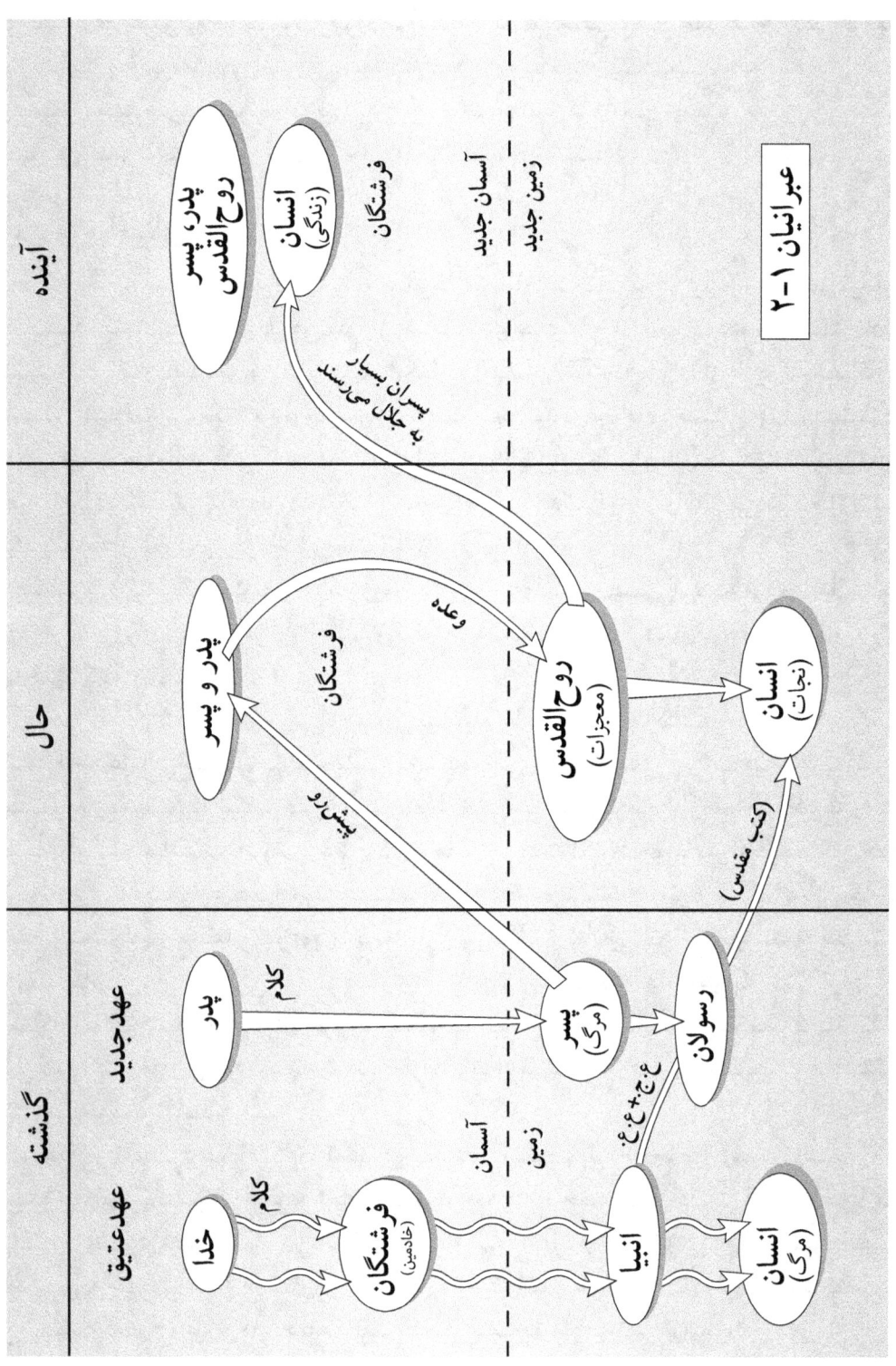

پس ما یک خط عمودی داریم که از آسمان به زمین، یعنی از جهان نادیدنی به دیدنی کشیده شده، و و یک خط افقی زمان- محور که از عهدعتیق به عهدجدید امتداد یافته. همهٔ اینها در صلیب با هم تلاقی می‌کنند. ایمان ما را از زمین به آسمان و از عهدعتیق به عهدجدید می‌برد. ایمان ما را از گذشته و زندگی زمینی به آینده و زندگی آسمانی می‌رساند. کادر پایین سمت چپ به ما یادآوری می‌کند که می‌توان به مسیر دیگر بازگشت. می‌توان از عهدجدید به عهدعتیق برگشت؛ می‌توان دوباره از آسمان به زمین برگشت.

قربانی‌های قدیم باید مرتباً تکرار می‌شد؛ اما قربانی جدید یک‌بار برای همیشه بود. کاهنان قدیم اکنون به کنار گذاشته شده‌اند؛ یک کاهن، عیسی با کهانتی از نوع کهانت ملکیصدق، اکنون متصدی این مقام است. قدس‌الاقداس قدیم که در خیمهٔ اجتماع بسته جای داشت، و قدس‌الاقداس جدیدی تختی است که برپا شده و باز است- اکنون می‌توان سراست وارد قدس‌الاقداس شد.

اکنون اجازه بدهید با دقت و موشکافی بیشتر به کتاب نگاهی بیندازیم تا از مضمون کلی آن درکی درست به‌دست آوریم.

مقایسهٔ منفی (باب‌های ۱ - ۱۰)

به گذشته بازنگردید

نگارنده در باب‌های ۱-۱۰ قیاسی میان عهدعتیق و عهدجدید، میان یهودیت و مسیحیت ترسیم می‌کند. استدلال او بسیار ساده است. اکنون شما سوار یک رولزرویس هستید؛ آیا می‌خواهید برگشته سوار یک ژیان قراضه شوید؟ آیا می‌خواهید برای شستشوی تن خود آب را درون کتری ریخته، با هیزم و خاشاک گرم کنید و بعد توی یک بشکه بریزید و استحمام کنید؟ کدام آدم احمقی است که با در دست داشتن بهترین امکانات از این وسایل استفاده کند؟ سخن او این است که بازگشت به یهودیت به معنای بازگشت به وضعیتی پست‌تر است. بنابراین، در باب‌های ۱-۶ چنین استدلال می‌کند که داشتن پسر خدا بهتر از داشتن خادمان خداست.

مقایسهٔ پسر با خادمان (باب‌های ۱-۶)

پیامبران (۱:۱-۳)

برخی از محققان نخستین جملهٔ نامه به عبرانیان را از لحاظ ساختار، آهنگ و زیبایی بهترین عبارت یونانی عهدجدید می‌دانند. آن را با نظر مساعد با آیات مشهورتر پیدایش ۱:۱ و یوحنا ۱:۱ مقایسه می‌کنند. این آیه هم استمرار با عهدعتیق (خدا سخن گفته) و هم مقایسه با آن (به‌واسطهٔ پسر خود) را دربرمی‌گیرد.

عبرانیان ۴-۱۰
زمان (عبرانی)
مکان (یونانی)
روح
زندگی
جوهر
آسمانی
نادیدنی
واقعی
اطمینان
ایمان
قدس‌الاقداس
تخت باز
کاهن
یکی: عیسی
(ملکیصدق)
قربانی
یک‌بار برای همیشه
(اطاعت)
وعده‌ها
بهتر
(انجیل، ایمان)
عهدعتیق
عهد
دوران شریر حاضر
عهدجدید
وعده‌ها
دوران آینده
وعده‌ها
مشروط
(شریعت، اعمال)
قربانی‌ها
تکرارشدنی
(بی‌گناهی)
کاهنان
بسیاری: لاویان
(هارون)
قدس
خیمهٔ اجتماع بسته
جسم
مرگ
سایه‌ها
بدلی
ارتداد
سقوط
زمینی
دیدنی

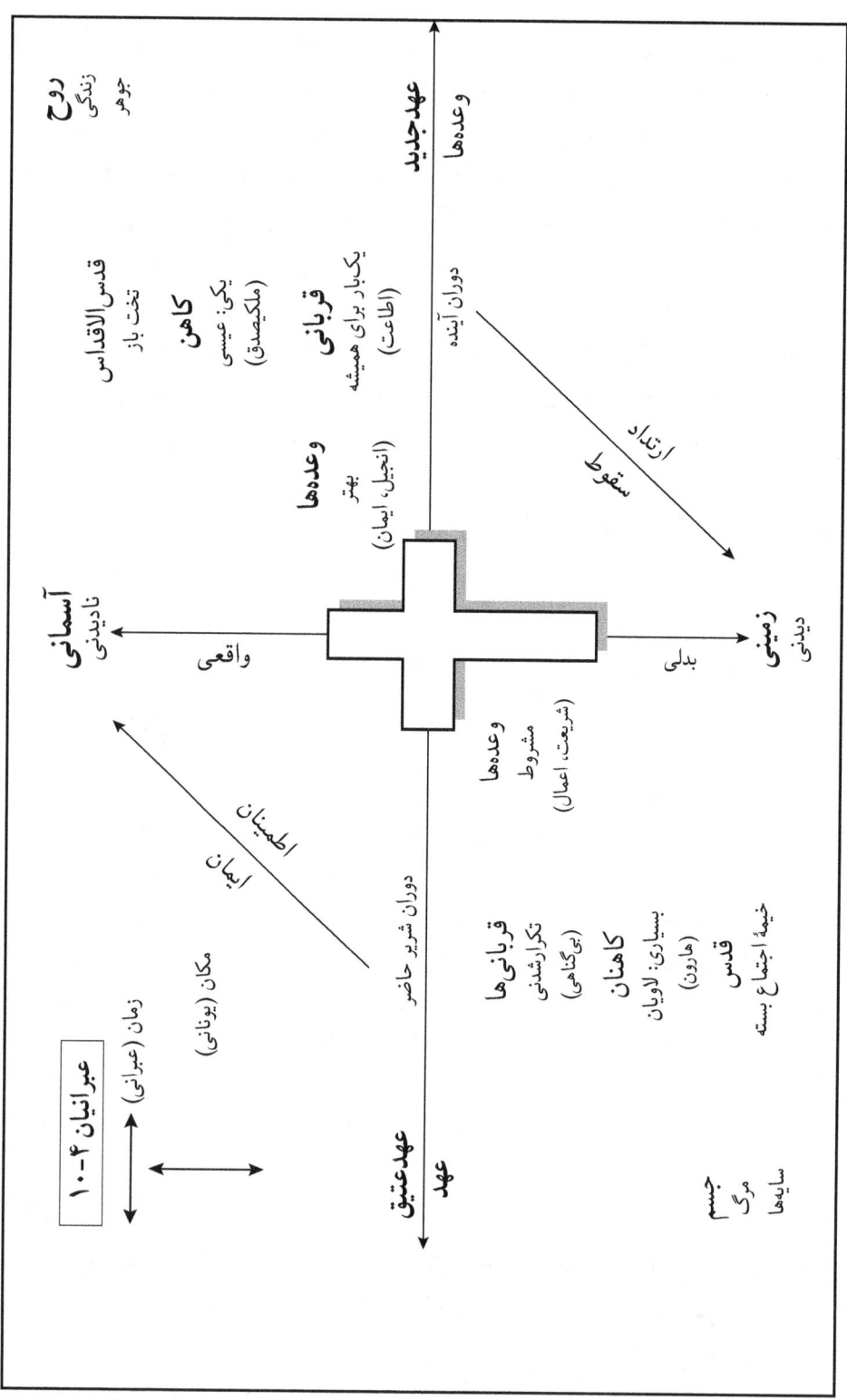

نخست نگارنده به «کلام قدیم» انبیا، از موسی تا ملاکی نگاهی می‌اندازد. این کلمات بدین قرارند:

الف) *پاره‌های بسیار*. آنها مانند تکه‌ای پازل هستند. عاموس به عدالت می‌پردازد، هوشع به رحمت و اشعیا به قدوسیت. اما هرکدام دربرگیرندۀ پیش‌گویی‌هایی در مورد مسیح‌اند.

ب) *اشکال بسیار*. تصاویر روی در جعبه‌های «جورچین» هم گوناگونند. این گوناگونی شامل نثر، نظم، پیش‌گویی، تاریخ، مَثَل، قانون، ترانه‌های عاشقانه و رؤیاها می‌شود. برقراری ارتباط از طریق آدم‌های عادی اعم از زن و مرد و در طیفی گسترده از لحاظ پیشینۀ اجتماعی انجام گرفته است.

سپس نگارنده این شیوه‌های پیشین را با «کلام جدید» مقایسه می‌کند. می‌گوید که در این «زمان‌های آخر» (یعنی در این دوران بازپسین تاریخ، از زمان آمدن مسیح) خدا واپسین وسیلۀ ارتباطی را در اختیار ما قرار داده است. این «کلام» به ما که ایماندار هستیم اعطا گردیده. این بار دیگر کلام تکه تکه نیست بلکه «به‌واسطۀ پسر» آورده شده است.

(الف) آفرینش

I. *او در پایان همه چیز را در دست خواهد گرفت*. خدا عیسی را وارث همه چیز قرار داد. پس روزی پسر همه چیز را خواهد داشت. مزمور ۲:۸ از قوم‌هایی سخن می‌گوید که هم‌ارث با او خواهند بود. پس آن کسی که در پایان نخستین دیدارش از زمین بر جامه‌اش قرعه افکندند، باز خواهد گشت و بر همۀ پادشاهی‌ها و مردمان فرمانروایی خواهد کرد.

II. *او در ابتدا همه چیز را ساخت*. این پسر آغازگر همه چیز است. او تنها یک نجار حقیر نبود، بلکه در آغاز جهان به‌عنوان آفریننده حضور و برای خلقت جهان ابتکار عمل و تصمیم‌گیری را در دست داشت.

III. *در این اثناء همه چیز را نگاه می‌دارد*. در حالی‌که وی بر زمین حضور داشت، قدرت خود را با «فرونشاندن توفان» نشان داد. وی با رستاخیزش از مردگان، سکان جهان هستی را در دست دارد و همه چیز را نگاه داشته است.

(ب) آفریننده

I. ما *بازتاب فروغ* او را می‌بینیم. همان‌گونه که آفتاب پرتو فروغ خود را از خورشید می‌گیرد، جلال او نیز در پسرش متجلی است. جلال بخشی از وجود ذاتی اوست.

II. او *مهر (خاتم) ذات (جوهر) خدا* است. همان‌گونه که مهر حاوی نشان است، به همین ترتیب مسیح هم نشان خدا را بر خود دارد. زمانی که عیسی را می‌بینیم، خود خدا را می‌بینیم.

(پ) آفریده

I. نجات‌دهنده بر صلیب. به‌رغم همهٔ چیزهایی که گفتیم، این پسر پرجلال بر صلیب مرد. با این کار تطهیر از گناهان را به انجام رسانید. این بار او این کار را با عمل خود انجام داد نـه بـا کلام، چراکه اجازه داد قربانی‌اش کنند. این کار خـودش بود. در این کار حتی پدرش خدا هم نمی‌توانست با او همراهی نماید.

II. خداوند تاجدار. اما او مـرده باقی نماند. از مردگان برخاست و جلال یافت. او خداوند است، برتر از همه، و سکان هدایت جهان را در دست دارد- سرور سلامتی، نبی، کاهن و پادشاه بر دست راست خدا. این جایگاه متعالی عیسی نگارنده را به‌طور طبیعی به بخش بعدی رهنمون می‌شود، آنجایی که پسر را با فرشتگان مقایسه می‌نماید.

فرشتگان (۱:۴-۲:۸)

کلام خدا فرشتگان را موجوداتی آسمانی، روحانی و فراطبیعی توصیف می‌کند که مرتبه‌ای برتر از انسان‌ها و فروتر از خدا هستند. ایشان در مرتبهٔ آفرینش برترین مخلوقات به شمار می‌روند. گرچه در یهودیت از حرمت برخوردار بودند، نگارنده چنین استدلال می‌کند که ایشـان صرفاً خادمان خدا هسـتند. او از خوانندگانش می‌پرسد: «آیا می‌خواهید به مرتبه‌ای بازگردید که تنها واسطهٔ ارتباط‌تان با آسمان فرشتگان بودند؟ شما پسر را دارید- دیگر نمی‌توانید به خدا نزدیکتر از این بشوید.» یهودیان برای فرشتگان، به‌عنوان واسطه یا پیام‌آور الاهی، جایگاهی بسیار رفیع قایل بودند. با این‌حال، مسیحیان چندان علاقه‌ای به اندیشـیدن به فرشتگان ندارند. بنابراین، نگارنده لازم می‌بیند که مسیح را با فرشـتگان مقایسـه نماید، تا خوانندگان هر دو طرف را در جایگاهی که سزاوار است ببینند.

(الف) اکنون- او با فرشتگان همنشین و همرتبه نیست (۱:۴-۱۴)

مقام مسیح فراتر و برتر از فرشتگان است. نگارنده این حقیقت را با یک سلسله پرسش‌ها و نقل‌قول‌هایی از عهدعتیق به ثبوت می‌رساند.

(ب) گذشته- او به‌واسطهٔ فرشتگان سخن نگفت (۲:۱-۴)

سخنان فرشتگان در قدیم الزام‌آور بودند، زیرا اقتدار الاهی به همراه داشتند. این طریقهٔ جدید برقراری ارتباط حتی از آن هم جدی‌تر است.

I. ارتباط مستقیم. این ارتباط در سطحی افقی برقرار می‌شود. کلام را رسولان، که شاهدان عینی مسیح بودند، در اختیار پیروان قرار دادند. آنان پیامی را که اعلان کردند، خود دیده و شنیده بودند.

II. تأیید الاهی. در عین‌حال، این نحوهٔ ارتباط صرفاً «انسانی» هم نبود، بلکه آیات، عجایب و معجزات این کلام را تأیید می‌کردند. از این‌رو نسبت به دریافت کلام و ابراز واکنش بدان یکجور اضطرار وجود دارد. اگر می‌خواهید از آن منحرف نشوید، این تأیید در حکم یک تکیه‌گاه محکم است.

(پ) آینده- او به‌خاطر فرشتگان رنج نکشید (۲:۵-۱۸)

I. جهان مطیع انسان است (۲:۵-۹). خدا انسان را بر زمین قرار داد تا بر جهان فرمانروایی کند. در پیدایش ۱:۲۸ می‌خوانیم که حاکمیت بر همهٔ آفریده‌های زمین، هوا و دریا به وی اعطا شد. مزمور ۸:۴-۶ بر این موضع تأکید می‌ورزد. اما در واقعیت می‌بینیم که انسان از چنین حاکمیتی بر همه چیز برخوردار نیست- جز یک استثنا یعنی عیسی که انسان شد و طرحی را که خدا برای نوع بشر در نظر داشت تحقق بخشید.

II. انسان تابع مرگ است (۲:۱۰-۱۸). به ما یادآوری می‌کند که انسان تابع مرگ است و شیطان از ترس از مرگ برای دربند نگاه داشتن ما استفاده می‌کند. عیسی می‌داند که انسان‌بودن چیست، چراکه خود با «خون و جسم» روی زمین زندگی کرده، و با اینکه به مقام رفیعش بازگشته، همچنان دست از انسان‌بودن نشسته است. او به معنای دقیق کلمه می‌تواند با مردان و زنانی که با مشکلات مشابهی دست و پنجه نرم می‌کنند همدردی کند.

رسولان (۳:۱-۴:۱۳)

رسول کسی است که خدا او را «می‌فرستد» تا وظیفه‌ای را به انجام برساند، مانند موسی و یوشع. اما عیسی از هر دوی ایشان رسول «بهتری» بود که برای مقصودی بزرگتر «فرستاده شد».

(الف) موسی- خروج از مصر (۳:۱-۱۸)

معمولاً یهودیان موسی را بزرگترین پیشوای خود قلمداد می‌کنند، اما عیسی حتی از او هم بزرگتر است. در هنگام دگرگونی سیمای مسیح در اناجیل، عیسی با موسی و ایلیا دیدار می‌کند، اما آشکارا بر هر دو آنها برتر است.

I. خانهٔ وفادار. در زبان عبری واژهٔ «خانه» هم به معنای «ساختمان» است و هم «خانواده». گویی زمانی که می‌گوییم «خانهٔ/کاخ ویندزور» منظورمان همهٔ نسل‌هایی است که در خاندان سلطنتی بریتانیا پا به دنیا گذارده‌اند. ما سنگ‌هایی هستیم که بخشی از یک ساختمان به شمار می‌رویم. اما نویسنده می‌پرسد که آیا ما هم به همان اندازه که موسی و عیسی وفادار بودند، به ایمانمان وفادار هستیم یا نه.

II. دل‌های بی‌وفا (بی‌ایمان). شوربختانه بنی‌اسرائیل نسبت به تکلیف خود در قبال خدا وفادار نماند. از ۲/۵ میلیون نفر تنها دو نفر وارد سرزمین موعود شدند. رهبران ایشان خوب بودند اما پیروان‌شان خیر.

مشکل بی‌ایمانی بود که به نافرمانی و سرانجام به ارتداد و هلاکت ایشان انجامید. آنان نتوانستند «به استراحت راه یابند». تاریخ اسرائیل دربردارندهٔ هشداری برای ایمانداران عهدجدید است. قوم در مسه طغیان کردند (خروج ۱۷:۱-۷) و در مریبه بازنده از امتحان بیرون آمدند (اعداد ۲۰:۱-۱۳). در هر دو مورد مشکل کم آبی در میان بود.

نویسنده به خوانندگان خود هشدار می‌دهد که این امکان وجود دارد که خود ایشان هم مرتکب همین اشتباهات گردند. گناه می‌تواند دلهای آنان را هم سخت سازد. همان سرنوشتی که در عهدعتیق گریبان‌گیر قوم شد، در انتظار آنها نیز خواهد بود، زیرا خدا از دست نامطیعان خشمگین می‌شود (نک. رومیان ۱۱:۲۲).

(ب) یوشع- ورود به کنعان (۴:۱-۱۳)

«زمین استراحت» قرار بود جایی باشد که از بیماری، بردگی، تهاجم و فقر در امان باشند. نیز هفته‌ای یک روز برای استراحت و جشن داشتند- شبات. همچنین از ایشان انتظار می‌رفت که مفهوم استراحت از درگیری روحانی را هم بفهمند (تثنیه ۱۲:۹؛ یوشع ۱:۱۳). اما هیچگاه به این استراحت آخری راه نیافتند، و در حد یک ادعا باقی ماند.

I. کار خدا (۴:۱-۱۰). در هفتمین روز آفرینش خدا دیگر دست از آفریدن کشید. توصیف این روز با توصیف شش روز دیگر متفاوت است، بدین‌ترتیب، که عبارت کلیشه‌ای صبح بود و شام بود حذف می‌شود، و برای عده‌ای این گمان پیش آمده که در ورای این واقعیت که شبات روز استراحت است، این روز اهمیتی ویژه دارد. روز شبات، زمانی که خدا دست از کارکردن کشید، خدایی را به تصویر می‌کشد که همیشه در خودش در آرامی و استراحت به سر می‌برد.

II. کلام خدا (۴:۱۱-۱۳). ایمان را می‌توان به‌عنوان ابراز واکنش مساعد به کلام خدا تعریف کرد. کلام خدا، مانند خود او که سخن می‌گوید، زنده است؛ پویاست و برکات و لعنت‌هایش بر مردم تأثیر می‌گذارد؛ کلام خدا مانند شمشیر دودمه تیز است؛ چنان نافذ که نَفْس و روح، و مفاصل و مغز استخوان را جدا می‌کند؛ این توانایی را دارد که حقیقت هر چیز را عیان کند.

عیسی از این جهت مانند موسی است که قوم خود را بیرون آورد، اما از جهت دیگر به یوشع هم شباهت داردکه قوم خود را به سرزمین موعود رهنمون می‌شود. این نکته به ما یادآوری می‌کند که نه تنها مهم است که به خاطر بسپاریم از چه نجات پیدا کرده‌ایم، بلکه باید توجه داشته باشیم که برای چه مقصودی نجات یافتیم.

مقایسه اصل با سایه‌ها (باب‌های ۷-۱۰)

نگارنده پس از مطرح‌کردن این استدلال که پسر از خادمان بهتر است، رویکرد خویش را عوض می‌کند، و در باب‌های ۷-۱۰ با استدلالی تازه روبه‌رو می‌شویم که اصل از سایه‌ها بهتر است.

شاید بهترین مثال برای روشن‌شدن این استدلال داستان *بابا لنگ دراز* باشد، که در اصل نوشتهٔ جین وبستر است و از روی آن فیلمی هم ساخته شده. این کتاب داستان دختر کوچکی است که در پرورشگاه به سر می‌برد. او می‌داند که مردی ثروتمند هزینه‌های مالی زندگی او را در پرورش‌گاه بر عهده گرفته. روزی دخترک سایهٔ مرد حامی خود را بر دیوار می‌بیند، و از آنجایی که به‌خاطر زاویهٔ نور سایهٔ او با پاهایی بسیار دراز بر دیوار افتاده بود، نامش را «بابا لنگ دراز» گذاشت. او سال‌ها خواب این سایه را می‌دید. اما روزی با خود وی رودررو شد و بدو دل باخت. مرد هم عاشق دختر شد و رابطه ایشان وارد مرحله دیگری گردید.

نکته در همین است. به مجردی که دخترک خود حامی‌اش را دید، دیگر به‌کلی دست از اندیشیدن به سایهٔ او کشید، چون اصل بهتر از سایه است. اگر او پس از اینکه اکنون حامی واقعی خود را شناخته، باز به‌سوی سایه‌اش روی دیوار می‌رفت تا بر آن بوسه بزند، شما در موردش چه فکری می‌کردید؟

در عهدعتیق «سایه‌ها»ی فراوانی از عیسی وجود دارد. برخی این سایه‌ها را «نمونه» می‌نامند، اما من ترجیح می‌دهم آنها را سایه بنامم. گویی عیسی بر عهدعتیق سایهٔ خود را افکنده، اما از آنجایی که سایه‌ها همیشه مخدوش هستند، هرگز تصویری روشن از آنچه می‌خواهید به شما ارائه نمی‌دهند.

هنگامی که عهدعتیق را می‌خوانید این حس وجود دارد که گویی داریم پیرامون سایه‌های عیسی می‌خوانیم. در اینجا سه نمونه وجود دارد که منظور مرا بیان می‌کند.

کهانت (ملکیصدق)

در کتاب لاویان به سایه‌های بسیاری از عیسی برمی‌خوریم. قربانی‌ها سایهٔ آن قربانی‌ای هستند که وی به‌خاطر گناه بر صلیب تقدیم کرد. قربانی‌های حیوانی سایه‌هایی از عیسایی هستند که در عهدجدید به‌عنوان برهٔ پسخ توصیف شده است. کهانت هارون و خاندانش سایه‌ای از کار کهانتی مسیح در جهت شفاعت به‌خاطر ما است.

همچنین به روشنی سایهٔ عیسی را در کتاب پیدایش و در شخصیت ملکیصدق- کاهن-پادشاهی اسرارآمیز که سده‌ها پیش از ورود یهودیان به اورشلیم بر آن فرمانروایی می‌کرد و به ابراهیم نان و شراب داد- شاهد هستیم.

عهد (جدید)

اما شاهد رابطهٔ مبتنی بر عهد خدا با قومش بهواسطهٔ مسیح نیز هستیم. نویسنده می‌پرسد که چرا اکنون که در عهدجدیدی به سر می‌برند، می‌خواهند به عهد قدیم بازگشت نمایند. با اینهمه، عهدجدید بر شالودهٔ بخشایش و آنچه که من نامش را «فراموشی» می‌گذارم، استوار بود. به گمان من شگفت‌آورترین معجزه این است که وقتی خدا چیزی را می‌بخشاید، آن را فراموش هم می‌کند.

زمانی که در مرکز میلمید شهر گیلدفورد شبان بودم، هر یکشنبه پس از پایان جلسه همهٔ افراد روانهٔ خانه‌های خودشان می‌شدند، جز یک خانم سالمند ریزنقش که تنهایی روی نیمکت کلیسا می‌نشست و از ته دل گریه می‌کرد. بالاخره روزی رفتم و کنارش نشستم و مشکلش را از او جویا شدم. برایم توضیح داد که سال‌ها پیش دست به کاری دهشتناک زده، و اینکه اگر خانواده و دوستانش موضوع را بفهمند دیگر هرگز اسمش را هم بر زبان نخواهند آورد. گفت که اکنون ۳۰ سال است که از خدا طلب آمرزش می‌کند، و هنوز خدا او را نبخشیده است. به او گفتم که همان بار نخستی که از خدا درخواست آمرزش و بخشایش کرده، خدا او را بخشیده و آن را فراموش کرده. بنابراین، الآن ۳۰ سال بود که خدا نمی‌دانست این زن اصلاً برای چه دارد با او صحبت می‌کند! پیرزن به من گفت که باورش نمی‌شود. برایش کلام خدا را باز کردم و آن قسمت‌هایی را آوردم که از عهدجدید سخن می‌گفت و یادآوری می‌کرد که خدا دیگر هرگز گناهان او را به یاد نمی‌آورد. ۲۰ دقیقه برای متقاعدکردن او به اینکه خدا همه چیز را فراموش کرده، زمان لازم بود. پس از آن از جایش برخاست، و چیزی دیدم که خودم هم نمی‌توانستم آن را باور کنم- پیرزن در گرداگرد کلیسا شروع به رقصیدن کرد! حدود ۷۰ سال از عمرش می‌گذشت، با این‌حال از فرط شادمانی می‌رقصید. خدا آن مطلب را فراموش کرده بود! مشکل ما این است که نمی‌توانیم فراموش کنیم، و از این‌رو بر سر مسئلهٔ بخشیدن با خودمان درگیر می‌شویم.

قربانی (صلیب)

همچنین زمانی که ابراهیم پسرش اسحاق را بهعنوان قربانی تقدیم کرد، سایه‌ای از مسیح را مشاهده می‌نماییم. بسیاری برآنند که این رویداد زمانی بهوقوع پیوست که اسحاق پسربچهای بیش نبود، اما راستش این است که در آن زمان اسحاق سی و اندی سال داشت. همهٔ تصاویر یهودی اسحاق را به صورت مردی رشید نشان می‌دهند که به راحتی می‌توانست پدرش را مغلوب کند، اما در عوض تسلیم ارادهٔ او شد. دلیل اینکه ما متوجه سن و سال اسحاق نمی‌شویم تا اندازه‌ای بهخاطر تقسیم‌بندی فصل‌هاست. زمانی که رویداد قربانی‌کردن اسحاق را می‌خوانیم، رویداد باب بعد را که از مرگ ساره سخن می‌گوید و در آن سن اسحاق در آن هنگام معلوم می‌شود، از یاد می‌بریم. پس اسحاق ۳۳ سال داشت، و کوهی که قرار بود بر فرازش

قربانی شود- موریا- همان کوهی است که عیسی بر فرازش روی صلیب رفت. موارد مشابه بسیار روشنند. البته در رویداد مزبور می‌بینیم که فرشته‌ای جلوی ابراهیم را گرفت و قوچی را که شاخ‌هایش در میان بوته‌های خار گیر کرده بود به او نشان داد تا به جای فرزندش قربانی کند. سده‌ها بعد، برهٔ خدا در حالی‌که تاجی از خار بر سر داشت بر فراز همان کوه موریا قربانی شد.

بدین‌ترتیب، نگارنده بر حقارت‌آمیز و پست‌بودن بازگشت ایشان به یهودیت- با آن قربانی‌های مکرر و عهد سطح پایین‌ترش- تأکید می‌کند. اگر ایشان به یهودیت برمی‌گشتند، در واقع، این کارشان انکار قربانی یک‌بار برای همیشهٔ عیسی بود.

مقایسهٔ مثبت (باب‌های ۱۱-۱۳)

پیشروی به‌سوی آینده

اکنون سراغ جنبهٔ مثبت پیام عبرانیان در بخش دوم نامه می‌رویم، آنجایی که نویسنده میان عهدعتیق و عهدجدید دست به مقایسه زد. وی بر تداوم میان عهدعتیق و عهدجدید تأکید می‌ورزد. در عهدعتیق چیزهای خوبی وجود دارد که منسوخ نشده‌اند- در زیر به چند مورد از آنها اشاره می‌کنیم.

ایمان به خدا

یکی از مضامین متداول در این نامه، مضمون ایمان است. زمانی که به ابتکارهای قهرمانان ایمان در عهدعتیق نگاه می‌کنیم، ایمان‌شان در برابرمان خودنمایی می‌کند. آنان هیچ‌یک از مکاشفاتی را که ما در مسیح داریم، در اختیار نداشتند. روح‌القدس بر ایشان فرو فرستاده نشده بود. با این‌حال، حتی با وجودی که هرگز نمی‌توانستند آنچه را که باور دارند ببینند، بر ایمان خود استوار ماندند. پس در عهدعتیق شاهد نوعی رابطهٔ مضاعف هستیم. چیزهایی هست که پشت سر رهای‌شان کرده‌ایم، چون سایه هستند و اکنون ما اصل را در اختیار داریم. اما چیزهای دیگری هم هست که لازم است با آنها برابری بجوییم، و موردی که می‌توان در این زمینه به‌طور ویژه بدان اشاره کرد، ایمان است. نگارنده گروه به گروه نمونه‌هایی از عهدعتیق ذکر می‌کند.

- هابیل، خنوخ و نوح
- ابراهیم، اسحاق و یعقوب. (خدا نام خود را با این سه نام پیوند زده. او همیشه به‌عنوان خدای ابراهیم و اسحاق و یعقوب شناخته خواهد شد.)
- یوسف و موسی.
- یوشع و رحاب. (راحاب نخستین زن در این فهرست است. او یک روسپی و غیریهودی بود، اما با پنهان‌کردن جاسوسان اسرائیل در اریحا، همهٔ آیندهٔ خود را به‌خاطر قوم خدا به

خطر افکند. از او نه تنها در عبرانیان، که در نامهٔ یعقوب به‌عنوان نمونهٔ ایمان یاد شده است. نام او در نسب‌نامهٔ عیسی آمده، چون مادربزرگ پدر داوود بود.)

- جدعون، باراق، سامسون و یفتاح.
- داوود.
- سموئیل و انبیا.

پیرامون این فهرست قهرمانان ایمان باید دو نکته را مورد توجه قرار دهیم:

۱. آنان ایمان خود را با کارهایی که کردند نشان دادند. با ایمان بود که نوح کشتی را ساخت؛ با ایمان بود که ابراهیم برای باقی عمر خود چادرنشین شد؛ با ایمان بود که موسی آسایش مصر را رها کرد، و غیره. همان‌گونه که یعقوب در نامه‌اش خاطرنشان می‌کند: «ایمانت را با اعمال به من بنما.» ایمان راستین خودش را در عمل می‌نمایاند.

۲. دومین مورد حایز اهمیت، این نکته است که همهٔ این افراد، هرچند آنچه را که بدان ایمان داشتند هیچگاه به چشم ندیدند، اما تا لحظهٔ مرگ دست از ایمان خویش نشستند. برای آنان ایمان تنها تصمیمی اتفاقی نبود که در حین برگزاری یک جلسهٔ بشارتی بگیرند، بلکه توکل و اعتمادی پیوسته بود که گرچه به آنچه بدیشان وعده داده شده بود دست نیافتند، تا دم مرگ‌شان ادامه‌اش دادند.

در انتهای باب ۱۱ به این یادآوری شگرف برمی‌خوریم که این قهرمانان بزرگ ایمان منتظرند تا ما هم بدیشان بپیوندیم. آنگاه همگی با هم آنچه را که ایشان بدان ایمان داشتند خواهیم دید! بنابراین، مثلاً ابراهیم زندگی بسیار راحت خود در خانه‌ای دو طبقه و گرم و نرم و همراه با آب روان را رها کرد تا از صدای خدا اطاعت کرده باشد. باستان‌شناسان خانه‌های محل زندگی ابراهیم در اور کلدانیان را مورد کاوش قرار داده‌اند و آن خانه‌ها را بسیار به‌روزتر و راحت‌تر از آنچه که تصورش را بکنید، یافته‌اند. زمانی که خدا به ابراهیم فرمان داد که خانه و کاشانهٔ خود را رها کرده چادرنشین شود، ۸۰ سال از عمرش می‌گذشت. تصورش را بکنید که اگر قرار بود خانهٔ ییلاقی راحت و مجهز به حرارت مرکزی خود در کنار دریا را ترک کرده، به خواست خدا از همهٔ دوستان و بستگان خویش جدا شوید و باقی عمرتان را در چادری در دل کوهستان بیتوته کنید، چه حالی به شما دست می‌داد! با این همه ابراهیم با ایمان دست به چنین کاری زد. و روزی ما هم همراه با او از همهٔ چیزهایی که خدا برای قومش تدارک دیده بهره‌مند خواهیم شد.

تمرکز بر عیسی

اما توجه ما نباید روی ابراهیم، یا هرقهرمان ایمان دیگری متمرکز باشد. باید چشمانمان را به عیسی بدوزیم! نگارنده در باب‌های پایانی نامهٔ خود به سه مقوله اشاره می‌کند که باید در این سه زمینه بر عیسی متمرکز باشیم.

۱. قهرمان و مظهر کامل ایمان. تماشاگران را فراموش کنید- کسی هست که در خط پایان ایستاده منتظر شماست، همو که با شلیک گلوله‌ای آغاز مسابقه را اعلام کرده بود. او همان کسی است که ما را به آغاز مسابقه واداشت، و همان شاهد و ناظر رسیدن ما به پایان مسیر مسابقه خواهد بود. پیام این است: «چشمان خود را بر عیسی بدوزید و بدوید!»

۲. واسطهٔ عهدجدید. عهدعتیق گرچه ارزشمند بود، اما نسبت به عهدی که خدا به‌واسطهٔ عیسی فرستاد از درجهٔ اهمیت پایین‌تری برخوردار است.

۳. متحمل رنج بیرون از اردوگاه. برای تضمین نجات ما ضرورت داشت که عیسی خود را آماده کند تا به‌عنوان یک جانی بمیرد؛ یعنی به معنای دقیق کلمه از میان قوم خویش بیرون رانده شود.

«عبارات مسئله‌ساز»

حال که نگاهی کلی به کل کتاب افکندیم، اجازه بدهید تا سری هم به «عبارات مسئله‌ساز» عبرانیان بیندازیم- هرچند شایان توجه است که عنوان «عبارت مسئله‌ساز» معمولاً به عبارتی اطلاق می‌گردد که با آنچه خوانندگان از پیش بدان باور داشته‌اند، همخوانی نداشته باشد! همواره از من سؤال‌هایی از این دست می‌پرسند: «نظر شما در مورد عبارات مسئله‌ساز پولس در مورد زنان چیست؟» من فکر نمی‌کنم که در مورد زنان هیچ عبارت مسئله‌سازی وجود داشته باشد. این عبارات تنها برای کسانی «مسئله» هستند که با آنها مخالف هستند!

اصطلاح «مسئله» در مورد عبرانیان به این عقیده بازمی‌گردد که ایمانداران به عیسی اگر در ایمان خود دچار لغزش شوند، هیچ تضمینی برای نجات‌شان در روز بازپسین وجود ندارد. معروف‌ترین این هشدارها را می‌توانید در باب ۶ عبرانیان بیابید. اما این نامه دربرگیرندهٔ چند هشدار تند به کسانی است که از ایمان منحرف گشته‌اند (نک. ۲:۱-۲؛ ۳:۵-۶ و ۱۲-۱۴؛ ۴:۶-۸ و ۱۱-۱۲؛ ۱۰:۲۳-۳۰ و ۳۵-۳۹؛ ۱۲:۱۴-۱۷). این آیات زنجیره‌ای را تشکیل می‌دهند که در سرتاسر نامه امتداد دارد و از باب ۲ و با این کلمات آغاز می‌شود: «پس ما چه راه گریزی خواهیم داشت اگر چنین نجاتی عظیم را نادیده بگیریم؟» هر بار که من این نقل‌قول را شنیده‌ام، گوینده آن را در مورد گناهکارانی به‌کار برده که انجیل را نادیده گرفته‌اند. اما ضمیر «ما» بر ایمانداران مسیحی دلالت می‌کند. حرف نویسنده این است که برای افتادن در کام خطر تنها کافی است نجات خود را نادیده بگیریم. اکثر کلیساها اعضایی دارند که از ایمان منحرف شده‌اند.

همین مضمون با دو عبارت در باب ۳، یک عبارت بلند در باب ۶، و یک عبارت دیگر در باب ۱۰ که می‌گوید: «اگر پس از بهره‌مندی از شناخت حقیقت، عمداً به گناه‌کردن ادامه دهیم، دیگر هیچ قربانی برای گناهان باقی نمی‌ماند...»، ادامه پیدا می‌کند. این امر باعث شده که برخی مفسران چنین نتیجه‌گیری کنند که مخاطبان مورد بحث اصلاً ایماندار نبوده‌اند. او حتماً

باید در مورد بی‌ایمانانی سخن گفته باشد که به مسیحیت علاقه‌مند بودند اما دیگر پی‌اش را نگرفته بودند. با این همه، پس موضوع «وقتی نجات یافتی، دیگر برای همیشه نجات‌یافته‌ای» چه می‌شود؟ اما توصیفی که در باب ۶ از کسانی که در خطر هستند ارائه شده، به‌طور قطع توصیف کسانی است که تولد تازه یافته‌اند! نگارنده با آنانی سخن می‌گوید که «منور گشته‌اند»، که «طعم موهبت الاهی را چشیده‌اند»، که «در روح‌القدس سهیم گشته‌اند»، که «نیکویی کلام خدا و نیروهای عصر آینده را چشیده‌اند». من نمی‌توانم هیچ بی‌ایمانی را پیدا کنم که برازندهٔ این توصیفات باشد. همهٔ نامه‌های دیگر، این عبارات را بدون کوچکترین تردیدی در توصیف مسیحیان به‌کار برده‌اند.

در اول پطرس عبارتی هست که تقریباً همین لحن را برای توصیف مسیحیان مورد استفاده قرار داده است: «همچون نوزادگان، مشتاق شیر خالصِ روحانی باشید تا به مدد آن در نجات خود نمو کنید، حال که چشیده‌اید خداوند مهربان است.» روشن است که این جملات را دربارهٔ ایمانداران گفته است، با وجود این، در باب ۶ عبرانیان هم همین لحن مورد استفاده قرار گرفته است. کل نامهٔ اول پطرس خطاب به ایمانداران نوشته شده. حتی «طفل روحانی» خواندن ایشان هم تلویحاً حاکی از تولد تازه داشتن آنهاست.

هشدارهای داده شده دربردارندهٔ دو مرحله‌اند. مرحلهٔ نخست نادیده‌گرفتن ایمان و منحرف‌شدن از آن است. مرحلهٔ دوم انکار ایمان است. بنابراین، میان مرحلهٔ نخست (آنچه که گمراه شده نامیده می‌شود) و مرحلهٔ دوم (آنچه که ارتداد نام گرفته) تفاوت وجود دارد.

گمراهی شرایطی قابل‌اصلاح است، اما بر طبق باب ۶ عبرانیان این امکان برای ما وجود دارد که دیگر بازنگردیم و دیگر امکان احیای نجات برای‌مان فراهم نباشد. بدین‌ترتیب، عبرانیان ۶ در این باره بحث نمی‌کند که آیا ازکف دادن نجات شدنی است یا ناشدنی، بلکه بحث سر این است که اگر نجات را از دست دادید، آیا امکان بازیافتن آن برای‌تان وجود دارد یا نه. پاسخ منفی است. باید هشیار و مراقب خطری که در وجود کسانی که گمراه و از ایمان منحرف شده‌اند باشیم، چون ممکن است به مرحله‌ای برسند که دیگر راهی برای بازگشت نداشته باشند. ای کاش عبرانیان چنین نمی‌گفت! اما من نمی‌توانم در مورد باب ۶ و دیگر بخش‌های این نامه که از ابتدا تا انتها با فوریت هرچه تمام‌تر این مطلب را مطرح می‌کند،چشم بر هم بگذارم. این خطر وحشتناک درکمین کسانی است که «لنگرخود را بالا می‌کشند»، «بادبان‌های خود را پایین می‌آورند» و «از راه منحرف می‌شوند».

نظر گروهی بر آن است که هشدارهای مزبور فرضی هستند- یعنی چنین اتفاق خطرناکی هرگز به‌وقوع نمی‌پیوندد. اما این استدلال پایه و اساس ندارد. به باور من آنانی را که گمان دارند چنین اتفاقی نمی‌افتد ریاکاری تهدید می‌کند. کتاب‌مقدس کلام حقیقت است، نه کتابی که مردم را به بازی بگیرد. حتی اگر دیگر عبارات مشابه عهدجدید را نادیده بگیریم، عبرانیان به تنهایی مرا متقاعد می‌کند که رسیدن به نقطه‌ای از انحراف از عیسی که دیگر راهی برای بازگشت از

آن نباشد، ممکن است. نقطهٔ غایی ارتداد برای این دسته از ایمانداران عبرانی‌تبار آنجا بود که در برابر کنیسه بایستند و ماشیح‌بودن عیسی را انکار کنند. آنها با این کار از نو عیسی را بر صلیب می‌کردند. نگارنده هشدار می‌دهد که اگر او را دوباره مصلوب کنید، دیگر او برای شما کاری نخواهد کرد و هشدارش بس جدی است.

مهم است که این نکته را بیفزایم که معنای هشدار عبرانیان این نیست که ایمانداران باید هر بامداد که از خواب برمی‌خیزند حیران باشند که آیا نجات یافته‌اند یا نه. در عهدجدید اطمینانی وجود دارد که از راه رفتن ایماندار با خداوند ناشی می‌شود. اطمینان از نجات در عهدجدید بر رابطهٔ کنونی شخص با خدا مبتنی است، نه تصمیمی که در مقطعی خاص از زمان گرفته شده. پولس در نامهٔ خود به رومیان به ما یادآوری می‌کند که روح‌القدس همراه با روح ایماندار شهادت می‌دهد که او فرزند خداست (رومیان ۸:‏۱۶؛ رک. اول یوحنا ۴:‏۱۳).

به‌عبارت دیگر، در حال حاضر می‌توانید اطمینان داشته باشید که در مسیر آسمان قرار دارید، اما من باور ندارم که برای رسیدن به آنجا در آینده هیچ تضمینی وجود داشته باشد. پس اگر به راه رفتن در همین مسیر ایمان به عیسی ادامه دهید، به‌طور حتم به مقصد خواهید رسید. تعلیم عبرانیان از مسیحیان انسان‌هایی روان‌نژند نمی‌سازد که در سردرگمی همیشگی به سر ببرند که آیا نجات یافته‌اند یا نه، بلکه مسیحیان جدی و مصممی به‌وجود می‌آورد که با خدا بازی نمی‌کنند، گمراه نمی‌شوند و ایمان‌شان را نادیده نگرفته از راه راست منحرف نمی‌شوند.

در سرتاسر عهدجدید هشدارهایی بسیار جدی در مورد گمراه‌شدن به ایمانداران داده شده است. عیسی در یوحنا ۱۵ می‌فرماید: «من تاک حقیقی هستم و پدرم باغبان است. هر شاخه‌ای در من که میوه نیاورد، آن را قطع می‌کند، و هر شاخه‌ای که میوه آورد، آن را هرس می‌کند تا بیشتر میوه آورد.» اما پس از آن می‌گوید: «اگر کسی در من نماند، همچون شاخه‌ای است که دورش می‌اندازند و خشک می‌شود. شاخه‌های خشکیده را گرد می‌آورند و در آتش افکنده، می‌سوزانند.» من نمی‌توانم این سخن صریح را تحریف کنم! عقل سلیم به شما می‌گوید که این کلام چه می‌گوید.

جالب این است که سه نویسندهٔ مختلف عهدجدید به‌عنوان هشدار از ناکامی دو میلیون یهودی از ورود به سرزمین کنعان به‌عنوان نمونه‌ای از مسیحیانی که زندگی خویش را خوب شروع اما بد تمام می‌کنند، استفاده می‌نمایند. اما آنان را باید مطمئن ساخت که به مقصد خواهند رسید. شاید از مصر بیرون بیاییم، اما لازم است که وارد کنعان هم بشویم. پولس در اول قرنتیان ۱۰، نویسنده به عبرانیان در باب ۴ نامه‌اش و یهودا هم در نامه‌اش این هشدار را به مسیحیان می‌دهند. برنده آنانی هستند که به خط پایان برسند، نه آنانی که مسابقه را آغاز کرده‌اند.

به یاد دارم که روزی بیلی گراهام یک مصاحبهٔ تلویزیونی داشت. فرد مصاحبه‌کننده از او چیزی پرسید که تا آن زمان کسی از وی نپرسیده بود: «وقتی به آسمان رفتی، نخستین فکری

که خواهی کرد چه خواهد بود؟» بیلی بی‌درنگ پاسخ داد: «آسودگی خاطر! خاطرم آسوده خواهد شد.» این یعنی آدم فروتنی که به خودش غره نیست اما می‌داند که در راه درست گام برمی‌دارد. من هم اکنون اطمینان دارم که در راه آسمان هستم- روح‌القدس این را به من می‌گوید که در مسیر درست راه می‌پویم. اما بیش از این نمی‌توانم چیزی به شما بگویم. قصدم این است که تا رسیدن به هدف به سفرم ادامه بدهم.

جان بانیان در کتاب خود «سیاحت مسیحی» زندگی مسیحی را به یک مسافرت تشبیه می‌کند، سفر از شهر گناه‌آلود به شهر آسمانی. در پایان داستان، شخصیت اصلی یعنی «مسیحی» و همراهش به رود اردن- رودخانۀ تاریک، ژرف و سیاه مرگ- می‌رسند که باید از آن بگذرند و به سفر خود ادامه بدهند تا به مقصد برسند. در یک لحظه این مانع آنها را ناراحت می‌کند. همراه مسیحی می‌گوید که نمی‌خواهد از این رودخانه بگذرد، و راه خود را کج کرده به‌سویی دیگر می‌رود، با این امید که راه دیگری بیابد. بانیان می‌نویسد: «خوب، من در خواب دیده‌ام که حتی دم دروازه‌های آسمان هم راهی هست که به دوزخ می‌انجامد.» همراه در راه درست پیش می‌رفت، اما درست پیش از آنکه به شهر آسمانی برسند از مسیر منحرف شد.

همین مضمون در کتاب مکاشفه هم آشکار است. کل کتاب پیامی است از برای کسانی که زیر فشار شدید قرار دارند. مکاشفه به کسانی که غالب آیند وعده می‌دهد که خدا نام‌هایشان را از کتاب حیات بره پاک نخواهد کرد. این به چه معناست؟ اگر می‌خواهید نامتان در کتاب حیات بماند، پس غالب آیید، و تا به انتها پیش بروید، هرگز بازنگردید و چشمانتان را به عیسی بدوزید. در آخرین صفحۀ کتاب‌مقدس هشداری وجود دارد که می‌گوید اگر با کتاب مکاشفه بازی کنید و چیزهایی را از آن بیرون بکشید یا چیزهایی بر آن بیفزایید، خدا از درخت حیات نصیبی به شما نخواهد داد.

پس می‌بینید که این زنجیرۀ هشدار در امتداد کلام پرجلال خدا کشیده شده و از قدرت نگهدارندۀ خدا با ما سخن می‌گوید. اگر پدر، پسر و روح‌القدس را کنار خود داشته باشید، همه چیز به سودتان تمام خواهد شد. فقط به ایمان داشتن ادامه دهید، و به هدف خواهید رسید.

نتیجه‌گیری

۱. این امکان برای ما وجود دارد که «نجاتمان را از دست بدهیم»

کتاب دربردارندۀ این هشدار به همۀ ماست که باید به توکل‌کردن ادامه بدهیم و فکر نکنیم که یکبار تصمیم گرفتن برای پیروی از مسیح ضرورتا به معنای آن است که تا به آخر نجات یافته باقی خواهیم ماند. (نک. به کتاب من، آیا وقتی نجات یافتی، دیگر برای همیشه نجات‌یافته‌ای؟، انتشارات هادر و ستاوتون، ۱۹۹۶.)

۲. اگر نجات را از دست بدهید، دیگر احیای دوباره امکان‌پذیر نخواهد بود

این همان پیام باب ۶ عبرانیان است. این تعلیم را در جاهای دیگر، به‌ویژه اول یوحنا ۱۶:۵ نیز می‌توانید بیابید. پیامی بس جدی است، اما من عقیده ندارم که می‌توانیم این آیات کلام خدا را به‌گونه‌ای دیگر هم تفسیر کنیم.

۳. پیش‌تعیینی مستلزم همکاری پیوستهٔ ماست

قضیه به صورت خودکار نیست. خدا ما را از پیش تعیین فرمود. پیش از اینکه ما او را برگزینیم، او بود که ما را برگزید، اما از ما انتظار همکاری دارد. بدین می‌ماند که کسی برای مردی که در حال غرق‌شدن است طنابی بیندازد و بگوید: «طناب را بگیر، و خودت را نگه دار تا من تو را به ساحل بکشم.» آیا غریق زمانی که به ساحل رسید می‌تواند بگوید که خودش، خودش را نجات داده؟ هرگز! خواهد گفت که یکی دیگر مرا نجات داد. این نظریه که چون طناب را چسبیدید، پس خودتان منجی خویش بوده‌اید، درست نیست. در این میان شما تنها سهم خود را ادا کرده‌اید. از این روست که پطرس در نامهٔ دومش خوانندگان را تشویق می‌کند تا فراخواندگی و برگزیدگی خویش را تحکیم بخشند(دوم پطرس ۱:۱۰-۱۱). خدا ما را برگزیده و دستچین کرده، تا ما با پشتکار و گام برداشتن در راه بلوغ، این برگزیدگی را تحکیم بخشیم تا در آسمان مورد استقبال شایان قرار بگیریم.

من به پیش‌تعیینی باور دارم. خدا مرا از پیش تعیین فرموده تا پسرش باشم؛ خدا مرا برگزیده؛ او خیلی وقت پیش از آنکه من به‌دنبالش باشم، به‌دنبالم بود. اما لازم است که من هم با چنگ‌زدن به طناب این برگزیدگی را تحکیم بخشم، تا به سلامت به ساحل برسم.

بنابراین، هم دوست دارم کالونی باشم و هم آرمینیوسی. این دو مکتب فکری در نقطهٔ مقابل یکدیگر قرار دارند، بدین‌ترتیب، که کالونی‌ها بر عمل گزینشی خدا پافشاری می‌کنند، و آرمینیوسی‌ها هم بر نیاز ما به حفظ این برگزیدگی تأکید می‌ورزند.

عبرانیان کتابی است که به گمان من نمی‌توان موضوع مزبور را در آن تحریف کرد و گفت پر از معضل و مسئله است. این نامه پر است از عبارات بسیار صریح و تنها گوش شنوا برای شنیدن آن لازم است.

۴. تقدس به اندازهٔ بخشایش ضروری است

ملاحظه کردیم که تنها پذیرفتن بخشایش خدا برای رسیدن به مطلوب کافی نیست، بلکه باید از خود نیز مایه گذارد. این مفهوم لزوم تقدس به اندازهٔ بخشایش را هم در دل خود نهفته دارد. اگر آمادهٔ اقرار به خداوندی مسیح و داشتن یک زندگی دیندارانه نیستیم، درست نیست که ادعای بخشوده‌شدن بکنیم. در عبرانیان یک آیه هست که این تعلیم را در خود جای داده:

عبرانیان ۱۲:۱۴ که می‌گوید: «سخت بکوشید با همهٔ مردم در صلح و صفا به سر برید و مقدس باشید، زیرا بدون قدوسیت هیچ‌کس خداوند را نخواهد دید.» من متوجه شده‌ام که امروزه بسیاری از مسیحیان بخشایش را می‌خواهند، ولی تقدس را نه؛ خواست آنان از عیسی خوشبختی در این جهان و تقدس در جهان دیگر است. اما ارادهٔ خدا در عهدجدید به روشنی بیان شده که تقدس در زندگی این‌جهانی است، حتی اگر به بهای بدبختی ما تمام شود. نسل لذت‌جوی ما تنها از عیش و لذت خوشش می‌آید، نه از درد.

عبرانیان ۱۲:۷ می‌گوید که خدا آماده است تا ما را تأدیب کند، یعنی بگذارد درد بکشیم تا از این طریق مقدس‌تر شویم. نکتهٔ مورد نظر وی، تقدس ماست، و برای همین است که به فرزندانش سخت می‌گیرد. عبرانیان حتی پا را از این هم فراتر نهاده می‌گوید که اگر خداوند هرگز تأدیب‌تان نکند، حرامزاده‌اید و فرزند راستین او به‌شمار نمی‌روید. انجیل کامل آن است که هر دو، یعنی بخشایش و تقدس را عطایای فیض بداند. هر دو بر یک شالوده استوارند- ایمان. اما شما به هر دو آنها نیازمندید.

۵. *خدا، خدایی قدوس است*

در پی انتشار کتابم، *جادهٔ دوزخ* (هادر و ستاوتون، ۱۹۹۲) که در آن طرحی کلی از تعلیم کتاب‌مقدس پیرامون دوزخ ارائه دادم، چند مصاحبه با رادیو بی‌بی سی داشتم. همهٔ مصاحبه‌کنندگان یک پرسش مشابه را از من می‌پرسیدند: «چگونه یک خدای پرمحبت می‌تواند کسی را به دوزخ بفرستد؟» آنچه برایم جالب بود اینکه هیچکدام نرسیدند: «چگونه یک خدای قدوس می‌تواند کسی را به دوزخ بفرستد؟» هرچه باشد خدا قدوس و محبتش نیز محبتی مقدس است. یعنی اینکه او هرگز به چیزی کمتر از تقدس کسانی که دوستشان دارد، رضایت نمی‌دهد. عبرانیان مکرراً بر این نکته تأکید می‌ورزد. به عبارات زیر توجه بفرمایید:

- بدون ریختن خون، آمرزشی نیست (۹:۲۲).
- بدون ایمان ممکن نیست بتوان خدا را خشنود ساخت (۱۱:۶).
- افتادن به دست‌های خدای زنده چیزی هولناک است (۱۰:۳۱).
- بیایید شکرگزار باشیم و خدا را با ترس و هیبت عبادتی پسندیده کنیم، زیرا خدای ما آتش سوزاننده است (۱۲:۲۸).

عبرانیان برای ایمانداران چه ارزشی دارد؟

۱. به بررسی ما از کتاب‌مقدس هدف می‌دهد. کمک‌مان می‌کند تا رابطهٔ میان عهدعتیق و عهدجدید را درک کنیم. مفهوم سایه مفیدترین روش برای درک عهدعتیق است؛ در عهدعتیق می‌توانیم اشارات گوناگونی را که به عیسی شده‌اند، بیابیم.

۲. مسیح- محور است و از این‌رو کمکمان می‌کند تا چشمان خود را بر عیسی بدوزیم. نگارنده پیوسته تمرکز خود را بر او قرار می‌دهد. در عهدجدید تنها این کتاب است که به‌طور اخص روی کهانت عیسی متمرکز می‌شود. کار کنونی وی این است که برای ما شفاعت کند. حتی برخی عبرانیان را به‌خاطر تأکیدش بر کار کنونی مسیح، «انجیل پنجم» خوانده‌اند.

۳. ایمان‌ساز است. الهام‌بخش اندیشیدن به بسیاری از افرادی است که پیش از ما درگذشته‌اند و اکنون نظاره‌گر ما هستند (نک. به‌ویژه به باب ۱۱).

۴. در مورد خطر گمراه‌شدن به ما هشدار می‌دهد. در دو سطح به ما هشدارهای شدید می‌دهد: انحراف، که به موجب آن از دیدار با ایمانداران دیگر دست می‌کشیم و از ایمانمان غافل می‌شویم؛ و ارتداد آگاهانه و از روی اراده که به موجب آن به‌کلی ایمان خود را به مسیح انکار می‌کنیم.

۵. بر اهمیت عضویت در کلیسا تأکید می‌کند. بر این نکته پای می‌فشارد که ایمنی در هنگامی که زیر فشار هستیم، تنها در گرو مشارکت است. ابلیس مسیحیانی را که تک افتاده‌اند، مورد هدف قرار می‌دهد. پس زمانی که زیر فشار هستید در کنار خانواده بمانید. عبرانیان خوانندگان خود را تشویق می‌کند که رهبران خود را به یاد داشته باشند (۱۳:۷) و با آنها همکاری نمایند. همچنین به آنها لزوم پایداری در محبت، دیدار از زندانیان و تشویق یکدیگر به انجام کارهای نیکو را یادآوری می‌کند.

۶. در زمان جفا کمک می‌کند. همچنین کتاب به ما یادآوری می‌کند که در نخستین روزهای پیدایش مسیحیت و زیر جفای نرون، ایمانداران به چه روش‌هایی رفتار می‌کرده‌اند. با در نظر گرفتن چنین تهدیدها و دشواری‌هایی، متمرکز ماندن بر مسیح اهمیت زیادی دارد. چنین عباراتی به‌طور ویژه برای ایماندارانی که امروزه با جفا و آزار روبه‌رو هستند، ارزشمند است.

۵۴

یعقوب

مقدمه

در بررسی کلام خدا اساساً دو مشکل به‌خصوص وجود دارد. یکی مشکل عقلانی است، آن زمانی که آنچه را می‌خوانید نمی‌فهمید، و دیگری مشکل اخلاقی است، آنگاه که آن را می‌فهمید! بیشتر مردم مشکل اخلاقی دارند تا مشکل عقلانی، و اگر کتابی باشد که مردم با آن مشکل عقلانی داشته باشند، آن کتاب یعقوب است. این کتاب ترساننده است، چراکه به مجردی که آن را خواندید، دیگر نمی‌توانید خود را به غفلت بزنید. یعقوب یکی از ساده‌فهم‌ترین کتاب‌های کتاب‌مقدس و در عین‌حال یکی از آنهایی است که سخت‌تر از دیگران مورد پذیرش قرار می‌گیرد.

چقدر کاربردی!

نخستین تأثیری که این کتاب بر اکثریت مردم می‌گذارد این است که به‌شدت کاربردی است. راهکاری جدی برای زندگی روزمرهٔ مسیحی است ـ آنجایی که باید راهی شد. کتابی است واقع‌گرا، با تمرکزی اندک بر تعلیم و تأکید بسیار بر انجام تکلیف.

من در قفسهٔ کتاب‌های خانه‌ام چندین کتاب تفسیر بر نامهٔ یعقوب دارم که همهٔ آنها عنوان «عمل» را بر خود دارند: حقیقت در عمل، ایمانی که عمل می‌کند، رفتار ایمان، ایمانی که رفتار می‌کند، ایمان‌تان را به عمل آورید. همهٔ آنها بر یک واژهٔ کلیدی نامهٔ یعقوب تکیه می‌کنند: «بکنید»ـ واژه‌ای که در دیگر جاهای کتاب‌مقدس نیز از اهمیت برخوردار است. بدبختانه این

میل در وجود ما هست که از روی کلمات کوچک سرسری بگذریم، ترجیح می‌دهیم اصطلاحات الاهیاتی نظیر «پارساشمردگی» و «تقدیس شدگی» را نادیده بگیریم، اما واژهٔ «انجام دادن» هم در سراسر کتاب‌مقدس حضور دارد و به همان اندازه اهمیت دارد.

در انجیل متی مَثَل کوتاهی هست در مورد پدری که از دو پسرش می‌خواهد به تاکستان رفته کار کنند. اولی نخست نه می‌گوید، اما بعد برای کارکردن می‌رود. دیگری بله می‌گوید، اما هرگز نمی‌رود. عیسی از شنوندگان خود می‌پرسد که کدامیک از آن دو ارادهٔ پدر خود را به انجام رساندند، نه اینکه کدامیک از آن دو به پدر پاسخ درست دادند. مهم انجام دادن است. در یعقوب نیز چنین است. ما با این چالش رویاروی هستیم که «باید کنندگان کلام باشیم» و نه تنها شنوندگان آن.

چقدر غیرمنطقی!

این کتاب به همان اندازه که ساده به‌نظر می‌رسد، غیرمنطقی هم به‌نظر می‌رسد. پر از توصیه‌های عملی است که نمی‌توان آنها را به‌کار بست. کوشیدم نموداری از نامه یعقوب ارائه دهم اما به‌طور کامل شکست خوردم. حتی سعی کردم طرحی کلی از ساختار آن به دست دهم، اما از عهدهٔ چنین کاری هم برنیامدم زیرا مدام از موضوعی به موضوعی دیگر می‌پرد. او موضوعی را آغاز می‌کند، سپس آن را رها کرده بعدا بار دیگر به سراغش بازمی‌گردد. با این‌حال، این روش به نوعی به یاری مقصود کتاب می‌آید، زیرا این کتابی است که ما را به جای تحلیل‌کردن به عمل‌کردن ترغیب می‌کند.

عناصر کاربردی و غیرمنطقی دست به دست هم داده یادآوری‌های ماندگاری از کتاب امثال در عهدعتیق به دست می‌دهد. امثال هم ساختار چندانی ندارد و بر موضوعات زندگی روزمره متمرکز است. این همان چیزی است که ادبیات حکمت‌آموز یهودی نامیده می‌شود. رابی‌ها برای موعظه‌کردن شیوه‌های گوناگون دارند، اما یک فرم آن هست که به سادگی «اندیشیدن با صدای بلند» نامیده می‌شود. این فرم را چاراز (charaz) می‌نامند. این یک خطابه از پیش آماده شده نیست، بلکه سخنان گهربار یک رابی کهنسال است که گنجینه‌های ارزشمند خویش را با شنوندگانش در میان می‌گذارد.

روشن است که معلم یعقوب در جوانی چنین رابی‌ای بوده، چون وی در سبک چاراز استاد است، و او هم دقیقاً همان کار را برای خوانندگانش می‌کند.

یعقوب کیست؟

در عهدجدید پنج نفر نام یعقوب را بر خود دارند. شاید معروف‌ترین آنها یعقوب پسر زبدی و برادر یوحنا باشد، که نخستین شهید از میان رسولان بود و هیرودیس وی را در سال ۴۴ م. گردن زد. پس از او یعقوب پسر حلفی است که یکی دیگر از رسولان به شمار می‌رفت. یک

یعقوب دیگر پدر یهودا (نه اسخریوطی) است. یعقوبی هم هست که به او اشاره کوچکی شده (در مرقس ۴۰:۱۵). سرانجام هم یعقوبی هست که برادر ناتنی عیسی است. همین یعقوب آخری است که نامهٔ مورد بحث ما را به رشتهٔ تحریر درآورده است.

یعقوب یکی از چهار برادر ناتنی عیسی بود که همگی به همراه چند خواهر (که از تعدادشان خبر نداریم) یک خانواده را تشکیل می‌دادند. شمار اندکی بر این گمانند که از دوازده رسول عیسی دستِ‌کم پنج نفرشان پسرخاله‌های عیسی بوده‌اند، و همین دلیل حضور ایشان را در مراسم جشن خصوصی عروسی در قانای جلیل را توجیه می‌کند (نک. یوحنا باب ۲). قاعدتا نباید بدون دعوت سروکله شاگردان در عروسی پیدا می‌شد.

پس عیسی تعدادی از رسولان خود را از میان خویشانش برگزیده بود. اما خانوادهٔ خودش نمی‌دانستند با او چه کنند. وقتی با کسی ۳۰ سال زندگی می‌کنید و وی ناگهان برگشته به شما می‌گوید که مسیح موعود است، پذیرش ادعایش چندان هم آسان نیست! در آغاز خدمت عمومی‌اش چنین به‌نظر می‌رسد که حتی مریم هم او را طرد نمود (به احتمال بسیار زیاد در این زمان یوسف همسر مریم از دنیا رفته بود). عیسی دیگر هرگز وی را «مادر» ننامید- او را «زن» می‌خواند. «ای زن، مرا با تو چه کار است؟» نخستین مطلبی بود که در عروسی قانا و دربارهٔ مریم به ثبت رسیده.

وانگهی، میان عیسی و باقی اعضای خانواده‌اش تنشی آشکار به چشم می‌خورد. زمانی خانواده‌اش آمدند تا او را به خانه ببرند و در را به رویش قفل کنند، چون می‌اندیشیدند که پاک عقلش را از دست داده است (مرقس ۲۱:۳). ایشان زمانی که جماعت بسیاری را گرداگرد وی دیدند، برایش این پیام را فرستادند: «مادرت و برادران و خواهرانت آمده‌اند تا تو را به خانه ببرند.» وی چنین پاسخ داد: «مادرم- مادر من کیست؟ برادران و خواهرانم- برادران و خواهران من کیستند؟ آنکه ارادهٔ پدر مرا که در آسمان است به جای آورد همو، مادر و برادر و خواهر من است.» خانواده‌اش گمان کردند که وی از سر جنون سخنی گفته، و بدون تردید احساسات مریم هم جریحه‌دار شد.

از قرار معلوم خود عیسی تا هنگام صلیب، یعنی زمانی که به یوحنا گفت: «اینک مادرت»، با مادرش تقریباً قطع رابطه کرده بود- در واقع، عیسی از یوحنا می‌خواست که به جای او فرزندی مریم را بپذیرد. گذشته از اشاره‌ای که به مریم به‌عنوان یکی از شرکت‌کنندگان در جلسهٔ دعای پیش از روز پنتیکاست شده، این آخرین باری است که در اناجیل سخنی از مریم به میان می‌آید. هرگز نام او را به‌عنوان زنی قابل‌توجه و استثنایی نمی‌شنویم. من با شادمانی او را «برکت یافته» می‌خوانم، زیرا خود وی چنین نبوت کرد که همهٔ نسل‌ها او را برکت یافته خواهند خواند. اکنون دیگر حاضر نیستم وی را باکره بنامم، چون سوای عیسی بارها از یوسف فرزندان متعددی به دنیا آورد (مرقس ۳:۶).

روابط میان عیسی و برادرانش چندان هم عاری از اصطکاک نبود. در یوحنا ۷:۳-۵ برادران عیسی به وی یادآوری می‌کنند که اکنون موسم عید خیمه‌هاست، و دستش می‌اندازند که

به‌راستی باید در این عید شرکت کند، چون یهودیان منتظر بودند که ماشیح در این جشن ظهور کند. دیگر چه زمانی بهتر از این برای اینکه وی ظهور خویش را اعلان نماید!

با وجود این، به‌رغم این بدگمانی و تحقیر، دو تن از برادرانش در زمرهٔ نویسندگان عهدجدید قرار گرفتند- یهودا و یعقوب. می‌گویند هنگامی که عیسی بر صلیب جان داد، برادرش یعقوب چنان از گفته‌های خود در مورد وی و دست انداختن‌هایش از ژرفای وجود متأثر و پشیمان گشت که گفت دیگر حتی لب به خوراک نخواهد زد. می‌خواست آن‌قدر روزه بگیرد تا بمیرد، مگر اینکه سه روز بعد عیسی بر پیروانش و شخصاً بر یعقوب ظاهر شود. از آن لحظه به بعد، یعقوب خویشن را برده (غلام دربند) عیسی نامید.

گرچه این دو برادر دو کتاب از عهدجدید را نوشتند، اما از داشتن امتیاز رابطهٔ خانوادگی با عیسی بهره‌برداری نکردند. آنان هرگز نگفتند: «به من گوش کنید- من برادر عیسی هستم.» در واقع، یهودا می‌گوید: «من برادر یعقوب هستم.» بدین‌ترتیب، رستاخیز عیسی برادرانش را چنان برانگیخت که کسی را که در خانه‌ای روستایی در ناصره با ایشان زندگی می‌کرد و به حرفهٔ نجاری اشتغال داشت، چیزی جز پسر خدا نخواندند. از یعقوب به‌عنوان یکی از افراد معدودی یاد شده که در گروهی کوچک برای نزول روح‌القدس در پنتیکاست دعا می‌کردند. بدین‌ترتیب، پسرخاله‌های عیسی و خود خانواده‌اش هم بدو ایمان آوردند. این خود گویای کیفیت شخصیت عیسی است.

اشارهٔ دیگری که به یعقوب شده در اعمال ۱۵ است، آنجایی که وی ریاست جماعت مسیحی مقیم اورشلیم را بر عهده دارد. او یکی از دوازده رسول نبود، با وجود این، آشکار است که همگان در مورد پیشوایی وی بر کلیسای مادر در اورشلیم هم‌داستانند.

نقش او در اعمال ۱۵ از حساسیت ویژه‌ای برخوردار است. او با یکی از دشوارترین و حساس‌ترین بحران‌ها روبه‌رو بود- بزرگترین بحرانی که در حیات کلیسای اولیه به‌وجود آمده بود. بحث بر سر لزوم ختنه‌شدن ایمانداران غیریهودی‌تبار بود، که اگر ختنه به‌عنوان یک پیش‌شرط برای مسیحی‌شدن به تصویب می‌رسید، مسیحیت فرقه‌ای از یهودیت باقی می‌ماند و در غیر این صورت به ایمانی جهانی تبدیل می‌شد. یعقوب ریاست شورایی را که ممکن بود به دوپاره‌شدن کلیسا بینجامد بر عهده داشت. اما یعقوب با استمداد از روح‌القدس و کلام خدا بر بحران فایق آمد. پطرس آنچه را که روح‌القدس با کورنلیوس و اهل خانه‌اش کرده بود گزارش داد، و سپس یعقوب گفت: «خوب، این با آنچه که در کلام خدا آمده در پیوند است» و از عهدعتیق نقل‌قول‌هایی آورد. شایان توجه است که وی به جای فرمان دادن به گله‌اش، ایشان را به گزینش واکنشی محبت‌آمیز به این موضوع ترغیب می‌نماید- چراکه ایشان به‌عنوان مسیحیان، دیگر زیر شریعت قرار ندارند.

اگر یک چیز باشد که من آرزومند دیدنش باشم، آن دیدن مردمی است که می‌توانند روح‌القدس را بفهمند و کلام را بشناسند. ما با خطر واگرایی مواجه هستیم. من در این کشور

عضوی از یک جنبش بیداری روحانی کاریزماتیک بوده‌ام، اما بزرگترین دغدغه‌ام آن است که این‌گونه جنبش‌ها به نوعی انحراف از سمت و سوی کلام نباشند.

به همان اندازه دلواپس کسانی هستم که کلام را به خوبی می‌شناسند، اما از پویایی روح‌القدس غافلند. در این باره در کتاب کلام و روح دوشادوش هم (هادر و ستاوتون، ۱۹۹۳) به تفصیل نوشته‌ام.

بدین‌ترتیب، بر مبنای چنین درکی از روح‌القدس و کلام بود که یعقوب داوری‌ای از خود ارائه داد که مورد پذیرش همگان قرار گرفت. اگر رهبری خردمندانه و متحدکنندهٔ یعقوب نبود، این مناقشه می‌توانست به یک فاجعه بینجامد.

پس از این شورا، نامه‌ای خطاب به ایمانداران غیریهودی‌تبار در همه جا گسیل داشتند، که به تفصیل شرح می‌داد که ایشان لزومی ندارد زیر بار یوغی بروند که در شریعت موسی لازم‌الاجرا بود، اما هنگام هم‌سفرگی با مسیحیان یهودی‌تبار باید نسبت به وجدان ایشان نیز حساس باشند. نامهٔ مزبور موضعی تقریباً مشابه موضع پولس در نامه به رومیان- پیرامون دغدغهٔ عدم توافق مسیحیان بر سر موضوعاتی که مستقیماً به کلام ربطی پیدا نمی‌کرد- را پیش روی خوانندگان خود می‌گذارد. پولس گفت آنانی که در موضوعات بحث‌برانگیز آزادی دارند باید آمادگی آن را داشته باشند که به‌خاطر برادر ضعیف‌تر خود جلوی آزادی خویش را بگیرند. البته این درست است که هرچه در ایمان مسیحی بالغ‌تر باشید، از ضمیر آزادتری هم برخوردار خواهید بود، اما در جایی که هنوز کسی هست که ضمیرش آزرده می‌شود، ایمانداران بالغ‌تر باید کوتاه بیایند.

معذب‌شدن ضمیر می‌تواند آزاردهنده باشد. ما اغلب از این‌رو برای انجام کارهایی احساس تقصیر می‌کنیم که در کودکی به ما گفته‌اند کار بدی است. به‌عنوان یک بچه به ما آموخته‌اند که نباید روزهای یکشنبه دوچرخه‌سواری یا از دوربین استفاده کنیم. خوب، سال‌ها پیش بود که من دریافتم در کتاب‌مقدس هیچ آیه‌ای پیرامون دوربین و دوچرخه نیامده است! زمانی که در مزرعه کار می‌کردم، مجبور بودم برای رفتن به کلیسا مسافت پنج مایلی را با دوچرخه طی کنم، و احساس عذاب وجدان‌کردن به‌خاطر دوچرخه‌سواری برای رسیدن به کلیسا و پرستش خدا مرا در وضعیتی عجیب قرار می‌داد! اما همین طور که در مسیح بیشتر رشد می‌کنید، برای بهره‌مندی از آنچه که خدا آزادانه در اختیارتان قرار داده، بیشتر و بیشتر احساس آزادی می‌نمایید.

شاید دیگران در مورد مسائلی مشخص احساس معذب‌بودن بکنند که به خودی خود خوب هستند، اما به سبب گذشتهٔ پیش از مسیحی‌شدن‌شان، انجام آنها برای‌شان سنگ لغزش باشد. نمونهٔ کلاسیک آن نوشیدن شراب به هنگام برگزاری مراسم عشای ربانی برای کسی است که در گذشته معتاد به الکل بوده. اگر می‌دانید که ممکن است این مطلب برای کسی مشکلی ایجاد نماید، از سر محبت بهتر است که به‌خاطر ضمیر برادر و خواهر مسیحی خویش از آزادی خود صرف‌نظر کنید. اگر من با یک یهودی باشم، به خوردن گوشت کوشر (ذبح یهودی- م.) اکتفا

می‌کنم، درست همان‌گونه که پولس رسول چنین کرد. لازم است با محیط سازگار و نسبت به ضمیر مردم حساس باشیم و آزادی‌مان را به نمایش نگذاریم.

زمانی که یعقوب از اورشلیم خطاب به ایمانداران غیریهودی‌تبار نامه گسیل داشت، نامه‌ای دیگر هم برای ایمانداران یهودی‌تبار نوشت، و این همان نامهٔ یعقوب است. این نامه است که می‌گوید یهودیان در دنیای غیریهودی باید چگونه رفتار کنند. توصیه‌های نوشته شده در این نامه تقریباً همان مطالبی است که در نامهٔ مندرج در اعمال ۱۵ خطاب به غیریهودی‌تباران پیرامون نحوهٔ رفتار نسبت به دنیای یهودی‌تباران بدان اشاره شده. بدین‌ترتیب، این نامه همچون نامه‌ای است که تصویر نامهٔ دیگر را بازتاب می‌دهد، گو اینکه از آن بسیار طولانی‌تر است.

اسناد تاریخی دیگر به ما می‌گویند که یعقوب در اورشلیم ماند و به او لقب «یعقوب دادگر» را دادند، که برای شیخی که ریاست کلیسای آن شهر را بر عهده داشت صفتی بسیار عالی بود. او یک نام مستعار دیگر هم داشت: 'Oblias که به معنای «خاکریز یا جان‌پناه» است، یعنی کسی که به‌راستی می‌توان به او تکیه کرد.

یعقوب فرجامی غم‌انگیز اما باشکوه داشت. در پی مرگ فستوس، فرماندار رومی، و پیش از آنکه آلبینیوس به جایش زمام امور را در دست بگیرد، در سال ۶۲ م. یک فاصلهٔ زمانی دو ماهه به‌وجود آمد که هیچ فرماندار رومی بر یهودیه فرمان نمی‌راند. حاکمان یهودی فرصت را برای حمله به مسیحیان مغتنم شمردند، چون هیچ حاکمیت رومی در بین نبود که بگوید: «شما حق ندارید کسی را بکشید.» در همین زمان بود که یعقوب را دستگیر کردند و به فراز کنگره‌های معبد بردند و گفتند: «اکنون مسیح را تکفیر کن، وگرنه تو را به زیر خواهیم افکند!» این همان کنگره‌ای بود که در متی ۴ می‌خوانیم زمانی ابلیس عیسی را به فرازش برد. یعقوب به سادگی پاسخ داد: «اینک پسر انسان را می‌بینم که بر ابرهای جلال می‌آید!» پس او را به زیر افکندند. اما در اثر افتادن از بالا جان نسپرد. پس سنگسارش کردند. همچنان که در آنجا روی زمین افتاده بود، گفت: «پدر، ایشان را ببخش، زیرا نمی‌دانند چه می‌کنند.» جماعتی که تماشاگر این صحنه بودند فریاد برآوردند: «یعقوب دادگر برای ما دعا می‌کند!» چه فرجامی! سرانجام شخصی از سر ترحم چماقی بزرگ برداشت و بر سرش کوفت و یعقوب جان سپرد. البته، او یکی از بسیار کسانی بود که در همان سال‌های اولیه به‌خاطر عیسی جان دادند.

زمانی که هم‌کیشان مسیحی‌اش برای بردن جسد او و انجام تدفینی شایسته آمدند، شگفت‌زده شدند چون برای نخستین بار زانوان او را دیدند که همچون زانوهای شتر پینه بسته بود. او مردی بود که بیش از آنکه روی پاهایش راه برود روی زانوهایش دعا می‌کرد!

وی در درون کلیسا بسیار مورد احترام بود. اوسبیوس، یکی از پدران کلیسای اولیه دربارهٔ او گفته:

فلسفه و دینداری که در زندگانی وی به‌طور برجسته پدیدار بود، موجب شده بود که در سراسر جهان وی را با عنوان «دادگرترین مرد» بشناسند.

در مـورد لقـب یعقوب که دادگر بود، یکی از نویسـندگان آن زمان به نام هگسـیپوس چنین گفته:

> یعقوب یک نذیره بود. عادت داشت که به تنهایی وارد معبد شود و به کرات او را در حالی می‌یافتند که زانو زده برای قومش در حال آمرزش خواسـتن اسـت، چندان که زانوانش از شدت زیادی زانوزدن به هنگام پرستش خدا و آمرزش خواهی برای قومش، مانند زانوهای شتر پینه بسته بود. او به دلیل دادگری و انصاف زیادی که داشت، «عادل» نامیده شد.

نگارش

یعقوب از چنان شـهرتی برخوردار بود که لزومی نداشـت نامش را در آغاز نامه به‌طور کامل ذکر کند- همان «یعقوب» کافی بود. جالب اینجاسـت که وی شـماری از گفتارهای عیسی را از موعظـهٔ بـالای کوه نقل می‌کند (۲۳ نقل‌قول). تا آنجایی کـه می‌دانیم، خود یعقوب آنجا حضور نداشته که این سخنان را به گوش خود بشنود، پس باید آنها را مستقیماً از خود عیسی، یا بعدها از دوازده شاگرد برگزیده‌اش که مدام سخنان عیسی را بازگو می‌کردند، اقتباس نموده باشد.

با این‌حال، به‌رغم شـواهد تاریخی که یعقـوب را به این نامه پیوند می‌دهد، پیرامون نگارش نامه از سوی وی تردیدهایی وجود دارد، چون سبک آن چنان غریب است که نمی‌توان آن را از یـک جلیلی انتظار داشـت. اینکه دیگر یهودیان از اهالـی جلیل متنفر بودند تا اندازه‌ای به‌خاطر لهجهٔ متمایزشان بود. آنان را بی‌سواد می‌دانستند. در اعمال می‌بینیم که کاهن اعظم در واکنش به جسارت رسولان می‌گوید: «چگونه یک مشت انسان تحصیل‌نکرده ما را به چالش کشیده‌اند؟» اما سبک یونانی که این نامه بدان نوشته شده بیش از حد انتظار فخیم و آراسته است.

سبک

یعقوب شماری از بهترین ترفندهای ادبی را که در سخنرانی در میان جمع متداول بود، به‌کار می‌برد. اجازه بدهید آنها را خلاصه‌وار بنویسم.

۱. او از پرسـش‌هایی بدیهی[1] که پاسخ‌شـان از پیش معلوم است و نیازی به جواب دادن نیسـت اما شنوندگان را به اندیشیدن وامی‌دارد، استفاده می‌کند. نک. ۲:۴-۵ و ۱۴-۱۶؛ ۳:۱۱-۱۲؛ ۴:۴ و ۱۲.

۲. وی بـرای جلب توجه خوانندگان خود از عبارات ضد و نقیض اسـتفاده می‌کند. برای مثال: «ای برادران من، هرگاه با آزمایش‌های گوناگون روبه‌رو می‌شوید، آن را کمال شادی بینگارید» (۱:۲). «شادی» و «آزمایش» به نظر با هم جور درنمی‌آیند. همچنین نک. به طنز و کنایه موجود در ۲:۱۴-۱۹؛ ۵:۵.

1. Rhetorical questions

۳. او مکالماتی دارد که با شخصی خیالی به گفت‌وگو می‌نشیند. باز این روش توجه خوانندگان را در سطوح گوناگون برمی‌انگیزد. همیشه مردم به گفت‌وگوها توجه ویژه به خرج می‌دهند. نک. ۲:۱۸؛ ۵:۱۳.
۴. همچنین وی برای طرح موضوع‌های جدید از پرسش بهره می‌گیرد. نک. ۲:۱۴؛ ۴:۱.
۵. جملات امری بسیاری را در نامه می‌گنجاند- تنها در ۱۰۸ آیه، ۶۰ جملهٔ امری وجود دارد!
۶. او به اشیاء شخصیت می‌بخشد. از گناه چنان سخن می‌گوید که گویی یک حیوان است، و از زندگی روزمره هم تصاویر و تمثیل‌هایی ارائه می‌دهد. از سکان کشتی، آتش‌سوزی در جنگل، و افسار و اسب در زندگی روستایی سخن می‌گوید، تا همهٔ اینها توجه خواننده را به خود جلب کنند.
۷. از مردان و زنان نامداری چون ایلیا، ابراهیم و راحاب به‌عنوان نمونه یاد می‌کند.
۸. وی به‌طور ویژه مخاطبان را مورد خطاب مستقیم قرار می‌دهد- «شما»- که روشی عالی برای جلب توجه است.
۹. از به‌کار بردن لحن تند دریغ نمی‌ورزد. نک. ۲:۲۰؛ ۴:۴.
۱۰. گاه آشکارا از برابرنهاد (آنتی تز) استفاده می‌نماید. نک. ۲:۱۳ و ۲۶.
۱۱. اغلب از نقل‌قول استفاده می‌کند. نک. ۱:۱۱و ۱۷؛ ۴:۶؛ ۵:۱۱و ۲۰.

اما این ترفندهای سخنوری چگونه در نامه به‌کار برده شده‌اند؟ به گمان من پاسخ در آن چیزی نهفته است که من در اول پطرس ۵:۱۲ یافته‌ام. در واقع، بسیاری از نویسندگان عهدجدید خود چیزی ننوشته‌اند، بلکه متن را به دیگری دیکته کرده‌اند. ایشان یک نسخه‌بردار یا محرر را برای نگارش سخنان خود به‌کار می‌گرفتند- همانی که ما این روزها تندنویس یا منشی تایپیست می‌نامیم.

برای مثال، هم پولس و هم پطرس از سیلاس به‌خاطر قابلیتش در این کار، زیاد بهره جستند. بنابراین، چنین می‌نماید که گویی یعقوب هم سخنانش را شفاهاً بر زبان رانده و کسی دیگر آنها را برایش نوشته و به صورت نامه درآورده و برای دست به دست گشتن در کلیساها فرستاده است. این توجیه می‌تواند همهٔ «اشکالاتی» را که برخی محققان دارند رفع کند. بدین‌ترتیب، است که در این نامه سبک یونانی پرسش‌های بی‌نیاز به پاسخ را در کنار حکمت عبرانی می‌یابیم.

خوانندگان

این نامه، برخلاف اکثر نامه‌های عهدجدید، هیچ کلیسا یا گروهی از کلیساها، یا حتی فردی خاص را به‌عنوان نشانی گیرندگانی معین بر خود ندارد. نگارنده آن را خطاب به دوازده قبیلهٔ

پراکنده در میان قوم‌های دیگر نوشته، و این به خوبی نشان می‌دهد که مخاطب نگارنده همهٔ یهودیان پراکنده در حوزهٔ مدیترانه‌اند. در همان آیهٔ نخست به خداوند عیسای مسیح اشاره دارد و در دوازده جا هم ایشان را «برادران من» خطاب می‌کند.

یهودیان در دو مقطع پراکنده شدند: یک‌بار به دست بابلیان در هنگامهٔ کوچ اجباری ایشان در سال ۵۸۶ پ. م.، و دومین بار هم درست پیش از ظهور عیسی، زمانی که بسیاری دنیای مدیترانه را برای اقامت مستعد یافتند و به میل خویش در آن حدود پراکنده شدند. شمار یهودیان پراکنده در بیرون از اسرائیل از یهودیان ساکن در خود آن بیشتر بود، به طوری که تنها در خود رُم ۱۰/۰۰۰ یهودی زندگی می‌کردند. بسیاری از این یهودیان پراکنده سالی سه بار برای شرکت در اعیاد یهودی در اورشلیم گرد هم می‌آمدند، اما به سرعت جذب فرهنگ پیرامون خود می‌شدند و به شکل آن فرهنگ درمی‌آمدند، از این‌رو یهودیان مظهر ریاکاری به شمار می‌رفتند.

بنابراین، مسیح در زمانی که برای گسترش انجیل ایده‌آل بود آمد. یهودیان در سرتاسر جهان مدیترانه‌ای پراکنده بودند، رومیان جاده‌سازی کرده بودند و در همه جای این منطقه به زبان یونانی گفت‌وگو می‌کردند- از هر نظر کامل بود. خدا همهٔ شرایط را برای انتشار سریع اخبار مربوط به عیسی مهیا کرده بود. هنگامی که پولس رسول در سفرهای بشارتی‌اش به مکان تازه‌ای وارد می‌شد، نخست به کنیسه می‌رفت، با این باور که نخستین گروندگان به عیسی باید از میان قوم خداترس باشند.

ناگفته پیداست که شاگردان یهودی‌تبار پراکنده در پیرامون مدیترانه با وضعیتی کاملاً متفاوت از ایمانداران یهودی‌تبار اسرائیل روبه‌رو بودند. کلیسای اورشلیم از ایماندارانی تشکیل شده بود که کاملاً یهودی بودند. آنان کاملاً منزوی و تفکیک شده، و از این‌رو بیش از اندازه جدی و سختگیر بودند. شریعت‌گرایی و غروری که با آن همراه است بزرگترین معضل ایشان بود. اما در میان پراکندگان، ایمانداران یهودی‌تبار با معضل همگون‌شدن با جامعهٔ پیرامون‌شان روبه‌رو بودند. بسیاری از اینکه مسیحی نامیده شوند معذب بودند و در رفتار خود بیش از حد بی‌بندوباری به خرج می‌دادند. مشکل آنان طمع بود، چراکه بسیاری از آنها به دلایل کاری و در جستجوی ثروت در جاهای دیگر اسرائیل را ترک کرده بودند. ایشان زیادی شبیه غیریهودیان شده بودند.

محتوا

ثروت

مقدمه‌ای که آوردیم شماری از مضامین مورد اشاره در یعقوب را دربرمی‌گیرد، که کسب و کار یکی از اصلی‌ترین آنهاست. کسب و کار دغدغهٔ کلیدی هر یهودی است. آنان در جستجوی کاری بهتر و پردرآمدتر از کشوری به کشور دیگر می‌رفتند، از این‌رو پیشه و تجارتی لازم داشتند

که به آسانی قابل‌انتقال باشد. به همین خاطر است که اکثر آنها خیاط شده‌اند، چون تنها چیزی که باید با خودشان ببرند، نخ و سوزن است؛ هر جا که باشند کارشان همراه‌شان است. بقیه جواهرفروش شده‌اند، چون کالای یک جواهری را به آسانی می‌توان در یک جامه‌دان کوچک جای داد. البته این‌گونه افراد پول هم به دیگران نزول می‌دهند. در اروپای سده‌های میانی مسیحیان مجاز به نزول‌خواری نبودند، از این‌رو یهودیان بانکدار شدند، که از میان آنها روچیلدها از همه مشهورترند.

اما متمرکزشدن روی کسب و کارگرفتاری‌های خودش را دارد. عیسی فرمود: «نمی‌توانید هم خدا و هم پول را خدمت نمایید»ـ نمی‌توانید هم خودتان را وقف خدا و هم در عین‌حال وقف پول درآوردن کنید. زمانی که عیسی این سخنان را بر زبان می‌آورد، فریسیان بدو می‌خندیدند، زیرا ایشان هم ثروتمند بودند و هم مذهبی. اما عیسی فرمود: «این امکان‌پذیر نیست.» آنان گفتند: «او خودش بلد نیست که چگونه باید پول درآورد، برای همین با ثروتمندان مخالف است.» اما عیسی پیوسته به ما هشدار داده که مشکل بتوان هم ثروتمند بود و هم وارد پادشاهی خدا شدـ و البته با معیارهای عهدجدید، اکثر مسیحیان مغرب‌زمین ثروتمند هستند. پول به خودی خود خنثی است و با آن می‌توان کارهای خوب زیادی انجام داد. اما پولس می‌نویسد: «پول‌دوستی ریشه‌ای است که همه‌گونه بدی از آن به بار می‌آید.»

از نامهٔ یعقوب چنین برمی‌آید که ثروت برخی از خوانندگانش را فاسد کرده است. ایشان از زیردستان خود بهره‌کشی می‌کردند و پرداخت دستمزدهای‌شان را پشت گوش می‌انداختند تا برای کسب و کار بهتر دست‌مایهٔ نقدی بیشتری داشته باشند. تسلیم هوس‌های خویش بودند و پول‌شان را صرف تجملات غیرضروری می‌کردند. با ثروتمندانی که به جماعت‌شان راه یافته بودند نشست و برخاست می‌کردند، به فقرا می‌گفتند که آن عقب بنشینند، اما ثروتمندان را در ردیف جلوی کلیسا جای می‌دادند. بقیه هم فقرا را مورد اهانت و تحقیر قرار می‌دادند.

این طرز برخورد امروزه در برخی از کلیساها متداول است، بدین‌ترتیب، که ثروتمندان بر هر آنچه که در مشارکت روی می‌دهد، کنترل مؤثر دارند. کارکنان به مورد بی‌مهری قرار گرفتن رغبتی ندارند، چراکه می‌ترسند خشم هدیه دهندگان اصلی که بر تصمیم‌گیری‌های کلیسا اقتداری ناسالم دارند، برافروخته گردد.

ثروتمندبودن در واقع، حس امنیت کاذب در فرد به‌وجود می‌آورد. دینداری یعنی با رجوع به خدا زندگی‌کردن. پول دینداری را در انسان به تباهی می‌کشاند، چون وقتی خیلی پول دارید، بدون اینکه به خدا رجوع کنید نقشه می‌کشید. حرف یعقوب این است که ایشان باید همیشه «ارادهٔ خدا» را در همهٔ تصمیم‌گیری‌ها و برنامه‌ریزی‌های خود لحاظ کنند. پدرم همیشه عادت داشت که در نامه‌هایش دو حرف *'D.V.'* (عبارتی لاتین *Deo Volente* به معنای «ارادهٔ خدا») را بگنجاند تا اقرار کرده باشد که در هر نقشه‌ای که داشته به خدا هم مراجعه کرده است. یعقوب بر ضد ثروتمندانی موعظه می‌کند که *'D.V.'* را رها کرده‌اند.

غافل‌شدن از خدا و فقیران همواره با میل به پول درآوردن همراه است. یعقوب از دیگر گناهانی که در میان ثروتمندان متداول است فهرستی ارائه می‌کند: غرور؛ فخرفروشی و خودستایی؛ گستاخی؛ بی‌صبری؛ خشم؛ آزمندی؛ جنگ و جدال؛ مباحثات و اقامهٔ دعوی. اقامهٔ دعوی یکی از تفریحات ثروتمندان به شمار می‌رود. می‌توانید نامهٔ یعقوب را بردارید و به لندن آورده خطاب به مردم این شهر موعظه نمایید.

یک‌بار از من خواستند که برای اعضای بورس مبادلات وعظ کنم. پیش از اینکه بروم موضوع موعظه را از من جویا شدند، و من به آنها گفتم: «پول را جز به گور نمی‌توانید با خود به جایی دیگر ببرید». آنان از موضوع وعظ من مطلقاً استقبال نکردند! بنابراین، عنوانش را این‌گونه تغییر دادم: «چگونه می‌توان در جهان دیگر پس‌انداز کرد» و بدین‌ترتیب، کاملاً راضی شدند!

زبان

همچنین یعقوب بر زبان به‌عنوان عاملی اصلی در بروز مشکلات برای ایمانداران متمرکز می‌شود. می‌توانیم حدس بزنیم که وی در هنگام بیان این مطالب به یاد سخنان مسخره‌آمیزی افتاده که خطاب به عیسی گفته بود (نک. یوحنا باب ۷).

یهودیان عاشق حرف‌زدن هستند، اما در پرگویی خطری ذاتی نهفته است. یکی از ضعف‌های ویژهٔ آدم‌های دور از وطن غیبت‌کردن بود. کسانی که از خانه و میهن خود دور بودند، در جماعت‌های کوچک‌شان به غیبت‌کردن می‌پرداختند. یعقوب به خوبی از این واقعیت آگاه است، و پیرامون زبان و سخنان حرف‌های زیادی برای گفتن دارد.

او چیزهایی از این قبیل می‌گوید: «از یک دهان، هم ستایش بیرون می‌آید، هم نفرین! ای برادران من، شایسته نیست چنین باشد. آیا می‌شود از چشمه‌ای هم آب شیرین روان باشد، هم آب شور؟» حرف یعقوب این است که کنترل هیچ عضوی از بدن به اندازه زبان دشوار نیست. اگر بتوانید آن را کنترل کنید، انسان کاملی هستید. بنابراین، زبان شما یک شمارشگر آماده است که میزان مقدس‌بودن شما را نشان می‌دهد. مواظب سخنانتان باشید، چون «زبان از آنچه دل از آن لبریز است، سخن می‌گوید.» اگر زمانی برسد که همیشه سخنان درست بر زبان آورید، آن زمان که باید سکوت کنید، و آن زمان که باید چیزی بگویید، آن روز به‌طور کامل تقدیس شده‌اید. عیسی فرمود که در روز داوری برای «هر سخن پوچ» که بر زبان برانید، بر شما داوری خواهد شد. زیرا این سخنان پوچ که در زمان خستگی و پرمشغلگی از دهان‌تان بیرون می‌آیند، واقعیت قلبی‌تان را عیان می‌سازند، نه آن سخنان سنجیده‌ای که با تفکر و تأمل می‌گویید.

برای توصیف زبان از مثال‌های دیگری هم استفاده کرده است: آتشی است که جهنم آن را افروخته؛ سکانی کوچک است که می‌تواند کل یک کشتی بزرگ را هدایت نماید. اثرات آن

درست مانند آتش‌سوزی در جنگل است که نخست از یک شعلهٔ کبریت آغاز می‌شود. در همین نامهٔ کوچک به گناهان زبانی، از قبیل غرغرکردن، نفرین، دروغ‌گویی و ناسزاگویی اشاره شده است.

گرچه ثروت و زبان مضامین مهمی هستند، اما دو واژهٔ دیگر نیز کلید گشایش این نامه به شمار می‌روند: «دنیا» و «حکمت».

دنیا

یعقوب توضیح می‌دهد که «دوستی با دنیا دشمنی با خداست»- شما نمی‌توانید هم محبوب خدا باشید و هم محبوب دنیا. عیسی چنین نبود، پس اگر او نتوانست این کار را بکند، ما هم نخواهیم توانست. در واقع، پولس رسول چنین تعلیم می‌دهد که هرچه دیندارتر باشیم، کمتر مورد محبوبیت دنیا قرار خواهیم گرفت. پولس عملاً به تیموتائوس گفت: «همهٔ کسانی که بخواهند در مسیح عیسی با دینداری زیست کنند، آزار خواهند دید.» بی‌ایمانان نه تنها به شما احترام نخواهند گذاشت، بلکه خواهند کوشید تا به ایمانتان هم ضربه وارد نمایند.

یعقوب گفت: «دین پاک و خالص در برابر خدا» به دو معناست: «خود را آلوده نشده به دنیا حفظ‌کردن و دیدن‌کردن از بیوه‌زنان و یتیمان نیازمند».

اغلب می‌گویند که مسیحیان باید «در دنیا و نه از آن دنیا» باشند. این درست است، اما بدین‌معنا نیست که باید خودمان را از بی‌ایمانان کنار بکشیم. زمانی که دوست خوبم پیتر در استرالیا دلال فروش اتومبیل بود، عذر هرکدام از کارکنانش را که مسیحی می‌شدند می‌خواست. (نگران نشوید- اول برای‌شان در جایی دیگر کاری پیدا می‌کرد!) اعتقاد وی بر این بود که اگر پیرامونش را مسیحیان احاطه کنند، نمی‌تواند در محیط کار شاهد خوبی برای مسیح باشد!

یعقوب تفاوت میان آزموده‌شدن و وسوسه‌شدن را به ما تعلیم می‌دهد. خدا هیچگاه ما را وسوسه نمی‌کند، بلکه ما را می‌آزماید. تفاوت این دو در این است: شما مردم را می‌آزمایید با این امید که از آزمون شما سربلند بیرون بیایند، اما با این انگیزه آنها را وسوسه می‌کنید که شکست بخورند. خدا شما را می‌آزماید، پس باید زمانی که به چیزهای دشوار برمی‌خوریم، باید آن را کمال خوشی بدانیم، زیرا می‌دانیم که خدا دارد ما را به کلاس بالاتر می‌برد. با این‌حال، تنها زمانی که چیزی را در درون ما ببیند که ممکن است بتواند از آن برای برانگیختن ما برای بلعیدن طعمه استفاده کنیم، ما را وسوسه می‌کند. اما خدا این وعده را به ما داده که هرگز بیشتر از توان و ظرفیتمان وسوسه نخواهیم شد- یعنی اینکه شریر زیر کنترل و تسلط کامل خدا قرار دارد. شریر بدون اجازه خدا نمی‌تواند حتی به ما دست بزند. (به‌عنوان بهترین نمونه از این واقعیت نک. باب‌های آغازین کتاب ایوب.)

بنابراین، به‌عنوان یک مسیحی به هیچ وجه نمی‌توانید بگویید: «کاری ازدستم ساخته نبود.» پس ما در دنیا با آزمایش و وسوسه روبه‌رو هستیم. یکی از جانب خداست با این امید که از

آن آزمون پیروز بیرون بیاییم؛ دیگری از طرف شریر است با این نیت که شکست بخوریم. لازم است برای تمییز دادن این دو از همدیگر حکمت داشته باشیم. همسر هودسن تیلور میسیونر پیش از آنکه چشم از جهان فروبندد، متحمل رنج‌های فراوانی شد که در نهایت به کور شدنش انجامید. هنگامی که از وی پرسیدند: «چرا خدا باید در عوض خدمت وفادارانه‌ای که برایش کرده‌اید با شما چنین کند؟» پاسخ داد: «او دارد آخرین اصلاحات را روی شخصیت من انجام می‌دهد.»

بنابراین، با پا به سن گذاشتن، زندگی‌مان آسان‌تر نمی‌شود. من دریافته‌ام که هدایت سخت‌تر می‌گردد. در سال‌های اولیهٔ ایمان مسیحی، خدا نسبت به ما رحمت به خرج می‌دهد، در مورد آنچه که باید انجام دهیم آشکارا راهنمایی‌مان می‌کند. اما بعد ما را در موقعیتی قرار می‌دهد که واقعاً باید شروع به کارکردن روی چیزهایی در درون خودمان کنیم. زمانی که بالغ می‌شویم نه تنها دیگر با قاشق خوراک به دهانمان نمی‌گذارد، بلکه مسئولیت بیشتر هم به ما می‌دهد و به ما اعتماد می‌کند تا به جای ارائه راهنمایی مستقیم، خودمان دست به داوری بزنیم.

حکمت

پیشتر شباهت میان یعقوب و امثال را مورد توجه قرار دادیم، بنابراین، جای شگفتی نیست اگر بدانیم حکمت یکی دیگر از مضامین کلیدی این نامه است. یعقوب حکمت را به دوگونه مجزا از هم تفکیک می‌کند. درست همان‌گونه که دو جور امتحان- آزمایش و وسوسه- وجود دارد، دو نوع حکمت هم وجود دارد- حکمتی که از بالاست و حکمتی که از پایین است.

حکمتی که از پایین است برخاسته از تجارب انسانی است که از طریق چیزهایی که آزموده‌ایم آن را کسب می‌کنیم- ما آن را مکتب تجربه می‌نامیم. اما برای حکمت اندوزی راه دیگری هم هست، که لازم نیست زمان زیادی را صرف آن نماییم. تنها کافی است آن را بخواهیم! یعقوب می‌گوید که اگر کسی حکمت ندارد، نباید فرض را بر این بگذارد که باید همین‌گونه بماند. توضیح می‌دهد که وقتی از خدا حکمت را بطلبیم، او بدون تردید آن را به ما خواهد داد.

حکمت خیلی بیش از آنچه که تصور می‌نماییم در دسترس ماست. یعقوب می‌گوید که این حکمتی مهربان است چون پاک و صلح‌آمیز است- همین مشکل را حل می‌کند. کل حکمت الاهی در هر لحظه از زمان در دسترس ماست. زمانی که در دشواری و تنگی هستید، تنها کافی است بگویید: «خداوندا، من به حکمت نیاز دارم.» خودتان از گرفتن پاسخ دعای‌تان شگفت‌زده خواهید شد.

اشکالات

اکنون لازم است به اصطلاح «اشکالات» نامهٔ یعقوب را مورد بررسی قرار دهیم.

لحن کلی‌اش

این نامه به نظر نمی‌رسد که خیلی هم مسیحی باشد. دربارهٔ مسیح یا انجیل چیز زیادی نمی‌گوید. چنین به‌نظر می‌رسد که تأکیدش بیشتر بر اعمال انسان است تا کارهای خدا؛ گویی بیشتر بر اعمال تکیه دارد تا آموزه‌ها؛ بیشتر بر شریعت استوار است تا انجیل؛ بر اعمال تا ایمان. از رویدادهای کلیدی همچون مرگ، رستاخیز و صعود عیسی یا خدمت روح‌القدس کلامی نمی‌گوید. از ظواهر پیداست که حرفش سراسر به اعمال مربوط می‌شود و بس.

از این‌رو برخی مبنای مسیحی داشتن این کتاب را، آن‌گونه که در باقی کتاب‌های کتاب‌مقدس یافت می‌شود، زیر سؤال برده‌اند. اندیشمندان برجسته از آن قطع امید کرده‌اند. مارتین لوتر، اصلاح‌گر پروتستان می‌گفت که از این نامه بیزار است، چراکه هیچ بویی از انجیل نبرده و مسیح را در آن نمی‌توان دید. (در واقع در کل این نامه تنها دو بار به نام مسیح اشاره شده است.) لوتر آن را «نامهٔ پوشالی» نامیده بود، یعنی اینکه عاری از هر مغز و محتوایی است. دیگر توهینی از این بالاتر نمی‌شد به این نامه روا داشت. می‌گفت: «من باور ندارم که این نامه اثر یک رسول بوده باشد. بهتر بود که هیچگاه آن را در ردیف کتاب‌های عهدجدید قرار نمی‌دادند.» زمانی که دست به ترجمهٔ کتاب‌مقدس زد، نامهٔ یعقوب را به همراه عبرانیان، یهودا و مکاشفه، به‌عنوان پیوست در انتهای کتاب قرار داد. او جرأت آن را نداشت که این نامه را یکسره از کتاب‌مقدس حذف کند، اما آن را از بدنهٔ اصلی متن کتاب بیرون آورد.

در حقیقت، در کل این نامه کمتر چیزی وجود دارد که مورد پذیرش یهودیت ارتودکس نباشد. از شریعت، کنیسه، برادران و پیران سخن می‌گوید و خدا را «خدای قادر مطلق» خطاب می‌کند. اگر آن دو مورد اشاره به مسیح و واژه‌های «تولد»، «نام» «آینده» و «ایمانداران» را از آن بیرون آوریم، متنی مورد پذیرش یهودیت ارتودکس خواهد بود.

تعلیم ویژه‌اش

علاوه بر اشکالات نامبرده، یک دغدغهٔ مشخص‌تر هم وجود دارد، که در دل خوانندگان کتاب‌مقدس هراس به‌وجود آورده است. در یعقوب ۲۴:۲ می‌گوید: «پس می‌بینید با اعمال است که پارسایی انسان ثابت می‌شود، نه با ایمان تنها.» در ظاهر این عبارت تیشه به ریشهٔ تعلیم عهدجدید و به‌ویژه تعلیم پولس رسول در مورد نحوهٔ پارساشدن انسان در نزد خدا می‌زند. لوتر می‌گفت که این جمله بنیان حقیقت انجیل یعنی «پارسا شمردگی از طریق ایمان محض» را متزلزل می‌سازد.

لحن کلی نامه و دغدغهٔ خاصش پیرامون تعالیم مربوط به ایمان حاکی از آن است که واردشدن به عهدجدید مستلزم جهد و کوشش فراوان و ماندن در آن عهد هم مستلزم پیکاری سخت است. این نامه یکی از واپسین نامه‌هایی بود که (در سال ۳۵۰ م.) در زمره کتاب‌های کانونی کتاب‌مقدس جای گرفت.

پس با این به ظاهر تناقض چگونه باید برخورد کنیم؟ در اینجا باید به چند نکته اشاره نماییم

۱. یعقوب در سال ۶۲ م. درگذشت و از این‌رو نمی‌توانسته نامه‌های پولس در باب این موضوع را مطالعه کرده باشد، هرچند پولس را می‌شناخته و وی را ترغیب به تقدیم نذیره‌ای مطابق با آیین شریعت می‌کند تا نشان دهد که هنوز یهودی است (اعمال ۲۱:۱۸-۲۵). پس اگر تناقضی هم بوده، نمی‌تواند عمدی بوده باشد.

۲. مخاطب پولس را غیریهودیان تشکیل می‌دادند، حال آنکه یعقوب خطاب به ایمانداران یهودی‌تبار می‌نوشت، از این‌رو هر یک اهدافی جداگانه داشتند. پولس از غیریهودیان در برابر شریعت‌گرایی یهودی دفاع می‌کرد، حال آنکه یعقوب از یهودیان در برابر بی‌بندوباری غیریهودیان دفاع می‌نمود. بنابراین، تعجب ندارد اگر میان این دو شاهد تفاوت در تأکیدها باشیم.

۳. زمانی که به عبارت «اشکال‌برانگیز» می‌رسیم، درمی‌یابیم که واژهٔ «اعمال» چندین معنی گوناگون دارد. پولس از اعمال شریعت سخن می‌راند، در حالی‌که یعقوب دربارهٔ اعمال ایمان- یعنی *اقدامات*- می‌نویسد. معنای حرف یعقوب این است: «ایمان بدون اقدام‌کردن، مرده است.» او اصلاً سر آن ندارد که اعمال شریعت را تفسیر و تشریح کند. وی برای نشان‌دادن بی‌فایده‌بودن محبت بدون اقدام مثالی می‌زند. کسی را در نظر بگیرید که به برادری می‌گوید: «آه خدای من، تو نه چیزی برای خوردن داری و نه چیزی برای پوشیدن، درسته؟ بسیار خوب برادر، خدا برکتت بده، خدا برکتت بده!» یعقوب می‌پرسد: «این کار چه فایده‌ای دارد؟» این محبت بدون انجام‌دادن هر اقدامی است، محبتی که در آن کاری از سر محبت انجام نمی‌شود.

پس زمانی که دربارهٔ ایمان سخن می‌گوید، از ایمان بدون اقدام عملی حرف می‌زند. ایمان ندارید، مگر آنکه ایمانتان با اقدامی عملی همراه باشد. اعتراف به ایمان نمی‌تواند شما را نجات بخشد. باید ایمان را به‌کار گرفت. او می‌گوید که حتی دیوها هم به خدا ایمان دارند، و از ترس به خود می‌لرزند!

اما پس از آن با بهره‌گیری از نمونه‌هایی چون ابراهیم و راحاب، یعنی یک مرد خوب و یک زن بد، مثالی از ایمان عملی ارائه می‌کند. هر دو ایشان بر پایهٔ ایمان عمل کردند، یکی آماده بود تا جانی را بگیرد و دیگری مهیای آنکه جانی را نجات بخشد. ابراهیم زمانی که خود را آماده کشتن پسر خویش، یعنی یگانه فرزندی که امید بسته بود به‌واسطهٔ وی دارای ذریتی شود، کرد از روی ایمان عمل کرد. راحاب روسپی هم وقتی به مراقبت از جاسوسان پرداخت و از ایشان خواست تا به هنگام حمله به شهر جانش را نجات دهند، از روی ایمان اقدام نمود.

یعقوب می‌گوید که ایمان چیزی نیست که شما بدان اعتراف زبانی نمایید. باید باور به عیسی را با عمل خود نشان دهید. اگر او شما را نگیرد، با صورت نقش زمین می‌شوید. ایمان

یعنی همین. بنابراین، زمانی که یعقوب می‌گوید ایمان بدون اعمال نمی‌تواند نجاتتان دهد، کاملاً حق دارد، زیرا چنین ایمانی همچون یک لاشهٔ مرده است. ایمان فقط بازگوکردن اعتقادنامه نیست، بلکه عمل‌کردن از روی ایمان، و نشاندادن اعتماد به خداوند است.

بنابراین، خدا با وجود پولس و یعقوب، دو زاویهٔ دید متفاوت از یک موضوع حساس را ارائه می‌نماید تا در مورد کل حقیقت به برداشتی متعادل برسیم. شریعت‌گرایی به ما می‌گوید که به‌واسطهٔ اعمال است که نجات پیدا خواهیم نمود؛ بی‌بندوباری هم به ما می‌گوید که بدون انجام کاری نجات را داریم؛ اما آزادی (وضعیت مسیحی) به ما می‌گوید که نجات می‌یابیم تا دست به کاری بزنیم، اما این کارها اعمال نیک، یعنی اعمال برخاسته از محبت هستند.

حتی پولس، یعنی به اصطلاح قهرمان پارساشمردگی به‌واسطهٔ ایمان، در افسسیان ۲ می‌گوید: «زیرا ساختهٔ دست خداییم، و در مسیح عیسی آفریده شده‌ایم تا کارهای نیک انجام دهیم، کارهایی که خدا از پیش مهیا کرد تا در آنها گام برداریم.» بنابراین، ما به‌واسطهٔ کارهای نیک نیست که نجات پیدا می‌کنیم، بلکه نجات می‌یابیم تا کارهای نیک انجام دهیم و بر اساس کارهای نیکمان است که مورد داوری قرار خواهیم گرفت. یعقوب، به اصطلاح قهرمان اعمال هم در ۲:۵ می‌گوید که ایمانداران می‌باید «در ایمان دولتمند» باشند.

شریعت‌گرایی می‌گوید: «ما می‌باید از طریق گذاشتن قوانین و احکام اطمینان حاصل نماییم که شما هیچ آزادی برای ارتکاب گناه نداشته باشید.» بی‌بندوباری می‌گوید: «ما آزادیم که گناه کنیم.» آزادی مسیحی می‌گوید: «ما آزادیم که گناه نکنیم.» اینها شاید جملاتی بسیار کلیشه‌ای به نظر بیایند، اما به هر روی حقیقت دارند. مهمترین چیز در زندگی مسیحی این است که بتوانید تفاوت‌های میان این سه گفته تمایزی روشن قایل شوید، چون این در حکم بطن انجیل است، و برای متعادل‌ماندن هم پولس را نیاز داریم و هم یعقوب را. پس در رویارویی با پرسش «ایمان در برابر اعمال»، به اعتقاد من نامهٔ یعقوب به مابقی عهدجدید متکی است، و باقی عهدجدید هم به یعقوب نیاز دارد.

مارتین لوتر در ارزیابی خود از این نامه، به‌طور کامل این نکته را از قلم انداخته بود. وی می‌گفت که این نامه با نامه‌های پولس و همهٔ نوشته‌های دیگر کتاب‌مقدس تناقض دارد، اما لوتر هم نسبت به دشمنش، پاپ از خطا مصون‌تر نبود. وی آنچنان روی آموزهٔ پارساشمردگی از طریق ایمان متمرکز شده بود که نتوانست به اهمیت تأکید واقعی یعقوب پی ببرد. ایمان باید عمل کند و ثمره داشته باشد. آنچه که خدا در درون ما انجام داده باید نتیجهٔ بیرونی داشته باشد و ثمره‌اش در دنیا، یعنی محیط بیگانه هم دیده شود.

نتیجه‌گیری

ما از یهودیان پراکنده به شمار نمی‌رویم، پس دیگر این نامه چه ربطی می‌تواند به ما پیدا کند؟ اتفاقاً خیلی هم به ما مربوط است، چون ما هم مسیحیان پراکنده هستیم. برخی مسیحیان

چنان خود را در زندگی کلیسایی پیچیده‌اند که بیشتر به یهودیان شریعت‌گرا می‌مانند. مشکل آنان غرور است، که تا اندازه‌ای ناشی از همین انزوا و جدایی از دنیاست.

اما اکثر مسیحیان به یهودیان پراکنده می‌مانند، هر روزه در دنیا کار می‌کنند و مدام وسوسه می‌شوند که همرنگ این جهان شوند و خود را با معیارهای اخلاقی آن سازگار نمایند. ما شهروندان آسمان هستیم و در بر زمین بیگانه‌ایم، و بخشی از قوم پراکندهٔ خدا به شمار می‌رویم، و در انتظار مسکنی که در آینده قرار است واپسین سرای‌مان باشد به سر می‌بریم.

وضعیت ما به زیباترین شکل در نامه دیوگنیتوس[1] که در اواخر سدهٔ یکم میلادی نوشته شده، خلاصه شده است. این نامه پاسخی است به این پرسش که: «چه چیزی مسیحیان را از دیگران متمایز می‌سازد؟» وی می‌نویسد:

> این کشور یا زبان نیست که مسیحیان را از دیگر مردمان متمایز می‌گرداند. زیستن در هر جایی برای خود تبعاتی به همراه دارد که آداب و رسوم مردمان بومی آن سرزمین‌ها در ارتباط با نوع خوراک و پوشاک و دیگر رفتارهای عادی ایشان در شیوهٔ زندگی نقشی تعیین‌کننده و چشمگیر دارد. مسیحیان در کشورهای خود ساکنند، اما میهن آنان تنها اقامت‌گاهی موقتی به‌شمار می‌رود. به‌عنوان شهروند، در همه چیز کشور خود سهیم‌اند، با وجود این، در همهٔ موارد با آنان همچون بیگانگان رفتار می‌شود. هر سرزمین بیگانه‌ای برای ایشان به‌اندازهٔ زادگاه‌شان بیگانه است. روزهای عمر خویش را روی زمین سپری می‌کنند، اما شهروند آسمان هستند. از قوانین معینی پیروی می‌نمایند، اما در عین‌حال قوانین و معیارهایی عالی‌تر بر زندگی‌شان حکم‌فرماست. مورد نفرت هستند اما مبارکند...

مسیحیان امروزی باید بدین‌ترتیب، زندگی کنند- مطمئن شوند که دنیا حتماً در بیرون از وجودشان باقی می‌ماند و به درون‌شان راه نمی‌یابد. انگیزه‌ها، شیوه‌ها و اخلاقیات دنیوی کماکان برای مسیحیان چالشی محسوب می‌شوند. فشارهایی که امروزه بر مسیحیان وارد می‌آید اساساً مشابه همان فشارهایی است که مسیحیان در سدهٔ یکم میلادی با آن دست‌وپنجه نرم می‌کردند. در این رابطه، نامهٔ یعقوب به‌راستی متنی به روز شده است و برای هر فرد مسیحی که جویای پیروی مسیح است، ارزش بسیار دارد. بر این متمرکز شده که در دنیا و کلیسا چگونه باید رفتار کرد. یعقوب به‌طور ویژه به آنچه می‌کنیم علاقه نشان می‌دهد، نه آنچه می‌گوییم. دانش کتاب‌مقدس اگر با به کارگیری آن همراه نباشد، ارزشی نخواهد داشت.

---

1. Diognitus

۵۵

اول و دوم پطرس

اول پطرس

در ۲ سپتامبر ۱۶۶۶ آتش‌سوزی عظیمی در لندن رخ داد. این آتش‌سوزی از تنور یک نانوایی آغاز شد و به خسارات دهشتناکی منجر گردید. از آنجایی که اکثر خانه‌ها از چوب ساخته شده بودند نتوانستند در برابر آتش پایداری نمایند و دویست هزار انسان بی‌خانمان شدند. برآورد شده که ارزش خسارت وارده چیزی حدود ۱۰ میلیون پوند بوده است. ۹۰ کلیسا به‌طور کامل ویران شدند، هرچند بعدها کریستوفر ورن[1] برخی از آنها، و از جمله کلیسای جامع سنت پل را بازسازی نمود. مسلم است که وقتی فاجعه‌ای روی می‌دهد، یکی از بدبختی‌های طبیعت بشری رخ می‌نماید و مردم به‌دنبال کسی می‌گردند تا کاسه و کوزه را بر سر وی بشکنند. اغلب هم بیگناهان متهم می‌شوند، و در مورد آتش‌سوزی عظیم لندن هم کاتولیک‌های فرانسوی مورد شماتت قرار گرفتند.

در ۱۹ جولای سال ۶۴ م. در شهر رُم آتش‌سوزی‌ای به راه افتاد که سه روز ادامه داشت و بیشتر شهر را ویران ساخت. این آتش مرکز شهر را در کام خود فرو برد و معابد و خانه‌های بسیاری را ویران کرد. شهروندان به‌دنبال بلاگردان گشتند و آن را در وجود امپراتور نرون یافتند. آنها می‌دانستند که وی فردی جاه‌طلب است و در سر دارد شهر کهنه را خراب کرده بر

---
1. Christopher Wren

ویرانه‌هایش سازه‌های بزرگ و نو بنا کند، پس همه گمان بردند که در پشت این قضیه وی قرار دارد. نرون هم به نوبهٔ خود تقصیر را به گردن مسیحیان انداخت و یک سلسله آزار و اذیت‌های جدی بر کلیسا آغاز شد.

مسیحیان دوره هولناکی را پیش روی داشتند. ایشان را شکنجه می‌کردند، در پوست جانوران وحشی کرده پوست را می‌دوختند و وامی‌داشتند تا دور آمفی‌تأترها را چهار دست و پا راه بروند، در این‌حال شیران و دیگر درندگان را به جان‌شان می‌انداختند. سگها شکارشان می‌کردند و برخی هم مصلوب می‌شدند.

به یاد دارم که زمانی پشتم را به کولوسیوم رُم تکیه داده بودم و به تپه‌ای کوچک و سبز خیره شده بودم که زمانی باغ قصر نرون بود. به روزی اندیشیدم که وی در این باغ بساط کباب به راه انداخته بود! او داد چند مسیحی را قیراندود کردند، به تیرک‌های پیرامون باغ بستند و به آتش کشیدند. آنها زنده زنده در آتش سوختند تا محفل میهمانی نرون را روشنایی ببخشند.

اخبار این وحشی‌گری بر ضد قوم خدا از کلیسایی به کلیسایی دیگر در سرتاسر امپراتوری روم پراکنده می‌شد. اما همچنان که اخبار پخش می‌شد، نامه‌ای هم از سوی پطرس رسول منتشر گشت. او نامه را خطاب به مسیحیانی نوشت که با ایشان ارتباط و علاقه‌ای ویژه داشت و از اهالی جایی بودند که اکنون شمال غربی ترکیه نامیده می‌شود، تا بدیشان هشدار دهد و آنها را برای آزار آماده نماید.

سرانجام خود پطرس هم در همین دوره مرد- نرون او را به دست خویش در رُم مصلوب نمود. عیسی پیش‌گویی کرده بود که وی بدین‌گونه خواهد مرد، با وجود این، زمانی که موقع اعدام وی فرا رسید، درخواست کرد تا وارونه مصلوبش سازند، چون احساس می‌کرد که شایستگی آن را ندارد که همچون خود عیسی بمیرد.

هرچند در خود کلام هیچ اشاره صریحی به این نشده، اما احتمالاً پطرس در این ناحیه هم خدمت می‌کرده است. محل خدمت پطرس جنوب غرب ترکیه بود، اما از قرار معلوم وی به شمال غرب ترکیه هم رفته بوده و این همان ناحیه‌ای است که نامه‌اش را بدان سو گسیل داشته.

نگارنده

در مورد پطرس مطالب بسیاری می‌دانیم، و نامهٔ اول او در میان مسیحیان از محبوبیت خاصی برخوردار است. نامه‌ای گرم و انسانی است که به دل خواننده می‌نشیند. در باب اول به خوانندگانش می‌گوید که حتی با وجودی که ایشان عیسی را ندیده‌اند، اما او را دوست می‌دارند و از محبت نمودن وی شادی وصف‌ناپذیری بدیشان دست می‌دهد. این محبت نسبت به منجی در سرتاسر نامه ادامه می‌یابد.

نام او نخست شمعون یا سیمون یا سیمئون بود. این نام گرچه معنای خاصی ندارد، اما بسیار متداول بود- شمعون یعنی «نی». اما زمانی که عیسی شمعون را دید، نام «پطرس» را بر

وی نهاد، که کمتر متداول و معنی‌اش هم «صخره» بود. این نشان‌دهندهٔ تغییری است که عیسی انتظار داشت در شخصیت وی پدید آید. زمانی که او کارش را آغاز نمود به آسانی و همچون ساقهٔ نی‌ای که در باد می‌جنبد دچار نوسان می‌شد، اما وقتی که عیسی از او جدا شد، دیگر همچون یک صخره استوار شده بود.

پطرس ماهیگیری اهل بیت صیدای جلیل، و برادر اندریاس بود. این دو نخستین کسانی بودند که عیسی ایشان را به پیروی از خویش فراخواند. در همهٔ فهرست‌هایی که اناجیل از دوازده شاگرد مسیح ارائه می‌دهند پطرس نخستین نام است و در واقع، سخنگوی غیررسمی گروه به شمار می‌رفت.

شخصیت پطرس در انجیل‌ها به روشنی بسیار فاش شده است. وی از نکات قوت قابل‌ملاحظهٔ بسیاری برخوردار است: او خوشرو، مشتاق، تابع غریزه و پرتوان بود. اما این نکات قوت را نقطه ضعف‌هایی تعدیل می‌کردند: وی انسانی بی‌ثبات، دمدمی مزاج، ضعیف، ترسو، عجول و ناسازگار بود. آدمی بود که از روی غرایز خود رفتار می‌کرد و نسنجیده دهان خود را باز می‌کرد و نیندیشیده پا در راه می‌نهاد! اما این یک‌باره دهان را گشودن به این معنا هم هست که وی چیزهایی دربارهٔ عیسی گفت که شگفت‌انگیزند. بسیاری از ایمانداران با پطرس همذات‌پنداری می‌کنند، چراکه میان او و خودشان شباهت‌های بسیاری می‌بینند.

شاید تکان دهنده‌ترین لحظه در زندگی او زمانی باشد که وی عیسی را پیش از مصلوب‌شدنش سه بار انکار کرد و پس از آنکه وی رستاخیز فرمود، در کرانهٔ دریای جلیل با او ملاقات کرد. عیسی روی آتش برای شاگردان صبحانه درست کرده بود و پطرس تا چشمانش به زغال‌های گداخته افتاد تکان خورد. در سرتاسر عهدجدید تنها دو بار نام زغال آمده- اولی در حیاط خانه کاهن اعظم است، آن زمانی که پطرس مشغول گرم‌کردن دستان خود روی آتش بود و سه بار آشنایی خود را با عیسی منکر شد. اکنون برای دومین بار نگاه او به آتش زغال گداخته می‌افتاد، و بی‌گمان خاطره بزدلی آن شبش در وی قوت گرفت.

عیسی به پطرس نگفت: «من امیدوار بودم که تو نخستین شبان باشی، اما اکنون متأسفم از این به بعد تنها می‌توانی سرودنامه‌های کلیسا را مرتب کنی.» همچنین نگفت: «در نظر دارم به مدت یکسال تو را به صورت آزمایشی استخدام کنم و ببینم که آیا تنبلی را کنار گذاشته‌ای یا نه، آنوقت بعد از یک سال پرونده‌ات را مورد بازبینی قرار می‌دهم تا در مورد وضعیتت تصمیم بگیرم.»

در واقع بدو فرمود: «پطرس، من می‌توانم با تو کنار بیایم، مشروط به اینکه از یک چیز مطمئن باشم. آیا مرا دوست می‌داری؟»

این برای هر ایمانداری مهم‌ترین چیز است. آیا او را دوست می‌دارید؟ عیسی همین پرسش را سه بار از پطرس پرسید، و به نوعی پطرس را به راه درست بازگرداند. اندک زمانی بعد این پطرس بود که در روز پنتیکاست به پا خاسته موعظه کرد و ۳۰۰۰ نفر تعمید گرفتند. جای

شگفتی نیست که اهمیت محبت داشتن نسبت به عیسی در این نامه اینقدر مورد تأکید قرار می‌گیرد.

البته در جاهای دیگر عهدجدید هم از پطرس یاد شده، در نگارش و تألیف انجیل مرقس با یوحنای ملقب به مرقس همکاری تنگاتنگ داشته است. مرقس از زمرهٔ دوازده رسول نبود و همهٔ اطلاعاتش پیرامون عیسی را از پطرس گرفت- از این روست که در میان همهٔ انجیل‌ها مرقس بیش از همه به ضعف‌های پطرس می‌پردازد و شخصیت دمدمی و غریزی خود پطرس را در سرتاسر انجیل جلوه‌گر می‌سازد. در انجیل مرقس، عیسی برخلاف پطرس «مرد عمل» است.

نیمهٔ نخست کتاب اعمال سراسر در رابطه با پطرس است، هرچند از آنجایی که نگارندهٔ آن شخص لوقا بوده، و آن را در حکم دفاعیهٔ وکیل برای جلسه دادگاه پولس نوشته، با روی صحنه آمدن پولس به یک‌باره پطرس محو می‌شود.

در غلاطیان اشاره‌ای گذرا و نه چندان ستایش‌آمیز به وی می‌شود، آنجایی که پولس نسبت به تغییر موضع پطرس و خودداری وی از همسفره‌شدن با غیریهودی‌تباران در حضور ایمانداران یهودی‌تبار از خود واکنش نشان می‌دهد. این رفتار پطرس اشتباه بود و پولس هم اشتباهش را بدو گوشزد کرد.

می‌دانیم که او ازدواج کرده بوده، چون عیسی مادرزنش را شفا داد، و پولس رسول هم در جایی می‌گوید که پطرس همسرش را با خود به سفرهای بشارتی می‌برد. بنابراین، به استثنای پولس، از پطرس بیش از دیگر رسولان آگاهی داریم.

نامه در زمانی نوشته شده که پطرس در رُم زندانی بوده. تردیدی نیست که هم پولس و هم پطرس مدتی از عمر خود را در آنجا سپری کرده‌اند (پولس در انتظار دادگاه خود در بازداشت خانگی قرار داشت و بعدها به دست نرون کشته شد)، اما هیچ مدرکی دال بر اینکه پطرس نخستین اسقف رُم بوده وجود ندارد- این گمانی بیش نیست که تنها آنانی بدان دامن می‌زنند که دوست دارند جانشینی رسولان را باور کنند.

خوانندگان

از اینکه کلیسا در آسیای کوچک (شمال غربی ترکیه) چگونه کار خود را آغاز کرد اطلاع دقیق نداریم، اما در اعمال ۲ آمده که در روز پنتیکاست مردمانی از اهالی استان‌های کاپادوکیه، بیطنیه و پونتوس در اورشلیم حضور داشتند که این استان‌ها روی هم آسیای کوچک را تشکیل می‌دادند. شاید برخی از اهالی آن منطقه که در آنجا حاضر بودند به‌واسطهٔ نخستین موعظهٔ پطرس ایمان آوردند، تعمید گرفتند، به میهن خود بازگشتند و بعدها از پطرس خواستند تا به دیدارشان برود. با وجودی که بیشتر ایمانداران مخاطب پطرس را غیریهودیان تشکیل می‌دهند، وی به خوانندگانش عنوان یهودی «پراکندگان» را می‌دهد. درست همان‌گونه که یهودیان در همه جای دنیا پراکنده شده بودند، مسیحیان هم به نوعی در دنیا پراکنده بودند. این عنوان بر وصلهٔ ناجوربودن آنان تأکید

می‌ورزد. او ایشان را «غریب و بیگانه» می‌خواند. عدم وجود هرگونه جزئیات تعیین‌کننده نشانگر آن است که می‌خواسته نامه میان ایمانداران منطقه دست به دست بگردد.

این برچسب «وصلهٔ ناجور» حتی امروز هم مناسب حال مسیحیان است. یکی از معضلاتی که با مسیحی‌شدن شما گریبانگیرتان می‌شود این است که از آن به بعد وصلهٔ ناجور می‌شوید. من نمی‌توانم شهادت‌هایی از این دست را چندان معتبر بدانم: «از زمانی که به مسیح ایمان آورده‌ام، همهٔ مشکلاتم حل شدند.» از همان آغاز نمی‌توانم حرف این‌گونه افراد را باور کنم، چراکه ایشان بسیار گمراه هستند. شهادت من با آنها تفاوت بسیاری دارد: «من در سن ۱۷ سالگی به مسیح ایمان آوردم، و از همان زمان دردسرهایم شروع شد! چند سال بعد از روح‌القدس پر شدم، و دردسرهایم بیشتر شدند!»

گهگاه از من می‌پرسند که شواهد پری از روح چیست و من هم همیشه پاسخ می‌دهم: «در یک کلمه به شما می‌گویم- مشکلات!» دلیل اینکه دچار مشکل می‌شوید این است که یکی از اثرات آنی پرشدن از روح‌القدس دلیری و جسارت یافتن برای سخن گفتن است. این نشانه در کتاب اعمال حتی از صحبت‌کردن به زبان‌ها هم شایع‌تر است. واژهٔ یونانی *parrhesia* بدین‌معناست که شما برای سخن گفتن دلیری پیدا کرده‌اید. این مسلماً روشی برای دوست‌یابی و تأثیرگذاری بر مردم نیست!

مسیحیان وصله ناجورند و دیگر به این جهان تعلق ندارند. در واقع، آنان عضوی از یک گونهٔ جدید به‌شمار می‌روند- دیگر *homo sapiens* (انسان خردورز- م.) نیستند، بلکه *homo novos* (انسان نوین- م.) هستند- «مرد و زنی جدید»، دیگر نه در آدم، که در مسیح.

این تفاوتی که میان یک ایماندار و افراد پیرامونش وجود دارد، مشخصا زمانی دشوار می‌شود که یکی از زوجین زودتر از همسر خود ایمان آورده باشد. هرکدام به یکی از این دو دنیای متفاوت تعلق دارند. از این روست که کتاب‌مقدس تعلیم می‌دهد که یک ایماندار نباید با یک بی‌ایمان ازدواج کند، چراکه هیچ‌یک چیزی ندارند که با یکدیگر در میان بگذارند.

بنابراین، مسیحیان باید انتظار دردسر را داشته باشند. عیسی صادقانه و بی‌پرده به پیروانش می‌فرماید که باید انتظار چنین چیزی را داشته باشند. پولس در اعمال به مسیحیان کلیساهای غلاطیهٔ جنوبی گفت که «باید با تحمل سختی‌های بسیار به پادشاهی خدا راه یابیم.» از این‌رو مبشران باید صادق بوده، به آنانی که به مسیح می‌گروند این وعده را بدهند که برایشان مشکل خواهد بود. اما می‌توانند خوشحال باشند، چون عیسی بر همهٔ این سختی‌ها و مشکلات فایق آمده است.

مضامین اصلی

زمانی که بازمی‌گردیم تا به مضامین اصلی نامهٔ اول پطرس نگاهی بیندازیم، در کمال شگفتی می‌بینیم که پطرس به ایمانداران می‌گوید که چگونه جفا را تحمل کنند، نه اینکه چگونه از آن

بگریزند. تمرکز وی بر نحوهٔ سلوک ایشان به‌گونه‌ای دیندارانه در دنیایی متخاصم است، نه بر دوری گزیدن از مشکل. پس رنج در بطن این نامه جای دارد و یکی از واژه‌هایی است که به کرات در آن به‌کار برده می‌شود.

اما پطرس به دو مضمون دیگر هم پرداخته است. می‌خواهد به خوانندگانش نجاتی را یادآوری کند که شالوده و بنیان نگرش آنان به رنج را تشکیل می‌دهد، و سپس می‌خواهد تشریح نماید که چگونه باید با مسئلهٔ رنج برخورد کرد. در زندگی مسیحی حافظه سهم و نقشی حیاتی دارد. پطرس تشویق‌شان می‌کند تا برگشته به حقایق محوری ایمان‌شان بیندیشند. بنابراین، فیض خدا در آغاز و پایان نامه عنصری کلیدی به شمار می‌رود.

۱. نجات- از طریق مسیح

پطرس می‌گوید که نجات ما دارای دو جنبه است که باید از آنها اطمینان حاصل نماییم- یک جنبهٔ فردی و یک جنبهٔ جمعی. هرچند اغلب اولی است که مورد بحث قرار می‌گیرد، اما هر دو بخشی از نجات را تشکیل می‌دهند. ما به صورت فردی نجات پیدا می‌کنیم، اما در خانواده‌ای از نجات‌یافتگان جای می‌گیریم که به‌ویژه در زمان‌هایی که فشار زیاد است، برای‌مان مفید است. به تنهایی نمی‌توانیم از عهدهٔ فشارها برآییم. لازم است عضوی از یک مشارکت باشیم و با هم و در کنار هم بمانیم.

الف) فردی- کلام خدا

تأکید نخست او بر رابطهٔ عمودی ما با خداست. جنبهٔ فردی مورد تأیید کلام خداست، زیرا از طریق کلام است که ما تولد دوباره می‌یابیم. پطرس سه مورد را در زیر فهرست می‌کند- ایمان، امید و محبت- همان سه‌گانه‌ای که ما بیشتر آن را از روی اول قرنتیان ۱۳ می‌شناسیم، اما در سرتاسر کلام خدا به چشم می‌خورد. ایمان پیش از همه ما را به آنچه که خدا در گذشته انجام داده مرتبط می‌سازد. امید ما را به آنچه که قرار است در آینده انجام دهیم پیوند می‌دهد، و محبت هم ما را به آنچه که او در حال حاضر می‌کند مربوط می‌نماید. بیایید به این سه با جزئیات بیشتر نگاهی بیندازیم:

I. یک امید زنده. پطرس می‌گوید که وجود امید همچون یک لنگر حیاتی است، چون زمانی که توفان جفاها از راه برسد، این امید است که ایمانداران را استوار نگاه می‌دارد. این روزها از سه مورد یاد شده امید بیش از همه با غفلت مواجه شده است. اما امید به آینده مضمونی کلیدی در عهدجدید به شمار می‌رود، و از این‌رو امروزه برای ما نیز مهم است.

این یقیناً برای خوانندگان پطرس مضمونی کلیدی بوده، زیرا اگر بدانید که عیسی به‌خاطر شما بازمی‌گردد، آسان‌تر با سختی‌ها روبه‌رو می‌شوید. نامهٔ اول پطرس نامهٔ امید است. وی بدیشان می‌گوید: «خدا به‌واسطهٔ رستاخیز عیسای مسیح از مردگان، امیدی زنده به ما

بخشید.» حتی اگر کشته هم شوید، چنگال مرگ به شما نخواهد رسید! ما برای آینده امیدی زنده داریم، و امید به بدنی جدید و زمینی جدید که قرار است در آن زندگی کنیم. امید یک خیال خام نیست. می‌دانیم که میراثمان را دریافت خواهیم نمود.

تفاوت راستین میان فرد مسیحی که امید به آینده دارد و مسیحی‌ای که امیدی ندارد این است: فرد مسیحی ناامید مشتاق رحلت از این جهان و بودن با مسیح است، اما مسیحی‌ای که امیدی راستین دارد خواهان رفتن هست اما برای ماندن هم اشتیاق دارد. پولس می‌گوید: «آرزو دارم رخت از این جهان بربندم و با مسیح باشم، اما اگر خدا بخواهد که قدری بیشتر بمانم، مشتاق ماندنم.» این همان روحیه‌ای است که باید داشته باشیم.

II. ایمانی آزموده شده. پطرس می‌دانست که خوانندگانش به زودی دستخوش سخت‌ترین آزمایش‌ها خواهند شد. او گفت که ایمان ما همچون طلا در بوتۀ آتش آزموده می‌شود تا از ناخالصی‌ها پالوده شود. آتش طلا را می‌آزماید و آن را هرچه بیشتر پاک می‌سازد. در روزگاری که تصفیۀ طلا با دست انجام می‌گرفت، زرگران از یک بشکۀ بزرگ استفاده می‌کردند. زرگر آن‌قدر پای کوره به بوتۀ حاوی طلا خیره می‌شد تا اینکه بتواند چهرۀ خودش را به‌طور کامل در آن ببیند، آنگاه دیگر دست از پالایش طلا برمی‌داشت. زمانی که پطرس از آزموده‌شدن ایمان ما از سوی خدا سخن می‌گوید، دقیقاً چنین تصویری در ذهن دارد! ایمان ما آزموده می‌شود تا به‌طور فزاینده‌ای به شباهت مسیح درآییم.

III. محبتی شادمانه. نجات دربرگیرندۀ وقفی تازه به خدا و قوم است. پطرس از شادمانی‌ای سخن می‌راند که از دانستن این واقعیت که مسیح برخاسته و زنده است در دل ایمانداران نشأت می‌گیرد- شادی‌ای که خود او نخستین بار در روز پنتیکاست تجربه کرده بود.

پطرس به روشنی بیان می‌دارد که نجات هم امری مربوط به گذشته است، یعنی در مسیح تحقق یافته (۱:۱۰؛ ۴:۱۰؛ ۵:۵)، و هم به آینده (۱:۱۳؛ ۳:۷؛ ۵:۱۰). ما همچنان منتظر نجات نهایی که قرار است خدا برایمان به ارمغان بیاورد، هستیم.

ب) جمعی- قوم خدا

پطرس علاوه بر دغدغۀ درک نجات فردی، از خوانندگان خود می‌خواهد جنبۀ جمعی آن را هم از نظر دور ندارند. ما به‌واسطۀ کلام خدا نجات فردی را برای خودمان به چنگ می‌آوریم، اما همین نجات ما را در برابر قوم خدا هم قرار می‌دهد، که این هم از نظر پطرس مضمونی مهم است.

وی برای توصیف قوم خدا از عناوین یهودی استفاده می‌کند:

I. عمارتی روحانی. او بدیشان می‌گوید که آنها معبدی زنده هستند که مسیح سنگ اصلی آن معبد است و خودشان هم سنگ‌های زنده این معبد به‌شمار می‌روند. ایشان مسکن خدا

روی زمین- یعنی معبد مقدس- هستند. زمانی که مردم دنیا بدیشان دست بزنند، در واقع، به معبد مقدس خدا دست زده‌اند. هرگاه عبارت «شما معبد خدا هستید» در کلام خدا به‌کار برده می‌شود، همیشه ضمیر آن جمع است، و اول پطرس نیز از این قاعده مستثنی نیست. او ایمانداران را تحریض می‌کند تا به‌خاطر آزمایش‌هایی که با آنها روبه‌رو می‌شوند احساس خفت و حقارت نکنند، بلکه به خاطر داشته باشند «که» و «از آن که» هستند.

II. کهانتی ملوکانه. وی همچنین ایمانداران را کاهنانی می‌نامد که پادشاهند. به یاد دارم که یک‌بار در سمیناری که در زوریخ سوئیس برگزار شده بود، دربارهٔ کهانت همهٔ ایمانداران سخنرانی کردم. مردی پیش آمد و به من گفت: «عالی بود!»- او تا آن زمان چنین چیزی نشنیده بود. اما زمانی که از او پرسیدم که آیا شما کاهن (Priest- در زبان انگلیسی این واژه هم به معنای کاهن است و هم کشیش- م.) هستید، بی‌درنگ منکر شد. گفت: «نه من در کسوت روحانی نیستم!» تنها پس از آنکه پرسشم را تکرار کردم وی منظور حرفم را دریافت که مبتنی بر عهدجدید است و آنگاه پاسخ مثبت داد!

پطرس خوانندگان خویش را تشویق می‌کند که به هنگام رویارویی با جفاها این کهانت را در یاد داشته باشند. ایشان باید خودشان را کاهن ببینند، کسانی که می‌توانند به نمایندگی از طرف مردمانی که ایشان را جفا می‌رسانند، به نزد خدا بیایند. شاید ایشان تنها کاهنی باشند که دشمنان‌شان تا کنون داشته‌اند.

III. امتی مقدس. پطرس همچنین ایمانداران را تشویق می‌کند که «مقدس» باشند. گویی که او این فرمان را مستقیماً از کتاب لاویان برداشته است. درست همان‌گونه که قرار بود اسرائیل برای دنیای پیرامونش الگو و نمونه‌ای باشد از آنچه که زیستن برای خدا معنی می‌دهد، ایمانداران هم باید در رویارویی با جفاهایی که دنیا بر سرشان می‌آورد، همان‌گونه رفتار نمایند. ایشان با درک موقعیتی که دارند می‌توانند برای کسانی که به مشکلات زندگی به شیوه‌ای دیندارانه واکنش نشان می‌دهند، مددکاری مفید باشند.

بدین‌ترتیب، پطرس به بحث نجات به صورت بنیادین نگاه می‌کند. آنها باید کاملاً مطمئن باشند که هم جنبهٔ فردی آن- ایمان، امید و محبت- و هم جنبهٔ جمعی آن را که تعلق داشتن به قوم خداست، در نظر داشته باشند.

۲. رنج

بنابر نظر پطرس، رنج نتیجهٔ ناگزیر نجات است. در حقیقت، شگفت‌آور است اگر ببینیم که در عهدجدید تا چه اندازه در مورد مسیحیانی که در رنج هستند، یا پیرامون رنج کشیدن و جفا دیدن مطلب نوشته شده. عبرانیان و مکاشفه هم همچون نامه‌های پطرس در واکنش به این پس‌زمینه نوشته شده‌اند. هم عیسی و هم پولس این دغدغه را داشتند که به ایمانداران هشدار

بدهند که با آزار و جفا روبه‌رو خواهند شد. مسیحیت غربی، که در آن جفا در حداقل ممکن قرار دارد، در واقع، غیرعادی است. پطرس پیرامون رنج سه چیز می‌گوید:

(الف) اطمینان حاصل کنید که سزاوار آن نبوده‌اید

اگر به‌خاطر ارتکاب جنایتی به زندان بروید، به‌طور قطع نمی‌توانید بگویید که دارید به‌خاطر عیسی رنج می‌کشید. اغلب اوقات چنین است که ما با رفتار یا ناشی‌گری‌مان دیگران را می‌آزاریم و زمانی که آنها به رفتار ما واکنش منفی نشان می‌دهند، آن را به حساب بی‌حرمتی به انجیل می‌گذاریم، در صورتی که اصلاً چنین چیزی نیست. باید حتماً مطمئن باشید که این بی‌حرمتی تنها به انجیل وارد شده است. از این‌رو پطرس دلواپس است که خوانندگانش حتماً ناسزاوار مورد مجازات قرار بگیرند.

(ب) انتقام‌گیری نکنید

پطرس به خوانندگانش می‌گوید که وقتی رنج می‌کشید، نباید در صدد تلافی آن باشید. البته، انسان بنا به غریزهٔ طبیعی تلافی‌کردن را دوست دارد. یک‌بار کسی به من گفت که مطابق فرمایش عیسی در موعظهٔ بالای کوه هیچ ابایی ندارد که گونهٔ دیگرش را هم به‌سوی سیلی زننده بگرداند، به شرطی که بتواند زانوی راستش را محکم بالا بیاورد و ضربه‌ای بزند! ما می‌خندیم چون می‌دانیم که او چه احساسی دارد.

هنگامی که کسی به ما آسیب می‌رساند، به‌طور غریزی می‌خواهیم از او انتقام بگیریم. پطرس می‌گوید که مسیحیان هرگز نباید این کار را بکنند. زمانی که عیسی را رنج می‌دادند تلافی نکرد، حتی وقتی که به رویش آب دهان افکندند. در عهدعتیق هنگامی که بره‌ای را ذبح می‌کردند، پیش از ذبح زجرش نمی‌دادند، به تندی و با کمترین درد گلویش را می‌بریدند. اما زمانی که می‌خواستند برهٔ خدا را ذبح کنند، مسخره‌اش کردند، تازیانه‌اش زدند، تاج خار بر سرش گذاردند، بر تنش لباس مبدل پوشاندند و بر او آب دهان انداختند. با این‌حال، وی در واکنش به همهٔ اینها از پدرش خواست تا دشمنانش را ببخشاید چون نمی‌دانستند چه می‌کنند.

پطرس می‌گوید که ما هم به همین ترتیب نباید اندیشهٔ تلافی را به خود راه دهیم. باید بدی را با خوبی جواب بدهیم. همچنان که عیسی فرمود، باید به جای تلافی‌جویی: «برکت دهیم آنانی را که ما را نفرین می‌کنند».

پ) نگذارید بر شما غالب شود

جفاکنندگان می‌کوشیدند ایمانداران را تضعیف نمایند، از این‌رو پطرس بدیشان اندرز می‌دهد که به آنها اجازهٔ چنین کاری را ندهند. به خوانندگانش یادآوری می‌کند که گرچه ممکن است بدن‌های‌شان آسیب ببیند، اما جفاکنندگان‌شان هرگز نمی‌توانند به روح‌های آنان لطمه‌ای

بزنند. «بگذارید هرچه می‌خواهند با بدن‌های‌تان بکنند، اما روحتان را دست‌نخورده نگاه دارید- بدین‌ترتیب، حتی اگر به ظاهر چیزی را از دست بدهید، در نهایت پیروزی را به دست خواهید آورد.»

رنج تنها برای مدتی کوتاه و گذراست- به‌رغم همهٔ اینها، در قیاس با ابدیت طول عمر یک انسان روی زمین هیچ است. وانگهی، در پس همهٔ جفاها ابلیس قرار دارد، بنابراین، قضیه را با معیارهای انسانی صرف نبینید.

۳. فرمانبرداری

پطرس همان‌گونه که پیشتر هم اشاره کرده بود، خوانندگان خود را تشویق می‌کند تا به جای دوری جستن از رنج، در میان آن اطاعت‌کردن را بیاموزند. او این توصیهٔ غیرعادی را در چند حیطه می‌کند. همان‌گونه که خواهیم دید، این فرمانبرداری کورکورانه نیست، بلکه تمرینی برای یادگیری داشتن روحی مطیع است.

زمانی که یهودیان را برای نابودکردن سوار بر کامیون به اردوگاه‌ها می‌بردند، یکی از چیزهایی که شگفتی جهان را برانگیخت این بود که آنان با چه سکوت و آرامشی به‌سوی کوره‌های آدم‌سوزی گام برمی‌دارند. به‌راستی واقعیتی حیرت‌آور بود، چون ایشان می‌دانستند که قرار است چه اتفاقی برای‌شان بیفتد. پطرس می‌گوید که مسیحیان باید چنین نگرش و روحیه‌ای داشته باشند.

این رفتار با غریزهٔ همهٔ انسان‌ها مغایر است، و دقیقاً با واکنشی که ما به‌طور طبیعی در برابر بی‌عدالتی از خود نشان می‌دهیم در تضاد است. هرگاه چیزی مخالف با انصاف باشد ما معمولاً لب به شکایت می‌گشاییم. یکی از نخستین چیزهایی که بچه‌ها یاد می‌گیرند گفتن این جمله است: «این انصاف نیست!» نظیر این جمله را در میان صفوف اعتصاب‌کنندگانی که بیرون کارخانه‌ها دست به اعتصاب زده‌اند نیز می‌توانید بشنوید.

حرف پطرس این است که مسیحیان هیچ حقی ندارند. باید با آموختن تسلیم و پذیرش رنج، همواره آمادهٔ رنج‌کشیدن باشند. زمانی که نوبت به مصلوب‌شدن خودش رسید، پطرس به‌طور کامل این روحیه را به نمایش گذارد. نه تنها با آن به ستیز برنخاست، بلکه اصرار کرد که واژگونه مصلوبش سازند.

پطرس مشخصاً فرمانبرداری و تسلیم را به چهار حوزه تعمیم می‌دهد:

الف) شهروندان

نخست آنکه خوانندگان باید یاد بگیرند که مطیع صاحب‌منصبان شهری باشند (مضمونی که پولس هم در نوشته‌های خود بدان پرداخته است). ایشان باید شهروندانی شریف باشند، باید احترام امپراتور را نگاه دارند، و برای فرمانروایان خود دعا کنند. همه باید مسیحیان را مردمانی

بشناسند که با خوشحالی مالیات خویش را پرداخت می‌کنند. نباید در مورد حاکمیت لب به گلایه و غرغر بگشایند، بلکه باید به‌عنوان رعایایی وفادار شناخته شوند.

البته این بدان معنا نیست که هرچه بدیشان گفته می‌شود را انجام دهند. اطاعت از صاحب‌منصبان شهری هم برای خود محدوده‌ای دارد. زمانی که صاحبان قدرت به رسولان گفتند که دیگر دست از موعظه‌کردن دربارهٔ عیسی بردارند، این خود پطرس بود که گفت: «خدا را باید بیش از انسان اطاعت کرد.» حد فرمانبرداری آنجایی است که مقامات انجام کاری را از شما بخواهند که برخلاف قانون خداست. اما از این شرط که بگذریم، مسیحیان باید شهروندانی وفادار باشند و هرگز نباید به‌خاطر شورش یا ستیزه‌جویی بر ضد مقامات دستگیر شوند.

ب) بردگان

جای تعجب نیست که بردگان مسیحی هم که اربابانی بی‌ایمان داشتند، با رنج مواجه بودند. برده دارایی مطلق ارباب خویش به شمار می‌رفت. از خود نه پولی داشت، نه زمانی و نه حقوقی. اربابان بسیاری بودند که با بردگان خود به‌طرزی وحشیانه رفتار می‌کردند، و هرگاه بردگان مسیحی می‌شدند، رفتار اربابان با آنها بدتر می‌شد، چون احساس می‌کردند که بردگان در موضعی بالاتر از خودشان قرار می‌گیرند و از این‌رو لازم است توی سرشان زد. اما پطرس بردگان را تشویق می‌کند که در برابر این عمل تحریک‌آمیز از اربابان خود فرمانبرداری نمایند، تسلیم‌شدن را یاد بگیرند و نسبت به آنها پرخاشگر یا منزجر نباشند.

پ) زنان مسیحی

گروه دیگر مواجه با رنج فراوان، زنان مسیحی بودند که شوهرانی بی‌ایمان داشتند. این وضعیت بسیار دشواری است که موجب دردسرهای بزرگ می‌گردد. پطرس به زنان می‌گوید که مطیع شوهران‌شان باشند، که این حکم حتی شوهران بی‌ایمان را هم شامل می‌شود. پطرس به زنان پند می‌دهد که چگونه می‌توانند با رفتارشان شوهران خود را برای مسیح صید نمایند، که این کاملاً برخلاف آن چیزی بود که انتظار می‌رفت روی بدهد. وقتی زنی پیش از شوهرش مسیحی می‌شود، می‌پندارد دو کاری که باید انجام دهد موعظه‌کردن برای شوهرش و دعاکردن برای او است (ترجیحاً دعاکردن با همهٔ زنان ایمان‌آورده‌ای که همگی شوهرانی بی‌ایمان دارند!).

اما پطرس چنین اندرزی نمی‌دهد. در واقع، می‌گوید موعظه‌کردن بدترین کاریست که ممکن است یک زن در چنین شرایطی انجام دهد. می‌گوید که باید بدون بر لب راندن کلامی آنها را برای مسیح صید کنید. بنابراین، او با زنی که پس از خاتمهٔ جلسهٔ کلیسایی به خانه می‌رود و به شوهرش می‌گوید که موعظهٔ آن روز چقدر به درد او می‌خورد، کاری ندارد. شوربختانه، زمانی که زنی ایمان می‌آورد، در اکثر مواقع می‌شنویم که شوهران می‌گویند: «زنم با عیسی فرار کرده! زنم دیگر به من تعلق ندارد.»

خیلی مهم است که زنان با شوهران خویش همراهی کنند، اما بیشتر زنان پس از صرف قهوهٔ صبحانه سراغ مطالعهٔ کتاب‌مقدس می‌روند و با اسبان مسابقهٔ روحانی چهارنعل می‌تازند، حال آنکه شوهران‌شان هنوز در خط آغاز مسابقه ایستاده‌اند و هر روز بیشتر از روز قبل احساس می‌کنند که دیگر سر خانواده نیستند.

اکثر زنان مسیحی بعدها از اینکه به شوهران خود موعظه کرده‌اند احساس پشیمانی می‌کنند. در مقابل، پطرس می‌گوید: «کاری کنید که شوهرانتان مجذوب تماشا و مجذوب زندگی‌کردن با شما شوند.» این برای همسران مسیحی برنامه‌ای ساده است. در باب ۳ پطرس توضیح می‌دهد که زیبایی یک زن باید چگونه باشد، هرچند نکتهٔ شایان توجه اینجاست که در مورد خیره‌کننده‌بودن هیچ توضیحی نمی‌دهد. زیبایی نخست باید درونی باشد؛ زیبایی ظاهری در درجهٔ دوم اهمیت قرار دارد.

ت) جوانان

این حوزهٔ چهارم فرمانبرداری را پطرس از سه تای دیگر جدا می‌کند، زیرا هیچ ربطی به مسئلهٔ رنج ندارد. می‌گوید که جوانان باید مطیع بزرگترها باشند، سد راه‌شان نشوند و برای رهبری بدیشان نظر داشته باشند. یکی از مجازات‌هایی که اشعیای نبی مأموریت یافت تا بر اسرائیل اعلام کند این بود که یکی از قصورات ایشان در گام برداشتن در طریق خدا این بود که زنان بر ایشان فرمان می‌راندند و جوانان از آنها بهره‌کشی می‌کردند- که به وضعیت امروزی کلیسا هم چندان بی‌ارتباط نیست.

لبِ کلام پطرس این نیست که چهار گروه نامبرده باید اطاعت کورکورانه کنند، بلکه منظور وی این است که جوانان، بردگان، زنان و در مجموع شهروندان باید روحیهٔ ستیزه‌جویی را کنار گذاشته از خود دفاع نکنند یا بر حقوق خود پافشاری نکنند.

در نهایت اگر ابلیس پشت همهٔ رنج‌ها باشد، پس لازم است که در پس همهٔ این فرمانبرداری‌ها هم خدا باشد. تحمل رنج در سکوت و فرمانبرداری از کسانی که مافوق شما هستند، به روحی مسیح‌گونه نیاز دارد. با این‌حال، ایمانداران با انجام دادن چنین کاری از طریق استادشان، که وقتی مصلوبش کردند در صدد تلافی برنیامد، پیروی می‌کنند- «ایشان نمی‌دانند چه می‌کنند.»

عبارتی مشکل‌برانگیز

گرچه اول پطرس در کل متنی ساده و روشن دارد، اما یک مشکل هست- عبارتی غیرعادی در باب ۳ وجود دارد که دستِ‌کم به ۳۱۴ روایت گوناگون تفسیر شده است! عبارت مزبور می‌گوید که عیسی در عرصهٔ جسم کشته شد، اما در عرصهٔ روح، زنده گشت و در همان منزلت رفت و این را به ارواحی که در قرارگاه خود به سر می‌بردند اعلام کرد، همان ارواحی که در روزگار

توفان نوح نافرمانی کرده بودند. چند آیه بعد پطرس می‌گوید: «از همین روست که حتی به آنان که اکنون مرده‌اند، بشارت داده شد تا در عرصهٔ روح نجات یابند.»

واعظان لیبرال، به‌رغم این واقعیت که در هیچ جای دیگر کلام امکان وجود فرصت دوباره برای نجات رد شده، آموزهٔ خود را در این عبارت بر پایهٔ فرصت دوباره برای نجات پس از مرگ گذاشته‌اند. سرنوشت ما را مرگ مهر و موم می‌کند. میان این جهان و جهان دیگر مرگ شکافی بزرگ افکنده است. اما از قرار معلوم، عیسی خطاب به کسانی که مرده بودند موعظه کرده بود.

چگونه باید این آیات را درک نماییم؟ من دریافته‌ام که مشکل بیشتر تفسیرها در این است که مردم می‌کوشند معنای ساده و سطحی آن را به نوعی بپیچانند، چراکه این عبارت چنان ناسازگار می‌نماید که با تعلیم کلی کلام خدا در این باره که مرگ پایان فرصت شما برای نجات است، منافات دارد.

من همیشه عادت دارم که با ساده‌ترین و آسان‌ترین معنای کلام تفسیرم را شروع می‌کنم، و تنها زمانی روشم را عوض می‌کنم که عبارت مورد نظرم به‌راستی دشوار باشد. در اینجا به روشنی گفته شده که عیسی میان مرگ و رستاخیزش هم مشغول فعالیت و هوشیار بود و عملاً با دیگران ارتباط داشت، کسانی که آنها هم به‌طور کامل هوشیار بودند و می‌توانستند با او ارتباط برقرار نمایند.

البته اکنون حتی کلامی در این باره در کلیسا نمی‌شنوید، زیرا جلسات ویژهٔ هفتهٔ مقدس روز جمعه به پایان می‌رسند و یکشنبه جلسات کار خود را از سر می‌گیرند، بنابراین، در مورد اینکه عیسی روز شنبه پس از صلیب چه کرد چیزی به شما نمی‌گویند! بر حسب تصاوف پرسش‌های جالبی هم پیرامون رویدادهای دقیق آن هفته مطرح می‌شود. اناجیل می‌گویند که عیسی سه روز و سه شب را درون قبر سپری کرد، اما تفسیرهای روایت سنتی جمعه- یکشنبه تنها یک روز و دو شب برای ما باقی می‌گذارند! در واقع، من بر این باورم که عیسی بعد از ظهر روز چهارشنبه مرد- همهٔ شواهد هم بر این مدعا صحه می‌گذارند. ما از این جهت فرض را بر این می‌گذاریم که جمعه روزی بوده که عیسی مرد، چون در متن آمده که او در روز پیش از شبات مرد. اما در سال مورد بحث، شبات روز شنبه نبود. انجیل یوحنا به ما می‌گوید که آن شبات، شبات بزرگ ویژه بود. عید پسخ با شبات آغاز می‌شد و در سال ۲۹ م. که به احتمال نزدیک به یقین سال مرگ عیسی بود، نخستین روز پسخ پنج‌شنبه بود؛ بنابراین، چهارشنبه می‌شود شب عید پسخ. این بیش از هر نظریهٔ دیگری با همهٔ شواهد جور درمی‌آید. بنابراین، اگر او در ساعت ۳ بعد از ظهر روز چهارشنبه مرده، و میان ۶ غروب تا نیمه شب شنبه رستاخیز نموده باشد، ذره ذرهٔ روایت انجیل با شواهد جور درمی‌آید.

وقتی به عبارت پطرس بازمی‌گردیم، این میل در ما هست که تصور کنیم عیسی در فاصله میان مرگ و رستاخیزش هیچ کاری نکرد و همین‌طور بیهوش و غیرفعال در قبر افتاده بود. اما متن می‌گوید که تنها بدنش مرده بود. روح او اتفاقاً بسیار هم زنده بود. او به جهان مردگان

رفت و در آنجا موعظه کرد. من می‌توانم تصور کنم که پطرس در روز یکشنبهٔ رستاخیز عیسی را ملاقات کرد و گفت: «عیسی، تو روی زمین کجا بودی؟»

عیسی در پاسخ گفت: «من روی زمین نبودم، در هادس (جهان مردگان- م.) بودم، جهان درگذشتگان.»

«این سه روز و سه شب را بر زمین (حالا یا در هادس!) سرگرم چه کاری بودی؟»

بدین‌ترتیب، عیسی به پطرس می‌گوید که سرگرم موعظه به کسانی بوده که در دوران توفان نوح غرق شده بودند. البته این بدان معناست که همهٔ آنانی که در توفان نوح غرق شده بودند هوشیار بودند و ما هم تا یک دقیقه پس از مرگمان کاملاً هوشیار خواهیم بود. این تنها بدن ماست که می‌میرد، نه روحمان. مرگ بدن را از روح جدا می‌سازد. بعدها به هنگام رستاخیز، روح و تن دوباره با هم یکی خواهند شد.

اما عیسی همهٔ این مراحل را فقط در کمتر از یک هفته طی کرد. او تا زمانی که بر صلیب جان بسپارد، روحی جسم پوشیده بود. آنگاه روح خود را به خدا تسلیم نمود، و بدنش را در قبر گذاشتند. روح او که زنده بود به جهان مردگان رفت و خطاب به مردمان نامطیعی که در زمان توفان نوح مرده بودند، موعظه کرد. و آنگاه در سپیده‌دم روز یکشنبهٔ رستاخیز، روح و جسم او با هم یکی شدند. اما او در تمام این مدت از جمیع جهات هوشیار و قادر به برقراری ارتباط بود.

اگر ارزش ظاهری آن را در نظر بگیریم، معنایش این می‌شود که عیسی فقط برای موعظه به آنان رفت. این به روشنی حاکی از آن است که انجیل تنها چیزی است که می‌توانست ایشان را نجات بخشد و گناهان‌شان را فدیه نماید، پس آیا این همان فرصت دوم پس از مرگ نیست؟

به باور من این فرصت دوم تنها و تنها برای آنها بود. در کتاب‌مقدس هیچ اشاره‌ای دال بر اینکه کسی دیگر از یکچنین فرصتی برخوردار بوده باشد، وجود ندارد. اما از قرار معلوم اینان نسلی بودند که می‌توانستند خدا را به بی‌عدالتی و بی‌انصافی متهم نمایند. می‌توانستند بگویند: «تو ما را از صفحهٔ روزگار محو ساختی و پس از آن وعده دادی که دیگر چنین کاری را تکرار نخواهی کرد.» من معتقدم که خدا می‌خواست عدالت و پارسایی خویش را آشکار سازد، از این‌رو گفت: «پسرم برو و انجیل را برای ایشان موعظه کن. در این صورت در روز داوری کسی نخواهد بود که مرا به رفتاری نامنصفانه متهم نماید.» خدا پارساست، و همهٔ تلاش خود را می‌کند تا بی‌انصاف یا مغرض نباشد. بنابراین، شاید به این دلیل بوده که دست به چنین کار غیرعادی و بی‌همانندی زده است.

پس به جای اینکه سعی کنیم کلام خدا را بپیچانیم تا با نظام خودمان سازگار شود، بهتر است آن را در ساده‌ترین و آسان‌ترین سطحش بپذیریم. اما در اینجا هیچ زمینه یا سابقه‌ای برای وجود فرصت دوم برای همگان وجود ندارد- این کار جهان‌شمول‌گرایی، و با تعلیم کلام خدا مغایر است.

نتیجه‌گیری

گرچه در بریتانیا در کل از جفا خبری نیست، اما من می‌توانم رفته رفته فشارهای روزافزون را، دستِ‌کم در زمینه‌های اِعمال تبعیض‌های جنسیتی، احساس کنم که کلیسا با فشار برای لیبرالیزه‌شدن در ارتباط با همجنس‌گرایی و دست‌گذاری بانوان برای خدمت کشیشی روبه‌رو است. می‌توانم روزی را پیش‌بینی کنم که انتقادکردن از دینی دیگر یا حتی گفتن اینکه دین من از دین دیگری بهتر است، اهانت و حمله به آن دین تلقی خواهد شد. اول پطرس شاید روزی به‌طور خاص با وضعیت ما ارتباط پیدا کند.

نخستین کلمات عیسی خطاب به پطرس این بود: «از پی من بیا.» همین پیروی عیسی است که در سراسر نامه پرتوافکن است. باید چونان عیسی برای تحمل رنج استوار بایستیم. مسیح سنگ اصلی بنا بود، مسیحیان هم به صورت سنگ‌های زندهٔ این عمارت توصیف شده‌اند. مسیح شبان اعظم است، رهبران مسیحی هم شبانان زیردست او هستند. همان‌گونه که او مورد نفرت مردم بود و رنج را تجربه کرد، به همین ترتیب مسیحیان هم مورد نفرت خواهند بود و متحمل رنج خواهند گردید. آنها هم باید همان‌گونه زندگی کنند که او زندگی کرد.

دوم پطرس

این نامه در سال ۶۷ م.، یعنی سه سال پس از نامهٔ نخست پطرس، و درست پیش از مصلوب‌شدن وی در رُم به رشتهٔ تحریر درآمده. در انجیل یوحنا، عیسی پیشگویی کرده بود که پطرس در سنین پیری به‌طرز دلخراشی خواهد مرد. بنابراین، وی ۴۰ سال با علم به اینکه کشته خواهد شد زندگی کرد، هرچند از زمان آن آگاهی نداشت. او در این نامه می‌گوید که یقین دارد زمان مردنش بسیار نزدیک است.

سبک نگارش این نامه با نامهٔ اول او چنان متفاوت است که برخی محققان می‌گویند نمی‌تواند نوشتهٔ خود پطرس بوده باشد. نثر یونانی آن غیرسلیس است، چنانکه گویی شخصی با بهره‌گیری از فرهنگ لغات آن را از زبانی دیگر به یونانی ترجمه کرده، اما از دستور زبان یونانی آگاهی چندانی نداشته است. همچنین در آن از سلام‌ها یا اشاره به مخاطبان در پایان نامه خبری نیست.

در حقیقت، دوم پطرس یکی از کتاب‌هایی بود که کلیسای اولیه آمادگی چندانی برای پذیرفتنش در ردیف کتاب‌های کانونی عهدجدید نداشت. دلیل این عدم آمادگی تا اندازه‌ای به‌خاطر وجود نسخه‌های دستکاری‌شده بسیاری بود که ادعا می‌کردند رسولان آنها را نگاشته‌اند، در صورتی که به‌راستی چنین نبود، و دلیل دیگر هم تفاوت سبک آن با نامهٔ اول پطرس بود.

اما مشـــابهت‌هایی هم میان این دو نامه وجود دارد. واژه‌های دلخواه پطرس در نامهٔ اول در نامهٔ دوم نیز به چشـــم می‌خورند. اگر هر دو نامه را مورد بررســـی قرار دهید در خواهید یافت که او همچنان به ســـخن گفتن دربارهٔ ایمان «گرانبها» و عیسای «گرانبهای» ما ادامه می‌دهد. برای پطرس همه چیز گرانبهاســـت. او در نامهٔ نخســـت خود پنج بار و در نامهٔ دومش دو بار این واژه را به‌کار می‌برد.

وانگهی، او خوانندگان را به نامهٔ پیشین خود ارجاع می‌دهد (نک. دوم پطرس ۳:‏۱). خودش را یکی از شاهدان عینی دگرگونی سیمای مسیح می‌خواند. پولس رسول را شخصاً می‌شناسد و از او به‌عنـــوان فردی هم‌شـأن با خودش یاد می‌کنـــد. در نامهٔ دوم پطرس واژه‌هایی وجود دارد که تنها در اول و دوم پطرس و نیز ســـخنان پطرس در اعمال تکرار شـــده‌اند و بس. بنابراین، دلایل خوبی در دست داریم که به‌واسطهٔ آنها می‌توانیم باور نماییم که نگارندهٔ دوم پطرس هم در حقیقت خود پطرس بوده است.

پـــس تفـــاوت میان ســـبک نگارش دو نامهٔ پطرس را باید به حســـاب چه چیزی بگذاریم؟ به اعتقاد من نویســـندهٔ دوم پطرس خود وی بوده، اما بدون بهره‌گیری از وجود ســـیلاس که در نامهٔ اول او نقش منشـــی را داشـــت. او می‌داند که باید هرچه زودتر دست به نگارش بزند، اما یونانی را به خوبی نمی‌داند، از این‌رو دستور زبانش، هرچند مفهوم را به روشنی می‌رساند، اما ناپخته‌تر است. تفاوت سبک میان دو نامهٔ وی را می‌توان به حساب این گذاشت. دوم پطرس هم مانند دوم تیموتائوس پولس، از جهاتی وصیت‌نامهٔ وی نیز به‌شمار می‌رود.

محتوا

موقعیتی که نامهٔ دوم بدان می‌پردازد با موقعیت نامهٔ اول به‌کلی متفاوت اســـت. خوانندگان همان‌ها هســـتند، اما چند ســـال گذشته و او احســـاس ضرورت می‌کند که خطرهایی که از درون کلیســـا را تهدید می‌نمایند خاطرنشان سازد. کلیسا همواره با دوگونه فشار روبروست: فشارهای بیرونی و فشـــارهای درونی، و این فشـــار دوم خطرناکتر است. شیطان هرگز نتوانسته از بیرون کلیســـا را نابود کند. هرچه از بیرون بر فشـــار خود بیفزاید، کلیســـا بزرگتر و نیرومندتر می‌شـــود. از این روســـت که در خلال ســـه ســـدهٔ نخست مســـیحیت، زمانی که مســـیحیان را مقابل شیران می‌افکندند، کلیســـا با سرعت سرسام‌آوری رشد کرد. همچنین بدین‌خاطر است که امروزه کلیسا در چین ـ کشوری که مسیحیان در آن مورد آزار قرار می‌گیرند ـ با رشد مسیحیت روبه‌رو هستید و می‌توانید روســـتاهایی را بیابید که اکثریت ســـاکنانش را مســـیحیان تولد تازه یافته تشـــکیل می‌دهند. پس در جایی که در نامهٔ اول پطرس مشـــکل خصومت با کلیســـا بود، در اینجا با خطر بدعت روبه‌روییم.

مقایسهٔ میان اول و دوم پطرس

اول پطرس (۶۴ م.)	دوم پطرس (۶۷ م.)
«رنج» ۱۶ بار	«شناخت» ۱۶ بار
خطر	
ساده بیرونی جفا	موذیانه درونی بدعت
ضعف	
مدارا اضطراب	فساد ارتداد
وضعیت	
تولد شیر	رشد بلوغ
لحن	
تسلی جلب توجه	احتیاط هشدار
امید بازگشت مسیح	
نجات‌دادن دینداران	داوری‌کردن بی‌دینان

طرح کلی دوم پطرس

باب ۱: به‌دست آوردن بلوغ
باب ۲: حفظکردن بلوغ
باب ۳: نگاه داشتن روحیه

نامهٔ دوم پطرس دقیقاً از همان الگوی نامهٔ اولش پیروی می‌کند، و همین مرا بیشتر متقاعد می‌نماید که نگارندهٔ هر دو یکی بوده است. بخشی در باب نجات وجود دارد، و پس از آن هم بخشی در باب خطر. سپس وی دست به ترسیم مفاهیم ضمنی می‌زند و خوانندگانش را برای کنار آمدن با جفایی که می‌دانست به زودی از راه خواهد رسید، آماده می‌نماید.

باب ۱: به‌دست آوردن بلوغ

نامهٔ اول دربارهٔ تولد تازه و لزوم داشتن اشتیاق برای «شیر کلام» صحبت می‌کند. اما در نامهٔ دوم آنها را به‌عنوان افرادی بالغ طرف خطاب قرار داده، به رشد و بلوغ تشویق‌شان می‌کند. مسیحیان نابالغ نیازمند تجربه‌های تازه هستند؛ ایمانداران بالغ هم مشتاق شناخت. از آنها می‌خواهد که در زمرهٔ گروه دوم جای گرفته، باور کنند که شناخت به بلوغ می‌انجامد.

او واژهٔ «شناخت» را ۱۶ بار به‌کار می‌برد، اما در هیچکدام از موارد منظورش معنای آکادمیک آن نیست. دغدغهٔ او این است که ایشان از خداشناختی تجربی و بر پایهٔ کلام به‌دست آورند. همچنین مشتاق است که همهٔ آن چیزهایی را که در مورد خدا و ایمان‌شان می‌دانند به خاطر آورند. واژه‌هایی نظیر «از یاد برده»، «یادآوری»، «تازه‌کردن خاطرات» و «به یاد آوردن» را به‌کار می‌برد. زندگی مسیحی مستلزم یادآوری همیشگی حقیقت است. البته این یادآوری را در برترین شکلش می‌توان در خوردن نان و نوشیدن شراب عشای ربانی دید- فرمانی که به منظور یادآوری مسیح طراحی شده بود.

توصیف پطرس از زندگی بالغی که هر ایماندار جویای آن است را می‌توان در نموداری که اهل بیت ایمان را نشان می‌دهد، خلاصه کرد:

به پله‌های ایمان که به سمت بالا می‌روند تا به در جلویی برسند توجه کنید. این پله‌ها در دوم پطرس نیستند، بلکه در موعظهٔ پطرس در اعمال ۳۸:۲ قرار دارند. گام نخست «توبه‌کردن» است؛ گام دوم «تعمید گرفتن»؛ و گام سوم هم «دریافت‌کردن روح‌القدس». بیش از این دیگر پله‌ای نیست. در کتابم زیر عنوان «تولد عادی مسیحی» (هادر و ستاوتون، ۱۹۸۹)، با جزئیات بیشتر توضیح داده‌ام که چرا این پلکان باید بخشی از ورودی یک ایماندار به پادشاهی خدا باشد. باید اطمینان حاصل نماییم که در ورودی را از آنچه که باید باشد، بالاتر نبریم. بسیاری از معلمان کتاب‌مقدس پله‌های دیگری به آن می‌افزایند که طی‌کردن آنها برای واردشدن به خانوادهٔ الاهی هیچ ضرورتی ندارد.

اول و دوم پطرس

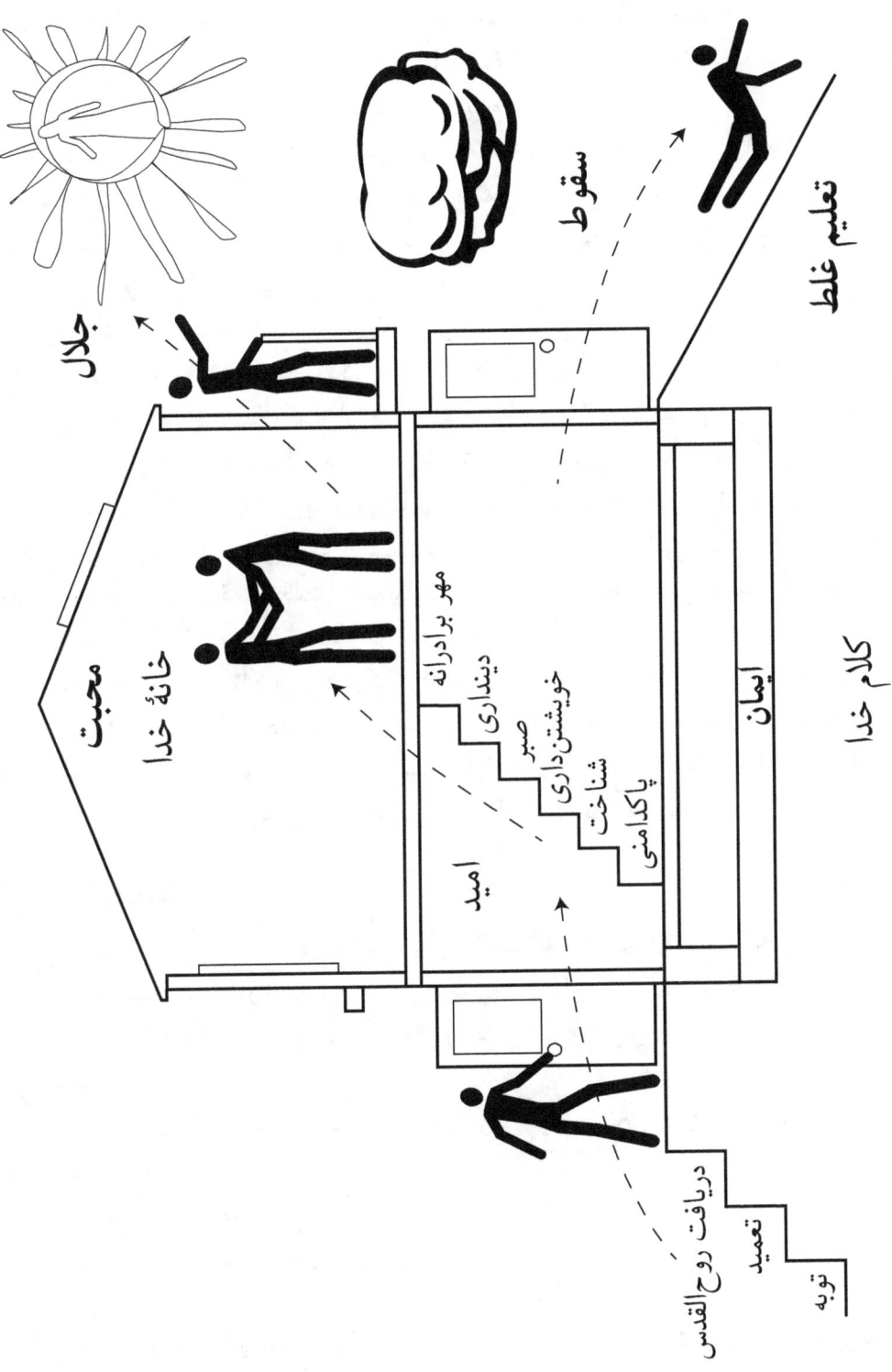

اما پس از آنکه سه پله را پیمودیم و وارد خانه شدیم، باز پلکانی دیگر به چشم می‌خورد. پطرس می‌گوید که برای افزودن بر ایمانمان باید صفاتی چند را بر شخصیت خویش بیفزاییم: پاکدامنی، شناخت، خویشتن‌داری، صبر، دینداری، مهر برادرانه و محبت.

با بالا رفتن از این پلکان قابلیت‌های لازم، امید خود را می‌سازیم، زیرا آنها به ما کمک می‌کنند تا دعوت و برگزیدگی خویش را تضمین نماییم. در حقیقت، این تضمین را از هیچ راه دیگری نمی‌توان به‌دست آورد. هرچه پیشرفت می‌کنیم، یقین ما در مورد آنچه که خدا انجام می‌دهد قوی‌تر و قوی‌تر می‌شود.

بنابراین، کلیسا بر شالودهٔ ایمان بنا می‌شود، در امید رشد می‌کند و با محبت پر می‌شود. مضامین سه‌گانهٔ پطرس در نامهٔ اولش نیز در دیگر بخش‌های کتاب‌مقدس بار دیگر خود را نمایان می‌سازند.

در طبقهٔ بالا بالکنی هست که از آن می‌توانید به‌سوی جلال پر بکشید، و در واقع، ورودی آسمان است. پس پطرس خوانندگانش را تشویق به پیشروی می‌کند. همانجا روی مبل طبقهٔ همکف ننشینید. از پله‌ها بالا بروید و در اتاق بالا زندگی کنید. هرچه سریع‌تر بالا بروید.

بدین‌ترتیب، بلوغ پاسخ بدعت است. کسانی که پیشرفت چندانی نمی‌کنند، در برابر تعلیم غلط موجود در همان طبقهٔ همکف آسیب‌پذیرند. اگر به تعلیم غلط گوش بدهند ناگاه خود را در حالی خواهند یافت که لغزش خورده و در حال سقوط‌کردن هستند.

پطرس بر آن حقیقتی تأکید می‌کند که موعظه کرده بود و اصلش از خودش نبوده است. او و دیگر رسولان و انبیا این حقیقت را از خدا دریافت کرده بودند. در حقیقت، انبیا گاه از همهٔ معانی ضمنی آنچه که می‌گفتند آگاهی نداشتند، بلکه بیش از آنکه در خدمت مخاطبان هم‌عصر خود باشند، در خدمت نسل‌هایی عمل می‌کردند که قرار بود در آینده بیایند.

باب ۲: حفظ‌کردن بلوغ

این باب از دوم پطرس تقریباً واژه به واژه مشابه نامهٔ یهوداست. البته این تنها جای کتاب‌مقدس نیست که در آن چنین موردی پیش می‌آید. اشعیا ۲ و میکاه ۴ هم دربرگیرندهٔ متنی همسانند، اما ناگزیر در این مورد که چطور چنین چیزی می‌تواند اتفاق بیفتد، پرسش‌هایی مطرح شده است.

هنگامی که در کلام خدا به چنین پدیده‌ای برمی‌خوریم، پنج امکان می‌تواند وجود داشته باشد. آنها عبارتند از:

۱. پطرس آن را از یهودا به وام گرفته است
۲. یهودا آن را از پطرس به وام گرفته است
۳. پطرس و یهودا هر دو آن را از جایی دیگر به وام گرفته‌اند
۴. پطرس و یهودا با هم دیدار کرده‌اند و در مورد مشکل به بحث نشسته‌اند و بر سر راه‌حلی به توافق رسیده‌اند، و آن را در نامه‌هایی جداگانه فرستاده‌اند.

۵. روح‌القدس به هر دو آنان دقیقاً همان کلمات را عطا فرموده است.

همهٔ موارد بالا امکان‌پذیرند، هرچند خود من بیشتر میل دارم مورد پنجم را کنار بگذارم، چون روح‌القدس از انسان‌ها به‌عنوان واژه‌پرداز استفاده نمی‌کند. آموزهٔ ما در مورد الهام کلام خدا نباید بر این دلالت نماید که نویسندگان تنها نقش ماشین تحریر را ایفا نموده‌اند. این آن چیزی نیست که کتاب‌مقدس دربارهٔ چگونگی نگاشته شدنش به ما می‌گوید. در حقیقت، دور است که روح‌القدس دقیقاً کلماتی مشابه را به دو فرد متفاوت عطا کند.

من ترجیح می‌دهم بگویم که در این میان همکاری یا تشریک مساعی صورت گرفته است. پطرس یکی از شاگردانی بود که در حلقهٔ دوستان نزدیک عیسی قرار داشتند و یهودا هم یکی از برادران خداوند بود، بنابراین، به احتمال قوی ایشان همدیگر را می‌شناخته‌اند.

به هر روی، همپوشانی مطلب به نسبت اندک است. یهودا نامه‌ای بسیار کوچک است- تقریباً به اندازهٔ باب ۲ نامهٔ دوم پطرس. مطلبی که یهودا هم آن را پوشش داده، در ارتباط با چهار انحراف است که در کلیسا موجود بود.

۱. اعتقاد منحرف

همان‌گونه که در اسرائیل انبیای دروغین وجود داشتند، در درون کلیسا هم انبیای دروغینی بودند. به ما نگفته که پیام ایشان دقیقاً چه بوده، اما از طرز برخورد پطرس با مسئله پیداست که به‌طور مشخص دو اعتقاد دستخوش تغییر شده بود. آنان از دیدگاهی تلفیقی (مبتنی بر وحدت همهٔ ادیان) به شخص مسیح می‌نگریستند و نسبت به فیض خدا هم دیدگاهی پرشور و خیال‌انگیز داشتند.

الف) دیدگاه تلفیقی به شخص مسیح

برخی از کلیساها می‌گفتند که عیسی تنها خداوند یگانه نبود، بلکه یکی از خدایان به شمار می‌رفت. او طریقی به‌سوی خدا بود، اما راه‌های بسیار دیگری هم وجود دارد. این واژهٔ «تنها» بود که مورد حمله قرار گرفته بود. آنان شخص عیسی را مورد تحریف قرار داده و در خیال خود عیسایی ساخته بودند که با عیسای معرفی‌شده در انجیل‌ها تفاوت داشت. این تعلیم در کلیسای اولیه از رواج کامل برخوردار بود. برای مثال، کلیسای کولسی تحت تأثیر تعلیمی ناستیکی قرار گرفته بود که اثرات ویران‌کننده‌ای به‌دنبال داشت.

ب) دیدگاهی پرشور و خیال‌انگیز از فیض خدا

برخی از ایمانداران معترف به ایمان می‌پنداشتند مادامی که بلیت آسمان را در جیب دارند، چگونه زندگی‌کردن به‌راستی اهمیت ندارد. نگرش ایشان چنین بود که خدا آمرزیدن را دوست

می‌دارد، و هر کاری که بکنید به آمرزیدن ادامه می‌دهد. این دیدگاهی مطلقاً خیالی است و امروزه هم به‌طور گسترده‌ای موعظه می‌شود. اما مسلم است که منظور اصلی آن بوده که مسیحیان به گناه‌کردن ادامه بدهند و از رحمت خدا سوءاستفاده کنند. چنین دیدگاهی فیض خدا را ضایع می‌سازد و ناگزیر به بی‌بندوباری اخلاقی منتهی می‌شود، زیرا هیچ بینشی از اهمیت دادن خدا به نحوهٔ زندگی مسیحیان در آن وجود ندارد.

۲. رفتار منحرف

آنچه که بدان اعتقاد دارید بر رفتار شما اثر می‌گذارد. بنابراین، اگر افراد تغییر کنند یا ایمان مسیحی خود را با محیط اطراف تطبیق دهند، ناگزیر در کلیسا موجب بروز خطا می‌شوند. پطرس به توصیف گناهان زبانی‌ای می‌پردازد که در زندگی ایشان نمود پیدا کرده بودند. می‌گوید که ایشان گستاخ و متکبر افترا زننده و کفرگو هستند و دهان خود را گشوده سخنان باطل و خودستایانه می‌گویند.

نه تنها سخنان‌شان که رفتارشان فاسد بود. آنان حاضر نبودند به خداوندی مسیح گردن بنهند. فرمان‌ها را نادیده می‌گرفتند.

هم پطرس و هم یهودا به منظور کمک به کلیساهایی که دچار انحراف شده بودند دست به قلم بردند. افسوس که کسانی هستند که به شیوه‌ای درست وارد خانواده الاهی و اهل بیت ایمان می‌شوند، اما از در عقب بیرون می‌روند. کسانی هم هستند که از پله‌ها بالا می‌روند، در امید نیرومندتر می‌شوند، به اتاق محبت می‌رسند و برای جلال به پرواز درمی‌آیند. گروه اول به غضب و داوری خدا بازمی‌گردند. گروه دوم از آفتاب فیض و لطف او بهره‌مند می‌شوند.

۳. شخصیت منحرف

خاستگاه شخصیت تحریف شده، رفتار تحریف‌شده است. پطرس دست به توصیف اثرات این تعلیم غلط بر شخصیت افراد می‌زند. می‌گوید که بیش از انسان به حیوان شبیه می‌شوند، و به جای یاری گرفتن از روح خدا بر پایهٔ غرایز خود عمل می‌کنند. آزمند و شهوتران و غیرقابل اعتماد می‌شوند، چون عامل برانگیزاننده‌شان بیش از آنکه اصول اخلاقی باشد، خلق و خوی بشری است. به «ابرهای رانده از تندباد» و «امواج دریا» می‌مانند- تمثیل‌هایی روشن از یک شخصیت سست.

۴. گفتار منحرف

رفتار و شخصیت منحرف به ناچار در گفتار متداول در کلیسا نمود پیدا می‌کنند. غرغرکنندگان و گلایه‌گزاران بر ضد رهبری شوریده بودند، و ناآرامی‌ای به‌وجود می‌آید که سرانجام به تفرقه و عدم اتحاد می‌انجامد. آتش ناخرسندی کسانی را که قبلاً از انحراف

متأثر نشده بودند، در خود می‌بلعد، به طوری که نیروی متحدکنندهٔ انجیل را هم انکار می‌کنند.

هم پطرس و هم یهودا دربارهٔ این سلسله انحراف‌ها می‌نویسند تا جماعت با آنها به مقابله برخیزند، زیرا می‌دانستند که این انحراف‌ها کلیسا را به نابودی خواهند کشانید. این جفا نیست که کار کلیسا را می‌سازد، بلکه کلیسا همواره از درون فرومی‌پاشد. و از این‌رو بود که وقتی جفا بر کلیسا وارد شد، نتوانست در برابرش بایستد.

بنابراین، پطرس نگران وضعیت خود ایمانداران در درون کلیساها بود. وی پیرامون ارتداد چند هشدار شدیداللحن صادر می‌کند. می‌گوید برای ایمانداران بهتر است که هرگز راه پارسایی را نشناسند تا اینکه بشناسند و پس از آن دوباره به آغوش گناه بیفتند. وی برای توصیف کسانی که سقوط می‌کنند، لحنی تند به‌کار می‌برد- آنها به سگی می‌مانند که به قی خود بازمی‌گردد. آنها از گناه جدا شده بودند و اکنون قصد دارند که دوباره به‌سوی آن برگردند. یا اینکه به خوکی می‌مانند که پس از شسته‌شدن دوباره به گل و لجن بازگردد و در آن بغلتد.

خدا به همان اندازه که دغدغهٔ گناه آنانی را که بیرون از کلیسا هستند دارد، دلواپس گناه ایمانداران نیز هست. در حقیقت، آن کسی که سقوط می‌کند بسیار شدیدتر از آنی که هرگز توبه نکرده بود، مجازات خواهد شد. این هشداری جدی و تام برای آنانی است که معتقدند چون به مسیح توکل کرده‌اند، حتی اگر زندگی‌شان با اعتراف ایمان‌شان مغایر باشد، باز در «امان» خواهند بود.

باب ۳: نگاه داشتن روحیه

باب پایانی دوم پطرس نگاهی به امید آینده دارد. باز هم انگیزهٔ این تعلیم دغدغه‌های جاری کلیساهاست. برخی مدعی بودند که سخن گفتن در مورد بازگشت مسیح امری بیهوده است. مسیح دیگر باز نخواهد گشت. او کجا بود؟

پس پطرس به استهزاکنندگان پاسخ می‌گوید. بدیشان یادآوری می‌کند که زمان نزد خدا مفهومی کاملاً متفاوت دارد. برای او یک روز همچون هزار سال است و هزار سال همچون یک روز. هر روزی که بازگشت مسیح به تأخیر می‌افتد، نمونه‌ای است از بردباری خدا. تأخیر به‌خاطر «نجات ایشان» است. می‌گوید که روزی همهٔ جهان هستی در آتش محو و نابود خواهد شد. یک هولوکاست دیگر برپا خواهد گردید، و این بار نه به‌واسطهٔ توفان آب، که با توفان آتش خواهد بود. من گمان نمی‌کنم که این آتش ناشی از یک انفجار هسته‌ای باشد؛ فکر می‌کنم خدا تمام انرژی موجود در هر اتم را آزاد خواهد کرد. او انرژی را در درون اتم حبس کرده است، بنابراین، تنها کار لازم برای او، بازکردن در این زندان است؛ آنگاه کل جهان دود شده به آسمان خواهد رفت.

اما پطرس با یادآوری اینکه خوانندگانش از این آتش در امان خواهند ماند و آسمان جدید و زمین جدید همچون ققنوسی از میان شعله‌های آتش سر برخواهد آورد، باب مزبور را جمع‌بندی

می‌کند. به آنچه شـاهدان یهوه می‌گویند کاری نداشـته باشید- این حقیقتی مسیحی است که در خود کتاب‌مقدس آمده! اما من متأسـفم که مسـیحیان تنها دوسـت دارند مطالبی را بشـنوند که دربارهٔ رفتن به آسـمان اسـت- آسـمان تنها اتاق انتظاری اسـت که ما پیش از ورود به همهٔ آن چیزهایی که خدا برای‌مان تدارک دیده، مدتی را در آن سپری خواهیم نمود.

یوحنا در کتاب مکاشفهٔ خود مضمون زمین جدید آینده را شرح و بسط داده است. این زمین قرار است مرکز آینده باشد. مسیحیان تنها کسانی هستند که این مطلب را می‌دانند. همه به‌خاطر سوراخ‌شدن لایه اوزون و اقیانوس‌های آلوده و مرگ جنگل‌ها به هراس افتاده‌اند. مردم نگرانند چون می‌اندیشـند که این یگانه سـیاره‌ای اسـت کـه ما برای زندگی‌کردن داریـم. ما در این مورد چیزهای بهتری می‌دانیم؛ ما آسـمانی جدید و زمینی جدید را انتظار می‌کشـیم. می‌دانیم که قرار است چیزی پدیدار شود که به‌کلی با سیاره کنونی‌ای که ما می‌شناسیم فرق دارد، چون آن آسمان جدید و زمینی جدید خواهد بود که پارسـایان در آن سـاکن خواهند گردید. در آن نه از شـرارت خبری خواهد بود و نه از جنایت، گناه، کثافت و پلیدی.

پطـرس می‌گویـد که اگر امیدمان را بر چنین آینده‌ای متمرکز کنیم، آن‌گونه زندگی خواهیم کرد که شایسـتهٔ زیسـتن در آن دنیای جدید باشیم. به تعالیم دروغین گوش نخواهیم داد و خودمان را درگیرش نخواهیم نمود و آلوده‌اش نخواهیم شـد. نه خواهیم گذاشـت از کلیسـای مرتد لکه‌ای بر دامان‌مان بنشیند، و نه دل به دنیا خواهیم بست.

پـس یک امید خداپسـندانه دفاعی واقعی در برابر بی‌بندوباری اخلاقی‌ای اسـت که ممکن اسـت از طریق تعلیم غلط به کلیسـا راه پیدا کند. چشـمانتان را بر دنیای جدید بدوزید، دنیای پارسـایان که پاکی و درسـتی زندگی‌تان را حفظ خواهد کرد، زیرا می‌دانید که اگر درست زندگی نکنیـد، هرگـز به آن دنیای جدید راه نخواهید یافت. این هنگامی اسـت که ما در ایمان، امید و محبت زندگی کنیم و آمادهٔ جلال باشیم. زمانی که صدای شیپور را می‌شنوید، نخستین پرواز آزاد خود را به‌سوی سرزمین مقدس تجربه خواهید نمود!

روی سـنگ قبـر پدربزرگـم در نیوکسـل دو کلمه از یک سـرود قدیمی متدیسـت به چشـم می‌خورد. در بالا نام او «دیوید لجر پاوسن» نوشته شده، و در زیرش آمده «چه دیداری». اگر از پرستش پرسروصدا خوشتان نمی‌آید، آن طرف‌ها پیدای‌تان نشود، چون در آنجا فرشتگان اعظم فریاد سـر داده، در شیپورهای‌شـان خواهند دمید. همین برای برخیزانیدن مردگان کافی اسـت، که دقیقاً هم همین اتفاق خواهد افتاد. آنانی که مرده‌اند ردیف‌های جلو را اشـغال خواهند کرد، بنابراین، نگران مردن خود نباشید.

پطرس با گزینشـی سـرد و بی‌روح نامه خود را به پایان می‌رساند. ما می‌توانیم تعلیم وی را نادیده گرفته در شـمار سـقوط کنندگان باشیم، یا در ردیف آنانی که به رشدکردن در فیض مسیح ادامه می‌دهند. پطرس می‌گوید که خدا توانست حتی لوط را در سدوم و غموره محافظت نماید. و همین کار را برای شما نیز خواهد کرد.

۵۶
یهودا

مقدمه

کتابی نادیده گرفته شده

یهودا را «نادیده گرفته‌شده‌ترین کتاب عهدجدید» نامیده‌اند. برای این امر چند دلیل وجود دارد:

۱. کوچک است

این کتاب در کنار فیلیمون و دوم و سـوم یوحنا، یکی از کوچک‌ترین کتاب‌های عهدجدید را تشکیل می‌دهد.

۲. عجیب است

خوانندگان از اشاراتی که به مجادلهٔ میان فرشتهٔ اعظم میکائیل و شیطان بر سر جسد موسی درمی‌گیـرد، متحیر می‌شـود. این بـه چـه چیزی دلالت می‌کند؟ اشـاره‌ای که بـه «بنی قورح» و فرشتگانی شده که در تاریکی مطلق به زنجیر کشیده شده‌اند هم عجیب و غریب به‌نظر می‌رسد. مگر بنی قورح چه کرده بودند و چرا فرشتگان در تاریکی مطلق به بند کشیده شده‌اند؟

۳. مورد ظن است

برخی به شیوهٔ نقل‌قول یهودا از آپوکریفا اعتراض دارند. آپوکریفا نامی است که به کتاب‌های یهودی نوشته شده در ۴۰۰ سال مابین ملاکی و انجیل متی داده‌اند. این کتاب‌ها در کتاب‌مقدس‌های کاتولیکی قرار دارند، اما در کتاب‌مقدس پروتستان حذف شده‌اند. هرگز این نوشتارها ادعا نمی‌کنند که کلام خدا هستند، زیرا دربرگیرندهٔ عبارت «خداوند می‌فرماید»_ که ۳۸۰۸ بار در عهدعتیق به‌کار برده شده_ نیستند. به همین جهت در کتاب‌مقدس پروتستان آنها را حذف کردند. در طی آن ۴۰۰ سال میان دو عهد خدا هیچ سخنی نگفت. هیچ نبی‌ای نبود که از جانب وی کلامی بیاورد. این نوشته‌ها نبوتی نیستند، اما این بدان معنا نیست که فاقد هرگونه ارزش‌ند یا در آنها گفتاری درست نیامده است. بنابراین، لزومی ندارد که به‌خاطر نقل‌قول‌هایی که از آپوکریفا در یهودا آمده، صرف اینکه نوشته‌های آپوکریفا غیرکانونی هستند، اصالت آن را مورد تردید قرار دهیم. این نوشته‌ها برای خوانندگان آشنا بودند و آن‌قدر ارزش و اعتبار داشتند که وی برای رساندن نکتهٔ مورد نظر خود بدان‌ها استناد نماید.

۴. شدیداللحن است

یهودا برخوردی منفی و عاری از مدارا دارد، چراکه وی می‌خواهد به ایمانداران هشدار دهد و ایشان را برای اقدام‌کردن به چالش دعوت نماید.

۵. تند و تیز است

یهودا به جراحی می‌ماند که کارد در دست گرفته غدهٔ سرطانی را بریده از بدن مسیح بیرون می‌اندازد. به همین خاطر لحنش تند و نیرومند است، چراکه می‌خواهد تعلیم شریر را محکوم کند.

فشارها

موقعیت چنین اقتضا می‌کرد که یهودا چنین لحن تندی به خود بگیرد، به‌ویژه چون فشارهای وارده از سوی معلمان گمراه می‌توانست از درون میان قوم خدا خرابی به بار بیاورد. کلیساها از دو منبع با خطر روبه‌رو هستند:

بیرونی

امکان فشار ناشی از جفا همیشه وجود خواهد داشت، هرچند سطوح آن متفاوت است. امروزه کلیسا در ۲۲۵ کشور جهان دستخوش پدیده‌ای است که اصطلاحاً «جفا» نامیده می‌شود. اما در حین فشارهای بیرونی، کلیسا به شکوفایی خود ادامه می‌دهد.

درونی

فشار از درون بیشتر مایهٔ نگرانی است. نامهٔ پولس به غلاطیان تشریح می‌کند که چگونه از همان سال‌های آغازین حیات کلیسا دغدغهٔ کشیده‌شدن به‌سوی شریعت‌گرایی و آزاد اندیشی در

درونش وجود داشته است. عیسی هم شریعت‌گرایی فریسیان را محکوم کرد و هم آزاد اندیشی صدوقیان را. با وجود این، به وفور می‌توان نمونه‌هایی از هر دو این خطرات را در کلیسا، و به‌ویژه در میان مسیحیان نسل دوم مشاهده نمود. این دسته از ایمانداران هم می‌توانند بسیار کوته فکر شوند و معیارهایی از انضباط را بر کلیسا تحمیل کنند که فراتر از چیزهایی است که کتاب‌مقدس از ایمانداران انتظار دارد. یا اینکه می‌توانند بیش از اندازه بی‌قید و بند شوند و برخلاف روش رسولان، بر رفتارهای جاری خود هیچ انضباطی را اعمال ننمایند.

دیدگاه‌های مختلف را می‌توان به همین ترتیب خلاصه کرد. شریعت‌گرایی به شما می‌گوید که *برای گناه‌کردن آزاد نیستید*، و چنانکه خواهیم دید، برای گناه‌کردن آزاد نیستید. بی‌بندوباری می‌گوید که *برای گناه‌کردن آزادید* و اکنون که دیگر مسیحی شده‌اید دیگر هیچ مشکلی در بین نیست- بلیت آسمان را در جیب دارید، بنابراین، دیگر لزومی ندارد نگران باشید. اما آزادی راستین مسیحی می‌گوید: «شما *برای گناه نکردن آزادید.* گناه در زندگی ایمانداران نقش دارد، اما مسیح ما را از قدرت گناه آزاد کرده.» پس دغدغه‌های یهودا با نگرانی‌های عیسی و پولس رسول تفاوتی نمی‌کند. یهودا نامه‌ای ژرف با پیامی بسیار مهم و حیاتی برای کلیسای امروز است.

اما پس از تشریح برخی اشکالات یا دشواری‌ها، هیچ تردیدی وجود ندارد که درک این کتاب انسان را به چالش وامی‌دارد. من برای آنکه مفهوم نامه را روشن‌تر نمایم، آن را تفسیر کرده‌ام.

یک تفسیر

این نامه از سوی یهودا، یکی از غلامان خریداری شده توسط عیسای پادشاه، و برادر یعقوب فرستاده شده که شما او را می‌شناسید.

طرف خطاب نامه آنانی هستند که از دنیا فراخوانده شده‌اند، کسانی که اکنون در خانوادهٔ پدرشان خدا محبوبند، و برای هنگام ظهور عیسای پادشاه نگه داشته شده‌اند. باشد که از رحمت، آرامی و محبتی که پیشتر تجربه کرده بودید، هرچه بیشتر و بیشتر نصیبتان شود.

ای محبوبان، من اشتیاق فراوان داشتم که با شما پیرامون نجات عظیمی که در آن با هم سهیم هستیم سخن بگویم، اما دریافتم که ناگزیرم نامه‌ای کاملاً متفاوت از آن برای‌تان بنویسم. باید شما را برانگیزانم تا به کوشش و مبارزهٔ دردناک برای حفظ ایمان راستینی که یک‌بار برای همیشه از مقدسان نسل اول به شما رسیده است، ادامه بدهید. شنیده‌ام که عده‌ای افراد معین، که نام‌شان را نمی‌برم در میان شما رخنه کرده‌اند- مردان بی‌دینی که از مدت‌ها پیش حکم نابودی‌شان از دیرباز صادر شده است. ایشان فیض آزاد خدا را بهانه‌ای برای بی‌قیدی اخلاقی وقیحانهٔ خود قرار داده آن را تحریف می‌کنند، و عیسای پادشاه را که یگانه ارباب و خداوند ماست انکار می‌کنند.

اکنون می‌خواهم چند حقیقت بی‌چون و چرایی را که از گذشته به خوبی و به‌طور کامل می‌دانستید، به شما یادآوری کنم؛ به‌ویژه آنکه خدا کسی نیست که بتوان وی را به بازی گرفت.

حتماً به یاد دارید که خداوند کل یک قوم را به سلامت از مصر بیرون آورد، اما بار دیگر که برای مداخله پا به میان نهاد، ایشان را به سبب آنکه به وی توکل نکرده بودند، هلاک ساخت.

حتی فرشتگانش هم از قوم وی مستثنا نبودند. آن زمانی که برخی از آنان جایگاه و مقام خود را نادیده گرفتند و شأن خویش را زیر پا گذاردند، وی آنها را دستگیر نموده برای همیشه در قعر تاریکترین سیاه‌چال به زنجیر کشید تا روز داوری عظیم فرابرسد و محاکمهٔ آنان انجام شود.

و به همین ترتیب، ساکنان سدوم و غموره به همراه شهرهای مجاورشان، که آتش شهوات خویشتن را با هرزگی آشکار فرومی‌نشانیدند و این عمل را به روشی غیرطبیعی انجام می‌دادند دقیقاً به سرنوشت آن فرشتگان دچار شدند. آتشی که آنها را در خود فرو برده و تا دوران‌ها ایشان را خواهد سوزانید برای همهٔ ما هشداری بسیار جدی است.

به‌رغم چنین نمونه‌هایی در تاریخ، این افراد که به درون جماعت رخنه کرده‌اند بدن‌های خویش را دقیقاً به همان ترتیب می‌آلایند. ایشان اقتدار الاهی را دست‌کم گرفته فرشتگان پرجلال را بدنام می‌سازند. با این‌حال حتی میکائیل- رئیس فرشتگان، که خود نامش به معنای «خداگونه» است- زمانی که بر سر پیکر موسی با شیطان سرگرم بحث بود، جرأت نکرد مستقیماً او را به کفرگویی متهم نماید، و به همین بسنده کرد که همهٔ اتهامات را به خود خدا واگذار کرده تنها بگوید: «خداوند تو را توبیخ فرماید.»

اما این مردانی که در میان شما هستند، از بدگویی‌کردن در مورد چیزهایی که نمی‌فهمند درنگ نمی‌ورزند و تنها چیزهایی که می‌فهمند دلیلی است بر آنچه که نمی‌کنند، زیرا شناخت‌شان از زندگی صرفاً برخاسته از غرایز حیوانی ایشان است و بس، درست مانند جانوران وحشی که هیچ ظرفیتی برای عقل و منطق ندارند. وای بر ایشان! آنها به همان راهی رفته‌اند که قائن رفت. شتابان همان راه خطایی را می‌پویند که زمانی بلعام پیمود، و درست برای همان انگیزه- پول. سرانجامی جز فرجام قورح طغیانگر در انتظارشان نخواهد بود.

اینان با بی‌شرمی در مشارکت شام محبت‌آمیز شما شرکت می‌کنند، در حالی‌که تنها به‌دنبال چراگاهی برای خود می‌گردند. همچون صخره‌های غرق شده، تنها کاری که از دست‌شان برمی‌آید شکستن کشتی‌هاست. به ابرهای بی‌بارانی می‌مانند که از باد به عقب رانده می‌شوند. مثل درختان ریشه‌کن‌شدهٔ پاییزی هستند که نه برگی دارند و نه میوه‌ای، گویی دوبار مرده‌اند. به امواج وحشی دریا می‌مانند که اعمال ننگین خودشان را همچون کف‌های آلوده برمی‌آورند. مثل ستارگان سرگردانی هستند که از مدار خود خارج شده در حال سقوطند و سرنوشتی جز نابودی و محوشدن در تاریکی ابدی ندارند.

خنوخ، که نسل هفتم پس از نخستین انسان، یعنی آدم بود، همهٔ اینها را پیش‌بینی کرد. او زمانی که اعلان نبوتی خود را بر زبان می‌آورد، به اینان اشاره می‌کرد: «اکنون بنگرید! خداوند با ده هزار فرشته‌اش از راه رسیده تا بر همهٔ انسان‌ها داوری کند و بی‌دینان را به‌خاطر همهٔ کارهای خلاف دینداری که مرتکب شده‌اند و سخنان زشتی که بر ضدش گفته‌اند، محکوم کند.»

این افراد گلایه‌گزارانی هستند که همیشه ناراضی‌اند، همواره شکایت می‌کنند و ایراد می‌گیرند. دهان‌شان پر از گزافه‌گویی در مورد خودشان است، اما زمانی که به سودشان باشد تملق دیگران را می‌گویند.

حال ای عزیزان، لازم است آنچه را که رسولان خداوند ما عیسای مسیح در مورد وقوع رویدادها گفته‌اند به یاد آورید. آنان پیش‌گویی کرده‌اند که در زمان‌های آخر استهزاکنندگانی پیدا خواهند شد که زندگی‌های‌شان تنها بر پایهٔ تمنّیات خلاف دینداری خواهد بود. مردمانی از این دست تنها کاری که می‌کنند ایجاد دودستگی در میان شماست، چراکه ایشان فقط بر اساس غرایز طبیعی خویش عمل می‌کنند و از هدایت روح‌القدس بی‌بهره‌اند.

اما شما عزیزان هم خودتان را بر بنیاد استوار مقدس‌ترین ایمانتان بنا نمایید و در راهی که روح‌القدس پیش پای‌تان می‌گذارد دعا کنید. در محبت با خدا بمانید، صبورانه انتظار زمانی را بکشید که خداوندمان عیسای مسیح با رحمت مطلق خود حیات بی‌زوال را برای‌تان به ارمغان آورد. من هم می‌خواهم به شما توصیه‌ای بکنم. به‌طور خاص نسبت به آنانی که هنوز متزلزلند، مهربان و ملایم باشید. کسانی که منحرف شده‌اند را باید پیش از آنکه به سختی بسوزند از آتش برهانید. باید با کسانی که کاملاً آلوده شده‌اند بهتر از آنچه که سزاوارش هستند رفتار کنید، هرچند هرگز نباید امکان آلوده‌شدن خودتان را هم از نظر دور بدارید، حتی اگر این آلودگی در جامه‌های زیرتان باشد. بیایید تنها آن یگانه‌ای را بستایید که شما را از لغزیدن محافظت می‌کند و بی‌عیب در حضور پرجلال خود ایستاده نگاه می‌دارد، اما با شادی عظیم- بر آن خدای یگانه و نجات‌دهندهٔ ما، به‌واسطهٔ خداوند ما عیسای مسیح از پیش از آغاز تاریخ، حال و تا به ابد جلال و شکوه و توانایی و قدرت باد. ایدون باد. [این همان عبارتی است که به معنای «آمین» است.]

یهودا کیست؟

یهودا دومین برادر کوچکتر عیسی بود. نام وی در زبان انگلیسی (Jude) کوتاه‌شدهٔ نام *(Judas)* است که برای تشخیص وی از رسولی که به عیسی خیانت کرد، نام او را کوتاه کردند.

زمانی که نامهٔ نگاشته شده به دست یعقوب، یکی دیگر از برادران عیسی را مورد بررسی قرار می‌دهیم، متوجه می‌شویم که برادران عیسی مادامی که زنده بود بدو ایمان نداشتند. این از شک و ناباوری ایشان نسبت به ادعاهای وی در مورد مسیحا بودنش- که در انجیل یوحنا (یوحنا ۷:۴) ثبت شده- پیداست. موسم برگزاری عید خیمه‌ها در اورشلیم بود، و آنان وی را به‌خاطر ادعای فرستاده‌شدن از سوی خدا دست انداخته بودند. همه می‌دانستند که اگر ماشیح ظهور کند، باید در ایام جشن خیمه‌ها باشد، از این‌رو گفتند که بهتر است او هم برای نشان دادن خودش به اورشلیم برود. عیسی بدیشان فرمود که هنوز زمان آن فرا نرسیده که خودش را به عموم بشناساند، اما در خفا به اورشلیم رفت و در جشن شرکت کرد.

اما پس از رستاخیز، وضعیت عوض شد و برادرانش به میسیونرهای عیسی تبدیل شدند. یعقوب و یهودا دو نامه نوشتند و هر دو درکمال دقت رابطهٔ خود را با عیسی کوچک جلوه داده، ترجیح دادند بر رابطهٔ روحانی‌شان متمرکز شوند. هر دو ایشان خود را «غلام عیسی» می‌خوانند.

محتوا

آلودگی اخلاقی

پیداست که یهودا در صدد بوده که نامه‌ای کاملاً متفاوت به رشتهٔ تحریر درآورد. در همان ابتدای نامه‌اش می‌گوید: «اشتیاق بسیار داشتم دربارهٔ نجاتی که در آن سهیم هستیم به شما بنویسم.» اما زمانی که شنید در کلیساهایی که مورد خطابش هستند چه اتفاقی افتاده، تغییر عقیده داد. پس چنین می‌افزاید: «از شما استدعا می‌کنم به کوشش دردآلود خویش برای ایمانی که زمانی از مقدسان به شما تحویل داده شد، ادامه دهید» (ترجمه از نگارنده است).

واژهٔ «دردآلود» نشان‌دهندهٔ شدت کوشش و کشمکش است. در حقیقت، این دردآلودترین کشمکشی است که ایشان با آن روبه‌رو خواهند بود. به‌ویژه از این جهت دردآلود است که آنان ناگزیرند با برادران و خواهران خودشان رویاروی شوند. این کشمکش در ارتباط با معلمان بدعت‌گذاری است که کلیسا را به گمراهی می‌کشانند. یهودا می‌دانست که اگر با ایشان برخورد نشود، به آلوده‌ساختن اعضا ادامه خواهند داد.

نیمهٔ نخست نامه پیرامون آلودگی بسیار خطرناکی است که به درون کلیساهایی که یهودا بدیشان می‌نوشت، رخنه کرده بود. سپس نیمهٔ دوم نامه است که بدیشان می‌گوید چگونه باید با موقعیتی که در آن قرار دارند به روشی ملایمت‌آمیز برخورد کنند. نخست در چهار مرحله خواهیم دید که آلودگی چه تأثیری بر کلیسا می‌گذارد.

۱. اصول اعتقادات

یهودا به‌طور خلاصه می‌گوید که مردم چگونه به‌طور پنهانی به درون مشارکت راه یافته‌اند. معنای ضمنی‌اش این است که اعمال ایشان مخفیانه و انگیزه‌های‌شان شریرانه بوده است. آنان مشارکت را با تعلیم و رفتار خود مسموم ساخته‌اند، و به همین دلیل باید با آنها برخورد شود. تعلیم غلط به سرطانی می‌مانست که در سرتاسر بدن گسترش می‌یابد و اگر کسی جلویش را نگیرد، سرانجام مرگ را با خود به ارمغان می‌آورد. آشکار است که تعلیم غلط مورد نظر شبیه همان تعلیمی است که پطرس در نامهٔ دوم خود بدان می‌پردازد، از این روست که هر دو نامه مبحثی همسان را ارائه می‌نمایند. به باور من یهودا به‌عنوان بخشی از تحقیق خود از دوم پطرس بهره گرفته و از اینکه بخشی از آن را واژه به واژه در نامهٔ خود بیاورد، خشنود بوده است.

معلمان دروغین به‌طور مشخص در دو حیطه گمراه بودند. ایشان دیدگاهی احساساتی و خیال‌انگیز به خدا و دیدگاهی تلفیقی نسبت به عیسی داشتند.

الف) دیدگاهی خیال‌انگیز نسبت به خدا

دیدگاه احساساتی ایشان نسبت به خدا فیض خدا را دستاویزی برای بی‌بندوباری اخلاقی قرار می‌داد. آنها خدا را همچون «پیرمردی مهربان» می‌دیدند که دست نوازشی بر سرتان می‌کشد و می‌گوید: «بیا ببخشیم و فراموشش کنیم. تنها چیزی که من می‌خواهم این است که تو شادمان باشی.» این یک کاریکاتور از خداست که اغلب در تلویزیون‌ها هم بدان موعظه می‌شود- خدایی ملایم و بی‌خیال که حتی آزارش به یک مورچه هم نمی‌رسد. این دیدگاهی خیال‌انگیز به خدا هست، اما به هیچ روی کتاب‌مقدسی نیست. خدا هرگز گناه را نادیده نمی‌گیرد، بلکه با آن برخورد می‌کند. باید دیدگاه غیرخیال‌انگیز و کتاب‌مقدسی را جایگزین چنین دیدگاهی نماییم.

ب) دیدگاهی تلفیقی نسبت به عیسی

ایشان در عین‌حال نسبت به عیسی دیدگاهی تلفیقی داشتند. آنها دیگر معتقد نبودند که عیسی یگانه ارباب و خداوند است، و می‌کوشیدند تا او را همردیف با دیگران قرار دهند- وضعیتی که امروزه هم به وفور با آن روبه‌رو هستیم. به مجردی که عیسی را با محمد و بودا و دیگران در یک پانتئون (ایزدستان- م.) جای دهید، دیگر او یگانه راه برای رسیدن به خدا نخواهد بود. دیگر او «راه و راستی و حیات» نیست، بلکه «یک راه، یک راستی و یک حیات» خواهد بود در میان راه‌ها و راستی‌ها و حیات‌های دیگر.

۲. رفتار

زمانی که اصول اعتقادی یک کلیسا را منحرف کردید، دیری نمی‌پاید که رفتار آنان نیز به هم می‌ریزد. در نهایت این باور هر انسان است که نوع رفتار وی را تعیین می‌کند، پس یهودا به شدیدترین بخش هشدار خود می‌رسد. آنچه را که اتفاق افتاده در سه گروه تاریخی به ایمانداران یادآوری می‌کند.

الف) اسرائیل در بیابان

یهودا داستان بنی‌اسرائیل را از خروج ۳۲ بازگو می‌کند، که چگونه گوسالهٔ طلایی ساختند و به دام بی‌بندوباری اخلاقی و بت‌پرستی افتادند. دیدگاه ایشان از خدا از دیدگاهی که موسی در ده فرمان از خدا ارائه کرده بود و تعالیم متعاقب آن دور شده بود. در نتیجه دیدگاهی غلط نسبت به همدیگر پیدا کرده، به جای محبت‌کردن به هم به شیوه‌ای که یادشان داده بودند، شروع به بدرفتاری با همدیگر نمودند. نتیجه این شد که هیچکدام نتوانستند به کنعان راه یابند.

از مصر رهیده بودند اما هرگز وارد سرزمین موعود نشدند. آغاز کردند اما هیچگاه به پایان نرساندند.

این رویداد در عهدجدید سه بار و از سوی سه نویسندهٔ مختلف برای هشدار به مسیحیان به‌کار گرفته شده تا بدانند تنها آنانی وارث همهٔ چیزهایی که خدا برای‌شان تدارک دیده می‌شوند که به پایان برسانند، نه فقط کسانی که شروع کنند. پولس، نویسنده به عبرانیان و یهودا سه نفری هستند که این مضمون را به‌کار برده‌اند.

پس هشدار صریح است: اگر بنی‌اسرائیل از مصر رهانیده شدند اما هرگز به سرزمین موعود راه نیافتند، این اتفاق امروز هم می‌تواند برای ایمانداران بیفتد. آنچه که پشت سر گذاشته‌اید کافی نیست. مهم آن چیزی است که پیش رو دارید. اگر می‌خواهید در بیابان هلاک نشوید، باید پایداری به خرج دهید.

ب) فرشتگان در کوه حرمون

یهودا به آنچه که در کوه حرمون بر فرشتگان گذشت نگاهی می‌اندازد. جزئیات آن را می‌توانیم در کتاب آپوکریفایی خنوخ بخوانیم (هرچند، همان‌گونه که پیشتر خاطرنشان کردیم، کتاب‌های آپوکریفا جزو کتاب‌مقدس به شمار نمی‌روند).

در ناحیهٔ کوه حرمون ۲۰۰ فرشته زنانی را فریب دادند و ایشان را باردار کردند. از این آمیزش هولناک میان فرشتگان و انسان‌ها موجودات دورگه شبح‌گونه‌ای پا به دنیا نهادند که نفیلیم (Nephilim) نام گرفتند- خدا را شکر که همهٔ آنها مرده‌اند. نمی‌توانیم با اطمینان بگوییم که آنها چه شکلی بودند- در برخی از ترجمه‌ها آنها را «غول‌ها» نامیده‌اند. خدا برای زندگی نظم خاصی را معین فرموده است، و آمیزش جنسی فرشته با انسان به همان اندازه برای او اهانت‌آمیز است که آمیزش انسان با حیوانات.

نتیجهٔ این رفتار آن بود که خشونت سراسر زمین را پر ساخت، و رابطهٔ جنسی منحرف و اعتقاد به علوم غیبی نیز در همه جا شایع شد. حتی در پیدایش می‌خوانیم که خدا از اینکه بشر را آفریده محزون شد- به نظر من این یکی از غمگین‌ترین آیه‌های کتاب‌مقدس است.

بنابراین، یهودا می‌گوید که اگر قوم خدا اسرائیل و فرشتگان نتوانستند از داوری بگریزند، چگونه شما مسیحیان می‌پندارید که می‌توانید از آن فرار کنید؟

پ) سدوم و غموره

نمونهٔ سوم با سدوم و غموره در ارتباط است. این شهرها را همه می‌شناسند، اما دو شهر دیگر هم به نام‌های ادمه *(Admah)* و صبوئیم *(Zeboiim)* هم بودند که با دو شهر پیشین چهار شهر واقع در منتها الیه جنوب دریای مرده را تشکیل می‌دادند. در موعد مقرر زمین‌لرزه این شهرها را به کام خود فرو برد. دریای مرده به عدد هشت انگلیسی شبیه است. شهرهای مزبور در پایین

جنوبی‌ترین بخش دریاچه که اکنون در حال خشک‌شدن است، قرار داشتند. بنابراین، این امکان وجود دارد که سدوم و غموره در زمانهٔ ما از نو پدیدار شوند. چه رویداد نمادینی می‌تواند باشد!

از نوشته‌های یوسفوس، مورخ یهودی می‌دانیم که سدوم و غموره در ۲۰۰۰ سال پیش از زایش عیسی آتش گرفتند و تا روزگار عیسی هنوز در حال سوختن بودند. زمانی که عیسی در گفتار خود از آنها یاد می‌کرد، برای شنوندگانش کافی بود که تنها به فاصله ۳۰ دقیقه از اورشلیم خارج شوند تا بتوانند دود برخاسته از آن مکان‌ها را ببینند.

این دو شهر از این جهت مورد مجازات قرار گرفتند که برخلاف قوانین الاهی رفتار کرده بودند. با روابط همجنس‌گرایانه در آنجا به مدارا برخورد می‌شد، درست مانند امروز که انتقاد از پیوند دو همجنس به لحاظ سیاسی امری نادرست و به نوعی تبعیض جنسی به شمار می‌رود.

یهودا به مسیحیان هشدار می‌دهد که اگر از همان الگو پیروی کنند، خدا داوری‌شان خواهد نمود. با خدا نمی‌توان بازی کرد. او از بت‌پرستی (که به خود او لطمه می‌زند) و بی‌بندوباری اخلاقی (که به خود مرتکبین لطمه می‌زند) بیزار است. شاید بی‌درنگ حق آنان را کف دست‌شان نگذارد، اما سرانجام همهٔ آلودگی‌های اخلاقی را از چهرهٔ آفرینش خود خواهد زدود و متخلفان را مجازات خواهد کرد.

۳. شخصیت

وقتی اصول اعتقادی منحرف شوند، کمی بعد رفتارتان به پیروی از آن منحرف خواهد شد. با انحراف رفتار، شخصیت نیز دچار انحراف خواهد شد- حاصل تکرار یک عمل عادت است و حاصل تکرار یک عادت هم شکل‌گیری شخصیت و حاصل شخصیت شما هم سرنوشتی است که در انتظار شما است. پس مرحلهٔ سوم در آلودگی اخلاقی کلیسا آن است که شخصیت به‌طور فزاینده‌ای دنیوی شود. سپس یهودا بر شخصیت‌های معلمان دروغین و مشابهت‌های‌شان با شخصیت‌های سه نفر در عهدعتیق، متمرکز می‌شود.

الف) قائن

وی با قائن، که از سر حسادت برادر خود را کشت، می‌آغازد (پیدایش ۴). به خوانندگان می‌گوید که انگیزهٔ معلمان دروغین تا اندازه‌ای مانند انگیزهٔ قائن، حسادت است و می‌توانند شنوندگان خود را تحت تأثیر قرار دهند.

ب) بلعام

در ادامه به سراغ بلعام نبی می‌رود، که در ازای نبوت‌کردن بر ضد اسرائیل به او پیشنهاد پول دادند (اعداد ۲۲). پول‌دوستی چنان بر بلعام غلبه کرده بود که خدا مجبور شد از طریق الاغش به او هشدار دهد! همچنان که قائن مرد خشم بود، بلعام هم مرد آز و مال‌اندوزی بود.

پ) قورح

قورح مرد جاه‌طلبی بود که به موسی حسد می‌ورزید و می‌خواست برای خودش دم و دستگاهی به راه بیندازد (اعداد ۱۶). او کامل‌کنندهٔ این سه‌گانهٔ نومیدکننده است. برای قورح موارد مشابه امروزی نیز وجود دارد. کلیساهای جدید امکان بزرگ‌شدن دارند، اما پرواضح است که برخی از آنها بر اساس دلایل غلط به‌وجود آمده‌اند. دلیل برپایی آنها این بوده که کسی می‌خواسته خودش را نشان دهد- «بنی‌قورح» امروزی که حاضر به پذیرش رهبری خدادادی نیست و می‌خواهد به راه خود برود. در پایان قورح و ۲۵۰ نفر دیگر به‌خاطر مخالفت با اقتداری که خدا به موسی داده بود، مورد داوری قرار گرفته در دل زمین فرو رفتند و هلاک شدند.

هر سه این شخصیت‌ها خودمحور بودند و هر سه هم باعث مرگ دیگران شدند. آنها شخصیتی را به تصویر می‌کشند که در صورت عدم برخورد با معلمان دروغین در کلیسا پدیدار خواهد شد. خشم، آز و جاه‌طلبی جملگی صفاتی بارز هستند.

۴. گفتار

اما اینها تنها معضلاتی نبودند که کلیسا با آن روبه‌رو بود. وقتی شخصیت منحرف شود، گفتار هم منحرف خواهد شد، چراکه گفتار از شخصیت انسان‌ها نشأت می‌گیرد. یهودا به توصیف آن طرز سخن گفتنی می‌پردازد که مشخصهٔ انسان‌هایی است که به درون مشارکت رخنه کرده‌اند. نشانه‌های حتمی پوسیدگی درونی غرغرکردن و گله‌گذاری‌های مداوم، نق زدن، تحقیر فرودستان، تملق‌گویی فرادستان، ریشخند و تمسخرکردن هر آنچه که قادر به درکش نیستند و از همه مهم‌تر ردکردن اقتدار دیگران است. مراقب کسانی باشید که چون مشارکتی دیگر ارضای‌شان نمی‌کرده، به مشارکت شما پیوسته‌اند- شش ماه دیگر مشارکت شما هم ایشان را ارضا نخواهد نمود! غرغرکنندگان و عیبجویانی که همیشه از جایی به جای دیگر می‌روند، به‌دنبال یک مشارکت کامل می‌گردند. این جمله قدیمی راست است که می‌گوید: «اگر به‌دنبال مشارکتی کامل می‌گردید، به آن ملحق نشوید، چون حتماً آن را ضایع خواهید کرد!»

عبارتی شگفت‌انگیز

شاید شگفت‌انگیزترین آیات نامهٔ یهودا دربارهٔ فرشته‌ای است که بر سر جسد موسی با شیطان منازعه می‌کند. این مطلب اشاره‌ای است به عبارتی غیرعادی در انتهای تثنیه، آنجایی که می‌خوانیم موسی بر کوه نبو مرد، اما «احدی قبر او را تا امروز ندانسته است.» پس اگر کسی با او نیست و کسی هم نمی‌داند که گور او کجاست، پس چه کسی او را دفن کرد؟ پاسخ این است که خدا میکائیل فرشته را برای تدفین موسی فرستاد. فرشتگان موجوداتی بسیار عملگرا هستند. هم آشپزهای خوبی هستند (ایلیا دریافت که فرشتگان می‌توانند خوراک‌های عالی

بپزنـد) و هـم ارابـه برانند (این را هم ایلیا کشـف کرد). در روزگار کنونی ما هم شـنیده‌ام که در افغانستان فرشتگان دوچرخه سوار می‌شوند، یا از میسیونری که سوار بر موتور است محافظت می‌کنند! فرشـتگان با لباس شـب سپید. پرزرق و برق، بال، چنگی در دست و موهای بلند بور ظاهر نمی‌شـوند. عبرانیان ۱۳ از «ندانسته پذیرایی‌کردن از فرشتگان» سخن می‌گوید که به‌طور قطع اگر ظاهر آنان عجیب و غریب بود شناخته می‌شدند. آنها مانند آدم‌های عادی هستند.

به هر روی خدا این فرشـته را با یک بیل فرسـتاد تا جسـد موسی را دفن کند، اما زمانی که وی بدانجا رسـید، شـیطان را بر بالای سـر جسـد ایسـتاده دید و به او گفت که این جسد از آن اوسـت. نکتهٔ آموزنده این اسـت که در رویارویی میان این دو میکائیل حتی شـیطان را توبیخ ننمود. می‌توانیم به اندازهٔ شـیطان وقیح باشـیم، اما انسان باید بسیار احمق باشد که به شیطان تأسـی جوید. او از ما بسـیار زیرکتر است. زمانی که می‌شنوم جوانان می‌گویند: «ای شیطان ما تو را نهیب می‌دهیم.» سخت نگران می‌شوم. میکائیل درعمل گفت: «خداوند تو را توبیخ نماید» و ابلیس رفت و میکائیل هم چنان که باید موسی را دفن کرد.

برخورد با انحراف

پـس از آنکـه چهـار زمینهٔ نگرانـی یهودا ـ اصول اعتقـادی، رفتار، شـخصیت و گفتار ـ را مورد ملاحظه قرار دادیم، حال لازم اسـت که این پرسـش را مطح کنیم که امروزه چگونه باید با مشکلات مشابه مقابله نماییم.

۱. *باید انتظار مشکلات را داشته باشیم*

نخسـتین چیز این اسـت که وقتی مشـکلی در کلیسـا بروز می‌کند، نباید جا بخوریم. برخی از مسـیحیان بیش از اندازه می‌هراسـند، اما هم انبیای عهدعتیق و هم رسـولان عهدجدید به ما گفته‌اند که باید انتظار بروز مشـکلات را داشـته باشیم. خود عیسی دربارهٔ آمدن گرگان در لباس میش به ما هشـدار داده اسـت. چرا اکنون که پیش‌گویی‌ها تحقق می‌یابند، باید متحیر شویم؟ از اینها گذشـته، ما هنوز به‌طور کامل نجات پیدا نکرده‌ایم و همواره در کلیسـا با مشکلاتی روبه‌رو می‌شـویم. این شـیوهٔ برخورد ما با مشـکلات اسـت که اهمیت دارد. نباید جا بخوریم، بلکه باید وجودشان را پذیرفته با آنها برخورد کنیم.

۲. *باید در برابر آنچه که در حال روی دادن است ایستادگی کنیم*

جالب توجه اسـت که یهودا علیه شـیطان به‌خاطر خرابکاری‌اش اعلام جرم نمی‌کند. او نوک پیکان سـرزنش خود را به‌سـوی «اینان»ی نشـانه می‌گیرد که مسئول بروز مشـکل‌اند. و کاملاً تصریح می‌کند که در کلیسـا برخی افراد هسـتند که کارشـان سـخن گفتن بر ضد انحرافات و اشـتباهات اسـت. انسـان باید با آن برخورد کندـ این کار خدا نیست. یهودا به خدمت خنوخ،

نخستین نبی کتاب‌مقدس اشاره می‌کند- او نخستین کسی بود که از خداوند برای دیگران پیامی دریافت کرد. این پیام حاوی این هشدار بود که خدا برای داوری و برخورد با کل آن نسل خواهد آمد. زمانی که خنوخ پسردار شد، ۶۵ سال داشت، و از خدا پرسید که او را چه بنامد. خدا بر آن پسر نامی غیرعادی نهاد. او فرمود: «او را [وقتی بمیرد، اتفاق خواهد افتاد] بنام»- همو که ما وی را متوشالح می‌شناسیم. آشکار است که او بیش از هر انسانی روی زمین زیست، زیرا خدا آن‌قدر بردبار است که پیش از فرود آوردن داوری خود تقریباً یک هزاره صبر کرد. در روزی که متوشالح مرد، باران شروع به باریدن کرد. اما تا آن زمان نوح، نوهٔ متوشالح کشتی‌ای ساخته بود. خدا برای داوری‌کردن آن نسل، ۹۶۹ سال انتظار کشید. این مارتین لوتر بود که گفت: «اگر من جای خدا بودم، خیلی پیشتر از این کل جهان را با خاک یکسان می‌کردم.»

یهودا می‌خواست به‌طور ویژه بر این انگشت بگذارد که رفتار معلمان دروغین «بی‌دینانه (خدانشناسانه)» است. وی در کل این واژه را پنج بار به‌کار می‌برد. خداشناسی یا دینداری به موضوع تمسخر آنان تبدیل شده بود. رسولان عهدجدید به ما هشدار می‌دهند که در ایام آخر استهزاکنندگانی خواهند آمد و دینداری را به ریشخند خواهند گرفت. مواقعی هست که مسیحیان به این دلیل که می‌خواهند دیندار باشند سوژهٔ خندهٔ دیگران واقع می‌شوند و این امر خلاف روال طبیعی تلقی می‌شود. بی‌دینی امری «نهادینه شده» به شمار می‌رود و اگر کسی جز این بیندیشد، به نظر عجیب و غریب می‌آید.

۳. *می‌توانیم از شدت خسارات بکاهیم*

سپس یهودا در ارتباط با اینکه ایمانداران چگونه باید از خودشان و دیگران محافظت نمایند، توصیه‌هایی ارائه می‌کند.

الف) خودشان

راه اول ایمانداران برای برخورد با آن این است که از داشتن رابطهٔ درست با خدا اطمینان حاصل کنند و خویشتن را بر بنیاد ایمان، امید و محبت بنا نمایند.

هرچه نیرومندتر باشیم، احتمال اینکه استوارتر بر جایمان بایستیم بیشتر است. بهترین راه بیمار نشدن این است که تندرستی را در خودمان بپرورانیم. یهودا خوانندگانش را تشویق می‌کند تا خود را در همان سه‌گانهٔ معروف ایمان، امید و محبت تقویت کنند. زندگی سالم شامل موارد زیر می‌شود: دعاکردن به روح‌القدس، نگاه داشتن فرمان‌های خدا و زیستن برای آینده، و درک این مطلب که خواست خدا این است که ما مقدس، و نه لزوماً خوشبخت باشیم. در نهایت، در قیاس با «خوشبختی» این جاودانگی است که نصیب ما می‌شود، پس اگر زندگی سخت است نباید بدان چندان وقعی بنهیم. توجه به این نکته بسیار حیاتی است که ما مسئول نگاهداری از خویش و تقویت خودمان هستیم. خدا این کار را برای ما نمی‌کند.

ب) دیگران

افراد نیازمند کمک سه دسته بودند:

I. آنانی که دچار تردیدهای عقلی هستند. یهودا ایمانداران را به کمک رسانی به کسانی که متزلزلند تشویق می‌کند. ایشان سردرگمند که آیا از معلمان‌شان پیروی بکنند یا نکنند. باید با آنها حرف زد، و چه بسا تشویق‌شان کرد، اما همواره به طریقی ملایم نه تند. تندی ممکن است ایشان را به اشتباه مضاعف رهنمون شود.

II. آنانی که در خطر هلاکت قرار دارند. عدهٔ دیگری هستند که به دلیل اعتقاد پیداکردن به این تعالیم جدید در معرض خطر هلاکت هستند. یهودا به ایمانداران می‌گوید که «باید ایشان را از آتش بیرون بکشید»- باید با آنها به‌گونه‌ای برخورد کنند که گویی در خانه‌ای قرار دارند که آتش گرفته و باید آنان را به هر طریقی که شده از کام آتش بیرون کشید! عبارت «بیرون کشیدن از آتش» در بشارت به معنی نجات دادن مردم از آتش دوزخ است، هرچند این آیات هیچ ربطی به آن ندارند. آری، این هم بیرون کشیدن مردم از آتش دوزخ هست، اما نه به این دلیل که نجات پیدا نکرده‌اند، بلکه چون مسیحیانی هستند که در شرف گمراهی قرار دارند. حتی روی آنانی که اشتباه را انتشار می‌دهند هم نباید قلم بطلان کشید، بلکه باید به آنها فرصتی دیگر برای توبه داد.

III. آنانی که از نظر اخلاقی فاسد شده‌اند. دستهٔ سوم کسانی هستند که آلوده شده‌اند. یونانیان می‌گویند ما باید خیلی خیلی از آلوده‌شدن به آنها بیمناک باشیم، حتی اگر این آلودگی ناشی از جامه‌های زیر ایشان باشد! این عبارت برای ما عجیب به‌نظر می‌رسد، اما پیداست که بیماری‌هایی بوده که از طریق آلودگی‌های جنسی و تعدد روابط جنسی ایجاد می‌شده و لازم بوده که از آنها دوری گزینند.

۴. *می‌توانیم از وقوع آنچه که در حال روی دادن است جلوگیری کنیم*

پیام یهودا این است که نباید از حملاتی که به ایمان می‌شود شگفت‌زده شویم، بلکه باید با آنها برخورد کرده همواره به یاد داشته باشیم که خدا می‌تواند ما را از سقوط محافظت نماید. با وجود این، مهم است که هنگام خواندن آیاتی که از حفاظت الاهی حرف می‌زنند جانب تعادل را رعایت کنیم. یکسری از متون کتاب‌مقدسی هستند که قدرت حفاظت‌کننده خدا را تأیید می‌کنند، اما این آیات همواره قرین آیاتی هستند که بر لزوم نزدیک‌بودن ما به او تأکید می‌ورزند. پس آیهٔ یکی مانده به آخر یهودا نمی‌گوید: «خدا برای محافظت‌کردن شما از سقوط معین شده» بلکه می‌گوید: «او *قادر است* شما را از لغزش محفوظ نگاه دارد.» نه همه‌اش بر عهدهٔ ماست و نه تماماً بر عهدهٔ او- این‌گونه است: «خودتان را در او محافظت کنید، زیرا او قادر است شما را محافظت کند. به اعتمادکردن به او ادامه دهید و سقوط نخواهید کرد.»

می‌توانیم بگوییم که او این توانایی را دارد که ما را حفظ کند و در پیشگاه خدا حاظر سازد، مشروط به اینکه ما هم به او وفادار بمانیم. وی همچنین صاحب اقتدار است، چون یگانه خدا و یگانه نجات‌دهنده است.

به هر روی یهودا با جمله‌ای در ستایش خدا نامهٔ خود را به پایان می‌برد. به‌رغم تعالیم شریرانه و خطرات موجود، خدا قادر است که ما را حفظ کند و در روز واپسین بی‌عیب در حضور خدا حاضر سازد. در این مورد هیچ تردیدی وجود ندارد. اگر خدا با ما باشد (یعنی همان عمانوئیل)، می‌توانیم بجنگیم و پیروز شویم. چنین باد!

نتیجه‌گیری

از مطالعهٔ نامه‌های عهدجدید یک پیام واحد آشکار است. بزرگترین خطری که کلیسا را تهدید می‌کند، از درون است. باید در هر زمان مواظب باشیم و در راستی و محبت برای انجیلی که یک‌بار برای همیشه به مقدسان سپرده شده است، مجاهده کنیم. هم اکنون در غرب پیکاری بزرگ برای انجام این مهم در جریان است. ما باید در مورد حقیقت کاملاً شفاف عمل کنیم. اگر معتقدید که نوشته‌های من با آنچه کتاب‌مقدس‌های‌تان می‌گوید همخوانی ندارد، پس همین‌جا فراموشش کنید. اما اگر آن را با کلام مطابق می‌یابید، بدان محکم چسبیده برایش دست به نبرد بزنید و برای ایمانی که به مقدسان سپرده شده مجاهده کنید! شاید کار باشکوهی به نظر نرسد، اما اگر می‌خواهید مشارکت‌های کلیسایی نیرومند باقی بمانند، انجام این کار امری حیاتی است.

پس هرچند یهودا یکی از نادیده‌گرفته‌شده‌ترین کتاب‌های عهدجدید است، اما پیامش بسیار مرتبط با ماست و کلیسای امروز اگر نمی‌خواهد که به‌طور فزاینده‌ای با همان مشکلات دست و پنجه نرم کند، باید آن را به گوش جان بشنود.

۵۷

اول و دوم و سوم یوحنا

مقدمه

در عهدجدید دوگونه نامه وجود دارد. برخی نامه‌های عمومی یا نامه‌های در گردش هستند که هیچ مخاطب معینی ندارند- یعنی بیشتر به بیانیه می‌مانند. دیگر نامه‌ها شخصی‌اند، یعنی بازتاب مطالبی هستند که خوانندگان آنها نیاز به شنیدنش دارند.

نامه‌های یوحنا آمیزه‌ای از هر دوگونه‌اند. نامهٔ اول او عمومی است، که در پنج باب نگاشته شده و بلندتر از دو نامهٔ دیگر است، چراکه یوحنا در آن به دغدغه‌های خود برای ایمانداران اشاره می‌کند. نامه‌های دوم و سوم شخصی‌ترند و کوتاه‌ترین کتاب‌های عهدجدید به شمار می‌روند. در این دو نامه یوحنا دو فرد جداگانه را مخاطب قرار داده، تنها از یک برگ پاپیروس برای نگارش هر یک از آنها استفاده می‌کند.

نامه‌ها گرم و شخصی هستند، و این بازگوکنندهٔ شخصیت این قدیس است که احتمالاً در هشتاد و اندی‌سالگی برای نگارش آنها دست به قلم برده است. برخی آنها را «نامه‌های پدرانه» نامیده‌اند، اما با توجه به سن و سال او شاید «پدربزرگانه» توصیف مناسب‌تری می‌بود.

آنها در زمانی به رشتهٔ تحریر درآمده‌اند که کلیسا تحت تأثیر معلمان سیار خوب و بد کتاب‌مقدس قرار داشت. یوحنا سخت نگران لطمه‌ای است که برخی از این معلمان به کلیسا می‌زدند، اما برخلاف معلمان دروغین، که از قرار معلوم بدعت خود را با توان و بنیهٔ

قابل‌ملاحظه‌ای انتشار می‌دادند، وی پیرتر از آن بود که شخصاً بار سفر ببندد. از این‌رو این نامه‌ها بهترین راه برای برخورد با معضل موجود بودند.

یوحنا یکی از دوازده رسولی بود که عیسی در خلال خدمتش بر زمین شخصاً به شاگردی خود فراخواند، و تنها رسولی بود که تا ایام کهولت زنده ماند. در نوشته‌های غیرکتاب‌مقدسی آمده که وی از مریم، مادر عیسی، تا زمانی که مریم از دنیا برود در افسس نگهداری کرد. خود وی هم در آنجا دیده از جهان فروبست. نامه‌های او حاوی اقتدار *یگانه* پیرآن زمان است، نه یکی از پیران متعدد. زیرا او کسی بود که با خود مسیح ارتباط شخصی و نزدیک داشت (نک. ۱:۱-۲؛ ۱:۲؛ ۴:۶و۱۴).

برخی از محققان کتاب‌مقدس این بحث را مطرح کرده‌اند که خود یوحنا این نامه‌ها را ننوشته است. یقیناً جای شگفتی دارد که در این نامه‌ها، جز یک مورد استثنا که به کشته‌شدن هابیل به دست قائن اشاره دارد، هیچ اشاره‌ای به عهدعتیق نشده- به‌ویژه که در کتاب مکاشفه که نویسندهٔ آن هم شخص یوحنا است بیش از ۳۰۰ بار به عهدعتیق اشاره شده است. اما زمانی که نامه‌ها را با انجیل یوحنا مقایسه می‌کنید، درمی‌یابید که همگی از سبک و واژگان مشابهی پیروی می‌کنند. تعابیر یافت شده در انجیل یوحنا، از قبیل «حیات جاویدان»، «حکم تازه»، و «ماندن در مسیح» که از مشخصات خاص یوحنا هستند، در نامه‌ها هم آمده‌اند، و همچنین در پاره‌ای موارد عبارات کاملاً یکسانند- برای مثال: «گام‌زدن در تاریکی» و «شادی‌تان کامل شود».

وانگهی، هم انجیل و هم نامه‌ها با ایجاد تضادهای مطلق به توصیف زندگی مسیحی می‌پردازند. برآورد یوحنا از دنیا در تضاد شدید با نسبیت‌گرایی گنگ امروزی، که معتقد است ترجیح و برتری‌دادن کار درستی نیست- یعنی هیچ چیز به‌طور مطلق راست یا ناراست نیست، قرار دارد. یوحنا چند مورد از این تضادها را برمی‌شمارد: حیات و مرگ، نور و تاریکی، راستی و ناراستی، پارسایی و مخالفت با شریعت، محبت و نفرت، فرزندان خدا و فرزندان شیطان، مسیح و ضدمسیح و- بزرگترین تضاد- آسمان و دوزخ. این تضادها دیگر هیچ جایی برای «راه سوم» باقی نمی‌گذارند. شما یا این هستید یا آن، و گزینهٔ دیگری وجود ندارد.

پس هرچند در دست‌نویس هیچ نامی از وی برده نمی‌شود، اما شواهد درونی قویا حاکی از آن است که نگارنده خود یوحنا بوده است. از این گذشته، آیرینیوس و پاپیاس، که پدران کلیسای اولیه به شمار می‌روند، تأیید کرده‌اند که نامه‌های مزبور به قلم یوحنا هستند.

هیچ تاریخی برای نامه‌ها ذکر نشده، اما از ظاهر امر چنین پیداست که پس از انجیل یوحنا و پیش از تبعید یوحنا به جزیره پاتموس، مکان نگارش کتاب مکاشفه، نوشته شده‌اند. هیچ اشاره‌ای به حملات سهمگین دومیتیان به کلیسا، که در سال ۹۵ م. روی داد، نشده است، از این‌رو به احتمال قوی یوحنا آنها را پیرامون سال ۹۰ م. به رشتهٔ تحریر درآورده است.

اول یوحنا

خوانندگان یوحنا

پیشتر خاطرنشان ساختیم که نامه اول نامه‌ای عمومی است و به معنای دقیق کلمه به مقصد معینی نوشته نشده است. اما یوحنا دسته‌بندی روشنی از مخاطبان خویش در نظر داشته است. این امر از ۲:۱۲-۱۴ پیداست، آنجایی که یوحنا مخاطبان نامهٔ خود را در سه گروه نام می‌برد: «فرزندان کوچک»، «جوانان» و «پدران».

سن روحانی در مد نظر اوست، نه سن جسمانی. منظور از «فرزندان کوچک» نوایمانان است، که برای رشد خود به شیر نیاز دارند نه گوشت. یوحنا می‌گوید که فرزندان کوچک دو چیز را تجربه کرده‌اند: بخشایش را می‌شناسند، و می‌دانند که خدا پدرشان است، اما چیز دیگری نمی‌دانند.

«جوانان» آنانی هستند که رشد کرده و بالغ شده‌اند. یوحنا در مورد آنان سه چیز می‌گوید: آنها اندکی نسبت به نوزادان ضعیف بیشتر رشد کرده‌اند و نیرو گرفته‌اند، کلام خدا را هضم کرده‌اند، و در نبرد با شیطان طعم پیروزی را چشیده‌اند.

یوحنا هنگامی که می‌خواهد دربارهٔ مسیحیان پیرتر بنویسد، ایشان را با لفظ «پدران» مورد خطاب قرار می‌دهد. تجربه آنان هم طولانی‌تر است و هم ژرف‌تر. اینان مردمانی هستند که از خدا تجارب بسیار گرانبهایی دارند.

در نگاه امروزی مخاطبان یوحنا را تنها مردان تشکیل می‌دهند. این امری عادی است، چراکه در همه جای عهدجدید این «برادران» هستند که طرف خطاب قرار می‌گیرند، نه «برادران و خواهران». لازم است در زمانه‌ای که همه دم از «جنسیت‌گرایی» یا «انحصارطلبی جنسی» کتاب‌مقدس می‌زنند و پیرامون اینکه باید برای خدا چه جنسیتی قایل شد، برای این تأکید بر جنس مذکر قدری توضیح بدهیم.

دلیل اصلی اینکه در کلام خدا بر جنس مذکر تمرکز می‌شود این است که نیرو و شخصیت کلیسا در مردانش نمود پیدا می‌کند. مردان هم در کلیسا و هم در خانه مسئولیت رهبری را بر عهده دارند، و این شخصیت آنان است که تعیین‌کنندهٔ قدرت کل کلیساست. به همین دلیل است که من زمان بسیاری را صرف برپایی همایش‌ها و سخنرانی دربارهٔ «مردان خدا» کرده‌ام. اکثر نامه‌هایی که دریافت کرده‌ام از سوی زنانی بوده که از بروز دگرگونی در شوهران‌شان شادمان بوده‌اند! اگر بابت هر زنی که در کلیسا به‌خاطر تحول روحانی شوهرش به من نوشته بود، تنها ۱۰ پوند می‌گرفتم، اکنون مرد ثروتمندی بودم. اینکه در خانواده مرد پیشروی زن باشد شکل سالم آن است، چراکه اگر مرد پیشرو نباشد، نمی‌تواند سر زن خود باشد. البته این بدان معنا نیست که زنان از هر جهت در جایگاه پایین‌تری قرار دارند، بلکه صرفاً بحث نقش آنهاست که مکمل نقش مردان است.

دلایل یوحنا برای نگارش

روشن است که نخستین دغدغهٔ یوحنا در نامه اولش مسئلهٔ شبانی است. او خوانندگان را «فرزندان کوچکش» می‌خواند. نسبت به ایشان احساس دلسوزی بسیار دارد، اما توان این را که به دیدارشان برود در خود نمی‌بیند. اشاراتی در متن وجود دارد که نشان می‌دهد وی دلواپس موضوع خاصی بوده. دلایل یوحنا برای نگارش این نامه را می‌توان از دو طریق بررسی کرد:

فهرست ۱

او می‌خواهد که خوانندگانش:

خرسند *باشند* (۱:۴). وی می‌نویسد: «تا شادیمان کامل گردد»، که تلویحاً نشان می‌دهد که از زندگی راضی نبوده‌اند.

عاری از گناه باشند (۲:۱). دغدغهٔ او این است که آنان بی‌عیب زندگی کنند.

در امان باشند (۲:۲۶). از آنها می‌خواهد که از همهٔ ترفندهای شیطان، و به‌ویژه از تعلیم دروغین که رویکرد ویژهٔ ابلیس نسبت به حیات کلیسا بوده، در امان باشند چراکه ایمانداران مورد خطابش را تحت تأثیر قرار داده بودند.

مطمئن باشند (۵:۱۳). از همه مهم‌تر او می‌خواهد خوانندگانش از آنچه که بدان ایمان دارند مطمئن باشند. مسیحیان به این اطمینان نیاز دارند. در این نامه‌های کوتاه یک آموزهٔ اطمینان نهفته است که اهمیت بسیاری دارد. ما دوست نداریم که هر روز با عدم اطمینان و حس ناامنی از خواب بیدار شویم، بلکه می‌خواهیم از هویتی که در مسیح داریم مطمئن باشیم. لازم است «بدانیم» (این واژه کلیدی است) که در دستان خدا قرار داریم.

فهرست ۲

از سوی دیگر، راه دیگری هم برای بررسی انگیزه‌ها داریم که از پی خواهد آمد. وی می‌نویسد تا:

هماهنگی را در میان خود ارتقا دهند (۱:۳)؛
شادمانی در وجودشان ایجاد نمایند (۱:۴)؛
از تقدس محافظت کنند (۲:۱)؛
از بدعت دوری گزینند (۲:۲۶)؛
در خود امید بپرورانند (۵:۱۳).

آنچه روشن است اینکه وی اینها را حدود ۶۰ سال پس از نخستین باری که عیسی به وی فرمود «از پی من بیا» می‌نویسد. وی مردی سالخورده است و من می‌توانم او را با ریشی سپید

تصور کنم که می‌گوید: «من در ایمان پدربزرگ شما به شمار می‌روم. می‌خواهم از آنکه هستید خرسند و مطمئن باشید، و دوست دارم مقدس باشید و در هماهنگی و سرشار از امید زندگی کنید.» پس نگارندهٔ این سطور فردی است که دلی شبانی و بسیار مهربان دارد.

طرحی کلی از اول یوحنا

گرچه می‌توان انگیزه‌های یوحنا از نگارش این نامه تشخیص داد، اما یافتن الگویی که وی برای کنار هم گذاشتن مطالب از آن تبعیت کرده باشد، چندان کار ساده‌ای نیست. تجزیه و تحلیل‌کردن این نامه تقریباً ناممکن است چون این‌گونه به‌نظر می‌رسد که وی مدام دور خود می‌چرخد. اندیشه وی بیش از آنکه خطی باشد، دوار است. من آدمی خطی هستم- دوست دارم شاهد پیشرفت در بحث باشم و آن را تجزیه و تحلیل کنم. پولس رسول، با ذهن منطقی‌اش چنین می‌نویسد. از این‌رو، وقتی من به شخصی برمی‌خورم که درون دوایر متعدد اندیشه می‌کند و مرتباً سراغ همان موضوعات بازمی‌گردد، خودم را اندکی گم می‌کنم. سبک دایره‌وار یوحنا را می‌توان با توجه به حرفه، سن و سال و ملیتش توجیه کرد.

۱. *حرفه‌اش*

یوحنا یک ماهیگیر است، نه مانند پولس که یک حقوق‌دان است، و از این‌رو بیشتر دوست دارد از موضوعی به سراغ موضوع بعدی برود، گویی در حال گفت‌وگو است. او مرد تحصیل‌کرده‌ای نبود و به همین خاطر فکرکردن بر پایهٔ الگوهای خطی را به وی یاد نداده بودند.

۲. سن و سالش

پیرمردان بیشتر میل به پرگویی دارند- آنها مرتباً چیزهایی را می‌گویند و دوباره به سراغ همان گفته‌ها رفته از نو بازگوی‌شان می‌کنند- این ویژگی و اقتضای سن است. شنوندگان باید روی حرف‌ها متمرکز شوند و حکمتی را که در لابه‌لای سخنان آنها نهفته است گلچین کنند.

۳. *ملیتش*

اما به‌گمان من دلیل اصلی، پیروی یوحنا از الگوی متداول در میان یهودیان است، که دوست دارند طوری حرف بزنند که گویی دارند کتاب می‌خوانند. هم کتاب امثال در عهدعتیق و هم کتاب یعقوب در عهدجدید چند بار به سراغ موضوعاتی خاص می‌روند. هر کسی که در صدد بررسی نظام‌مند روی این کتاب‌هاست باید همهٔ مسیر را مورد کندوکاو قرار دهد. در این متن‌ها هیچ ساختار واقعی‌ای وجود ندارد.

دنیا یا کلام؟

یکی از روش‌های بررسی اول یوحنا متمرکزشدن بر موضوعی است که یوحنا در سراسر نامه‌اش به شرح و بسط آن می‌پردازد، البته با بهره‌گیری از نمودار معکوس.

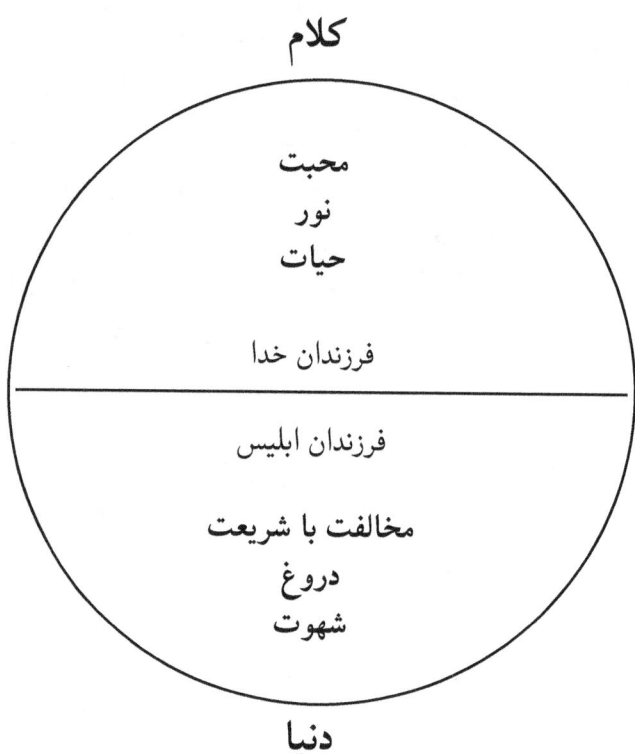

نمودار بالا دنیایی را با دو نیمکره نشان می‌دهد. یک نیمه زیر فرمان کلام خداست ــ که جو حیات، محبت و نور است. نیمۀ دیگر زیر حاکمیت دنیا قرار دارد ــ که مشخصۀ آن مخالفت با شریعت، دروغ و شهوت است. یوحنا خوانندگان خود را تشویق می‌کند تا بر پایۀ کلام خدا زندگی کنند. بدیشان می‌گوید که دوست دارد ایشان به جای وسوسه‌شدن برای شنیدن آنچه که دنیا می‌گوید، بر کلام خدا متمرکز باشند. گزینۀ هر مسیحی باید همین باشد. اگر دنیا را دوست داشته باشید، دیری نخواهد پایید که بر پایۀ دنیا هم زندگی خواهید کرد. اگر کلام را دوست داشته باشید، شیوۀ زندگی کاملاً متفاوتی را در پیش خواهید گرفت.

این چارچوب ساده به ما کمک می‌کند تا اندازه‌ای به ترکیب این نامه پی ببریم. ابتدا مثبت آغاز می‌شود، سپس منفی می‌شود و باز مثبت می‌گردد ــ مانند ساندویچی که دو لایۀ خوشمزه

یـک لایـهٔ بدمزه را در بر گرفته‌اند. ما به هر دو آنها نیاز داریم؛ لازم اسـت بدانیم که به چه ایمان داریم و به چه ایمان نداریم، چگونه باید رفتار کنیم و چگونه نباید رفتار نماییم.

بنابراین، ساختار «ساندویچ مانند» اول یوحنا را می‌توان به ترتیب زیر خلاصه کرد:

حیات- ۱:۱-۴} مثبت
نور- ۱:۵-۲:۱۱} مثبت
شهوت، دروغ و مخالفت با شریعت- ۲:۱۵-۳:۱۰} منفی
محبت- ۳:۱۱-۴:۲۱} مثبت
حیات- ۵:۱-۲۱} مثبت

اکنون به مضامین موجود در اول یوحنا می‌پردازیم.

محبت

در کتاب‌مقدس یوحنا تنها کسی است که از عبارت «خدا محبت است» استفاده کرده. شاید این عبارت برای یک فرد مسیحی تعلیم دیده خیلی «عادی» به نظر برسد، اما وقعیت این است که «خدا محبت اسـت» عبارتی انقلابی اسـت. تا کنون هیچ دینی در جهان چنین چیزی نگفته، و نمی‌توانـد بگویـد. یهودیـت می‌تواند بگوید: «خدا ما را دوسـت دارد»، اما این چیزی بسـیار متفاوت است. گفتن «خدا محبت است» به معنای درک این مطلب است که خدا بیش از یک شخص است. شما به تنهایی نمی‌توانید «محبت» *باشید*. در مورد خدا از این‌رو می‌توانیم بگوییم «خدا محبت است» که او سه شخص است- پدر، پسر و روح‌القدس. پیش از آنکه جهان هستی پا به عرصهٔ وجود بگذارد، پدر، پسر و روح‌القدس بودند که همگی یکدیگر را محبت می‌کردند.

گاه مردم می‌پرسـند: «چرا خدا ما را آفرید؟» در سـاده‌ترین سـطح خدا یک پسـر داشت، و آن‌قدر او را دوست می‌داشت که می‌خواست خانوادهٔ بزرگتری داشته باشد. می‌خواست محبتش را با در پهنه‌ای گسترده‌تر با دیگران سهیم شود- به این دلیل بود که می‌خواست پسران بسیاری داشته باشد.

بدعت

یوحنا در عین‌حال که برای صحت و سلامت روحانی خوانندگانش نگران است، با معضلات به‌خصوصـی هـم روبه‌رو می‌باشـد، و این نامه را بـرای رویارویی با تعالیم غلطـی که می‌داند بر خوانندگان وی اثر منفی گذارده، می‌نویسد. وی در جاهای مختلف نامه به «آنان» (در برابر «ما» و «شما») اشاره می‌کند و منظورش گروهی از معلمان است که برای کلیسا شناخته شده بودند.

معلمان دروغین فلسفهٔ یونانی را که دربرگیرندهٔ شماری از عناصر مغایر با جهان‌بینی کتاب‌مقدسی بود، آموزش می‌دادند. آنان به‌طرز سرنوشت‌سازی تعلیم می‌دادند که جدایی میان عالم جسمانی و روحانی امری ضروری است.

حتی امروزه، ما این نگرش تباه‌کننده به زندگی را پذیرفته‌ایم و جزیی از وجودمان شده است. برای مثال، ما هیچگاه در کتاب‌مقدس تمایزی میان «روحانی» و «غیرروحانی (یا دنیوی)» نمی‌بینیم و این در حالی است که حتی مسیحیان به من می‌گویند: «شغل من غیرروحانی است.» من همواره در پاسخ به این افراد می‌گویم که چنین نیست. اگر حرفه‌ای غیراخلاقی یا غیرقانونی نباشد، غیرروحانی به شمار نمی‌رود. جز گناه هیچ چیز غیرروحانی دیگری وجود ندارد. در حقیقت، یکبار من این موضوع را در شمال انگلستان مطرح کردم و یکی از خوانندگان نام‌آور پاپ انگلستان در آن جلسه به مسیح ایمان آورد. وی می‌پنداشت که به پیشه‌ای غیرروحانی اشتغال دارد، و مسبب این پندار هم تا اندازه‌ای اشعاری بود که برای تبلیغات تلویزیونی می‌خواند. سخنان من به او کمک کرد تا دریابد می‌تواند کارش را برای جلال خدا انجام دهد.

این مبلغان فلسفهٔ یونانی همچنین باور داشتند که هرآنچه جسمانی است بد و شریر است، و تنها امور روحانی هستند که خوبند. پس بدن شریر است و روح خوب. به مردم چنین القا می‌کردند که هر چیز جسمانی به نوعی کثیف یا گناه‌آلود است. این فلسفهٔ زیربنایی پیامدهایی داشت که در باور و رفتار کلیسا نمود عینی پیدا می‌کرد. اجازه بدهید نخست به مبحث باور نگاهی بیندازیم.

۱. باور

بزرگترین نگرانی یوحنا این بود که معلمان دروغین این اندیشه را در مورد خود عیسی به‌کار می‌بردند. ایشان پذیرش این را که خدا بتواند انسان شود، محال می‌دانستند. چنین استدلال می‌کردند که خدا وجودی ازلی و ابدی و انسان فانی و محدود به زمان است. خدا روح است و انسان جسم. پس چگونه خدا می‌تواند انسان شده پا روی زمین بگذارد؟

این باور صورت‌های متعدد بسیاری پیدا کرد. یکی از این صورت‌ها باور به این بود که عیسی به‌راستی جسم نپوشیده، بلکه تنها چنین به نظر رسیده که تجسم یافته است. این بدعت را 'docetism' می‌نامند که معنای ساده‌اش «نقاب بر چهره زدن» یا «پدیدار شدن» است. یوحنا در این نامه می‌گوید که اگر از کسی بشنوید که عیسی به‌راستی جسم نپوشید، بدانید که این دیدگاه ملهم از ابلیس است. یوحنا زحمت زیادی کشید تا به خوانندگانش خاطرنشان سازد که وی خود عیسی را دیده و لمس کرده است. او از گوشت و استخوان بود و در حقیقت هنوز هم هست. فلسفهٔ موسوم به عصر جدید (New Age) هنگامی که به مبحث جدایی عیسای انسان و مسیح خدا می‌پردازد، چیزی شبیه به همین را تعلیم می‌دهد.

بدعت دیگر می‌گفت که عیسی تا زمانی که در ۳۰ سالگی تعلیم بگیرد انسان بود، و از آن پس «مسیح» بر او فرود آمد. سپس به هنگام مرگ وی، «مسیح» دوباره از وی جدا شد، و این «عیسی» بود که مرد و دفن گردید. بنابراین، در نظریهٔ مزبور «عیسی» و «مسیح» عملاً دو جوهر کاملاً متفاوتند.

به همین ترتیب، معلمان عصر جدید دربارهٔ مسیح حرف می‌زنند، اما از نام عیسی خوش‌شان نمی‌آید. آنان می‌گویند که همه می‌توانند مسیح فرود آمده بر خود را دریابند. این آموزه بسیار موذیانه است و بسیاری را فریب می‌دهد، که معتقدند چون عصر جدید زبان کتاب‌مقدسی به‌کار می‌برد، پس حاوی معانی کتاب‌مقدسی هم هست. یکی از عبارات مورد علاقهٔ معلمان عصر جدید این است که خدا در ورای زمان قرار دارد، یعنی زمانمند نیست ـ باوری که در میان مسیحیان هم رایج است. در واقع، کتاب‌مقدس هرگز نمی‌گوید که خدا در ورای زمان است. می‌گوید خدا ازلی و ابدی است، که این کاملاً مفهوم دیگری است. زمان برای خدا امری واقعی است. خدا خدایی است که بوده و هست و خواهد آمد. این خدا نیست که در زمان است، بلکه زمان در خداست.

یونانیان هم خدا را به‌طور کامل از زمان جدا می‌دانستند، و این باور هنوز هم در دوران ما وجود دارد. شگفت‌زده خواهید شد اگر بدانید که چه تعدادی از مسیحیان می‌پندارند هنگامی که به آسمان برویم، از قید زمان رها خواهیم شد. ما از زمان خارج نمی‌شویم ـ وارد زندگی جاودانی خواهیم شد. زمان با بی‌کران امتداد خواهد یافت. زمان برای خدا مفهومی واقعی است، و در کتاب‌مقدس هم امری واقعی است، و از این‌رو تاریخ «داستان او» است.

اما این معلمان معتقد بودند که دارای «شناخت» هستند. دانش و شناخت ایشان بر کلیسا برتری داشت. این یک‌گونه از ناستیسیم به شمار می‌رفت، و تا سده‌ها دست از سر کلیسا برنداشت و هنوز هم خود را در پس نقاب‌های گوناگون پنهان کرده به حیات خود ادامه می‌دهد.

پس یوحنا ناگزیر بود با چند بدعت گوناگون مبارزه کند. به این دلیل است که وی با تأکید بر این نکته سخنش را آغاز می‌کند که وقتی مسیح آمد، یک موجود بشری واقعی بود. سه مورد از قوی‌ترین حواس جسمانی ـ بینایی، شنوایی و بساوایی (لامسه) ـ در تأکید وی به‌کار رفته‌اند. می‌گوید: «بدو نگریستیم، او را لمس کردیم و کلامش را شنیدیم.»

برای یوحنا، جسم پوشیدن امری بنیادین است ـ در نهایت همه چیز در آنچه که ما در مورد عیسی فکر می‌کنیم خلاصه می‌شود. باید متوجه باشیم که او کاملاً خدا و کاملاً انسان است ـ در وجود اوست که جسمانیت و روحانیت با هم به‌طور کامل یکی می‌شوند. این جهان و جهان دیگر به‌طور کامل با هم تلاقی می‌کنند، و کذب‌بودن ایدهٔ یونانی جدایی میان زمان و جاودانگی، عالم روحانی و عالم جسمانی، آن هنگامی اثبات شد که کلام جسم گرفت و میان ما ساکن شد. به قول اسقف اعظم تمپل: «مسیحیت بیش از هر دینی در جهان بر اصالت ماده تأکید دارد.»

۲. رفتار

جدایی جسم از روح در باور یونانیان نه تنها بر باور ایشان در مورد عیسی، بلکه بر رفتار ایشان نیز تأثیر گذاشته بود. یونانیان معتقد بودند که نجات (با وجودی که مفهومش را دریافته بودند) به آنچه که شخص با بدن خود می‌کند هیچ ربطی ندارد، و این در درون کلیسا به یک دیدگاه بهنجار تبدیل شده بود. برخی از آنها به زندگی کاملاً غیراخلاقی خود ادامه می‌دادند و ادعا می‌کردند که افرادی روحانی هستند، چون معتقد بودند بدن‌شان هیچ ارتباطی با روح‌شان ندارد.

این تنها یک گام کوچک با این پندار فاصله دارد که گناه برای مسیحیان اهمیتی ندارد. آنها می‌گفتند: «من که بلیت عزیمت به آسمان را دارم- دیگر گناه چه اهمیتی دارد.» در حقیقت، عده‌ای حتی پا را از این هم فراتر نهاده می‌گفتند: «در مسیحیان اصلاً گناه وجود خارجی ندارد»، که بر یک جور کمال‌گرایی دلالت داشت- تا آنجایی که به خدا مربوط می‌شود، ایشان بی‌گناه هستند.

یکی از بزرگترین اشتباهاتی که مردم مرتکب می‌شوند این است که با این پندار به مسیح می‌گروند که گناهان آینده‌شان آمرزیده شود. اما زمانی که کسی به مسیح ایمان می‌آورد، تنها گناهان گذشتهٔ او هستند که آمرزیده می‌گردند. ایشان برای گناهانی که بعدا مرتکب خواهند شد نیازمند به دریافت آمرزش هستند. یوحنا ناگزیر است بگوید: «اگر به اعتراف گناهان خود ادامه بدهیم، او امین و عادل است که به آمرزیدن گناهان ما ادامه بدهد، و خون مسیح ما را از هر ناراستی پاک خواهد ساخت.» اگر من به مسیح ایمان بیاورم، یک چک سفید امضا برای ارتکاب گناه دریافت نمی‌کنم. گناهان گذشت؛ من اکنون آمرزیده شده‌اند، اما باید خرده حساب‌های آتی را با خدا تسویه نمایم. هنگامی که به آنها اعتراف می‌کنم، خدا هم به آمرزیدن من ادامه می‌دهد، اما این تنها زمانی رخ می‌دهد که من هم به اعتراف گناهان خود ادامه بدهم.

کلیسای امروز به تأکید یوحنا نیاز مبرم دارد. اندیشهٔ یونانی به بی‌قانونی (عمل‌کردن برخلاف شریعت- م.)، بی‌بندوباری اخلاقی و نخبه‌سالاری روحانی منجر می‌شود و این پندار را به‌وجود می‌آورد که مسیحیان فراتر از قواعد اخلاقی مربوط به درست یا نادرست‌بودن کارها قرار دارند. خدا مطلقاً منصف است؛ او گناه ایمانداران یا بی‌ایمانان را نادیده نمی‌گیرد. اما اگر توبهٔ راستین انجام شود، او منتظر است تا آن گناهان را بیامرزد.

در روزگار یوحنا این تعلیم خرابی‌های شدیدی در کلیسا به‌وجود آورده بود. مردم را گیج و سرگردان ساخته بود و دیگر اطمینان نداشتند که باید دقیقاً به چه باور داشته باشند و نسبت به خدا در چه موضعی قرار دارند. یقین خود را در مورد نجات از دست داده و نسبت به گناه بی‌اهمیت شده بودند. ظاهراً معلمان به «مسیحیان عادی» که هنوز به یک روشنگری عرفانی نرسیده بودند، اهمیتی نمی‌دادند.

اطمینان

اما یوحنا با دلی مالامال از دغدغه‌های شبانی، دلواپس این است که مسیحیان در مورد مسیحی بودند خود اطمینان داشته باشند، و از این‌رو بدیشان می‌گوید که در چهار زمینه خود را بیازمایند، و این زمینه‌ها آزمون‌هایی بسیار سخت هستند. وی با دقت و احتیاط بسیار و با جزئیات کامل به بررسی آنها می‌پردازد.

۱. *آزمون تعلیمی*

آزمون نخست تعلیمی است. هر مسیحی راستین باید از این آزمون با قبولی بیرون بیاید. آزمون مزبور به این مربوط می‌شود که آنان در مورد مسیح چه می‌اندیشند. اگر کسی درک و فهمی متزلزل دارد و مطمئن نیست که آیا عیسای انسان حتماً همان مسیح خدا است، از آزمون نمرهٔ قبولی نگرفته است. یوحنا در سه نامهٔ خود مجموعاً در ۲۵ مورد فعل «شناختن» را به‌کار می‌برد. او معتقد بود که برای ایمانداران شناخت اهمیت دارد، به‌ویژه که آنان با دیدگاهی سروکار داشته باشند که به اصطلاح «شناخت برتر» نام دارد و معلمان دروغین مدعی آن هستند. در کلیساها افراد بسیای هستند که عیسی را انسانی بزرگ می‌پندارند که بهتر از هر انسان دیگری به دعوت خدا لبیک گفت، اما باور ندارند که او، چندان که کتاب‌مقدس تعلیم می‌دهد، کاملاً خدا و کاملاً انسان بود.

۲. *آزمون روحانی*

یوحنا می‌گوید: «از آنجا می‌دانیم که پسران او هستیم که وی روح خود را به ما بخشیده است.» میان روح خدا و روح ما شاهدی وجودی دارد که گواهی می‌دهد ما فرزندان خدا هستیم. پس بدون روح‌القدس نمی‌توانیم از آزمون دوم سربلند بیرون بیاییم، زیرا این روح است که به ما می‌گوید آیا فرزندان خدا هستیم یا نه. برخی می‌کوشند از کلام این اطمینان را به‌دست آورند- سعی می‌کنند با طرح این استدلال که کتاب‌مقدس چنین می‌گوید و آنان به این کلام باور دارند، این‌گونه از کلام خدا استنتاج نمایند که ایشان مسیحی هستند، پس بدین‌ترتیب، حرف خود را به کرسی می‌نشانند. اما کتاب‌مقدس هیچگاه ما را تشویق نمی‌کند که این کار را بکنیم. در واقع، در عهدجدید اطمینان از روح‌القدس نشأت می‌گیرد، نه از کلام خدا. نمی‌توانید با نقل‌قول‌کردن از متن آیات ثابت کنید که مسیحی هستید. این روح‌القدس است که به شما می‌گوید مسیحی هستید، نه کلام. به همین خاطر این یک آزمون روحانی است، و اتفاقاً بسیار هم حیاتی است، چون اگر روح را نداشته باشید، هنوز مایملک ابلیس به‌شمار می‌روید.

۳. آزمون اخلاقی

سومین آزمون، آزمون اخلاقی است. اگر در حضور خدا درست زندگی کنید، آنگاه وجدانتان به شما می‌گوید که ازآن پدر هستید. وجدان به جهت بخشی از اطمینان به ما داده شده است. در اصطلاح کتاب‌مقدسی، اگر پارسایی را به عمل آوریم و احکام خدا را رعایت کنیم، آنگاه این تأییدیه را داریم که فرزندان او هستیم. اما اگر در برابر احکام او سر به طغیان بلند کنیم و از مسیری که وی می‌خواهد در آن زندگی نماییم منحرف شویم، آنوقت نتوانسته‌ایم از آزمون سوم نمرهٔ قبولی بگیریم.

۴. آزمون اجتماعی

واپسین آزمون ما اجتماعی است. یوحنا به ما می‌گوید که اگر مسیحیان را دوست نداشته باشیم، نمی‌توانیم بگوییم که مسیح را دوست داریم، چون مسیح در وجود دیگر مسیحیان جای دارد. اگر مسیح را دوست دارید، پس باید مسیح را که در وجود برادرانتان ساکن است محبت نمایید. اگر از برادرانتان نفرت داشته باشید، به یقین پدرتان را دوست ندارید، چون او ایشان را دوست دارد.

دلیل دیگر محبتی است که ما نسبت به قوم یهود داریم. آنان مردمانی دوست‌داشتنی نیستند. در سطح انسانی، من معتقدم با اعراب بهتر می‌توانم کنار بیایم تا با یهودیان. اما روح‌القدس می‌تواند محبت عظیمی نسبت به قوم یهود در دل ما برانگیزد. این اصلاً امری طبیعی نیست، بلکه کاملاً مافوق طبیعی است. عیسی ایشان را «برادران» خود خواند، و به‌رغم همهٔ کارهایی که کرده‌اند، هنوز خدا دوست‌شان دارد.

به‌طور اخص، یوحنا می‌گوید که این محبت و دعاهای ماست که ثابت می‌کند محبت پدر در ما ساکن است. خود را در حالی می‌یابید که مردم را به‌طرزی غیرعادی دوست دارید، زیرا ایشان فرزندان پدر هستند و محبت پدر در درون شماست.

به مجردی که ایمانداران از داشتن مشارکت با خدا مطمئن شدند، هر روزه با اعتمادی عظیم از اینکه می‌دانند فرزندان خدا هستند، به سراغ کار خود می‌روند. این اعتماد در رویکرد آنها نسبت به خدا نمایان می‌شود. می‌توانند با علم به اینکه خدا هم توانایی اجابت دعای‌شان را دارد و هم مایل به جواب دادن است بگویند: «پدر، من به نام عیسی فلان چیز را از تو درخواست می‌کنم».

همچنین در برابر مردان و زنان به آنان اعتماد می‌دهد. زمانی که مطمئن باشید فرزندی از یک خانوادهٔ سلطنتی آسمانی هستید، به‌راستی جزیی از خانوادهٔ سلطنتی زمینی هم به‌شمار خواهید رفت، و این به شما اعتماد می‌بخشد تا با دلیری با دیگران سخن بگویید.

گناه

به همین منوال، شناسایی‌کردن آنانی که مسیحی واقعی نیستند هم حایز اهمیت است. در زمان یوحنا آن‌قدر از عمر کلیسا می‌گذشت که عده‌ای از ایشان را مسیحیان اسمی- آنانی که وانمود می‌کردند جزیی از خانوادهٔ خدا هستند، در صورتی که عملاً اعتمادی به مسیح نداشتند- تشکیل دهند. یکی از آزمایش‌های تعیین‌کننده وجود یا عدم وجود گناه بود، و یوحنا پیرامون این موضوع در نامه‌اش حرف‌های بسیاری برای گفتن داشت. در حقیقت، او دربارهٔ گناه چیزهای بسیار عجیبی گفت، که گاه با یکدیگر ضد و نقیض به‌نظر می‌رسند. وی در برخی عبارات گناه‌کردن ایمانداران را فرض مسلم می‌داند، اما در دیگر عبارات می‌گوید که ایشان نمی‌توانند گناه کنند، و این تناقض بسیاری را سردرگم کرده است.

لازم است از مفهومی که «گناه» در ذهن یوحنا داشت، تصویری روشن داشته باشیم. او گناه را «مخالفت با شریعت» تعریف می‌کند، یعنی اینکه فرد معتقد باشد جز خودش نسبت که هیچ‌کس دیگر مسئول یا پاسخگو نیست. یوحنا به خوانندگانش یادآوری می‌کند که مسیح آمد تا گناهان ما را بردارد و اعمال ابلیس را باطل سازد. گناه برای فرزندان ابلیس امری طبیعی، اما برای فرزندان خدا غیرعادی است.

۱. امکانات

اما حضور گناه در میان ایمانداران است که بزرگترین دغدغهٔ یوحنا است، و این همان‌جایی است که تناقضات بروز می‌نمایند. چند عبارت ممکن وجود دارد. گناه برای ایمانداران:

انکارناپذیر است- ما گناه می‌کنیم.
ناگزیر است- ما گناه خواهیم کرد.
ناسازگار است- ما نباید گناه کنیم.
غیرقابل دفاع است- ما لزومی ندارد گناه کنیم.
بی‌ارتباط است- ما گناه نمی‌کنیم.
غیرقابل تصور است- ما نمی‌توانیم گناه کنیم.

محوریت تناقضات در نامه‌های یوحنا در عباراتی است که متضاد با یکدیگر به‌نظر می‌رسد. برای مثال، سخنان یوحنا را در اول یوحنا ۱:‏۸ را با عباراتی دیگر در همان نامه مقایسه کنید:

اگر بگوییم بی‌گناهیم، خود را فریب داده‌ایم و راستی در ما نیست (۱:‏۸).

آن که از خدا زاده شده است گناه نمی‌کند، زیرا گوهر خدا در اوست؛ پس او نمی‌تواند گناهکار باشد، چراکه از خدا زاده شده است (۳:‏۹).

ما می‌دانیم که هرکه از خدا زاده شده است، گناه نمی‌کند، بلکه آن مولود خدا او را حفظ می‌کند و دست آن شرور به او نمی‌رسد (۱۸:۵).

آیهٔ نخست حاکی از این است که گناه امری گریزناپذیر است، و دو آیهٔ بعدی بر این دلالت می‌کنند که آنانی که از خدا زاده شده‌اند نمی‌توانند گناه کنند. با وجود این، کمتر کسی جرأت این ادعا را دارد که این امر در موردش صادق است. پس این آیه‌ها را چگونه باید تفسیر کرد؟

۲. بررسی یک آیهٔ کلیدی

بیایید به مشکلات بروز کرده در اول یوحنا ۹:۳ نگاهی بیندازیم.

الف) مشکلات اصلی

این آیه حاکی است که هر که از خدا زاده شده (یعنی از آب و روح، یوحنا ۵:۳) ۱ـ گناه نمی‌کند، ۲ـ نمی‌تواند گناه کند. تفسیرهای زیادی وجود دارد:

I. این به معنای دقیق کلمه درست است- معنای دقیق آیه همان چیزی است که می‌گوید. اما این با ۸:۱ و ۱۶:۵ که هر دو حاکی از ممکن‌بودن گناه هستند، تناقض دارد.

II. گناهی که بدان اشاره شده تنها منظورش گناهان زننده و شرم‌آوری است چون: فسادهای اخلاقی، جنایات و گناهانی که در ضدیت با محبت هستند. برخی از الاهی‌دانان بزرگ همچون آگوستین، لوتر و وسلی پیرو این دیدگاه هستند.

III. اگر ایمانداران مرتکب اشتباه شوند، خدا آن را گناه نمی‌نامد. پس در عمل دو معیار اخلاقی وجود دارد.

IV. این واژه تنها به طبیعت تازهٔ ما اشاره می‌کند. «انسانیت کهنه» هنوز مرتکب بدی می‌شود، اما «انسانیت جدید» هرگز گناه نمی‌کند. با این‌حال، یک فرد مسیحی یک شخص دوپاره شده نیست، بلکه یک کلیت واحد را تشکیل می‌دهد!

V. آیهٔ مزبور توصیف‌کنندهٔ یک ایده است، بدون اینکه معتقد باشد که در عمل آیا چنین چیزی ممکن است یا نه. پس این بازتاب هدفی است که غایت آمال و آرزوهای ما به شمار می‌رود، بدون آنکه این تصور را ایجاد کند که آیا بدان دست خواهیم یافت یا خیر.

VI. این آیه تنها به گناهانی که به عادت تبدیل شده‌اند یا فرد بر انجام آنها پافشاری می‌نماید، دلالت می‌کند. تأکید آیه بر کسی است که به گناه‌کردن ادامه می‌دهد.

ب) مشکلات فرعی

I. دلیل آنکه ایمانداران گناه نمی‌کنند این است که «از خدا زاده شده‌اند». می‌خواهد بگوید که تولد دوباره به پارسایی منجر خواهد شد. اما کیست که پیش از رفتن به آسمان مدعی پارسایی باشد؟

II. دوم اینکـه در کلام آمـده کـه گوهر (یا تخم) خدا در ایمانـدار می‌ماند. این واژه دقیقاً همان معنی «اسپرم» را می‌دهد، که استعاره‌ای بسیار مؤثر است! اما این واژه را چگونه باید تفسیر کرد؟ می‌توان آن را به صورت تحت‌اللفظی به‌عنوان اشاره به اسپرم انسانی، یا حتی اسـپرم جانوری یا گیاهی تفسـیر نمود. اما روشن نیسـت که «گوهر»ی که او در اینجا بدان اشاره می‌کند کدام است. آیا این گوهر به خدا دلالت دارد یا به ایماندار؟

III. یک مشکل سومی هم وجود دارد. آیا این وضعیتی طبقه‌بندی شده است یا مشروط؟ تفسـیر کاربرد عبارت «سـاکن شدن/ ماندن در مسـیح» هم از قرار معلوم جای بحث دارد. آیا مانند آیهٔ ۹ طبقه‌بندی شده است، و در مورد همهٔ کسانی که زمانی «از خدا زاده شده‌اند» صدق می‌کند؟ یا مانند آیهٔ ۶ مشروط است، و تنها در مورد کسانی صادق است که «در او زیسـت *می‌نمایند*»؟ وضعیت طبقه‌بندی شـده وضعیتی است که همیشه صدق خواهد کرد. وضعیت مشروط وضعیتی است که تنها به شرطی صدق خواهد کرد که شرایط معینی فراهم باشد.

پس چگونه باید آیه را بفهمیم؟

نخسـت آنکه لازم اسـت این پرسـش را مطرح نماییم که چرا یوحنا چنین عبارتی را مطرح سـاخته اسـت. او اصلاً پیرامون معمای بغرنج «اگر یک‌بار نجات بیابی، برای همیشـه نجات یافته‌ای» بحث نمی‌کند. رسـالت وی پرداختن به کسـانی است که خود را شاگرد می‌خوانند، اما به ارتکاب گناه و پذیرش آن ادامه می‌دهند. گویی گناه مسئلهٔ چندان مهمی هم نیست!

از این‌رو یوحنا می‌گوید که ما بدین‌خاطر که از خدا زاده شـده‌ایم نمی‌توانیم گناه کنیم. معنای صریح این گفته آن اسـت که تولد تازه به پارسـایی منتهی می‌گردد. در زندگی ایماندار گناه هیچ جایی ندارد.

دوم اینکـه بایـد زمان جمله را مورد توجه قرار دهیم: «آنکه در او زندگی می‌کند، به گناه‌کردن ادامـه نمی‌دهـد.» افعال در زمان‌های خاص زبان یونانی مورد اسـتفاده قرار گرفته‌اند که امروزه حال اسـتمراری نامیده می‌شـوند. پس افعال تنها به کارهایی که گهگاه در مقطعی از زمان انجام می‌گیرند دلالت نمی‌کنند، بلکه منظور کارهایی است که شخص به ارتکاب‌شان ادامه می‌دهد.

بنابرایـن، مثلاً عیسـی عـملاً نمی‌گوید: «بخواهید، که به شـما داده خواهد شـد؛ بجویید، که خواهید یافت؛ بکوبید، که در به رویتان گشوده خواهد شد.» او چنین فرمود: «به خواستن ادامه بدهید، و به شـما داده خواهد شـد؛ به جسـتن ادامه بدهید، و خواهید یافت؛ به کوبیدن ادامه بدهید و در به روی‌تان گشـوده خواهد شـد.» حال آیهٔ معروف یوحنا ۱۶:۳ را در نظر بگیرید که تقریباً همه آن را اشتباه برداشت می‌کنند. این آیه هم در زمان حال استمراری نوشته شده است: «زیرا خدا جهان را آن‌قدر محبت کرد که پسـر یگانهٔ خود را داد تا هرکه به او ایمان آوردن به او ادامه دهد، هلاک نگردد بلکه به یافتن حیات جاویدان ادامه دهد.» این‌گونه نیسـت که کسـانی

که یک‌بار ایمان آورده‌اند دیگر حیات جاویدان دارند، بلکه تنها آنانی که به ایمان داشتن ادامه می‌دهند از حیات بهره‌مند خواهند شد.

پس هنگامی که به این آیه بازمی‌گردیم، چنین می‌خوانیم: «کسی که به زیستن در مسیح ادامه می‌دهد، به گناه‌کردن ادامه نمی‌دهد.» فعل «زندگی می‌کند» هم مانند فعل «می‌ماند» است. یوحنا ۱۵ می‌گوید: «من تاک حقیقی هستم- در من بمانید»، که معنی‌اش این است: «به زیستن در من ادامه دهید». بنابراین، آیه مشروط به زمینهٔ متن است. شما به زیستن در مسیح ادامه می‌دهید و آنگاه وضعیت مورد نظر در موردتان مصداق پیدا می‌کند. کسی که به زیستن در مسیح ادامه می‌دهد، دیگر به گناه‌کردن ادامه نمی‌دهد و نمی‌تواند به گناه‌کردن ادامه دهد.

کسانی که در ماندن در مسیح ادامه نمی‌دهند، هیچ پیشرفت روحانی از خود نشان نمی‌دهند. بنابراین، در جهت رسیدن به این وعده هم هیچ گامی برنمی‌دارند.

آیهٔ سوم که پیشتر نقل شد (اول یوحنا ۵:۱۸) مؤید این است: «ما می‌دانیم که هرکه از خدا زاده شده است، به گناه‌کردن ادامه نمی‌دهد، بلکه آن مولود خدا او را حفظ می‌کند و دست آن شرور به او نمی‌رسد.»

بنابراین، هر کس که از خدا زاده می‌شود «به گناه‌کردن ادامه نمی‌دهد»- او نمی‌تواند به گناه‌کردن ادامه دهد، چون اگر دارد در مسیح زندگی می‌کند، پس مدام در حال پیشروی و کسب پیروزی است. تنها چیزی که تعیین‌کنندهٔ حقیقت این وعده است، رابطه با مسیح است و بس. کل این نامه فرض را بر این گرفته که مسیحیان مرتکب گناه خواهند شد- هیچ‌کس روی زمین نیست که کامل باشد- اما نه اینکه به گناه‌کردن ادامه بدهند.

برای آنکه مفهوم آیات را بهتر درک نماییم باید چشم‌انداز نامه به عبرانیان را هم بدان بیفزاییم، که می‌گوید اگر آمرزش را دریافت کنید اما آگاهانه به گناه‌کردن ادامه بدهید، دیگر قربانی‌ای برای گناه باقی نمی‌ماند. نمی‌گوید که مسیحیان هرگز مرتکب گناه نخواهند شد، بلکه می‌گوید که ایشان برای مقابله با آن راهی دارند، و اگر پیوسته در مسیح زندگی کنند، توان رویارویی با گناه را هم خواهند داشت. یکی از دلایلی که ثابت می‌کند شما مسیحی هستید این است که وقتی مرتکب گناه می‌شوید احساس انزجار از آن به شما دست می‌دهد. گناه را دوست ندارید و می‌خواهید که از شرش خلاص شوید. آنانی که به زیستن در مسیح ادامه می‌دهند، نمی‌توانند به گناه‌کردن ادامه دهند. تداوم ارتکاب گناه با حیات تازه‌ای که در درون ایشان است هیچ همخوانی ندارد.

یوحنا پس از پرداختن به این مسئله، در باب ۵ به موضوع بسیار جدی دیگری می‌پردازد. می‌گوید که وقتی برادری را می‌بینیم که در حال ارتکاب گناه است، برای کمک به او و بازگرداندنش از طریق‌های شریرانه‌ای که در آنها افتاده، باید هر کاری که می‌توانیم بکنیم. اگر چنین کنیم، برادری را «حیات خواهیم بخشید». اما یوحنا این را هم می‌افزاید که «گناهی وجود

دارد کـه بـه مرگ می‌انجامد». برای برادری که گناهی منتهی بـه مرگ انجام داده دعاکردن هیچ فایده‌ای ندارد!

از بررسـی اجمالـی سراسـر کلام خدا به این نتیجه می‌رسـیم که گمراهـان می‌توانند به جایی برسـند که دیگر برای‌شان راه بازگشتی نباشد. گناهی هست که به مرگ می‌انجامد، و لازم است کـه ایـن هشـدار را خیلی جدی بگیریم. این هشـدارها در نامه به عبرانیان برجسـته‌ترند. کار به جایی می‌رسد که حتی توبه هم کارساز نیست. یوحنا می‌گوید که یک برادر ممکن است مرتکب گناهی شـود که دیگر دعاکردن برایش هم هیچ سـودی نداشته باشد. البته این بدان معناست که وی در مسـیح زندگی نمی‌کند، پیوندش را با تاک حقیقی قطع کرده و دیگر در مسـیح سـاکن نیست.

پس اگر همهٔ چیزهایی را که یوحنا دربارهٔ گناه و ایمانداران گفته با هم ترکیب کنیم، به تعادل زیبایی دسـت پیدا می‌کنیم. نمی‌توانیم از یک طرف عصبی باشـیم و از طرف دیگر خرسند. یک ترس سالم از خداوند وجود دارد که ما را در مسیح نگاه می‌دارد. اما اگر تنها یک آیه را از زمینهٔ متن بیرون بکشیم و روی آن متمرکز شویم، ممکن است نتیجه تفسیرمان فاجعه‌آمیز باشد.

خدا

یوحنـا در پرتـو نگرانی‌هایـش پیرامون گنـاه، از خوانندگانش می‌خواهد بفهمنـد که خدا به چه شـبیه اسـت. بدیشان یادآوری می‌کند که خدا «نور» اسـت ـ خدا پاک و قدوس و به لحاظ اخلاقـی جـدا از دنیاسـت. همچنین خدا «حیات» اسـت. گناه به مرگ می‌انجامـد، اما حیات از خـدا سرچشـمه می‌گیـرد ـ این هدیهٔ او به ماسـت. خدایـی که یوحنا به توصیفـش می‌پردازد داشـتن مشـارکت با ما را دوست دارد. معنای تحت‌اللفظی واژهٔ «مشـارکت»، «سهیم‌شدن» یا «شریک‌شدن» است. یوحنا شرایط مشارکت با چنین خدایی را توضیح می‌دهد.

۱. سلوک در نور

بایـد نـور را در بر بگیریـم و از تاریکـی دوری گزینیـم. اگر برای خود زندگی مخفی داشـته باشیم، نمی‌توانیم با خدا یا قومش مشارکت داشته باشیم ـ زندگی ما باید کاملاً شفاف و روشن باشد.

۲. سلوک در محبت

محبـت نمودن خـدا و برادران جدیدمان امری الزامی اسـت. در حقیقت، اگر آنها را محبت نکنیم، نمی‌توانیم خدا را محبت نماییم ـ مسئله به همین سادگی است. گرچه عیسی فرمان مبنی بر محبت نمودن یکدیگر را «فرمانی جدید» نامیده، اما در این نامه این فرمان به‌عنوان «حکمی قدیمی» توصیف می‌شود. دلیلش آسان است ـ اکنون ۶۰ سال از صدور این فرمان می‌گذشت.

۳. سلوک در حیات

هرآنچه که را که برای زیستن در حیاتی نو لازم است، مسیح فراهم آورده؛ بنابراین، یوحنا ایمانداران را به خوب زندگی‌کردن تشویق می‌کند.

روشن است که نهایت آمال و آرزوهای یوحنا برای خوانندگانش این است که از تجربهٔ شادمانی مشارکت با مسیح برخوردار گردند و هیچ چیز نباید جلوی این تجربه را بگیرد.

دوم و سوم سوحنا

مقدمه

برای بررسی‌مان از این دو نامه نخست به تفاوت میان مردان و زنان نگاهی می‌اندازیم. شاید این کار روشی عجیب برای آغاز بررسی به نظر برسد، اما این کار شالوده‌ای مناسب برای دریافت پیام کلی و مقصود هر دو نامه فراهم می‌نماید. زمانی که خدا ما را به صورت خویش آفرید، ما را زن و مرد آفرید، و از این‌رو مکمل همدیگر هستیم. شگفت‌آور است که چگونه توانایی‌های جنس مذکر با ضعف‌های جنس مؤنث هماهنگی دارند و برعکس. ما به یکدیگر نیازمندیم.

در نمودار صفحهٔ بعد تفاوت میان مردان و زنان ترسیم شده است- این تفاوت میان مردی با توانایی‌های متوسط، که با یک دایره نشان داده شده، با یک زن با توانایی‌های متوسط است که آن هم با دایره‌ای دیگر نشان داده شده است. روشن است که مردان و زنانی هم هستند که خصوصیات مزبور را تا اندازه‌هایی بیشتر و کمتر به نمایش می‌گذارند. مردانی هستند که روحیات زنانه دارند و زنانی هم وجود دارند که رفتار و حالات مردانه‌ای از خود نشان می‌دهند.

هواداران اومانیسم (انسان‌گرایی یا مکتب اصالت انسان- م.) دوست دارند فرض را بر این بگیرند که تنها یک طیف وجود دارد- در یک سر این طیف مرد قرار دارد و در سر دیگرش زن، و آن میانه هم آمیزه‌هایی از این دو جنس جای می‌گیرند، گویی که همهٔ ما به‌راستی یکی هستیم. اما مرد و زن دو جنس جداگانه هستند، و دو طیف وجود دارد که گاه در جاهایی با یکدیگر همپوشانی پیدا می‌کنند.

این به ما کمک می‌کند تا تفاوت‌های میان دوم و سوم یوحنا را درک نماییم. دوم یوحنا تنها نامه در عهدجدید است که زنی را مورد خطاب قرار داده است، و سوم یوحنا هم تقریباً با مشخصات مخاطبی که مرد است مطابقت دارد. این دو نامه حاوی مطالبی متضاد یکدیگر هستند و با وجود این، هر دو به یک موضوع مشترک پرداخته‌اند.

تفاوت دیداری آشکار این است که مردان زاویه‌دار به‌نظر می‌رسند و زنان منحنی و بی‌زاویه. مردان مغزی تحلیل‌گر دارند، حال آنکه زنان بیشتر حسی هستند. وقتی همسر من دقیقاً به

همان جمع‌بندی برسد که من می‌رسم، این خیلی آزارنده و برانگیزاننده خواهد بود، به‌ویژه که وی شش هفته زودتر از من به آن نتیجه رسیده باشد! حساسیت در اکثر زنان قوی‌تر است، حال آنکه مردان دوست دارند گوشه‌ای بنشینند و به اندیشیدن بپردازند.

مردان می‌توانند در چارچوبی انتزاعی‌تر، و زنان در چارچوبی عینی‌تر به تفکر بپردازند. مردان به چیزهایی کلی می‌اندیشند و زنان به چیزهایی جزئی. بنابراین، در جایی که مردان هدفگرا هستند و به زندگی برای آینده می‌اندیشند، زنان نیازگرا هستند. مرد زمانی احساس کمال می‌کند که هدفی برای رسیدن به آن داشته باشد؛ یک زن وقتی احساس کمال می‌کند که نیازش برآورده شود. بنابراین، مردان بیشتر به اشیاء علاقه دارند و زنان به اشخاص.

این در گفت‌وگوها هم بازتاب می‌یابد. در یک گردهمایی مردانه بیشتر از موتورسیکلت و اتومبیل حرف می‌زنند، در حالی‌که در گردهمایی زنانه، بیشتر پیرامون افراد و روابط صحبت می‌کنند.

یک مرد می‌تواند اندیشه‌هایش را از احساسات خود جدا کند، در حالی‌که یک زن به کلیت وجود خود حرف می‌زند. به این سبب است که یک مرد می‌تواند همزمان عاشق بیش از یک زن باشد. زنان باید این را درک کنند که بنابر این دلیل مردان با وسوسه‌های گوناگونی روبه‌رو هستند. اگر زنی دریابد که شوهرش در محل کار خود با زنی دیگر روی هم ریخته، مطمئن می‌شود که او دیگر دوستش ندارد. همهٔ ادعاهای مرد مبنی بر اینکه هنوز زنش را دوست دارد، به‌خاطر همین تفاوت برای زن غیرقابل درک می‌شود. هرچند، کار مرد به هر روی اشتباه است.

این توانایی خونسرد و تحلیل‌گر‌بودن یکی از علل مناسب‌بودن مردان برای پذیرفتن مسئولیت انضباط است. آنان می‌توانند احساسات خود را از افکارشان جدا نموده، در مورد موقعیتی خاص که نیاز به برخورد و مجازات است با عینیت بیشتری عمل کنند. اتفاقاً من به مجازات اعدام معتقدم. مردم از من می‌پرسند که آیا می‌توانم طناب دار را بکشم. من هم در پاسخ می‌گویم که به گمانم می‌توانم، اما هرگز از همسرم چنین چیزی را نخواهم خواست.

به‌خاطر همین تفاوت‌هاست که مردان بیشتر دغدغهٔ حقیقت را دارند و زنان دغدغهٔ محبت را. اما در مورد مردان این خطر وجود دارد که بیش از حد بر حقیقت تأکید کنند و بر محبت درنگ چندانی نکنند، و در مورد زنان هم این خطر وجود دارد که بیش از اندازه بر محبت پافشاری کنند و بر حقیقت پا بگذارند. نامه‌های دوم و سوم یوحنا به‌طور کامل با این الگو انطباق پیدا می‌کنند. به هم شباهت بسیاری دارند، اما تفاوت‌های آنها به‌خاطر ویژگی‌های جنسیتی آنهاست.

همه
متوسط مردان
مردان
همه
متوسط زنان
زنان
رفتار مردانه
رفتار زنانه
کوتاه
توپر
حساس
نیازگر- محور
عینی
جزءنگر
اشخاص
محبت
بلند
لاغر
تحلیل‌گر
انتزاعی
کل‌نگر
اشیاء
حقیقت

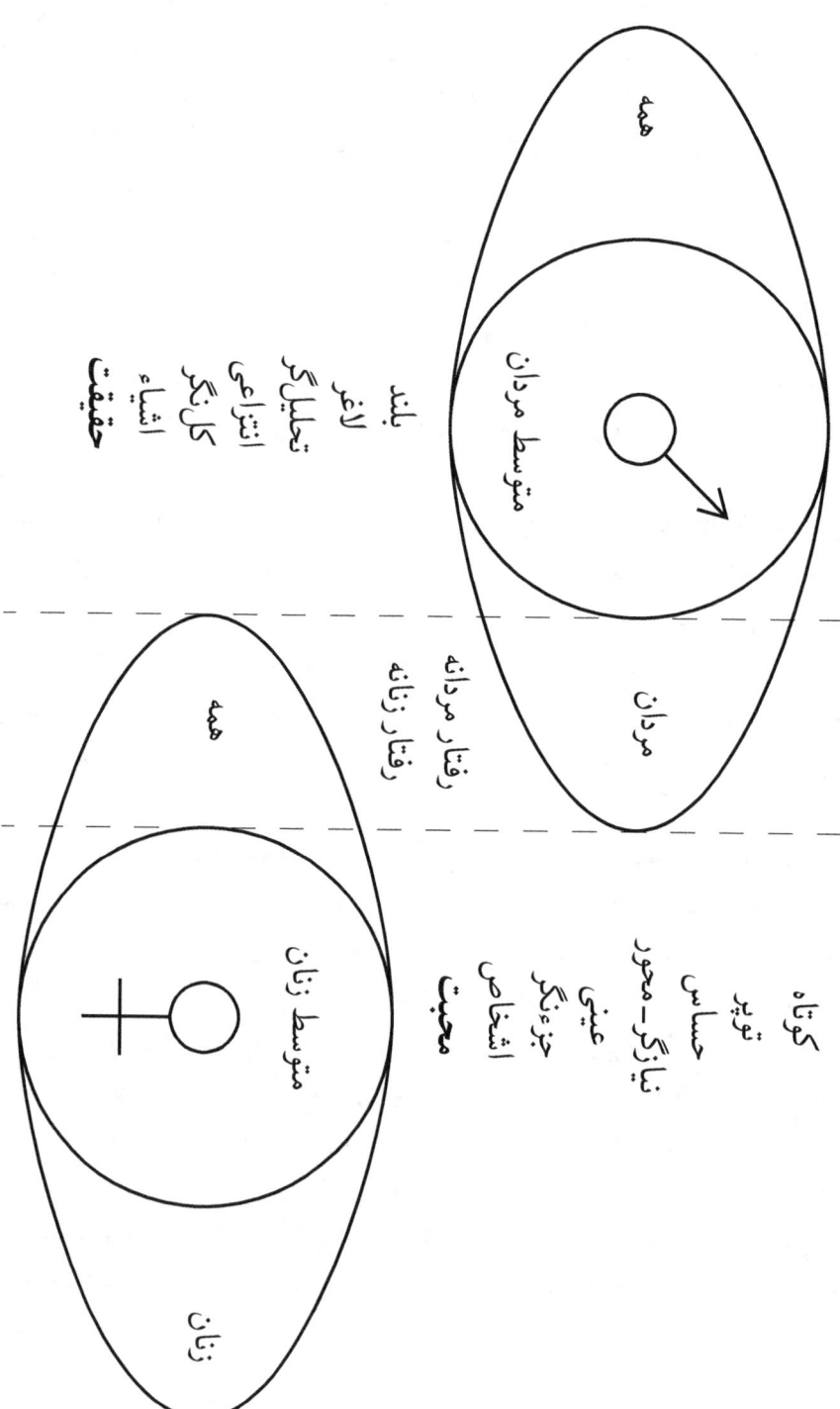

طرح کلی دوم و سوم یوحنا

دوم یوحنا

♂

میهمان‌نوازی

خطاب به یک بانو

خطر:

محبت بیش از اندازه

نگرش:

دل بیش از اندازه نرم

در را بیش از حد می‌گشاید

به افراد نادرست خوشامد می‌گوید

حقیقت را نادیده می‌گیرد

باور اشتباه

سوم یوحنا

♀

حقیقت و محبت

خطاب به یک مرد

خطر:

حقیقت بیش از اندازه

نگرش:

سری بیش از اندازه سخت

در را بیش از حد می‌بندد

از افراد درست پرهیز می‌کند

محبت را نادیده می‌گیرد

رفتار اشتباه

ما به هر دو نیاز داریم...

زن	مرد
محبت	حقیقت
محبت و حقیقت	حقیقت و محبت
در زنان	در مردان

نامه‌ها بسیار کوتاه هستند. هر دو برای نگارش روی یک برگ پاپیروس، یعنی تقریباً به اندازه یک برگ کاغذ A۴ متناسبند. هر دو دغدغهٔ موضوع میهمان‌نوازی را دارند و احتمالاً با هم نوشته شده‌اند.

میهمان‌نوازی در کلیسای اولیه از اهمیت ویژه‌ای برخوردار بود چون در هیچ جای دیگری مسیحیان را مورد استقبال قرار نمی‌دادند. کلیسا از خود ساختمانی نداشت و ایمانداران در خانه‌های یکدیگر گرد هم می‌آمدند. وانگهی، اغلب مهمان‌سراها فاحشه‌خانه هم بودند، و از این‌رو مکان‌های مناسبی برای رحل اقامت افکندن واعظان مسافر نبودند. اکثر آنان به کمک‌های مالی ایمانداران وابسته بودند.

کلیسا هم به خادمان سیار نیاز دارد و هم به خادمان محلی. برخی از کلیساها درهای خود را از پشت قفل می‌کنند و حاضر به شنیدن سخنان واعظان دیگر نیستند. دیگر کلیساها تنها با کمک واعظان میهمان امورات خویش را می‌گذرانند. اما در عهدجدید هم خادمان محلی- شبانان و معلمان- بودند و هم خادمان سیار- رسولان، انبیا و مبشران. کتاب دیداخه هشدار می‌دهد که اگر نبی‌ای بیش از سه روز پیش شما ماند، بدانید که او یک نبی دروغین است. اگر انبیا رحل اقامت دایم می‌افکندند، سخت تحت فشار قرار می‌گرفتند. اگر شما یک نبی مقیم داشته باشید، در حقیقت یک دردسر دارید، چون هر هفته که می‌گذرد، حضور او سنگین‌تر از قبل می‌شود!

انبیا و مبشران به سفرکردن نیاز دارند؛ شبانان و معلمان باید در جای خود بمانند. خادمان کلیسا باید انتخاب خود را بکنند که آیا می‌خواهند شبان یک کلیسا باشند یا ترجیح می‌دهند واعظی همیشه در سفر باشند. به دور از انصاف است که یک کلیسا سعی کند هر دو اینها را انجام دهد. من کلیساهای بسیاری را دیده‌ام که چون نمی‌دانستند شبان دارند یا نه، از هم پاشیدند.

یوحنا این دو نامه را بدین‌خاطر می‌نویسد که معتقد است رویکرد کلیسا به مهمان‌نوازی رویکردی نادرست است. هرکدام بازتاب ضعفی هستند که در میان همجنسان‌شان متداول است- بانو در خانهٔ خود را چهارتاق باز می‌گذارد و مرد در خانه‌اش را محکم می‌بندد. اینها نمایندهٔ واکنش‌های عمومی‌ای هستند که از آنها می‌توانیم درس بگیریم.

خطر بانو این بود که بیش از اندازه محبت داشت و به اندازهٔ کافی از حقیقت بهره‌مند نبود. او به کسانی خوشامد می‌گفت که نباید مورد استقبال قرار می‌گرفتند. وی میهمان‌نوازی می‌کرد، اما روحیهٔ دل‌رحم او موجب می‌شد که افراد ناباب نه تنها به درون کلیسا رخنه کنند بلکه در آنجا لنگر بیندازند. او به‌طور ناخواسته برای زمینه‌سازی تعلیم غلط به کلیسا مورد سوءاستفاده قرار می‌گرفت. یوحنا ناگزیر به نکوهش ملایمت بیش از اندازه و نادیده گرفتن حقیقت از سوی وی بود.

در طول تاریخ کلیسا بدعت‌های بسیاری از سوی زنان گسترش پیدا کرده‌اند. زن به معلم دل می‌بندد، اما در کنار آن لازم است که مدتی را هم صرف ارزیابی تعلیم وی کند. نامهٔ دوم پولس به تیموتائوس به ما نشان می‌دهد که معلمان بدعت‌گزار به‌طور خاص در فریفتن بیوه‌زنان و زنان سست‌اراده موفق هستند. پولس لازم می‌دید که تیموتائوس را تشویق به محافظت از ایشان و جلوگیری از گمراه‌شدن آنان کند. این یکی از دلایلی است که پولس به تیموتائوس می‌گوید زنان نباید در کار تعلیم دخالت نمایند. وی خاطرنشان می‌سازد که حوا فریب خورد، البته ما هم باید این را بیفزاییم که حوا در حضور آدم فریب خورد که دهانش را کاملاً بسته بود و کلمه‌ای اعتراض نکرد.

خطر دیگری که یوحنا بدان اشاره می‌کند نقطهٔ مقابل آن است که در نامهٔ سومش بدان می‌پردازد. او در مورد مردی می‌نویسد که نسبت به خدمت خود غیرت بیش از اندازه دارد و در را به روی دیگر معلمان بسته است. وی از ورود معلمان خوب که می‌توانستند کمکی راستین برای مشارکت به شمار آیند، جلوگیری می‌کرد. خطر او این است که چنان بر حقیقت تمرکز کند که پاک محبت را از یاد ببرد. وی می‌پندارد که تنها خودش تعالیم ۱۰۰ درصد درست را می‌داند و بس. پس در را می‌بندد و رویهٔ سختدلی پیش می‌گیرد.

دو نامهٔ مزبور بر اهمیت کار گروهی میان مردان و زنان تأکید می‌ورزد. خدا ما را برای همدیگر آفریده است، گرچه این بدان معنی نیست که این شراکت را تنها می‌توانیم در زناشویی بیابیم. عیسی نمونهٔ کاملی است از یک مرد مجرد که با زنان روابطی کامل داشت. وی از حضور ایشان استقبال می‌کرد، خدمت‌شان می‌نمود و بدانها اجازه می‌داد که در کنارش به خدمت بپردازند. اما همچنان میان نقش‌ها و مسئولیت‌های مردان و زنان تمایزی روشن و آشکار قایل می‌شد. هر دو از این جهت که به صورت خدا آفریده شده‌اند، در شأن و منزلت، تباهی و سرنوشت با هم برابرند. ما در زنان به محبت و حقیقت نیاز داریم و در مردان به حقیقت و محبت.

تحلیلی از دوم و سوم یوحنا

دوم یوحنا		سوم یوحنا	
۱-۳	محبت در حقیقت	۱	محبت در حقیقت
۴	سلوک در حقیقت	۲-۴	سلوک در حقیقت
۵-۶	سلوک در محبت	۵-۸	سلوک در محبت
۷-۹	برخی حقیقت را رد می‌کنند	۹-۱۰	برخی از محبت خودداری می‌کنند
۱۰-۱۱	ایشان را دعوت نکنید	۱۱-۱۲	از ایشان تقلید نکنید
۱۲-۱۳	شادی ما	۱۳-۱۵	آرامش شما

روشن است که این دو نامه همزمان نوشته شده‌اند و دقیقاً از یک الگو پیروی می‌نمایند. نامهٔ «دوم» خطاب به *Kyria* است که معنایش «بانو» است، اما نمی‌دانیم که این عنوان بانوی خاصی بوده یا نه. «فرزندان» مورد اشاره می‌توانند فرزندان روحانی‌ای باشند که در خانهٔ او گرد می‌آمدند. تحلیل نشان می‌دهد که هر دو نامه از الگویی همسان پیروی می‌نمایند، و با وجود این، تأکید برای مرد و زن به‌کلی متفاوت است.

نامهٔ «سوم» خطاب به گایوس نوشته شده، اما شامل هشدار در مورد مردی به نام دیوترفیس است. توصیفی که از او شده منفی است. جرم این مرد آن بود که بیش از اندازه سخت‌گیری می‌کرد. وی آدمی پرحرف، سلطه‌جو، خودرأی و تشنهٔ قدرت بود. او نسبت به مشارکت کوچک خود غیرت و حسادت بیش از اندازه داشت و دوست نداشت شخص دیگری برای تعلیم به کلیسا وارد شود و ضمناً دست دیگران را هم از رهبری کوتاه می‌نمود. وی حتی از پذیرش درخواست دیدار یوحنا از جماعتش خودداری کرده و حتی نامه‌ای را که قبلاً بدو نوشته بود پاره کرده بود.

او فردی بود که هر کسی را که از وی هواداری نمی‌کرد از جماعت اخراج می‌کرد و نسبت به مخالفانش- حتی رسولان- بداندیش بود. در این باره که آیا تعالیم وی درست بوده یا نه چیزی نوشته نشده، اما به یقین هر عطای تعلیمی را که دیگران برای کلیسا به ارمغان می‌آوردند، سرکوب می‌کرد.

بنابراین، یوحنا ناگزیر گایوس را تشویق می‌کند که دیمیتریوس- معلمی محترم که نمی‌بایست از او روی گرداند- را بپذیرد. معلوم نیست که آیا دیمیتریوس معلمی محلی بوده یا دوره‌گرد. حتی این امکان وجود دارد که وی تنها پیکی بوده که نامه‌ها را به کلیساها می‌رسانیده. اما بی‌گمان ایشان وی را می‌شناخته‌اند.

نامهٔ شیخی

در مورد روزگار پیری یوحنا دو داستان وجود دارد که از نوشته‌های کلیسا به دست ما رسیده است. این نوشته‌ها حاکی از رعایت تعادل میان حقیقت و محبت از سوی یوحناست. او سرسختانه پای حقیقت می‌ایستاد و از سازشکاری، به‌ویژه در ارتباط با شخص مسیح، می‌پرهیخت. اما در عین‌حال پرمحبت‌ترین پیرمرد بود.

جروم که یکی از نویسندگان کلیسای اولیه است، داستانی را از یوحنا در سال‌های ۹۰ م. حکایت می‌کند. در این زمان یوحنا دیگر حسابی پیر شده بود، و هر هفته وی را نشسته بر یک صندلی و با کمک دو تیرک به کلیسا می‌بردند. اعضای کلیسا اغلب از او می‌خواستند تا برایشان صحبت کند. او هم در برابر همه نشسته بر صندلی تنها همین جمله را می‌گفت: «فرزندان کوچکم، یکدیگر را محبت نمایید!»

یکشنبهٔ بعد باز او را به کلیسا برده از او می‌پرسیدند که آیا کلامی برایشان دارد. او هم می‌گفت: «آری. امروز برایتان کلامی دارم.» وی را با صندلی‌اش جلو می‌بردند و او هم می‌گفت: «فرزندان کوچکم، یکدیگر را محبت نمایید!»

باز یکشنبهٔ بعد او را می‌بردند و باز دقیقاً همان اتفاق می‌افتاد. مردم با خود می‌پنداشتند که اینها اثرات پیری است. آیا او هیچ متوجه نیست که هر هفته دارد همان حرف‌ها را تکرار می‌کند؟ سرانجام به نزدش رفته، گفتند: «استاد، چرا همیشه همین جملهٔ "فرزندان کوچکم،

یکدیگر را محبت نمایید!" را می‌گویی؟» او گفت: «چون این فرمان خداوند است، و اگر تنها همین یک کار را بکنید، کافی است.»

داستان دیگر دغدغهٔ یوحنا را در مورد حقیقت نشان می‌دهد و لاغیر. او پیوسته به حمام‌های رومی می‌رفت و استحمام می‌کرد. یک‌بار زمانی که وارد استخر آب شد، در آن سوی استخر مردی به نام سرینتوس را دید. او یکی از سردمداران تعالیم دروغین بود که در میان کلیساها می‌گشت. یوحنا گفت: «بگریزیم! بگریزیم! می‌ترسم حمام روی سرمان خراب شود، چراکه سرینتوس، دشمن حقیقت در آن است!»

پس مجبور شدند او را از آب درآورده، آن روز شستشو نکرده به خانه‌اش بازگردانند. یوحنا پرمحبت‌ترین مرد بود، اما حقیقت هم برایش به همان اندازه اهمیت داشت.

زمانی که عیسی او را دید، یکی از بداخلاق‌ترین مردان پیرامونش بود. عیسی یوحنا و برادرش یعقوب را بوآنرجس *'Boanerges'* به معنای «پسران رعد» نامیده بود- که نام مستعار خوشایندی نبود! واکنش یوحنا نسبت به اهالی سامره غیرعادی نبود. هنگام گذر از میان سرزمین سامره زمانی که سامریان بر او آب دهان افکندند، گفت: «عیسی اگر به من اجازه بدهی، دستور می‌دهم که از آسمان آتش فرود آید و همهٔ اینها را بسوزاند!»

بعدها او و یعقوب به تحریک مادرشان خواستند تا عیسی زمانی که وارد پادشاهی خود شد، ایشان را جایگاهی برتر از دیگر رسولان عطا فرماید.

برخی این را پیشنهاد می‌کنند که روش ملایمی که یوحنا بعدها پیش گرفت، ناشی از پختگی و جاافتادگی وی در سنین بالا است. اما همهٔ افراد سالمند چنین رفتار پخته‌ای پیدا نمی‌کنند! این همان مردی است که عیسی وی را بسیار دوست می‌داشت، و شخصیتش ذره ذره به شباهت شخصیت استادش درآمد.

در این نامه‌ها هیچ نشانی از خصوصیت‌های شخصیتی روزگار جوانی وی به چشم نمی‌خورد. در این نامه‌ها مردی را می‌بینیم که مالامال از محبت و حقیقت است، و تمام هم و غمش این است که دیگران نیز چنین باشند. عیسی او را دگرگون ساخته، و دغدغهٔ وی در این نامه‌ها آن است که خوانندگانش به شناخت نجات‌دهندهٔ خود نایل آیند و قدر کاری را که برای‌شان کرده بدانند.

۵۸

مکاشفه

دیدگاه‌های گوناگون

دیدگاه‌هایی که پیرامون کتاب مکاشفه وجود دارد، طیف گسترده‌ای را تشکیل می‌دهند. زمانی که این دیدگاه‌ها را کنار هم می‌گذاریم، ناممکن به‌نظر می‌رسد که همهٔ آنها به یک قطعه ادبی واحد اشاره کنند.

دیدگاه انسانی

دیدگاه انسانی به غایت متنوع است. واکنش بی‌ایمانان قابل‌درک است، چراکه این کتاب اصلاً برای آنان نوشته نشده است. شاید مکاشفه بدترین کتاب برای معرفی کلام خدا به بی‌ایمانان باشد. اگر بخواهیم به زبان متداول سخن بگوییم، دنیا بر این پندار است که نوشته‌های آن «در بهترین حالت نتیجهٔ خوابیدن با سر دل سنگین و در بدترین حالت حاصل دیوانگی» است.

با وجود این، حتی در میان مسیحیان هم نگرش‌های متفاوتی وجود دارد که یک سر این طیف کسانی هستند که از ترس جرأت نمی‌کنند به این کتاب دست بزنند و سر دیگرش را اشخاص متعصبی تشکیل می‌دهند که نمی‌توانند خود را از دست آن خلاص کنند! محققان کتاب‌مقدس تعاریف منفی بسیاری ارائه نموده‌اند: «به تعداد واژه‌های این کتاب در آن معما

وجود دارد»؛ «توده‌ای آشفته از نمادهای عجیب و غریب»؛ «خواندنش یا یک دیوانه را می‌طلبد و یا انسان را دیوانه می‌کند».

در کمال شگفتی، اکثر اصلاح‌طلبان پروتستان (افراد «متفرعن»ی که از مقام‌های مدنی برای رسیدن به مقاصد خویش بهره می‌جستند) دیدگاهی به‌شدت سطح پایین داشتند:

لوتر: «این کتاب نه رسولی است و نه نبوتی... هر کس آن را از ظن خود تفسیر و تعبیر می‌کند... کتاب‌های اصیل‌تر بسیاری وجود دارد که می‌توان در حفظ و نگهداری‌شان کوشید... روح من به این کتاب رضایت نمی‌دهد.»

کالون: آن را به‌کلی از کتاب تفسیر عهدجدید خود حذف کرده بود!

زوینگلی: می‌گفت که شهادت آن را می‌توان رد کرد چون: «این کتاب از زمرهٔ کتب کتاب‌مقدس به شمار نمی‌رود».

این دیدگاه‌های سخیف و سطح پایین بر بسیاری از فرقه‌های پروتستان که از دورهٔ اصلاح دینی سرچشمه می‌گرفتند، تأثیر گذارد.

همان‌گونه که می‌دانیم، در کلیسای اولیه پیرامون گنجانیدن این کتاب در «کانون» (قاعده یا معیار) کلام خدا بحثی درگرفت؛ اما در سدهٔ پنجم با اطمینان و به‌گونه‌ای سراسری آن را در زمرهٔ کانون کتاب‌مقدس پذیرفتند.

ارزیابی برخی از مفسران بسیار مثبت است: «تنها شاهکار هنری ناب در عهدجدید»؛ «زیبایی نهفته در پس توصیفات». حتی ویلیام بارکلی، که گردآورندهٔ تعاریف گوناگون بود اما خودش دیدگاهی «لیبرال» به کلام خدا داشت، به خوانندگان کتابش گفته که: «کشتی گرفتن با آن برای کسب برکت و گشودن گنجینه‌هایش بی‌نهایت ارزشمند است».

دیدگاه شیطانی

دیدگاه شیطانی پیوسته منفی است. ابلیس از چند صفحهٔ نخست کتاب‌مقدس (که از چگونگی زیر کنترل گرفتن سیاره ما به دست او پرده برمی‌دارد) و چند صفحهٔ آخر آن (که نحوهٔ از دست دادن این کنترل را آشکار می‌نماید) بیزار است. اگر او بتواند انسان‌ها را متقاعد کند که پیدایش چیزی نیست جز مشتی اسطورهٔ ناممکن و مکاشفه هم صندوق اسراری غیرقابل گشایش، خیالش راحت می‌شود.

نگارندهٔ این کتاب دلیل قابل‌ملاحظه‌ای برای انزجار خاص شیطان از مکاشفه ۲۰ دارد. تعداد زیادی از نوارهای کاستی که من در شرح و گزارش این باب ضبط کرده بودم در فاصله میان ارسال و دریافت، از بین رفتند. در برخی موارد آن قسمتی که به سرنوشت محتوم ابلیس مربوط می‌شد، پیش از رسیدن به مقصد پاک شده بودند؛ در دیگر موارد صدای جیغ مانندی که به یک زبان بیگانه سخن می‌گفت روی صدای اصلی افتاده بود و شنونده نمی‌توانست از گزارش این قسمت چیزی بفهمد!

این کتاب مشت او را باز می‌کند. او بنا به اجازهٔ خدا تنها رئیس و فرمانروای این جهان است. و البته این قدرت به‌طور موقتی به او داده شده است.

دیدگاه الاهی

دیدگاه الاهی پیوسته مثبت است. مکاشفه تنها کتاب کتاب‌مقدس است که ضمانت اجرایی پاداش و مجازات الاهی مستقیماً بدان پیوسته است. از یک سو، کسانی که آن را با صدای بلند می‌خوانند (۳:۱) و نیز آنانی که با تعمق و به‌کار بست آن «کلام را نگاه می‌دارند» (۷:۲۲)، هم خودشان برکتی ویژه دریافت می‌نمایند و هم به دیگران برکت می‌رسانند. از سوی دیگر، لعنتی ویژه در انتظار کسانی است که متن آن را دستکاری می‌کنند. اگر با افزودن یا درج مطالبی این کار را بکند، بلایای توصیف شده در این کتاب بر تجارب مجرمانهٔ ایشان افزوده خواهد شد. اگر این کار را با کاستن یا زدودن مطالبی از آن انجام دهند، از زندگی جاویدان در اورشلیم جدید محروم خواهند گردید.

چنین برکت و لعنتی به ما این را می‌گوید که خدا تا چه اندازه در قبال واقعیات و حقایق مکشوف شده در این کتاب جدی است. دیگر از این صریح‌تر نمی‌توانست به اهمیت مطالب آن اشاره نماید.

از این دیدگاه‌های مربوط به کتاب مکاشفه که بگذریم، نوبت به بررسی خود کتاب می‌رسد. نخست جایگاه آن را در کتاب‌مقدس مورد بازبینی قرار می‌دهیم. همان‌گونه که کتاب پیدایش را جز ابتدای کتاب‌مقدس در هیچ جای دیگری از آن نمی‌توان قرار داد، مکاشفه را هم جز در پایان این کتاب نمی‌توان در جای دیگری جای داد. این کتاب از بسیاری جهات، کامل‌کنندهٔ «داستان» است.

اگر به کتاب‌مقدس صرفاً به دیدهٔ تاریخ جهان بنگریم، برای حسن ختام آن به مکاشفه نیازمندیم. البته تاریخ کتاب‌مقدسی با همهٔ کتاب‌های تاریخ از این دست متفاوت است. آغازش بسیار پیشتر از همهٔ تاریخ‌هاست، حتی پیش از زمانی که کسی توانسته باشد شاهد رویدادها بوده باشد. پایانش هم به زمانی در آینده تعلق دارد، رویدادهایی که پیش‌گویی شده‌اند و هنوز امکان مشاهدهٔ آنها نیست.

این امر مسلماً موجب مطرح‌شدن پرسشی می‌گردد: آیا ما با اثری که محصول خیال‌پردازی انسان است روبه‌رو هستیم یا نوشته‌ای که الهام خداست. پاسخ این پرسش بسته به ایمان است. گزینشی آسان است: باورکردن یا باور نکردن. ایمان با منطق مغایر نیست، بلکه فراتر از آن است. گزارش‌های کتاب‌مقدسی از آغاز و انجام جهان هستی ما می‌توانند بهترین توضیح برای وضعیت کنونی‌اش باشند. دانستن اینکه جهان چگونه به آخر می‌رسد، بر نحوهٔ زندگی کنونی ما اثری ژرف خواهد گذارد.

اما علاقه و توجه کتاب‌مقدس بیش از محیط زیست، به خود انسان و به‌طور اخص به قوم برگزیدهٔ خدا معطوف است. وی با ایشان رابطه‌ای مبتنی بر «عهد» دارد، که می‌توان آن را به پیمان زناشویی تشبیه کرد. از نقطه نظری، کتاب‌مقدس داستانی عاشقانه است، داستان پدر آسمانی که برای پسرش عروسی زمینی برمی‌گزیند. مانند هر داستان خوب عاشقانه، آن دو با هم «ازدواج می‌کنند و تا آخر عمر به خوبی و خوشی در کنار هم زندگی می‌کنند». اما فراز یا نقطهٔ اوج داستان تنها در کتاب مکاشفه آمده و بدون آن هرگز نمی‌فهمیدیم که آیا نامزدی (دوم قرنتیان ۱۱:۲) این دو سرانجام به پیوند می‌انجامد یا جدایی!

در حقیقت، تصور اینکه کتاب‌مقدس بدون کتاب مکاشفه چه شکلی خواهد داشت، حتی اگر از آن زیاد هم استفاده نکنیم، دشوار است. عهدجدیدی را تصور کنید که با نامهٔ کوتاه یهودا پایان می‌یافت، نامه‌ای که کلیسای نسل دوم را که از جهت عقیدتی، رفتاری، شخصیتی و گفتاری فاسد و منحرف شده بودند، مورد خطاب خود قرار داده است. آیا این می‌توانست پایان خوبی برای کتاب‌مقدس به شمار رود؟ چه فرود یا افتگاه مأیوس‌کننده‌ای برای یک داستان می‌توانست باشد!

پس اکثر مسیحیان حتی اگر آشنایی چندانی با کتاب مکاشفه نداشته باشند از اینکه در کتاب‌مقدس قرار دارد، شادمانند. آنان معمولاً می‌توانند با چند باب اول و یکی دو باب آخر آن کنار بیایند، اما احساس می‌کنند که پیکرهٔ مرکزی آن (یعنی باب‌های ۶-۱۸) خارج از درک‌شان است. این امر تا حد زیادی بدین‌خاطر است که بخش مزبور با جاهای دیگر شباهتی ندارد. به‌خاطر متفاوت بودنش دشوار است. چه چیزی آن را چنین متفاوت کرده است؟

طبیعت نوشته‌های آپوکالیپتیک

این تنها محتوای مکاشفه نیست که از دیگر کتاب‌های عهدجدید متفاوت است. خاستگاه این کتاب هم منحصربه‌فرد است.

در مورد همهٔ کتاب‌های دیگر کتاب‌مقدس هدف این بوده که نوشته شوند. هر نگارنده تصمیم داشته مطالب مورد نظرش را، یا توسط خودش و یا به دست یک 'amanuensis' (یعنی یک کاتب؛ مثلاً رومیان ۱۶:۲۲) بنگارد. او پیش از آنکه دست به نگارش ببرد، نخست مطالبش را مورد بررسی قرار می‌داده. ثمرهٔ کار متنی می‌شده که هرچند «ملهم از» روح‌القدس بود و اندیشه و احساس وی را یاری می‌رسانید، مهر خلق و خو، شخصیت، دیدگاه و تجربه وی را هم بر خود داشت.

محققان متوجه تفاوت‌های بسیاری میان مکاشفه و دیگر نوشته‌های یوحنای رسول (یک انجیل و سه نامه) شده‌اند. سبک، دستور زبان و واژگان مکاشفه برای او چنان غیرعادی‌اند که ایشان به این نتیجه رسیده‌اند که باید نوشتهٔ یک «یوحنای» دیگری بوده باشد. در واقع، آنان برای توجیه این تفاوت، انگشت اشارهٔ خود را به‌سوی شخص مبهمی گرفته‌اند که شیخی گمنام

اهل افسس بوده و همو نگارندهٔ مکاشفه بوده است. اما مردی که مکاشفه را نوشته به سادگی خود را چنین معرفی کرده است: «من، یوحنا»، که نشان می‌دهد او را در سطحی گسترده می‌شناخته‌اند.

حتی جدای از تفاوت موضوعی آشکار، توجیه ساده‌تری برای این تناقض وجود دارد. او هیچگاه قصد نگارش مکاشفه را نداشته. حتی این کار به فکر او هم خطور نمی‌کرده. مطالب کتاب به صورت «مکاشفه‌ای» غیرمنتظره و به صورت شفاهی و تصویری بر او نازل شده است. در هنگامی که این سلسله آواها و تصاویر را «می‌شنید» و «می‌دید»، مرتبا به او گفته می‌شد که همه را «بنویسد» (۱:۱۱و ۱۹؛ ۲:۱و ۸ و ۱۲؛ ۳:۱؛ ۱۴:۷؛ ۱۴:۱۳؛ ۱۹:۹؛ ۲۱:۵). تکرار فرمان مزبور حاکی از آن است که وی چنان مجذوب رویدادها شده که گهگاه فراموش می‌کرده آنها را ثبت و ضبط نماید.

سبک آن در مقایسه با روانی نگارش همیشگی وی، «یونانی سطح پایین‌تری» است. با شتاب و در شرایطی بسیار آشفته نوشته شده. تصور کنید که سرگرم تماشای فیلمی هستید و در حینی که فیلم در حال پخش‌شدن است، به شما می‌گویند: «همهٔ آن را روی کاغذ بیاور». دانشجویان خوب می‌فهمند که حاصل یادداشت‌برداری‌های تند سر کلاسشان، چه متن «مغشوش و بی‌سروته»ی می‌شود. پس چرا یوحنا بعد از خلاصه‌نویسی آنچه که دیده بود، سر فرصت متن کامل را از نو ننوشت تا نوشته‌ای بهتر و فاخرتر از قبل به خوانندگان خود ارائه دهد؟ احتمالاً پس از آنکه مطالب مربوط به لعنت به کسانی که در این متن دست ببرند را به او دیکته کردند، از انجام این کار منصرف شده است!

این همه بدین‌معناست که خود یوحنا نگارندهٔ مکاشفه نبوده است. او صرفاً نقش یک *'amanuesis'* (کاتب- م.) را بازی می‌کرده و تنها به ثبت آنچه دیده بسنده نموده است. پس «نگارنده» کیست؟ در غالب موارد این فرشتگان بودند که پیام را با او در میان می‌گذاشتند. اما در عین‌حال اینها همان مطالبی هستند که روح به کلیساها می‌گوید؛ و البته این مکاشفهٔ عیسای مسیح است. اما همان مطالب را هم خدا به عیسی داده بود. از این‌رو زنجیره‌ای درهم پیچیده از ارتباطات به چشم می‌خورد- خدا، عیسی، روح، فرشتگان و یوحنا. یوحنای بیچاره چند بار گیج می‌ماند که در این میان از بابت آنچه که تجربه می‌کرد، باید چه کسی را جلال دهد (۱۹:۱۰؛ ۲۰:۸-۹). تنها دو حلقهٔ نخستین این زنجیره در این کتاب شایستهٔ پرستش هستند.

این کتاب روراست‌تر از هر کتاب دیگری در عهدجدید سزاوار نام «مکاشفه» است. واژهٔ یونانی‌ای که در جملهٔ نخست آن مکاشفه ترجمه شده، *apokalypsis* است که اسم *'Apoca-lypse'* (مکاشفه- م.) و صفت *'Apocalyptic'* («مکاشفه‌ای») از آن گرفته شده و امروزه به‌طور گسترده برای ادبیاتی به‌کار برده می‌شود که سبک و محتوایی مشابه آن دارد. ریشهٔ واژهٔ مزبور «پرده‌برداری» یا کشف‌حجاب‌کردن است.

کار مکاشـفه کنارزدن پرده برای هویدا نمودن چیزهایی اسـت که در پس پرده پنهان شده‌اند، (همان‌گونه که از تصویر یا لوحی پرده‌برداری می‌کنند).

با توجه به زمینهٔ متن، منظور پرده‌برداری از آن چیزهایی اسـت که از دید انسـان مخفی شـده‌اند، اما خدا از آنها آگاه اسـت. چیزهایی وجود دارند که تا خدا به خواسـت خود برملا نسـازد، انسـان از آنها خبردار نخواهد شد. به‌ویژه، انسان از آنچه که در آسمان می‌گذرد آگاه نخواهد شد و توان دانستن رویدادهای آینده را نیز نخواهد داشت. بنابراین، ثبت و گزارش رویدادها از سوی بشر به‌شدت محدود به زمان و مکان است. در بهترین شرایط می‌تواند گزارشی نسبی و محدود از روند تاریخ باشد و بس.

زمانـی کـه خدا تاریخ را می‌نـگارد، تصویری کلی، و نه محدود، ارائـه می‌دهد، چون وی در عین‌حال که رویدادها را مشاهده می‌کند، به آنها نظم نیز می‌بخشد. «تاریخ داستان خود اوست». او «آخـر را از ابتـدا و آنچـه را که واقع نشـده از قدیم بیان می‌کند» (اشـعیا ۴۶:۱۰). برای او گذشته، اکنون و آینده به هم پیوند خورده‌اند.

آسمان و زمین نیز چنین هستند. میان آنچه که آن بالا روی می‌دهد و آنچه که اینجا بر زمین اتفـاق می‌افتـد، تعاملی وجود دارد. یکـی از ویژگی‌های ناراحت‌کننده در مکاشـفه همین تغییر صحنهٔ رویدادها از آسمان به زمین و از زمین به آسمان است. این به دلیل ارتباط میان رویدادها بالا و پایین است (مثلاً نبرد در آسمان به نبرد بر زمین منجر می‌گردد؛ ۱۲:۷؛ ۱۳:۷).

«آپوکالیپتیک» تاریخی است که از دیدگاه خدا نوشته شده است. تصویری کلی ارائه می‌دهد. از طریق مشاهدهٔ رویدادها از چشم‌انداز آنچه که در بالا و ماورای بینش محدود ماست، درک ما را از رویدادهای جهان گسـترش می‌بخشـد. هم بینش به ما می‌دهد و هم پیش‌بینی؛ بسیار فراتر از آنچه که یک مورخ عادی می‌تواند به ما آگاهی بدهد، بر دامنهٔ ادراک‌مان از آنچه که قرار است پیرامونمان به‌وقوع بپیوندد می‌افزاید.

الگوها و اهدافی پدیدار می‌شـوند که انسـان نسـبت به آنها کور اسـت. تاریخ تنها تلنباری آشـفته از رویدادها نیسـت. تلاقی رویدادها راه را برای آینده‌نگری باز می‌کند. تاریخ قرار اسـت به مقصدی منتهی شود.

زمان اهمیتی جاودانی دارد. زمان و جاودانگی به هم پیوند خورده‌اند. خدا برخلاف آن چیزی که فلسـفه یونانی می‌پنداشـت، از گردونهٔ زمان بیرون نیست. او خدایی است که بود و هست و می‌آید. حتی خود خدا نمی‌تواند گذشته را که زمانی اتفاق افتاده، تغییر دهد! هرگز نمی‌توان مرگ و رستاخیز مسیح را تغییر داد و یا حذف کرد.

خدا نقشـه‌ها و اهداف خود را از بسـتر زمان پیش می‌برد (کتاب مرجعی که می‌توانم در این باره خوانندگان را بدان ارجاع دهم، *مسیح و زمان*، نوشته اسکار کولمان، انتشارات SCM Press، ۱۹۵۰، اسـت). او خدای تاریخ اسـت. اما این الگوی او را زمانی می‌توان دریافت که خودش تکه‌هایی از این جورچین را که از دید بیننده پنهان است، مکشوف کند. اموری که از دید انسان مخفی مانده‌اند و خدا آنها را مکشوف می‌سازد، در عهدجدید «اسرار» نامیده می‌شوند.

در پرتو آینده است که جهت رویدادهای گذشته و اکنون نمایان می‌شوند. تنها در دراز مدت است که شکل تاریخ را می‌توان دید، نه کوتاه مدت. زیرا زمان به همان اندازه که برای خدا واقعی است، نسبی نیز هست. برای او «یک هزار سال مانند یک روز است» (مزمور ۹۰:۴، در دوم پطرس ۳:۸ هم نقل‌قول شده). بردباری اعجاب‌آوری که وی در قبال ما دارد، از نظر ما «تأخیر» وی تلقی می‌گردد (دوم پطرس ۳:۹).

کتاب‌مقدس دربرگیرندهٔ یک «فلسفه تاریخی» کاملاً متفاوت از فلسفه‌های دیگر تاریخ است که منطق بی‌هدف بشر برای خود برگزیده. این تضاد زمانی آشکار می‌شود که فلسفهٔ تاریخ خدا را با متداول‌ترین نظریه‌ها بسنجیم:

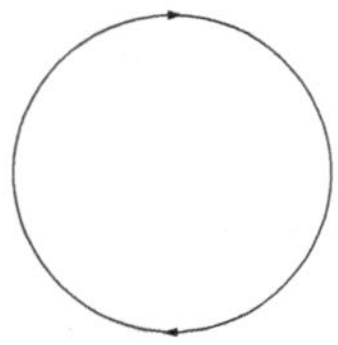

۱- چرخشی. «تاریخ خود را تکرار می‌کند». تاریخ در دایره‌های بی‌پایان همین طور گرد خود می‌گردد، یا دور می‌زند. جهان گاه بهتر می‌شود، سپس بدتر و دوباره بهتر و باز بدتر و... تا به آخر. این نظریه یونانی بود.

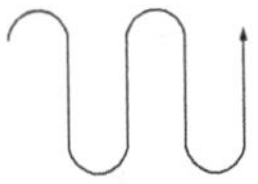

۲- *دوره‌ای*. تاریخ نوسانی دایره‌ای شکل دارد. جهان همچنان میان بهتر و بدتر در نوسان است، اما هرگز دقیقاً به همان شکل خودش را تکرار نمی‌کند. همواره حرکتی در آن مشاهده می‌شود، اما اینکه در نهایت این حرکت در «بالا» متوقف خواهد شد یا «پایین» در حد حدس و گمان است!

۳- *خوشبینانه*. جهان پیوسته بهتر و بهتر می‌شود. همان‌گونه که یکی از نخست‌وزیران بریتانیا در آغاز سدهٔ بیستم گفته: «بالا و بالا و بالاتر». واژه‌ای که پیروان این نظریه همواره بر لب دارند «پیشرفت» است. تاریخ یک پله برقی بالارونده است.

۴- *بدبینانه*. در پایان سدهٔ بیستم واژهٔ «بقا» ورد زبان همگان شده است. کارشناسان «آه و ناله» بر این باورند که همهٔ ما سوار بر پله‌برقی‌ای پایین‌رونده هستیم. شاید حرکتش کند باشد، اما نمی‌توان جلوی حرکتش را گرفت. دنیا روز به روز بدتر می‌شود تا جایی که زندگی در آن ناممکن گردد (برآورد فعلی ایشان حدود سال ۲۰۴۰ است!).

الگوی کتاب‌مقدسی به‌کلی با همهٔ این نظریه‌ها متفاوت است، و آمیزه‌ای از نظریه‌های خوش‌بینانه و بدبینانه است که بر اساس همهٔ واقعیات مبنایی واقع‌بینانه دارد.

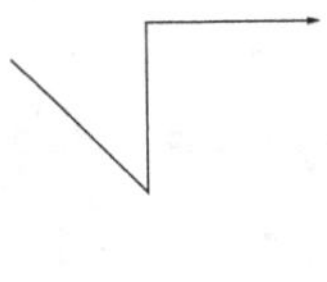

۵- *مکاشفه‌ای*. جهان به‌طور یکنواخت رو به بدترشدن پیش می‌رود، سپس ناگهان بهتر از آنچه که پیشتر بوده می‌شود- و آنگاه به همین وضعیت ادامه خواهد داد.

این باور آخری میان یهودیان، مسیحیان و کمونیست‌ها مشترک است. همهٔ ایشان این باور را از یک منبع گرفته‌اند: انبیای عبرانی (کارل مارکس از مادری یهودی و پدری لوتری زاده شده بود). اختلاف بنیادین میان آنها در آن چیزی است که اعتقاد دارند سبب‌ساز این تغییر مسیر تند خواهد شد. کمونیست‌ها معتقدند که این عامل انقلاب توده‌هاست. یهود برآنند که این کار با دخالت الاهی انجام خواهد پذیرفت. مسیحیان باور دارند که با بازگشت عیسای خدا- انسان به سیارهٔ زمین این تغییر روی خواهد داد.

آنانی که کتاب مکاشفه را خوانده‌اند اکنون در خواهند یافت که این کتاب دقیقاً بر پایهٔ همین ساختار نوشته شده است. کتاب پس از پرداختن به مسائل کنونی در چند باب آغازین خود، سراغ دورهٔ تاریخی آینده می‌رود، که اوضاع آن پیوسته رو به بدترشدن است (در باب‌های ۶-۱۸)، سپس ناگهان همه چیز بهتر می‌شود (در باب‌های ۲۰-۲۲)، و این تغییر مقارن با بازآمدن مسیح (در باب ۱۹) است.

تاریخ «مکاشفه‌ای» دو ویژگی دیگر هم دارد که باید پیش از پرداختن به متن کتاب از آنها سخن به میان آوریم.

ویژگی نخست این است که این الگو از اساس *اخلاقی* است. از آنجایی که انتظام تاریخ به دست خدا صورت پذیرفته و او خدایی کاملاً نیکو و قادر مطلق است، باید از او انتظار داشته باشیم که با پاداش دادن به نیکویی و مجازات‌کردن بدی عدالت را به موقع اجرا بگذارد.

اما به‌نظر می‌رسد که در تجربهٔ بین‌المللی و فردی، گویی چنین نیست. زندگی ظاهراً مملو از بی‌عدالتی است. گویی تاریخ نسبت به اخلاقیات بی‌تفاوت است. پارسایان رنج می‌بینند و شریران کامیاب می‌شوند. این فریاد پیوسته بلند است که: «چرا خدایی نیکو می‌گذارد که امور این‌گونه پیش برود؟» کتاب‌مقدس با ثبت رنج و پریشانی ایوب، داوود (مزمور ۷۳:۱-۴)، خود عیسی (مرقس ۱۵:۳۴؛ با کلمات مزمور ۲۲:۱)، و مسیحیانی که به‌خاطر او شهید شدند (مکاشفه ۶:۱۰)، در این مورد نهایت صداقت را به خرج می‌دهد.

همهٔ این شک‌ها از دیدگاه کوتاه‌مدتی ناشی می‌شوند که بر زمان کنونی و قدری هم بر گذشته متمرکز است. دیدگاه بلندمدت آینده و نتیجهٔ نهایی را به حساب می‌آورد. این می‌تواند درک ما را به‌طور کلی دگرگون نماید (ایوب ۴۲؛ مزمور ۷۳:۱۵-۲۸؛ عبرانیان ۱۲:۲؛ مکاشفه ۲۰:۴؛ پولس آن را در رومیان ۸:۱۸ خلاصه کرده است).

بخش‌های «مکاشفه‌ای» کتاب‌مقدس جملگی این دیدگاه بلندمدت را که بر اخلاقیات تاریخ صحه می‌گذارد، تشویق می‌کنند (دانیال ۷-۱۲، که با مکاشفه مشابهت‌های بسیار دارد، نمونه‌ای عالی از آن به شمار می‌رود). ما در جهانی اخلاقی زندگی می‌کنیم. خدای نیکو هنوز بر تختش نشسته است. او همه چیز را در نهایت درست خواهد کرد. شریران را مجازات کرده، پارسایان را پاداش عطا خواهد نمود. او یک‌بار دیگر جهان را درست خواهد کرد و آن را به دست کسانی خواهد داد که خود خواسته‌اند راست و درست زندگی نمایند. این داستان پایان خوشی خواهد داشت.

بنابراین، ادبیات «آپوکالیپتیک» (مکاشفه‌ای) و از جمله کتاب مکاشفه بر چنین مضامینی از قبیل پاداش، مکافات و احیا متمرکز است. از همه مهم‌تر، خدا را در حالی به تصویر می‌کشد که بر تخت پادشاهی نشسته و کنترل کامل امور جهان را در دست گرفته است. توجهتان را به «به تصویر کشیدن» جلب می‌کنم که شما را با ویژگی دوم آشنا می‌کند.

ویژگی دوم این است که در ادبیات آپوکالیپتیک ارائهٔ مطلب، *نمادین* است. باید هم چنین باشد، چراکه می‌خواهد چیزی ناآشنا را با خواننده در میان بگذارد. همان‌گونه که هر آموزگاری می‌داند، ناشناخته‌ها به نوعی با شناخته‌ها در ارتباطند و تمثیل این پل ارتباطی است («خوب، مَثَل این است که...»). عیسی در اکثر مَثَل‌هایش پیرامون پادشاهی آسمان از موقعیت‌هایی زمینی برای کمک به درک مخاطبان خویش استفاده می‌کند («پادشاهی آسمان همانند... است»).

تمثیل به افراد کمک می‌کند تا چیزهایی را که هم حاوی اطلاعات هستند و هم تصورات، بهتر درک نمایند. اگر آنان بتوانند مطلب را در ذهن خود «به تصویر بکشند»، درک و دریافت آن برای‌شان بسیار آسان‌تر می‌شود. از همه مهم‌تر اینکه واکنش دریافت‌کنندهٔ اطلاعات معمولاً چنین است: «حالا فهمیدم».

مکاشفه پر است از زبان تصویری. از طریق کاربرد مداوم «نمادها» می‌توانیم آنچه را که غیرقابل درک بوده در ذهن مجسم کنیم. بنابراین، نمی‌شود گفت که این نمادپردازی‌ها برای این بوده که مانع از درک مطلب شود، بلکه هدف آن بوده که بهتر آن را دریابیم. خیلی‌ها طبیعت «بسیار نمادپردازانه» کتاب را دلیلی برای غیرقابل‌درک‌بودن کتاب و حتی از یاد بردن تعلیم آن دانسته‌اند، گویی نمادها چنان گنگ و مبهمند که نمی‌توان از آنها پیام صریح کتاب را دریافت. اما موضوع اصلاً این نیست، و آن‌گونه که پیداست باید آنها را در چهار گروه طبقه‌بندی کرد:

برخی از آنها معنایی *آشکار* دارند. «اژدها» یا «افعی» نماد ابلیس است. «دریاچهٔ آتش» جایی نیست جز دوزخ. «تخت سفید بزرگ» همان مسند داوری خداوند است.

برخی دیگر در خود متن *توضیح* داده شده‌اند. «ستارگان» همان فرشتگان هستند. «چراغدان‌ها» کلیساها هستند. «مهرها»، «شیپورها» و «پیاله‌ها» بلاها هستند. «بخور» همان دعاهایی است که به بالا می‌رود. «ده شاخ» پادشاهان هستند.

برخی دیگر در جاهای دیگر کلام *موارد مشابهی* دارند. درخت حیات، رنگین‌کمان، ستارهٔ صبح، عصای آهنین، مردان سوار بر اسب، و رژیم‌های ستمکاری که به شکل «وحش» تصویر شده‌اند را می‌توان در عهدعتیق یافت. شاید اگر فرض را بر این بگیریم که این تمثیل‌ها برای یادآوری معنای اولیه‌شان به‌کار برده شده‌اند، کاری مآل اندیشانه باشد.

برخی دیگر هم مبهم‌هستند، اما تعدادشان بسیار اندک است. برای نمونه یکی از آنها «سنگ سفید» است که محققان برای آن چندین تعبیر پیشنهاد کرده‌اند. اعلامیهٔ بی‌گناهی؟ نشانهٔ تأیید؟ نشان برتری؟ شاید تا زمانی که آن را دریافت نکنیم، به معنای راستینش پی نبریم!

در کنار نمادها از اعداد هم استفاده شده است. در مکاشفه چندین «هفت‌تایی» وجود دارد- ستاره‌ها، چراغدان‌ها، چراغ‌ها، مهرها، شیپورها، پیاله‌ها. هفت در کتاب‌مقدس عدد «کمال» است که نشان از خصیصهٔ کامل‌بودن دارد. «دوازده» با قوم قدیم (قبایل اسرائیل) و جدید (رسولان) خدا در پیوند است؛ «بیست و چهار» جمع کل قوم خدا با هم است. «هزار» بزرگترین عدد به شمار می‌رود. «دوازده هزار» از هر قبیلهٔ اسرائیل در مجموع می‌شود «یکصد و چهل و چهار هزار».

«۶۶۶» یکی از اعدادی است که توجه بسیاری را به خود جلب نموده. این شماره از سه عدد شش تشکیل شده، که شش همواره به ناتوانی انسان برای رسیدن به هفت «کمال» اشاره می‌نماید. این عدد در اینجا به‌عنوان کلیدی برای شناسایی خودکامهٔ آخر دنیا پیش از برآمدن فرمانروایی هزارسالهٔ عیسی (به لاتین *millenium*)، به‌کار برده شده است. آیا نکتهٔ حایز اهمیت این است که «۶۶۶» جمع همهٔ اعداد رومی (I=۱+ V=۵ + X=۱۰ + L=۵۰ + C=۱۰۰ + D=۵۰۰) به جز یکی (M=۱۰۰۰) است؟ اما همهٔ تلاش‌ها برای شناسایی او از روی این عدد، تا زمانی که به‌طور کامل ظهور نکرده، امکان‌پذیر نیست.

در مکاشفه آن‌قدر چیزهای کاملاً آشکار وجود دارد که در حال حاضر هم می‌توانیم با نکات گنگ و مبهم آن کنار بیاییم، البته با این باور که با رویدادهای آینده، و زمانی که به‌راستی به اطلاعات بیشتر نیاز باشد، آن نکات گنگ هم آشکار خواهند شد. تا آن زمان می‌توانیم خدا را شکر کنیم که اینهمه مطلب به ما گفته است.

در این تردیدی نیست که خدا از طریق آوایی انسانی، یعنی دهان «انبیا»ی خود با ما سخن می‌گوید. یوحنا می‌دانست که پیامی که می‌خواهد به مخاطبان خود برساند، از خودش نیست. وی نوشتهٔ خود را «این نبوت» می‌نامد (۱:۳؛ ۲۲:۷و۱۰و۱۸و۱۹). بنابراین، او هم رسول است و هم نبی. مکاشفه تنها کتاب «نبوتی» عهدجدید به شمار می‌رود.

نبوت هم «وصف حال» (کلامی که خدا دربارهٔ زمان کنونی می‌گوید) است و هم «پیش‌گویی» (کلامی که خدا دربارهٔ آینده می‌گوید). مکاشفه هر دو را در خود دارد، بخش عمدهٔ آن پیش‌گویی رویدادهایی است که هنوز اتفاق نیفتاده‌اند.

اما اینها چه زمانی تحقق خواهند یافت؟ آیا قبلاً روی داده‌اند؟ آیا هم اکنون در حال وقوع هستند؟ یا هنوز زمانی تا وقوع‌شان مانده است؟ اکنون زمان آن است که پاسخ‌های ارائه شده گوناگون به این پرسش‌ها را مورد ملاحظه قرار دهیم.

مکاتب تفسیر

تقریباً یک سوم آیات کتاب مکاشفه حاوی یک پیش‌گویی هستند. در میان آنها، حدود ۵۶ رویداد جداگانه پیش‌گویی شده است. تقریباً نیمی از اینها به زبان ساده هستند و نیم دیگر به شکل تصاویر نمادین بیان شده‌اند.

بیشتر آنها را پس از باب ۴ می‌توان دید، که با تغییری قابل‌ملاحظه در دیدگاه- از زمین به آسمان و از اکنون به آینده- آغاز می‌شود («فراز آی، و من آنچه را بعد از این می‌باید واقع شود، بر تو خواهم نمود»؛ ۴:۱).

این به روشنی بر رویدادهایی دلالت می‌کند که نسبت به زمان نگارنده و خوانندگان اولیه در سدهٔ یکم میلادی آینده به شمار می‌روند. اما دامنهٔ این پیش‌گویی‌ها تا کجا کشیده شده است؟ آیا این رویدادها که ۱۹ سده پس از آنها این مطالب را می‌خوانیم، در گذشته روی داده‌اند، یا اکنون در حال وقوع هستند و یا هنوز زمان رخدادشان فرانرسیده؟ برای یافتن تحقق پیش‌گویی‌های مزبور باید به پشت سرمان نگاه کنیم یا پیرامون خودمان را بگردیم و یا به جلو چشم بدوزیم؟

این همان جایی است که اختلاف نظرها آغاز می‌شوند. از آن زمان تا کنون چهار نظریهٔ عمده به‌وجود آمده، که به پدید آمدن چهار «مکتب تفسیری» انجامیده‌اند. اکثر مفسران تفسیرهای خود را بر اساس یکی از این چهار دیدگاه نوشته‌اند. پیش از آنکه بگوییم کدام دیدگاه درست است، لازم است نخست نگاهی به همهٔ این مکاتب بیندازیم. انسان می‌توان با شنیدن یا خواندن دیدگاه نخستین مکتبی که از آن چیزی می‌شنود به آسانی دنباله‌روی کند و این کاری خطرناک است.

چهار مکتبی که اکنون به‌خوبی جا افتاده‌اند عناوین آشنایی دارند: گذشته‌گرا، تاریخ‌گرا (که خود به دو شاخهٔ مختلف تقسیم می‌شود)، آینده‌گرا و آرمان‌گرا. از مشاهدهٔ این اصطلاعات فنی نامفهوم جا نخورید. توانایی بازشناسی رویکردهای گوناگونی که ممکن است با آنها روبه‌رو شوید برای‌تان حایز اهمیتند.

۱ـ گذشته‌گرا

این مکتب بر آن است که همهٔ رویدادهای پیش‌گویی شده در خلال دورهٔ انحطاط و سقوط امپراتوری روم، یعنی زمانی که کلیسا زیر فشار آزارهای امپراتوری بود، تحقق پیدا کرده‌اند. این مطالب برای مسیحیان سدهٔ نخست نوشته شده، تا ایشان را برای آنچه که قرار بود در سده‌های دوم و سوم بر سرشان بیاید، آماده کند. «شهر بزرگ» بابل که بر «هفت تپه» قرار گرفته (۹:۱۷)، با شهر رُم مطابقت دارد (از قرار معلوم پطرس هم همین مقایسه را انجام داده است؛ اول پطرس ۱۳:۵).

گرچه بخش اصلی مکاشفه برای ما «گذشته» محسوب می‌شود، اما این بدان معنا نیست که کتاب مزبور از ارزش محدود و اندکی برخوردار است. از همهٔ روایات تاریخی مندرج در کلام خدا می‌توانیم درس‌هایی بیاموزیم. در حقیقت، روایات تاریخی بخش عمدهٔ کتاب‌مقدس را تشکیل داده‌اند. می‌توانیم از چیزهایی که قبلاً روی داده‌اند الهام بگیریم و بیاموزیم.

نقطهٔ قوت دیدگاه مزبور در این است که بررسی کتاب‌مقدس باید با پیشینهٔ اصلی نگارنده و خوانندگانش آغاز شود. این متن برای آنان چه مفهومی داشته؟ درک مقصود نگارنده از آن و

اینکه خوانندگان در موقعیتی که قرار داشتند چه برداشت می‌کردند، گام‌هایی حیاتی برای تفسیر و کاربرد درست به شمار می‌روند.

اما نقاط ضعف بسیاری هم دارد. از میان همهٔ پیش‌گویی‌های مکاشفه، تنها شمار اندکی در دورهٔ امپراتوری روم تحقق یافتند. تنها چند الگوی کلی برای انطباق با رویدادها وجود دارد (برخی کوشیده‌اند از عدد «۶۶۶» حروف 'Nero Caesar' (قیصر نرون- م.) را بیرون بکشند، در صورتی که مکاشفه احتمالاً ۳۰ سال پس از مرگ وی نوشته شده است!). همچنین به این معناست که پس از سقوط رُم، بخش عمدهٔ کتاب ارتباط معنایی مستقیمش را از دست داده است و در واقع، حرف چندانی برای گفتن به کلیسا ندارد. از آنجایی که تقریباً همهٔ محققان پذیرفته‌اند که باب‌های پایانی کتاب به رویدادهای پایان جهان می‌پردازند- که هنوز برای ما هم آینده محسوب می‌شود-، میان آغاز و پایان تاریخ کلیسا شکافی عظیم وجود دارد، بدون اینکه هیچ رهنمون سراستی برای سده‌های میان این دو نقطهٔ آغازین و پایانی وجود داشته باشد. رویکرد دوم این نقص را جبران کرد.

۲ـ تاریخ‌گرا

این مکتب معتقد است که پیش‌گویی‌ها کل «عصر کلیسا» را، از آمدن مسیح تا بازگشتش پوشش می‌دهند. مکاشفه تاریخی است که در شکل نمادین *'anno domini'* («از سال خداوند ما» که مخفف آن .a.d را پس از سال‌های میلادی می‌آورند- م.) و مراحل اصلی و بحران‌های کل دوره‌ها را پوشش می‌دهد. پس تحقق رویدادها گذشته، اکنون و آیندهٔ ما را در بر می‌گیرد. ما هم در این تاریخ قرار داریم و از پشت سر نهادن رویدادها می‌توانیم بدانیم که برنامهٔ بعدی چیست.

یکی از محققان یک پیوست ارجاع درون متنی میان همهٔ بخش‌های مکاشفه و مجلدهای بسیاری از کتاب *تاریخ باستان و معاصر کمبریج* گنجانده است. این به‌طور کلی حاکی از آن است که ما هم اکنون در جایی میان باب‌های ۱۶ یا ۱۷ زندگی می‌کنیم!

این نظریه دستِ‌کم کتاب را برای مسیحیان هر نسلی مرتبط می‌سازد. علاقهٔ بسیاری را برانگیخته است. اما نقایص و معایبش بر محاسنش می‌چربد.

یکی از آنها این است که می‌خواهد جزئیات مکاشفه را به زور با رویدادها تطبیق دهند، که این کار به نوعی مصنوعی به‌نظر می‌رسد. اما مشکل اصلی این است که هیچ دو «تاریخ‌گرا»یی بر سر انطباق رویدادهای کتاب‌مقدس با تاریخ موافقت ندارند! اگر شیوهٔ درستی به‌کار می‌گرفتند، به‌طور قطع بر سر جمع‌بندی‌های‌شان به اتفاق آرای بیشتری هم دست پیدا می‌کردند. و تازه بسیاری رویداد جزئی تحقق نیافته پیش رو دارند.

تا اینجا ما تنها یکی از گرایش‌های مکتب «تاریخ‌گرا» را که به خطی موسوم است، مورد ملاحظه قرار دادیم. از این‌رو بدان خطی می‌گویند چون رویدادهای بخش مرکزی مکاشفه در مسیری مستقیم و خطی از آمدن مسیح به زمین تا بازگشتش پیش می‌روند.

مکتب تاریخ‌گرا گرایش دیگری هم دارد که ما آن را *ادواری* می‌نامیم، زیرا برآن است که مکاشفه کل تاریخ کلیسا را یک‌بار پوشش نمی‌دهد، بلکه پیوسته بازگشته از آغاز رویدادها را از زاویه‌ای دیگر «مورد تلخیص قرار می‌دهد». کتابی معروف (*فراتر از پیروزمندان*، نوشتهٔ ویلیام هندیکسون[1] انتشارات بیکر، ۱۹۶۰) مدعی است که به کشف هفت دور از این ادوار نایل آمده، که هر کدام به‌طور کامل کل عصر کلیسا را پوشش می‌دهند (در باب‌های ۱-۳، ۴-۷، ۸-۱۱، ۱۲-۱۴، ۱۵-۱۶، ۱۷-۱۹، ۲۰-۲۲)! این دیدگاه او را قادر می‌سازد تا «هزاره» را (باب ۲۰) پیش از بازگشت مسیح (باب ۱۹) قرار دهد و از این‌رو دیدگاه «پس‌ـ هزاره» را اتخاذ نماید. اما این «تناظرهای پیش‌رونده»، چنانکه خوانده می‌شود، به‌نظر می‌رسد بیش از آنکه در خود متن یافت شوند، به آن تحمیل شده‌اند. به‌ویژه جدایی تمام عیار میان باب‌های ۱۹و۲۰ به‌کلی ناموجه است.

تفسیر تاریخ‌گرایانه، چه از نوع خطی و چه ادواری‌اش، احتمالاً کمترین شانس را برای قانع‌کردن خوانندگان دارد.

۳ـ آینده‌گرا

اعتقاد این مکتب بر آن است که کاربرد بخش مرکزی پیش‌گویی‌ها به چند سال آخر منتهی به بازگشت مسیح مربوط می‌شود. بنابراین، رویدادها برای ما هم که امروز زندگی می‌کنیم آینده است، به همین خاطر عنوان آینده‌گرا را بر آن گذاشته‌اند. دغدغهٔ آن نقطهٔ اوج تسلط شریر بر جهان است، که برای قوم خدا «مصیبت عظیم» را به بار خواهد آورد (مکاشفه ۱۴:۷؛ همچنین خود عیسی در متی ۱۲:۲۴-۲۲ بدان اشاره کرده است).

همهٔ رویدادها در یک دورهٔ زمانی فشرده‌ـ یعنی سه سال و نیم به معنای دقیق کلمه‌اش‌ـ متمرکز شده‌اند (به این زمان صراحتاً به صورت «زمانی و زمان‌ها و نیم‌زمانی» یا «چهل و دو ماه» یا «هزار و دویست و شصت روز» اشاره شده است؛ ۱۱:۲-۳؛ ۱۲:۶و۱۴ و نقل‌قولی از دانیال ۱۲:۷).

از آنجایی که رویدادها هنوز به آینده مربوط می‌شوند، این تمایل وجود دارد که پیش‌گویی‌ها را بیشتر تحت‌اللفظی تفسیر نمایند، گویی آنها توصیفی دقیق از رویدادهایی هستند که قرار است در آینده اتفاق بیفتد. دیگر نیازی نیست آنها را با تاریخ گذشته جفت و جور کنیم. به‌طور قطع چند سلسله بلایا و فجایع روی می‌دهد که مستقیماً به پایان جهان خواهند انجامید.

پس پیام آن برای کلیسا در طی اعصار چیست؟ در این مورد، عمدهٔ قسمت‌های کتاب به آخرین نسل ایمانداران مرتبط می‌شود. در کمال شگفتی، بسیاری از آینده‌گرایان هم معتقدند که پیش از آغاز مصائب، کلیسا «ربوده خواهد شد»، بنابراین، حتی واپسین مسیحیان هم لزومی ندارد این امور را بدانند!

1. Wiliam Hendikson

ضعف دیگرش این است که آینده‌گرایان خیلی مستعدند که با مکاشفه همچون یک «سالنامهٔ نجومی» رفتار کنند، که این خود به علاقهٔ شدید به جدول‌بندی‌های زمانی برای آینده منجر خواهد شد. این واقعیت که این زمان‌بندی‌ها همیشه هم با آنچه پیش‌بینی می‌کنند مطابقت پیدا نمی‌کند دلالت بر آن دارد که مکاشفه تنها برای چنین اهداف مبتنی بر حدس و گمان نوشته نشده است.

۴ـ آرمان‌گرا

این رویکرد همهٔ اشارات معین زمانی را به کنار زده ارتباط آنها را با رویدادهای خاص نفی می‌کند. مکاشفه تصویرگر کشمکش «ازلی و ابدی» میان نیک و بد است و «حقایقی» را که در روایات آن ذکر شده‌اند می‌توان در هر سده‌ای به‌کار برد. نبرد میان خدا و شیطان همواره در جریان است، اما با کلیسای «غالب» در هر زمانی می‌تواند پیروزی الاهی را تجربه نماید. «پیام بنیادین» آن را می‌توان در سراسر جهان و در هر زمان و مکانی به‌کار گرفت.

اصلی‌ترین و شاید یگانه مزیت این دیدگاه آن است که پیام کتاب را مستقیماً به همهٔ خوانندگانش مرتبط می‌سازد. ایشان درگیر پیکاری هستند که بیان‌کنندهٔ این واقعیت است: «آن که در شماست، از آن که در دنیاست بزرگتر است» (اول یوحنا ۴:۴). «فراتر از پیروزمندان» بودن امری ممکن است (رومیان ۳۷:۸).

با این‌حال، این مکتب با مکاشفه همچون «اسطوره» برخورد می‌کند. مصداق روحانی دارد، اما مصداق تاریخی نه. اینها رویدادهایی افسانه‌ای هستند، البته داستان‌هایی که دربرگیرندهٔ حقایقی نیز هستندـ همچنان که قصه‌های *ازوپ* یا *سیاحت مسیحی*[1] هستند. باید نخست حقایق را با کند و کاو از میان روایات بیرون کشید و سپس آن را به‌کار بست. بهای فرایند «اسطوره‌زدایی»، دست‌شستن از بسیاری از مطالب کتاب و کنارگذاشتن آن به‌عنوان اشعاری است که به هر حال در مکاشفه وجود دارند و عاری از بار پیامی هستند.

در پس این رویکرد فلسفهٔ یونانی قرار دارد که روحانی را از جسمانی، مقدس را از دنیوی، جاودانی را از زمانمند جدا می‌داند. آنان می‌گفتند خدا زمانمند نیست. بنابراین، حقیقت هم رها از قید زمان است، هرچند در عین‌حال زمانمند نیز هست. اما محدود به «زمان‌ها» نمی‌شود. دیدگاه ایشان در مورد تاریخ دیدگاه چرخشی و عاری از مفهوم «پایان زمان» استـ یعنی باور به این عقیده که زمان سرانجام به نقطهٔ اوج یا به فرجامی خواهد رسید.

این برای «معادشناسی» (‘Eschatology’ بررسی «امور آخر»، گرفته شده از واژهٔ یونانی *eschatos*= «پایان» یا «فرجام») پیامدهای جدی‌ای در پی خواهد داشت. رویدادهایی چون بازگشت مسیح یا روز داوری از آینده به زمان کنونی منتقل می‌شوند. معادشناسی تبدیل به «اصالت وجودی» (یعنی مرتبط با وجود در همین لحظه، یا به قول معروف «نقد»ـ مانند سرمایه‌گذاری نقدـ به معنای پول نگه داشتن برای خرج‌کردن در زمان حال) می‌شود.

1. Pilgrim’s Progress

البته برای سازگارکردن «پیش‌گویی‌ها» با زمان حال باید تغییرات بنیادینی در آنها به‌وجود آورد- آن هم معمولاً با «روحانیزه‌کردن» آنها (یعنی با روش «افلاطونی» اندیشیدن). برای مثال، «اورشلیم جدید» (در باب ۲۱) به توصیف یک قوم تبدیل می‌شود تا یک مکان، تصویری «آرمان‌گرایانه» (به واژه دقت کنید) از کلیسا، و جزئیات معماری که با متن همراه است همگی به باد فراموشی سپرده می‌شوند!

اکنون زمان جمع‌بندی بررسی‌مان فرا رسیده است. برای پرسش: «مکاشفه چه دورهٔ زمانی را پوشش می‌دهد؟» چهار پاسخ ارائه شده است.

گذشته‌گرا در پاسخ می‌گوید: چند سدهٔ نخست میلادی.

تاریخ‌گرا می‌گوید: همهٔ سده‌های میلادی از زمان آمدن مسیح به زمین تا زمان بازگشتش.

آینده‌گرا جواب می‌دهد: واپسین سال‌های آخرین سدهٔ میلادی.

آرمان‌گرا پاسخ می‌دهد: هر سدهٔ میلادی می‌تواند مد نظر باشد. به زمان خاصی اشاره نشده.

پس کدامیک راست می‌گویند؟ برای هر کدام دلایلی بر رد و قبول‌شان وجود دارد. آیا باید حتماً از میان آنها یکی را برگزینیم؟ آیا همهٔ آنها می‌توانند درست باشند؟ آیا همهٔ آنها می‌توانند اشتباه باشند؟

ملاحظات زیر شاید بتواند برای رسیدن به یک جمع‌بندی به خوانندگان کمک کند.

نخست آنکه به روشنی پیداست هیچ‌یک از کلیدهای مزبور توان بازکردن قفل کل کتاب را ندارند. از قرار معلوم هر یک از مکاتب نامبرده تا اندازه‌ای درست می‌گویند، اما هیچ‌کدام پاسخ جامع و کاملی در دست ندارند. زمانی که تنها یکی از رویکردها مورد استفاده قرار می‌گیرد، ناگزیر همیشه آن رویکرد بخشی از متن را به نفع خود مورد بهره‌برداری قرار می‌دهد.

دوم اینکه هیچ دلیلی وجود ندارد که بیش از یک رویکرد را مورد استفاده قرار ندهیم. متن‌ها معانی و کاربردهای گوناگونی دارند. اما برای پرهیز از کاربرد دلبخواهی رویکردهای گوناگون- به منظور آنکه به داد نظریه‌ای برسند که تصمیم دارند پیش از بررسی کلام از آن بیرون بکشند، نیاز به کنترل هست. این قید و بند را خود زمینهٔ متن و پرسیدن مدام این پرسش برای ما ایجاد می‌کند که: «آیا این به‌راستی منظور نگارندهٔ الاهی کتاب برای خوانندهٔ انسانی‌اش بوده؟»

سوم اینکه بخش‌هایی از هر چهار روش تفسیر می‌تواند به فهم کتاب یاری برساند. در هر چهار مکتب عناصری سازگار وجود دارد و می‌توان آنها را با همدیگر پیوند داد، هرچند باید این را هم افزود که عناصر کاملاً ناسازگار دیگری هم هستند که آنها را نمی‌شود با هم آمیخت.

چهارم آنکه در بخش‌های مختلف کتاب ممکن است تأکید عوض شود. در هر سطح باید مناسب‌ترین شیوه یا شیوه‌های تفسیر را برگزید و مورد استفاده قرار داد. در باقی قسمت‌های این باب با بررسی کتاب در سه بخش عمده، این مطالب را به‌طور عملی نشان خواهیم داد:

سرآغاز (باب‌های ۱-۳)

این بخش چندان مناقشه‌برانگیز نیست، به همین خاطر به دفعات و با اطمینان بیشتر از بقیهٔ کتاب به شرح و تفسیرش پرداخته‌اند (برای نمونه نک. *مسیح در مورد کلیسا چه می‌اندیشد*، اثر جان استات، انتشارات لوترورث، ۱۹۵۸). مردم اکثرا با تفسیر سنتی آن راحتند (هرچند با به‌کار بستن آن چندان راحت نیستند!). مشکلی که در این بخش وجود دارد این است که آن را *می‌فهمیم*، اما به فهمیدنش بسنده می‌کنیم. در جزئیات متن با اشکالات (فرشتگان) و نمادهای (سنگ‌های سفید و منای مخفی) اندکی روبه‌رو هستیم. اما نامه‌هایی که به هفت کلیسای آسیا نوشته شده‌اند، چندان بی‌شباهت به نامه‌های عهدجدید نیستند. پس کدام «مکتب» برای تفسیر آن مناسب است؟

مکتب «گذشته‌گرا» یقیناً در جهت دادن توجه ما به سدهٔ نخست مناسب است. هر تأویل درستی باید با درک مقصود اولیهٔ آن متن *آغاز* شود. اما آیا همین کافی است؟

مکتب «تاریخ‌گرا» معتقد است که هفت کلیسا نمایندهٔ کل کلیسا در طول *زمان*، یعنی هفت دورهٔ پیاپی در تاریخ کلیسا است. افسس کلیسای اولیه، ازمیر جفاهای رومیان، پرگاموم زمان کنستانتین، تیاتیرا سده‌های میانی، ساردس دورهٔ اصلاح دینی، فیلادلفیه نهضت میسیونری جهانی و لائودیکیه هم سدهٔ بیستم را پوشش می‌دهند. اما موارد مشابه دیگری هم به زور به آن تحمیل کرده‌اند (کلیساهای غرب را «لائودیکیه» می‌خوانند، اما کلیساهای جهان سوم را چیزهای دیگر!). این طرح‌ریزی درست نیست.

نظر مکتب «آینده‌گرا» حتی از این هم عجیب و غریب‌تر است، چون بر اساس این فرض اشتباه که «خواهم آمد» (۲:۵ و ۱۶؛ ۳:۳؛ ۴) به بازگشت مسیح اشاره دارد، بر این باور است که پیش از بازگشت مسیح در همان هفت شهر نامبردهٔ آسیای کوچک، هفت کلیسا از نو پایه‌گذاری می‌شوند. در واقع، خیلی وقت است که این کلیساها از میان رفته‌اند، و «چراغدان‌شان برگرفته شده».

مکتب «آرمان‌گرا» معمولاً در این بخش همان نظر مکتب «گذشته‌گرا» را ارائه می‌کند، اما این اعتقاد را هم بر آن می‌افزاید که هفت کلیسای تاریخی نمایندهٔ کل کلیسا در *بُعد مکان* هستند. افسس نمایندهٔ کلیسای ارتودکس (راست‌دین- م.) اما مشارکت‌های بی‌محبت، ازمیر نماینده کلیسای رنج‌کشیده، پرگاموم نمایندهٔ کلیسای متحمل، تیاتیرا نمایندهٔ کلیسای فاسد، ساردس نمایندهٔ کلیسای مرده، فیلادلفیه نمایندهٔ کلیسای ضعیف اما بشارتی، و لائودیکیه هم نمایندهٔ کلیسای ولرم است.

آیا این کلیساها طیف کاملی از خصایص مورد بحث میان آنها را پوشش می‌دهند. اما راحتی و چالش هر یک از آنها می‌تواند در هر جا و هر زمان نمونه‌ای برای کاربرد باشد.

پس آمیختن مکتب گذشته‌گرا با کمی از مکتب آرمان‌گرا در بخش نخست می‌تواند کارساز باشد.

میانه (باب‌های ۴-۱۸)

در این بخش است که اختلاف‌ها وخیم‌تر می‌شوند. در مورد رویای آغازین که به تخت خدا مربوط می‌شود اشکال چندانی وجود ندارد و در طی سده‌ها الهام‌بخش پرستش‌های کلیسایی بوده است. این زمانی است که عیسای شیر/ بره بلاها را بر جهان و جفا را بر کلیسا نازل می‌فرماید و بحث و جدل‌ها از همین جا شروع می‌شود. اینها چه زمانی روی می‌دهند؟ باید زمانی میان سدهٔ دوم (که با «بعد از این» خطاب به هفت کلیسا شروع می‌شود؛ ۴:۱) و بازگشت مسیح (در باب ۱۹) باشد.

مکتب «گذشته‌گرا» این بخش را به «انحطاط و سقوط امپراتوری روم» محدود می‌کند. اما واقعیت این است که بیشتر رویدادها، به‌ویژه فجایع «طبیعی» در خلال آن دوره به‌وقوع نپیوست. باید با بیشتر قسمت‌های متن به صورت «نوشته‌های شعرگونه» برخورد کرد، نه مطالبی که به‌وقوع رویدادهایی احتمالی اشاره‌ای گنگ می‌کنند.

مکتب «تاریخ‌گرا» وقتی برای انطباق دادن کل تاریخ کلیسا با این فصل‌ها، خواه به‌عنوان روایتی پیوسته و خواه در «تلخیص‌های» تکراری تلاش می‌کند، با همین مشکل روبروست. جزئیات با هم نمی‌خوانند.

البته، مکتب «آینده‌گرا» آزاد است تا به تحقق موبه‌موی پیش‌گویی‌ها با جزئیات‌شان اعتقاد داشته باشد، چراکه هیچ‌یک از آنها هنوز به‌وقوع نپیوسته‌اند. ظاهراً دو ویژگی تأیید می‌کنند که این مکتب به کاربرد صحیح نزدیکتر است. نخست آنکه «مسائل» به‌وضوح بدتر از آن چیزی هستند که جهان تا کنون به خود دیده است (همان‌گونه که عیسی در متی ۲۴:۲۱ پیش‌گویی کرده بود). دوم اینکه، به‌نظر می‌رسد که این رویدادها مستقیماً به وقایع پایان تاریخ منتهی می‌شوند. اما آیا همین‌ها کافی است؟ آیا این بخش هیچ ارتباطی با زمان پیش از خودش ندارد؟

مکتب «آرمان‌گرا» پیرامون «اسطوره‌زدایی» این بخش ره به اشتباه برده، به‌کلی آن را از زمان جدا می‌کند. اما اینکه می‌گوید باید در آنها به‌دنبال پیامی گشت تا بتوان آن را در هر برهه از تاریخ کلیسا به‌کار بست، درست است. سرنخ در خود کلام خدا نهفته است که به روشنی چنین تعلیم می‌دهد که رویدادهای آینده پیشاپیش بر زمان سایه می‌افکنند. عهدعتیق به روش‌های متعدد بر عیسی «دلالت می‌کند» (همان‌گونه که نامه به عبرانیان شرح می‌دهد). پیش از آنکه دجال یا ضدمسیح موعود ظهور کند، «ضدمسیحیان» بسیاری ظهور می‌کنند (اول یوحنا ۲:۱۸)؛ همچنین پیش از آن نبی کاذب انبیای دروغین بسیاری می‌آیند (متی ۲۴:۱۱). پیش از آنکه جفا و آزار جهانی فرابرسد، در مناطق گوناگون شاهد آزار و جفا هستیم. «مصیبت عظیم» تنها از نظر مقیاس با «مصائب بی‌شماری» که در همهٔ دوره‌ها امری عادی است (یوحنا ۱۶:۳۳؛

اعمال ۲۲:۱۴)، فرق می‌کند. پس این فصل‌ها درکنار شناساندن رویدادهای غایی، می‌توانند در فهم روندهای جاری نیز به ما کمک نمایند.
بنابراین، مکتب آینده‌گرا و تا اندازه‌ای هم مکتب آرمان‌گرا می‌توانند این بخش را به بهترین شکل بگشایند.

فرجام (باب‌های ۱۹-۲۲)

به‌نظر می‌رسد که با نزدیک‌شدن به پایان مکاشفه، تصاویر روشن‌تر می‌شوند، اما هنوز نقاطی هست که بر سر آن اختلاف‌نظر وجود دارد. اکثر افراد این فصل‌ها را اشاره‌ای به آیندهٔ نهایی، یعنی «امور آخر» که قرار است به‌وقوع بپیوندد، و سرآغاز بازگشت مسیح (در باب ۱۹) می‌دانند.
پای مکتب «گذشته‌گرا» در اینجا لنگ می‌شود. برای برقراری انطباق این فصل‌ها با روزگار کلیسای اولیه تلاش چندانی به عمل نیامده است.
مکتب «تاریخ‌گرا» در اینجا به دو بخش کاملاً مجزا تفکیک می‌شود. گرایش «خطی» این مکتب بدون استثنا این بخش را به «زمان آخر»، که از پی «عصر کلیسا» خواهد آمد، حواله می‌دهد. اما گرایش «ادواری» حتی در اینجا هم «تلخیص‌هایی» پیدا می‌کند. برخی هزاره را در باب ۲۰ توصیفی از کلیسا پیش از بازگشت مسیح در باب ۱۹ می‌بینند! گروهی دیگر «اورشلیم جدید» باب ۲۱ را توصیفی از هزاره پیش از داوری نهایی در باب ۲۰ تلقی می‌کنند! چنین جابه‌جایی‌های افراطی رویدادها را نه تنها خود متن توجیه نمی‌کند، بلکه حاکی از دست بردن در آن برای بهره‌برداری از متن به نفع نظام‌های الاهیاتی و اصول اعتقادی مورد علاقهٔ آنان است.
مکتب «آینده‌گرا» در این بخش تقریباً هیچ هماوردی ندارد. پر واضح است که بازگشت مسیح، روز داوری، و آسمان و زمین جدید هنوز از راه نرسیده‌اند.
مکتب «آرمان‌گرا» هم در این بخش مدافعی ندارد. آرمان‌گرایان میل دارند زمین جدید را به‌کلی نادیده بگیرند و دربارهٔ «آسمان» هم به‌عنوان گستره‌ای بی‌زمان سخن می‌گویند که ایمانداران پس از مرگ بدان منتقل می‌شوند. «اورشلیم جدید» این قلمرو جاودانی («صهیون آسمانی» عبرانیان ۲۲:۱۲) را به تصویر می‌کشد که هرگز انتظار ندارند «از آسمان فرود آید» (به‌رغم مکاشفه ۲:۲۱و۱۰!).
بنابراین، باید امتیاز انحصاری پرداختن به این بخش را به مکتب آینده‌گرا داد.
کمی جلوتر به در بخش «مقدمه» به خود متن مکاشفه و شیوهٔ به‌کاربردن ابزارهای لازم برای مشاهدهٔ درست رویدادها خواهیم پرداخت (که شامل دیدگاه تاریخ‌گرا نمی‌شود). با این‌حال، پیش از انجام این کار، هنوز یک نکتهٔ مهم دیگر باقی مانده که باید مورد ملاحظه قرار دهیم.
«مکاتب» چهارگانه تفسیر در یک فرض مسلم مشترکند: اینکه مهم‌ترین پرسش ***چه زمانی*** است؟ یعنی این پیش‌گویی‌ها چه زمانی تحقق خواهند یافت؟

این ناشی از این پیش‌فرض ماست که مکاشفه پیش از هر چیز دغدغهٔ پیش‌گویی رویدادهای آینده را دارد، تا با این مکشوف نمودن آنچه که قرار است- چه در آیندهٔ نزدیک و چه در آیندهٔ نهایی- روی دهد، کنجکاوی خودمان را ارضا کنیم یا از اضطراب خودمان بکاهیم.

اما این بسیار پرسش‌برانگیز است. هرگز عهدجدید تسلیم حدس و گمان‌های بی‌اساس نمی‌شود، که بر ضد آن هشدار هم می‌دهد. هر «پرده‌برداری» از آنچه که نهفته است در پس خود یک مقصود کاربردی و در حقیقت اخلاقی دارد. آینده تنها بدین منظور مکشوف می‌گردد تا اکنون از آن تأثیر بپذیرد.

پس پرسش بنیادین «چه زمانی» نیست، بلکه ***چرا؟*** است. چرا مکاشفه نوشته شد؟ چرا بر یوحنا مکشوف گردید؟ چرا از او خواسته شد تا آن را به دیگران منتقل کند؟ چرا لازم است آن را بخوانیم و کلام آن را «نگاه داریم»؟

اینها فقط بدین‌خاطر نبوده که به ما بگوید چه چیزی قرار است اتفاق بیفتد، بلکه می‌خواهد ما را برای آنچه که می‌خواهد روی بدهد *آماده کند*. چگونه می‌توانیم به پاسخ مناسب دست یابیم؟

پی بردن به مقصود

کتاب مکاشفه چرا نوشته شد؟ اگر پرسش دیگری را مطرح کنیم، پاسخ حاضر و آماده در دسترس‌مان قرار می‌گیرد: مکاشفه برای چه کسانی نوشته شد؟

هرگز مقصود از نگارش این کتاب آن نبوده که کتاب درسی دانشگاهی استادان یا دانشجویان رشتهٔ الاهیات باشد. اغلب خود این قبیل افراد هستند که چنان مکاشفه را پیچیده می‌نمایانند که ترس مردمان ساده را دربرمی‌گیرد. اجازه بدهید اعتراف یکی از آنها را در اینجا بیاوریم:

> باید با جسارت اقرار نماییم که اگرچه بررسی این کتاب از سوی ما غیرقابل فهم باشد اما مطلقاً عاری از اشتباه است، و مقید به آرای مسخره و متعصبانهٔ الاهی‌دانان همهٔ اعصار نیست که با آن را دشواری‌هایش ثقیل‌الفهم کرده‌اند، به طوری که بسیاری از خوانندگان از خواندن آن شانه خالی می‌کنند. جدای از این پیش‌پنداشت‌ها، کتاب مکاشفه ساده‌ترین و شفاف‌ترین کتابی است که تا کنون از قلم یک نبی بیرون آمده (رئوس، در ۱۸۸۴، نقل شده در راهنمای کتاب‌های نبوتی، ورلد بایبل پابلیشرز، ۱۹۹۱).

وضعیت تا جایی به وخامت گراییده که در یکی از نوشته‌های اخیر چنین می‌خوانیم:

> مکاشفه با توجه به فرهنگ تخصص‌گرای ما، که هرگاه مشکلی بروز کند برای رفع‌کردنش آن را به دانشگاهی می‌فرستند، یکی از بداقبال‌ترین کتاب‌هاست (یوجین پیترسن، نوشتاری بر مکاشفه در باد مخالف، هارپر کالینز، ۱۹۸۸، ص ۲۰۰).

اینها به این باور فراگیر منجر شده که «افراد عادی» ('layman') این کتاب را نمی‌توانند بفهمند (خواه این عنوان برای مناصب کلیسایی و خواه به مفهوم تحصیلی‌اش به‌کار برده شود).

خوانندگان عادی

می‌توان با شدت و حدت کامل تأکید کرد که مکاشفه برای افراد خیلی عادی نوشته شده. در این کتاب اعضای هفت کلیسا در زمانی مورد خطاب قرار گرفته‌اند که «با معیارهای بشری، حکیم محسوب نمی‌شدند؛ و بیشتر آنها از قدرتمندان یا نجیب‌زادگان نبودند» (اول قرنتیان ۱:۲۶). در مورد عیسی چنین گفته شده که: «مردمان عادی با خوشی به سخنان او گوش فرامی‌دادند» (مرقس ۱۲:۳۷، از ترجمهٔ 'Authorized Version'). این هم ابراز احترام به آنان بود و هم به عیسی. آنها آنچه را که عیسی «با اقتدار می‌فرمود» متوجه می‌شدند، می‌فهمیدند که او از چه حرف می‌زند. ساده‌تر از آن بود که افراد بسیار فرهیخته و تحصیل‌کرده را بفریبد!

کتاب مکاشفه گنج‌هایش را نثار کسانی می‌کند که آن را با ایمانی ساده، ذهنی باز و قلبی مشتاق می‌خوانند.

در آمریکا داستانی بود که دهان به دهان می‌گشت. شبیه داستان آن واعظی که داشت برای بچه‌اش قصه‌ای از آپوکریفا تعریف می‌کرد. پسر خردسال شبان از وی پرسید: «بابا، آیا این داستان راست بود، یا تو داشتی موعظه می‌کردی؟»! شاید این بتواند این نکته را روشن‌تر سازد. از قرار معلوم برخی از دانشجویان الاهیات که از شنیدن سخنرانی‌های «آپوکالیپتیک» خسته و سردرگم شده بودند تصمیم گرفتند در زمین ورزشگاه بسکتبال بازی کنند. در حین بازی، متوجه دربان سیاه‌پوستی شدند که در انتظار رفتن آنها و قفل‌کردن در، سرگرم خواندن کتاب‌مقدس است. از او پرسیدند که مشغول مطالعهٔ کدام قسمت است و در کمال شگفتی دریافتند که وی سرگرم خواندن مکاشفه است. «تو که چیزی از آن نمی‌فهمی، می‌فهمی؟»

«البته که می‌فهمم.»

«پس بگو ببینیم دربارهٔ چیست؟»

چشمان دربان برقی زد و لبخندی بزرگ صورتش را پوشانیده گفت: «خیلی ساده است! عیسی پیروز می‌شود!!»

البته خیلی بیشتر از اینها جا برای گفتن هست. اما برای خلاصه‌کردن پیام در یک جمله چندان هم بد نیست. عقل سلیم یکی از بایستنی‌های اساسی است. هیچ‌کس کل کتاب را تحت‌اللفظی برداشت نمی‌کند. همهٔ آن را هم نمادین تلقی نمی‌کند. اما این خط میان برداشت تحت‌اللفظی و نمادین را باید کجا ترسیم کرد؟ این کار تأثیری ژرف بر تفسیر می‌گذارد. عقل سلیم می‌تواند کمک بزرگی باشد. چهار اسب‌سوار نماد هستند، اما جنگ‌ها، خونریزی‌ها، قحطی و بیماری را باید به روشنی تحت‌اللفظی برداشت نمود. «دریاچهٔ آتش» نمادی از دوزخ است، اما «عذاب» ابدی یک حقیقت تحت‌اللفظی است (مکاشفه ۲۰:۱۰).

قواعد سخنرانی عمومی را می‌توان به شیوه‌ای سودمند به‌کار گرفت. واژه‌ها را باید در ساده‌ترین و آسان‌فهم‌ترین شکلش تعبیر کرد، مگر اینکه به روشنی خلاف آن را نشان دهد. باید فرض را بر این گذاشت که منظور سخنوران (و از جمله عیسی) و نویسندگان (و از جمله یوحنا) این بوده که مخاطبان منظورشان را متوجه شوند. باید ارزش ظاهری سخنان را در نظر گرفت.

قاعدهٔ مشابه دیگر این است که همان واژهٔ به‌کاررفته در متن را باید به‌عنوان منظور آن برداشت کرد، باز مگر آنکه به روشنی خلاف آن را نشان دهد. تغییر دادن معنای یک واژه آن‌هم به‌طور ناگهانی و بدون هشدار می‌تواند به اندازهٔ تغییردادن تلفظ یا هجی‌کردن آن واژه گیج‌کننده باشد. این قاعده مستقیماً بر دو «رستاخیز» مندرج در باب ۲۰ تأثیر می‌گذارد.

حال که همهٔ اینها را گفتیم، باید یک نکتهٔ ضروری را هم بیفزاییم که مکاشفه برای آدم‌های عادی همان زمان و مکان نوشته شده است. نباید تعجب کنیم اگر برخی چیزها گنگ و برخی چیزهای دیگر روشن هستند، چرا که اکنون ۲۰۰۰ سال از آن زمان گذشته و هزاران مایل هم از نظر جغرافیایی با آن ناحیه فاصله داریم.

آنان مسیحیان غیریهودی‌تباری بودند از نژادهای گوناگون که در استانی رومی می‌زیستند و به زبان یونانی سخن می‌گفتند، کتب مقدس یهودی را می‌خواندند و به‌واسطهٔ یک ایمان مسیحی مشترک گرد هم جمع می‌شدند. بنابراین، تا جایی که امکان دارد باید دانش خودمان را نسبت به پیشینه، فرهنگ و زبان ایشان بالا ببریم. هدف از تمرین ما کشف این مطلب است که آنها زمانی که مکاشفه را با صدای بلند، و شاید در یک نشست برای همدیگر می‌خواندند، چه برداشتی از آن می‌کردند. این می‌تواند با برداشت امروزی ما که آن را در سکوت، و تکه تکه (روزی چند فصل) می‌خوانیم، تفاوت بسیاری داشته باشد.

اما جای تردید نیست که کتاب مکاشفه برای مایی که در زمان کنونی زندگی می‌کنیم هم هست، وگرنه در عهدجدید جای نمی‌گرفت. حتماً خداوند زمانی که آن را به یوحنا داده، هدفی داشته. بنابراین، می‌توانیم مطمئن باشیم که بعد مسافت زمانی و مکانی ما عامل بازدارنده‌ای عبورناپذیر نیست.

عامل بسیار مهم‌تر از شکاف فرهنگی، تفاوت در شرایط است. حتماً باید این پرسش را مطرح کنیم که چه شرایطی موجب به نگارش درآمدن این کتاب گردید. این شاه‌کلید بازگشایی کل کتاب‌های عهدجدید است. در پس نگارش همهٔ کتاب‌های عهدجدید دلیلی وجود دارد، یک نیاز که برآورده‌کردن آن ضروری می‌نموده. مکاشفه هم از این قاعده مستثنا نیست.

دلایل عملی

پیشتر گفتیم که مقصود اولیهٔ آن مکشوف‌ساختن جدولی زمانی از رویدادهای آینده نبوده، بلکه می‌خواسته مردم را برای آنچه که قرار است رخ بدهد آماده سازد. پس اگر این کتاب نبود،

آیا ایشان برای آنچه می‌خواهد به‌وقوع بپیوندد، آماده نمی‌بودند؟ پاسخ را می‌توان در صفحهٔ نخست کتاب یافت (۱:۹-۱۰).

یوحنا، یعنی نگارندهٔ کتاب، همین حالا هم به‌خاطر ایمانش متحمل رنج است. او بدون اینکه مرتکب جرم و جنایتی شده باشد، در زندان به سر می‌برد. او یک زندانی «سیاسی» است که دوران محکومیتش را در جزیره پاتموس در دریای اژه سپری می‌نماید (شاید همتای امروزی آن را بتوانیم زندان آلکاتراز یا روبن آیلند تصور کنیم). او را به دلایل دینی دستگیر و در آنجا زندانی کرده بودند. مقامات وقف کامل او به «کلام خدا و شهادت عیسی» را خیانت و تهدیدی علیه صلح رومی *(Pax Romana)*، که بر پایهٔ مدارا با چندخدایی و پرستش امپراتور استوار بود، تلقی می‌کردند. از شهروندان انتظار می‌رفت که به خدایان بسیار ایمان داشته باشند و امپراتور را هم چون یکی از خدایان بپرستند.

در اواخر سدهٔ یکم میلادی این وضعیت به نقطهٔ اوج رسیده و برای مسیحیان یک بحران وجدان به‌وجود آورده بود. جولیوس سزار نخستین سردار رومی بود که ادعای خدایی کرد. جانشین او، آگوستوس، از ساختن معابدی که به افتخار وی برپا می‌شدند حمایت کرد؛ تعدادی از این معابد در آسیا (غرب ترکیه کنونی) برپا شده بودند. در خلال دوره‌ای که نرون دست به آزار و اذیت مسیحیان گشوده بود (ایشان را قیراندود کرده به‌عنوان مشعل‌هایی زنده آتش می‌زد تا میهمانی‌های برگزار شده در باغش را روشنایی ببخشند یا آنها را در پوست جانوران وحشی کرده پوست را می‌دوخت تا سگان آنها را شکار کنند)، این مشکلات محدود به دوره و موقعیت جغرافیایی خاصی می‌شد.

با روی کار آمدن دومیتیان در واپسین دههٔ سدهٔ نخست میلادی بود که مسیحیان مورد دهشتناکترین حملات قرار گرفتند و این حملات تا ۲۰۰ سال به‌طور متناوب ادامه پیدا کرد. دومیتیان خواستار این بود که همه در سراسر امپراتوری وی را بپرستند و هرکه از این فرمان سرپیچی نماید کشته شود. سالی یک‌بار مردم هلهله کنان بر مذبحی از آتش که در برابر پیکرهٔ نیم‌تنهٔ وی برپا شده بود بخور می‌سوزانیدند و فریاد برمی‌آوردند که: «سزار خداوند است.» ترتیبی داده بودند که آن روز معین «روز خداوند» نامیده شود.

این همان روزی بود که یوحنا شروع به نوشتن مکاشفه نمود. خوانندگان امروزی تقصیری ندارند اگر گمان کنند که منظور از این روز، یکشنبه بوده است. در واقع، یکشنبه را هم می‌توان روز خداوند نامید، اما در کلیسای اولیه یکشنبه را «نخستین روز هفته» می‌خواندند. دو عامل در متن یونانی هست که نشان می‌دهد منظور همان جشن سالیانه امپراتوری بوده. یکی وجود حرف تعریف معین («در روز خداوند»، نه «در یک روز خداوند») است و دیگری این واقعیت که «خداوند» به شکل یک صفت آمده، نه اسم («روز خداوندی یا خدایگانی»)، یعنی همان نامی که به دومیتیان داده بودند و او را با عنوان «خداوند و خدایگان ما» صدا می‌کردند.

زمانهٔ سختی شده بود. هرکس جملهٔ «عیسی خداوند است» را بر زبان می‌آورد، بی‌درنگ در کام مرگ افکنده می‌شـد. واژهٔ «شـاهد» (در یونانی: *martur*) معنایی تازه پیدا کرد که با مردن عجیـن بود. کلیسـا با دشـوارترین آزمونی که تا آن زمان به چشـم دیده بود، رویـاروی بود. چه تعدادی زیر فشار تاب آورده وفادار خواهند ماند؟

از اینهـا گذشـته، از میان ۱۲ رسـول تنها یوحنا زنده مانده بود. بقیـه آنان هر یک به نوعی شـهید شـده بودند. در روایات مسیحی آمده که اندریاس را در پاتراس اخائیه بر صلیبی X شکل مصلوب کردند، برتولما (نتنائیل) را در ارمنستان زنده زنده پوست کندند، یعقوب (برادر یوحنا) را هیرودیس آگریپاس در اورشـلیم گردن زد، یعقوب (پسـر کلئوپاس و مریم) را از کنگرهٔ معبد به پایین پرتاب کرده و سـپس سنگسـار کردند، یهودا (تدای) را در ارمنسـتان تیرباران کردند، متی را در پارت کشـتند، پطرس را در رُم واژگونه به صلیب کشـیدند، فیلیپس را در هیراپولیس فریجیه بر سـتونی به دار کشـیدند، شـمعون (غیور) را در پارس مصلوب کردند، توما در هند به ضرب نیزه‌ای از پا درآمد، متیاس سنگسـار و بعد گردن زده شـد. پولس را هم در رُم گردن زده بودند. بدین‌ترتیب، نگارندهٔ مکاشـفه تنها کسـی بود که از بهای وفاداری به عیسی آگاه بود. وی نمی‌دانست که مقدر است تنها رسولی باشد که به مرگ طبیعی خواهد مرد.

مکاشـفه «کتاب راهنمای شـهادت» اسـت. ایمانـداران را به «وفادار مانـدن تا پای جان» فرامی‌خواند (۲:۱۰). شهیدان در صفحات این کتاب نقش عمده‌ای بازی می‌کنند.

ایمانـداران را تشـویق می‌کند که «تا به آخر ایسـتادگی کنند». یکی از کلمات تشـوق‌کننده‌ای کـه مرتباً تکرار می‌شـود «تحمل» اسـت کـه از رویکردی منفعلانه حکایت دارد. درسـت در میانهٔ بزرگترین معضل با این خواهش روبه‌رو می‌شویم: «این پایداری مقدسان را می‌طلبد که احکام خدا و ایمان به عیسی را حفظ می‌کنند» (۱۴:۱۲). شاید بتوان آن را آیهٔ کلیدی کل کتاب دانست.

اما یک رویکرد فعالانه در تحمل رنج به‌خاطر عیسـی نیز به چشـم می‌خورد: «غالب آمدن». این فعل حتی بیشـتر از «تحمل‌کردن» به‌کار رفته و شـاید بتوان گفت که واژه‌ای کلیدی در کل کتاب به شمار می‌رود.

هر هفت نامه‌ای که به کلیساها نوشته شده‌اند حاوی دعوت از اعضا به «غالب آمدن»، یعنی فایق آمدن بر همهٔ وسوسه‌ها و فشارها، اعم از درون کلیسایی و بیرون کلیسایی هستند. انحراف از ایمان و رفتار راستین مسیحی، بی‌وفایی به عیسی تلقی خواهد گردید.

پیام فقط این نیسـت که مسـیح پیروز می‌شـود، بلکه مسـیحیان هم باید از این پیکار پیروز بیـرون آیند. بر آنهاسـت که از خداونـدی پیروی نمایند که فرمود: «دل قـوی دارید، زیرا من بر دنیا غالب آمده‌ام» (یوحنا ۱۶:۳۳) و اکنون در مکاشفه می‌فرماید: «باید بر دنیا غالب آیید.»

البته به همین دلیل اسـت که کتاب مکاشـفه برای مسـیحیانی که زیر جفا هسـتند، بیشتر از دیگران معنا پیدا می‌کند. شاید هم به همین علت است که مسیحیان غربی که در کلیساهای آسوده به سر می‌برند، نمی‌توانند با مطالب آن ارتباط برقرار نمایند. مکاشفه را باید با اشک‌ها خواند.

کتاب برای «غالب آمدن» بر جفاها دو انگیزه ارائه می‌کند. یکی مثبت است: *پاداش.* برای آنانی که جفا می‌بینند هدایای بسیاری در نظر گرفته شده- حق خوردن از درخت حیات که در فردوس خداست؛ گزند ندیدن از مرگ دوم؛ خوردن از منای مخفی و گرفتن سنگ سفید و نام تازه‌ای که شناخته شده نیست؛ اقتدار یافتن بر قوم‌ها؛ نشستن با عیسی بر تختش؛ آراسته‌شدن به جامهٔ سفید و ستونی‌شدن در معبد خدا که بر او نام وی نوشته شده و هرگز ترک‌شان نخواهد کرد. از همه مهم‌تر، و فراتر از همهٔ رنج‌ها، به ایماندار غالب آمده جایگاهی در آسمان و زمین جدید، و بهره‌مندی از حضور خدا تا جاویدان وعده داده شده است. چشم‌اندازی بس باشکوه است.

اما یک انگیزهٔ منفی هم وجود دارد: *مجازات.* چه سرنوشتی در انتظار ایماندارانی است که زیر فشار وفاداری خود را از دست می‌دهند؟ در یک کلام، ایشان هیچ‌یک از برکات نامبرده در بالا را به دست نخواهند آورد. بدتر اینکه، هم‌سرنوشت با بی‌ایمانان روانهٔ «دریاچهٔ آتش» خواهند شد. دو تک آیه که از بخش‌های آغازین و واپسین کتاب گرفته شده‌اند، مؤید این امکان دهشتناک است.

«هرکه غالب آید،... نامش را هرگز از دفتر حیات نخواهم زدود» (۳:۵). اگر منظور جمله این است که جز این اصلاً امکان نخواهد داشت، به این معناست که کسانی که غالب نمی‌آیند در معرض این خطر قرار دارند که نام‌شان زدوده شود (معنای تحت‌اللفظی‌اش «خراشیدن» پوست با چاقو است). «دفتر حیات» را در چهار کتاب کتاب‌مقدس می‌توانیم بیابیم (خروج ۳۲:۳۲؛ مزمور ۲۸:۶۹؛ فیلیپیان ۳:۴؛ مکاشفه ۵:۳). در سه تای آنها ذکر شده که نام کسانی از قوم خدا به سبب گناهانی که در برابر خدا مرتکب شده‌اند، زدوده خواهد شد. وقتی آیهٔ مندرج در مکاشفه را می‌خوانید چنان است که گویی آنانی که «غالب نیایند» را هم دربرمی‌گیرد و در این صورت وعده شامل حال‌شان نخواهد گردید.

«هرکه غالب آید، این‌همه [آسمان جدید و زمین جدید، با اورشلیم جدید] را به میراث خواهد برد، و من خدای او خواهم بود و او پسر من خواهد بود. اما نصیب بزدلان و بی‌ایمانان و مفسدان و آدمکشان و بی‌عفتان و جادوگران و بت‌پرستان و همهٔ دروغگویان، دریاچه مشتعل به آتش و گوگرد خواهد بود. این مرگ دوم است» (۲۱:۷-۸). لازم است به خاطر داشته باشیم که روی خطاب کل مکاشفه به ایمانداران است، نه بی‌ایمانان. ایشان در همه جا «مقدسان» و «خادمان او» خوانده شده‌اند. در اینجا اشاره‌اش به ایمانداران بزدل و بی‌وفاست. واژهٔ «اما» مؤید این دیدگاه می‌باشد، چراکه مستقیماً کسانی را که سزاوار چنین سرنوشتی هستند، با ایماندارانی که «غالب می‌آیند» مقایسه می‌کند.

به عبارت دیگر، مکاشفه دو سرنوشت را پیش روی *مسیحیان* قرار می‌دهد. یا ایشان با مسیح خواهند برخاست و تا جاویدان در جهانی جدید در سلطنتش شریک خواهند شد، یا میراث پادشاهی خود را از دست داده سرانجام‌شان دوزخ خواهد بود.

این دو گزینه در جای دیگری از عهدجدید نیز مورد تأیید قرار گرفته است. انجیل متی «کتاب راهنمای شاگردی» است که حاوی پنج خطابهٔ اصلی می‌شود که خطاب به «فرزندان پادشاهی» ایراد شده‌اند. با این‌حال، عمدهٔ تعلیم عیسی پیرامون دوزخ را می‌توان در همین خطابه‌ها یافت و جز در دو مورد، همهٔ هشدارهای عیسی خطاب به شاگردان خود است. موعظهٔ بالای کوه (در باب‌های ۵-۷)، که جفادیدگان در راه عیسی را خوش‌به‌حال می‌خواند، در ادامه رشتهٔ سخن را به دوزخ می‌کشاند و با این یادآوری که دو سرنوشت نهایی وجود دارد، نتیجه‌گیری می‌کند. فرمان عیسی در مورد اعزام شاگردان به مأموریت مسیحی (در باب ۱۰) این رهنمود را هم دربرمی‌گیرد: «از کسانی که جسم را می‌کشند اما قادر به کشتن روح نیستند، مترسید؛ از او بترسید که قادر است هم روح و هم جسم شما را در جهنم هلاک کند» (آیهٔ ۲۸) و «اما هرکه مرا نزد مردم انکار کند، من نیز در حضور پدر خود که در آسمان است، او را انکار خواهم کرد» (آیهٔ ۳۳). خطابهٔ بالای کوه زیتون (در باب‌های ۲۴-۲۵) خادمان تنبل و بی‌توجه ارباب را به بودن در «جایگاه ریاکاران» (۵۱:۲۴) محکوم می‌کند و ایشان «به تاریکی بیرون افکنده خواهند شد، جایی که گریه و دندان بر هم ساییدن خواهد بود» (۳۰:۲۵).

پولس هم زمانی که می‌خواهد «سخنی در خور اعتماد» را به تیموتائوس یادآوری نماید، همین را می‌گوید:

اگر با او مردیم،
با او زندگی هم خواهیم کرد؛
اگر تحمل کنیم،
با او سلطنت هم خواهیم کرد.
اگر انکارش کنیم،
او نیز انکارمان خواهد کرد... (دوم تیموتائوس ۲:۱۱-۱۲)

بسیاری از مسیحیان معانی ضمنی این همه را انکار می‌کنند. به‌طور قطع حرف برای گفتن در این باره بسیار است (نگارنده در کتابی دیگر زیر عنوان *آیا وقتی نجات یافتی، دیگر برای همیشه نجات‌یافته‌ای؟*، هادر و ستاتون، ۱۹۹۶، مفصلاً به این مسئلهٔ حیاتی پرداخته است). در این میان، موقعیت مکاشفه بسیار روشن به‌نظر می‌رسد. حتی برای ایمانداران این امکان وجود دارد که تنها به‌خاطر دست بردن در متن کتاب و تغییر دادن پیام آن، «نصیب بردن از درخت حیات و از شهر مقدس» را از دست بدهند (۱۹:۲۲).

می‌توانیم هدف مکاشفه را در تشویق مسیحیانی که با فشارهای شدید روبه‌رو هستند، به «تحمل» و «غالب آمدن» و به تبع آن پرهیز از «مرگ دوم» از طریق حفظ نام‌های‌شان در «دفتر حیات» خلاصه نماییم. کمی جلوتر، هنگامی که به ساختار کل کتاب نگاهی افکندیم، در خواهیم یافت که هر باب و آیه با این مقصود کلی همخوانی دارد.

ساختار مکاشفه

اگر در تعریف هدف مکاشفه که همانا آماده‌سازی ایمانداران برای رویارویی با جفاها و حتی شهادت است دچار اشتباه نشده باشیم، در این صورت می‌توانیم با هر قسمت از کتاب ارتباط برقرار کنیم. از این گذشته، ساختار کلی آن باید آشکارکنندهٔ بسط این مضمون می‌باشد.

ما شماری از سرفصل‌های کتاب را با بهره‌گیری از تحلیل محتوای آنها از چشم‌اندازی متفاوت و برای اهدافی متفاوت ترسیم می‌نماییم و برای این کار از آسان‌ترین‌ها شروع می‌کنیم. واضح‌ترین تقسیم‌بندی در ۱:۴ روی می‌دهد، آنجایی که تغییری اساسی در زاویهٔ دید، یعنی از زمین به آسمان و از موقعیت کنونی به چشم‌اندازهای آینده، پیش می‌آید:

۱-۳   اکنون
۴-۲۲   آینده

بخش دوم هم که بزرگ‌تر است به دقت میان خبرهای بد و خبرهای خوب تقسیم می‌شود. تغییر از یکی به دیگری در باب ۱۹ صورت می‌گیرد. بنابراین، تقسیم‌بندی زیر را داریم:

۱-۳   اکنون
۴-۲۲   آینده
۴-۱۸   خبرهای بد
۲۰-۲۲   خبرهای خوب

اکنون این نکته را مورد ملاحظه قرار می‌دهیم که هر بخش با یکی از اهداف اصلی کتاب در ارتباط است. منظور این است که چگونه هر بخش ایمانداران را برای آمدن «مصیبت عظیم» آماده می‌نماید؟ سرفصل‌ها یا رئوس مطالب را می‌توانیم بدین‌ترتیب، شرح و بسط دهیم:

۱-۳   اکنون
         اموری که اکنون باید درست شوند
۴-۲۲   آینده
۴-۱۸   خبرهای بد: اموری که پیش از بهترشدن بسیار بدتر می‌شوند.
۲۰-۲۲   خبرهای خوب: اموری که پس از بدترشدن بسیار بهتر می‌شوند.

تنها یک مورد دیگر، یعنی باب ۱۹ می‌ماند که باید آن را هم بیفزاییم. در این باب چه اتفاقی می‌افتد که وضعیت را به‌کلی دگرگون می‌سازد؟ بازگشت عیسی به کرهٔ زمین! بر پایهٔ پیش‌گفتار و پس‌گفتار (۱:۷ و۲۲:۲۰) باید گفت که این رویداد در واقع، شالودهٔ اصلی کل کتاب است. اکنون می‌توانیم «باب ۱۹ بازگشت عیسی» را میان خبرهای بد و خبرهای خوب بگنجانیم (به جای آنکه یک‌بار دیگر به نوشتن جدول سرفصل‌ها که کاری غیرضروری است دست بزنیم، خوانندگان را دعوت می‌کنیم تا خودشان سرباب جاافتاده را در شکاف میان خبرهای بد و خبرهای خوب جای دهند).

اگر هنگام خواندن کتاب این سرفصل‌های آسان را به خاطر بسپارید، شاید مسائل برای‌تان آشکارتر شوند. از همه مهم‌تر، یکپارچگی کتاب بیشتر پدیدار می‌گردد. مکاشفه در سه مرحله به هدف خود نایل می‌شود.

نخست، عیسی به کلیساها می‌گوید که اگر می‌خواهند با فشارهای بیرونی رویاروی شوند، باید با مسائل درونی خود چگونه برخورد کنند. مدارا و سهل‌انگاری در ایمان یا رفتار، کنار آمدن با بت‌پرستی یا بی‌بندوباری اخلاقی، کلیسا را از درون ضعیف می‌کند.

دوم، عیسی که همیشه صداقتش مورد توجه قرار گرفته، بدترین چیزهایی را که ممکن است برای‌شان روی بدهد نشان‌شان می‌دهد. هرگز متحمل از این بدتر نخواهند شد! و با بدترین زمان پیش روی‌شان تنها چند سالی بیشتر فاصله ندارند.

سوم، عیسی عجایبی را که قرار است از پی رویدادهای بد پدیدار شوند آشکار می‌کند. به کنار انداختن چشم‌اندازهای جاودانی به‌خاطر پرهیز از مشکلات گذرا بزرگترین تراژدی ممکن است.

عیسی به هر سه روش پیروان خود را تشویق می‌کند تا زمان بازگشتش «تحمل کنند» و «غالب آیند». اینها در یک آیه خلاصه شده‌اند: «تنها به پاسداری از آنچه دارید بکوشید تا من بیایم» (۲:۲۵). سپس می‌گوید: «بیا و در شادی ارباب خود شریک شو!» (متی ۲۵:۲۱).

البته برای تحلیل کتاب مکاشفه راه‌های دیگری هم وجود دارد. سرفصل‌بندی «موضوعی» بیشتر به یک پیوست از موضوعات می‌ماند و می‌تواند در «یافتن راهمان» به ما کمک کند.

در چنین سرفصلی تغییر دیدگاه از زمین به آسمان و برعکس نادیده گرفته می‌شود. می‌توانیم با سه دورهٔ زمانی کار کنیم:

الف- در زمان کنونی چه رویدادهایی در حال وقوع هستند (۱-۵).

ب- در آیندهٔ نزدیک چه وقایعی روی خواهند داد (۶-۱۹).

پ- در آیندهٔ دورتر شاهد چه رخدادهایی خواهیم بود (۲۰-۲۲).

سپس توجهمان را بر ویژگی‌های اصلی هر دوره معطوف خواهیم نمود و خواهیم کوشید تا برای ایجاد سهولت فهرستی خلاصه‌وار از آنها تهیه کنیم. در زیر نمونه‌ای از «فهرست» رویدادها را مشاهده می‌کنید:

الف- اکنون

۱-۳ یک خداوند صعود کرده

هفت چراغدان گوناگون

۴-۵ آفریننده و آفریدگان

شیر و بره

ب- آیندهٔ نزدیک

۶-۱۶ مهرها، شیپورها، پیاله‌ها

ابلیس، ضدمسیح، نبی دروغین

۱۷-۱۹ بابل- واپسین پایتخت

آرماگدون- واپسین نبرد

پ- آیندهٔ دور

۲۰ سلطنت هزارساله

روز داوری

۲۱-۲۲ آسمان و زمین جدید اورشلیم جدید

توجه داشته باشید که باب‌های ۴-۵ اکنون در قسمت اول قرار گرفته‌اند. دلیلش این است که «کنشی» که به «مصیبت عظیم» منجر می‌گردد، در واقع، با باب ۶ آغاز می‌شود. این بار باب ۱۹ در قسمت دوم جای می‌گیرد، چون در اینجاست که با درهم شکسته‌شدن «تثلیث نامقدس»، «مصیبت عظیم» هم پایان می‌پذیرد.

این‌گونه سرفصل‌بندی را به آسانی می‌توان به خاطر سپرد و هنگام جستجوی موضوعات خاص، به‌عنوان «ارجاع آماده» سودمندی به‌کار برد.

خیلی مهم است که پیش از بررسی دقیق‌تر بخش‌های متعدد کتاب، دست به تمرینی این‌گونه بزنیم. این مَثَل معروف که می‌گوید: «اینقدر درخت هست که نمی‌توان جنگل را دید» کاربرد بسیار دارد! مکاشفه یکی از آسان‌ترین کتاب‌هایی است که علاقهٔ بیش از اندازه به دریافتن جزئیاتش مانع از دریافت پیام کلی آن گردیده.

با وجود این، اکنون زمان آن فرا رسیده که تلسکوپ را به کنار گذاشته، میکروسکوپ- یا دستِ‌کم ذره‌بین- را برداریم!

محتویات مکاشفه

در کتابی با این حجم گنجاندن تفسیری کامل امکان‌پذیر نیست. آنچه که قصد انجامش را داریم ارائهٔ مقدمه‌ای برای هر بخش است تا به دانشجوی کتاب‌مقدس توانایی «خواندن، نشان‌کردن، یاد گرفتن و عمیقاً هضم‌کردن» مطالب آن را ببخشد.

ما ویژگی‌های بارز و اصلی هر بخش را مد نظر قرار داده، به پاره‌ای از اشکالات خواهیم پرداخت و در مجموع به خواننده کمک خواهیم کرد تا از میان مخاطرات راه خود را ادامه دهد. پرسش‌های بسیاری بی‌پاسخ خواهند ماند، اما این کار را می‌توانید با خواندن کتاب‌های تفسیری که منتشر شده‌اند پی بگیرید (تفسیر جورج الدون لد [George Eldon Ladd]، اردمانز، ۱۹۷۲، یکی از بهترین تفسیرهاست).

پیشنهاد می‌کنم پیش از خواندن تفسیر هر بخش، خود آن بخش را از روی کتاب مکاشفه بخوانید.

باب‌های ۱-۳: کلیسا بر زمین

این بخش سرراست‌ترین و آسان‌ترین بخش مکاشفه برای خواندن و فهمیدن است. به پاروزدن در لبهٔ دریا می‌ماند، که خودتان را در مکانی می‌بینید که تنها به اندازهٔ قامت خودتان ژرفا دارد، حال آنکه هراسان دور خود می‌چرخیده‌اید!

مکاشفه با وجودی که بارها خود را یک «نبوت» معرفی کرده است، اما در واقع، به شکل یک نامه نوشته شده (مقایسه کنید ۱:۴-۶ را با «شیوهٔ گفتار» آغازین دیگر نامه‌ها). با این‌حال، به جای یک مقصد، خطاب به هفت کلیسا فرستاده شده است. در حالی‌که برای هرکدام حاوی پیامی ویژه است، به روشنی قصد دارد تا همه از پیام‌های دیگران هم آگاه شوند.

پس از سلام‌های مرسوم مسیحی («فیض و آرامش»)، موضوع اصلی را اعلام می‌کند: «او می‌آید»، رویدادی که موجبات ناخشنودی دنیا را فراهم می‌سازد، اما برای کلیسا شادی‌بخش است. این رویداد مطلقاً حتمی («آمین») است.

«فرستندهٔ» نامه خود خداست، خداوند زمان که هست و بود و می‌آید، آلفا و امگا (حروف اول و آخر الفبای یونانی، که نماد ابتدا و انتهای همه چیز است). همین عنوان را عیسی به خودش می‌دهد (۱:۱۷؛ ۲۲:۱۳)، و دلیلی است که ثابت می‌کند او باور داشته که از مرتبهٔ الوهیت برخوردار است.

«کاتب» یا منشی‌ای که نامه را می‌نویسد کسی نیست جز یوحنای رسول، که به‌عنوان یک زندانی سیاسی و به دلایل مذهبی به جزیرهٔ پاتموس، با وسعت هشت مایل در چهار مایل که در دودکانس[1] دریای اژه قرار دارد، تبعید شده.

مطالب به صورت شفاهی و دیداری ارائه شده‌اند. توجه داشته باشید که او پیش از آنکه چیزی را «ببیند»، نخست صدایی را «می‌شنود». صدایی به او فرمان می‌دهد تا آنچه را که با تصویری چشمگیر از عیسی که یوحنا پیشتر هرگز ندیده بود، و در پی خواهد دید بنگارد: مویی به سفیدی برف، چشمانی مشتعل، صدایی رعدآسا، زبانی تیز و برنده، پاهایی گداخته. او حتی بر کوه دگرگونی سیما هم چنین چیزی ندیده بود. جای شگفتی نیست که یوحنا از حال می‌رود، تا زمانی که همان کلمات بسیار آشنا را می‌شنود: «بیم مدار».

1. Dodecanese

هر شـخصیت تاریخی دیگری را که در نظر بگیرید، زمانی زنده بوده و بعد مرده. عیسی تنها کسی است که مرده بود و اکنون «زندهٔ جاوید» است (۱:۱۸؛ تحت‌اللفظی‌اش می‌شود «تا همهٔ دهرها»).

صدا به یوحنا می‌گوید «آنچه اکنون هست» (باب‌های ۱-۳) و «آنچه از این پس خواهد شد» (باب ۴-۲۲) را بنویسد. کلامی که به زمان کنونی مربوط می‌شود خطاب به هفت کلیسای آسیا گفته شده، که هرکدام یک «فرشتهٔ نگهبان» دارند و برای عیسی بر آنها نظارت می‌کند. در رویای اولیه آنها به صورت هفت ستاره (فرشتگان) و هفت چراغدان (کلیساها) به تصویر کشیده شده‌اند. توجه داشته باشید که عیسی مشخصاً در میان آنها «گام می‌زند»، کاری که خود یوحنا هم پس از آزادی از زندان باید چنین کند. در اناجیل، اکثر پیام‌هایی که عیسی بیان کرده بود و عمدهٔ معجزاتی که وی، چه پیش از مرگ و چه پس از رستاخیزش انجام داده بود، آمده است.

بهترین روش این است که هفت نامه به هفت کلیسا را با هم بخوانیم و با همدیگر مقایسه نماییم. اینکه نامه‌های مزبور دوشادوش یکدیگر نوشته شده‌اند می‌تواند بسیار روشنگر باشد، چراکه بر شباهت‌ها و تفاوت‌های میان آنها تأکید می‌کند.

خواننده بی‌درنگ به روشنی درمی‌یابد که شکل و ترکیب نامه‌ها یکی است، و دربرگیرندهٔ هفت عنصر (یک هفت‌تای دیگر) است:

۱ـ نشانی:
«به فرشته کلیسای...»
۲ـ القاب:
«آن که... چنین می‌گوید»
۳ـ تأیید:
«اعمال تو را می‌دانم...»
۴ـ اتهام:
«اما این ایراد را بر تو دارم»
۵ـ پند:
«... اگر توبه نکنی خواهم آمد و...»
۶ـ اطمینان
«هرکه غالب آید، من به او...»
۷ـ درخواست
«آن که گوش دارد بشنود که روح به کلیساها چه می‌گوید...»

در نظم بالا تنها یک دگرگونی وجود دارد که در چهار نامهٔ آخر پدیدار می‌شود، آنجایی که دو مورد آخر معکوس می‌شود (دلیل این کار روشن نیست). اکنون نامه‌ها را با هم مقایسه می‌کنیم و می‌سنجیم.

نشانی

این بخش دقیقاً در هر هفت نامه تکرار می‌شود، جز اینکه نام گیرندهٔ نامه فرق می‌کند. شهرهای مزبور در یک مسیر دایره‌ای شکل قرار دارند، که با بندر مهم افسس آغاز می‌شود (کلیسایی که بیش از دیگر کلیساهای آن روزگار از آن آگاهی در اختیار داریم)، راه خود را در حاشیهٔ دریا به‌سوی شمال ادامه داده سپس به طرف شرق گرایش پیدا کرده سرانجام راه جنوب را در پیش می‌گیرد و به درهٔ ثروتمند رودخانهٔ مئاندر ختم می‌شود.

تنها نکتهٔ قابل‌بحث این است که آیا واژه angelos (به معنای تحت‌اللفظی «فرستاده») به شخصیتی زمینی دلالت می‌کند یا شخصیتی آسمانی. از آنجایی که در جاهای دیگر مکاشفه این واژه به درستی «فرشته» ترجمه شده، گمان قوی بر این است که در اینجا هم منظور همان باشد. در رابطه با کلیسا پای فرشتگان بسیار به میان کشیده می‌شود (حتی توجه به مدل موی پرستندگان! اول قرنتیان ۱۱:۱۰). از آنجایی که یوحنا در انزوای کامل به سر می‌برده، حاملان نامه‌ها باید «فرستادگان» آسمانی بوده باشند. تنها شک‌ورزی عصر مدرن است که وجود فرشتگان را زیر سؤال برده منجر به ترجمهٔ این واژه به «خادم» شده است (لابد برای آن خادم هم عنوان «عالیجناب» [Rev.ـ عنوانی است که برای کشیش‌ها به‌کار می‌برند- م.] را به‌کار می‌برند!).

القاب

شایان توجه است که عیسی هیچگاه به نام خود اشاره نمی‌کند، بلکه تنها به‌عنوان‌هایی بسنده می‌نماید که بسیاری از آنها کاملاً تازه هستند. در واقع، او بیش از ۲۵۰ عنوان برای خود به‌کار می‌برد، و این بیشترین شمار القاب برای یک شخصیت تاریخی است (فهرست‌کردن این القاب و عناوین می‌تواند از جهت پرستشی بسیار سودمند باشد). در هر نامه، عنوان عیسی با دقت برگزیده می‌شود تا جنبه‌ای از شخصیت او را که کلیسا متمایل به فراموش‌کردن آن بوده یا لازم بوده به آن توجه ویژه مبذول دارد، توصیف نماید. برخی از آنها را می‌توان در رویای اول یوحنا از شخص عیسی یافت. همهٔ آنها از اهمیت بسیاری برخوردارند. «کلید داوود» به تحقق امیدهای مسیحایی اسرائیل اشاره می‌کند. «مبدأ آفرینش خدا» بر اهمیت اقتدار جهانی وی دلالت می‌نماید (متی ۲۸:۱۸).

تأیید

این قسمت گشایندهٔ آشناترین بخش هر نامه است، در اینجا ضمیر سوم شخص مفرد (او) جای خود را به اول شخص مفرد (من) می‌دهد. آیا این همان شخص است؟ «او» به‌طور قطع

به مسیح اشاره دارد، اما «من» می‌تواند روح باشد، یعنی البته «روح مسیح». توضیحات بعدی (مثلاً «من این اقتدار را از پدرم یافته‌ام» در ۲۷:۲) بیشتر مؤید نظریه اول است.

«می‌دانم» ادعایی است که حکایت از آگاهی مطلق مسیح، هم در عرصهٔ درونی و هم اوضاع بیرونی دارد. دانش او، و از این‌رو ادراک او جامع است. داوری وی درست، نظرش صائب و صداقتش بی‌شائبه است.

از همه مهم‌تر اینکه او «اعمال» یعنی کرده‌ها و کنش‌های ایشان را می‌داند. این تأکید بر اعمال در سراسر مکاشفه فراگیر است. این بدان خاطر است که موضوع این کتاب داوری است. عیسی بازمی‌گردد تا بر زندگان و مردگان داوری کند. با ایمان است که پارسا شمرده می‌شویم، اما با اعمال است که بر ما داوری می‌شود (دوم قرنتیان ۵:‏۱۰). عیسی کارهای نیکو را تأیید می‌کند و کلیسا را به تداوم آنها تشویق می‌کند.

زمانی که نامه‌ها را دوشادوش همدیگر مورد بازبینی قرار می‌دهیم، بی‌درنگ آشکار می‌شود که در مورد دو کلیسا هیچ چیز خوبی برای گفتن ندارد، کلیسای ساردس و کلیسای لائودیکیه. با وجود این، هر دو از دیدگاه انسانی «موفق» هستند. شاید نظر عیسی با نظر ما تفاوت بسیار داشته باشد. جماعت‌های بزرگ، گردهمایی‌های عظیم و برنامه‌های کامل ضرورتاً نشانه‌های سلامت روحانی نیستند.

به پنج کلیسا سفارش‌هایی می‌شود: عیسی افسس را به تلاش، بردباری، استقامت و تمییز (طردکردن رسولان دروغین)؛ ازمیر را به دلیری در برابر دشمنی‌ها و فقر (گرچه در مجاورت «کنیسهٔ شیطان» است، که احتمالاً فرقه‌ای رازآلود از یهودیت بوده)؛ پرگاموم را به انکار نکردن ایمان در زیر فشار، حتی زمانی که یکی از اعضایش شهید می‌شود (هرچند زیر سایهٔ «زیستگاه شیطان» قرار دارد، معبدی بسیار بزرگ که اکنون در موزهٔ برلین شرقی از نو برپا شده)؛ تیاتیرا را به محبت و وفاداری و خدمت و پایداری‌اش؛ فیلادلفیه را به وفاداری ارزشمندش (با وجود یک «کنیسهٔ شیطان» دیگر در مجاورتش) توصیه می‌کند.

در حاشیه متوجه خواهیم شد که عیسی بارها از شیطان، که در پس همهٔ دشمنی‌ها با کلیساها قرار دارد، سخن می‌گوید. او همچنین مسئول بحران فاجعه‌باری است که ایشان با آن روبه‌رو خواهند شد، یعنی: «ساعت آزمایشی که بر کل جهان خواهد آمد تا ساکنان زمین را بیازماید» (۱۰:۳).

سرانجام اینکه، شیوهٔ شاخص عیسی که نخست تعریف می‌کرد و بعد لب به انتقاد می‌گشود، برای رسولان نمونه‌ای شد که بدان تأسی می‌جستند. پولس خدا را شکر می‌کند که قرنتیان همهٔ «عطایای روحانی» را دارند (اول قرنتیان ۱:‏۴-۷)، سپس سوءاستفادهٔ ایشان از این عطایا را اصلاح می‌نماید. البته او در موقعیت‌هایی که امکان تعریف‌کردن وجود نداشت، مانند کلیسای غلاطیه، بی‌مقدمه با آنها برخورد هم می‌کرد. اما این یک اصل است که همهٔ مسیحیان باید از آن پیروی کنند.

اتهام

باز هم دو کلیسا از اتهام مستثنا می‌گردند؛ کلیساهای ازمیر و فیلادلفیه. زمانی که این دو کلیسا نامه‌های مربوط به خودشان را خوانده‌اند، چقدر احساس تسلی و آرامشی پیدا کرده‌اند! آنها از سایر کلیساها ضعیف‌تر و متحمل جفا بودند، اما همچنان وفادار مانده بودند، که همین وفاداری عیسی را از هر چیز دیگر خشنودتر می‌سازد (متی ۲۵:۲۱و۲۳).

مشکل بقیه کلیساها چه بود؟ افسس «محبت نخستین» خود را (نسبت به خداوند، یکدیگر و گناهکاران گمشده؟ احتمالاً هر سه، چراکه همهٔ آنها به هم مرتبطند) فروگذاشته بود؛ پرگاموم درگیر بت‌پرستی و بی‌بندوباری اخلاقی (هم‌آمیزی دینی و تسامح، نسخه‌های امروزی آن هستند) شده بودند؛ تیاتیرا به‌خاطر همان چیزها (در نتیجهٔ گوش سپردن به «ایزابل») مقصر بود؛ ساردس دست به خطری تازه زده، به خود عنوان کلیسای «زنده» داده بود، در حالی‌که در آستانهٔ مرگ قرار داشت (آیا این به گوشتان آشنا نیست؟)؛ لائودیکیه بیمار بود، اما خودش خبر نداشت.

این نامهٔ آخری شاید شناخته‌شده‌ترین و تکان‌دهنده‌ترین نامه باشد. آنها به‌خاطر داشتن مشارکت‌های گرم و استقبال گرم از بازدیدکنندگان، به خودشان مغرور شده بودند. اما کلیساهای ولرم حال عیسی را به هم می‌زنند. او با کلیساهای سرد و یخ‌زده یا داغ داغ راحتتر کنار می‌آید! این اشاره‌ای به چشمه‌های آب گرم و شوری بود که از دامنهٔ کوه به‌سوی شهر روان بود (همان جایی که امروزه پاموک کاله یعنی «قلعهٔ پنبه» نامیده می‌شود و آب گرم معدنی‌اش برای جویندگان سلامتی آشناست)؛ آب این چشمه‌ها تا به لائودیکیه برسد، «ولرم» شده بود و از آن به‌عنوان استفراغ‌آور استفاده می‌کردند.

در اینجا عیسی دست از توجه‌کردن به جلسات برداشته! در درون این جلسات نمی‌توان عیسی را یافت- چراکه وی را بیرون از کلیسا جا گذاشته‌اند. ۳:۲۰ آیه‌ای است که احتمالاً بیش از هر آیه دیگری در کلام خدا مورد سوءاستفاده قرار گرفته است و آن را در سطحی جهان‌شمول برای دعوت‌های بشارتی پاسخ به جستجوکنندگان به‌کار می‌برند. این آیه هیچ ربطی به مسیحی‌شدن ندارد. در حقیقت، اگر آن را با مفهوم بالا به‌کار ببریم دست به اشتباهی بزرگ زده‌ایم (در واقع این فرد گناهکار است که لازم است در را بکوبد و وارد پادشاهی خدا شود، و این در کسی نیست جز عیسی؛ لوقا ۱۱:۵-۱۰؛ یوحنا ۳:۵؛ ۱۰:۷). «در»ی که در ۳:۲۰ بدان اشاره شده در کلیسای لائودیکه است. این آیه پیامی نبوتی برای یک کلیساست که عیسی را از دست داده و سرشار از امید است. تنها کافی است یکی از اعضای آن خواهان نشستن پشت میز عیسی باشد تا مسیح دوباره به آن کلیسا بازگردد! برای آگاهی بیشتر پیرامون این آیه و روش مسیحی‌شدن در عهدجدید به کتاب من، *تولد بهنجار* مسیحی (هادر و ستاوتن، ۱۹۸۹) مراجعه فرمایید.

پیش از آنکه این باب را پشت سر بگذاریم، باید این نکته را خاطرنشان سازیم که این اتهام‌ها از محبت عیسی نسبت به کلیساها سرچشمه می‌گیرد. خودش این را می‌گوید: «من کسانی را توبیخ و تأدیب می‌کنم که دوست‌شان می‌دارم» (۱۹:۳). در واقع، اگر چنین توبیخ و تأدیبی نباشد باید آن را نشانهٔ عدم تعلق آن کلیسا به خانوادهٔ الاهی دانست (عبرانیان ۱۲:۷-۸)!

او نمی‌خواهد آنها را زمین بگذارد، بلکه می‌خواهد بلندشان کند. از همه مهم‌تر، می‌خواهد برای تحمل فشارها آماده‌شان سازد، که این فشارها برای آنان در حکم «آزمایش» است (۱۰:۳). اگر اکنون با آن مدارا کنند، در آینده تسلیمش خواهند شد. ممکن است به بهای از دست دادن میراث‌شان تمام شود.

پند

برای هر هفت کلیسا کلامی تسلی‌بخش وجود دارد. حتی دو کلیسایی را که سراسر تأیید می‌کند، تشویق به ادامه‌دادن به کارهای نیکو، و «کوشیدن در پاسداری از آنچه دارند» می‌کند (۲۵:۲).

به پنج کلیسای دیگر با کلماتی چون «به یاد آر» و «توبه کن» هشدار می‌دهد. ایشان را فرامی‌خواند تا به یاد داشته باشند که زمانی کجا بودند و چه باید باشند. و توبهٔ راستین مستلزم چیزی بیشتر از توبه یا ابراز ندامت است؛ اقرار و اصلاح را می‌طلبد.

به آنانی که به درخواست‌هایش روی خوش نشان نمی‌دهند، هشدار می‌دهد که «خواهد آمد» و حق‌شان را کف دست‌شان خواهد گذارد. زمانی خواهد رسید که دیگر برای درست‌کردن اوضاع خیلی دیر شده است. گاه، این اشاره‌ایست به بازگشت وی، یعنی آن هنگامی که قرار است به آنهایی که «تا پای جان وفادار» مانده‌اند، «تاج حیات» را ببخشد (۱۰:۲؛ مقایسه کنید با دوم تیموتائوس ۶:۴-۸)، اما آنانی که آمادهٔ شنیدن نیستند، این سخنان دهشتناک در انتظارشان خواهد بود «من شما را نمی‌شناسم» (متی ۱۲:۲۵).

به‌طور معمول، «خواهم آمد» بر دیداری دیگر پیش از بازگشت مسیح و برای برداشتن «چراغدان» آن کلیسا دلالت می‌کند (۵:۲). یکی دیگر از کارهای عیسی به زیر کشیدن و بستن کلیساهاست! کلیسای اهل مدارا و تسامحی که نمی‌خواهد خود را اصلاح کند از عاطل‌وباطل‌بودن در پادشاهی خدا بدتر است. بهتر است که بساط چنین تبلیغ ضعیفی از انجیل به‌کلی از میان برچیده شود.

این قسمت را می‌توانیم با این کلمات خلاصه کنیم: «اصلاحش کن. از آن نگاهبانی نما، وگرنه درش را خواهم بست».

اطمینان

شایان توجه است که دعوت به «غالب آمدن» نه کل کلیسا، که فرد فرد اعضای آن را مورد خطاب قرار می‌دهد. داوری همیشه امری فردی است، چه فرجامش اعطای پاداش باشد یا

مجازات، هیچگاه جمعی نیست (به «هر کس» در دوم قرنتیان ۵:۱۰ توجه نمایید). در هیچ جا پیشنهاد نکرده که کلیسای فاسد را ترک کرده با اولین ارابه خودتان را به کلیسای پایین خیابان که کلیسای بهتری است برسانید! همچنین برای فرد این عذر باقی نمی‌ماند که چون کل کلیسا لغزش خورده، پس سهل‌انگاری‌اش قابل‌اغماض است. هیچ دلیل ندارد که از روش‌های اشتباه درون یک جماعت پیروی کنید. به عبارت دیگر، یک مسیحی پیش از آموختن نحوهٔ ایستادگی در برابر دنیا، نخست باید چگونه ایستادگی‌کردن در برابر فشارهای درون کلیسایی را یاد بگیرد. اگر بر فشارهای درونی نتوانیم «غالب آییم»، بعید است که بتوانیم بر فشارهای بیرونی «غلبه پیدا کنیم».

عیسی در دادن وعدهٔ پاداش‌های گوناگون برای انگیزه‌بخشیدن به ایمانداران، تردید نمی‌کند (۵:۱۲). خودش ***«به‌خاطر آن خوشی که پیش رو داشت»*** متحمل صلیب گردید، و ننگ آن را به جان خرید. وی در هر نامه «غالب آیندگان» را تشویق می‌کند تا به پاداش‌هایی که در انتظار «کوشندگان برای رسیدن به خط پایان» (فیلیپیان ۳:۱۴) می‌باشد فکر کنند.

درست همان‌گونه که وی در هر نامه یکی از القاب و عناوین به‌کار رفته در باب اول را مورد استفاده قرار می‌دهد، پاداش‌هایی را هم که وعده می‌دهد برگرفته از باب آخر کتاب هستند. اینها در آیندهٔ نهایی اعطا خواهند شد، نه در زمان کنونی. تنها کسانی که به وفاداربودن او به حفظ وعده‌هایش ایمان دارند، از انگیزهٔ لازم برای پرداخت تاوان درازمدت این وعده‌ها برخوردارند.

یک‌بار دیگر، باید این را دریابیم که شادمانی‌های آسمان و زمین جدید برای همهٔ ایمانداران نیست، بلکه تنها برای کسانی است که بر فشارهای ناشی از وسوسه‌ها و جفاها غالب آیند (۲۱:۷-۸ به صراحت هرچه تمام‌تر این مطلب را روشن می‌سازد). آنانی که «تا به آخر» مطیع و وفادار می‌مانند (۲:۲۶) نجات خواهند یافت (مقایسه کنید با متی ۱۰:۲۲؛ ۲۴:۱۳؛ مرقس ۱۳:۱۳؛ لوقا ۲۱:۱۹).

درخواست

واپسین فراخوان، «آن که گوش دارد، بشنود»، عبارتی آشناست که عیسی هنگام نتیجه‌گیری از سخنانش به‌کار می‌برد (برای مثال، متی ۱۳:۹). معنای این سخن در پرتو یکی از عبارات عهدعتیق روشن می‌گردد که مکرراً در عهدجدید نقل شده است: «خواهید شنید، اما نخواهید فهمید... گوش‌های ایشان را سنگین نما...، مبادا با گوش‌های خود بشنوند و با دل خود بفهمند و بازگشت نموده، شفا یابند» (اشعیا ۶:۹-۱۰، نقل شده در متی ۱۳:۱۳-۱۵؛ مرقس ۴:۱۲؛ لوقا ۸:۱۰؛ اعمال ۲۸:۲۶-۲۷).

عیسی می‌دانست که واکنش عمومی یهودیان به کلام خدا اینچنین است. اکنون مسیحیان را به چالش وامی‌دارد که همان واکنش را از خود نشان ندهند. او بر تفاوت میان شنیدن و

اطاعت‌کردن از کلام تأکید می‌نماید. مسئله بر سر این است که به آنچه گفته چقدر توجه کرده‌اند. تنها زمانی سخنان مندرج در مکاشفه برای‌شان برکت به همراه خواهد داشت که آن را بخوانند و «نگاه دارند»، یعنی نه تنها آن بشنوند، بلکه «در دل محفوظ می‌دارد» (۳:۱). پدر یا مادری که فرزندش فرمان «بگذارش زمین» را نشنیده گرفته، به او می‌گوید: «مگر نشنیدی چه گفتم؟»، و مسلماً منظورش این است که چرا اطاعت نکرده، نه اینکه چرا نشنیده.

به همین سادگی، عبارت پایانی در هر نامه خطاب به هفت کلیسا به این معناست که عیسی از کلیسا انتظار واکنش مناسب دارد، واکنشی مثبت که با اطاعت همراه است. حق هم دارد که چنین انتظاری داشته باشد. او خداوند است.

باب‌های ۴-۵: خدا در آسمان

این بخش تقریباً روندی مستقیم و رو به جلو دارد و نیاز چندانی به مقدمه‌چینی ندارد. به‌ویژه، باب ۴ احتمالاً در زمینهٔ پرستش آشناست؛ اغلب آن را برای تهییج پرستش می‌خوانید و بر اساس مطالب آن سرودهای روحانی بسیاری ساخته شده است. نیم‌نگاهی به ستایش آسمانی ارائه می‌دهد که همهٔ پرستش‌های زمینی بازتابی از آن هستند.

یوحنا با جملهٔ «فراز آی» به آسمان دعوت می‌شود (۱:۴) تا اوضاع را از زاویهٔ دید آسمان مشاهده نماید، امتیازی که به کمتر کسی در طول زندگی‌اش داده می‌شود (پولس هم تجربه‌ای مشابه داشت؛ دوم قرنتیان ۱:۱۲-۶). جایی است که خدا سلطنت می‌کند و از آنجا فرمان می‌راند. «تخت» واژهٔ کلیدی است و ۱۶ بار تکرار می‌شود. به تأکیدی که بر «نشستن» می‌شود توجه فرمایید (۴:۲و۹ و ۱۰؛ ۱:۵). این همان مرکز کنترل «پادشاهی آسمان» است.

صحنه به‌طرز نفس‌گیری زیبا و تقریباً وصف‌ناپذیر است. رنگین‌کمان‌های سبز (!)، تاج‌های زرین، آذرخش و تندر، مشعل‌های شعله‌ور- انسان می‌تواند تصور کند که چشمان یوحنا از شگفتی چیزهایی که می‌دیده، تقریباً از حدقه بیرون زده بوده است. او در تلاش برای وصف آنچه که دربارهٔ خود خدا می‌بیند، تنها می‌تواند صحنه را با دو سنگ از درخشنده‌ترین سنگ‌هایی که تا آن زمان دیده بود (یشم و عقیق)، مقایسه کند.

از همه مهم‌تر، بر کل صحنه آرامشی خاص حکم‌فرماست که به صورت «دریایی از شیشه» بیان می‌شود که تا افق امتداد یافته است. کاملاً روشن است که می‌خواهد میان آرامش اینجا با آشوب و پریشانی ژرفی که آن پایین، زمین را دربرگرفته است (از باب ۶ به بعد) مقایسه‌ای آشکار انجام دهد. خدا بر همهٔ نبردهایی که میان نیکی و بدی انجام می‌شود، با اقتدار و برتری تسلط دارد. او مجبور نیست با کسی دست و پنجه نرم کند؛ حتی شیطان پیش از آنکه بخواهد انسانی را لمس کند، نخست باید از او اجازه بگیرد (ایوب ۱). هیچ چیز حتی نمی‌تواند او را غافلگیر نماید. او دقیقاً می‌داند که با هرچه روی می‌دهد چگونه برخورد نماید، چراکه آنچه اتفاق می‌افتد با اذن و اجازهٔ اوست.

او خداست، نه انسان. از این‌رو شایسته پرستش است. پرستش است که نشان می‌دهد خدا تا چه اندازه برای شما ارزش دارد. آفریننده از سوی آفریدگانی که خود خلق نموده، بدون توقف مورد ستایش قرار می‌گیرد. چهار «موجود زنده» هستند که یکی از آنها به شیر «می‌ماند»، دومی به گوساله، سومی به انسان و چهارمی هم به عقاب؛ این چهار موجود با هم نماینده همهٔ آفریدگان، از چهارگوشه زمین هستند (هرچند ۲۰ تفسیر دیگر نیز وجود دارد!). پرستش ایشان به‌گونه‌ای مبهم «تثلیث‌گرایانه» است: سه بار «قدوس» می‌گویند و خدا را در سه بعد زمانی- گذشته، اکنون و آینده- می‌ستایند.

بیست و چهار پیر «شورا»یی آسمانی را تشکیل می‌دهند (ارمیا ۱۸:۲۳). گرچه اینان به‌طور قطع نماینده دو قوم طرف عهد با خدا، یعنی اسرائیل و کلیسا هستند (به ۲۴ نامی که بر دروازه‌های و شالوده‌های اورشلیم جدید نوشته شده، توجه بفرمایید؛ ۲۱:‏۱۲-۱۴). آنها «تاج» و «تخت» دارند، اما اقتدارشان از سوی خدا بدیشان تفویض شده است.

در باب ۴ جز پرستش بی‌وقفه، هیچ کاری انجام نمی‌شود. صحنه‌ای دایمی است و در آن به هیچ زمانی اشاره نمی‌شود. با باب ۵ است که کار- با جستجوی شخصی «در آسمان و زمین»- شروع می‌شود؛ کسی که «سزاوار برداشتن مهرها و گشودن طومار باشد».

در پرتو رویدادهاست که اهمیت طومار روشن می‌گردد. برنامهٔ پایان‌پذیرفتن دوران تاریخ زمینی که ما بر آن زندگی می‌کنیم، باید بر آن نوشته شود. با برداشتن مهرهای آن است که شمارش معکوس آغاز می‌شود.

تا زمانی که این اتفاق بیفتد، جهان باید به وضعیت کنونی‌اش ادامه بدهد. پیش از آنکه «عصر آینده» آغاز شود، بساط «عصر شرور حاضر» باید برچیده شود. اگر «پادشاهی خدا» قرار است به‌طور جهانی بر زمین استقرار پیدا کند، باید همهٔ «پادشاهی‌های دنیا» برای همیشه سرنگون گردند. از این روست که وقتی یوحنا کسی را نیافت که «سزاوار» برداشتن مهرها و گشودن طومار باشد، با ناامیدی و اندوه گریست و گریست.

اما چرا چنین مشکلی وجود داشت؟ این خود خدا بود که در طول تاریخ بلاهای داوری بسیاری را بر زمین فروفرستاده بود. حال مگر این واپسین بلاها فرقی با موارد گذشته داشتند؟ یا او این‌گونه خواسته که مانند گذشته عمل نکند و یا احساس می‌کرده که خود سزاوار انجام آن نیست! با توجه به اینکه متن کتاب می‌گوید که هیچ شخصی یافت نشد که «سزاوار» گشودن مهرهای باشد، این مورد آخری برخلاف آنچه که برخی می‌پندارند نه چندان عجیب است و نه کفرآمیز.

این شخص سزاوار کیست؟ کسی که هم «شیر» است و هم «بره»! در واقع، تضاد میان این دو آن‌گونه که گروهی تصور می‌کنند چندان هم شدید نیست. بره، مانند هر برهٔ دیگری که برای قربانی‌کردن مورد استفاده قرار می‌گرفت («یک ساله»؛ خروج ۵:۱۲)، هم نرینه بود و هم کاملاً بالغ. در این مورد که بایسته است آن را «قوچ» بنامیم، این بره به نشانهٔ قدرت کامل، هفت

شـاخ (یکی بیشـتر از گوسفند یعقوب) و به نشانهٔ بینش کامل، هفت چشم دارد. با وجود این، او را به‌عنوان قربانی ذبح کرده‌اند.

شیر سلطان جنگل است، اما در اینجا برآمده از قبیلهٔ یهودا است و ریشه در سلسلهٔ پادشاهی داوود دارد. پس ما آمیزه‌ای منحصربه‌فرد از برتری شـیر و قربانی بره داریم، که برآمدن پادشـاه و خادم رنج‌کشـیده‌ای دلالـت می‌کند که انبیای عبرانی آمدنـش را پیش‌گویی کرده بودند (مثلاً، اشعیا ۹-۱۱و۴۲-۵۳).

اما نه هویت او، که آنچه می‌کند است که وی را سزاوار فروفرستادن بلاها و مصائب پایانی بر جهان می‌سازد، زیرا «پایان» می‌تواند دو معنی داشته باشد: انهدام نهایی و فرجام. او معنای دوم را تحقق خواهد بخشید.

او قومی را آماده سـاخته تا زمام امور جهان را در دسـت بگیرند. وی ایشـان را از هر گروه قومـی نـژاد بشـری، به بهای خون خویش خریده اسـت. وظایـف پادشـاهی و کهانتی را برای خدمت‌گزاری به خدا به آنها آموخته و بدین‌ترتیب، برای مسـئولیت *سـلطنت بر زمین* آماده کرده است (این امر به‌طور کامل در مکاشفه ۲۰:۴-۶ شرح داده شده).

تنها کسی که همهٔ این کارها را انجام داده قادر است آغازگر نخستین مجموعهٔ بلاهایی باشد که قرار است بر سر همهٔ رژیم‌های دنیا فرود آید. نابودکردن یک نظام بد بدون داشتن نظام خوبی که آمادهٔ جایگزین‌شدن آن باشد، می‌تواند به هرج و مرج بینجامد.

اما خود او سزاوار فرمانروایی بر حکومتی است که خود آن را آماده ساخته، دقیقاً به این دلیل که حاضر بود همه چیزش را برای تحقق آن فدا کند. از این‌رو بود که او «تا به مرگ، حتی مرگ بر صلیب مطیع گردید!» تا «خدا او را به غایت سرافراز کند» (فیلیپیان ۲:۸-۹).

بی‌جهت نیسـت که هزاران فرشـته، با یک هماهنگی موسـیقایی هم‌آوا شـده اعلان می‌کنند که او شایسـتهٔ قدرت و ثروت و حکمت و توانایی اسـت، و سـزاوار حرمت و جلال و ستایش. سـپس همهٔ آفریدگان جهان هسـتی بدیشان پیوسته همسرایی می‌کنند، هرچند یک چیز را بر آن می‌افزایند. قدرت، حرمت، جلال و سـتایش، همگی باید میان آن تخت‌نشـین و پسـرش که در مرکز پیش روی وی ایسـتاده، تقسـیم گردد. هر دو آنها در این امر دخیل هسـتند. هر دو برای ممکن ساختن این امر رنج کشیدند، هرکدام به شیوهٔ خود.

بیش از این دیگر چیزی نمی‌تواند با این روشنی الوهیت خداوند ما عیسای مسیح را آشکار سازد، که همه او و خدا را با هم مورد ستایش و پرستش محض قرار دهند.

باب‌های ۶-۱۶: شیطان بر زمین

این بخش قلب کتاب را تشکیل می‌دهد و دشوارترین قسمت آن برای فهمیدن و به‌کار بردن به‌شمار می‌رود.

خبرهای بد ما را احاطه کرده‌اند. پیش از آنکه اوضاع بهتر شود، همه چیز رو به بدترشدن پیش می‌رود. دستِ‌کم این تسلی خاطر وجود دارد که می‌دانیم اوضاع از آنچه که در این فصل‌ها گفته شده بدتر نمی‌شود. اما این خودش به اندازهٔ کافی بد هست!

برای تفسیر با سه مشکل عمده روبه‌رو هستیم.

نخست آنکه، *ترتیب* رویدادها بر چه منوال است؟ درست‌کردن یک جدول زمان‌بندی برای همهٔ آنها کار دشواری است، و آنانی که برای انجام این کار دست به تلاش می‌زنند خیلی زود آن را درمی‌یابند.

دوم اینکه، معنای همهٔ *نمادها* چیست؟ برخی از آنها روشنند. برخی دیگر توضیح داده شده‌اند. اما تفسیر بعضی از آنها مشکل است («زن آبستن» در باب ۱۲ یکی از این موارد است).

سوم اینکه، این پیش‌گویی‌ها چه زمانی *تحقق* می‌یابند؟ آیا در گذشته انجام شده‌اند، یا در عصر ما در حال تحقق هستند، و یا در آینده‌ای که هنوز زمانش فرا نرسیده انجام خواهند شد؟

ما روی ترتیب رویدادها، که با یک‌بار خواندن معلوم نمی‌شوند، متمرکز خواهیم شد و در طی این بررسی نگاهی هم به نمادها خواهیم افکند. قرارگرفتن چند ویژگی که فاقد ترتیب هستند و ظاهراً به صورت پراکنده و اتفاقی در میان این فصل‌ها جای گرفته‌اند، کار ما را قدری پیچیده می‌کنند.

نخستین مورد وجود *مطالب خارج از موضوع* است. این مطالب که به صورت «جملات معترضه» یا درون پرانتز آمده‌اند، به موضوعاتی می‌پردازند که به‌نظر می‌رسد خارج از رشتهٔ اصلی رویدادها هستند.

مورد دوم وجود *جمع‌بندی‌ها* (تلخیص‌ها) است. هرازگاه چنین می‌نماید که روایت برگشته از نو رویدادهای یادشده در گذشته را تکرار می‌کند.

مورد سوم هم وجود *پیش‌گفته‌ها* است. به ذکر رویدادهایی برمی‌خوریم که بدون هیچ توضیحی در متن داستان گنجانیده شده‌اند و کتاب، بعدها به شرح آنها می‌پردازد (برای مثال، «آرماگدون» برای نخستین بار در ۱۶:۱۶ پدیدار می‌شود، اما برای وقوع آن باید تا باب ۱۹ صبر کرد).

این موارد به کژفهمی و گمانه‌زنی‌هایی انجامیده که پیشتر در مبحث تفسیر «تاریخگرایی ادواری» بدان پرداختیم. ما مسیر ساده‌تری در پیش خواهیم گرفت، و از نکات روشن به‌سوی نکات مبهم خواهیم رفت.

هنگامی که این فصل‌ها را در یک نشست می‌خوانیم، برجسته‌ترین مواردی که به چشم می‌خورند، توالی سه‌گانهٔ مهرها، شیپورها و پیاله‌هاست. کشف رمز نمادپردازی موجود در این سه مورد به نسبت آسان است.

مهرها: ۱ـ اسب سفید ـ تجاوز نظامی
۲ـ اسب سرخ‌فام ـ خونریزی
۳ـ اسب سیاه ـ قحطی
۴ـ اسب سبز ـ بیماری، امراض فراگیر

* * *

۵ـ جفا و دعا
۶ـ زمین‌لرزه و وحشت

* * *

۷ـ سکوت در آسمان، گوش دادن به دعاهایی که در فاجعهٔ نهایی مورد اجابت قرار می‌گیرند:
زمین‌لرزهٔ شدید

* * *

شیپورها: ۱ـ زمین سوخته
۲ـ دریای آلوده شده
۳ـ آب تلخ
۴ـ کاهش نور خورشید

* * *

۵ـ حشرات و طاعون
۶ـ تهاجم از شرق

* * *

۷ـ پادشاهی خدا ظهور می‌کند، پس از زمین‌لرزه‌ای سخت
خدا و مسیح زمام امور جهان را به دست می‌گیرند

* * *

پیاله‌ها: ۱ـ زخم‌ها و دمل‌های پوستی
۲ـ خون در دریا
۳ـ خون از چشمه‌ها
۴ـ سوختن از تابش خورشید

* * *

۵ـ تاریکی
۶ـ آرماگدون

* * *

۷ـ تگرگ و زمین‌لرزه سخت، که منجر به فروپاشی قوم‌ها می‌شود

به مجردی که این موارد را به ترتیب بالا مطرح نماییم، شماری از امور روشن می‌شوند:
رویدادها برای ما کاملاً ناآشنا نیستند. با خواندن آنها خاطره گنگی از بلاهای مصر، هنگامی که موسی در برابر فرعون به رویارویی ایستاد، در ذهنمان زنده می‌شود؛ حتی شاهد وزغ‌ها و ملخ‌ها نیز هستیم (خروج ۷-۱۱). این امور همین امروز هم در مقیاس‌های محلی یا منطقه‌ای روی می‌دهند. برای مثال، از پی هم آمدن چهار اسب را، که هر یک پیامد رویداد پیش از خود است، می‌توان در بسیاری از بخش‌های جهان مشاهده کرد. در اینجا آنچه در اصل تازگی دارد، مقیاس جهانی رویدادهاست، گویی مشکلات در سراسر جهان پراکنده شده‌اند.

هر کدام از سه‌گانه‌های نامبرده (مهرها، شیپورها و پیاله‌ها ـ م.) به سه قسمت تقسیم می‌شوند. چهارتای اول به هم مربوطند و شایان توجه‌ترین نمونه از «چهار سوار آپوکالیپس»، تابلوی معروف آلبرشت دورر هستند، که در آن به زیبایی به تصویر کشیده شده‌است. دو تای بعدی ربط چندانی به هم ندارند و آخری هم برای خودش مستقل است. بر سه تای آخر می‌توان عنوان «وای بر...» را، که نشان‌دهندهٔ لعنت است برگزید.

وقتی این سه مجموعه را با هم مورد بررسی قرار می‌دهیم، *افزایش شدت* سختی رویدادها نمایان می‌گردد. در حالی‌که یک چهارم انسان‌ها در مجموعهٔ «مُهرها» به هلاکت می‌رسند، در مجموعهٔ «شیپورها» تنها یک سوم از آنها از مهلکه جان سالم به در می‌برند. وانگهی، شاهد پیشرفتی در علل بروز فجایع هستیم. «مُهرها» خاستگاه انسانی دارند؛ ظاهراً «شیپورها» به وخامت گراییدن طبیعی محیط زیست را به نمایش می‌گذارند. «پیاله‌ها» را هم مستقیماً فرشتگان می‌ریزند.

همچنین می‌توانیم در روند رویدادها *شتابی* را مشاهده نماییم. به‌نظر می‌رسد که «مُهرها» در زمانی معین پراکنده می‌شوند، اما مجموعه‌های بعدی در ظرف ماه‌ها یا حتی روزهای بعد پدیدار می‌گردند.

این همه حاکی از پیشرفت در سه مجموعه است، و همین ما را به مسئلهٔ رابطهٔ میان آنها رهنمون می‌شود. روشن‌ترین پاسخ این است که آنها پشت سر هم روی می‌دهند، که شاید بتوان بدین منوال آن را ارائه نمود: مهرهای: ۱۲۳۴۵۶۷، سپس شیپورهای: ۱۲۳۴۵۶۷، و پس از آن پیاله‌های: ۱۲۳۴۵۶۷. به عبارت دیگر، این مجموعه‌ها یکی پس از دیگری می‌آیند، یعنی در کل ۲۱ رویداد.

اما مسئله به همین سادگی هم که فکر می‌کنیم نیست! یک بررسی دقیق آشکار می‌سازد که هفتمین مورد از هر سه مجموعه بر یک رویداد واحد دلالت می‌نمایند (عامل مشترک در هر سه، زمین‌لرزه‌ای شدید در مقیاسی جهانی است؛ ۸:۵؛ ۱۱:۱۹؛ ۱۶:۱۸). این امر به یک نظریهٔ جایگزین منجر شده، که مورد علاقهٔ مکتب «تاریخ‌گرایی ادواری» است و بر این باور است که مجموعه‌های مورد بحث *همزمان* هستند، بدین‌ترتیب:

مهرها: ۱ ۲ ۳ ۴ ۵ ۶ ۷
شیپورها: ۱ ۲ ۳ ۴ ۵ ۶ ۷
پیاله‌ها: ۱ ۲ ۳ ۴ ۵ ۶ ۷

به عبارتی دیگر، آنها زمانی واحد را از زاویه‌های مختلف پوشش می‌دهند (که معمولاً در کل زمان میان آمدن نخست عیسی و بازگشتش امتداد می‌یابد).

الگوی دیگری که متقاعدکننده‌تر اما پیچیده‌تر است، این دو نظریه را با هم آمیخته می‌گوید که شش رویداد در هر مجموعه پشت سر هم اتفاق می‌افتند، اما رویداد هر سه رویداد هفتم با هم همزمانند:

مهرها:	۱	۲	۳	۴	۵	۶															۷
شیپورها:							۱	۲	۳	۴	۵	۶									۷
پیاله‌ها:														۱	۲	۳	۴	۵	۶		۷

به بیان دیگر، هر مجموعه در پس مجموعهٔ پیش از خود می‌آید، اما نقطهٔ اوج همهٔ آنها پایانی فاجعه‌آمیز و همزمان خواهد بود. این از همهٔ نظریه‌ها مناسب‌تر به‌نظر می‌آید و اساساً پیروانش را معتقدان به مکتب «آینده‌گرا» تشکیل می‌دهند که بر این باور هستند که هر سه مجموعه در تاریخ آینده‌ای که پیش رو داریم به‌وقوع خواهند پیوست.

هر سه بر آنچه که قرار است در دنیا اتفاق بیفتد متمرکز هستند. در حاشیه باید به واکنشی که انسان‌ها نشان می‌دهند، توجه کنیم. در عین‌حال که تشخیص می‌دهیم این تراژدی‌های دهشتناک گواه غضب خدا (و بره!) هستند، با وجودی که هنوز بخشایش انجیل در دسترس است (۶:۱۴)، واکنش انسان‌ها به جای توبه (۹:۲۰-۲۱)، وحشت (۶:۱۵-۱۷) و نفرین‌کردن خدا (۱۶:۲۱) خواهد بود. سنگدلی بشر توصیفی غم‌انگیز است، اما حقیقت دارد. در مصائب یا ما به خدا روی می‌آوریم و یا علیه وی برمی‌خیزیم (در هنگام سقوط هواپیماها، خلبانان اغلب به خدا ناسزا می‌گویند؛ معمولاً هنگام تحقیق از روی «جعبه سیاه» هواپیما، این قسمت‌ها را ویرایش می‌کنند).

زمان آن رسیده که به فصل‌هایی که مابین مجموعه‌های مهرها، شیپورها و پیاله‌ها ـ یا چنان که خواهیم دید، حتی درون آنها ـ گنجانیده شده‌اند نگاهی بیندازیم. این بخش‌های گنجانیده شده سه تا هستند: باب ۷، باب‌های ۱۰-۱۱ و باب‌های ۱۲-۱۴. دو بخش اول در میان مهرهای ششم و هفتم و شیپورها جای داده شده‌اند، اما سومی پیش از پیالهٔ اول قرار داده شده، گویی میان پیاله‌های ششم و هفتم هیچ وقفهٔ زمانی وجود ندارد. می‌توانیم نمودار آن را با بهره‌گیری از مثال پیش، به صورت زیر رسم کنیم:

مهرها:	۱ ۲ ۳ ۴ ۵ ۶ (باب ۷)	۷
شیپورها:	۱ ۲ ۳ ۴ ۵ ۶ (باب‌های ۱۰-۱۱)	۷
پیاله‌ها:	(باب‌های ۱۲-۱۴) ۱ ۲ ۳ ۴ ۵ ۶	۷

اکنون طرحی کلی از باب‌های ۶-۱۶ در اختیار داریم.

در حالی‌که سه مجموعهٔ مُهرها، شیپورها و پیاله‌ها پیش از هر چیز با آنچه که قرار است در *دنیا* اتفاق بیفتد در ارتباط است، سه بخش گنجانیده شده در میان‌شان قرار است بر *کلیسا* واقع شوند. در اینجا پیرامون قوم خدا در طی این آشوب عظیم اطلاعاتی به ما داده شده. ایشان چگونه تحت تأثیر قرار خواهند گرفت؟ از آنجایی که هدف مکاشفه آماده‌سازی «مقدسان» برای اموری است که قرار است واقع گردند، این بخش‌های گنجانیده شده برای ایشان ربط و اهمیت بیشتری دارد.

باب ۷: دو گروه

مابین مُهرهای ششم و هفتم، به دو گونهٔ متمایز از مردم در دو مکان بسیار متفاوت، نیم‌نگاهی خواهیم انداخت.

از یک سو، *شماری محدود از یهود که بر زمین محفوظ نگاه داشته شده‌اند* (آیات ۱-۸) را داریم. خدا اسرائیل را رد نکرده است (رومیان ۱۱:۱و۱۱). او وعده‌ای بی‌قید و شرط داده که تا جهان برجاست ایشان را نگاه دارد (ارمیا ۳۱:۳۵-۳۷). او سر قول خود می‌ماند. آنها هم در آینده جایی دارند.

اعداد به نوعی اتفاقی، و حتی تصنعی به‌نظر می‌رسند. شاید این اعداد «سرراست» یا شاید از جهاتی نمادین باشند. آنچه در آن تردیدی وجود ندارد این است که این شمار در برابر میلیون‌ها جمعیت کنونی ایشان عدد بسیار محدودی محسوب می‌شود. جمع کل آنها به‌طور مساوی میان ۱۲ قبیلهٔ اسرائیل تقسیم شده است، بدون اینکه از یکی جانبداری شود. این بدان معناست که ۱۰ قبیلهٔ به اسارت رفته از سوی آشور، نزد خدا «گم» نشده‌اند و او بقیتی از هر قبیله را که برایش آشنا هستند، نگاه خواهد داشت. یک قبیلهٔ گمشده، یعنی دان، هست که بر ضد ارادهٔ خدا سر به طغیان برداشت و آن هم با قبیله‌ای دیگر جایگزین خواهد شد- همان‌گونه که یکی دیگر جای یهودای اسخریوطی را در صف ۱۲ رسول گرفت. هر دوی اینها هشداری برای ما هستند که ممکن است خدا جایمان را به دیگران بدهد.

از سوی دیگر، *گروهی بی‌شمار از مسیحیان در آسمان محفوظ نگاه داشته می‌شوند* (آیات ۸-۱۷). جماعتی از میان همهٔ قوم‌ها در جایگاهی والا در برابر پادشاه خواهند ایستاد، و در سرایید‌ن سرودهای پرستشی به پیران و موجودات زنده خواهند پیوست. اما ایشان در لابه‌لای ستایش نکته‌ای را اضافه می‌کنند: «نجات‌شان».

یوحنـا اهمیـت اینها را درنمی‌یابد و خود اعتراف می‌کند که متوجه نشـده ایشـان واجد چه قابلیت‌هایی بوده‌اند که شایستهٔ چنین جایگاه والایی شـمرده شده‌اند. یکی از پیران او را روشن می‌کند: «اینان همان کسـانند که از عذاب عظیم برگذشـته‌اند» (آیهٔ ۱۴؛ تأکید فعل به روشـنی پیشروی مداوم افراد و گروه‌ها را سراسر تمام دوران مصیبت نشان می‌دهد). ایشان چگونه جان به در برده‌اند؟ نه با یک «ربوده شـدن» ناگهانی و پنهان، بلکه با مرگ، و عمدتاً شـهادت، که در این فصل‌ها از ویژگی برجسـته‌ای برخوردار اسـت (پیشتر بانگ بلند «نفوسی» را شنیدیم که فریاد کین‌خواهی سر داده بودند؛ ۶:۹-۱۱).

اما این ریخته‌شـدن خون بره اسـت که آنان را نجات بخشیده، نه ریخته‌شدن خون خودشان. این رنج‌ها و قربانی او بوده که گناهان آنها را فدیه و چنان پاک نموده که بتوانند در حضور خدا بایستند و خدمت خویش را بدو ارائه نمایند، نه رنج‌های خودشان.

اما خدا متوجه رنج‌هایی که به‌خاطر پسرش کشیده‌اند هست و بدیشان اطمینان خاطر می‌دهد که «دیگر هرگز» این دردها را تجربه نخواهد کرد. آفتاب سوزان دیگر ایشان را نخواهد سوزانید (۱۶:۸-۹). «شـبانی نیکـو» همواره از ایشـان مراقبت خواهد کرد (مزمـور ۲۳؛ یوحنا ۱۰). جان‌شـان با آب «زنـده» (روان!)، نه با آبی «راکد»، تازه خواهـد گردید (یوحنا ۱۴:۴؛ ۳۸:۷؛ مکاشـفه ۶:۲۱؛ ۱:۲۱و۱۷). و خـدا، مانند هر پدر یا مادری که اشـک را از دیدگان فرزندش می‌زداید، «هر اشکی را از چشمان آنها پاک خواهد کرد» (۴:۲۱). توجه داشته باشید که اکنون در آسمان‌بودن بیعانه‌ای است از زندگی آینده بر زمین جدید.

باب‌های ۱۰-۱۱: دو شهادت

مابین شـیپورهای ششـم و هفتم، توجه خوانندگان بر مجراهای انسـانی معطوف می‌شـود که واسـطهٔ انتقال مکاشـفهٔ الاهی هسـتند. در هر دوی این باب‌ها، واژهٔ کلیدی «نبوت» اسـت (۱۰:۱۱؛ ۳:۱۱و۶). در آغاز عصر کلیسـا، یوحنا در جزیرهٔ پاتموس نبی اسـت؛ در پایان «دو شاهد» ظهور خواهند کرد که در اورشلیم نبوت خواهند کرد.

پدیداری چشمگیر دو فرشتهٔ «نیرومند» صحنه فاجعه قریب‌الوقوع را رنگی دیگر می‌بخشد. با فریاد رعدآسـای یکی از آنها حقایق دهشـتناکی بیان می‌شـوند که یوحنا باید آن را تنها برای خود نگاه دارد و با هیچ کسـی دیگر در میان نگذارد (مقایسـه کنید با دوم قرنتیان ۴:۱۲). با اعلان دوم خبر رویدادها که بدون درنگ انجام می‌شـود، شـیپور هفتم به صدا درآمده فاجعه به نقطهٔ اوج خود خواهد رسید (که نتیجه‌گیری ما را از اینکه مهر و شیپور و پیاله هفتم، همگی بر یک «فرجام» مشترک دلالت می‌کنند، تأیید می‌نماید).

آخرین و بدترین قسـمت «خبر بد» قرار اسـت اعلام گردد. این خبر بر «طوماری کوچک» (نمونه‌ای مشروح و مفصل از طومار بزرگتری که پیشتر گشوده شده بود؟) نوشته شده. فرشته به یوحنا می‌گوید: «طومار را بخور» (به زبان ما: «آن را هضم کن»). این طومار هم شیرین خواهد

بود و هم تلخ. در ابتدا شیرین است، اما زمانی که آن را فرومی‌بلعد، تلخ می‌شود (واکنشی که به بسیاری از مردم هنگام دریافتن پیام کتاب مکاشفه دست می‌دهد).

برای ادامه دادن به کارش، یعنی پیش‌گویی آیندهٔ جهان، به یوحنا می‌گوید: «باز نبوت کن». فرشته گرداگرد شهر اورشلیم و معبدش را به یوحنا نشان می‌دهد. او صحن‌ها را، به استثنای صحن بیرونی که ویژهٔ پرستندگان غیریهودی است، اندازه‌گیری می‌کند، چراکه قرار است ایشان به‌جای دعاکردن در آن، شهر را «لگدمال» کنند. با وجود این، آنان با دو شخص خارق‌العاده روبه‌رو خواهند شد که برای ایشان دربارهٔ خدایی موعظه خواهند نمود که از او بدشان می‌آید.

سرانجام این کار هم برای موعظه‌کنندگان و نیز شنوندگان پیام ایشان مرگ خواهد بود! دو شاهد از قدرتی معجزه‌آسا برخوردار خواهند بود که می‌توانند جلوی بارش باران را بگیرند (مانند ایلیا؛ اول پادشاهان ۱:۱۷؛ یعقوب ۱۷:۵). اما زمانی که شهادت‌شان به آخر برسد کشته خواهند شد. برای سه روز اجسادشان را در خیابان رها خواهند کرد، و این در حالی است که جماعت کثیری از ملل گوناگون که از شنیدن سخنان ایشان دچار «عذاب» وجدان شده‌اند، شادمانه از میان رفتن ایشان را جشن خواهند گرفت. زمانی که دو شاهد در برابر دیدگان همه از مردگان برخیزند، آرامش ایشان به وحشت مبدل خواهد گردید. صدایی بلند از آسمان به گوش خواهد رسید که می‌گوید: «به اینجا فراز آیید» و در پی آن، هر دو به آسمان صعود خواهند نمود. در همان لحظه‌ای که ایشان زمین را ترک می‌گویند، زمین‌لرزه‌ای هولناک یک دهم ساختمان‌های شهر را ویران خواهد کرد و ۷۰۰۰ نفر از ساکنانش هلاک خواهند شد.

همانندی میان سرنوشت این دو شاهد و عیسای «نبی» خیره‌کننده است. غیرممکن است که به صلیب کشیده شدن، رستاخیز و صعود ایشان در همان شهر انسان را به یاد عیسی نیندازد. البته، تفاوت‌هایی نیز وجود دارد: در مورد عیسی، زمین‌لرزه با زمان مرگ وی مقارن بود (متی ۵۱:۲۷) و رستاخیز و صعود وی در ملاء عام انجام نشد. اما همچنان رویدادها به روشنی وقایع مربوط به گذشته‌ای دور را به یاد انسان‌ها، و به‌ویژه ساکنان یهودی می‌آورد. نتیجهٔ این وقایع مستولی‌شدن ترس شدید و جلال دادن خدا خواهد بود.

کتاب از هویت این دو شاهد چیزی به ما نمی‌گوید. همهٔ تلاش‌هایی که برای تعیین هویت آنها انجام گرفته بر پایهٔ حدس و گمان است. هیچ اشاره‌ای دال بر اینکه آنان شخصیت‌های تاریخی گذشته هستند که «دوباره جسم پوشیده‌اند»، به چشم نمی‌خورد. بنابراین، گرچه از جهاتی به موسی و ایلیا شباهت دارند و از جهاتی دیگر به عیسی می‌مانند، اما نه موسی و ایلیا هستند، و نه حتی دو عیسای دیگر. برای شناختن هویت این دو شاهد باید «منتظر بمانیم و ببینیم»، اما در واقعیت و قطعیت وقوع آن تردیدی نیست. آنچه که ایشان انجام می‌دهند و آنچه که بر آنها خواهد گذشت، موارد مهمی هستند.

پیش از آنکه این بخش را پایان دهیم، لازم است دو «زمینه‌چینی» را مورد توجه قرار دهیم. یکی ذکر دورهٔ زمانی ۱۲۶۰ روزه است، که برابر با ۴۲ ماه یا سه سال‌ونیم است.

در باب‌های بعـد، هنگامـی که سـخن از مصیبـت عظیم به میـان خواهد آمد، بـه این مطلب خواهیـم پرداخت. خیلی‌ها آن را به «هفتهٔ آخر» پیش‌گویی دانیال ربط می‌دهند (دانیال ۹:‏۲۷؛ ترجمهٔ NIV آن را به درسـتی «هفته» را به «هفت‌تایی» برگردانده اسـت. این دورهٔ زمانی کوتاهی است که یادآور پیش‌گویی خود عیسی است که قرار است کوتاه شود (متی ۲۴:‏۲۲).

زمینه‌چینی دیگر نخسـتین اشـاره‌ای اسـت که به «وحش» می‌شـود؛ همان شخصیتی که در پرانتز بعدی روایت نقش مهمی بر عهده خواهد داشت.

باب ۱۲-۱۴: دو وحش

اگر قرار بود از الگویی که تا کنون موجود بود موبه‌مو پیروی شده باشد، این بخش می‌بایست مابین پیالهٔ ششم و هفتم گنجانیده می‌شد، اما این سرعت روند رویدادها چنان بالاست که دیگر زمان و مکانی میان این رویدادها و رویدادهای دیگر وجود ندارد. از این‌رو سه باب مزبور پیش از آنکـه پیالـهٔ هفتم، به‌عنوان اعلان واپسـین غضب خدا، بر دنیای عاصـی فروریزد جای داده شده‌اند (نک نمودار چند صفحه پیش).

شش مهر و شش شیپور به پایان رسیده‌اند. قرار است بدترین مجموعه بلایا و فجایع به زودی به‌وقوع بپیوندند. هنوز بدترین مرحله برای دنیا- و شدیدترین مرحله برای کلیسا- از راه نرسیده اسـت. نیروهای شـریر سـلطهٔ خود را بیش از پیش بر جامعه اعمال خواهند کرد، هرچند بساط این سلطه به‌زودی برچیده خواهد شد.

ایـن بخش به معرفی سـه کـس می‌پردازد کـه برای فرمانروایـی بر جهان ائتلافی را شـکل می‌دهند. یکی از آنها در اصل و به لحاظ طبیعت فرشـته اسـت: یک «اژدهای بزرگ» و «مار کهن»، که با نام‌های «شیطان» یا «ابلیس» نیز شناخته می‌شود (۱۲:‏۹). آن دو تای دیگر اصل و طبیعتی انسانی دارند: «دو وحش»، که به گونهٔ «دجال» و «نبی کذاب» نیز شناخته شده هستند (۱۶:‏۱۳؛ ۱۹:‏۲۰؛ ۲۰:‏۱۰). آنها به تقلید از تثلیث خدا، مسیح و روح‌القدس، با هم یک نوع «تثلیث نامقدس» تشکیل می‌دهند.

درگیرودار «مصائب» برای نخسـتین بار از شـیطان یاد می‌شـود. از هفت نامه به کلیسـاها کـه بگذریم تا اینجا هیچ رد پایی از شـیطان نمی‌بینیم (۲:‏۹و۱۳و۲۴؛ ۳:‏۹). در حالی‌که مهرها و شـیپورها بارهای سـنگین خود را بر زمین تحمیل می‌کنند، شـیطان در آسـمان به سر می‌برد. او به‌عنوان یک فرشـته به «جایهای آسـمانی» دسترسی دارد (افسسیان ۶:‏۱۲؛ مقایسه کنید با ایوب ۱:‏۶-۷). آسمان همان جایی است که نبرد واقعی میان نیک و بد در آن جریان دارد و به هر کس که به‌واسطهٔ دعا به این حیطه وارد شود، آشکار می‌گردد.

این پیکار میان فرشتگان نیک و بد در آسمان، تا ابد ادامه نخواهد یافت. یکی از دلایل آن عدم موازنهٔ قوا است. جناح شیطان تنها یک‌سوم لشگریان آسمان را تشکیل می‌دهند (۱۲:‏۴)؛

دو سوم دیگر زیر فرمان میکائیل رئیس فرشتگان قرار دارند، که فرماندهی و هدایت نیروهایش را به‌سوی پیروزی بر عهده دارد.

ابلیس را به زمین «پرتاب» خواهند کرد. وی بعدها یک‌بار دیگر هم شکست می‌خورد و به «چاه بی‌انتها» افکنده خواهد شد (۲۰:۳). در خلال این مدت او چند سال باقی مانده را با خشم و نومیدی روی سیارهٔ ما متمرکز می‌شود. او که دیگر توانایی رویارویی مستقیم با خدا در آسمان را ندارد، بر ضد قوم خدا اعلان جنگ می‌دهد. این یک عقب‌نشینی بود که به امید حفظ پادشاهی‌اش بر زمین بدان دست زد، بدین‌ترتیب، که از طریق فرمانروایان و سیاستمداران و رهبران دینی که آلت دست وی هستند، عمل می‌کند.

تا اینجای کار، با وجود تمثیل‌های گوناگون، پیام باب ۱۲ کاملاً روشن است. اما (آگاهانه) از روی شخصیت اصلی دیگری که در این صحنهٔ نمایش شرکت دارد- زنی آبستن، که خورشید به تن دارد و ماه را به زیر پا و تاجی از دوازده ستاره بر سر نهاده- چشم‌پوشی می‌نماییم.

این زن کیست؟ آیا او فردی حقیقی است، یا (همچون «زنان» دیگر در مکاشفه؛ برای مثال «فاحشه» که در باب‌های ۱۷-۱۸ معرف بابل است) «نمایندهٔ» یک مکان یا یک قوم است؟

به‌طور قطع، این شخصیت منشاء بحث‌ها و مناقشات بسیاری در میان دانشجویان کتاب‌مقدس بوده است. برای عده‌ای، مناقشه با این واقعیت که ابلیس می‌خواست «فرزند او را تا به دنیا آمد، ببلعد» (آیهٔ ۴) و این عبارت که می‌گوید «آن زن پسری به دنیا آورد، فرزند ذکوری که با عصای آهنین بر همهٔ قوم‌ها فرمان خواهد راند» (آیهٔ ۵)، فروکش می‌کند. ایشان مطمئناً می‌گویند که بی‌گمان این اشاره‌ای است بر تولد عیسی و تلاش فوری اما عقیم‌ماندهٔ هیرودیس برای از میان بردن وی. بدین‌ترتیب، زن کسی نیست جز مادر او، مریم (این تفسیر معمول کلیسای کاتولیک است)؛ یا نمادی از قوم اسرائیل است که ماشیح از بطن آن پدید آمد (تفسیر متداول در میان پروتستان‌ها برای نادیده گرفتن مریم).

اما مسئله به همین سادگی‌ها هم نیست. چرا باید در میانهٔ داستان که روند روایت در حال توصیف رویدادهای زمان‌های آخر است، ناگاه به گذشته و زمان آغاز دوران مسیحیت بازگردد؟ چرا باید مریم را به تصویر بکشد (پس از اعمال ۱ او از عهدجدید محو می‌شود، چراکه کارش را به کمال رسانیده است)؟ البته، «تاریخ‌گرایان ادواری» این امر را دلیلی بر «تلخیص» دیگری از کل چرخهٔ تاریخ کلیسا می‌دانند، که این بار با تولد مسیح، شکست خوردن شیطان و اخراج شدنش از آسمان به‌طور همزمان، آغاز می‌شود.

هنوز مسائل دیگری هم وجود دارد. از قرار معلوم، این فرزند پس از تولدش، «بی‌درنگ ربوده شد و نزد خدا و پیش تخت او فرستاده شد». این تصویر جسم پوشیدن و صعود عیسی را در خود «ادغام» کرده، اما عدم اشاره به خدمت، مرگ و رستاخیز عیسی که در میان این دو مقطع قرار دارند، دست‌ِکم شگفتی برانگیز است. و اگر این زن مادر اوست، چگونه است که اژدها نومیدانه عزم کرد تا «با دیگر فرزندان او بجنگد» (آیهٔ ۱۷)؟ می‌دانیم که او فرزندان

دیگـری هـم داشـت، از جمله چهار پسـر و چند دختر دیگـر (مرقس ۶:۳)، اما بعید اسـت که آنان کاندیداهای مورد هدف اژدها بوده باشـند. از سـوی دیگر هیچ قطعیتی وجود ندارد که «با عصای آهنین حکم خواهد راند» لزوماً به عیسـی اشـاره داشـته باشـد؛ این عبارت در مورد او بـه‌کار برده شـده (۱۹:۱۵، در تحقق مزمور ۲:۹)، اما تحقق آن بـه دیگر پیروان وفادار وی نیز وعده داده شده است (۲:۲۷). سپس از همین زن برای ۱۲۶۰ روز «در بیابان» نگهداری کردند (۱۲:۶)، دوره‌ای که می‌دانیم در طی آن بزرگترین بلاها و پریشانی‌ها در پایان عصر کلیسا پدیدار می‌شوند.

تفسـیری که بیشـترین تناسـب و همخوانـی را با این داده‌هـا دارد بدین قرار اسـت که زن نمادی انسانی است از کلیسا در زمان‌های آخر، که در خلال بدترین جفاها و آزارها برای حفظ موجودیت خود از زندگی شـهری کناره می‌گیرد. فرزند ذکور او هم نمادی اسـت از ایمانداران به شهادت رسیده در این دوره، که در امنیت آسمان و به دور از گزند شیطان به سر می‌برند. ایشان روزی به زمین باز خواهند گشت و همراه با مسیح بر آن فرمانروایی خواهند کرد (۲۰:۴ مؤکدا این موضوع را اعلام می‌کند). «دیگر فرزندان او» آنهایی هستند که از این هولوکاست جان سالم به در برده‌اند، با وجود این، «احکام خدا را اطاعت می‌کنند و شهادت عیسی را نگاه می‌دارند» (آیهٔ ۱۷؛ مقایسه کنید با ۱:۹؛ ۱۴:۱۲). حتی با این دیدگاه هم شاهد تنش‌هایی چند میان متن و تفسیرش هستیم، اما میزان این تنش‌ها نسبت به تنش‌های موجود در تفسیرهای دیگر بسیار کمتر است.

بار دیگر، چنین به‌نظر می‌رسد که میان تجربهٔ مسیح در آغاز عصر مسیحیت و پیروانش در پایان این عصر (چنانکه پیشتر هم دیدیم) مقایسه‌ای تلویحی صورت گرفته است. به‌طور خاص، همان‌گونـه که وی «غلبه یافت» (یوحنا ۱۶:۳۳)، پیروانش نیز «غلبه خواهند یافت»، «زیرا که جان خود را عزیز نشـمردند، حتی تا به مرگ» (۱۲:۱۱). پیروزی آنان «پادشـاهی خدای ما، و اقتدار مسیح او» را به نمایش می‌گذارد (۱۲:۱۰؛ مقایسه کنید با ۱۱:۱۵ و اعمال ۲۸:۳۱).

سـروکلهٔ دو وحش در باب ۱۳ پیدا می‌شـود. اولی که شـاخص‌تر هم هست، یک شخصیت سیاسی است، دیکتاتوری جهانی که اختیار رژیمی تمامیت‌خواه را که بر همهٔ گروه‌های شناخته‌شدهٔ قومی حاکم اسـت، در دست دارد. او کسی نیسـت جز «دجال» (یا «ضدمسیح» ['Antichrist']؛ اول یوحنا ۲:۱۸؛ توجه داشـته باشـید کـه در زبان یونانی *anti* به معنـای «در عوض، به‌جای» اسـت تا «ضد یا مخالف»، و بیش از آنکه تصویرگر یک رقیب باشـد، یک نمونهٔ جعلی را مد نظر دارد)، یعنی همان «مرد بی‌دین» (دوم تسـالونیکیان ۲:۳-۴) که مدعی اسـت هیچ قانونی فراتر از ارادهٔ خودش وجود ندارد و از این‌رو ادعای الوهیت دارد و می‌خواهد مورد پرستش قرار بگیرد. وحش انسـانی اسـت که آنچه را شیطان به مسیح پیشنهاد داده بود و وی از پذیرفتن آن خودداری کرده بود، پذیرا می‌شود (متی ۴:۸-۹؛ اگر عیسی هم آن را پذیرفته بود، اکنون عیسای ضدمسیح بود!).

وی خصوصیات دیگر وحوش درنده- پلنگ، خرس و شیر (نک به صص ۶۵۸-۶۵۹) را دارد. ظاهراً او از فدراسیون فرمانروایان سیاسی سر بلند کرده، به‌واسطهٔ بهبود یافتن حیرت‌آوری از یک زخم مهلک، که باید تلاشی برای ترور وی باشد، توجه جهانیان را به خود جلب می‌نماید. خودستایی کفرآمیز وی به مدت ۴۲ ماه ادامه پیدا می‌کند.

وحش دوم با قدرت مافوق طبیعی خویش که پرستش جهانیان را می‌طلبد، و به‌عنوان همکاری مذهبی از موقعیت وی حمایت می‌کند. معجزات او، از قبیل آنکه فرمان می‌دهد تا از آسمان آتش ببارد و تمثال دیکتاتور شروع به سخن گفتن کند، ملت‌ها را فریب می‌دهد.

او ظاهری «شبیه یک بره» دارد، گوسفند جوانی با تنها «دو شاخ». این شاید نشانی از ملایمت ظاهری او باشد، تا مسیح‌گونه بودنش، چراکه ظاهر معصوم وی با سخنان اژدهاگونه‌اش در تضاد است.

شاهکار وی نه انجام معجزاتش، که تسلطش بر تجارت خواهد بود. تنها آنانی که شمارهٔ ویژه‌ای دارند که بر قسمتی از بدن‌شان حک شده و قابل‌دیدن است (دست یا پیشانی) اجازه داد و ستد خواهند داشت این شماره تنها به کسانی داده می‌شود که به این بت‌پرستی تن داده باشند. بنابراین، یهودیان و مسیحیان همگی از این مبادلات مالی محروم می‌گردند، و حتی نمی‌توانند برای نیازمندی‌های اولیه زندگی خویش چیزی بخرند.

عدد «۶۶۶» نام رمزی دیکتاتور است. پیشتر معنای آن را مورد بحث قرار دادیم (نک به ص ۱۲۵۲). تا زمانی که وی ظهور نماید و هویت خود را برملا نماید، نمی‌توانیم به‌طور قطع بگوییم که او کیست و همهٔ تلاش‌ها برای کشف رمز از این عدد در حد حدس و گمان باقی خواهد ماند. یک چیز روشن است و آن اینکه وی از هر جهت از رسیدن به کمال (یعنی ۷) قاصر است.

به‌نظر می‌رسد که باب ۱۴ برای جبران این صحنه‌های دهشتناک، توجه خوانندگان را به گروهی از مردم جلب می‌کند که برخلاف آنهایی که در دام این نظام افتاده‌اند، (به معنای دقیق کلمه) ایستاده‌اند. ایشان به جای نام رمزآمیز وحش، نام پدر بره را بر پیشانی خود دارند (در ۴:۲۲ هم همین مطلب آمده). در مقابل دروغ‌های متکبرانه، آنان به‌خاطر صداقتی که در گفتار دارند و نیز به‌خاطر روابط جنسی پاک‌شان شناخته می‌شوند.

در مورد مکان ایشان اطمینان چندانی وجود ندارد؛ آیا در آسمان هستند یا بر زمین. اما با توجه به پیش‌زمینه احتمال بیشتر می‌رود که در آسمان باشند، چون در این صحنه موجودات زنده و پیران سرود می‌خوانند (۳:۱۴ به‌نظر می‌رسد که تکرار ۴:۴-۱۱ باشد)، سرودهایی که تنها فدیه‌شدگان می‌توانند «بیاموزند» و کمتر کسی قادر به سراییدن آنهاست. عدد (۱۴۴۰۰۰) گیج‌کننده است. نباید آن را با همان عدد در باب ۷ اشتباه گرفت. در آنجا این عدد از افراد ۱۲ قبیلهٔ اسرائیل تشکیل یافته بود، اما در اینجا چنین نیست. با «جماعتی عظیم که هیچ‌کس آنان را نمی‌توانست شماره کند» در همان باب نیز نمی‌توان برابر دانست. شاید این عددی «گرد شده» باشد. اما سرنخ مطلب احتمالاً در این نهفته است که ایشان «از میان آدمیان خریده

شـدند و به‌عنوان نوبر بر خدا و بره عرضه شـدند» (آیهٔ ۴). اینان تنها نمونه‌ای کوچک از خیل حصاد عظیم هستند. بنابراین، شاید نکتهٔ مورد نظر این باشد که آن شماری که قرار است از کل یهودیان بر زمین باقی بمانند، تنها با گروه محدودی از مسـیحیان ستایشـگر در آسـمان برابری می‌کند.

در باقی باب مزبور فرشتگان پی در پی از سوی خدا پیام‌های گوناگون برای انسان می‌آورند:

اولی دعوت به ترس و پرستش خدا می‌کند، همراه با این یادآوری که هنوز انجیل برای نجات هرکس «از غضبی که در پیش است» (لوقا ۷:۳) در دسترس است.

دومـی سـقوط بابل را اعلام می‌کند. در اینجا نیز یـک «زمینه‌چینی» دیگر وجود دارد چراکه این نخسـتین باری اسـت کـه از چنین مکانی در این کتاب ذکری به میـان می‌آید. همه چیز در باب‌های دیگر (باب‌های ۱۶-۱۷) است که آشکار می‌شود.

سـومی به ایمانداران دربارهٔ پیامدهای شدید تن دادن به فشارهای نظام تمامیت‌خواه هشدار می‌دهـد. واژه‌های به‌کار برده شـده همان‌هایی اسـت که بـرای دوزخ بـه‌کار می‌روند: «عذاب» بی‌انتهـا (همـان واژه‌ای که برای توصیف آنچه که قرار اسـت در «دریاچهٔ آتش» بر سـر ابلیس، ضدمسـیح و نبی کاذب بیاید؛ ۲۰:۱۰). به عبارت دیگر، ایشـان هم به سرنوشـت کسانی دچار خواهند شـد که تسلیم‌شـان شـده‌اند. این واقعیت که «مقدسان» ممکن اسـت خود را در چنین سرنوشـت دهشـتناکی بیابند، با دعوت به «پایداری» که بلافاصله در پی هشـدار می‌آید، مورد تأکید قرار می‌گیرد (آیهٔ ۱۲، که تکرار ۱۳:۱۰ است). هر دو زمینهٔ متن بدین مطلب اشاره دارند که گروهی بهای وفاداری خود را با جان‌شان خواهند پرداخت. برای آنان یک خوشابه‌حال ویژه نوشته شده: «خوشابه‌حال آنان که از این پس در خداوند [به معنای «برای خداوند»] می‌میرند» (آیهٔ ۱۳). ایـن برکت دو وجـه دارد: هم اکنون می‌توانند از عذاب و شـکنجه در امان بمانند و هم به دلیل آنکه وفاداری‌شـان ثبت و نگاهداری می‌شود، می‌توانند در آینده چشم انتظار پاداش باشـند. حتی آنهایی که در آن زمان به دلایل طبیعی می‌میرند از این برکت برخوردارند. اما این آیه را نباید در مراسم خاکسپاری به‌کار برد؛ این وعده مال «از این پس» است، که به فرمانروایی «وحش» اشاره می‌کند.

چهارمی خطاب به مردی که «بر آن ابر نشسـته بود که به پسـر انسان می‌مانست» (اشاره‌ای صریح به دانیال ۱۳:۷) بانگ برآورد و گفت که اکنون زمان درو بزرگ فرارسـیده اسـت. حال اینکه منظورش جمع‌کردن کرکاس‌ها برای سوزانده‌شدن است یا جمع‌کردن گندم‌ها برای انبارکردن (متی ۱۳:۴۰-۴۳) بلافاصله معلوم نمی‌شود.

پنجمی تنها با داسی در دست پدیدار می‌شود.

ششمی دارندهٔ داس را به‌سوی خوشه‌های «انگور»ی که باید چیده شوند راهنمایی کرد، تا این انگورها در «چرخشت غضب خدا» که «در بیرون از شهر» است، لگدکوب گردند. اینکه مطلب بالا به کشتار دسته جمعی آدمیان دلالت می‌کند را از اینجا می‌توان دریافت که به استخری بزرگ

از خون اشـاره می‌کند (۱۸۰ مایل مربع به ژرفای یک متر- آیا اطمینانی هسـت که این اندازه مبالغه‌آمیز باشـد؟). این هم احتمالاً زمینه‌چینی‌ای از نبرد آرماگدون اسـت، آنجایی که پرندگان لاشخور برای خوردن اجساد کشته‌شدگان سرمی‌رسند (۱۹:۱۷-۲۱). به‌طور اتفاقی میان شراب و خون و غضب خدا پیوندی به‌وجود می‌آید که به کرات اتفاق می‌افتد. این بر صلیب و به‌ویژه بر دعای دردآلود «جتسیمانی»- که معنایش «خردکننده» است- نور می‌افکند. در کلام خدا همیشه استعارهٔ «پیاله» برای اشـاره به غضب خدا به‌کار می‌رود (اشعیا ۵۱:۲۱-۲۲؛ مرقس ۱۴:۳۶؛ مکاشفه ۱۶:۱۹).

در پی این شش فرشته، هفت فرشتهٔ دیگر می‌آیند که بیش از آنکه دربارهٔ فرود آمدن غضب خدا سخن بگویند، عمل می‌کنند. هر یک از آنها با خود پیاله‌ای را حمل می‌کند که لبریز از غضب اسـت و آن را بر زمین می‌ریزد. این با سـرود پیروزی شـهیدان در آسمان همراه است، که عمداً بازتاب شـادمانی موسی پس از غرق‌شـدن نیروهای مصری در دریای سرخ است (۱۵:۲-۴). مضمـون آن عدالت و پارسـایی خداسـت، که با کارهـای بزرگ و خیره‌کننده‌ای که در راسـتای مجازات ستمکاران انجام می‌دهد، از قدوسیت او دفاع می‌کنند. شاید «پادشاه همهٔ اعصار» در داوری مجرمان تأخیر کند، اما داوری امری قطعی است- و سرانجام زمانش فرا خواهد رسید.

پیش از آنکه این بخش میانی مکاشفه را ترک گوییم، باید دو نکتهٔ دیگر را هم مورد ملاحظه قرا دهیم.

نکتهٔ نخسـت به *ترتیب* رویدادها مربوط می‌شـود. برای همخوانـی ایجادکردن میان مهرها، شـیپورها و پیاله‌ها، به همراه پرانتزهای گنجانیده شـده در میان آنها، با نوعی جدول زمان‌بندی متوالی، تلاش‌هایی صورت گرفته اسـت. اینکه تلاش مزبور موفقیت‌آمیز بوده یا نه را به داوری خواننده- که شاید قبلاً با جدول زمانی دیگری سروکار داشته- وامی‌گذاریم.

واقعیت این اسـت که انطباق دادن همهٔ رویدادهای پیش‌گویی شـده با یک الگوی روشـن و منسجم، اگر ناممکن نباشد، به‌شدت دشوار است. اما عیسی آموزگاری خبره‌تر از آن است که پیام اصلی‌اش را با چنین روایت پیچیده‌ای بپوشاند. به‌راستی این چه چیزی برای گفتن به ما دارد؟

پاسـخ سـاده است: *نکتهٔ اصلی و اولیهٔ این بخش را ترتیب رویدادها تشکیل نمی‌دهد.* بحث بیشـتر بر این اسـت که چه اموری باید اتفاق بیفتند، تا اینکه چه زمانی باید روی بدهند. هدف این نیسـت که از ما غیبگویانی زبردسـت بسـازد و توانایی پیش‌گویی آینده را به ما بدهد، بلکه می‌خواهد از ما خادمانی وفادار برای خداوند بسـازد، که برای بدترین اموری که ممکن اسـت بر ما واقع شوند آماده باشیم. اما آیا اینها بر ما واقع خواهند شد؟

نکتـهٔ دومـی که باید مورد ملاحظه قرار دهیم *تحقق* پیش‌گویی‌هاسـت. اگر «مصیبت بزرگ» تنها قرار است چند سـال آخر را پوشـش دهد، پس این احتمال وجود دارد که در طول زندگی خودمان با پان وقایع روبه‌رو نشـویم. پس آیا آماده شـدن، جز برای نسـل آخر مقدسـان، کار بیهوده‌ای نخواهد بود؟

یک پاسخ این است که روند جاری و سرعت رویدادهای جهان امکان وقوع آن را در آینده‌ای نزدیک افزایش داده است.

اما واکنش اصلی به چنین اندیشه‌ای باید یادآور آن باشد که رویدادهای آینده سایهٔ خود را بر پیش از خود می‌اندازند. «بچه‌ها، این ساعت آخر است و چنانکه شنیده‌اید ضدمسیح می‌آید، هم‌اکنون نیز ضدمسیحان بسیاری ظهور کرده‌اند، و از همین درمی‌یابیم که ساعت آخر است» (اول یوحنا ۲:۱۸). نبی کاذب می‌آید، اما حتی همین امروز هم شاهد ظهور انبیای دروغین بسیاری هستیم (متی ۲۴:۱۱؛ اعمال ۱۳:۶؛ مکاشفه ۲:۲۰).

به عبارت دیگر، آنچه که قرار است روزی کل کلیسا آن را در مقیاس جهانی تجربه کند («مورد نفرت همهٔ قوم‌ها قرار گرفتن»؛ متی ۲۴:۹) همین حالا هم در سطح محلی و منطقه‌ای روی می‌دهد. هر مسیحی پیش از رسیدن «مصیبت عظیم» می‌تواند با مصیبت‌های بسیاری دست و پنجه نرم کند. همهٔ ما باید برای انواع مشکلاتی که هم اکنون نیز وجود دارند، اما در آن زمان به نقطهٔ اوج می‌رسند، خود را آماده کنیم.

بنابراین، بخش مورد بحث ما (باب‌های ۶-۱۶) مستقیماً به همهٔ ایمانداران ربط پیدا می‌کند، صرف نظر از اینکه اکنون در چه وضعیتی قرار دارند. کلیسا همین امروز هم در اکثر کشورها زیر فشار است و هر ساله از شمار کشورهایی که در آنها از جفا بر مسیحیان خبری نیست، کاسته می‌شود.

و در ورای همهٔ اینها بازگشت خداوند عیسای مسیح نهفته است، و هر ایمانداری لازم است برای آمدن او آماده باشد. انگیزهٔ اصلی برای آمادهٔ وفاداربودن در زیر فشار این است که بتوانیم بدون شرم با او روبه‌رو شویم. شاید این بتواند یادآوری زیر را که میان پیاله‌های غضب ششم و هفتم گنجانیده شده، توجیه نماید (برجسب تصادف تأیید می‌کند که در این دوره هنوز عده‌ای مسیحی بر زمین خواهند ماند): «بهوش باشید، که چون یک دزد می‌آیم! خوشابه‌حال آن که بیدار می‌ماند و جامه‌اش را با خود نگاه می‌دارد، مبادا عریان روانه شود و رسوای عالم گردد» (۱۶:۱۵؛ توجه داشته باشید که همین تأکید در داستان پوشیدن جامهٔ مناسب عروسی شده است: متی ۲۲:۱۱؛ لوقا ۱۲:۳۵؛ مکاشفه ۱۹:۷-۸).

باب‌های ۱۷-۱۸: انسان بر زمین

این بخش هنوز جزیی از «مصیبت عظیم» است، اما فقط همین. به پایان آن مربوط می‌شود، یعنی زمان زمین‌لرزهٔ شدید مذکور در مهر، شیپور و پیالهٔ هفتم (نک. ۱۶:۱۷-۱۹).

تاریخ جهان با شتاب به‌سوی پایان پیش می‌رود. به‌زودی لحظهٔ فرجام و گره‌گشایی داستان فرامی‌رسد. به‌رغم همهٔ هشدارها، که با کلام و عمل الاهی صورت گرفته، انسان‌ها هنوز از توبه سر باز می‌زنند و خدا را به‌خاطر مصیبت‌های‌شان لعنت می‌کنند (۱۶:۹و۱۱و۲۱).

مابقی مکاشفه در زیر سیطرهٔ دو شخصیت زن قرار دارد، یکی از آنها فاحشه‌ای کثیف است و دیگری عروسی پاکدامن. هیچ‌یک از آنها شخص نیستند، بلکه مظهر و نمونهٔ شهرها هستند. می‌توانیم برای آنها عنوان «داستان دو شهر» را به‌کار ببریم؛ بابل شهر انسان و اورشلیم شهر خدا. در این بخش اولی را که پیشتر بدان اشاره شد (۱۴:۸؛ ۱۶:۱۹) مورد ملاحظه قرار می‌دهیم.

درکتاب‌مقدس عموماً شهرها مکان‌هایی بد شمرده می‌شوند. نخستین ذکری که از شهر به میان می‌آید (و معمولاً حایز اهمیت است) آن را به تبار لمک و ساخت سلاح‌های کشتار جمعی پیوند می‌دهد. شهر مکان تجمع و تمرکز آدمیان، و از این‌رو گناهکاران، و از این‌رو گناه است. کافی است اجتماعی کوچک و گمنام تشکیل شود تا شرارت و جنایت در آن اجتماع شکوفا گردد. در جوامع شهری به نسبت جوامع روستایی شهوت (روسپی‌گری) و خشم (خشونت) بیشتر است.

طمع و غرور دو گناهی هستند که در اینجا بر روی‌شان انگشت گذاشته می‌شود. هر دو آنها با پول‌پرستی در ارتباطند. از آنجایی که پرستیدن خدا و ممونا با هم امکان ندارد (لوقا ۱۶:۱۳)، در یک شهر آباد و مرفه آسان‌تر می‌توان آفرینندهٔ آسمان و زمین را به باد فراموشی سپرد. انسان‌ها به پرستش آفریدگاری که ساختهٔ ذهن خودشان است می‌پردازند! نخوت خود را در معماری می‌نمایانند؛ ساختمان‌های بزرگی که اغلب یادمان‌های بلندپروازی‌ها و دستاوردهای انسانند.

برج بابل یکی از این موارد بود که بر کرانهٔ رود فرات و بر سر جاده‌ای که میان آسیا، آفریقا و اروپا قرار داشت، برپا شده بود. این برج که پایه‌گذارش نمرود، شکارچی (جانوران) و جنگاوری (در میان انسان‌ها) بزرگ بود، با این باور پی‌ریزی شد که حق با قدرت است، یعنی آنکه قوی‌تر است حق بقا دارد.

چنان که انتظار می‌رفت، قرار بود این برج بلندترین سازهٔ انسانی باشد، که هم آدمی را تحت تأثیر قرار دهد هم خدا را. انگیزه‌ای که برای این کار بیان شده «تا نامی برای خویشتن پیدا کنیم» (پیدایش ۱۱:۴)، به سرآغاز انسان‌گرایی (اومانیسم)، و خودپرستی بشر اشاره می‌کند. خدا هم با متفرق‌کردن زبان‌های ایشان، نیت انسان‌ها را داوری کرد! اما از بین بردن زبان مشترک آنها، شهر را به یک دیوانه‌خانهٔ غیرقابل‌فهم تبدیل کرد (توجه داشته باشید که در پنتیکاست چنین اتفاقی نیفتاد، زیرا عطیه‌ای که به ارمغان آورد اتحاد بود؛ اعمال ۲:۴۴).

بعدها این شهر به‌ویژه زیر فرمان نبوکدنصر، پایتخت یک امپراتوری بزرگ و نیرومند گردید- خودکامه‌ای ستمگر که هر سرزمین تازه‌ای را که می‌گشود، نوزادان، جانوران و حتی درختان آن سرزمین را نابود می‌کرد (حبقوق ۲:۱۷؛ ۳:۱۷).

در این اثنا، داوود پادشاه اورشلیم را به‌عنوان پایتخت خود برگزید. برخلاف انتظار، این شهر از جهت بازرگانی از موقعیت راهبردی خاصی برخوردار نبود، چراکه نه در کنار دریا قرار داشت

و نه رودخانهٔ بزرگ یا جاده اصلی‌ای. با این‌حال، «شهر خدا» بود؛ مکانی که وی نام خود را بر آن نهاد و ترجیح داد تا در آنجا و در میان قومش زندگی کند- نخست در خیمه‌ای که موسی برپا کرده بود، و بعدها در معبدی که سلیمان بنا نمود.

بابل به بزرگترین تهدید برای اورشلیم تبدیل شد. سرانجام نبوکدنصر شهر مقدس و معبدش را ویران ساخت، و گنجینه‌های آن را به بابل منتقل کرده اهالی آن را به مدت ۷۰ سال به اسارت برد. خدا بدین‌خاطر اجازهٔ چنین رویدادی را داد که این شهر هم مانند همهٔ شهرهای دیگر «نامقدس» شده بود.

اما این یک گوشمالی موقتی بود، نه مجازاتی دایمی. خدا از طریق انبیا هم وعدهٔ بازسازی اورشلیم و هم ویرانی بابل را داد (برای مثال، اشعیا ۱۳:۱۹-۲۰؛ ارمیا ۵۱:۶-۹ و ۴۵-۴۸). درست همان‌گونه که پیش‌گویی شده بود، شهر شرارت برای همیشه به تلی از خاک بدل گردید و به‌کلی خالی از سکنه شد و جز مخلوقات وحشی بیابانی هیچ‌کس در آن مأوا نگزید.

اتفاقی نیست که میان کتاب‌های دانیال و مکاشفه مشابهت‌های ژرفی وجود دارد. هر دو دربرگیرندهٔ رؤیاهایی از زمان‌های آخر هستند که به‌طرز قابل‌ملاحظه‌ای با یکدیگر همخوانی دارند. با وجود این، مکاشفه‌هایی که به دانیال اعطا گردید، در دوران زمامداری نبوکدنصر بود (وی در نخستین تبعید از سه تبعید یهود، اسیر شده بود). او دورهٔ فرمانروایی‌های آتی جهان تا زمان مسیح و سپس بعد از آن را تا خود پایان تاریخ، زمامداری ضدمسیح، سلطنت هزار ساله، رستاخیز مردگان و روز داوری «دیده» بود.

هر دو کتاب از شهری به نام «بابل» سخن به میان می‌آورند. اما آیا هر دو از همان شهر حرف می‌زنند؟

اگر چنین باشد، پس باید این شهر بازسازی شود. آنانی که «بابل» مکاشفه را همان بابل ویران شده می‌دانند، از بازسازی بخش‌هایی از این شهر به دست صدام حسین، رئیس جمهور عراق هیجان‌زده شدند. اما از قرار معلوم وی سودای از نو زنده‌کردن این شهر را در سر نداشت؛ این مکان بیشتر ویترینی برای به نمایش گذاشتن تشخص وی بود و بس (پرتوهای لیزر تصویر او را درکنار تصویر نبوکدنصر بر ابرها به نمایش می‌گذاشتند!). بسیار بعید است که همان بابل باستانی، حتی اگر کاملاً هم بازسازی شود، دیگر بتواند مرکزیت راهبردی گذشته را از نو به‌دست آورد.

تفسیر مکتب «گذشته‌گرا»، «بابل» را استعاره‌ای برای کلان‌شهر رُم به‌کار می‌برد. گذشته از برداشتی که احتمالاً خوانندگان اولیهٔ کتاب مکاشفه از این شهر می‌کرده‌اند، پیش‌زمینه‌ای وجود دارد. یکی از نامه‌های پطرس که برای منظوری مشابه (آماده‌کردن مقدسان برای رنج) نوشته شده، از همین واژهٔ رمزی استفاده کرده است (اول پطرس ۵:۱۳). و اشاره‌ای هم که به «هفت تپه» شده احتمالاً کار را یکسره می‌کند (۱۷:۹، هرچند باید توجه داشت که «تپه‌ها» نمایندهٔ پادشاهانند).

ویژگـی رو بـه انحطـاط رُم هم با توصیف مکاشـفه همخوانی دارد. جاذبـهٔ فریبندهٔ کالاها و عایدات مالی که به‌سـوی این شـهر سـرازیر می‌شود و تسلطش بر پادشـاهان پیش پا افتاده، به خوبی با این تصویر همخوانی دارد.

بـا وجود این، تحقق کامل آن با تردید روبروسـت. به‌طور قطـع رُم برای خود یک بابل بود. اما این تنها سایه‌ای از آن بابلی است که بر پایان تاریخ حکمروایی خواهد کرد، و در جایی قرار دارد که مورد نظر قطعی مکاشفه است.

برخـی مشـکل را با ایـن پیش‌فرض که امپراتـوری روم دوباره احیا می‌گـردد، حل کرده‌اند. زمانـی که ده کشـور (۱۲:۱۷) «پیمان رم» را به‌عنوان مبنـای ظهور یک ابرقدرت نوین، به نام جامعه اروپایی به امضا رسـانیدند، ضربان این افراد از شـدت هیجان تندتر شـد. اما هنگامی که دولت‌های دیگر هم به این پیمان پیوسـتند، تب آنان هم فروکش کرد؛ اکنون تعداد «شـاخ‌ها خیلی» زیاد شده است! اما روی پرچم آن ۱۲ ستارهٔ مکاشفه ۱۲ وجود دارد.

تفسیر مکتب «تاریخ‌گرا» هم از خود رغبت چندانی به دانستن رُم به‌عنوان گزینه اصلی نشان نمی‌دهد. اگر مکاشـفه را نمایی کلی از سراسـر تاریخ کلیسا بگیریم، پروتستان‌ها بدون استثنا با طرح ادعاهای قدرت سیاسی در کنار قدرت مذهبی، گناه را به گردن واتیکان و دستگاه خلافت پاپ می‌اندازند و این تشکیلات را با «فاحشهٔ بابل» برابر می‌کنند (این همانند سازی در ایرلند شمالی «مشکلات» زیادی همراه با ویرانی به بار آورده). کاتولیک‌ها هم به نوبهٔ خود و به طریقی مشابه نسبت به اصلاح‌گران دینی پروتستان اظهار ادب کرده‌اند!

راستش را بخواهید، در کتاب مکاشفه هیچ اشاره‌ای دال بر اینکه «بابل» به نوعی یک مرکز دینی است، وجود ندارد. تأکید بر این است که تجارت و خوشگذرانی اصلی‌ترین مشغلهٔ ساکنان این شهر به شمار می‌رود.

ظاهراً مکتب «آینده‌گرا» به حقیقت نزدیکتر اسـت، چراکه بابل را کلان‌شـهری جدید می‌بیند که در «زمان آخر» سـلطهٔ خود را بر دیگر همتایان خود اعمال خواهد کرد، به همین دلیل اسـت که از آن به‌عنوان یک سرّ (یعنی رازی پنهان که اکنون آشـکار می‌شـود) یاد شده، چون این‌گونه پیداسـت که آفرینشـی نوین از انسان جای ساکنان شهر پیشین را خواهد گرفت (خواه این شهر بابل باستانی باشد و خواه رُم).

آنچه که روشـن است اینکه این شـهر در عین‌حال که مرکز تجارت و دادوستد است، مرکزی برای خرج‌کردن پول‌های به‌دسـت‌آمده نیز هسـت (توجه داشـته باشـید که چگونه اضمحلال آن بازرگانـان را تحت تأثیـر قرار می‌دهد؛ ۱۸:۱۱-۱۶). فرهنگ را نبایـد نادیده گرفت (به نقش موسیقی در ۱۸:۲۲ توجه کنید).

اما این شـهر فاسـد و فاسـدکننده اسـت، ویژگی شـاخص آن مادی‌گرایی بدون اخلاقیات، لذت‌جویی بدون پاکی، ثروت بدون حکمت، و شـهوت بدون عشق است. تشبیه فاحشه به‌طرز عجیبی متناسب است، چراکه در ازای پول هرچه از او بخواهید به شما می‌دهد.

تا اینجا تنها خود زن را مورد بررسی قرار دادیم، اما این زن بر یک «وحش» با هفت سر و ده شاخ سوار است، که به روشنی می‌تواند نمایندهٔ فدراسیونی از شخصیت‌های سیاسی باشد. کتاب نه به ما می‌گوید که اینان که هستند، و نه جزئیاتی پیرامون ایشان در اختیارمان می‌گذارد. آنان مردانی قدرتمند هستند، بدون اینکه بر سرزمین خاصی فرمانروایی کنند. اقتدار ایشان برخاسته از وجود «وحش» است، که احتمالاً همان ضدمسیح است، و ایشان سرسپردگی کامل خویش را به او تقدیم می‌کنند. از همه مهم‌تر، آنان به‌طرز زننده‌ای ضدمسیحی هستند، «به جنگ با بره» و «آنانی که با او خواهند بود» به جنگ بر خواهند خاست (۱۴:۱۷)، احتمالاً به این دلیل که وجدان‌شان معذب خواهد شد.

اما بابل محکوم به نابودی است. او و آن ده نفر سقوط خواهند کرد. روزهای‌شان شمرده شده. اینکه چگونه چنین چیز عجیبی شدنی است، در دنیای مدرن کنونی کاملاً باورپذیر است.

زن بر وحش سوار است. ملکه‌ای بر پشت پادشاهان سوار است (امری کاملاً خلاف روال آفرینش). به بیان دیگر این اقتصاد است که زمام سیاست را در دست دارد، و قدرت پول بر هر اقتداری چیره است. از آنجایی که تا سال ۲۰۰۰ م. عمدهٔ تجارت جهانی در دستان ۳۰۰ شرکت عظیم قرار گرفته بود، این سناریو چندان هم دور از ذهن نمی‌نماید.

سیاست‌مداران بلندپرواز و تشنهٔ قدرت از این ضربهٔ مالی ناخشنودند. آنان حتی آماده‌اند تا برای غلبه بر اوضاع و حفظ قدرت فاجعه‌ای اقتصادی به‌وجود بیاورند. انسان به یاد رفتار هیتلر با یهودیان می‌افتد که همه ناشی از خواست وی برای کنترل بانک‌های ایشان در آلمان بود.

«پادشاهان» به «زنی» که بر ایشان سوار است حسادت می‌کنند و کمر به نابودی وی بسته‌اند. شهر طعمهٔ آتش خواهد شد. این بزرگترین فاجعهٔ اقتصادی خواهد بود که جهان به خود دیده است. مردمان بسیاری بر ویرانه‌های آن «گریه و مویه» سر خواهند داد.

علت اصلی این فاجعه خود خداست، اما نه با اسباب و ابزار مادی. او «در دل آنها نهاده است که خواست او را برآورند» (۱۷:۱۷). آنان را تشویق به ایجاد یک ائتلاف با وحش و بر ضد شهر می‌کند. ضدمسیح کنترل سیاسی را در دست خواهد گرفت و نبی کاذب هم کنترل مذهبی را؛ اکنون «پادشاهان» در ازای قدرتی که دجال و نبی کاذب بدیشان تفویض می‌کنند، کنترل اقتصادی را هم به آن دو پیشکش می‌نمایند. اما بهره‌مندی آنان از چنین مزایایی به‌شدت کوتاه خواهد بود («یک ساعت»؛ ۱۲:۱۷).

پس سقوط بابل که در مکاشفه به‌عنوان امری به‌وقوع پیوسته به تصویر کشیده شده، امری قطعی است. مسیحیان می‌توانند از این بابت کاملاً مطمئن باشند. اما دلایلی عملی وجود دارد که نشان می‌دهند چرا اصلاً دربارهٔ این مسائل سخن به میان بیاید. رابطهٔ میان قوم خدا و این «بابل» آخری چیست؟ در اینجا سه رهنمون ارائه شده است:

نخست آنکه، در این شهر افراد بسیاری شهید خواهند شد. فاحشه «مست از خون مقدسان است، خون آنان که بار شهادت خود در حق عیسی را بر دوش داشتند». این عبارت آخری بار

دیگر حضور مسیحیان را نشان می‌دهد و در سرتاسر مکاشفه به چشم می‌خورد (۱:۹؛ ۱۲:۱۷؛ ۱۴:۱۲؛ ۱۷:۶؛ ۱۹:۱۰؛ ۲۰:۴). در شهری که خود را وقف بی‌بندوباری اخلاقی کرده، هیچ جایی برای مردمان مقدس وجود ندارد. جامعه به وجدان بیدار نیازی ندارد.

دوم اینکه، خدا به مسیحیان می‌گوید: «ای قوم من، از این شهر بیرون آیید، مبادا شریک گناهان او شوید، مبادا سهمی از بلاهای او به شما رسد، زیرا که گناهان او اینک تا به فلک رسیده، و خدا جنایات او را به یاد آورده است» (۱۸:۴-۵). این گفته تقریباً مشابه استدعای ارمیا از یهودیان در بابل باستان است (ارمیا ۵۱:۶). توجه داشته باشید که ایشان باید «بیرون آیند»؛ خداوند آنان را بیرون نمی‌آورد. کاملاً روشن است که همهٔ ایمانداران شهید نخواهند شد؛ برخی برای حفظ جان خویش خواهند گریخت، هرچند احتمالاً مجبور خواهند شد دست از پول و دارایی‌های خود بشویند.

سوم اینکه، در هنگام سقوط بابل فرمان برپایی جشنی داده می‌شود: «ای آسمان بر او شادی کن! شادی کنید ای مقدسان و رسولان و انبیا! زیرا خدا داد شما را از او ستانده است» (۱۸:۲۰). این کار در ۱۹:۱-۵ انجام می‌شود. کمتر کسی است که بداند گروه کُری که در اوراتوریوی مسایا (*Messiah*= مسیحا) اثر هندل «هللویا» می‌خوانند، فروپاشی اقتصاد دنیا، تعطیلی مبادلات بورس، ورشکستگی بانک‌ها و مختل‌شدن تجارت و بازرگانی را جشن می‌گیرند! این تنها قوم خداست که در آن روز «هللویاه (یعنی ستایش خدا را سزاست) خوانان» سرود سرخواهند داد!

فاحشه ناپدید می‌شود و عروس پدیدار می‌گردد. «ضیافت عروسی بره» در شرف برگزاری است. عیسی می‌رود که ازدواج کند، به بیان بهتر می‌آید تا ازدواج کند (متی ۲۵:۱-۱۳). عروس با دستیابی جامهٔ کتان نفیس و درخشان و پاکیزه‌ای «خود را آماده ساخته است» (بار دیگر به اشاره‌ای که به «جامه» می‌شود توجه کنید)؛ توضیح داده شده که جامه نماد «اعمال نیک مقدسان» است؛ (۱۹:۸). فهرست میهمانان کامل می‌شود و «خوشابه‌حال» آنانی که در آن فهرست هستند.

ما پیشتر به باب ۱۹ سرکی کشیدیم، که منتهی به بخش بعدی می‌شود و در عین‌حال به این بخش نیز خاتمه می‌دهد. اما تقسیم‌بندی‌هایی که بر اساس فصل‌ها انجام گرفته در متن اولیه نبوده‌اند و اغلب در جاهای نادرست فصل‌بندی صورت گرفته، و آنچه را که خدا پیوسته از هم جدا نموده، و این امر در هیچ جایی به اندازهٔ بخش یکی مانده به آخر مکاشفه صدق نمی‌کند.

باب‌های ۱۹-۲۰: مسیح بر زمین

همان‌گونه که می‌دانیم، این سلسله رویدادها تاریخ را به انتهایش می‌رسانند. دنیای ما سرانجام پایان خواهد پذیرفت. اکنون ما واپسین رویدادهای آینده را پیش رو داریم.

افسـوس که این بخش از کتاب بیش از هر بخش دیگری میان افراد اختلاف برانگیخته، که عمدتاً این اختلاف بر سـر سـلطنت هزارساله اسـت. این چنان موضوع مهمی است که باید زیر عنوان مبحثی جداگانه بدان پرداخت. این کار مستلزم تأویل خسته‌کنندهٔ متن خواهد بود، که در اینجا جز ارائه چکیده‌ای از آن نمی‌توانیم بیشتر وارد بحث شویم (نک. ص ۱۳۳۳).

توجه به یک نکته بسیار حیاتی است و آن تغییر مکاشفه گفتاری به مکاشفه دیداری (بصری) اسـت. در سراسـر بخش پیشـین یوحنا می‌گوید: «شـنیدم» (۱۸:۴؛ ۱۹:۱ و ۶). سـپس این عبارت است که مدام تکرار می‌شود: «دیدم»، تا اینکه دوباره این وضعیت به صورت «شنیدم» بازمی‌گردد (در ۲۱:۳).

زمانـی کـه بخـش دیداری را مـورد تحلیل قـرار می‌دهیم، به هفـت رویـا برمی‌خوریم که به روشـنی از هم قابل‌شناسـایی هستند («۲۰» و «۲۱»)، این مکاشفهٔ هفت‌تایی توجه بسیاری از خوانندگان را به خود جلب کرده است. با این‌حال، کمتر کسی بدان اشاره نموده. اما این آخرین «هفت» در مکاشـفه است. همانند هفت‌های قبلی، چهار مکاشفهٔ نخست با هم در پیوندند، دو تای بعدی ارتباط کمتری با هم دارند و آخری برای خود مستقل است (ما بررسی این مکاشفه‌ها را به بخش مربوط به باب‌های ۲۱-۲۲ موکول می‌نماییم). می‌توان آنها را به قرار زیر فهرسـت کرد:

۱ـ بازگشت (Parousia) (۱۹:۱۱-۱۶)
شاه شاهان، رب ارباب (و *لوگوس*= «کلام»)
اسبان سفید، رداهای آغشته به خون مقدسان

۲ـ ضیافت (۱۹:۱۷-۱۸)
دعوت فرشتگان از پرندگان...
... بلعیدن گوشت اجساد

۳ـ آرماگدون (۱۹:۱۹-۲۱)
شاهان و سپاهیان نابود می‌شوند (به‌وسیلهٔ «کلام»= *لوگوس*)
دو وحش به دریاچهٔ آتش افکنده می‌شوند

۴ـ شیطان (۲۰:۱-۳)
در بند کشیده و به «چاه بی‌انتها» افکنده می‌شود
اما برای زمانی محدود

۵ـ سلطنت هزارساله (۲۰:۴-۱۰)
مقدسان و شهیدان بر تخت سلطنت می‌نشینند (رستاخیز اول)
شیطان رها شده سپس به دریاچه آتش افکنده می‌شود

۶ـ داوری (۲۰:۱۱-۱۵)
رستاخیز همگانی «باقی ماندگان»
دفترها و «دفتر حیات» گشوده می‌شوند

۷ـ آفرینش دوباره (۲۱:۱-۲)
آسمان و زمین جدید
اورشلیم جدید

این فهرست به‌وضوح یک سلسله رویدادهای پیاپی را نشان می‌دهد، که با بازگشت مسیح آغاز می‌شود و به آفرینش جدید می‌انجامد. ارجاعات درون متن (مثلاً ۲۰:۱۰ که ارجاعی است به ۱۹:۲۰) مؤید این مسئله‌اند. بدبختانه، مفسران کوشیده‌اند این توالی را بنا به علایقی که به نظام الاهیاتی خاص خود داشته‌اند پس و پیش کنند (برای نمونه، با این ادعا که باب ۲۰ بر باب ۱۹ مقدم است). اما در این چند باب پایانی کتاب نظم وقایع از میانهٔ مکاشفه روشن‌تر است ـ و این اهمیت بسیاری دارد.

برای مثال، دشمنان قوم خدا به ترتیبی که با تعریف آنان تعارض دارد، از صحنه بیرون رانده می‌شوند. شیطان در باب ۱۲، دو «وحش» در باب ۱۳ و بابل در باب ۱۷ ظاهر می‌شوند. بابل در باب ۱۸، دو «وحش» در باب ۱۹ و شیطان در باب ۲۰ ناپدید می‌گردند. شهر پیش از آمدن مسیح سقوط می‌کند، اما به‌وجود او بر زمین نیاز هست تا با «تثلیث نامقدس» ابلیس، ضدمسیح و نبی کاذب مقابله کند.

تقریباً همهٔ محققان معترفند که رویای آغازین تصویری است از بازگشت مسیح (تنها عدهٔ اندکی، بنا بر علایق الاهیاتی خود، می‌گویند که این به نخستین آمدن او دلالت می‌کند). اما بازگشت عیسی به زمین موجب بهت و هراس قدرت‌های حاکم خواهد شد. آنان که از ظهور دوبارهٔ وی غافلگیر شده‌اند، برای کشتنش برای دومین بار نقشه می‌کشند. اما این بار رستهٔ کوچکی از نگهبانان برای ترور وی کافی نیست، چراکه میلیون‌ها پیروان فدایی برای دیدارش به اورشلیم شتافته به وی خواهند پیوست (اول تسالونیکیان ۴:۱۴-۱۷). یک نیروی عظیم نظامی در چند مایلی شمال اورشلیم در درهٔ اسدرائلون و پای «کوهستان مجدو» (در عبری، هارـماگدون) صف‌آرایی می‌کنند: اینجا محل تلاقی جاده‌های جهان و مشرف بر ناصره است. در اینجا نبردهای بسیاری به‌وقوع پیوسته است؛ شاهان بسیاری در اینجا مرده‌اند (شائول و یوشیا از جملهٔ این شاهانند).

عیسی برای زنده‌کردن مردگان یا کشتن زندگان تنها لازم است «کلامی» بگوید. اینجا بیش از آنکه صحنهٔ پیکار باشد، محل صدور حکم است. لاشخورها برای خوردن لاشهٔ کشتگان فرا خوانده می‌شوند، چراکه شمار اجساد به‌قدری زیاد است که نمی‌توان همه را دفن کرد.

در این مقطع، تحولات شگفت‌آور چندی به‌وقوع می‌پیوندد. دو «وحش» کشته نمی‌شوند، بلکه آنها را «زنده» به دوزخ «می‌افکنند»، و این نخستین باری است که یک انسان به آنجا وارد می‌شود. ابلیس را به آنجا نمی‌فرستند، بلکه او را در بند نگاه می‌دارند- تا بعدها رهایش نمایند!

از همه مهم‌تر، عیسی در اینجا به دنیا پایان نمی‌دهد، بلکه خودش فرمانروایی را به دست می‌گیرد، و خلأ قدرت ناشی از سقوط «تثلیث نامقدس» را با پیروان وفادارش، به‌ویژه با شهیدان پر می‌سازد. البته مسلم است که برای انجام این مسئولیت، باید ایشان از مردگان برخیزند. این «پادشاهی» برای هزار سال به درازا می‌کشد، اما ابلیس که موقتاً آزاد شده ملت‌ها را می‌فریبد و واپسین عصیانش عقیم مانده، با آتش از آسمان فرومی‌افتد. این دورهٔ میان بازگشت عیسی و روز داوری امروزه از سوی کلیسا رد می‌شود، با این‌حال دیدگاه مورد پذیرش کلیسای اولیه بود.

در مورد آنچه که قرار است از پی آن روی دهد، توافق گسترده‌ای وجود دارد. روز تسویه‌حساب واپسین به‌روشنی در همه جای عهدجدید تعلیم داده می‌شود. دو نشانه قابل‌ملاحظه پیش از فرارسیدن این روز تحقق می‌یابند. زمین و آسمان ناپدید می‌شوند. (از دوم پطرس ۳:۱۰) می‌دانیم که هر دو با آتش «نابود می‌شوند». مردگان، از جمله کسانی که در دریا ناپدید شده‌اند، دوباره پدیدار می‌گردند. این همان رستاخیز دوم یا «عمومی» است (۲۰:۵) و مؤید آن است که شریران هم مانند پارسایان پیش از ورود به سرنوشت ابدی‌شان، دوباره جسم خواهند پوشید (دانیال ۱۲:۲؛ یوحنا ۵:۲۹؛ اعمال ۲۴:۱۵). «جسم و روح» با هم به دریاچهٔ آتش افکنده خواهند شد (متی ۱۰:۲۸؛ مکاشفه ۱۹:۲۰). «عذاب» به همان اندازه که روحی است، جسمی هم هست (لوقا ۱۶:۲۳-۲۴). بنابراین، هم «مرگ» که جسم را از روح جدا می‌کند و هم «هادس» (دنیای مردگان) که ارواح جدا شده از جسم در آن به سر می‌برند، اکنون برچیده می‌شوند (۲۰:۱۴). «مرگ دوم» که دیگر نه جسم را از روح جدا می‌کند و نه در آن نیستی و نابودی هست، از این زمان به بعد انجام خواهد پذیرفت.

اکنون تنها چیزی که به چشم می‌خورد وجود داوران نشسته بر تخت، داوری شدگانی که در برابر تخت داوری ایستاده‌اند و ستون‌های بزرگی از دفترهاست. تخت داوری بزرگ و سفید است، و نمایندهٔ قدرت و پاکی مطلق است. این احتمالاً همان تختی نیست که یوحنا در آسمان دیده بود (۴:۲-۴). از آن تخت به‌عنوان «بزرگ» یا «سفید» توصیفی به میان نیامده است. وانگهی، بسیار بعید می‌نماید که به شریران برخاسته از مرگ این اجازه را بدهند که به آسمان نزدیک شوند. در حقیقت، هیچ اشاره‌ای دال بر اینکه صحنهٔ تشریح شده در باب ۲۰ عطفی به آسمان باشد، وجود ندارد؛ بیشتر این احتمال می‌رود که تخت مزبور در جایی قرار خواهد گرفت

که زمانی زمین در آن قرار داشت و اکنون ناپدید شده و ساکنان گذشته و اکنونش را ترگ گفته. از همه مهم‌تر، شخصی که بر این تخت نشسته، با خدا یکی نیست (چنان که در ۴:‏۸-۱۱ بود). در واقع، او خدا نیست. از جاهای دیگر کلام خدا به این آگاهی می‌رسیم که وی وظیفهٔ داوری بر بشر را به پسرش، عیسی واگذار کرده: «زیرا روزی را مقرر کرده که در آن به‌واسطهٔ مردی که تعیین کرده است، جهان را عادلانه داوری خواهد کرد» (اعمال ۱۷:‏۳۱؛ مقایسه کنید با متی ۲۵:‏۳۱-۳۲؛ دوم قرنتیان ۵:‏۱۰). انسان‌ها به دست یک انسان مورد داوری قرار خواهند گرفت.

این داوری یک محاکمهٔ طولانی و کشدار نخواهد بود. همهٔ شواهد از پیش گردآوری شده و از سوی داور مورد بررسی قرار گرفته است. همه چیز در «دفترهایی» ثبت شده که به‌درستی سزاوار این عنوانند: «این زندگی توست»! این دفترها ثبتی کامل از همهٔ کرده‌ها (و گفته‌ها؛ متی ۵:‏۲۲؛ ۱۲:‏۳۶) از کل زندگی، از لحظهٔ تولد تا مرگ را در خود دارند، و نه گزیده‌ای از موارد سفارشی برای یک ارائهٔ تلویزیونی را. شاید با ایمان‌مان پارسا شمرده شویم، اما با اعمالمان است که مورد داوری قرار خواهیم گرفت.

اگر قرار بود که تنها این شواهد در نظر گرفته شود، همهٔ ما محکوم به «مرگ» دوم بودیم. دیگر برای کسی چه امیدی باقی بود؟ خدا را شکر، در آن روز دهشتناک دفتر دیگری گشوده خواهد شد. در این دفتر شرح اعمال خود داور روی زمین نوشته شده، که این اعمال هم خود وی را از گناه مبرا می‌نماید و هم این قابلیت را بدو می‌بخشد تا بر دیگران داوری کند. این همان «دفتر حیات بره» است (۲۱:‏۲۷). اما در این دفتر نام کسان دیگری که در او زیسته و مرده‌اند نیز آمده، آنانی که به «تاک حقیقی» پیوند خورده و در او مانده‌اند (یوحنا ۱۵:‏۱-۸). از این‌رو ایشان میوه‌هایی آورده‌اند که بر تداوم اتحادشان با او گواهی می‌دهند (فیلیپیان ۴:‏۳؛ مقایسه کنید با متی ۷:‏۱۶-۲۰). ثمربخش‌بودن دلیلی بر وفاداربودن است.

در همان روزی که ایشان به مسیح گرویده، توبه کرده و ایمان آوردند، نام‌های‌شان در این دفتر درج گردید (عبارت «از بدو آفرینش جهان» در ۱۷:‏۸ به کسانی اشاره می‌کند که نام‌شان در دفتر نوشته نشده و صرفاً به معنای «در سراسر تاریخ بشر» است؛ به همین ترتیب در ۱۳:‏۸ ممکن است عبارت مزبور به ذبح‌کردن بره مرتبط باشد). نام‌های ایشان از دفتر حیات «زدوده» نشده چراکه «غالب آمده‌اند» (۳:‏۵).

تنها آنانی که نام‌های‌شان هنوز در این دفتر موجود است از «مرگ دوم» و «دریاچهٔ آتش» می‌گریزند. به عبارت دیگر، خارج از مسیح هیچ امیدی وجود ندارد، زیرا «همه گناه کرده‌اند و از جلال خدا محرومند» (رومیان ۳:‏۲۳). بنابراین، انجیل *منحصربه‌فرد* است. «در هیچ‌کس جز او نجات نیست، زیرا زیر آسمان نامی جز نام عیسی به آدمیان داده نشده تا بدان نجات یابیم» (اعمال ۴:‏۱۲). اما از این‌رو باید *فراگیر* باشد: «به سرتاسر جهان بروید و خبر خوش را به همهٔ خلایق موعظه کنید» (مرقس ۱۶:‏۱۵؛ مقایسه کنید با متی ۲۸:‏۱۹؛ لوقا ۲۴:‏۴۷).

پس نژاد بشری به‌طور همیشگی به دو گروه تقسیم خواهد شد (متی ۱۳:۴۱-۴۳ و ۴۷-۵۰؛ ۳۲:۲۵-۳۳). مقصد یک گروه از پیش «مهیا» شده است (متی ۴۱:۲۵). دریاچهٔ (یا «دریا») آتش دستِ‌کم برای یک هزار سال وجود داشته (مکاشفه ۲۰:۱۹). برای گروه دیگر یک کلان‌شهر «آماده» شده (یوحنا ۲:۱۴)، اما نه زمینی هست که بر آن سکنا گزینند و نه آسمانی بالای سرشان وجود دارد. به جهانی نوین نیاز هست.

باب‌های ۲۱-۲۲: آسمان بر زمین

با ورود به این بخش پایانی تسلی عظیمی وجود ما را فرامی‌گیرد. جوّ به‌طور بارزی دگرگون شده است. ابرهای تیره به کناری زده شده‌اند و خورشید باز در حال درخشیدن است- با این استثنا که آن خورشید قبلی ناپدید شده و جایش را به جلال خدا داده که بسیار درخشنده‌تر است (۲۳:۲۱).

این آخرین عمل رستگاری است، که نجات را به کل جهان می‌آورد. این کار «جهانی» مسیح است (متی ۲۸:۱۹؛ اعمال ۲۱:۳؛ رومیان ۱۸:۸-۲۵؛ کولسیان ۲۰:۱؛ عبرانیان ۸:۲)، که همانا نوکردن آسمان و زمین است (توجه داشته باشید که در اینجا «آسمان» به معنای فضا است؛ این همان واژه‌ای است که در ۱۱:۲۰ و ۲۱:۱ به‌کار رفته است). مسیحیان از زمانی که عیسی به دنیای کهنه بازگشت، دارای بدن‌های جدیدی شده‌اند. اکنون زمان آن فرارسیده که محیط زیستی متناسب با این بدن‌های جدید هم بدیشان اعطا گردد.

دو آیهٔ اول واپسین رویا را در هفت رؤیای پیاپی پوشش می‌دهد که یوحنا به چشم «دیده» بود (۱۱:۱۹ تا ۲:۲۱)، که به نوبهٔ خود نقطهٔ اوج واپسین رویداد تاریخ‌اند. در اینجا شاهد چیزی فراتر از یک جهان نوین هستیم. در درون آفرینش «عام» یک آفرینش «ویژه» وجود دارد. درست همان‌گونه خدا در آفرینش آغازینش «باغی غرس کرد» (پیدایش ۸:۲)، به همین ترتیب در اینجا هم او دست به طراحی یک «باغ‌شهر» می‌زند، که حتی ابراهیم هم آن را می‌شناخت و مترصد رسیدن به آن بود (عبرانیان ۱۰:۱۱).

درست همان‌گونه که «آسمان و زمین» جدید چنان به نحو محسوسی شبیه آسمان و زمین قدیمند که همان نام‌های قدیم را بر خود دارند، به این شهر هم نام همان شهری داده می‌شود که پایتخت داوود بود. اورشلیم در عهدجدید از همان جایگاهی برخوردار است که در عهدعتیق داشت. عیسی آن را «شهر پادشاه بزرگ» نامید (متی ۳۵:۵؛ مقایسه کنید با مزمور ۲:۴۸). درست در بیرون «دیوارهای آن شهر» بود که وی مرد، برخاست و به آسمان صعود فرمود. و به همین شهر باز خواهد گشت و بر تخت داوود خواهد نشست. در دورهٔ سلطنت هزارساله، اورشلیم «اردوگاه مقدسان، یعنی شهر محبوب خدا» خواهد بود (۹:۲۰).

البته، شهر زمینی در حکم نسخهٔ بدلی و موقتی «اورشلیم آسمانی، شهر خدای زنده» بود، که همهٔ ایمانداران به عیسی، در کنار همهٔ مقدسان عبرانی و فرشتگان، شهروندان آن هستند

(عبرانیان ۱۲:۲۲-۲۳). اما این بدان معنا نیست که شهر اصلی به نوعی از واقعیت کمتری نسبت به نسخهٔ بدلش برخوردار است، یعنی نسخهٔ بدلی مادی بود و دیگری «روحانی». تفاوت اصلی میان آنها بر سر موقعیت مکانی‌شان است. زیرا این موقعیت عوض می‌شود.

شهر آسمانی «از آسمان پایین می‌آید» و بر زمین جدید قرار می‌گیرد. این شهر هم واقعی، یعنی یک سازهٔ مادی خواهد بود، هرچند مواد آن با مواد کنونی فرق خواهد داشت! بدبختانه، از آنجایی که فلسفهٔ افلاطونی آگوستین که به جدایی قلمروهای مادی از معنوی قائل بود، به‌شدت در کلیسا ریشه دوانیده، پذیرش مفهوم مادی‌بودن زمین جدید برای کلیسا بسیار دشوار است، و هرگز نمی‌تواند شهری جدید را در ذهن خود جای دهد. معادل‌بودن مفهوم «روحانی» با «ناملموس» در اندیشهٔ کلیسا، به امیدهای مسیحی به آینده لطمهٔ شدیدی وارد آورده است. این جهان نوین و کلان‌شهرش نسبت به دنیای قدیم از نظر «مادی» هیچ کم و کسری نخواهد داشت.

آیات ۳-۸ توصیفی مشروح از این رؤیای آخرند. این مطالب بی‌درنگ توجه خوانندگان را از آفرینش جدید به آفریننده‌اش برمی‌گردانند. به تغییر گفتار یوحنا که از «دیدم» به «شنیدم» برمی‌گردد، توجه فرمایید. اما این «صدای بلندی» که او شنید، از جانب چه کسی بود؟ او از خدا به صورت سوم شخص و بعد اول شخص یاد می‌کند. به‌طور قطع گوینده کسی نیست جز مسیح (مقایسه کنید با ۱۵:۱). عبارت «تخت‌نشین» همانی است که در باب پیش بود (مقایسه کنید ۱۱:۲۰ را با ۵:۲۱). در هر دو زمینهٔ متن مسئلهٔ داوری بیان می‌شود و از «دریاچهٔ آتش» ذکری به میان می‌آید (مقایسه کنید ۱۵:۲۰ را با ۸:۲۱). از همه مهم‌تر، آنچه که همانندی این دو را با هم نشان می‌دهد، این «صدا» است که عیسی در پس‌گفتار با آن سخن می‌گوید (مقایسه کنید ۶:۲۱ را با ۱۳:۲۲). با این‌حال، «تخت خدا و بره» کمی بعد یکی خواهند شد (۱:۲۲).

در اینجا به سه گفتار تکان‌دهنده برمی‌خوریم:

اولی برجسته‌ترین مکاشفه در کل کتاب پیرامون آینده است. خود خدا از آسمان به زمین نقل‌مکان می‌کند! او می‌آید تا با انسان‌ها زندگی کند، آن هم نه دیگر با عنوان «پدر آسمانی‌مان» (متی ۹:۶)، بلکه به‌عنوان «پدر زمینی‌مان»، و این به صمیمانه‌ترین رابطه‌ای که تا کنون میان انسان و خدا برقرار بوده، خواهد انجامید. از آنجایی که مرگ، غم و درد در سرشت او جایی ندارد، دیگر جایی برای آنها نخواهد بود. دیگر نه از جدایی خبری خواهد بود و نه از اشک. در حاشیه، تنها جای دیگری در کتاب‌مقدس را که در آن به خدا بر زمین اشاره شده، یادآوری می‌کنیم: گردش عصرگاهی‌اش در باغ عدن (پیدایش ۸:۳). یک‌بار دیگر کتاب‌مقدس یک دور کامل را طی می‌کند.

دومی اعلام «اینک همه چیز را نو می‌سازم» است (مکاشفه ۵:۲۱). در اینجا نجار اهل ناصره ادعا می‌کند که مانند گذشته (یوحنا ۳:۱؛ عبرانیان ۲:۱)، آفرینندهٔ جهانی نوین

است. کار او به بازآفرینی آدمیان محدود نمی‌شود، هرچند که این هم «خلقت تازه‌ای» است (دوم قرنتیان ۵:۱۷). او همه چیز را نو می‌سازد.

پیرامون واژهٔ «نو» بحث قابل‌ملاحظه‌ای سر گرفته است. «نو» یعنی چقدر نو؟ این جهان «نو» آیا همان جهان کهنه است که «نو شده» یا اینکه کاملاً نو و از زرورق درآمده است؟ یقیناً برای «نو» در زبان یونانی دو واژهٔ جداگانه وجود دارد: (*eos* و *kainos*)، اما این دو تا اندازه‌ای با هم مترادفند و کاربرد اولی در اینجا حق مطلب را چنان که باید ادا نمی‌کند. اشاراتی که به «نابودشدن به‌وسیلهٔ آتش» جهان کهنه (دوم پطرس) و «سپری شدن» آن (مکاشفه ۲۱:۱) شده، حاکی از ریشه‌کنی و نابودی کامل است تا تغییر شکل دادن به آن. اما فرایند از پیش- با رستاخیز عیسی- آغاز شده است. بدن «کهنه» او درون کفن محو گردید و او با بدنی نو و «جلال یافته» از مردگان برخاست (فیلیپیان ۳:۲۱)؛ همچنین نک. کتاب دیگرم، *توضیح رستاخیز* (ساورین وورلد، ۱۹۹۳). «ارتباط» دقیق میان دو بدن در تاریکی قبر پنهان است، اما آنچه در آنجا اتفاق افتاد، روزی در مقیاس جهانی روی خواهد داد.

سومی معانی ضمنی و کاربردی این آفرینش جدید را برای خوانندگان مکاشفه شرح می‌دهد (توجه داشته باشید که باید به یوحنا یادآوری کنند که آنچه را شنیده بنویسد، زیرا «این سخنان درخور اعتماد و راست است»؛ ۲۱:۵). از جنبهٔ مثبت به کسانی که جویای «آب حیات» هستند وعده می‌دهد که عطششان فروخواهد نشست (۲۱:۶؛ ۲۲:۱و۱۷). اما اینان باید بر زندگی «غالب آیند» تا بتوانند در زمین جدید میراثی ببرند و در آن از رابطهٔ خانوادگی با خدا بهره‌مند گردند.

از جنبهٔ منفی این هشدار وجود دارد که هر کس غالب نیاید، و بزدل و بی‌ایمان و مفسد و آدمکش و بی‌عفت و جادوگر و بت‌پرست و دروغگو باشد، نه تنها هرگز سهمی از این میراث نخواهد برد، بلکه فرجامش «دریاچهٔ مشتعل به آتش و گوگرد» خواهد بود. این همان مرگ دوم است (۲۱:۸). لازم است این را هم خاطرنشان سازیم که این هشدار مانند جاهای دیگر این کتاب، به ایمانداران سرکش و نافرمان داده شده، نه بی‌ایمانان. اکثر هشدارهای قبلی عیسی در مورد دوزخ، خطاب به شاگردن خودش بودند، نه گناهکاران (نک. کتاب من، راه دوزخ، هادر و ستاوتون، ۱۹۹۲).

در اینجا فرشته‌ای یوحنا را برای گردش در اورشلیم جدید و زندگی در آن راهنمایی می‌کند (ایده‌ای که در پی آن می‌آید، «تلخیص»ی است از زندگی در اورشلیم «کهنه» در دورهٔ سلطنت هزارساله که آن‌قدر عجیب و غریب است که نمی‌توانیم به سادگی از کنارش بگذریم؛ آیهٔ ۱۰ به روشنی آیهٔ ۲ را شرح و بسط می‌دهد). توصیف ارائه شده مبهوت‌کننده است، به طوری که واژگان از ادای حق مطلب قاصرند، به طوری که پرسشی بنیادین مطرح می‌گردد: این توصیف را تا چه اندازه باید تحت‌اللفظی و تا چه اندازه نمادین تلقی کرد؟

از یک سو، به‌نظر می‌رسد که درست نباشد اگر آن را تماماً و موبه‌مو تحت‌اللفظی بگیریم. یوحنا به‌وضوح به توصیف چیزهایی می‌پردازد که غیرقابل توصیفند (پولس هم زمانی که می‌خواست واقعیات آسمانی را نشان دهد با همین مشکل روبه‌رو بود؛ دوم قرنتیان ۱۲:۴). دقت کنید که چند بار واژه‌هایی را که برای قیاس به‌کار می‌روند («مانند» و «همچون» در ۱۱:۲۱ و ۱۸و۲۱؛ ۱:۲۲) مورد استفاده قرار می‌دهد. با وجود این، همهٔ تشبیهات تنها تقریبی و مسلماً ناکافی هستند. اما واقعیاتی که در اینجا به‌طور ناقص به تصویر کشیده شده‌اند باید شگفت‌انگیزتر باشند، و نه برعکس.

از سوی دیگر، اگر همه چیز را سراسر نمادین فرض کنیم، این کار هم اشتباه خواهد بود. اگر در این جهت هم راه افراط را در پیش بگیریم، کل تصویر به یک فضای غیرواقعی «روحانی» تبدیل خواهد شد، که نمی‌تواند در مورد «زمین جدید» به‌عنوان یک مکان دقیق و روشن حق مطلب را ادا نماید.

مشکل زمانی بالا می‌گیرد که این پرسش مطرح شود: آیا اورشلیم جدید نمایندهٔ یک مکان است یا یک قوم؟ این پرسش از آنجا ناشی می‌شود که اورشلیم جدید «عروس» نامیده شده، که پیشتر (در ۱۹:۷-۸) نشان‌دهندهٔ یک قوم، یعنی کلیسا، بود. پیش از هر چیز، این تنها یک تشبیه است (در ۲:۲۱؛ «همچون یک عروس») و هر کسی که تا کنون در یک عروسی یهودی شرکت کرده باشد، می‌تواند به شباهت لباس‌های رنگارنگ و آراسته به جواهرات عروس با این توصیف پی ببرد. با این‌حال، جلوتر که می‌رویم این شهر به‌طور مشخص معرفی می‌شود: «عروس، یعنی همسر بره» (۹:۲۱). فرشته که وعده داده بود «عروس» را به یوحنا *نشان دهد*، شهر را به او نشان می‌دهد (۱۰:۲۱) هرچند رویا به‌سویی پیش می‌رود که زندگی ساکنان آن شهر را مکشوف سازد (۲۴:۲۱-۵:۲۲).

پاسخ این معضل برای یهودیان آشکارتر است تا برای مسیحیان. «اسرائیل»، عروس یهوه، همیشه یک قوم و یک مکان بوده، که همواره به‌طور جدایی‌ناپذیری به هم تنیده بوده‌اند، از این‌رو همهٔ وعده‌های نبوتی مربوط به احیای نهایی قوم به سرزمین‌شان هم مربوط می‌شد. مسیحیان در مقایسه، مردمانی هستند بدون مکان، بیگانه، زایر، که موقتا رحل اقامتی افکنده‌اند، به عبارتی دیگر «پراکندگان» جدید از قوم خدا که به اسارت آورده شده‌اند (یعقوب ۱:۱؛ اول پطرس ۱:۱). «خانهٔ» ما آسمان است. اما در آخر قرار است که آسمان هم پایین بیاید. یهودیان و غیریهودیان در یک مکان با هم قوم خدا را تشکیل خواهند داد. از این‌رو است که نام ۱۲ قبیله و ۱۲ رسول بر شهر نوشته می‌شود (۱۲:۲۱-۱۴).

این یکی‌شدن یهود و غیریهود، و نیز یکی‌شدن آسمان و زمین، شالودهٔ غایت مقصود خدا را که «همه چیز را، خواه آنچه در آسمان و خواه آنچه بر زمین است، در یکی یعنی مسیح گردآورد» (افسسیان ۱۰:۱؛ کولسیان ۲۰:۱)، تشکیل می‌دهد. بنابراین، «عروس» که هم در خودش و هم با داماد یکی می‌شود، به یک قوم و نیز به مکانی که این قوم در آن زندگی می‌کنند اطلاق می‌گردد. و چه مکانی خواهد بود آنجا!

پر واضح است که اندازه‌گیری‌ها اهمیت دارند، چراکه همگی مضربی از عدد ۱۲ هستند. *اندازه* بسیار عظیم است. بیش از ۲۰۰۰ کیلومتر درازا و پهنا و بلندا؛ شهر اکثر قسمت‌های اروپا را می‌پوشاند و اگر ماه کره‌ای توخالی بود، این شهر در آن جای می‌گرفت. به عبارت دیگر، آن‌قدر جادار هست که همهٔ قوم خدا را در خود جای دهد. *شکل* آن نیز حایز اهمیت است، بیشتر به یک مکعب می‌ماند تا یک هرم، و نشان می‌دهد که در آن «شهر مقدس» به شکل «قدس‌الاقداس» مکعبی شکلی که در خیمهٔ اجتماع و معبد ساخته شده بود، بنا می‌گردد. دیوارها بیش از آنکه برای دفاع از درون باشند، برای تعیین حدود از بیرون کشیده شده‌اند، چراکه دروازه‌ها همیشه بازند. هیچ خطری وجود ندارد که ساکنان شهر را تهدید کند و ایشان می‌توانند آزادانه و در هر زمان بیرون بروند و بازگردند.

مصالح به‌کار رفته در ساخت و ساز آن را از پیش می‌شناسیم، اما چنان جواهرات کمیاب و گرانبهایی هستند که تنها نیم‌نگاهی از آسمان را به معرض دید ما می‌گذارند. فهرستی که در اینجا ارائه شده یکی از برجسته‌ترین دلایل اثبات الهام الاهی این کتاب است. اکنون که می‌توانیم نوری «خالص‌تر» (پولاریزه یا لیزر) تولید کنیم، کیفیتی ناشناخته از سنگ‌های گرانبها برای‌مان آشکار شده است. وقتی برش‌های نازک در نور پولاریزه شده متقاطع پدیدار می‌شوند (مانند زمانی که دو عدسی عینک آفتابی در زاویه‌های درست روی هم می‌افتند)، می‌بینیم که دو گونهٔ متمایز از سنگ‌ها وجود دارند. یکی سنگ‌های «ایزوتوپی» که همهٔ رنگ خود را از دست می‌دهند، زیرا برای درخشش خود به پرتوهای درهم و برهم وابسته‌اند (مانند الماس‌ها، یاقوت‌ها و گارنت‌ها). سنگ‌های «آنیزوتوپی» که صرف نظر از اینکه منبع اصلی نور چه رنگی بوده، همهٔ رنگ‌های رنگین‌کمان را در الگوهای خیره‌کننده ایجاد می‌کنند. همهٔ سنگ‌های اورشلیم جدید به این طبقهٔ دوم تعلق دارند! هیچ‌کس نمی‌توانسته در زمان نگارش مکاشفه از چنین‌شناختی برخوردار بوده باشد ـ به جز خود خدا!

دیگر ویژگی حیرت‌آور این توصیف آن است که تنها در ۳۲ آیه بیش از ۵۰ اشاره به عهدعتیق گنجانیده شده است (عمدتاً از پیدایش، مزامیر، اشعیا، حزقیال و زکریا). در واقع، هر ویژگی اصلی، تحقق یکی از امیدهای یهودی است که به صورت نبوت بیان شده بود. این در عین‌حال نشان می‌دهد که همهٔ نبوت‌های عهدعتیق و عهدجدید از یک منشاء سرچشمه می‌گیرند (اول پطرس ۱:۱۱؛ دوم پطرس ۱:۲۱). مکاشفه نقطهٔ اوج کل کتاب‌مقدس است.

شگفت هنگامی است که خیل فرشتگان برای زندگی به ساکنان شهر می‌پیوندند. شاید بزرگترین اختلاف اورشلیم «جدید» با «قدیم» این باشد که در آن از معبد که مرکز ویژهٔ پرستش (یا حتی زمان ویژهٔ پرستش؟) است، خبری نخواهد بود. همهٔ شهر معبد او *است*، که در آن فدیه‌شدگان «شبانه‌روز او را خدمت می‌نمایند» (مکاشفه ۷:۱۵)، و حاکی از این است که همچون زمانی که برای آدم چنین بود، یک‌بار دیگر کار و پرستش به هم می‌آمیزند (پیدایش ۲:۱۵؛ خدا به آدم نفرمود که باید به‌خاطر پرستش یک روز از هفته را اختصاص بدهد).

فرهنگی بین‌المللی به شهر غنا خواهد بخشید (مکاشفه ۲۱:۲۴-۲۶). دیگر هیچگاه به رفتارهای خلاف اخلاق آلوده نخواهد شد (۲۱:۲۷). از این جهت است که نام ایمانداران سازشکار در معرض خطر زدوده‌شدن از «دفتر حیات بره» قرار دارد (۳:۵؛ ۲۱:۷-۸).

نهر و درخت حیات سلامت همیشگی را تضمین می‌نمایند. همچون آغاز آفرینش، خوراک انسان را میوه تشکیل خواهد داد، نه گوشت (پیدایش ۱:۲۹)، هرچند پیش از آن هیچ الزامی برای گیاه‌خواربودن وجود نداشت (پیدایش ۹:۳؛ رومیان ۱۴:۲؛ اول تیموتائوس ۴:۳).

از همه مهم‌تر، مقدسان در حضور خدا زندگی خواهند کرد. ایشان به‌راستی روی او را خواهند دید، امتیازی که پیش از آن تنها به اندک‌شماری افراد داده شده بود (پیدایش ۳۲:۳۰؛ خروج ۳۳:۱۱) نه به همه (اول قرنتیان ۱۳:۱۲). آنان «برای ابد فرمانروایی خواهند نمود»، لابد بر آفرینش جدید و نه بر یکدیگر، چنانکه در ابتدا هم قصد همین بود (پیدایش ۱:۲۸). بدین‌ترتیب، است که به آفریدگارشان «خدمت» خواهند نمود.

یک‌بار دیگر، لازم است تأکید کنیم که خدا بشر را به آسمان نمی‌برد تا برای همیشه با خداوندش باشد؛ خود وی به زمین می‌آید تا برای همیشه با ایشان زندگی کند. اورشلیم جدید به‌طور همزمان هم جایگاه سکونت جاودانی خدا و هم انسان است.

چونان گذشته به یوحنا یادآوری می‌شود که همهٔ اینها را بنویسد. اینکه حواس او از نگارش پرت شود، کاملاً قابل‌درک است!

«پس‌گفتار» یا کلام پایانی (مکاشفه ۲۲:۷-۲۱) هماهنگی زیادی با «پیشگفتار» (۱:۱-۸) دارد. همان عنوانی که در یکی برای خدا و مسیح به‌کار برده شده بود در دیگری هم دیده می‌شود (۱:۸؛ ۲۲:۱۳). این کلام تشویق‌آمیز پایانی سراسر تثلیث‌باورانه است: خدا، بره و روح جملگی حضور دارند.

تأکیدی شدید بر این واقعیت به چشم می‌خورد که زمان کوتاه است. عیسی «به زودی» می‌آید (۲۲:۷و۱۲و۲۰). این واقعیت که از زمان گفته‌شدن این سخنان سده‌ها گذشته، نباید به آسودگی خاطر خوانندگان منجر گردد؛ ما به «آنچه که می‌باید به زودی به‌وقوع بپیوندد» باید خیلی نزدیکتر باشیم (۲۲:۶).

هنوز روز فرصت باقی است. هنوز تشنگان می‌توانند به رایگان از آب حیات بنوشند (۲۲:۱۷). اما اکنون زمان گزینش است. زمانی می‌رسد که مسیر اخلاقی زندگی ما برای همیشه تعیین می‌شود و دیگر راه بازگشتی نیست (۲۲:۱۱). فرعون هفت مرتبه دل خود را در برابر خداوند سخت ساخت، تا کار به جایی رسید که سه بار بعدی خود خدا دل او را سخت کرد (خروج ۷-۱۱؛ رومیان ۹:۱۷-۱۸). زمانی خواهد آمد که این اتفاق برای همهٔ آنانی که از ارادهٔ او سر باز می‌زنند و نااطاعتی می‌کنند، خواهد افتاد.

در پایان مردم تنها به دو دسته تقسیم خواهند شد: آنانی که «ردای خود را می‌شویند» (۲۲:۱۴؛ مقایسه کنید با ۷:۱۴) و بدین‌ترتیب، وارد شهر می‌گردند- و آنانی که مانند سگ‌های

ولگرد خاورمیانه امروزی، بیرون می‌مانند (۲۲:۱۵). این سومین باری است که از اعمال زشت و زننده‌ای که از کنندگانش سلب صلاحیت می‌کند، در این فرجام حیرت‌آور فهرستی آورده می‌شود (۲۱:۸ و۲۷؛ ۲۲:۱۵)، گویی هرگز نباید به خوانندگان اجازه داد که از یاد ببرند جلال آینده به‌طور خودکار و صرف اینکه به عیسی ایمان دارند و به کلیسایی تعلق دارند نصیب‌شان نخواهد شد، بلکه این جلال ازآن کسانی است که «برای رسیدن به خط پایان می‌کوشند، تا جایزه‌ای را به‌دست آورند که خدا برای آن ایشان را در مسیح عیسی به بالا فراخوانده است» (فیلیپیان ۳:۱۴) و آنانی که «سخت می‌کوشند... مقدس باشند، زیرا بدون قدوسیت هیچ‌کس خداوند را نخواهد دید» (عبرانیان ۱۲:۱۴).

یکی از راه‌های دیگری که ایمانداران ممکن است آینده را از دست بدهند، دستکاری‌کردن کتاب مکاشفه است، خواه با افزودن مطلبی به آن باشد و خواه با کاستن مطلبی از آن. از آنجایی که این کتاب «نبوت» است، چراکه خدا از طریق خادمش سخن می‌گوید، دست‌بردن در آن به هر نحو هتک حرمت کردن از کلام خداست و این کار مستوجب شدیدترین مجازات‌ها است. بعید است که ایمانداران حتی زحمت این کار را به خود بدهند. بیشتر احتمال این کار از جانب کسانی می‌رود که وظیفهٔ شرح و تفسیر این کتاب را برای دیگران بر دوش می‌گیرند. خدا به این نگارندهٔ حقیر رحم کند که مبادا دست به چنین تخلفی بزند!

اما نکتهٔ آخر این کتاب مثبت است، نه منفی، و همه در یک واژه خلاصه می‌شود: «بیا!»

از یک سو، این دعوت از لبان کلیسا خطاب به جهان، یعنی «هر کس» که به انجیل لبیک بگوید بیرون می‌آید (مکاشفه ۲۲:۱۷؛ مقایسه کنید با یوحنا ۳:۱۶). از سوی دیگر، این گفتار خطاب به خداوند است: «آمین، بیا ای خداوند عیسی» (۲۲:۲۰).

این درخواست دوپهلو ویژگی عروس راستینی است که به‌وسیلهٔ روح‌القدس برانگیخته می‌شود (۲۲:۱۷) و فیض خداوند عیسی را تجربه می‌کند (۲۲:۲۱). همهٔ مقدسان خطاب به دنیای مرتد و آنانی که به‌سوی خداوند بازگشته‌اند، بانگ برمی‌آورند: «آمین!».

محوریت مسیح

این واپسین کتاب کتاب‌مقدس «مکاشفهٔ عیسای مسیح» نام دارد (۱:۱). از دو جهت می‌توان به وجه اضافی این عبارت پی برد: این مکاشفه *از* او یا *دربارهٔ* اوست. شاید هر دو مفهوم مورد هدف بوده باشد. در هر صورت اوست که در محوریت پیام قرار دارد.

اگر موضوع این کتاب پایان جهان باشد، همان‌گونه که او «آغاز (ابتدا)» بود، «پایان (انتها)» هم خود اوست (۲۲:۱۳). نقشهٔ خدا آن است که «همه‌چیز را در یکی یعنی مسیح گردآورد» (افسسیان ۱:۱۰).

پیشگفتار و پس‌گفتار، هر دو بر بازگشت او به سیارهٔ زمین متمرکزند (۱:۷؛ ۲۲:۲۰). محور و مداری که تاریخ آینده، از بدترشدن به‌سوی بهترشدن پیرامونش می‌گردد، بازگشت او است (۱۹:۱۱-۱۶).

او «همین عیسی» (اعمال ۱:۱۱) است که باز خواهد گشت. او برهٔ خداست که برای بار نخست آمد تا «گناه جهان را بردارد» (یوحنا ۱:۲۹). در سرتاسر مکاشفه بره را در حالی می‌بینیم که گویی «ذبح شده باشد» (۵:۶). شاید اثر زخم‌ها هنوز بر سر، پهلو، پشت، دستان و پاهایش قابل‌رویت باشند (یوحنا ۲۰:۲۵-۲۷). به‌کرات یادآوری می‌کند که خون او برای فدیهٔ انسان‌ها از هر گونه‌اش، ریخته شد (۵:۹؛ ۷:۱۴؛ ۱۲:۱۱).

با این‌حال عیسای مکاشفه با آن مرد اهل جلیل تفاوت‌های بسیاری هم دارد. نخستین باری که یوحنا، این نزدیکترین شاگردش (یوحنا ۲۱:۲۰)، او را می‌بیند چنان مقهور هیبت وی می‌گردد که چونان مرده‌ای نقش زمین می‌گردد. پیشتر به موهای چون برف سپیدش، چشمان مشتعلش، زبان تیز و برنده‌اش، روی درخشانش و پاهای صیقلی شده‌اش اشاره کردیم.

گرچه در اناجیل بارقه‌هایی از خشم عیسی را دیده‌ایم (مرقس ۳:۵؛ ۱۰:۱۴؛ ۱۱:۱۵)، «غضب» پایدار او در مکاشفه به دل هر انسانی هراس می‌افکند، به طوری که ترجیح می‌دهند کوه‌ها و صخره‌ها بر سرشان خراب شوند، اما چشم در چشم او ندوزند (۶:۱۶-۱۷). این دیگر همان «عیسای آرام و سربه زیر و صبور» نیست. هرچند خود این توصیفی که از عیسی می‌شود در هر جا قدری شک‌برانگیز، اما برای اینجا به‌طور خاص نامناسب است.

بسیاری بر این باورند که عیسی به صلح‌دوستی موعظه می‌کرد و عمل می‌نمود، در صورتی که وی دقیقاً برخلاف آن پندار تأکید داشت: «گمان مبرید که آمده‌ام تا صلح به زمین بیاورم. نیامده‌ام تا صلح بیاورم، بلکه آمده‌ام تا شمشیر بیاورم» (متی ۱۰:۳۴؛ لوقا ۱۲:۵۱). البته، از سخنان وی می‌توان تعبیر «روحانی» نمود، اما توجیه این سخنان در مکاشفه بسیار آسان‌تر است، آنجایی که طبیعی‌ترین برداشت از کشمکش نهایی صورتی کاملاً مادی به خود می‌گیرد.

عیسی سوار بر اسب جنگی از آسمان فرود می‌آید، نه سوار بر الاغ صلح (زکریا ۹:۹؛ مکاشفه ۱۹:۱۱؛ مقایسه کنید با ۶:۲). ردای او «آغشته به خون» است (۱۹:۱۳)، اما نه خودش. گرچه تنها شمشیری که با خود دارد زبانش است، اما اثر به کارگیری آن چنان زیاد است که هزاران پادشاه، سردار و مردان بزرگ (اعم از داوطلب و سرباز اجباری) را از دم تیغ می‌گذراند، زیرا این همان زبانی است که زمانی باعث خشک‌شدن درخت انجیر شده بود (مرقس ۱۱:۲۰-۲۱).

در اینجا عیسی آشکارا به صورت فردی به تصویر کشیده می‌شود که دست به کشتاری جمعی می‌زند، به طوری که لازم است پرندگان مردارخوار برای پاک‌کردن این تودهٔ کشتگان بیایند! این تصویر برای پرستندگان محترمی که عادت کرده‌اند او را در حالی ببینند که از پشت شیشه‌های

پر از لکه پنجره با مهربانی بدیشان خیره شده است، تکان‌دهنده خواهد بود. برای آنانی که در تقویم کلیسایی خود هفته‌های بازگشت (Advent= چهار یکشنبه مانده به عید میلاد مسیح- م.) مسیح را به پا می‌دارند و او را در هیئت نوزادی بی‌پناه به تصویر می‌کشند، تکان دهنده‌تر خواهد بود. او دیگر هیچگاه بدان صورت ظاهر نخواهد شد.

آیا عیسی عوض شده؟ می‌دانیم که گذر ایام و بالا رفتن سن و سال برخی آدمها را پخته می‌کند، اما دیگران را شرورتر و حتی بداندیش‌تر می‌سازد. آیا در طی سده‌ها در مورد او هم چنین اتفاقی افتاده است؟ زبانم لال!

این مأموریت اوست که عوض می‌شود، نه شخصیت یا خصوصیت اخلاقی‌اش. نخستین دیدار او از زمین برای آن بود که «گمشده را بجوید و نجات بخشد» (لوقا ۱۹:۱۰). او به جهان نیامده بود تا «جهانیان را محکوم کند، بلکه تا به‌واسطهٔ او نجات یابند» (یوحنا ۳:۱۷). آمده بود تا به بشر این فرصت را عطا فرماید تا پیش از آنکه همه از گناه به هلاکت برسند، از گناهان خویش جدا شوند. بازگشت یا دیدار دوم او از زمین برای مقصودی کاملاً متفاوت با اولی خواهد بود- هلاک‌کردن به جای نجات بخشیدن، تنبیه‌کردن به جای بخشودن، و همان‌گونه که در اعتقادنامهٔ رسولان و اعتقادنامهٔ نیقیه آمده: «داوری‌کردن بر زندگان و مردگان».

این دیگر تبدیل به یک کلیشه شده که عیسی «گناهکاران را دوست دارد، اما از گناه بیزار است». قسمت اول این جمله در نخستین باری که عیسی به دنیا آمد، کاملاً مشهود بود؛ اما قسمت دوم آن در هنگام بازگشت اوست که پدیدار می‌گردد. آنانی که از گناهان‌شان دست نمی‌کشند، باید با پی‌آمدهایش هم روبه‌رو گردند. در عین‌حال، «پسر انسان فرشتگان خود را خواهد فرستاد و آنها هرچه را که در پادشاهی او باعث گناه می‌شود و نیز تمام بدکاران را جمع خواهند کرد» (متی ۱۳:۴۱). این «جمع‌کردن» به همان اندازه که منصفانه است، تمام عیار هم هست، و به همان اندازه که برای بی‌ایمانان به‌کار برده می‌شود، برای ایمانداران هم کاربرد دارد (همان‌گونه که پولس در رومیان ۲:۱-۱۱ تعلیم می‌دهد و چنین نتیجه می‌گیرد که «خدا تبعیض قایل نمی‌شود»).

یک‌بار دیگر لازم است به خاطر داشته باشیم که کتاب مکاشفه منحصراً ایمانداران «تولد تازه یافته» را مورد خطاب قرار می‌دهد. توصیف‌هایی که از مخالفت‌های شدید وی با ارتکاب گناه ارائه می‌کند بدین منظور هستند که در «مقدسان» ترسی سودمند برانگیزد تا ایشان «احکام خدا و ایمان به عیسی را حفظ کنند» (۱۴:۱۲).

برای کسانی که فیض خداوند ما عیسای مسیح را چشیده‌اند، خیلی آسان است که فراموش نمایند که او داور ایشان نیز خواهد بود (دوم قرنتیان ۵:۱۰). آنانی که او را به‌عنوان دوست و برادر خود شناخته‌اند (یوحنا ۱۵:۱۵؛ عبرانیان ۲:۱۱) بیشتر مستعدند که خصوصیات چالش‌برانگیز او را نادیده بینگارند. دست‌ِکم، او شایستهٔ «ستایش و حرمت، و جلال و قدرت، تا ابد است» (۵:۱۳).

از ۲۵۰ نام و عنوانی که در کلام خدا به عیسی داده شده، شمار قابل‌ملاحظه‌ای در این کتاب مورد استفاده قرار گرفته‌اند و برخی از آنها منحصربه‌فردند و در هیچ جای دیگر کتاب‌مقدس یافت نمی‌شوند. او اول و آخر، ابتدا و انتها، الف و یا است. او فرمانروای آفرینش خداست. *رابطهٔ او با جهان هستی ما* چنین است. خود او در امر آفرینش درگیر بوده، اکنون مسئول تداوم آن است و آن را به کمال خواهد رسانید (یوحنا ۱:۳؛ کولسیان ۱:۱۵-۱۷؛ عبرانیان ۱:۱-۲).

او شیر قبیلهٔ یهودا و ریشه (و ذریت) داوود است. این *رابطهٔ او با اسرائیل، قوم برگزیدهٔ خدا* است. او بود و هست و خواهد بود، ماشیح یهود.

او قدوس و حق، امین و راست، شاهد امین و راستین است. او که مرده بود و اکنون تا ابد زنده خواهد بود، او که کلیدهای مرگ و جهان مردگان را در دست دارد. این هم *رابطهٔ او با کلیسا* را توضیح می‌دهد. آنان باید شدت اشتیاق او را به‌راستی به یاد داشته باشند، که منظور گرایش او به واقعیت و صداقت، و مخالفتش با ریاکاری است.

او شاه شاهان و رب ارباب است. او ستارهٔ درخشان صبح است، او که در هنگام افول دیگر ستارگان (از جمله ستارگان پاپ و سینما!) همچنان به درخشش خود ادامه می‌دهد. این *رابطهٔ او با دنیا* است. روزی سراسر جهان به اقتدار او گردن خواهند نهاد.

بسیاری از این عناوین با فرمول آشنای انجیل یوحنا آغاز می‌شود: «من هستم». این تنها یک ادعای شخصی نیست. عبارت مزبور بیشتر به نامی می‌ماند که خدا خودش را با آن معرفی نمود و زمانی که عیسی آن را برای خود به‌کار برد، بی‌درنگ تلاش‌هایی برای کشتن و نهایت مصلوب‌کردن او صورت گرفت (یوحنا ۵۸:۵-۵۹؛ مرقس ۶۲:۱۴-۶۳). منظور او از این کار آن بود که برابری‌اش با خدا و سهم داشتنش در الوهیت را که در مکاشفه از سوی پدر و تأیید شده نشان دهد و پسر هم دقیقاً همان عنوان‌ها را ادعا می‌کند: برای مثال: «الف و یا» (۸:۱ و ۱۳:۲۲).

دنیا دارد به پایان خود می‌رسد، اما این پایان شخصی است نه غیرشخصی. در واقع، این پایان یک شخص است. عیسی پایان و انتهاست.

برای بررسی مکاشفه پیش از هر چیز باید توجه داشت که کشف اینکه دنیا دارد به‌سوی چه می‌رود، در واقع، ازدست‌دادن نکتهٔ اصلی است. جوهر پیام مکاشفه این است که دنیا دارد به‌سوی که می‌رود، یا به عبارت دیگر چه کسی دارد به‌سوی دنیا می‌آید.

مسیحیان به‌راستی تنها کسانی هستند که مشتاق فرارسیدن «پایان» هستند، و هر نسل این امید را در دل دارد که در طول زندگی خودش اتفاق بیفتد. برای آنان «پایان» یک رویداد نیست، بلکه یک شخص است. ایشان مشتاقانه انتظار «او» را می‌کشند، نه «آن» را.

آیهٔ یکی مانده به آخر (۲۰:۲۲) دربرگیرندهٔ همان چکیدهٔ شخصی از کل کتاب است: «آن که بر این امور شهادت می‌دهد، چنین می‌گوید: آری، به زودی می‌آیم». از سوی آنانی که این پیام را فهمیده‌اند، تنها یک واکنش ابراز می‌گردد: «آمین. بیا، ای خداوند عیسی.»

مزایای بررسی

پیشتر خاطرنشان نمودیم مکاشفه تنها کتاب کتاب‌مقدس است که هم خوانندگان خود را برکت می‌دهد و هم آنانی را که در آن دست می‌برند لعنت می‌کند (۱:۳؛ ۲۲:۱۸-۱۹). به جهت خلاصه‌کردن مطلب، در زیر ده مزیت ناشی از خبره‌شدن در پیام این کتاب را فهرست کرده‌ایم، که همهٔ آنها برای داشتن یک زندگی مسیحی اصیل مفیدند.

۱ـ تکمیل‌کنندهٔ کتاب‌مقدس

دانشجوی کتاب‌مقدس در میان گذاردن معرفت خدا «آخر را از ابتدا» آغاز می‌نماید (اشعیا ۴۶:۱۰). اکنون داستان کامل است. پایان خوش آشکار شده. داستان عاشقانه با وصال و شروع یک رابطهٔ واقعی خاتمه می‌یابد. بدون آن، کتاب‌مقدس ناقص می‌بود. آنوقت کتاب‌مقدس را «کتابی مثله شده (بدون پایان)!» می‌شناختند. شباهت‌های خیره‌کننده میان نخستین و واپسین صفحات کلام خدا (مثلاً درخت حیات) به آنچه که در میانهٔ این کتاب آمده معنا و مفهوم می‌بخشند.

۲ـ دفاعیه‌ای بر ضد بدعت

اغلب پیروان فرقه‌ها و کیش‌های رمزی که زنگ خانه‌های ما را به صدا درمی‌آورند، روی مکاشفه بنا شده‌اند. شناخت ظاهری آنان از مکاشفه کسانی را که اهل کلیسا رفتن هستند اما به دلیل فقدان تعالیم (و البته معلمانی که از مکاشفه شناخت درستی داشته باشند) هرگز شناخت درستی از این کتاب به دست نیاورده‌اند، سخت تحت تأثیر قرار می‌دهد. ایشان نمی‌توانند تفسیرهای ارائه شده از سوی این فرقه‌ها را، که حتی ممکن است بسیار عجیب و غریب هم باشند، به چالش بکشند. تنها دفاع راستین داشتن‌شناختی برتر است.

۳ـ تفسیری از تاریخ

داشتن آگاهی‌های سطحی از امور جاری ممکن است هر کسی را برای تعیین مسیری مشخص دچار سردرگمی کند. از آنجایی که رویدادهای آینده بر وقایع پیش از خود سایه می‌افکنند، دانشجویی که کتاب مکاشفه را مورد بررسی قرار می‌دهد میان آنها و رویدادهای کنونی جهان پی به ارتباط‌های حیرت‌آوری می‌برد. مانند اینکه به روشنی می‌بینند که وقایع مستقیماً به‌سوی تشکیل یک حکومت جهانی و اقتصادی جهانی پیش می‌روند. هر واعظی که کتاب را به‌صورت نظام‌مند تفسیر می‌کند از سوی شاگردان یا مخاطبان خود اخبار مرتبط و بریده روزنامه‌های بیشتری دریافت می‌کند.

۴- مبنایی برای امید

همه چیز بر طبق نقشه پیش می‌رود، نقشهٔ خدا. او هنوز بر تخت خود نشسته، امور و وقایع را به‌سوی انتها، یعنی عیسی هدایت می‌کند. مکاشفه به ما این اطمینان را می‌بخشد که نیکی بر بدی غلبه خواهد یافت، مسیح بر شیطان پیروز می‌شود و مقدسان روزی بر جهان فرمان خواهند راند. سیارهٔ ما از هر آلودگی، چه مادی و چه اخلاقی پاک خواهد شد. حتی جهان هم بازیافت خواهد شد. در توفان‌های زندگی این امید در حکم «به‌منزلهٔ لنگری محکم و ایمن برای جان ماست» (۱۹:۶). شرک، دوری از روحانیت و دنیا زدگی و انسان‌گرایی (اومانیسم) در ظاهر مبانی خوبی به‌نظر می‌رسند. روزهای آنها هم به شماره افتاده است.

۵- انگیزه‌ای برای بشارت

دیگر از این نمی‌توان توصیفی روشنتر از سرنوشتی که در انتظار نژاد بشری خواهد بود- آسمان و زمین جدید یا دریاچهٔ آتش، شادی ابدی یا عذاب ابدی- سخن گفت. فرصت برای گزینش تا بی‌نهایت ادامه نخواهد یافت. روز داوری باید فرابرسد و هر یک از اعضای جامعه بشری باید پاسخگو باشد. اما روز نجات هنوز بر جای خود باقی است: «هرکه تشنه است بیاید؛ و هرکه طالب است، از آب حیات به رایگان بگیرد» (۱۷:۲۲). دعوت به «آمدن» همزمان از سوی «روح و عروس [یعنی کلیسا]» صادر می‌شود.

۶- محرکی برای پرستش

مکاشفه پر است از پرستش، سرود و بانگ بسیاران. در آن ۱۱ سرود اصلی وجود دارد، که در طی اعصار، از *مسایای* (مسیحا- م.) هندل گرفته تا «سرود نبرد جمهوری» («چشمان من جلال آمدن خداوند را مشاهده می‌کند»)، الهام‌بخش سروده‌های بزرگی بوده‌اند. پرستش مستقیماً خدا و بره را هدف قرار می‌دهند، نه روح‌القدس را؛ و نه هرگز فرشتگان را. «بنابراین، ما هم به همراه فرشتگان و رؤسای فرشتگان، فریاد سر داده نام قدوس تو را می‌ستاییم...»

۷- پادزهری در برابر دنیوی‌بودن

آدمی به آسانی می‌تواند گرفتار «ذهنی زمینی» شود. چنانکه ویلیام وردزورث[1] یادآور می‌شود:

> دنیا برای ما بیش از اندازه زیاد است، دیر یا زود،
> به دست می‌آوریم و از دست می‌دهیم، نیروی‌مان را تلف می‌کنیم،
> کمتر چیزی در طبیعت هست که از آنِ ما باشد.

1. William Wordsworth

مکاشــفه به ما می‌آموزد که بیشــتر به خانهٔ جاودانی‌مان بیندیشــیم تا این «ســرای سپنج» و گذرا، و بیشتر در اندیشهٔ بدن جدید رستاخیزیافته خود باشیم تا این کالبد کهنسال و فرسوده‌مان.

۸ـ مشوقی برای دیندار بودن

ارادهٔ خدا برای حال ما تقدس و برای آیندهٔ ما شــاد زیســتن اســت، نه چنانکه بسیاری عکس آن را آرزومندنــد. بــرای مقاومت در برابر مصائب کنونی، غلبه بر وسوســهٔ درون و جفای بیرون، تقدس امری ضروری اســت. مکاشــفه با یادآوری اینکه خدا «قدوس، قدوس، قدوس» اســت (۸:۴) و تنها مردمان «مقدس» در رستاخیز اول، زمان بازگشت عیسی، سهیم خواهند بود (۶:۲۰)، ما را از غفلت، خودپســندی و بی‌تفاوتی بیرون می‌آورد. کل کتاب، اما به‌طور ویژه هفت نامه‌ای که در آغاز آن آورده شده‌اند، مؤید این اصل است که «بدون قدوسیت هیچ‌کس خداوند را نخواهد دید» (عبرانیان ۱۲:۱۴).

۹ـ آمادگی‌ای برای جفا

به‌طور مسلم، هدف بنیادین در نگارش مکاشفه همین بوده است. این پیام با وضوح و رسایی هرچه تمام‌تر مســیحیانی را که به‌خاطر ایمان‌شــان در رنج هستند تحت تأثیر قرار داده، ایشان را تشویق می‌کند تا «تحمل کنند» و «غالب آیند»، تا از این رهگذر نام‌های‌شان را در دفتر حیات و میراث‌شان را در آفرینش تازه حفظ کنند. عیسی پیش‌گویی کرد که پیش از پایان جهان نفرت از پیروان وی در سطح جهان فراگیر خواهد شد (متی ۹:۲۴). پس همگی باید آماده باشیم.

خوانندهٔ گرامی، اگر این امر تا پیش از این در کشــور شــما روی نداده، یقیناً به‌وقوع خواهد پیوست. و عیسی هم بر ایشان چون دزد ظاهر خواهد شد و بزدلان را «عریان و رسوا» (۱۶:۱۵) روانهٔ دوزخ خواهد کرد (۸:۲۲).

۱۰ـ درکی از مسیح

تصویر خداوند و نجات‌دهندهٔ ما با مکاشفه کامل می‌شود. بدون آن تصویر ارائه شده نامتعادل و حتی مخدوش خواهد بود. اگر اناجیل او را در نقش یک نبی و نامه‌ها وی را در کسوت یک کاهن می‌نمایانند، مکاشفه وی را به‌عنوان یک پادشاه، شاه شاهان و رب ارباب نشان می‌دهد. در اینجا با مسیحی مواجه هستیم که هرگز ندیده بودیم، با این‌حال روزی همه آن را خواهند دید؛ همان مسیحی که اکنون مسیحیان با ایمان خود می‌بینند و روزی با جسم خود به دیدار وی نایل خواهند شد.

پس از بررســی مکاشــفه، دیگر هیچ‌کس نمی‌تواند همان انسان قبلی باشد. اما ممکن است پیام آن فراموش شود. از این‌روست که برکت آن شامل کسانی نمی‌شود که آن را، حتی با صدای بلند، خوانده‌اند، بلکه تنها کسانی که این نوشته را «حفظ کنند». این یعنی آنکه ما آن را نه تنها در ذهن و البته «در دل خود نگاه داریم» (۱:۳؛ از ترجمهٔ NIV)، بلکه باید آن را به‌کار هم ببندیم. «به جای‌آورنده کلام باشید، نه فقط شنوندهٔ آن؛ خود را فریب مدهید» (یعقوب ۱:۲۲).

۵۹

سلطنت هزارساله

شوربختانه باب ۲۰ مکاشفه میان مسیحیان اختلافی عمیقی انداخته است. تفسیرهایی که از این باب ارائه شده چنان با هم متفاوتند که یک توافق نانوشته میان همهٔ مسیحیان به‌وجود آمده که به‌خاطر حفظ وحدت بر سر این مسئله بحث نکنند.

شاید خوانندگان در مورد سه نظریهٔ اصلی ـ ناهزاره‌ای، پیش‌هزاره‌ای و پس‌هزاره‌ای ـ چیزهایی شنیده باشند. اما نظریه‌های دیگری هم وجود دارد.

برخی بیشتر تمایل دارند که با کل موضوع به شیوه‌ای آکادمیک، فرضی و نامربوط برخورد کنند (یکی از دوستانم نام آن را «مسئله پس و پیشی» نامیده!) و بر آن عنوانی جدید بگذارند: همه‌هزاره‌ای (Panmillenial = اعتقادی گنگ به اینکه هر فکری می‌خواهیم بکنیم، همه چیز درست در انتها با هم پیش خواهند آمد).

اما در کنار ایمان و محبت، امید هم یکی از ارکان اصلی مسیحیت به شمار می‌رود. به‌وقوع هر رویدادی در آینده که باور داشته باشیم، این باور بر رفتارمان در زمان کنونی عمیقاً اثر خواهد گذارد. نوع عقیدهٔ «هزاره‌ای» ما بشارت و فعالیت‌های اجتماعی‌مان را تحت‌الشعاع قرار خواهد داد.

به‌طور اخص، امیدهای ما به *این* دنیا از اهمیتی حیاتی برخوردارند. آیا دنیا بهتر خواهد شد یا بدتر؟ آیا بازگشت مسیح به این سیاره اصلاً تأثیری سودمند بر آن خواهد داشت یا فقط یک چیزهایی نوشته شده است؟ آیا او برای داوری‌کردن بر ملت‌ها می‌آید یا برای فرمانروایی بر آنها؟ و چرا همهٔ مسیحیان درگذشته را دوباره با خود بازخواهد آورد (اول تسالونیکیان ۴:۱۴)؟

خداوند تنها برای ارضای حس کنجکاوی ما یا بخشیدن شناختی برتر نیست که آینده را مکشوف می‌نماید، بلکه بدین‌خاطر است که ما خودمان را برای نقشی که در این آینده داریم آماده نماییم. اگر متقاعد شده‌ایم که قرار است ما هم در فرمانروایی بر این جهان سهمی داشته باشیم، از هم کنون مسئولانه‌تر رفتار خواهیم کرد.

لازم است به خود عبارت، در زمینهٔ متنش، نگاهی بیندازیم؛ سپس از خود بپرسیم که از چه زمانی و چرا چنین تفسیرهای واگرایی از این موضوع به عمل آمده است؛ و در پایان هم ارزیابی‌ای از بررسی خود به عمل آوریم و امیدوارانه به یک جمع‌بندی برسیم.

گزارش کتاب‌مقدسی

آیات ۱-۱۰ باب ۲۰ کتاب مکاشفه روی موضوع مورد بحث ما متمرکز شده‌اند. پیش از هر تلاشی در جهت استنتاج تعبیری از عبارات مزبور، خیلی مهم است که آنچه بیان شده را به‌وضوح مورد بازبینی قرار دهیم.

بارزترین ویژگی این بخش تکرار عبارت «یک هزاره» است- شش بار، که دو بارش با حرف تعریف معین «*آن* هزار سال» همراه است. تأکیدی که بر این مطلب می‌شود دیگر جای هیچ شک و شبهه‌ای باقی نمی‌گذارد. چه این زمان را تحت‌اللفظی بگیریم و چه آن را استعاری قلمداد نماییم، چنانکه اکثر مفسران اتفاق نظر دارند، معنایش به‌روشنی یک دورهٔ زمانی گسترده است. صحبت از یک دوره است، یک عصر.

در کمال شگفتی می‌بینیم که در اینجا اطلاعات چندانی پیرامون این دورهٔ زمانی داده نشده است. در حقیقت، متن به گفتن سه مطلب بسنده می‌کند. یک رویداد در آغاز دوره، یک رویداد در پایان آن و وضعیتی که مابین این دو مقطع وجود دارد. هر دو اتفاق آغازین و انجامین به شیطان مربوط می‌شوند، در حالی‌که وضعیت میان آن دو در ارتباط با مقدسان است.

«هزاره» با برداشته‌شدن ابلیس از روی صحنهٔ زمین به‌طور کامل، شروع می‌شود. فرشته‌ای با غل و زنجیر از آسمان فرود آمده وی را گرفته در قفل و بند و مهر اسیر می‌سازد و در چاه بی‌انتها می‌اندازد. در اینجا پنج فعل به‌کار رفته بر درماندگی کامل ابلیس تأکید می‌ورزد، و مؤید آن هم عبارت ساده‌ای است که می‌گوید کار او که فریب دادن است دیگر به سر آمده- هرچند این دوره موقتی است و تنها به هزاره محدود می‌شود. او را به دریاچهٔ آتش نمی‌اندازند، بلکه در «چاه بی‌انتها» که مکانی امن است زندانی می‌کنند. معمولاً تصور مردم بر این است که این چاه بی‌انتها مکانی در زیر زمین و دور از دسترس است و ساکنان خودش را دارد.

این تبعید شیطان همراه با فرستاده‌شدن دو هوادارش، ضدمسیح و نبی کاذب (دو «وحش» مکاشفه ۱۳) «به دریاچهٔ آتش» (۱۹:۲۰)، جهان را بی‌سرپرست می‌گذارد و یک خلأ قدرت به‌وجود می‌آید.

در بخش دوم این رویای هزاره‌ای، یوحنا «تخت‌ها» را می‌بیند (تنها در اینجا و ۴:۴ به صورت جمع به‌کار رفته است)، که به آنها اقتدار «داور»بودن اِعطا شده بر آنها نشسته‌اند (یعنی اختیار حل‌وفصل‌کردن اختلافات، حفظ قانون و نظم، اجرای عدالت). در میان این گروه بزرگ، توجه وی به‌طور ویژه به آنانی جلب می‌شود که به‌خاطر سر باز زدن از پرستش ضدمسیح یا پذیرفتن عدد وی (۶۶۶)، شهید شده‌اند. واقعاً که نسبت به وضعیت قبلی‌شان چه موقعیت معکوسی پیدا می‌کنند!

پر واضح است که هر دو گروه کوچک و بزرگ «زنده می‌شوند» تا در خلال هزاره با مسیح فرمانروایی کنند. این امر به‌طور خاص زیر عنوان یک «رستاخیز» توصیف شده، نامی که در سرتاسر کلام خدا در اشاره به بدن‌های مادی به‌کار رفته است. می‌دانیم آنانی که به مسیح تعلق دارند، به هنگام بازگشت وی از مردگان خواهند برخاست (اول قرنتیان ۱۵:۲۳). آنان آن‌قدر «مبارک و مقدس» هستند که از مرگ برخیزانیده می‌شوند تا در طی هزاره کاهنان ملوکانه باشند و دیگر هیچگاه در معرض خطر «مرگ دوم» («دریاچهٔ آتش»، یعنی دوزخ) قرار نخواهند گرفت.

در این عبارت میان این «رستاخیز اول» مقدسان و رستاخیز «باقی» انسان‌ها، تمایزی آشکار وجود دارد. این «هزاره» است که این دو رویداد را از هم جدا می‌کند. هر یک از این دو رستاخیز هدفی کاملاً متفاوت از هم دارند. یکی برای فرمانروایی با مسیح است و دیگری برای داوری‌شدن (۲۰:۱۲).

بخش سوم این رویا ما را درست به انتهای هزاره می‌برد- زندانی‌شدن شیطان (۱-۳)، فرمانروایی مقدسان (۴-۶) و رها ساختن شیطان (۷-۱۰). این یک دگرگونی شگرف است، به طوری که بیشتر با مکاشفهٔ الاهی سازگار است تا تصور انسانی! چه کسی حدس می‌زد که به ابلیس این اجازه را بدهند که دوباره (و آخرین بار) به زمین بازگشته بکوشد ادعای پادشاهی خود را برای دیگر بار به کرسی بنشاند! وی این توانایی را پیدا می‌کند تا بسیاری را با این پندار خام که می‌تواند بدیشان آزادی ببخشد، فریب داده و سپاهی عظیم گردآورد تا در برابر «اردوگاه قوم خدا، شهری که محبوب اوست» (که به‌طور قطع اشاره‌ای است به اورشلیم) صف‌آرایی کنند. این نیروها عنوان «جوج و ماجوج» را بر خود دارند (ازکتاب حزقیال می‌دانیم که این نام بر حمله‌ای دلالت می‌کندکه به احیای تخت داوود منجر خواهد گردید) و از این‌رو باید میان این نبرد و آرماگدون تمایز قایل شد (۱۹:۱۹-۲۱). هیچ پیکاری در میان نیست. نیروها با آتشی از آسمان به هلاکت می‌رسند و سرانجام ابلیس هم به دوزخ افتاده به ضدمسیح و نبی کاذب خواهد پیوست تا برای ابد در آن عذاب بکشد (عبارت یونانی «دوره‌ها و دوره‌ها» معنایی کمتر از این نمی‌تواند داشته باشد).

کتاب هیچ دلیلی ارائه نمی‌دهد که چرا به شیطان این اجازه داده می‌شود تا پس از این دورهٔ دراز حاکمیت خداپسندانه دست به چنین تلاشی نافرجام بزند. اما بر این حقیقت تأکید می‌نماید که عصیان گناه از درون دل برمی‌خیزد، نه از محیط پیرامون و بدین‌ترتیب، تقسیم بندی انسان‌ها به دو گروه- آنانی که می‌خواهند زیر حاکمیت خدا زندگی کنند و آنانی که نمی‌خواهند- توجیه می‌گردد. «هزاره» یکراست به روز داوری واپسین منتهی می‌شود، یعنی همان روزی که این جدایی نهایی صورت می‌گیرد.

هنوز پاسخ دادن به دو پرسش باقی مانده است و برای درک علت این همه اختلافی که بر سر مسئلهٔ «هزاره» وجود دارد، رسیدن به این دو پاسخ امری حیاتی است. پرسش‌ها عبارتند از:

این همه ***کجا*** روی می‌دهند؟

این همه ***کی*** روی می‌دهند؟

«مکاشفهٔ عیسای مسیح» که در این کتاب به ثبت رسیده، هم دربرگیرندهٔ عناصر شنیداری است («شنیدم») و هم عناصر دیداری («دیدم»). صحنهٔ رویدادها مدام میان آسمان و زمین در تغییر است و رویدادهای هر دو مکان با هم در پیوندند. اما تغییرات صحنه‌ها به روشنی نمایانده می‌گردند (۴:۱؛ ۱۲:۱۳).

آشکار است که متن مندرج در مکاشفه ۱۱:۱۹ تا ۱۱:۲۰ سراسر بر زمین می‌گذرد. شاه شاهان از میان درهای گشودهٔ آسمان بیرون می‌آید تا «بر قوم‌های روی زمین بتازد»؛ نبرد با نیروهای ضدمسیح و نبی کاذب روی زمین به‌وقوع می‌پیوندد؛ فرشته «از آسمان به زیر می‌آید» تا شیطان را به بند کشیده از زمین تبعید نماید؛ شهیدان «با مسیح» که اکنون بر زمین است «فرمانروایی می‌کنند»؛ شیطان در نهایت نیروهای «جوج و ماجوج» خود را «از چهار گوشهٔ جهان» گرد می‌آورد؛ سرانجام زمین «از حضور آن که بر تخت بزرگ سفید نشسته، می‌گریزد».

اگر جز این نتیجه‌گیری نماییم که سلطنت هزارساله در جایی غیر از زمین روی خواهد داد، لجاجت کرده‌ایم و بس. تنها در جاهایی از «آسمان» یاد شده که قرار است کسی از آن «بیرون آمده» به اینجا رهسپار شود. این پاسخ پرسش: «کجا؟»

اما پرسش «کی؟» هم شاید اگر کلام خدا در سده‌های میانی به باب‌های متعدد تقسیم نشده بود، به همین اندازه روشن و واضح می‌بود. این ترتیب‌بندی شاید (البته به همراه شمارهٔ آیه‌ها، تحولی جداگانه اما غیرالهامی) آسان‌یاب باشد، اما گاه این تقسیم‌بندی در جای نادرست انجام می‌گیرد و آنچه را که خدا به هم پیوسته از هم جدا می‌کند. این امر به‌طور خاص در اینجا صدق می‌کند. پیداست که آن اسقفی که عدد «۲۰» را در فصل‌بندی این قسمت درج کرده از لعنت بر «آنانی که چیزی بر این کلمات نبوت این کتاب بیفزایند» (۱۸:۲۲) هیچ واهمه‌ای نداشته است. او نمی‌دانست که این تقسیم‌بندی چه لطمه‌ای ممکن است به متن بزند، هرچند چنانکه خواهیم دید این تنها بازتاب دیدگاه خود وی بوده است.

اگر سه باب ۱۹، ۲۰ و ۲۱ را به صورت یک مکاشفه پیوسته، همان‌گونه که مورد نظر خدا بوده، بخوانیم توالی هفت رویا (از «دیدم» در ۱۱:۱۹ تا ۱:۲۱) روشن می‌گردد. این آیات واپسین رویدادهای تاریخ جهان را به ترتیبی که از پی هم می‌آیند آشکار می‌کنند (برای مثال ۱۰:۲۰ اشاره‌ای است به ۲۰:۱۹ که پیشتر روی داده). تقسیم‌کردن رؤیاها به سه باب برای این منظور بوده که به ندرت خوانده می‌شوند و کمتر مورد بررسی قرار می‌گیرند. توالی مطالب از میان رفته است. پس می‌توان رویدادها را به ترتیبی کاملاً متفاوت هم تغییر داد- و همین امر هم صورت گرفته.

هر کسی که بدون هیچ پیش‌شرطی و بدون اینکه بگذارد فصل‌بندی تأثیری بر هر چیزی بگذارد، در ذهنش مکاشفه را مورد تجزیه و تحلیل قرار می‌دهد، به‌طور طبیعی فرض را بر این می‌گذارد که «سلطنت هزارساله» در پی بازگشت مسیح و نبرد آرماگدون و پیش از روز داوری و آسمان و زمین جدید برقرار خواهد شد. معنای ساده و روان متن همین است.

بنابراین، از متن چنین برمی‌آید که پس از بازگشت مسیح و برخیزانیدن آنانی که بدو تعلق دارند و پیش از آغاز داوری نهایی وی بر جهان، یک دورهٔ طولانی حاکمیت مسیحی بر این زمین پدیدار می‌شود. چرا همهٔ مسیحیان بدین باور ندارند- و به‌دنبال آن هستند که راه دیگری برای توجیه مسئله پیدا کنند؟

تفسیر تاریخی

از قرار معلوم برای پنج سدهٔ نخست کلیسا با تفسیر بالا موافقت داشته‌اند. بیش از ده تن از «پدران» کلیسا، که در شمار قدیمی‌ترین الاهی‌دانان مسیحی قرار دارند، مانند پاپیاس اسقف هیروپولیس، به سلطنت هزارساله تحت عنوان فرمانروایی جسمانی مسیح بر زمین اشاره کرده‌اند. کوچکترین اشاره‌ای دال بر نظریه‌ای دیگر به چشم نمی‌خورد و هیچ بحث و کشمکشی بر سر آن وجود ندارد. برای آنان مسلم بود که کلام خدا را، چه در این رابطه و چه در رابطه با موضوعات دیگر، باید همان‌گونه که هست دریافت نمود.

نخستین گام در جهت دگرگونی تفسیر این مقوله را آگوستین، اسقف شمال آفریقا برداشت، که این شخص بیش از هر کس دیگری بر الاهیات «غربی»، اعم از کاتولیک و پروتستان تأثیر داشته است. او با نظریه پیش‌هزاره آغاز کرد، اما بعدها تحت تأثیر تحصیلات یونانی (نوافلاطونی)اش در اندیشهٔ خود در این رابطه و نیز دیگر جنبه‌های باور و رفتار مسیحی تغییراتی داد.

مشکل اصلی اینجا بود که اندیشهٔ یونانی، برخلاف تفکر عبرانی که در کلام خدا مشهود است، دو قلمرو روحانی و مادی را از هم جدا می‌کرد، بدین‌ترتیب، که حیطهٔ روحانی را مقدس و حیطه مادی را گناه‌آلود می‌دانست. آمیزش جنسی، حتی اگر در چارچوب زناشویی باشد، کاری مذموم است و تجرد در طبقهٔ روحانی کلیسا هم از همین جا پدیدار شد.

ناگزیر پذیرش بازگشت جسمانی عیسی برای سلطنت بر زمین مادی امری دشوار و دور از ذهن تلقی گردید و نسبت به موعظهٔ لذات بیش از اندازه سهل‌گیرانه جسمانی بر زمین در دورهٔ سلطنت هزارساله واکنش منفی به همراه داشت. به گفتن این مطلب بسنده کردند که حتی زمین «جدید» هم ناپدید خواهد شد و مسیحیان باید تنها چشم‌به راه «رفتن به آسمان» باشند. بازگشت مسیح تا سطح داوری بر «زندگان و مردگان» و نابودی زمین پایین آمد (در واقع در باب ۲۰ ترتیب رویدادها برعکس این است). در سال ۵۳۱ م. شورای افسس چنان تأکید شدیدی بر این نظریهٔ جدید کرد که نظریهٔ پیش‌هزاره به یک بدعت مبدل گردید، و از آن به بعد همواره مورد تردید قرار گرفت!

حال باید با مکاشفه ۲۰ چه کنیم؟ این بخش همچنان بخشی از کلام خداست و نمی‌توان آن را نادیده گرفت. راه‌حل ساده این است که هزاره را از بعد از بازگشت مسیح به پیش از آن منتقل نموده، چنین ادعا کنیم که در تاریخ باب ۲۰ پیش از باب ۱۹ روی خواهد داد، حتی اگر کلام خدا چنین نگفته باشد! باب ۲۰ تلخیص یا چکیده‌ای است از رویدادهایی که منجر به بازگشت مسیح می‌شوند. این رویدادها به تاریخ کنونی کلیسا تعلق دارند، نه به آینده.

به بیان صریح، این نظریه کلیسا را از وضعیت پیش‌هزاره‌ای به وضعیت پس‌هزاره‌ای منتقل می‌نماید، چون بر این اعتقاد استوار است که عیسی *پس از* «سلطنت هزارساله» که توصیفش در باب ۲۰ آمده، باز خواهد آمد!

اما در همهٔ اینها یک جورگنگی و ابهام وجود دارد، که باعث شده یک نظریهٔ اصلی دیگر هم پدید بیاید. آگوستین به روشنی توضیح نداد که آیا این «هزاره» جدید صرفاً سلطنت *روحانی* مسیح و مقدسانش است (که می‌توان آن را به کل دوران تاریخ کلیسا، از نخستین ظهور مسیح تا زمان بازگشتش، تعمیم داد) یا در عین‌حال یک فرمانروایی *سیاسی* است (یعنی آن زمانی که کلیسا به اندازه‌ای نیرومند می‌شود که به نام مسیح بر ملت‌ها فرمانروایی خواهد کرد). آگوستین کتاب خود، *شهر خدا* را زمانی نوشت که امپراتوری روم در آستانهٔ فروپاشی بود، اما وی تصریح نمی‌کند که آیا مقصودش این بوده که «پادشاهی خدا» جایگزین امپراتوری روم خواهد شد (چنانکه این امر تقریباً انجام پذیرفته بود) یا اینکه به‌رغم فاجعه صرفاً به بقا و رشد خود ادامه می‌دهد. این ابهام در کلام وی زمینه را برای دو مکتب فکری فراهم ساخت که هر دو مدعی بودند از آگوستین ریشه گرفته‌اند.

از یک‌سو آنانی هستند که معتقدند کلیسا جهان را «مسیحی خواهد کرد»، البته با در دست گرفتن قدرت سیاسی و به اجرا گذاردن قوانین الاهی، نه با به توبه واداشتن و گرواندن آنان به مسیح ـ و بدین‌ترتیب، یک دورهٔ طولانی (حتی به معنای دقیق کلمهٔ هزار سال) صلح و رفاه آغاز خواهد شد، که بر حسب تصادف با بازگشت مسیح در آینده‌ای دور نسبت داده شده، چراکه این هزاره حتی هنوز شروع نشده و در حقیقت، زمانی بسیار درازتر از آن چیزی است که به‌نظر می‌رسد. اما این ایده هرازگاه سربرمی‌آورد ـ برای مثال، در سرودهای میسیونری عصر ویکتوریا

و مقارن با گسترش امپراتوری بریتانیا؛ و این اواخر هم زیر عنوان احیا، بازسازی و حتی بیداری دینی. این چشم‌انداز خوش‌بینانه مدعی بود که انحصار استفاده از اصطلاح «پس‌هزاره» به خودش تعلق دارد و بس.

از سوی دیگر آنانی هستند که اعتقاد دارند «سلطنت» عیسی و مقدسانش صرفاً روحانی است و از نخستین ظهور وی آغاز گردیده و تا بازگشت وی ادامه خواهد یافت، از این‌رو عنوانی جدید برای خود دست‌وپا کرده نام نظریهٔ خود را «*نا*هزاره» گذاشته‌اند. این اصطلاح هم نادرست است و هم گمراه‌کننده، چراکه پیشوند «نا» به معنای «نبودن» چیزی است. هرچه باشد پس‌هزاره‌ای‌ها به «هزاره»‌ای باور دارند که یک دوره زمانی *پیش از* بازگشت مسیح است، اما با دیگر «پس‌هزاره‌ای‌ها» تنها از این جهت اختلاف دارند که می‌گویند ما همین *حالا* هم دو هزار سال است که در هزاره قرار داریم!

این نظریه را که از آگوستین نشأت گرفته، اصلاح‌گران پروتستان از سر گرفتند و احتمالاً متداول‌ترین دیدگاه در اروپا است، هرچند چنان که خواهیم دید نه در آمریکا. ارزش این را دارد که در اینجا قدری تأمل کرده ببینیم طرفداران این نظریه با مکاشفه ۲۰ چگونه برخورد می‌کنند.

ایشان ناگزیر بودند چند تغییر ظریف در آن به‌وجود آورند. «فرشته»‌ای که قرار است به حساب شیطان برسد، می‌شود خود عیسی، «در بند کردن» شیطان یا به هنگام وسوسه‌های مسیح اتفاق افتاده و یا با به صلیب کشیده‌شدن وی. شیطان تنها به بند کشیده می‌شود، اما تبعید نمی‌گردد. او را صرفاً با زنجیری بلند می‌بندند، پس فقط حرکاتش محدود می‌گردد (انداخته شدن، قفل‌شدن و مهرشدن به‌خاطر اینکه بی‌معنی تلقی می‌گردند، حذف می‌گردند). معمولاً این «محدودیت» وی در فعالیت‌هایش تنها عدم توانایی در ممانعت از انتشار انجیل و بنای کلیسا می‌باشد و بس. او را به درون «چاه بی‌انتها» نمی‌اندازند، بلکه در زمین رهایش می‌کنند. آنانی که به دست ضدمسیح به شهادت می‌رسند نمایندهٔ همهٔ مقدسان در سراسر اعصارند که در آسمان با مسیح سلطنت می‌کنند. «زنده‌شدن» ایشان به هنگام «رستاخیز اول» یا ایمان‌آوردن ایشان قلمداد می‌شد (چراکه از «مرگ» گناه برخاسته بودند) و یا رهسپار شدن‌شان به آسمان پس از مرگ تلقی می‌گشت_ اما هیچکدام با تن جسمانی سروکار ندارند. با این‌حال، آن «بقیه‌ای» که «زنده می‌شوند» (همان واژه که در همان زمینهٔ متن قرار دارد) به معنای رستاخیز بدن‌ها تعبیر می‌گردند! و اینکه «هزار سال»، که شش بار در متن به‌کار رفته، تا این زمان که ما هستیم دو هزار سال به درازا انجامیده است.

و قضیه به همین ترتیب ادامه پیدا می‌کند. در این مورد که آیا قرائت اولیه (Exegesis) در این تفسیر خوب بوده و برداشت سلیقه‌ای *(eisegesis)* بدی از آن شده، داوری را به عقل سلیم خواننده وامی‌گذاریم. به گمان نویسندهٔ این کتاب، چنین تفسیری به‌کلی غیرقابل‌قبول است.

در مبحث هزاره یک تحول عمدهٔ دیگری نیز صورت گرفته که لازم است بدان اشاره‌ای داشته باشیم، دست‌ِکم بدین‌خاطر که در آن‌سوی اقیانوس اطلس (آمریکا_ م.) پیروان زیادی دارد،

هرچند خاستگاهش اینجا (یعنی اروپا– م.)، و ناشی از تعالیم جان نلسن داربی، بنیان‌گذار جنبش برادران[1] است. این شاگرد آمریکایی وی، یعنی وکیلی به نام دکتر سی. آی. اسکافیلد بود که آن را ترویج نمود؛ همانی که کتاب‌مقدس «اسکافیلد» و یک مدرسهٔ علوم دینی در دالاس تگزاس، و البته به مدد تلاش‌های شاگرد پیشینش هال لیندسی، از وی به یادگار مانده است.

وجه مثبتش آن است که از اوایل سدهٔ نوزدهم، بسیاری به نظریهٔ پیش‌هزاره که باور کلیسای اولیه هم بود، روی آوردند. این نظریه هیچگاه به‌طور کامل پیروان خود را از دست نداد (آیزاک نیوتن پشتیبان این نظریه بود) و دیگران و از جمله وستکات و هورت[2] اسقف‌های آمریکایی پیرو آن بودند، اما تأثیر عمدهٔ آن از جنبش برادران ناشی شد.

وجه منفی‌اش هم این است که داربی این باور کهن را با عقایدی کاملاً نوظهور به هم آمیخت و نظام الاهیاتی نوینی پدید آورد که اکنون زیر عنوان دوره‌گرایی[3] شناخته می‌شود، که نام خود را از هفت دوره، یا مشیت‌هایی که وی تاریخ را بدان‌ها تقسیم کرده، گرفته شده است. در هر یک از این دوره‌ها خدا فیض خود را بر مبنایی متفاوت مشیت یا تقدیر می‌کند. داربی تعلیم می‌داد که کلیسا در وضعیت نابودی جبران‌ناپذیری قرار دارد؛ اینکه یهودیان قوم «زمینی» خدا و مسیحیان هم قوم «آسمانی» وی به شمار می‌روند، همه را از ابدیت جدا می‌سازد؛ و از همه مهم‌تر، اینکه مسیح قرار است *دوبار* بیاید، یک‌بار به‌طور مخفیانه برای بردن کلیسایش و درست در آستانهٔ مصیبت بزرگ و فراگیر، و بار دوم هم به صورت آشکارا، برای فرمانروایی بر جهان. زمان‌بندی‌های مفصل او از آینده هم داوری‌ها را به چهار داوری جداگانه تقسیم می‌کند.

با کمال تأسف، این مطالب چنان محکم و یکپارچه به هم تنیده شده‌اند که خیلی‌ها چنین می‌پندارند که اگر باورمند به نظریه پیش‌هزاره هستند، باید «مشیت‌گرا» هم باشند و ردکردن مشیت‌گرایی به معنای ردکردن نظریهٔ پیش‌هزاره‌ای است! اما این مثل آن می‌ماند که همراه با آب حمام، نوزاد را هم دور بیندازیم (حکایت از این قرار است که خانواده‌ای فرزندان زیادی داشتند و یکی پس از دیگری در تشتی پر از آب حمام می‌کردند. به مرور آن‌قدر آب تشت کثیف و تیره شده بود که کوچکترین فرزند را وقتی برای شستن در تشت گذاشتند، دیگر در آب گل‌آلود آن دیده نمی‌شد!).

پس ضروری است که میان نظریهٔ «پیش‌هزاره» «اصیل» کلیسای اولیه و «پیش‌هزاره‌گرایی» «مشیت‌گرایانه» انجیلی‌ها و پنتیکاستی‌های نوظهور تمایزی آشکار قایل شویم. شماری اندک اما رو به افزایش از محققان کتاب‌مقدسی متوجه این قضیه شده‌اند (از میان آنها نام جورج الدون لد و مریل تنی را به یاد می‌آورم).

1. Brethren Movement; 2 . Westcott & Hort; 3 . Dispensationalism

یک جمع‌بندی شخصی

می‌خواهم این پیوست را با ذکر دلایل باورمند بودنم به نظریهٔ «پیش‌هزاره‌ای» در تفسیر مکاشفه ۲۰ به پایان برسانم.

۱. طبیعی‌ترین تفسیر است، بدون اینکه چیزی را بر متن تحمیل نماید.

۲. در این مورد که چرا لازم است عیسی بازگردد و ما را هم با خود بیاورد، قانع‌کننده‌ترین توضیح را ارائه می‌دهد.

۳. دیدگاهی است که بیشترین تأکید را بر سودمندبودن انتظار برای بازگشت او می‌گذارد.

۴. به خوبی توجیه می‌کند که چرا خدا می‌خواهد در برابر دیدگان جهانیان از پسرش دفاع کند.

۵. آیندهٔ ما را «زمینی (یا این جهانی)» می‌کند، چنان که سراسر عهدجدید چنین است؛ آسمان تنها یک اتاق انتظار است که تا زمان بازگشتمان به زمین در آن خواهیم ماند.

۶. واقع‌گرایانه است، و در عین حال که این جهان را در مد نظر قرار می‌دهد، از پساخوش‌بینی (Post- optimism) و نابدبینی (A- pessimism) خودداری می‌کند.

۷. هرچند پرسش‌هایی را بی‌پاسخ رها می‌کند، نسبت به دیدگاه‌های دیگر از اشکالات کمتری برخوردار است.

۸. همان چیزی است که کلیسای اولیه متفق‌القول بدان باور داشتند و آنها به رسولان نزدیک‌تر بودند.

بنا بر این دلایل می‌توانم با نهایت اشتیاق و درک این دعا را بر زبان آورم: «پادشاهی تو چنانکه در آسمان است... بر زمین نیز بیاید».

یادداشت: پیرامون این موضوع به‌طور ژرف‌تر و مفصل‌تر در باب چهارم کتابم: *زمانی که عیسی بازگردد*، زیر عنوان «هزارهٔ گیج‌کننده» بحث کرده‌ام (هادر و ستاوتون، ۱۹۹۵).

فهرست اشخاص و مکان‌ها

آشنایی با کتاب‌مقدس

آتن	الیشع
آدم	انطاکیه
آرماگدون	اورشلیم
آرماگدون	اورشلیم آسمانی
آرمینیوس	اونیسیموس
آسیا	اپافراس
آشور	اپافرودیتوس
آفریقا	ایران
آنتیوخوس	ایزابل
آگوستین	ایلعازر
ابراهیم	ایلیا
ابشالوم	ایوب
ابلیس	بابل
اخاب	بالاخانه
ادوم	بتشبع
اردشیر	برنابا
اردن	بطلمیوس
ارسطو	بنیامین (برادر یوسف)
ارمیا	بنیامین (قبیله)
ارمیا	بوعز
اریحا	بیت ایل
ازمیر	بیت عنیا
استر	بیت لحم
استیفان	بیت‌حسدا
اسحاق	بیریه
اسرائیل (قوم)	پتموس
اسرائیل (پادشاهی شمالی)	پرگاموم
اسکافیلد (سی. آی)	پسر داوود
اشعیا	پسر گمشده
افسس	پطرس
افلاطون	پولس
الیزابت	تئوفیلوس

۴۸۸

فهرست اشخاص و مکان‌ها

تارسوس	روت
تامار	رُم
ترواس	زوینگلی
تسالونیکی	زکا
توما	زکریا
تیاتیرا	زکریا
تیتوس	ساردس
تیموتائوس	سالع
جبعون	سامره
جتسیمانی	سامریان
جدعون	سامری نیکو
جلجال	سامسون
جلجتا	سدوم و غموره
جلیل	سعیر
حبرون	سلیمان
حبقوق	سموئیل
حجی	سنهدرین
حرمون	سنکا
حزقیال	سولس
حوا	سیسرون
خاور میانه	سینا
خشایارشا	شائول
داربی (جان نلسن)	شوش
داریوش	شیطان
دانیال	صهیون
داوود	صیدون
دبوره	ضدمسیح
دریاچهٔ آتش	عای
دلیله	عخان
دمشق	عزرا
راحاب	عمائوس
راحیل	عمانوئیل

عمون
عیسو
عیسی
عیلی
غزه
فرشتگان
فلسطین
فیلادلفیه
فیلیپس
فیلیپی
قانا
قرنتس
قیصریه
قیصریهٔ فیلیپی
لائودیکیه
لاوی
لوتر (مارتین)
لوط
لوقا
مارتا
ماشیح
متی
مدیان
مردخای
مرقس
مریم
مسیح
مصر
معبد
ملاکی
ملکیصدق
منسی
موآب
موسی
میان‌رودان
میکاه
نائین
ناحوم
ناصره
نبوکدنصر
نتنائیل
نحمیا
نرون
نعومی
نوح
هادس (جهان مردگان)
هارون
هوشع
هیرودیس
وادی حنوم
وحش
کالون (ژان)
کفرناحوم
کلاودیوس
کنعان
کورش
کولسی
کوه زیتون
کیلیکیه
گایوس
یحیای تعمیددهنده
یربعام
یعقوب (برادر یهودا)
یعقوب (برادر یوحنا)

فهرست اشخاص و مکان‌ها

یعقوب (پسر اسحاق)	یهوه
یفتاح	یوحنا (برادر یعقوب)
یهودا	یوحنا (ملقب به مرقس)
یهودا (اسخریوطی)	یوسف
یهودا (برادر یعقوب)	یوشع
یهودا (پادشاهی جنوبی)	یوشیا
یهودیه	یوناتان
یهوشافاط	یونس

فهرست موضوعی

آخرشناسی
آرماگدون (نبرد)
آسمان
آپوکالیپتیک
آپوکالیپس
آگاپه
اخلاقیات
ادبیات شعری
ارتداد
اروس
اسارت
اعیاد
التقاط‌گرایی دینی
الحاد
امپراتوری
انجیل
ایمان
بارمیتسواه
بازگشت
بت‌پرستی
بدعت
بره
بشارت
بقیت
پادشاهی خدا
پارساشمردگی
پارسایی
پسخ (عید)
پس‌هزاره
پنتیکاست
پوریم (عید)
پیش‌تعیینی
پیش‌هزاره
تاک
تبعید
تثلیث
تعمید
تقدس
تقدیس
توبه
تورات
توشیح
توفان
طومار
حکمت
ختنه
خدای پدر
خدای پسر
خروج
خطابه‌های عیسی
خیمهٔ اجتماع
داماد
داوری
درخت حیات
دفتر حیات
دوران اصلاحات دینی
دوزخ
ربوده شدن
رحمت
رستاخیز از مردگان
رستاخیز اول
رستاخیز دوم
روح‌القدس
سفرهای بشارتی

فهرست موضوعی

شادمانی	لاادری‌گری
شاگردسازی	لوگوس
شبات	محبت
شبات	مسیحیت
شریعت‌گرایی	مشارکت
شفاعت	مشیت الاهی
شهادت	مشیت‌گرایی
شهرهای ملجا	مَثل‌ها
شورای اورشلیم	میسیونری
شکینا	نبوت
صعود	نجات
صلیب	نسب‌نامه
صندوق عهد	هدایا
عدالت	هزاره
عدن	هفت طومار
عطایای روحانی	هفت مهر
عهدجدید	هفت پیاله
عهدعتیق	همدید (اناجیل)
فریسیان	همه‌هزاره
فلسفه	کفاره
فیض	کهانت
قدوسیت	گنوسی
قربانی	یهودیت